国家出版基金项目
NATIONAL PUBLICATION FOUNDATION

华侨华人与中国革命和建设丛书

任贵祥 主编

# 华侨与
# 中国新民主主义革命

◎ 任贵祥 著

团结出版社
UNITY PRESS

**图书在版编目（ＣＩＰ）数据**

　　华侨与中国新民主主义革命 / 任贵祥著 . 一北京：
团结出版社 , 2024.11
　　（华侨华人与中国革命和建设 / 任贵祥主编；2）
　　ISBN 978-7-5234-0777-6

　　Ⅰ . ①华… Ⅱ . ①任… Ⅲ . ①华侨 - 史料②华人 - 史
料③新民主主义革命 - 史料 - 中国 Ⅳ . ① D634.3
② K260.6

　　中国国家版本馆 CIP 数据核字 (2024) 第 017828 号


责任编辑：宋怀芝
封面设计：阳洪燕


出　　版：团结出版社
　　　　　（北京市东城区东皇城根南街 84 号　邮编：100006）
电　　话：（010）65228880　65244790（出版社）
　　　　　（010）65238766　85113874　65133603（发行部）
　　　　　（010）65133603（邮购）
网　　址：http://www.tjpress.com
E-mail：zb65244790@vip.163.com
　　　　　tjcbsfxb@163.com（发行部邮购）
经　　销：全国新华书店
印　　装：三河市东方印刷有限公司


开　　本：170mm×240mm　　16 开
印　　张：39.25　　　　　　　字　数：428 千字
版　　次：2024 年 11 月 第 1 版　印　次：2024 年 11 月 第 1 次印刷

书　　号：978-7-5234-0777-6
定　　价：99.80 元
　　　　　（版权所属，盗版必究）

# 总 序

郑建邦

　　中华民族经过五千多年的繁衍发展，已茁壮成长成一棵枝繁叶茂的参天大树，拥有众多根系和枝干，海外华侨正是其中一枝，一代又一代的华侨华人与祖国生死相依、荣辱与共。

　　自鸦片战争以来的近两个世纪里，世界各地几千万海外侨胞，始终与祖国同呼吸、共命运，积极发挥独特优势，为中国革命事业，为我国改革开放和社会主义现代化建设，为坚持"一国两制"、推进祖国统一，为传播中华文化、加强中外交流合作，作出卓越贡献。孙中山先生曾经说过"华侨为革命之母"；毛泽东主席曾为著名侨领陈嘉庚先生题词"华侨旗帜，民族光辉"；邓小平同志一再强调海外华侨华人的独特作用，"我们有几千万爱国同胞在海外，他们对祖国作出了很多贡献"；习近平同志指出："长期以来，一代又一代海外侨胞，秉承中华民族优秀传统，不忘祖国，不忘祖籍，不忘身上流淌的中华民族血液，热情支持中国革命、建设、改革事业，为中华民族发展壮大、促进祖国和平统一大业、增进中国人民同各国人民的友好合作作出重要贡献。祖国人民将永远铭记广大海外侨胞的功绩。"事实证明，华侨华人为中国革命和建设事业立下的不朽功绩，历史不会忘记，人民不会忘记，祖国不会忘记！

顺应历史大势，共担民族大义，新时代中国特色社会主义建设赋予中华民族和海内外中华儿女共同的责任担当和历史使命。中共十八大、十九大、二十大向全党全国各族人民提出了全面建成小康社会的重大任务，明确了实现"两个一百年"奋斗目标，描绘了到21世纪中叶实现中华民族伟大复兴的宏伟蓝图。这是党和国家，也是全体中华儿女共同的梦想和心之所向。中国共产党正以巨大的政治勇气和强烈的责任担当，凝聚人心力量，义无反顾地肩负起带领全国各族人民实现中华民族伟大复兴的历史使命，为推动党和国家事业取得历史性成就、发生历史性变革发挥重大作用。

目前，华侨华人分布在世界上一百多个国家和地区，他们心系祖国，是中国联系世界的纽带，他们能用双方都能听得懂、听得进的语言，在海外讲好中国故事，让国际社会全面客观准确地了解中国。凝聚侨心、汇集侨智、发挥侨力，团结调动海外侨胞积极投身国家改革和建设事业，是党和政府的一项重要工作，也是广大华侨华人渴望与祖国人民一道同圆共享中国梦的殷切期盼。习近平同志强调："在这个伟大进程中，广大海外侨胞一定能够发挥不可替代的重要作用。中国梦是国家梦、民族梦，也是每个中华儿女的梦。广大海外侨胞有着赤忱的爱国情怀、雄厚的经济实力、丰富的智力资源、广泛的商业人脉，是实现中国梦的重要力量。"

中国革命、建设和改革的历史实践昭示，华侨华人是我国全面建成小康社会、实现"两个一百年"奋斗目标和中华民族伟大复兴中国梦强有力的参与者、见证者、贡献者。在举国上下即将迎来中华人民共和国成立75周年之际，团结出版社推出献礼之作"华侨华人与中国革命和建设丛书"，并得到国家出版基金的资助，充分表明党和政府对广大海外侨胞的重视，对华侨华人与国家发展历史关系研究的重视。这套丛书的出版，意义重大，既是对华侨华人与中国革命和建设的关系史料做出的较为系统全面的整理与补充，又是对推动中国历史发展作出突出贡献的广大海外侨胞、国内归侨侨眷的高度认可，对全体中华儿女勠力同心、共同书写中华民族发展的时代新篇章具有重大现实意义和深远历史意义。

当今，华侨华人历史研究方面的著作不少，但尚未有专著能够全面系统地将华侨华人与中国革命和建设的关系史进行阐述。"华侨华人与中国革命和建设丛书"共6册，在立足史料研究的基础之上，明确正误，查漏补缺，填补空白，着重阐述了从鸦片战争至今180多年中国近现代历史上华侨华人与中国革命和建设的关系的历史，内容体系跨越中国旧民主主义革命、中国新民主主义革命、中国社会主义革命和建设以及中国特色社会主义这四个时期，是中国近现代历史的组成部分，是百年中国共产党成长史、七十多年中华人民共和国发展史和四十多年改革开放奋斗史的重要组成部分，也是华侨华人爱国史不可或缺的内容。丛书系统全面地印证了在中国民主主义革命、中国社会主义建设和改革开放的历史中，广大海外华侨华人及国内归侨侨眷是中国革命和建设的一支重要力量，他们为中国革命和建设事业作出不可磨灭的贡献，其历史功绩得到中国共产党历代领导人的高度赞扬。丛书还记录了毛泽东等几代中国共产党领袖及孙中山等国民党民主派领袖，与积极投身中国革命和建设事业的华侨华人的深情厚意，对我们深刻把握国家历代领导人的侨务理论，全面领会习近平新时代中国特色社会主义思想，落实党和国家的各项侨务工作方针与政策有重大意义。

在呈现和追忆这段历史，品评相关历史人物，在分析评价华侨华人与中国改革和建设的关系时，我们既要看到他们有超越时代的进步性，又要清醒认识到某些历史事实受当时社会客观条件制约而产生的历史局限性与片面性，这是我们在看待历史、分析问题时应当坚持的历史唯物主义和辩证唯物主义立场。本套丛书正是本着实事求是原则，客观展现华侨华人伟大功绩的真实记录。

为了保证丛书编辑质量，编辑委员会做了大量认真细致的组织和协调工作，特别是邀请了相关领域的知名文史专家、党史专家担任顾问，他们在百忙之中对丛书的编辑体例、内容框定、事实选材、写作规范等方面提出建设性意见和指导性建议，成为本套丛书得以高质量出版的重要保证。参与丛书写作的都是在近代历史研究、党史研究方面卓有建树和研究成果的专家学者，他们既有对近代史、华侨华人史、中国共产党历史的专业学术理论研究基础，又有深厚扎实的写作功底和文字处理能力。

近年来，团结出版社出版了许多优秀的人文社科类图书，受到广大读者好评，在海内外华人学者中拥有良好口碑，我们寄希望于本套丛书的出版，对华侨华人与中国革命和建设的关系史研究起到推动作用，对弘扬爱国主义精神，团结广大海外侨胞，增强民族凝聚力产生积极深远影响，为实现中华民族伟大复兴、促进世界和平与发展作出新的重大贡献。

2024 年 2 月 1 日

（总序作者系全国人大常委会副委员长、民革中央主席）

# 目 录

## 第四章 声援祖国局部抗日战争

## 第五章 抗战时期国共两党的侨务政策

## 第六章 竭力报效祖国的抗日战争（上）

## 第七章　竭力报效祖国的抗日战争（下）

# 第一章
## 传播马列主义　推动创建中共

　　广大华侨大力支援孙中山领导辛亥革命，推翻了清王朝的封建统治，建立了资产阶级民主共和国，将旧民主主义革命推向高潮。辛亥革命果实被以袁世凯为首的北洋军阀篡夺后，民主共和的成果被破坏殆尽，孙中山领导讨袁护法斗争，标志着旧民主主义革命转入低潮。从革命任务及社会制度层面来说，辛亥革命取得了胜利，但又失败了。如毛泽东所说：辛亥革命"有它胜利的地方，也有它失败的地方。你们看，辛亥革命把皇帝赶跑，这不是胜利了吗？说它失败，是说辛亥革命把一个皇帝赶跑，中国仍旧在帝国主义和封建主义压迫下，反帝反封建的革命任务没有完成"。[①] 辛亥革命失败后，中国进入北洋军阀统治时期。军阀连年混战，社会政治黑暗。中国旧民主主义革命即将终结，即将迎来新的革命高潮。山雨欲来，人心思变。当历史的车轮滚滚前进至 20 世纪 20 年代之际，中华大地发生了一系列大事变——十月革命一声炮响，马克思列宁主义传入中国，给中国思

---

① 《毛泽东选集》第 2 卷，人民出版社 1991 年版，第 564 页。

想界带来了震撼和巨变；五四运动爆发，标志着中国革命进入新民主主义革命阶段；中国共产党诞生，是中华民族开天辟地的大事件。如此等等，华侨与祖国民族民主革命的关系也进入一个新的阶段——新民主主义革命阶段。

# 第一节　声援五四运动　扩大国际影响

## 一、"巴黎阻约"，釜底抽薪

从 1919 年初开始，第一次世界大战的战胜国在法国巴黎召开和平会议，讨论处理战后的世界问题。中国作为战胜国之一派代表出席会议，中国政府代表在全国舆论的压力下，提出了收回山东主权、取消"二十一条"不平等条约等正当要求。4 月下旬，会议委员会在各帝国主义国家操纵下，悍然决定把战前德国在山东的一切权益交给日本。这个消息在中国人民中、首先在知识界和学生中激起了强烈的愤慨。5 月 4 日，北京 13 所大专学校学生 3000 多人在天安门集合，示威游行，主张拒绝在和约上签字，要求惩办北洋军阀政府的亲日派官僚曹汝霖、章宗祥、陆宗舆。北洋军阀政府出动军警，逮捕示威学生和群众 30 多人。5 月 5 日，北京学生总罢课，并通电全国，各地学生纷纷罢课响应。6 月 3 日、4 日，北京学生讲演团分赴全市各主要街道演讲，北洋政府再次派出军警、马队进行镇压，逮捕大批爱国学生，更加激起全国各界的义愤。工人阶级、小资产阶级、民族资产阶级也开始加入运动。从 6 月 5 日起，上海工人罢工，支援学生的反帝爱国斗争，参加罢工的产业工人有六七万人。上海商人举行罢市。得到沪宁、京汉、京奉等铁路工人及许多大城市工人罢工响应。旅居法国和欧洲的华工也参加了拒签和约的斗争。国内各界声势浩大的群众爱国斗争，使军阀政府和帝国主义者感到恐慌，北洋政府被迫于 6 月间释放被捕学生，免除曹、章、陆职务。6 月 28 日，在全国各界群众和旅法华工、留学生及华侨的强大斗争压力下，中国代表拒绝在《巴黎和约》上签字。五四运动取得胜利。

五四运动犹如一阵阵强大的冲击波，通过各种渠道波及海外华侨社会，海外华侨热血沸腾，群起声援，与国内的反帝爱国运动遥相呼应，构成五四运动的重要组成部分。

第一次世界大战期间，英、法、俄等协约国男丁大量征召入伍，伤亡惨重。其中，法国动员了720万民众支援战争，约有150万名法军阵亡；英军约阵亡100万人，数百万人受伤。仅索姆河战役英军死亡13万多人，法军伤亡20多万人。由于伤亡极为惨重，前后方劳动力极为匮乏，这些国家便大肆在华招募华工，以弥补劳动力的不足。据初步统计，大战期间被招募到欧洲战场为英国、法国前后方服务的华工约为14万人，其中约有8万人来自山东。[①] 在法国境内的华工，"统而计之，不下五万人"。"绝大多数赴欧华工都来自山东"，"收复青岛并进一步阻止日本的侵略行动，是推动中国向欧洲派遣劳工计划出台的最大动力。""华工在一战期间不仅是世界大战的目击者，更是世界大战的积极参与者。"[②] 他们"都被像囚犯一样对待"，其中有1万至2万华工死在欧洲战场。大战结束后至20世纪20年代初，大部分华工回国，约有3000名华工和法国妇女结婚或因新的雇用合同留在法国定居成为华侨，[③] 他们是欧洲华侨的主要组成部分。辛亥革命后，国内掀起了风靡一时的留法勤工俭学运动，大批寻求救国道路的青年来到欧洲，云集法国。1919年、1920年这两年中，中国有20多批共约1600名青年赴欧洲勤工俭学，其中大部

---

①　《一战华工史料图片展在山东开幕各界人士缅怀华工贡献》，中国新闻网，2018年12月29日。

②　[美]徐国琦著，潘星、强舸译，尤卫群校：《一战中的华工》，上海人民出版社2014年版，第6、7页。

③　[美]徐国琦著，潘星、强舸译，尤卫群校：《一战中的华工》，上海人民出版社2014年版，第101、102页。

分人在法国，他们与当地华侨及国内学界有着密切的联系。大批旅欧华工和勤工俭学学生，民族意识浓厚，思想敏锐，斗争坚决，成为欧洲华人声援五四运动的基础。

1919 年初，旅居英、法的中国留学生、华侨、国民党人及某些政界人士联合组织爱国团体中国国际和平促进会（以下简称"和平促进会"），将"增进中华民国国际地位，抵御强权侵犯"作为宗旨之一，并"发表本会对于中国外交问题之主张"。该会成立不久，适逢巴黎和会召开，遂组织旅欧华人积极开展爱国活动，以壮中国声势。当出席巴黎和会的美国总统威尔逊抵达巴黎后，和平促进会组织留学生和华侨多人到其下榻处请愿，美方虽拒绝接见，但还是接受了他们的请愿书。5月 9 日，和平促进会召开国耻纪念会，与会 500 多人，其中有不少欧美各界名人。受孙中山派遣作为南方代表顾问参加巴黎和会的华侨革命家陈友仁在会上用英文进行演讲，措辞激烈，"对于中日间利害关系，言之极为详尽"。留学生代表郑毓秀也发表演说，大呼："协约胜利，吾人失败！""和约自达和平之前途，乃遗吾人以黑暗之前途！此等条件，吾人誓不能签字！"[①] 这次大会进一步激起了旅欧华人的爱国热忱。中国国际和平促进会实际上成为五四运动期间欧洲华人开展爱国活动的领导组织。

欧洲华侨和留学生密切注视着巴黎和会及中国国内的动向，尤其关注和会有关中国问题的议案。当他们得知会议讨论由日本继承德国在中国山东的权益及国内爆发五四运动后的消息，顿时掀起波澜。6 月 27 日，即《凡尔赛和约》签字的前一天，在中国国际和平促进会负责人的率领下，30 多名华工和留学生奔赴巴黎西郊，包围了避居在这里的中国首席

---

① 李宗侗：《巴黎中国留学生及工人反对德和约签字的经过》，台湾《传记文学》第 6 卷第 6 期。

代表陆征祥的圣克卢寓邸，威逼他承诺不在和约上签字。与此同时，万余名旅法华工群情激愤地举行集会，向出席和会的中国代表紧急呼吁，要求他们拒绝出席第二天的和约签字仪式。他们警告中国代表，若在和约上签字，就像北京学生声讨卖国贼一样对待之。为坚决阻止中国代表签字，6月28日，旅法华工和留学生共3万多人奔走呼吁，并分别包围了中国专使的寓所，不准他们出门。愤怒的侨众向中国代表团提出警告和威胁，如果他们有违众意，胆敢出去签约，"当捕杀之"①。他们预备"每一个专使的命用三个人的命去偿他。这预备偿命的人已开了名单，不管要出门的专使是被谁打死的，这预备偿命的人总去偿命"②。旅法华人这种爱国举动，对于中国代表团是很大的威慑力量，使他们未敢轻易签字。据李宗侗回忆，6月28日一清早，共有学生华工40多人包围了圣克卢陆征祥的寓邸，陆的汽车已停在门口。大家推举和平促进会的负责人李圣章为代表进屋见陆。见面后，李问陆是否在和约上签字。陆答不一定不签字。李一边拍口袋一边激愤地说，你要签字，我裤袋里这支手枪亦不能宽恕你。室外的华工带枪者也大有人在，准备在陆上车时击其车胎。"陆征祥看见局势危险亦就不敢再到凡尔赛去签字，当天的晚报登出中国代表团在签字时缺席。"③李宗侗是和平促进会的主要发起人之一，并参加了拒约活动，这位当事者记述的情况应该是可信的。

有关欧洲华侨和留学生在巴黎和会期间的爱国义举，当时出席会议的中国政府代表顾维钧在回忆录中记载，会议期间，"中国学生各组织还有华侨代表，他们全都每日必往中国代表团总部，不断要求代表团明确保证，不允保留即予拒签。他们还威胁道，如果代表团签字，他们将不择手段，加以制止"。6月27日晚，中国代表团秘书长岳某从陆征祥住

---

① 《中华民国史事纪要（初稿）》，1919年5—6月，第827页。

② 《时事新报》1919年7月6日。

③ 李宗侗：《巴黎中国留学生及工人反对德和约签字的经过》，台湾《传记文学》第6卷第6期。

处返回市里时，路过一所医院的花园，受到中国学生和华侨商人的袭击，"他们拦住了他，诘问他为何赞成签约。甚至在他保证说他不过是代表团的秘书长，对签字与否并无发言权之后，人们还围住不放，并扬言要将他痛打一顿……人们威胁说要杀死他"[①]。顾维钧这些记述，如实地反映了巴黎和会期间旅欧华人的表现，可以看出他们对于阻止中国代表与会签约的坚决性，并采取了必要手段。

另外，在巴黎和会期间，南方代表顾问陈友仁也做了一些有益的工作。他代表南方政府多次发表公开声明并举行记者招待会，尤其为中国代表团起草了向和会提交的正式文件初稿，体现了国民党在外交事务中的积极作用。当他得知中国收回山东主权无望时，便提议中国代表团退出和会，以示抗议。巴黎和会结束后，陈友仁就山东悬案向美国参议院发了一份长电，希望美国能助中国一臂之力，尽快修正对山东问题的处理，又委婉地批评威尔逊总统违背诺言，视中国陷于窘境而无动于衷。其电报有理有节，不卑不亢，表达了中国人民不畏强权、要求实现领土完整的强烈愿望，受到好评。当然，希望与其他列强实为一丘之貉的美国助中国一臂之力，无异于与虎谋皮。

在国内外强大压力下，尤其是旅欧华人同胞对出席巴黎和会的中国代表团直接施加压力的特殊作用，迫使中国代表不敢出席《巴黎和约》的签字仪式，未在丧权辱国的和约上签字，这标志着五四运动取得了胜利。众所周知，国内学生发起了五四运动，火烧赵家楼，痛打卖国贼；"六三"上海工人罢工，使五四运动达到高潮，这无疑对于出席巴黎和会的中国代表起着敲山震虎的威慑作用，但国内各界对远在巴黎的中国代表的举动毕竟是鞭长莫及，旅欧华人在这事关国家民族前途命运的重要关头，作出的维护民族尊严的爱国壮举，对于拒约的胜利，起到了不

---

① 《顾维钧回忆录》第 1 分册，中华书局 1983 年版，第 206—207 页。

可替代的作用。两年后，国民党要人张继在谈论到中国代表在巴黎和会上拒绝签约的原因时说："其力乃在巴黎之华工及学生。"①

巴黎和会期间，远在大洋彼岸的美洲华侨尤其是美国华侨，也非常关注和会的动向，特别留心和会有关中国问题的决议和中国代表的举动。1919 年 2 月初，中、日代表团在巴黎和会上因山东问题发生争执，日本公使遂向中国北京政府施加压力，妄图迫其就范。2 月 8 日，美国最大的华侨社团之一中华会馆召开会议，议决致电巴黎和会的中国代表坚持到底；致电在法国出席巴黎和会的美国总统，请转各国代表，主持公道；致电北京政府，此次不可受其恐吓、稍为退让，以免再贻国耻。在此期间，美国旧金山的国民党总支部组织了中国外交后援会，该会派人到各埠演说，策动国民外交，力争山东问题；撰写、印刷山东在中国的地位、中国人民坚决保卫山东的决心以及其与东亚和平的关系等内容的信函，分别"函告美国政界要人及国会议员。该函发出一千余份。其用心实较国内为尤甚也"。②旧金山华侨还组织了中华铁血少年演说团到街头开展宣传活动。檀香山华侨则组织了救国十人团，会员达千余人，向中外人士演讲并分发传单；华侨联合总会钟宇、唐雄等致电国内上海各界说："窃自武人乱法以来，黎民迭遭痛苦，国脉摇动，外侮纷来，卖国之夫，继之而起，遂使强邻肆虐，夺我山东。此言者痛心，闻者发指。况去国万里眷念宗邦之侨旅乎？"通电表示，应乘此次和会之机，争取外交上的主动，不可失去"稍纵即逝之会"。③通电字里行间充满了关切之情。

当然，与身临其境的欧洲华侨及国内同胞相比，远在大洋彼岸的美洲华侨得到的消息不会那样及时和灵通，因而美洲华侨便通过各渠道了解来自巴黎和会的消息。当受中国政府委派到巴黎协助中国专使参加和

---

① 转引自刘永明著：《国民党人与五四运动》，中国社会科学出版社 1990 年版，第 383 页。

② 《民国日报》1919 年 6 月 20 日。

③ 《民国日报》1919 年 6 月 18 日。

会工作的旧国会参议院议员朱念祖，5 月 10 日由法国乘船渡过大西洋抵达美国，登陆后由东至西经过美国大陆时，各地华侨热情接待，争相听取和会消息。在纽约、旧金山，应华侨之邀，朱念祖多次演讲，报告会议情况。"到场听演者"，"有唏嘘泣下者"，有"痛心切齿于谋我之"。船经檀香山仅停 4 小时，应华侨的恳切邀请，朱念祖两次登陆演说；未听到演说者又登船要求朱为他们通报情况，朱遂在船上又演说两次。外国"船主亦极赞华人之用心国事，非曩年比也"。①

巴黎和会不顾海内外中国人民的强烈反对和抗议，签订了有损中国主权的《凡尔赛和约》，美国华侨得知消息后深感失望。7 月，旧金山中华会馆、同源会、耶教联会等华侨社团，分别致电巴黎和会、美国总统、各国代表以及美国国会议员力争，反对和会决定。当美国总统威尔逊决定 9 月到旧金山演讲时，中华会馆议决，派麦纳律师为代表，届时为《凡尔赛和约》事向总统质询。

美洲华侨虽未能直接躬身于五四运动的行列，但他们力所能及地开展了上述一些爱国活动，体现了他们对国事的关心，其爱国精神同样难能可贵。

## 二、南洋华侨群起抵制日货

亚洲，尤其东南亚，是华侨最密集的地区。据统计，20 世纪初期，全世界华侨总数约 631 万人，其中东南亚华侨约近 420 万人，他们大多处在侨居国社会的下层，并有着光荣的爱国爱乡传统，曾经是孙中山领导的辛亥革命和讨伐袁世凯复辟帝制的海外策源地和有力的支持者。五四运动爆发后，东南亚华侨不甘人后，开展了各种形式的声援活动。

---

① 《美洲华侨之关心·和约》，《民国日报》1919 年 6 月 20 日。

　　思想敏锐的中国留日学生和华侨，在五四运动爆发后，随即掀起了声援活动。五四运动爆发的当天，旅日华侨王希天等在东京以留日学生救国团名义，分电南北两政府，要求拒签和约，以保山东主权。5月7日，东京千余名留日学生和华侨排成两列长队分头向各国驻日使馆进发，他们高举着写有"五七国耻纪念""直接收回青岛""打破军国主义""保持永久和平"等大字白布标语。队伍在行进途中，遭到日本军警的阻拦干涉，随即发生冲突。游行队伍不畏强暴，继续前进，将呼吁收回山东主权及国际友人主持正义的宣言书呈递给美、英、法、俄等十几个国家的驻日公使馆。之后，游行队伍向既定的日比谷公园集中集会时，遭到日本军警的野蛮镇压，有数十人受伤或被逮捕。在这次事件中，中国政府驻日使馆代办庄景珂、留日学生监督江庸，表现恶劣，不支持学生的爱国活动，引起东京华侨的愤怒，他们特致电北京政府，要求将庄、江撤职。旅日同胞在东京地区最早响应和支持国内五四运动，起到了带头作用。此举引起日本民众和国际社会的关注，扩大了运动的影响。

　　与此同时，南洋各地华侨纷纷致电北洋政府及国内各界，愤怒谴责卖国贼，支持学生的爱国义举。荷属印度尼西亚巴达维亚中华总商会华侨丘燮亭等，于5月20日致电北京政府说："闻北京爱国热忱激发，欢欣无既"，"山东问题关系中国存亡，速筹最后对待方法"；"北京学生为国除奸，海外闻之不胜钦佩"，"恳乞毅力坚持。海外华侨愿为祖国之后盾"。[①] 通电表达了印度尼西亚华侨对国内爱国运动"欢欣"和"钦佩"的心情，阐明了山东问题的利害关系，表明了自己"愿为祖国后盾"的态度和决心。

---

　　① 《晨报》1919年6月13日；《民国日报》1919年6月29日。

暹罗[①]工界、商界、学界华侨代表暹罗 300 万侨众致电徐世昌，指出："大学校学生仗义击贼，凡有血气，罔不同情。乃卖国贼党竟欲淫威是逞，处以极刑。试问学生可杀国尽可杀乎？今虽得先生俯顺舆情，概行释放，然庆父不去，鲁难未已。务请将卖国贼罪魁明正典刑以谢天下。一面电饬欧和会专使据理力争，务达直接收回青岛目的而后已。不然，恐国人仍不为先生恕也。"[②]暹罗华侨的电文词义严正，毫不留情地抨击卖国贼，也间接地谴责了以徐世昌为首的北洋政府对爱国学生的镇压。

新加坡国民制宪倡导分会的华侨，得知国内爆发五四运动的消息，"本会同人开会讨论，到者三千余人，皆泣血陈词，一致表决除电专使坚持由德直接交还外，特电达请转全国报界誓死力争。"[③]5 月下旬，以马来亚槟榔屿原同盟会南洋支部负责人、侨商吴世荣为首的 47 人，联名致电北洋政府，要求释放被捕的爱国学生。电文说："京津学生，爱国心切，致有举动"，"深望当局，为国矜才，俯首舆情，量子省释"。随后，当地华侨举行了游行示威活动，愤怒的侨众袭击了当地的日本商店，马路上的东洋车也被游行者焚毁。连续数天的骚动，致使商店歇业、工人停工、交通瘫痪。马来亚雪兰莪 24 校的华侨学生也致电国内华侨学生会，表示："誓杀章曹及其余卖国贼，取消密约，提倡国货，万众一心坚持到底。"[④]

此外，南洋华侨公团亦致电国内云："山东问题，关系吾国生死存亡，尤望全国一致力争。"归国的华侨学生也为声援五四运动，分别致电北洋政府国务院、广东军政府、英公使转各国公使、巴黎中国公使转

① 暹罗，13—14 世纪建立国家，1939 年 6 月 24 日改名泰国，1942 年泰国政府宣布加入德、日、意轴心集团，1945 年 9 月日本投降后恢复国名暹罗，1949 年再次改名泰国。本书以 1939 年 6 月为界，此前称暹罗，1939 年 6 月至 1945 年 9 月称泰国，1945 年至 1949 年 9 月称暹罗。

② 《暹罗华侨之卫国声》，《民国日报》1919 年 6 月 16 日。

③ 《大公报》1919 年 5 月 11 日。

④ 《民国日报》1919 年 5 月 29 日。

中国和会代表等。

东南亚各地华侨函电交驰，形成一股声援五四运动、声讨卖国贼的强大舆论力量，这是他们声援五四运动的重要方式之一。当然，以通电形式声援五四运动的不仅仅是东南亚华侨，也不只是致电国内朝野各界。据报道，至 5 月下旬，"世界各部华人拍发之电报现仍有数百封到巴黎中国代表总部，请中国代表切勿签押条约"[①]。

近代以来，日本帝国主义发动甲午战争、日俄战争、逼迫袁世凯签订"二十一条"等，是侵略中国的最凶恶的敌人之一。第一次世界大战结束后，日本又贪婪地想代替德国谋取在中国山东的权益，遂成为五四运动期间中国同胞反帝爱国斗争的主要对象，因而也成为东南亚华侨反帝斗争的矛头所向。

五四运动爆发不久，福建等地学生南渡新加坡，在华侨中发动抵制日货。当地经营日货的侨商和为日方服务的华侨纷纷收到匿名恐吓信，警告他们与日本断绝关系，否则后果自负；同时发表抵制日货的檄文。受此影响，到 6 月中旬，新马许多华侨商店停止出售日货，车马舟船拒绝为日本人服务，不少华侨商店将日货抛掷街头销毁，继而有些日本商人经营的商店也被捣毁。华侨的排日情绪不断高涨，并与当地警方发生冲突，演成流血事件。在冲突中有 4 人死亡（2 名华人，2 名印度人），8 人受伤，130 多人因此被控于法庭。有一警察总监被侨众击伤头部，险些丧命。因抵制日货，不少日商遭到不同程度的损失，日货在新加坡的销售量比往年同期减少七八成。马来亚吉隆坡商界华侨公开抵制日货，华侨商店不进日货，不卖日货；华侨人力车夫不拉日本人，搬运工人不装卸日货。华侨的爱国活动，遭到了英国殖民当局的压制。

以抵制日货形式响应五四运动的活动在印度尼西亚的巴达维亚、泗

---

① 《晨报》1919 年 5 月 25 日。

水、三宝垄等地也如火如荼地开展起来。巴城的 30 多名侨商联名通告当地的几家日本银行，今后不接受他们的期票，要求提兑现款。泗水华侨为抵制日货组成了"铁血团""救亡团"等组织，在当地侨报《泗滨日报》刊登抵制日货的公告。至 8 月，三宝垄侨商与日本的贸易大部分中断。

菲律宾华侨的抵制日货活动也不甘落后。先是当地侨报不断发表号召抵制日货的文章和社论，继之华侨学生多次集会发动抵货运动，得到侨商的支持和响应。

自 5 月下旬，原暹罗同盟会负责人、侨商萧佛成，在其主办的《华暹新报》上连续发表鼓吹抵制日货及国内惩罚卖国贼、收回青岛的消息。6 月 4 日，该报发表了题为《根本的救国方法》的社论，提出拥护国会，运动军队、使他们不做政府的鹰犬，暗杀卖国贼，提倡国货、禁止进口日货等主张。6 月中旬，在上述舆论的影响下，暹罗华侨不顾当地政府的警告，开始了实际的抵制日货活动。他们组织了"三十二人通讯社""青年爱国党"等团体，以各种手段包括武力手段发动抵制日货活动。于是华商不与日商做生意，华侨顾客自觉地不买日货。至 8 月，暹罗的日货转入额仅为上一年度同期的一半。但华侨的抵制日货活动，遭到暹罗政府的干涉甚至镇压，如 8 月 12 日，200 余名华侨药品商集会、决定抵制日货时，会议组织者、《华暹新报》编辑许超然被暹罗当局逮捕并被驱逐出境。8 月以后，暹罗华侨抵制日货活动被迫中止。[1]

抵制日货，作为华侨声援和配合五四运动的内容和形式之一，矛头是直接对准日本帝国主义的，其鲜明的反帝性质不言而喻。在抵制日货斗争中，许多侨商不顾自己蒙受经济损失，积极支持和参加抵货斗争，

---

[1] 以上介绍南洋华侨抵制日货情况参见林金枝主编：《华侨华人与中国革命和建设》，福建人民出版社 1993 年版，第 122—129 页。

表现出了高尚的爱国情操。

东南亚华侨还开展了其他形式声援五四运动的活动。1919 年 7 月 19 日至 21 日，英国殖民局为签订对德条约举行庆祝活动，马来亚各地华侨一致拒绝参加。吉隆坡工商界侨胞不挂旗，并统一行动，在傍晚 5 点钟关闭门窗，熄灭灯火，造成市区一片黑暗。英国殖民当局对华侨的爱国行动横加干涉。8 月 4 日，美国驻菲律宾当局召开庆祝大战胜利及《凡尔赛和约》签订大会。华侨各团体拒绝参加会议，以表示他们对巴黎和会中几个胜利大国牺牲中国、偏袒日本行径的愤慨。中华总商会致函美国驻菲律宾总督哈里森，表示"因山东问题，不愿参加欧战胜利的庆祝"。华侨学生联合作出决议，表示"强烈地反对和平条约的条款；由于这些条款，日本取得对山东省胶州半岛的控制，并成为该半岛的所有者。有鉴于此，为了忠于我们的国家，我们拒绝参与在胜利的幌子下而举办的庆祝活动。对于我们来说，这一活动恰好就是一种挫折和对美国总统威尔逊提出 14 点的直接亵渎"[1]。这充分反映了马来亚、菲律宾华侨的爱国觉悟。

## 三、影响广泛　承前启后

如前所述，五四运动期间，海外华侨开展了不同形式的声援活动。这些构成五四运动的内容之一，其作用和影响体现在以下三个方面：

### （一）五四运动的重要组成部分

海外华侨作为中华民族的一分子，在五四运动期间开展的大量声援活动，有力地配合和支援了国内的五四运动，成为五四运动的一个重要组成部分，也可以说是五四运动的广泛和深入。华侨的声援活动打击了

---

[1]　转引自黄滋生、何思兵著：《菲律宾华侨史》，广东高等教育出版社 1987 年版，第 419 页。

卖国贼，对北洋政府也是有力的促动。与此同时，华侨对五四运动的声援，扩大了这场反帝爱国运动在世界上的影响，壮大了五四运动的声势，使各帝国主义列强看到了中国人民的觉醒。其中华侨的大量反帝活动，诸如欧美华侨谴责出席巴黎和会的各帝国主义国家出卖中国权益，日本华侨和留学生到各国驻日使馆请愿并与日本警察发生冲突；马来亚、菲律宾华侨拒绝参加英、美殖民当局为签订对德条约举行的庆祝活动以及东南亚华侨开展的抵制日货活动等，直接和间接打击了国际帝国主义对中国的侵略及其出卖中国民族利益的卑鄙行径，较之此前华侨支援辛亥革命、参加讨袁护法等，具有更直接、更强烈的反帝爱国性质，坚决地捍卫了中华民族的尊严。不言而喻，广大华侨在扩大五四运动的国际影响方面起到了不可替代的作用。

在声援五四运动的爱国斗争中，华侨采取了正确的斗争策略，分清主次矛盾，打击主要敌人。在各侨居地，尤其是在东南亚一带，华侨开展的爱国活动大多遭到干涉和镇压，有的蒙受经济损失，有的被驱逐出境，有的甚至发生流血伤亡事件……华侨在遥远的异国他乡极其恶劣的环境下开展各种形式的爱国活动，其精神更加难能可贵，他们为五四运动作出了重要的贡献。

### （二）与国内爱国运动异曲同工

可以说，世界各地华侨、中国留学生对五四运动的广泛声援活动，是五四运动的扩大和延伸。海内外五四运动浑然一体、异曲同工，有很多相似之处。

同国内学生引发五四运动一样，海外的中国留学生和华侨学生，在广大华侨对五四运动的声援活动中起到了先锋带头作用。五四运动爆发的当天下午，欧美留学生即召开紧急会议，会议议决如下三条：（1）致电巴黎和会四大国代表，要求对于中国问题秉公办理，并予以公正之待遇。（2）致电巴黎中国代表，与中国有不利之条约切勿签字。（3）5月7

日下午以中国全体留学生名义，赴英美两国使馆，要求两公使转达本国政府及人民，对于中国在和会上维持公理并予以公正之待遇。① 随后，欧美留学生代表又呈递英、美、法、意四国公使书，其中鲜明提出："战时日本所要求之条约应完全取消"；要求"将德国前有之山东权利及日本在山东所有增加权利交还中国"②。与此同时，中国留日学生也分别致电出席和会的中国代表、美英法意等国代表、上海和平会转全国各界、山东三千万同胞等，强烈呼吁国际联盟"贯彻正义人道以抑制日本，使青岛直接还我，以免乱源"③。五四运动在国内刚刚爆发，欧美及日本的中国留学生首先作出强烈反应，无疑对华侨社会起着影响和带动作用。各国的中国留学生与当地华侨的关系密切，有少数人一身二任，既是留学生，也是华侨，他们登高一呼，得到了广大华侨的响应。但是，他们势单力孤，力量和影响有限，其爱国活动必须得到广大侨众的支持才能形成强大的力量。五四运动期间，海外留学生开展的爱国活动正是得到广大华侨的支持和配合，才在海外形成了一股有声有势的爱国浪潮。如和平促进会的发起人之一陈孟钊所说："巴黎阻约运动，非仅为学生运动，实结合侨众合力组成之运动。"④

　　与五四运动在国内发展相似，这场爱国运动席卷了海外华侨社会，成为一场较为广泛的侨众性的反帝爱国运动。除留学生和华侨学生带头响应外，此前跟随孙中山革命的华侨革命党人，如马来亚的吴世荣、暹罗的萧佛成等，处在侨居国社会下层的广大华工，各行各业的商界华侨，报刊新闻界的华侨，等等，都参加了这场运动。各地华侨对五四运动的声援采取了不同的形式，如在欧洲，华侨直接参加拒约斗争；东南亚华

① 《欧美留学生对于外交之决议》，《晨报》1919 年 5 月 5 日。
② 《欧美留学生代表递交英美法意四国公使书》，《晨报》1919 年 5 月 9 日。
③ 《晨报》1919 年 5 月 11 日。
④ 台湾《传记文学》第 8 卷第 6 期，第 43 页。

侨则采取以抵制日货为主要内容的斗争形式；美洲华侨则表现密切关注巴黎和会动向，并采取了相应的声援活动。

　　需要说明的是，在华侨与中国革命关系史研究领域中，有关华侨对五四运动的声援，个别论著有所涉及，其中只是介绍了东南亚华侨对五四运动的声援情况，而有关欧美华侨对五四运动的声援活动没有涉及，显然不够全面，对华侨声援五四运动的作用及影响论析不够深入；至于中共党史和中国革命史，学界基本没有涉及华侨对五四运动的声援，这是应该弥补的一页。除华侨史和中共党史外，有关五四运动史的大量著述中，也没有涉及华侨的活动和作用，这是五四运动史研究的缺憾，也是应该弥补的一页。

### （三）新旧革命汇流，爱国运动继往开来

　　华侨对五四运动的声援，是近现代华侨爱国运动史的组成部分，并在华侨与中国革命关系史上起到了承前启后的作用——前承旧民主主义革命，后启新民主主义革命。它比华侨支援辛亥革命增加了鲜明的反帝尤其是反对日本帝国主义的内容，表明华侨爱国运动的发展、进步并体现出新的特点；五四运动期间华侨的一些爱国活动，如抵制日货、争取国际援华等，则成为后来华侨支援祖国抗战的重要内容。当然，抗战时期华侨的抵制日货及争取国际援华等活动，均有进一步的发展，但前者为后者提供了借鉴。

　　华侨在世界各地广泛开展的声援五四运动的爱国活动，对扩大五四运动的国际影响起到了不可替代的独特作用。华侨对五四运动的声援，无论是对五四运动本身，还是在近现代华侨爱国运动史上都占有一定的地位。

　　华侨在五四运动期间的爱国活动，并没有与国内刚刚登上革命舞台的无产阶级发生关系。但是，作为国外的一支进步爱国力量，与国内最先进的革命力量，在反帝救国浪潮中自然地交汇在一起，这为以后两者

建立联系创造了条件。

五四运动标志着中国新民主主义革命的开端，华侨声援和参加五四运动，与华侨支援旧民主主义革命比较至少有四点不同：一是投入时间不同——华侨参加旧民主主义革命，是在革命运动中后期，即19世纪末支持改良救国运动（支持保皇会）开始的，随后大力支援辛亥革命，推动旧民主主义革命走向高潮；而从新民主主义革命一开始，华侨就作为运动的一分子投入爱国运动之中，为新民主主义革命立下首役之功。二是主动与被动的差异——华侨声援和参加五四运动完全是自发的，表现了一定的爱国主动性和自觉性，当然这是在此前参加爱国运动的基础上升华的；而华侨支持旧民主主义革命，是在改良派首领、革命派领袖深入启蒙、广泛宣传、艰难发动下参加的。三是先发阶层有别——华侨支援旧民主主义革命首先是商界华侨起带头作用，其他各阶层华侨随之参加，逐步深入华侨大众；而华侨投身新民主主义革命，欧洲华工首当其冲，他们与中国留学生配合，阻止中国政府代表签约并取得胜利。四是首役地区不同——旧民主主义革命，日本是首发地和策源地，南洋和北美洲是革命的重要基地；而新民主主义革命，华侨较少、过去比较沉寂的欧洲成为首发地和策源地。其中的后两点对于此后华侨开展的爱国运动产生不可忽视的影响。

# 第二节　协助共产国际支持中国革命

## 一、马克思列宁主义的特殊传播者

马克思列宁主义传入中国，与中国工人运动相结合诞生了中国共产党。以往的党史著作在介绍中共的创立时介绍了马列主义传入中国的情况，但没有介绍华侨传播马列主义的活动情况及其作用。实际上，华侨侨居世界各地，有的侨居在发达的资本主义国家，有的侨居在这些国家的殖民地和一般的独立国家，不少人身居马克思、列宁的故乡。如陈独秀所说，"无论太阳走到何处，都照着中国人作工"。实际上，马列主义传入中国与华侨是有一定关系的。

### （一）俄国华侨现身说法

十月革命一声炮响，给中国送来了马列主义。十月革命促进了马列主义在中国的广泛传播，旅俄华侨功不可没。而要介绍旅俄华侨向祖国传播马列主义，有必要简略追溯俄国华侨形成的概况。

自 19 世纪 50 年代以来，沙皇俄国紧步西方列强的后尘大肆对华侵略扩张，强迫清政府签订了《瑷珲条约》《北京条约》等不平等条约，强行霸占了中国黑龙江以北、乌苏里江以东的大片领土，大批中国人沦为"黄种奴隶"。他们被赶到俄国的西伯利亚和远东地区，在各行各业从事繁重的劳动，其中在农场、牧场者居多，在原始森林伐木、开矿（主要为煤矿、金矿）、筑路（西伯利亚大铁路）者也不少。这是早期俄国华侨形成的情况。

1914 年 8 月，第一次世界大战爆发。这场在人类历史上造成空前浩劫的帝国主义战争就像一架庞大的铰肉机，吞噬了千百万人的生命，多灾多难的中国人也难逃厄运。残酷的战争，需要大量的劳动力。从 1915 年起，英国、法国、俄国竞相到中国招募华工，把他们送到前线修工事、挖战壕，为战争服务。据不完全统计，整个战争期间，英、法在华招募华工约 14 万人，<sup>①</sup>而沙俄利用与中国大面积陆路接壤之便，捷足先登，招工人数大大超过英、法各国。据有资料记载："由于第一次世界大战后，俄国劳动力严重短缺，为了迅速解决劳动力刚性需求问题，俄国招募 15 万华工到前线工地挖战壕、直接参战或者从事后方建设。"实际上，旅俄华工由两部分人组成：一部分是第一次世界大战之前赴俄的华工，这部分大都是自己去的，他们大多数分布在远东和西伯利亚；另一部分是"一战"招募去的华工，多数在对德战争的前线，充当炮灰。至 1917 年十月革命之前，"在沙俄的华工总计达 30 万人"。<sup>②</sup>有的著作说，第一次世界大战期间旅俄华工总数至少在 45 万人左右。<sup>③</sup>还有的著作说，在对德战争期间，仅欧俄华工就不少于 15 万人，西伯利亚和远东的华工约 30 万人，整个大战期间在俄华工总数至少在四五十万左右。<sup>④</sup>另有文章说，十月革命发生的 1917 年，俄国有 23 万华侨。<sup>⑤</sup>

十月革命前，在俄国广袤的大地上，从北极附近的摩尔曼铁路建筑工地到南方的顿巴斯煤矿、高加索油田，从西部对德作战前线的战壕、

---

① ［美］徐国琦著，潘星、强舸译，尤卫群校：《一战中的华工》，导论中说："第一次世界大战期间，十四万目不识丁、大多是农民出身的中国劳工'以工代兵'奔赴欧洲。"这里说"一战"期间英法的华工约为 14 万人。也有说 20 万人。

② 宁艳红主编：《旅俄华侨史料汇编》，黑龙江教育出版社 2016 年版，第 58、64 页。

③ 李永昌著：《旅俄华工与十月革命》，河北教育出版社 1988 年版，第 36 页。

④ 列夫、王易著，曹明龙主编：《刘泽荣传略》，中共党史出版社 2010 年版，第 24 页。

⑤ 权好胜：《华侨为中共建立做出了重要贡献——读新近出版的中国共产党编年史》，《侨务工作研究》2005 年第 3 期。

工兵营房到远东的西伯利亚森林，从彼得格勒、莫斯科等大中城市到顿河草原，到处都有华工的足迹，到处浸透着华工的血泪。广大华工生活在沙俄社会的最底层，挣扎在死亡线上，他们在沙俄这座"民族监狱"中处境十分悲惨。"华人在俄，既乏工作，又缺粮食，艰困万状。"① 当年旅俄的老华工姚信城回忆道，华工们的"工地完全没有安全设备，工伤事故不时发生"，发生伤亡无人过问关心；华工们生活"日益贫困"，"每天吃的都是些又黑又粗的面粉"，"到气候很冷的时候还穿着草鞋，大家都是蓬头垢面，简直同叫花子一样"，"生活实在是毫无保障"。尤其是修筑摩尔曼铁路的华工们，在冬季一连几个月少见阳光的零下四五十摄氏度的酷寒中劳动，有的被冻死，许多人冻坏手脚；食物粗劣，根本吃不到新鲜蔬菜；所拿微薄薪水只是俄国人的几分之一。更有甚者，招募华工的"人贩子"违反华工只在后方服务的合同，使数万名华工"驱赴前敌"，充当炮灰。据记载："自欧战开幕以来，即俄国由各处招去之华人，赴前敌工作者，计共三十余次，约不下八万余名。"② "上年（指1916年——引者注）入夏以来，俄国招来华工，以至数万……既到之后，俄人不遵合同，种种虐待，而包工头复种种剥削，苛细备至，甚至私募巡警，擅立刑讯，毒打工众，工人因此毙命者，所在皆有。因受潮湿，致成残废者，亦指不能屈。若辈远涉重洋，谋取生计，受此极惨之痛苦，欲归不得，呼吁无门，闻者莫不伤心，情殊可悯。"③ 沙皇俄国完全违背《募工章程》关于战争期内"交战国不得募华工充当关于直接战事之工役"的规定，致使在俄德前线遭德军袭击而亡的华工达7000多人，至

---

① 《旅俄华工联合会致各国政府的电报》（1918年11月），载宁艳红主编：《旅俄华侨史料汇编》，第137页。

② 李永昌著：《旅俄华工与十月革命》，第71、72页。

③ 《中华旅俄联合会电报》（1917年10月30日），载宁艳红主编：《旅俄华侨史料汇编》，第139页。

于"嗷嗷待哺，毙于饥寒"者不计其数。旅俄华工如此悲惨的事例举不胜举。

　　广大旅俄华工漂泊海外，"艰险困苦，已达极点"，上天无路，入地无门。为了生存自救，1917 年 4 月 18 日，留俄学生、华侨青年刘泽荣放弃学业在彼得格勒发起成立了"中华旅俄联合会"。并通过有关章程，选出 15 名干事，由刘泽荣任会长，刘雯任副会长，金尔丽、张永奎为秘书，中国驻俄公使馆随员倪永令为会计员。联合会总会设在彼得格勒，在莫斯科、萨马拉、叶卡捷琳堡、上乌丁斯克（今乌兰乌德）、乌克兰、中亚等地设立分会。该会的宗旨是：（1）联络旅俄华人。（2）对于旅俄华侨之行动，凡在法律范围之内者，当竭力以辅助之。① 该组织是一个自发的旅俄华侨的互助组织，它毅然担负起救济濒于绝境的旅俄华工的重任。该组织成立后，主要开展了调查华工状况、与俄国政府协商改善华工待遇、遣送华工回国、办理侨务等工作。② 在联合会的努力下，至1918 年 5 月送回国华工 3 万人。对帮助穷困潦倒的旅俄华工起到了重要作用。这些活动需要经费甚多，联合会通过中国驻俄领事馆向中国政府寻求帮助，北洋政府大总统黎元洪捐款 1 万元，并由财政拨款一小部分，但这笔款项竟被领事馆贪挪一部分。由于联合会初期人员少，力量有限，不可能救助分散全俄各地的多数华工，尤其是十月革命爆发后，该组织积极参加各种政治活动，转变成旅俄华工的革命组织。

　　十月革命前，旅俄华工与俄国工人一样处于水深火热之中，而且多了一层沉重的民族压迫，命运更加悲惨。但令沙俄政府预想不到的是，其在华招募大批华工的同时，也为自己招来一批新的"掘墓人"和"送葬者"。

---

① 宁艳红主编：《旅俄华侨史料汇编》，第 64 页。
② 列夫、王易著，曹明龙主编：《刘泽荣传略》，第 34—37 页。

当帝国主义之间的第一次世界大战打得正酣、俄国政府忙于应付战争之际，其后院燃起革命烈火——列宁领导的布尔什维克党发动了十月革命并最终取得了伟大胜利，建立了世界上第一个社会主义国家，使处于俄国社会下层的广大劳动人民包括旅俄华工获得解放。

旅俄华工虽然处境悲惨，但十分幸运的是，他们是十月革命这场开辟人类历史新纪元革命风暴的目击者、支持者或参加者。1917 年布尔什维克党领导推翻沙皇统治的二月革命时，不少华工就参加了革命队伍。十月革命期间，许多华工自觉地拿起武器和俄国工人一道参加了各地武装起义，创立苏维埃政权。彼得格勒是十月革命的发祥地，这里的 5000多名华工，有不少人参加了工人赤卫队。在造船厂劳动的华工刘辰福、冯扎瓦等首批参加工人赤卫队并参加了攻打冬宫的战斗。阿芙乐尔巡洋舰的炮声载着十月革命的喜讯传遍俄国大地，各地工人赤卫队纷纷响应革命，大批华工参与其中。仇山旺、佟立方、刘宝山等华工参加了莫斯科工人赤卫队；明斯科巴赫工人赤卫队建立后，当地伐木厂的千余名华工全部报名参加；在遥远的喀林柯维契车站附近伐木厂做工的 2000 多名华工，在布尔什维克党的帮助下全部报名参加赤卫队，后改编为红军；南俄顿巴斯矿区的高尔尼茨克矿井的 150 名华工，有 100 人参加红军，其余的留下护矿。总之，大批旅俄华工不但参加了十月革命，而且有些人经过革命洗礼参加了布尔什维克党，锻炼成为党和红军的中下层军官，还有些人为这场伟大的革命而英勇献身。

十月革命取得胜利并在世界上建立第一个社会主义的苏维埃政权，引起国际帝国主义的恐慌，它们或直接出兵干涉，或在全俄各地策动武装叛乱，妄图把新生的革命政权扼杀在摇篮之中。成千上万的旅俄华工踊跃加入红军行列，他们除了参加俄国工人队伍或同其他国家的革命者共同组成国际团、国际支队外，还组成无数支中国团、中国营、中国连、中国支队等，战斗在俄国国内战争的各条战线上。如有的媒体报道说：

约有10万左右中国劳工投奔到俄国的欧洲部分。他们的生活艰苦而悲惨。工人们既不能回到祖国，又无处申诉，也无权要求改善他们的生活条件，因为把他们作黄种人看待，当作收购来的商品和奴隶看待。他们有的被枪杀，有的被打死，有的在沼泽地带和深山老林送命，有的被活活饿死！中国苦力们得了病，即使发了疯，也没有任何人来理睬他们……

但是十月革命爆发了。第三国际的口号深入中国工人内部，那些口号随之深入他们的内心。所以当"拿起武器，保卫十月革命！"的呼声响起的时候，就有成千上万中国苦力志愿军投身先进战士们的行列。接着他们在各个战线经受了内战中的一切苦难，他们忠心耿耿保卫第三国际的口号和旗帜，他们忠诚而勇敢地献出宝贵的生命。[1]

据估计，在十月革命及其后的国内战争期间，直接拿起武器参加革命并为保卫苏维埃政权而战斗的旅俄华工总数在15万至20万人之间。1919年1至8月，旅俄华工陆续参加红军。组成了八支新的中国国际部队，其中包括著名的中国模范团。这些由中国人组成的红军部队，分别加入东方战线的第三、第四、第五集团军，南方战线的第十、第十一、第十二集团军，北方战线的第六、第七集团军，积极参加粉碎协约国帝国主义的历次进攻。同年在红军游击队和全俄肃反委员会中工作的华工近4万人。就其实质而言，他们是中国无产阶级的组成部分；他们又是最先接触到列宁主义理论和实践的一支中国无产阶级队伍。

因此，旅俄华工从自身的血泪经历中深刻认识到，只有走俄国十月革命的道路才能改变自己及祖国苦难同胞的悲惨命运。真理是没有国界的，俄国十月革命的喜讯及列宁主义的真理，通过各种包括旅俄华工在

---

① 宁艳红主编：《旅俄华侨史料汇编》，第338页。

内的渠道传入中国大地。

十月革命爆发后，中华旅俄联合会积极参加各种政治活动，转变成旅俄华工革命组织。为了适应形势的需要，1918 年 12 月，该团体改名为"旅俄华工联合会"，并修改了章程。该会成立后迅速在各地建立分会，会员发展到约 6 万人。旅俄华工联合会一成立，即向祖国同胞发出呼吁书，呼吁中国工人应该记住，"中国革命的命运与俄国工人革命的命运息息相关。只有同俄国工人阶级保持紧密团结，被压迫的中国取得革命的胜利才有可能"[①]。12 月 15 日《真理报》报道了旅俄华工联合会成立的消息说："会议决定脱离职业联合会的圈子并赋予该组织以进行广泛宣传的革命组织的性质。会议决定向中国人民呼吁，希望他们继续进行反对中国北方卖国政府的英勇斗争，并同所有亚洲无产阶级建立紧密的联系，组织工人、农民和士兵代表苏维埃。"[②]可见，旅俄华工联合会是在俄共（布）的关怀下成立的拥护和支持十月革命的群众组织，同时又是关心祖国命运和解放的爱国华侨团体。

如果说，1894 年孙中山在檀香山发起建立的兴中会是中国近代第一个资产阶级革命团体，那么旅俄华工联合会则是在海外建立的第一个无产阶级革命团体。两个革命团体都与华侨密切相关，但两者构成不成，前者基本以侨商为主，后者则以华工为主。1918 年 12 月 30 日，旅俄华工联合会在莫斯科召开第一次华工群众大会。莫斯科分会会长张永奎号召中国同志立即积极投入革命斗争之中，他说："中国人民应该与俄国革命并肩前进，走俄国革命的路，所以大家都要到自己的岗位上，与欧洲资本主义进行坚决的、毫不留情的斗争。"翌年 2 月，旅俄华工联合会代表在莫斯科工兵代表苏维埃全会上致贺词说，实现国际理想的时刻到

---

① 宁艳红主编：《旅俄华侨史料汇编》，第 351 页。

② 李永昌著：《旅俄华工与十月革命》，第 251 页。

了，不仅对于西方无产阶级，对于东方无产阶级也一样。中国工人应该向你们学习社会斗争的新方法，以吸取适合中国现实情况的东西。旅俄华工联合会的上述言论可以表明，它十分关心祖国的命运，主张中国无产阶级"走俄国人的道路"。

为了使祖国同胞了解十月革命，旅俄华工联合会还做了一些实际的宣传十月革命的活动。该组织先后创办了《华工》《旅俄华工大同报》（BEINKOEABECTBO，简称《大同报》）和《华工醒时报》。前者为周报，由波利万诺夫和张玉川（旅俄华工联合会副主席）任编辑，以宣传共产主义思想为宗旨，"不仅在俄国，而且在中国，开展宣传活动，并与工农政府携手合作"①；后者由刘泽荣、孙言川任编辑，在彼得格勒用石印出版。该报辟有《俄国新闻》栏，报道俄国的重要消息，曾登过颂扬列宁的诗歌、齐切林给孙中山的信等。1919年7月25日，俄国苏维埃政府外交部发布《致中国人民和北方及南方政府的宣言》，即俄国第一次对华宣言，北方政府即指北京的北洋政府，南方政府即孙中山在广州组织的国民革命政府。宣言宣布放弃沙皇俄国同中国签订的不平等条约，废除俄国在中国的特权。宣言指出："苏维埃政府把沙皇政府独自从中国人民那里掠夺的或与日本人、协约国共同掠夺的一切交还中国人民"；"请中国人民了解，在争取自由的斗争中，唯一的同盟者和兄弟是俄国工人、农民及其红军。"《大同报》在华文媒体中首先刊登了这则宣言，首先向中国人民传播了这则宣言。《大同报》成为宣传和传播列宁主义的平台。1920年刘泽荣回国，《大同报》停刊。由于北洋政府慑于帝国主义列强，没有承认苏俄政府，加之中苏交通阻碍、北洋政府对苏联采取封锁政策，这个宣言迟至1920年3月26日才在中国报刊发表。《华工》编

---

① 中共中央党史研究室第一研究部编：《共产国际、联共（布）与中国革命文献资料选辑》2，北京图书馆出版社1997年版，第31页。

辑张玉川后被反革命分子暗杀，据国内有关档案记载，张玉川是"中国鼓吹广义派主义（即指布尔什维克主义）之首领"①。旅俄的地方华人组织也出版过宣传刊物，如 1920 年 5 月，阿穆尔省的华人编辑出版了《共产主义之星》旬刊，从 5 月 5 日至 11 月 1 日，该刊发行多达 58000 份；此间该省还散发了华人共产主义者各种各样的宣言和传单 23000 份，中文出版的小册子 5000 份。旅俄华工联合会的另一个宣传活动，是向旅俄华工进行爱国主义和国际主义的革命宣传教育，如在苏俄东方战线的第五集团军政治部设有外事组和国际团，中国籍红军张振海任政治部教员，陈章海任宣传干部。1920 年底，该部门曾为中国战士举办过《关于中华民国和中国无产阶级反压迫斗争的现状》《关于第三国际第二次代表大会致红军的呼吁书》等题目的集会和讲座。陈章海教育中国红军战士要以实际行动表现对俄国的忠诚，并要学好本领"在回国以后成为革命的传播者和承担者"。远东的阿穆尔地区的华人党组织也积极进行这方面的宣传。据中国档案记载，当地华人"充当党员……到处演说"，"专以传布共产主义于中国为主旨，声势逐渐扩充，已有不可收拾之势"②。

不但如此，旅俄华工联合会还陆续派人回国宣传十月革命。大致在 1919 年 1 月初，有一批华工代表从远东秘密回到我国东北宣传革命。据资料记载："近日由俄国返国的华工开始在中国居民甚至在军队中进行布尔什维克主义的宣传"；其中"在沙河子煤矿出现了三个从西伯利亚回来的中国人，他们开始在中国工人中进行布尔什维克主义的宣传"③。但这三名华工在黑龙江沙河子煤矿宣传时，被驻扎在该矿的日本军警抓获，此事引起中国政府当局的恐慌，北洋政府国务院密电东北各地军政当局"严切侦防，以遏乱萌"。3 月初，又有 300 多名旅俄华工准备回

---

① 李永昌著：《旅俄华工与十月革命》，第 256 页。

② 李永昌著：《旅俄华工与十月革命》，第 275—276 页。

③ 李永昌著：《旅俄华工与十月革命》，第 284 页。

国开展革命活动。北洋政府获悉后，当即密电全国各地军政首脑"切实防范，弭患无形"。在河北开滦煤矿，也发现了华工传播马列主义的活动。1920 年 6 月 15 日，开滦煤矿代总矿师戴莫的报告称："我们也可以说从法国、俄国回来大批苦工，带来很激进思想，极近乎布尔什维克主义，把这种思想大大散布在矿上的一些坏人中。"[①]这说明了回国华工在开滦矿中传播马列主义的情况。1 月 29 日，黑龙江省督军鲍贵卿给北京政府的密电中称："欧俄华工附和过激党，回国鼓吹社会主义。"并饬令所属严密查防。吉林省长郭宗熙密电各道尹："闻有阻留欧俄之华工万人，已附（过）激党。列宁领导的政府给五千卢布派他们返回中国，鼓吹社会主义，要求各道严密防范。"[②]2 月，北京政府国务院电令东三省督军、省长对旅俄华工设法从严检查，分别遣归原籍，以防"煽惑军民"；3 月，北京政府再电令各省设法遏止华工回国，以免传播过激主义，鼓吹均产。这些说明，旅俄华工频繁回国宣传社会主义、列宁主义，引起北洋政府和东三省军政长官密切注意。

旅俄华工联合会还积极设法同孙中山及其领导的南方革命政府取得联系，宣传并由此扩大十月革命在中国的影响。

旅俄华侨的各种宣传活动扩大了十月革命对中国的影响，他们目睹和参加了这场伟大的革命，现身说法，因而更具有说服力。他们的宣传活动，得到了国内工人同胞的响应。1920 年，中国南方工人在给旅俄华侨的一封信中写道："当你们回到祖国，并开始在这里，在你们祖国的兄弟中播下俄国革命的种子的时候，这将鼓舞他们起来进行共同的斗争以创造一个崭新的社会主义的中国，这将在亚洲的东方实现革命并改造整

---

① 中共开滦党委党史资料征集办公室编：《开滦工运史资料汇编》第 1 辑，1985 年内部资料，第 86 页。

② 宁艳红主编：《旅俄华侨史料汇编》，第 70 页。

个世界。"① 这反映了中国工人对旅俄华侨宣传的响应和接受。

在中国早期马列主义的传播中，中国留学生包括少数留俄学生也是传播者之一。如留俄学生张西曼 1911 年考入俄国海参崴国立东方语言专科学校（即东方大学的前身），攻读政治经济学。后到彼得堡、莫斯科等地考察，接触到普列汉诺夫和列宁的著作，并与俄国革命组织建立联系。不久回中国东北参与创办东华中学，在学生中传播马列主义。十月革命后，张西曼再赴俄国西伯利亚考察并来到海参崴，阅读研究俄国革命书报，宣传列宁主义和十月革命，并向孙中山等介绍苏俄情况。他以"希曼"的笔名翻译《俄国共产党党纲》，为《中国共产党党纲》提供了参考蓝本。由于"中国共产党处于地下状态，无法公开出版自己的党纲，便以《俄国共产党党纲》中译本代替《中国共产党党纲》，对先进的中国人接受马克思主义和指导党的早期活动功不可没"。② 1918 年、1919 年之交，俄共中央《真理报》相继刊登俄共（布）中央成立共产国际的倡议和俄国、波兰等 8 国共产党发起成立共产国际的公开信，张西曼闻讯，立即秘密前往上海拜会孙中山，建议"以社会主义的内容改造中国革命的政党"，随后又两次拜会孙中山，对其转向联俄、联共、实行第一次国共合作，起到了促进作用。③

出生于浙江的俞秀松在求学时期就追求进步思想，并参加领导了当地的五四运动，认为俄国十月革命是解放人类的唯一正确道路，逐步成为马克思主义者。1920 年春夏，俞秀松参加了上海马克思主义研究会，成为上海共产党早期组织的成员，并根据陈独秀的安排具体负责社会主义青年团的筹建工作。青年团对外挂牌为外国语学社，俞秀松和杨明斋主持社务，教学俄文。当时赴苏俄学习的刘少奇、任弼时等一批人，就

---

① 李永昌著：《旅俄华工与十月革命》，第 285 页。

② 宁艳红著：《旅俄华侨史》，人民出版社 2015 年版，第 237—238 页。

③ 宁艳红著：《旅俄华侨史》，第 238 页。

是在他们的帮助下派遣出国的。1921 年春，俞秀松作为赴俄留学生的代表并作为中国社会主义青年团代表，被派往莫斯科出席青年共产国际第二次代表大会，并和张太雷、陈为人等出席了共产国际第三次代表大会，参加两会前俞秀松还参加了共产国际远东革命青年代表大会。1922 年回国参与主持青年团的工作，是青年团中央领导集体核心成员之一。他为传播马列主义、推动青年团走上布尔什维克化道路，作出了重要贡献。

如果说旅俄华工的先进分子以自己亲身经历的实践介绍传播马列主义，在俄国的中国留学生则在理论上传播了马列主义，两者各有特色，并起到了互补的作用。

### （二）日本华侨传播马克思主义

日本是孙中山领导近代中国资产阶级民主革命的策源地之一。这里的留学生和华侨思想活跃，创办了许多宣传资产阶级民主革命思想的报刊。其中有的报刊自觉或不自觉地传播了马克思主义思想。如留日学生创办的《译书汇编》刊登的《近世政治史》《社会主义》等译文就提到或介绍了马克思及社会主义学说。留日学生马君武的文章《社会主义与进化论》介绍了社会主义学说的最早创始人圣西门、佛礼儿（傅立叶）、马克思等人。文中还附录马克思、恩格斯的《英国工人阶级状况》《哲学的贫困》《共产党宣言》《政治经济学批判》和《资本论》5 部著作。

中国同盟会的机关报《民报》创刊后，在大张旗鼓地宣传资产阶级民主思想的同时，还间接地介绍和传播了社会主义思想。其中廖仲恺翻译的《社会主义史大纲》《无政府主义与社会主义》（第 7 、9 号）等文章，比较系统地介绍了社会主义。《社会主义史大纲》的译文介绍了社会主义，并将其分为五大时期，第二时期为"麦喀氏、英盖尔（即马克思、恩格斯）等，导其先路，遂成一八四八年之《共产党宣言》"；"及第四时代，于一八六四年，万国劳动者同盟设立于伦敦，主此同盟者为麦喀氏，其宣言书之结尾绝叫曰：'万国之劳动者团结！'入梦之夜已去，实行之日方来，革命的社会主义，遂如洪水时至，泛滥大陆。"①这里介绍的是马克思、恩格斯创立第一国际的情况。廖的另一篇译文，介绍了无政府主义与社会主义的区别，"社会主义者所最厌恶者"为实行暗杀的无政府主义，"两者之间，真有黑暗与光明之别矣"。文章还介绍了1872年第一国际在海牙大会上马克思的社会主义与巴枯宁的无政府主义的分裂。还有其他一些报刊也不同程度地介绍和宣传了马克思主义。日本华侨向祖国传播马克思主义的代表人物还有由改良派转向革命派的赵必振，以及同盟会骨干、国民党人冯自由等。

### （三）来自马克思主义诞生地的福音

欧洲，既是近代资产阶级民主革命的发祥地，又是马克思主义的诞生地。欧洲华侨对马克思主义的传播也作出了贡献。第一次世界大战期间，十数万华工被招募到欧洲战场，以及20世纪20年代前后达到高潮的勤工俭学运动，在欧洲形成一批有觉悟有思想的华侨。因此，马克思主义的传播主要是通过旅欧学生和个别有觉悟的华工进行的。其中周恩来、赵世炎、蔡和森等一批共产主义分子在这方面做了大量工作。周恩来在法国开展的革命活动，则得到了华工的支持和资助。"一位留在法国成为茶叶店主的华工甚至为周恩来早期的政治活动提供了重要的资助。"而他们的宣传往往又是以华工参与创办的《华工杂志》《旅欧周刊》《华工旬刊》等为载体进行的。宣传的内容主要有社会主义是改造世界乃至中国之良方，工人阶级是一个伟大的革命阶级，并主张在中国建立工人阶级的政党等。如《华工杂志》反映旅欧华工活动和思想状况，表达华工的愿望，该刊刊登的文章呼吁劳工们关心祖国命运，"联合起来拯救祖国，并呼吁所有在法华工对于将山东割让给日本发表他们的反对意见"。②

---

① 尚明轩、余炎光编：《双清文集》上卷，人民出版社1985年版，第13—14页。

② ［美］徐国琦著，潘星、强舸译，尤卫群校：《一战中的华工》，第222、223页。

社会主义思想主张世界上一切被压迫人民得到解放，人人平等，这种思想在早期致力于反帝反封建的某些海外华侨国民党人中有着共鸣。因而他们在侨居地从事革命活动中，与各派社会主义有所接触并有某种合作关系。如民国初年，华侨革命党人谢英伯在美国纽约参加了国际社会党。俄国十月革命后，美国西部国民党人张蔼蕴等人在圣荷西（广东人称山多些）成立新社会学会，研究社会主义学说。[①]美国华侨中的国民党人参加国际社会党或研究社会主义学说，自觉不自觉地传播了社会主义思想。

### （四）华侨向祖国传播马列主义的不同情况

通过前述介绍的有关史实，可以肯定地说，华侨是向中国最早传播马克思主义的群体之一。因此，介绍马克思主义在中国传播时，对华侨所做的贡献应该有所反映。但由于广大华侨的侨居国情况各有不同，有些侨居在发达的资本主义国家，有些侨居在这些国家的殖民地，有些侨居在刚刚诞生的社会主义国家，还有些侨居在马克思主义诞生地。又由于各侨居地的华侨社会构成不同，如欧洲华侨以第一次世界大战期间征募的华工和少部分旅欧勤工俭学学生为基础，尤其是俄国华侨的主体为华工转变而来；美洲华侨会党占相当比例；南洋华侨以中小商人居多。这些决定了华侨向祖国传播马列主义呈现出不同的情况。

俄国十月革命是在以列宁为首的布尔什维克党领导下解放被压迫人民的革命。马克思主义与俄国实际相结合诞生的列宁主义，是指导这场革命胜利的基本理论。旅俄华工既是俄国被压迫人民的一部分，也是中华民族的一部分。十月革命使他们获得了解放和新生，他们亲身感受到列宁主义对于解放被压迫人民的伟大作用。而此时自己的祖国正处于多

---

① 参见［美］麦礼谦著：《从华侨到华人——二十世纪美国华侨华人社会发展史》，三联书店香港有限公司 1992 年版，第 213 页。

灾多难之秋，自己的同胞处于水深火热之中。因此，旅俄华工以质朴的感情向祖国传播列宁主义，呼吁中国人走俄国十月革命的道路，这带有现身说法的特点。当然，在当时的条件下，旅俄华工对列宁主义的宣传和传播有着这样或那样的缺陷和不足，其广度和深度还远远不够。也就是说，旅俄华工文化水平普遍偏低，多数人目不识丁。因此，他们对列宁主义的宣传多为直观的感受、切身的体会，处于感性认识阶段；不可能讲清楚列宁主义的深奥道理，难以上升到理性认识，更不可能作为一种学理加以研究。这与国内追求救国救民真理的先进知识分子及同期旅欧勤工俭学中的进步知识分子，对马列主义的认识和传播不能同日而语。

日本留学生和华侨对马克思主义的传播多数是不自觉的，并有许多不确定之处，传播者也并非就是信仰者，并非把它作为改造中国的一种理论武器，而只是作为一种学说和思潮加以介绍。但不容否认，这种宣传介绍也有其积极意义：在当时国内思想闭塞的情况下，日本的华文报刊对马列主义的宣传，通过各种不同的渠道较早地传入国内，对国内思想界无疑起到潜移默化的影响；中共主要创始人陈独秀、李大钊、李达、周恩来、陈望道等在此前后均在日本留学或逗留过，他们是在这里开始接触到马克思主义理论、回国后进一步系统和深化的。

欧洲华侨传播马克思主义，主要通过个别有觉悟的华工和留法勤工俭学中的先进分子（如周恩来、赵世炎、蔡和森等）合作进行的，而后者起主要作用。美国华侨传播马克思主义是个别国民党人不自觉地进行的。

## 二、搭起共产国际与中共创建之桥

### （一）刘泽荣参加共产国际会议并被列宁三次接见

中国共产党是在共产国际的帮助下，按照列宁的建党原则建立的。

而在共产国际帮助中共创建的过程中，旅俄华侨起到了某种纽带与桥梁的作用。

十月革命前，数万旅俄华工与俄国工人阶级一样处在社会最下层，因而他们很容易接受社会主义思想。他们有幸目睹或参加了伟大的十月革命，其中以卫士队小队长李富清为首的 70 多名中国籍红军战士荣幸地担任列宁的卫士，受到列宁的亲切教诲[①]；更有成千上万的华工投身到保卫新生的苏维埃政权的斗争中。据统计，"1919 年在红军游击队和全俄肃反委员会中工作的有将近四万名中国同志"。"1919—1920 年，在东线苏俄红军第三、四、五集团军中，在南线的第十、十一集团军中，在西北线的第七、第六独立集团军中，华人连、团战士们，浴血奋战，斗志昂扬，英勇无比。"[②] 在各战场的中国营、中国团的红军指战员中涌现出了包其三、单清河、孙富元、任辅臣、韩喜顺、孙继五、张海辰、李富清等许多优秀的指挥员和华侨英烈。在多数中国籍红军队伍中，都建立了共产党组织，他们与俄共（布）各级组织均有联系，并是其中的组成部分。

正因为如此，中国籍红军指战员的出色表现受到好评和赞扬，他们所在的党组织及相关华工团体受到俄共（布）及其领导人的重视，其"在旅居俄国的中国人当中做联合和共产主义教育工作，旨在培训他们从事中国革命工作"[③]。1918 年 11 月 30 日，列宁接见了中华旅俄联合会负责人刘泽荣、张玉川，并与之亲切会谈。他们向列宁表示，"苏维埃俄国的存在是关系到整个东方生死存亡的大问题"。12 月 9 日，在彼得格勒

① 宁艳红著：《旅俄华侨史》，第 182 页。

② 中共中央党史研究室第一研究部编：《共产国际、联共（布）与中国革命文献资料选辑》2，第 37 页。

③ 中共中央党史研究室第一研究部译：《联共（布）、共产国际与中国国民革命运动》1，北京图书馆出版社 1997 年版，第 52 页。

召开了由高尔基主持的各国国际主义者参加的万人大会，刘泽荣作为孙中山的支持者和中国南方政府的代表出席大会并发表了讲话。为了适应形势的需要，同年底，"中华旅俄联合会"改组为"旅俄华工联合会"，随即在萨马拉、萨拉托夫、叶卡捷琳堡、上乌丁斯克、乌克兰、中亚细亚等地纷纷建立了联合会的地方组织，并建立了党的支部，会员多达6万多人。

1920年6月18日至24日，旅俄华工联合会召开第三次代表大会，与会代表200多人。大会选举列宁和孙中山为名誉主席。选举刘泽荣继续担任旅俄华工联合会主席。大会提议成立旅俄华人共产党组织的中央机关。会议闭幕的第二天，即6月25日，成立了"俄共中国党员中央组织局"①。由俄共（布）党员华人安恩学任主席，刘泽荣等任中央委员。旅俄华工联合会第三次大会在致列宁的信中说："俄罗斯社会主义共和国是我们的堡垒和希望，我们追求的是中国工人和农民的解放。在中国，五亿劳动者，向俄国的无产阶级伸出了手。"②"俄共中国党员中央组织局"是苏俄境内华人共产党组织的统一中央领导机构，它接受俄共（布）中央委员会的领导，设中央委员5名，候补委员2名。但它在对华工的宣传教育、自身组织建设，尤其是向国内同胞宣传方面又具有相对的独立性。其任务一方面是动员华工发扬国际主义精神，保卫和建设苏维埃政权；另一方面是为祖国革命培养干部，组织发动中国工人阶级和劳动人民革命。它是中共成立前联系俄、中革命的纽带。这从《旅俄

---

① 该组织的叫法不一：俄罗斯学者乌斯季洛夫称"俄共中国党员中央组织局"，见中共中央党史研究室第一研究部编：《共产国际、联共（布）与中国革命文献资料选辑》2，第34页；列夫、王易著，曹明龙主编：《刘泽荣传略》第74页称"俄共（布）华人共产党中央委员会"；李永昌著：《旅俄华工与十月革命》第270页称"华人共产党中央组织委员会"；许肖生著：《华侨与祖国民族解放运动》（暨南大学出版社1992年版）第50页称"旅俄华人共产党中央组织局"。

② 中共中央党史研究室第一研究部编：《共产国际、联共（布）与中国革命文献资料选辑》2，第34页。

中国共产党人组织章程》可以证明，章程的第五部分《中国共产党人在祖国的组织建设》中规定：1. 中国共产党人认为，在各国无产阶级面前，自己直接的责任是在中国进行社会革命——组织中国工人阶级。2. 在祖国，凡有共产党员及其支持者的地方均须建立党支部。3. 一俟有机会，国内各地组织局须与临时设在莫斯科的中国共产党人中央组织局建立联系。[1] 章程只是提出在中国建立共产党的地方支部，没有提及建立统一的中国共产党及中央领导机构，但它毕竟将在中国建立共产党组织作为自己的基本任务之一。事实上，在中国共产党正式成立之前，列宁和俄共（布）一直将旅俄华人共产党组织作为"联系中国当前和未来革命运动的纽带"[2]。

　　"俄共中国党员中央组织局"成立不久，曾派出 50 多名共产党员到俄国各地配合俄共（布）地方组织开展工作。对祖国工作方面，1920年 7 月 5 日，第三次全俄华工大会致电孙中山转全国同胞及所有各团体，提出 4 项主张："其一，请示全国同胞团结，大力协助中国青年革命事业，以排除其敌人，如帝国侵略资本专制等主义。其二，请求我国即行承认劳农共和国，彼为领导受制人民共争自由者也。并请我国对于反对俄国之列强切勿施以援助。其三，请求我国即派正式全权代表来俄，以结邦交。此为我国急要之图，万不容缓者也。其四，请求我国即行设法，使在俄侨民之欲回国者，得以利便，言旋归侨无阻，实为至矣。"来电核心之意请求全国同胞支持革命事业、团结反帝，迅速与俄国建立邦交，为旅俄华工回国提供便利。7 月 10 日，孙中山复电刘泽荣，表示即向全国公布主张，"目前中国只不过名义上是共和国，而政权掌握在帝制集团和军人集团手中，人民尚未得自由。在实施您电文中的第四条以前，还

---

　　① 中共中央党史研究室第一研究部编：《共产国际、联共（布）与中国革命文献资料选辑》2，第 26 页。

　　② 苏联《真理报》，1920 年 6 月 30 日。

应该有一次革命来扫荡这些统治集团"。[1]孙中山复电上海报局拒绝拍发，由美国纽约马素代转。

为支持孙中山领导的广东革命政府，并派党员回国与孙中山取得联系，1920 年夏，曾派出 10 名华人共产党员回国同国内的革命组织建立联系，他们到上海、天津、哈尔滨等地联系革命团体，探讨建立共产党支部的问题。同时又派刘谦（又译刘江）回国同孙中山建立联系，刘谦化名费多尔同孙中山会谈。同年 10 月 5 日，刘谦以中国共产党代表身份向俄共（布）阿穆尔州委提交了他上海之行的报告，他在报告中指出：这次上海之行同孙中山达成许多共识，其中包括立即把华南、俄国中部和远东地区的中国革命势力统一起来。[2]孙中山早年领导辛亥革命，足迹走遍欧美南洋各地，唯独没有到过俄国，对俄国情况尤其十月革命的情况并不了解，旅俄进步华工的上述活动，帮助孙中山了解了十月革命后的俄国，为他日后向实行"联俄、联共、扶助农工"的新三民主义的思想转变，起到了有力的推动作用。

1920 年 8 月，俄共中央西伯利亚东方民族处在伊尔库茨克成立，是负责远东工作并对其实行集中管理的部门。东方民族处自成立初期就设有中国科，由东方学院学生俄国共产党阿布拉姆松领导，该科主要负责在中国本土工作，在旅居俄国的中国人中做联合和共产主义教育工作，旨在培训他们从事中国革命工作。此间，俄国共产党华员局创办《震东报》周刊出版第一期。俄共中国党员中央组织局派人回国进行革命活动，没有引起国内共产主义者的重视，因此他们回国建立党组织的尝试没有取得实质性的成效，但其在这方面的工作和努力是不能抹杀的。

旅俄华侨党组织一面派人回国进行革命活动，同时又直接与共产国

---

① 《旅俄华工大会致孙中山电》（1920 年 7 月 5 日），载宁艳红主编：《旅俄华侨史料汇编》，第 136 页。

② 宁艳红主编：《旅俄华侨史料汇编》，第 75 页。

际取得联系并参与了共产国际的许多活动，其中即有帮助中国建立共产党的重要活动。

列宁及俄共（布）中央对刘泽荣及其领导的旅俄华工联合会十分重视。1918 年 11 月 30 日，列宁亲自接见了刘泽荣和张玉川。随后苏俄外交人民委员会特发给刘以工作方便的授权和保护的证明书：

兹证明本证书的执有者，中华民国公民广东籍人刘绍周（即刘泽荣——引者注）同志，是经俄罗斯苏维埃社会主义联邦共和国政府登记为在俄罗斯领土内合法活动的《华工联合会》的会长，唯一的由旅俄的中国公民和工人所授权为保护他们利益的人。该会长有权直接向一切政府机关和社会机构联系，以便办理有关保护中国人利益的事项，并且享有个人的不可侵犯权。希望一切机关和苏维埃对他予以各种协助以及在旅行途中予以方便。

列宁看完这个证明书后，亲自在证书下面用红墨水笔批示：

务请所有苏维埃机关和主管人员对刘绍周同志予以一切协助。

人民委员会主席乌里扬诺夫（列宁）

1919 年 11 月 9 日 [①]

列宁还叫秘书在批示旁边打上人民委员会的印，并将批示挂上号，编号登记（编号为 a13023），使它成为政府主席的正式指示。列宁的举动表示出他对中国工人的关怀和对中国人民的亲切友好态度。遵照列宁的指示精神，彼得格勒市政府还主动接纳刘泽荣为市苏维埃委员。对此，刘泽荣回忆说：

列宁的批示，表现出伟大列宁对中国工人无限关怀和对中国人民亲切的友好态度。对我个人来说，这是对我表示很大的信任，也是我个人

---

① 刘泽荣：《十月革命前后我在苏联的一段经历》，《文史资料选辑》第 60 辑，第 222 页；另见宁艳红主编：《旅俄华侨史料汇编》，第 207 页；列夫、王易著，曹明龙主编：《刘泽荣传略》，第 70—71 页。该件复印件存于黑龙江省黑河市旅俄华侨纪念馆。

的莫大光荣。我当时的激动是无法形容的，我几乎说不出话来表达我衷心的感激。

多少年来，经历了多少波折，特别是日寇侵华，我烧毁了很多重要文件，可是一直保存着这个证明书，把它看作是十分珍贵的纪念。[1]

1919年3月2日至6日，共产国际第一次代表大会召开，由于当时中共尚未成立，苏俄政府外交部邀请刘泽荣和张永奎作为"中国工人"代表列席会议。刘在大会上以"中国社会主义工人党小组代表"名义发表祝词。就在这次大会期间，列宁拨冗亲自接见了刘泽荣和张永奎并进行了会谈。刘泽荣回忆说：

我第一次拜访列宁同志是在1919年3月5日，当时我正在列席共产国际第一届大会，记得第一次去见这位伟大领袖时，是在下午大会休息时……他还问我是否要在大会上发言，我回答了他的问话，告诉他准备在大会上发言，他说很好。

……我和张永奎去拜会列宁主席，因为我们俩作为联合会的代表列席第三国际的会议。秘书领我们进入办公室的时候，列宁主席坐在桌前写字，看见我们进来，他就很热情地迎接我们，亲热地和我们握手，让我们坐下，他自己也同我们坐在一起。我们向他转达了联合会全体成员对他的崇高敬意，和对于苏维埃政府在各方面的协助表示深切的谢意。我们知道列宁主席这几天很忙，不敢多耽误他的时间，但是他不让我们就走，很关心地问了我们联合会的情况和我们两人的情况。

伟大的列宁那样亲切地接待我们，使我们非常感动，他那可敬可爱的形象，给我们留下极深的印象。[2]

3月5日，共产国际第一次代表大会召开第四次会议。在季诺维也

---

[1] 列夫、王易著，曹明龙主编：《刘泽荣传略》，第71页。

[2] 列夫、王易著，曹明龙主编：《刘泽荣传略》，第66—67页。

夫发言之后，主持会议的列宁宣布："现在请中国代表发言。"刘泽荣先用汉语念了一遍祝词，又用俄语念了一遍，祝词先是介绍了近代中国遭受帝国主义列强侵略的历史，接着介绍孙中山领导辛亥革命以及后来在中国南方建立的革命政府，及其对俄国革命的反响，祝词最后说：

本国际是俄国共产党创立的。这个党领导的政府，为世界劳动人民的利益，为各国人民的自由而对世界帝国主义宣战。因此，这个党获得了中国人民最真诚的友情。我作为中国组织的代表参加共产国际代表大会，深感荣幸。我不仅代表我所在的小组，也不仅代表成千上万散居俄国各地的中国无产者，而且代表几万万灾难深重的中国人民，向旗帜鲜明地誓同残暴的世界帝国主义进行斗争的第三国际致以热烈的祝贺！ [①]

同年冬，即 1919 年 11 月 19 日，刘泽荣因旅俄华工联合会有些重要事务请列宁关照，再次请求谒见列宁。这次见面刘泽荣是通过列宁的妹妹、《真理报》报社的秘书玛利亚·伊里尼什娜请示求见的。当玛利亚打电话给列宁后，列宁爽快地答应了。刘泽荣回忆这次见面的情形时说："列宁主席和上次一样，非常亲切地接见我，同我谈话。此次谈话比较长，将近 1 小时。列宁详细地问我关于我们联合会的工作情况，后来又问关于近来中国国内局势和革命运动的情况。"刘泽荣对于中国革命问题请教列宁说："你认为中国该怎么办？"列宁表示："中国现在走苏联的道路还不成熟。" [②] 刘当时没有理解列宁的话的深刻含义。列宁认为，中国人民反对帝国主义的爱国运动非常重要，并表示中俄两国人民必定会建立最友好的关系，会共同进行反帝斗争。刘泽荣还就旅俄华工联合

---

① 列夫、王易著，曹明龙主编：《刘泽荣传略》，第 68—69 页；祝词全文见中共中央党史研究室第一研究部编：《共产国际、联共（布）与中国革命文献资料选辑》2，第 76—78 页。

② 列夫、王易著，曹明龙主编：《刘泽荣传略》，第 70 页。苏联是 1922 年 12 月 30 日由俄罗斯联邦、白俄罗斯、乌克兰和外高加索联邦等苏维埃社会主义共和国合并而成。刘泽荣回忆 1919 年列宁称"苏联"有误，应为俄国或苏俄。

会遇到的一些难以克服的困难求教于列宁。

1920 年 7 月 19 日至 8 月 7 日，共产国际第二次代表大会召开，刘泽荣和安恩学作为"俄共中国党员中央组织局"的代表出席会议。为了研究东方各国的革命问题，大会专门成立了有列宁参加的由 19 人组成的民族和殖民地问题委员会，刘泽荣是委员之一，参加了列宁《民族和殖民地问题提纲初稿》及罗易《补充提纲》的讨论和修订。在讨论民族与殖民地问题时，刘泽荣于 7 月 28 日在第五次会议上作了发言，他首先向大会介绍了孙中山领导的南方革命政府坚决地同北京政府（北洋政府）作的斗争，斗争的内容主要是恢复旧国会和旧总统的权力，撤销北京政府，战争胜负未定，比较艰难；接着介绍了中国刚刚爆发的五四爱国运动，揭露巴黎和会损害中国的利益，引发了反对政府、反对日本的学生运动，并表达了"学生运动必须与工人运动相结合才能成功"的主张。发言最后向大会呼吁："必须强调指出，目下中国乃是革命宣传的广阔场所。第三国际代表大会应该对这一事实给予极高度的重视。而支援中国革命的革命运动不仅是对中国本身具有重要意义，而且对全世界革命运动也具有重要意义。"①

在共产国际第二次大会召开期间，即 7 月 22 日，经过事先请示，列宁第三次接见了刘泽荣，因列宁忙于大会工作，这次见面会谈时间很短。刘泽荣这次请求进见列宁，主要是就以张斯麟为首的中国北京政府代表团，已在俄国远东共和国首府上乌金斯克，拟到莫斯科遭到俄外交部拒绝事（因北京政府对俄国新政府有所顾忌，未授权张斯麟到俄都谈判，也未履行外交惯例事先向俄外交部联系）请求列宁协调，当刘泽荣说明情况后，列宁毫不犹豫地指示外交部："可以让中国代表团现在就来。"在刘泽荣的协调下，张斯麟代表团终于得以到达莫斯科，并受到俄方的

---

① 列夫、王易著，曹明龙主编：《刘泽荣传略》，第 79 页。

热情欢迎。对此，刘泽荣回忆说："伟大的列宁作出这样的指示，再一次表现了对中国人民的友好和对于中苏间正常关系的愿望，同时表现了处理问题时的机动灵活和实事求是的作风。"①

在第一、第二次共产国际大会期间，刘泽荣曾三次谒见列宁，聆听其教诲并向他汇报中国的情况。刘泽荣作为中国工人阶级的代表参加共产国际代表大会，并受到列宁三次接见的殊荣，这在国际共产主义运动史上及中国工人运动史上有着特殊的历史意义。这说明旅俄华侨中的个别代表架设起了一座将共产国际与中国革命初步联结起来的桥梁。

1921年6月22日至7月12日，共产国际第三次代表大会在莫斯科召开。张太雷和杨明斋作为中国共产党代表参加大会，张太雷在大会上发表五分钟的讲话。无政府主义者江亢虎和姚作宾等先后抵达莫斯科参加会议。

列宁领导的共产国际召开的三次代表大会，旅俄华工的先进分子和国内共产主义者代表刘泽荣参加大会，并在大会发言。沟通了共产国际和中国的联系，对于其了解中国及帮助中国共产党创建起到有益作用。当然，刘泽荣后来并未成为马克思主义者和中国共产党的创造者。"共产国际信任刘绍周，派他去中国工作，此人并不具备足够的政治素养，而且就其思想和信仰而言，远不是与社会主义运动休戚与共的人。"②因而他虽然参加了共产国际初期的重要活动，对帮助其了解中国情况起了有益作用，但在中共创建及以后的革命中没有什么作为。

---

① 列夫、王易著，曹明龙主编：《刘泽荣传略》，第83页。

② ［俄］M·布龙斯泰因、M·阿布拉姆松：《关于俄共中央西伯利亚局东方民族处的机构和工作问题给共产国际执委会的报告》，载中共中央党史研究室第一研究部译：《联共（布）、共产国际与中国国民革命运动》1，第56页。M·布龙斯泰因、M·阿布拉姆松分别为俄共中央西伯利亚局东方民族处副主席、中国科科长。

### （二）杨明斋协助共产国际代表来华

如果说刘泽荣作为中国工人阶级的代表与共产国际取得了联系，并参加了共产国际的一些重要活动，使共产国际对中国的情况尤其是中国工人阶级的状况有所了解，那么另一旅俄华侨杨明斋则疏通了共产国际与中国共产主义者的联系，成为共产国际帮助建立中国共产党的直接联系人。

杨明斋（又名杨好德），山东平度县（今平度市）人，1901年因生活所迫到俄国符拉迪沃斯托克（即海参崴）谋生。1908年以后到西伯利亚地区边做工边读书，与在那里从事开矿、修路的华工联系密切，积极参加布尔什维克党领导的工人运动，并被推选为华工代表。十月革命前加入布尔什维克党，曾被派到俄国的外交机关当职员，秘密为党工作。十月革命胜利后，参加了保卫苏维埃政权的革命斗争。后被俄共（布）党组织派到莫斯科东方劳动大学学习，完成学习任务后被派回海参崴，以旅俄华工联合会负责人的身份从事党的秘密工作。

1920年1月，俄共（布）远东党组织向共产国际报告，拟派一小组到中国考察并与中国进步力量建立联系，得到共产国际的批准，遂派出以维经斯基为负责人的共产国际工作组来华，杨明斋是该小组成员之一并担任翻译。同年4月，杨明斋陪同维经斯基一行首先来到北京。在北京大学，他们通过俄籍教师柏烈伟了解到李大钊的基本情况，并经柏的介绍，先由杨明斋与李大钊会见，接着安排李大钊与维经斯基进行会谈，由杨明斋任翻译。经过多次融洽的交流会谈，他们取得了在中国建党的共识。在李大钊的主持下，维经斯基和杨明斋还在北大图书馆同一些进步青年进行了交流座谈，并向他们介绍和捐赠了一些有关宣传十月革命的书刊，如《国际》《红旗》《国际通讯》《震撼世界的十天》等。5月，杨明斋又持李大钊的介绍信陪同维经斯基赴上海会见陈独秀。随后，经陈独秀的介绍，他们又会见了《星期评论》杂志主编戴季陶、李汉俊、沈玄庐及《时事新报》的负责人张东荪等人，并同他们进行了多次的接触和会谈。通过会谈，维经斯基、杨明斋和陈独秀、李汉俊、沈玄庐等人取得了一致的认识，随即成立了上海马克思主义研究会，杨明斋参加了研究会的负责工作。8 月，杨明斋和陈独秀、李汉俊、李达、沈玄庐、陈望道、俞秀松、施存统等人成立共产党上海发起组（即上海共产党小组）。杨明斋这时也由俄共（布）党员转为上海党小组的成员。对此，张闻天在他的《中国现代革命运动史》一书中也有介绍："一九二〇年春，共产国际派维经斯基和杨明斋（华侨山东人）来华建立党的组织。"他们找到陈独秀，"遂于一九二〇年五月在上海发起组织中国共产党"。[①]胡乔木在论及撰写党的创立史时，也提出要反映杨明斋的活动和事迹。胡乔木说："十月革命时，在俄国的华侨里面有一些人是参加了斗争的，有些人在苏联加入了共产党，这里有杨明斋，还有一个人，后来回国在肃反时被'肃'掉了。在中国共产党开始形成的时候，国际派他们到国内来，这样一些人的活动也要提到，不提好像把他们抹煞了。"[②]可见杨明斋是俄共（布）早期的华侨党员和革命活动者，中国共产党创立时，唯一一位从俄共（布）党员转为中共党员的创始人，他对俄共（布）及列宁的建党思想有深入的了解，应该说他是党的创立时有着特殊资历的共产主义者，他对党的创立起到了特殊的作用。

中共上海发起组成立后，杨明斋即参加了《新青年》的编辑出版工作，参与决定将《新青年》杂志改为党的发起组织的机关刊物；同时参加《共产党》月刊的创办发行工作，介绍宣传马列主义的十月革命的经验。同时他经手在上海渔阳里六号租赁一栋房子，开办中俄通讯社和外国语学社（中国社会主义青年团成立后，团中央机关也设在这里）并任

①　张闻天编著：《中国现代革命运动史》，中国人民大学出版社 1987 年版，第 142 页。

②　《胡乔木传》编写组：《胡乔木谈中共党史》，人民出版社 1999 年版，第 335—336 页。

社长，将京、沪等发生的事件通告莫斯科，将苏俄革命情况的文稿介绍给《新青年》《民国日报》等报刊发表。他经常在这些刊物上发表文章和译文，介绍十月革命的成功经验，宣传马克思主义，为党的成立做了许多舆论准备工作。外国语学社则培训进步青年赴俄深造，他亲自主讲俄语。1920 年冬至 1921 年春，上海党组织从该社学员中选派了刘少奇、任弼时、萧劲光、罗亦农、汪寿华、柯庆施等 20 多人，由杨明斋介绍分批赴俄学习，为党培养造就了一批重要的革命领导人。他还指导建立了党组织领导的第一个工会——上海机器工会。其间，杨明斋还多次陪同维经斯基来往于京沪之间，为推动北京济南等地早期共产党组织的建立做了不少工作。在济南，与王尽美、邓恩铭、王翔千等进行了会谈，推动了济南地区共产主义运动的发展。[①]

1921 年春，国内各地共产党早期组织相继建立，建立统一的中国共产党的条件日趋成熟，在此重要时刻，杨明斋偕张太雷赴苏俄向共产国际汇报中国共产主义组织活动的情况，以便于共产国际进一步了解情况并直接与中共党小组取得联系。抵苏后，杨明斋和张太雷先是到伊尔库茨克，向共产国际远东书记处中国支部汇报并送交报告，提交共产国际第三次代表大会。6 月，他们赴莫斯科参加共产国际第三次代表大会。杨明斋虽然没有参加中国共产党成立的第一次代表大会，但他对中共的创建功不可没。

中国共产党成立后，杨明斋主要从事党的理论教育和宣传工作。1921 年 9 月，陈独秀由广州到上海任中共中央局书记，成立党的支部，杨为支部成员。1922 年 7 月，杨明斋参加中共二大，对于制定党的反帝反封建纲领，积极建言提出意见；后任苏联顾问团翻译，在广州做促进

---

① 有关杨明斋回国从事建党活动的情况，参见余世诚、张升善编：《杨明斋》，中共党史资料出版社 1988 年版，第 5—9 页。

国共合作的有关工作。1924 年 6 月出版《评中西文化观》一书，批判了反对马克思主义在中国传播的复古主义思潮。他还撰写了《中国社会改造原理》等著作和诸多传播马列主义的文章。1925 年 10 月，苏联在莫斯科建立中山大学，为中国革命和国共两党培养干部，杨明斋受党委托，在上海负责接收和选送党员，并亲自率领包括张闻天、王稼祥、乌兰夫等在内的第二批学员前往苏联学习，并在中山大学负责总务工作。大革命失败后回国，在严重的白色恐怖下坚持从事党的工作。①

传统观点认为，一方面华侨与孙中山及其领导的革命党（从兴中会、同盟会、国民党、中华革命党到中国国民党）有着不解之缘，关系密切，这自然不错。但另一方面，通过以上介绍，有理由说明，从中国共产党诞生伊始，也与华侨建立了较为密切的关系——旅俄华侨中的个别先进分子搭起了共产国际与中共创建的"鹊桥"，参与了中国共产党的创建活动。

旅欧中共早期组织创立期间，旅欧勤工俭学的学生中的周恩来、朱德、赵世炎等共产主义分子与欧洲华侨工人建立了密切的联系，并以他们为基础开展了许多革命活动。周恩来曾到过英、法、德、比等国家考察工人运动，与旅欧华工和勤工俭学的学生等进行广泛的接触交流，注意培养思想进步的华工，其中旅法华工会的负责人袁子贞、马志远，经培养被吸收为中共旅欧支部的成员，华工陈彭年等被发展入党。他们先后回国投身到革命斗争中去，锻炼成为坚定的共产主义战士。旅欧中共早期组织的主要创始人赵世炎，也经常深入华工当中，"对到华工里面去活动感到非常大的兴趣"，和他们联络感情，用通俗的语言向他们宣传

---

① 有关杨明斋的简历情况见廖盖隆主编：《中国共产党历史大辞典》（增订本）总论人物卷，中共中央党校出版社 2001 年版，第 230—231 页。20 世纪 30 年代杨明斋先后在苏联海参崴和莫斯科工作。1938 年 2 月，苏联大清洗时被捏造罪名逮捕，并于同年 5 月遇害。80 年代末根据苏共中央有关决定平反。

革命道理，并为他们服务。每逢节假日，他亲自或组织同学们到各地华工中演讲。他还在华工和勤工俭学学生中组织了华工组合书记部等团体。当时和赵世炎一起留法的傅钟回忆道："世炎同志很重视在华工中进行工作。开始他在华工中作启蒙思想运动：搞宣传、搞文娱活动、教认字，等等。当时宣传教育的重点是揭露北洋政府出卖华工的罪恶——这就带有反封建的性质。""世炎同志还曾试图组织一个'非宗教联盟'，来反对宗教。他自己发表了一个宣言，宣言是自己写、自己印的，在华侨和华工中散发。宣言中明确提出：反宗教就是反对帝国主义，因为宗教是帝国主义侵略的先锋和爪牙。""世炎除一般的向华工进行宣传教育外，还培养了几个优秀分子，以后吸收入党。"[1]赵世炎还深入法国最北部的华工中间，和华工一道从事艰苦的体力劳动，给华工做饭，和他们交朋友，给他们读报、讲时事政治等。经过启发教育，华工们被打开心扉，均把赵世炎当作自己的知心人。他"在华工中很有吸引力，大家都愿接近他"。还有留法勤工俭学的李立三，也对华工做了一些工作。他和赵世炎在克鲁梭钢铁厂做工，该厂有 2000 多名华工，并与其中的某些人建立了关系。他们还在留法学生中组织劳动学会，明确提出要革命，"第一步应先把华工组织起来"。李立三曾回忆说："我和世炎等同志认为，为了更好地在华工中进行工作，并加强对勤工俭学学生的领导，只有原来的劳动学会是不够的，而应该成立共产主义同盟会，来统一领导华工和学生的工作。为了这件事世炎给和森同志写信征求他的意见，和森同志表示同意，但主张名字叫'少年共产党'，我们表示名字不计较，只希望有这么一个核心组织，把华工会和勤工俭学学会统一地领导起来。记得当时还搞了一个华工俱乐部，出了一个刊物叫《华工周报》，是油

---

[1]　中共中央党史研究室科研管理部编：《赵世炎百年诞辰纪念集》，中共党史出版社 2001 年版，第 129—130 页。

印的。"① 由此可见，赵世炎、李立三、蔡和森等留法勤工俭学的中共领导人，都很重视并在华工中开展了一些革命活动。由于一批具有共产主义思想的知识分子深入华工中启发、宣传，使众多华工逐步觉悟，成为后来中共旅欧支部开展革命活动的后盾。

与周恩来等同期在德国勤工俭学的朱德也与华侨有着密切交往，其中对暹罗华侨许包野的培养教育值得一提。许包野是 1920 年到法勤工俭学的，第二年转赴德国学习，思想上积极要求进步，认真研究学习马克思主义著作。1923 年经朱德介绍加入中国共产党，成为中共旅欧支部的一名先锋战士。大革命失败后许包野回国参加领导革命斗争，先后任中共厦门市委书记，中共江苏、河南省委书记等要职，1935 年因叛徒出卖被捕牺牲。旅欧早期共产党组织的建立，是以广大旅欧华工为基础的；旅欧华侨支持或参与了旅欧中共党团组织的建立。

## 三、不可忽视的结论

关于华侨与中共创建的问题，侨史界和党史界均有所涉及。侨史界仅限于一般性的介绍，不系统、不全面也不深入；党史界仅仅是只言片语地介绍了俄国华侨杨明斋的有关活动。近年出版的俄国华侨史料、刘泽荣传记资料及共产国际、联共（布）与中国革命的新资料（内含某些档案资料），弥补了这方面的缺憾。

个别旅俄华侨，即"旅俄华工联合会"的主要负责人，作为中国先进分子的代表或者说是中国工人阶级的代表，参加了共产国际初期的某些重要活动，而且受到革命领袖列宁和共产国际的重视。他们为列宁及其领导的俄共（布）和共产国际了解熟悉中国情况起到了有益的作用，

---

① 李立三：《回忆赵世炎同志》，载《赵世炎百年诞辰纪念集》，第81—82页。

因而为其帮助中国创建共产党提供了某种便利条件。其中个别人沟通了共产国际与中国共产党某些重要创始人的联系，在共产国际帮助中国创建共产党的过程中穿针引线，起到了桥梁和纽带作用。这是中国共产党创建史上的重要一页。这一史实说明，从中国共产党创立伊始，即与华侨建立了某种关系；而旅俄华侨在中共创立期间的活动，是华侨与中共关系的缘起。这是一个不可忽视的结论，也是经得住历史检验的结论。

以往学术界尤其是侨史学界（包括台湾侨史学界），在阐述华侨与中国革命关系及华侨与国共关系时，均注意和强调华侨对中国国民党的创建和发展起了重要的作用，但都忽视了华侨向祖国传播马列主义及其沟通共产国际帮助中共建党的某种桥梁作用，这至少是不够全面的。尽管他们是华侨中的少数人，就整个华侨社会来说，与中共的关系比不上与孙中山及其领导的国民党关系那样密切深厚，其亲疏远近、认知程度等存在很大差异。但"有"和"无"毕竟是本质的不同，况且这种关系，在中共登上政治舞台、领导中国革命的进程中不断加强。

第二章

# 大力推动第一次国共合作

孙中山是中国近代历史上一位令人敬仰的不屈不挠的革命家。他为了革命事业不避艰险，不顾劳瘁；败而不馁，踣而复起。两次护法运动的失败，尤其是第二次护法期间陈炯明叛变，使他苦心经营的广东革命根据地丧失。此时国民党已出现严重的危机，党组织涣散无力，党员一盘散沙。苦闷彷徨的孙中山在共产国际和中共帮助下着手改组国民党。而刚刚诞生的中国共产党力量弱小，理论准备不足，缺乏革命经验，难以独自承担领导中国革命的重任，必须建立革命统一战线。这样，在共产国际的帮助下实现了第一次国共合作。

继支持孙中山讨袁护法之后，海外华侨的爱国活动已经转入低潮，但仍然有一部分华侨继续关注国内时局，一如既往地支持反帝反封建的伟大事业。他们热情支持和协助孙中山改组国民党，并自觉地改组海外国民党组织，积极推动第一次国共合作。

# 第一节 为建立革命策源地而征战

## 一、东征讨逆打先锋

护法斗争期间，即 1919 年 10 月，孙中山将中华革命党改组为中国国民党，力图使它重新振作，担当领导革命的重任。但与其愿望相反，当孙中山发动的第二次护法运动取得节节胜利的时候，深受孙倚重的陈炯明阴谋发动武装叛乱，孙中山处境异常艰险，困守永丰舰 40 多天，最终脱险由穗至沪。陈炯明的叛变犹如釜底抽薪，使孙中山苦心经营的广东革命根据地得而复失，在海外华侨中也产生不良影响，更表明国民党组织涣散无力，发生严重危机。处于艰难彷徨之中的孙中山下决心改组国民党，吸收新鲜血液。而刚刚诞生的中国共产党，是工人阶级的先锋队，具有中国以往任何政党所没有的许多优点，但它毕竟如暴风骤雨中刚刚破土而出的幼苗，有待成长壮大和成熟，难以独立担纲领导革命的重任，因而必须与国民党合作，共同领导国民革命。于是，在共产国际的帮助下，实现了第一次国共合作。

孙中山在酝酿和着手改组国民党的同时，在军事上发动了东征讨伐陈炯明、重建广东革命根据地的斗争。1922 年 10 月，孙中山将驻扎在福建的北伐军改名为讨贼军，任命许崇智为东路讨贼军总司令；随后又以滇军杨希闵、桂军刘震寰等部组成西路讨贼军。1923 年初，孙中山通电讨陈，号令各军"为国家除叛逆"，收复广东失地。

孙中山讨伐叛逆的号召，得到了华侨以各种不同方式的响应。时在南方陆军讲武学校第 15 期学习的侨生蔡公武，将陈炯明叛变的消息致信在马来亚芙蓉经商的父亲蔡质三，这位陈炯明的好友、被陈聘任为参议的华侨富商怒发冲冠，大骂陈炯明该杀，并表示与陈一刀两断。毕业于云南陆军讲武学校的华侨学生代表张猛等 10 多人，在广州秘密集会，以学校全体同学的名义通电海内外，对陈炯明"称名叛乱，袭击孙大总统"加以声讨，并愿"誓为前驱，歼灭此贼"。古巴华侨发出通电，对陈炯明居功自傲，勾结北方军阀，反对国父中山先生的行径，加以声讨。缅甸、暹罗、日本、美国、加拿大、古巴、澳大利亚及南非等地华侨纷纷慷慨解囊，为讨陈、重建广东革命根据地捐款。如孙中山所说："自逆贼叛国，挞伐用张，师行裹粮，需财孔亟，常赖海外侨胞，踊跃输将，藉（接）济财政之困，促成革命之功。"[1]

华侨在军事上为东征讨陈、重建广东革命根据地作出了重要贡献，甚至献出了宝贵的生命。1923 年 2 月，孙中山由上海南下广州，第三次在广州建立革命政权。但盘踞在广州附近的叛军不断发动进攻，威胁广州。11 月，叛军林虎部万余人围困增城，战况紧急。许崇智命令第 1 路军第 2 旅第 3 团团长梁国一率部驰援。梁国一"生于安南金边埠"（即今柬埔寨金边），父亲为越南侨商。他中学毕业后产生革命思想，遂回国考入广东陆军小学及陆军速成学校。毕业后参加讨袁之役、护法运动，屡建战功。陈炯明叛变时，在粤军任营长的梁国一正随军北伐，孙中山蒙难后，他奉命"旋师靖难"，翁源一战，以寡胜众，使敌"谈虎变色"。后随许崇智援闽，在攻克福州之战中任先锋，"战功大著"，升任团长。1923 年春，梁国一奉命率部返粤讨陈，转战潮海、揭阳、兴宁、博罗等地，备尝艰辛，积劳成疾，住院医治。东江战事告急，东路讨贼军第 1 路司令吴铁城命梁率部出援，梁遂抱病出任前敌指挥。他率军先

---

① 《中华民国史事纪要（初稿）》，1924 年 9—10 月，第 505 页。

败惠州之敌一部，继援增城。攻下增城后。为坚守增城，梁命众兵固守，他亲率少数精锐出城迎敌，以一当百，大败敌军，使敌大量伤亡。但敌人大批援军到来，将梁部包围，他挥臂向所部发出命令："此正我辈军人报国之时也。尔等努力杀敌，退者枪毙！"随即亲持机关枪连续率部冲锋，终因敌众我寡，梁国一及所部战士全部壮烈牺牲。梁牺牲时仅 33 岁。但由于他们的拼杀牵制，使得增城得以固守，两周后解围。梁牺牲后，东路军将士为其在广州召开追悼大会，并葬于黄花岗。孙中山亲书碑文："梁国一先生之墓。"经东路军总司令许崇智呈请，1924 年 1 月 2 日，孙中山发布大元帅令，明令追赠梁国一为陆军少将，并令行大本营军政部从优议恤[①]。梁国一是为东征讨陈、保卫广东革命根据地而献身的华侨军官。

为讨陈和重建广东革命根据地立下功劳的华侨将领还有张民达。张是马来亚槟榔屿华侨知识分子，早年跟随孙中山革命，先后参加同盟会、中华革命党，曾回国参加讨袁斗争。讨袁胜利后返回南洋，护法运动开始后，1917 年从马来亚回到广州大元帅府充当孙中山的侍从。1918 年张民达参加许崇智的粤军，历任营长、团长、旅长、师长等职，是粤军中一位能征善战的将领。1923 年夏，张民达率东路讨贼军第 8 旅进驻惠州。不久，陈炯明叛军兵分三路进犯惠州，增城、博罗等地同时告急。孙中山亲到石龙设立大本营部署讨陈战事。张民达奉命率军迎敌，克淡水、下坪山。11 月，陈炯明又兵分四路进攻广州，省城告急。张民达率部和其他各部队一道抵抗并击退叛军的进攻，使广州城安然无恙，保证了孙中山改组国民党工作得以正常进行。张民达指挥所部历时半年的东征，进行了诸多次战斗，忠心耿耿地保卫孙中山及广东革命根据地。孙中山称赞他为党的一个好同志，革命的好党员。

---

① 《中华民国史事纪要（初稿）》，1924 年 1—2 月，第 29—30 页。

在英帝国主义的怂恿支持下，1924 年 10 月广东商团发生叛乱，与盘踞在东江的陈炯明部里应外合，企图推翻广东革命政权。孙中山决定平叛。10 月 14 日晚，张民达和参谋长叶剑英指挥部队向西关商团发起攻击，经过一夜激战，张部与友军将嚣张一时的商团军击溃，稳定了广东革命政权。

1925 年 1 月，趁孙中山北上之际，陈炯明伙同江西军阀方本仁兵分三路进犯广州。广东革命政府于 2 月 1 日举行东征，兵分三路讨伐陈，张民达担任右翼前敌指挥。他率部猛攻猛打，连克敌阵，并乘胜直捣敌巢海丰城，陈军仓皇逃窜。张随即率部横扫粤东，追击溃敌，收复潮汕各地，重创残敌。3 月 13 日，张民达指挥所部与叛军主力林虎部在棉湖展开激战，打败林虎精锐之师两万余众，取得东征大捷。抱病进京与段祺瑞谈判的孙中山闻知东征军收复潮汕，十分欣慰，当即致电广东留守政府，表示祝贺。3 月底，正当东征军准备围攻惠州捣毁叛军老巢时，驻扎在广州的滇桂军首领刘震寰、杨希闵阴谋叛乱，情势紧急。当时驻军于蕉岭的张民达接到后方的急电，即动身赴汕头与驻汕将领商议平叛和保卫大本营事宜。抵潮州时，因韩江水涨，潮汕铁路不能通车，张只得浮舟直下，不幸中途大浪覆舟，以身殉国。1926 年 3 月 17 日，国民政府令恤张民达，追赠张为陆军上将，1953 年中华人民共和国中央人民政府授予其"革命烈士"称号。国民政府的恤令如下：

建国粤军第二师师长张民达，尽瘁国事，矢志忠贞。久历戎行，战功甚伟。去岁东江之役，尤著勋劳。四月五日，舟覆湘桥，独冀履险为夷，留此将才，终纾国难。兹据第二十师第二团团长叶剑英等呈报前来，始知该故师长当日竟罹鞠凶，已经证实。追念勋贤，曷胜怆恻，张民达着追赠陆军上将，并由军事委员会从优抚恤，以慰忠魂。此令。[①]

---

[①]　《中华民国史事纪要（初稿）》，1926 年 1—3 月，第 201 页；另见周南京主编：《华侨华人百科全书》（人物卷），中国华侨出版社 2001 年版，第 672 页。

　　以上介绍的是两位为重建和保卫广东革命政权而献身的华侨指挥员。此外，毕业于云南陆军讲武学校的 300 多名华侨学生，除返回南洋者外，有 200 多人参加过建立和巩固广东革命根据地的斗争。来自海外的 200 多名黄埔军校学员，先后参加了平定商团叛乱，平定刘、杨叛乱及两次东征作战。

## 二、以归侨为基础组建革命航空队

　　护法运动期间，孙中山以华侨为基础和骨干，组建革命航空队。1921 年初，孙中山在广州建立革命政权时，军政府下设航空局，美国归侨朱卓文任局长。航空局下设两个飞机队，美国华侨飞行员张惠长、陈应权分别任队长。有水陆飞机 5 架。孙中山北伐时，飞机队曾随军参战。翌年，航空局改组，仍由朱卓文任局长，张惠长任副局长兼代局长及航空队第一队队长，另一归侨飞行员陈庆云任第二队队长。1923 年初，孙中山南下广州第三次建立革命政权并筹备改组国民党时，为反击陈炯明叛军的进攻，遂大力武装空军，任命美国归侨杨仙逸代替朱卓文为航空局长，另两名美国归侨黄光锐、林伟成分别担任第一、第二飞机队队长。与此同时，在国民党的号召和鼓励下，美国、加拿大的一些华侨陆续建立航空组织，培养飞行员回国报效。仅芝加哥华侨就组织了民智航空社、图强飞机公司、中国旅美航空学会等。据估计，从辛亥革命到抗战爆发前的 1936 年，大约有 170 名华侨飞行员回国服务，在广东空军中占有很大比重，其中大部分来自科技发达的美国。

　　重组后的华侨空军立即投入战斗。1923 年 4 月 16 日，桂系军阀沈鸿英率部由白云山进窥广州，广州告急。孙中山一面命令陆军部队发动进攻，一面命令杨仙逸的空军出击。黄光锐、林伟成、黄秉衡、杨标等归侨飞行员奉命迅速驾机出战，他们利用自己的空中优势，集中炮火轰击敌人主力部队，给敌人以沉重打击。当时各系军阀部队很少有空军，敌军见到飞机轰炸，吓得魂不附体。在陆、空配合下，打退敌军，使广州得以解围。同年 10 月，航空局组成以黄光锐为队长的飞机队，至东莞石龙随孙中山东征讨伐陈炯明叛军。在激烈的"拉锯战"中，飞机队的空中勇士们 5 次驾机出战，配合地面部队，给叛军以极大杀伤和震慑。11 月 19 日，叛军大举反攻并分四路围攻广州，其中一路已攻进市郊的石牌，情势十分危急。孙中山亲自指挥部队进行顽强抵抗。黄光锐与留守大沙头航空局的 10 多名飞行员随机应变，把机枪架在飞机上对窜进市郊的敌军进行猛烈的低空扫射，再用水上飞机携带重磅炸弹轰炸敌群。陆空协同作战，最终取得广州保卫战的胜利，为后来广东革命根据地统一打下了基础。

尤其值得赞颂的是美国归侨空军英雄杨仙逸，为重建和保卫广东革命根据地而献出了宝贵的生命。杨仙逸出生于夏威夷。早年受孙中山影响，他和父亲均加入同盟会，并共同矢志于航空救国事业。杨仙逸曾在美国高等学府攻读航空专业，获得万国航空会颁发的飞行证书。学业有成后，他率领一批年轻的华侨飞机师回国，参加孙中山领导的护法运动，创建了援闽粤军飞机队。1921 年 5 月，孙中山在广州就任非常大总统，杨仙逸被任命为总统府侍从武官。不久，孙中山委派他到美国发动华侨捐款购机，并物色、培养飞行人员，以发展空军。杨仙逸不负所望，从美国带回黄光锐、林伟成等十几名有志振兴祖国航空事业的华侨青年及华侨捐款购得的 4 架飞机（实际为 10 架，在旧金山被人烧毁 6 架）回到广州。孙中山当即任命杨仙逸为航空局局长。杨上任后，在广州大沙头建立一所航空修理厂，自任厂长，并在短时间内制造了一架双翼教练机。

1923 年秋，孙中山部署东征讨伐陈炯明，杨仙逸率航空队随同。他坐镇石龙，指挥黄光锐为首的几名飞行员驾机出战，给叛军以沉重打击。

为乘胜进军，杨仙逸奉命率空军助攻陈炯明的老巢惠州。但惠州城坚固难攻，尽管陆军猛烈攻击，飞机轮番轰炸，亦攻不下。在博罗督战的孙中山遂重新部署攻城计划。根据孙中山的命令，长洲要塞司令苏松山将要塞24门大炮移至梅湖，鱼雷局长谢铁良将鱼雷改装为地雷，杨仙逸赶到梅湖与苏、谢等人召开军事会议，决定用大炮、地雷、飞机等攻坚武器配合陆军再次攻城。9月20日上午，杨仙逸等人在白沙堆泊轮试布水雷，不幸发生意外爆炸，杨等百余人当场遇难。

"出师未捷身先死，长使英雄泪满襟。"杨仙逸等战将殉职，使攻城计划受挫，孙中山十分悲痛，翌日亲莅事故地点查看。返回广州后，当即以陆海军大元帅名义发布命令，其中说：故航空局局长杨仙逸等，"志行纯洁，尽瘁国事，懋著勋劳。本大元帅正倚为干城腹心之寄，此次在白沙堆轮次猝遭变故，死事甚惨，遽闻凶耗，震惨殊深"，特将杨仙逸等"追赠陆军中将"。① 孙中山还亲书"杨中将仙逸真容"的题签置于杨之遗像上。杨安葬后，孙中山又亲自为墓碑题词：杨仙逸先生墓。除上述两次题词外，此前孙中山还为杨仙逸有过三次题词。在目前见到孙中山的诸多题词中，为一个人题词5次之多，殊为少见，足见孙中山对杨仙逸的青睐和器重。

孙中山建立的广东革命根据地，是第一次国共合作和随后掀起的国民革命的策源地。也可谓国共合作和国民革命的象征。这块根据地的建立和巩固是相当艰难的，革命者为之付出了沉重代价。爱国华侨为此浴血奋战，流血牺牲，功勋卓著。

---

① 参见方雄普著：《华侨航空史话》，中国华侨出版公司1991年版，第102页。

## 第二节 积极推动第一次国共合作

### 一、筹备并出席国民党一大

刚刚诞生的中国共产党处于幼年时期，力量弱小，经验不足，难以独立承担领导中国反帝反封建革命的重担，而孙中山领导的国民党在革命道路上屡遭挫折，认识到了发动工农大众参加革命的重要性。于是，在共产国际和中共的帮助下，孙中山改组了国民党，确立了"联俄、联共、扶助农工"的新三民主义，第一次国共合作由此建立，随即掀起了轰轰烈烈的国民革命高潮。

孙中山改组国民党，确定"联俄、联共、扶助农工"的三大政策，是第一次国共合作的关键所在。孙中山在三大政策酝酿、确立和实施的过程中，得到了他身边坚定的国民党左派、归侨人士的大力支持和鼎力帮助。

孙中山领导辛亥革命及后来的讨袁护法期间，曾屡次向西方国家求援，西方国家有的口惠而实不至，有的是"铁公鸡——一毛不拔"，除了民间人士外，孙中山始终没有得到西方政府的支持。俄国十月革命胜利后，列宁领导的俄共（布）及共产国际，一再声明支持东方被压迫民族包括中国的革命运动。护法期间追随孙中山的陈友仁[①]（美洲归侨，熟悉国际事务），对当时的国际形势经过分析后，向孙中山建议，"国民党应该向俄国人寻求军事上和政治上的援助"，认为这对国民党和苏俄来说是一种双赢的选择。陈友仁还为此做了大量实际工作。1922 年 4 月至 6 月，当孙中山和共产国际代表达林就合作事进行会谈之际，发生了陈炯明叛变炮轰总统府、孙中山被困永丰舰事件，此时隐蔽在广州东山的陈友仁便充当了孙中山和达林之间的联络员。他穿梭于两者之间，传递信息和双方的主张。达林回忆道，离开广州前夕，"陈向我递交了孙中山给外交人民委员契切林的信。信是匆忙写就的，用的是一张从学生练习本上撕下的四裁的纸"[②]。在此"非常"时期，陈友仁努力使孙中山和苏俄继续保持联系。1923 年 1 月 18 日傍晚，苏俄专使越飞带着翻译和秘书登门拜访孙中山，陈友仁作为孙中山的助手参加了会见。20 日，陈友仁代表孙中山到越飞下榻处礼节性地回访，并就双方谈判中的一些具体问题进行了进一步的磋商。26 日，《孙文越飞联合宣言》公开发表，标志着孙中山"联俄"政策的正式确立。随即陈友仁发表谈话，向外界宣布了孙中山对于国际问题的最新的政治取向。[③]可见，孙中山确立联俄政策

---

① 陈友仁（1878—1944），牙买加华侨。从小受英文教育，毕业于西班牙的圣玛丽学院，后从事律师工作，曾被北洋政府聘为交通部法律顾问。不久担任英文《京报》总编辑，1915 年《京报》独家发表梁启超的《异哉所谓国体问题者》的文章，反对袁世凯称帝，轰动一时；1917 年因撰写《出卖中国》的文章揭露段祺瑞向日本卖国借款，被捕下狱，《京报》被封。出狱后南下参加孙中山的军政府，任孙中山的外事顾问，并参加与苏俄特使越飞的会谈；1924 年随孙中山北上，孙中山病危时，代为起草《致苏联遗书》。1926 年当选国民党中央执行委员，任武汉国民政府外交部长，与英国代表谈判收回汉口、九江英租界，坚定执行孙中山三大政策。大革命失败后赴苏联，与宋庆龄等在莫斯科发表宣言，揭露蒋介石叛变革命的罪行；九一八事变后出任改组后的国民政府外交部长，1933 年因支持联共反蒋的福建事变，遭到蒋介石通缉，流亡法国。后回中国香港，日本发动太平洋战争香港沦陷，被日军拘捕转押上海，拒绝效降，被长期软禁，后因心脏病在上海逝世。

② ［苏］C. A. 达林著：《中国回忆录》，中国社会科学出版社 1981 年版，第 126 页。

③ 有关陈友仁在孙中山与达林、越飞会见时的活动，参见钱玉莉：《孙中山陈友仁关系初探》，载《党史研究与教学》2002 年第 6 期。

的关键时期，陈友仁实际上起到了孙中山的联络员和代言人的角色。

国民党左派领袖、美国归侨廖仲恺也极力支持孙中山联俄。早在1922年夏陈炯明叛变时，廖仲恺被陈囚禁。叛军从廖的保险箱里，搜到孙中山廖仲恺关于联俄的一批密件。陈下令将其刊登在香港的《电信报》上，攻击孙中山"过激""赤化"。《孙文越飞联合宣言》发表后，1923年1月底，孙中山派廖仲恺赴日本继续与越飞会谈，进一步磋商和实施《宣言》内容。廖仲恺在热海与越飞及其秘书围绕《孙文越飞联合宣言》等问题，持续会谈了一个多月。会谈讨论了苏俄政府对孙中山革命政府的政治态度和政策，探讨了共产主义与三民主义的关系；具体商讨了苏俄政府对孙中山革命政权进行实质性援助的问题，亦即落实《宣言》的细节与实施方案。廖仲恺与越飞的会谈，无论对廖仲恺本人，还是对孙中山"联俄"政策的执行，均有重要意义。就连对后来"联俄"政策持犹疑和反对态度的汪精卫当时也承认，廖仲恺与越飞会谈后，对"俄国之现状，俄国对东方被压迫民族之态度，与俄国何以想和中国携手之原因，都已十分了解"。因此，1923年春廖仲恺从日本归来后，即大力帮助孙中山"做联俄的工作。当时许多同志怀疑，但廖同志却很勇敢、很坚决去干"[1]。廖成为孙中山"联俄"的有力支持者和实践者。对孙中山联俄、联共政策持反对态度的邹鲁也承认，"国父联俄政策"，可以说是廖"促成的"。

另外，前述旅俄华工联合会及有些旅俄华工或致电孙中山或派回国与孙中山面谈，介绍俄国十月革命及苏维埃俄国的对内对外政策，促使孙中山加深了对俄国新政权的了解和认识，对其联俄政策的确立起到推动和"敲边鼓"的作用。

孙中山在确立"联俄"政策的同时，加紧进行国民党的改组工作。

---

[1]　转引自周兴樑著：《廖仲恺和何香凝》，河南人民出版社1989年版，第142页。

自 1922 年 9 月以后，孙中山主持召开了一系列改组国民党的会议，如 9 月 4 日，孙中山在上海召集各省同志召开改进国民党会议；9 月 6 日，孙中山指定包括共产党人陈独秀等在内的 9 人为国民党改进案起草委员会委员，胡汉民为宣言起草委员；11 月至 12 月间，孙中山又接连召集会议，分别审议中国国民党改进案和中国国民党宣言及党纲、党章，廖仲恺等国民党重要人物及一些共产党人参加了这些活动。1923 年 1 月，孙中山在上海召集党务改进大会，改订党章，对党务做初步的改进；2 月，陈炯明溃败逃离广州，广州光复，孙中山由沪至穗，继续进行改组事宜。同年秋，孙中山在苏俄顾问和共产党人帮助下，加快了改组国民党的步伐。10 月 19 日，孙中山任命廖仲恺、李大钊等 5 人为国民党改组委员，负责办理改组事宜；24 日，又委任廖仲恺、谭平山等 9 人组成临时中央执行委员会。28 日，临时执委会成立并举行第一次会议，决定 1924 年 1 月在广州召开中国国民党全国代表大会。11 月 25 日，大会发表《中国国民党改组宣言》，同时公布了党纲和党章草案。经过一系列酝酿、宣传和准备，国民党的改组工作已筹备就绪。这些筹备活动，廖仲恺是孙中山倚重的得力助手，他是孙中山改组国民党活动"始终襄助最力的一人"。

廖仲恺为国民党改组做了大量的领导和实际工作，要者有这样几项：第一，大力宣传国民党改组的意义与必要性。1923 年"双十"节，国民党广东支部召开为期一周的国民党恳亲大会，廖仲恺受命代表孙中山出席开幕式并发表演讲，强调国民党改组的必要性。15 日，廖陪同孙中山出席大会，孙中山演说后，廖也作了演讲。10 月 25 日，廖又主持第一次国民党改组特别会议，突出强调要按孙中山的计划改组国民党。11 月 11 日，廖仲恺出席广州市国民党党员大会，在演说中再次传达了孙中山改组国民党的思想。第二，主持国民党临时中央执行委员会的工作，参与制定改组国民党的具体规划及党纲、党章草案。据统计，至国民党一大召开前的不到三个月时间里，廖仲恺主持的国民党临时中央执行委员会开会28次，通过有关改组国民党的决议案400多件。如1923年11月初，他主持拟定了《中国国民党改组大纲》，其中包括修订、增改国民党政纲；此后，他又将鲍罗廷等人起草的国民党党纲、党章草案等，由英文翻译成中文呈送孙中山审核。这些改组筹备工作卓有成效。第三，亲自抓好广州市国民党改组的试点工作，取得第一手经验。廖仲恺在筹备国民党改组工作的同时，还在广州市进行改组试点。如对全市进行党员重新登记，建立以区分部为主的党的基层组织，吸收一批共产党人加入党组织，定期开展组织活动等，试点取得良好的效果。第四，亲赴上海主持与指导国民党本部所在地的党务改组工作，研讨北方各省国民党组织的改组事宜。原在上海国民党本部担任领导工作的居正、谢持、张继等人，消极抵制孙中山对国民党的改组，甚至公开反对实行国共合作的政策，坚持"党中不可有党"，反对共产党员加入国民党，为上海的国民党改组工作设置障碍。廖仲恺来到上海后，一面反复耐心地向他们阐明国民党改组之重要与必要，一面冲破阻力进行实际的改组工作，如在国民党员大会上演讲宣传，对上海地区的国民党员进行重新登记，建立党部和区分部，并和在沪的胡汉民、汪精卫及共产党人瞿秋白、苏联顾问鲍罗廷等商讨、辩论国民党新党纲草案，收集修改意见等，使上海国民党的改组工作最终完成。

可以说，早年和孙中山同舟共济、一起领导革命的国民党元老众多，其中不乏理论家、活动家和组织者，孙中山唯独青睐和重用廖仲恺，首先是因为廖对国民党改组与他人比较有超乎寻常的认识，他衷心拥护孙中山改组国民党，并积极主张国共合作。也就是说，随着时代的前进，能够跟上孙中山的步伐、与孙中山思想认识一致者，廖仲恺是一个典型代表。其次是在多年的革命实践中，廖仲恺对国民党忠心耿耿，积极实干，才能出众，具有魄力，敢于负责，深得孙中山的赏识和信赖。实践证明，廖仲恺没有辜负孙中山的期望和重托。就连当时的蒋介石也认为："廖先生最大的一个功绩，就是在民国十三年辅助总理改组本党，创造本党和中国革命的新生命。当时如果没有廖先生，如果没有他那样的决心和热诚来辅助总理，恐怕十三年本党的改组，难得有那样彻底的精神和伟大的结果。"①

当然，廖仲恺对国民党改组是遇到重重阻力和困难的，有时甚至是孤掌难鸣，因为坚持和反对国民党改组的斗争是激烈的。何香凝曾对廖仲恺说："同志中反对改组的人颇不少，你应该考虑考虑！"廖坚定地表示："我为国为党，无论任何人反对，我都不怕，就使杀死我，亦所不计。"可见他为国民党改组事业不惜一切甚至生命的决心。

经过充分的准备，1924 年 1 月 20 日至 30 日，中国国民党第一次全国代表大会在广州高等师范学校开幕。孙中山亲自主持大会并致开幕词。海内外代表总名额为 196 人，实际出席大会的代表有 165 人。其中由选举产生的海外国民党组织代表有：檀香山支部的刘福珠，墨西哥支部的余和鸿，缅甸仰光支部的黄德源，越南支部的冯苇渔，越南河内支部的陈觉梦，美国三藩市（旧金山）支部的刘芦隐，澳洲雪梨（悉尼）支部的黄右公（有称黄有功），加拿大支部的黄季陆，暹罗支部的萧佛成，菲律宾怡朗支部的杨挺秀，巴城（印度尼西亚雅加达）支部的李国瑞，芙蓉（马来亚）支部的萧振堂，西贡总支部的陈飓生。由孙中山指派及其他方式产生的华侨代表有：林永伦（越南西贡）、赵卫平、黄发文（有称黄柏文，加拿大）、黄宽禄（墨西哥）、陈汉子、陈鸿锐（南洋）、叶崇濂（美国）、林伯歧（暹罗）、黄馥生（缅甸仰光）、梁为杰（有称梁维楫，菲律宾第二分部）、林达生（联义社）、梁如九（日里棉兰分部）、宋垣忠（日本东京第二分部）、刘士木（日本神户分部）、陈美堂（暹

---

① 《中华民国史事纪要（初稿）》，1924 年 1—2 月，第 289 页。

罗分部）、何觉非（西贡薄寮分部）、欧家荣（西贡金瓯分部）、许英祥（西贡美荻分部）、陈有庚（西贡金边分部）、赵鸿汉、雷鹏（菲律宾龙马总地）①。以上华侨代表 34 人，还有各省选出代表（属于归侨的）有廖仲恺、冯自由、邓泽如、陈树人（广东）、方瑞麟、孙科（广州市特别区）、陈璧君（妇女）等，总共 40 多人，约占代表总数的 1/5，占与会代表的 1/4。可见华侨和归侨代表所占的比重还是相当大的。

出席国民党一大的华侨代表不但人数较多，而且还得到大会的重用，如黄季陆被孙中山指定为宣言审查委员会委员，廖仲恺、邓泽如、刘芦隐为党务审查委员会委员，廖仲恺、邓泽如、萧佛成为党章审查委员会委员，黄右公、冯自由为宣传问题审查委员会委员。共产党人李大钊、于树德、谭平山、毛泽东等分别是这些委员会的委员。华侨代表与所在委员会的共产党人进行了协作和配合，当然，也有争论和斗争，总的来看协作和配合是主要的。因而使得大会能够通过国民党的重要纲领和文件，这是大会顺利进行的原因之一。

孙中山在大会开幕式上致辞："今天在此开中国国民党全国大会，这是本党自有民国以来的第一次。……是中华民国的新纪元。""此次国民党改组，有两件事：第一件是改组国民党；第二件就是用政党的力量去改造国家。"当天下午，孙中山又作了题为《中国之现状及国民党改组问题》的报告。孙中山的开幕词和报告，重申了改组国民党、实现国共合作的目的、意义、途径和坚定的决心，这些使与会的多数代表受到鼓舞，也使对国内情况不够了解的华侨代表耳目一新。在第一天的会议结束后，有的华侨代表坦诚地向孙中山提出，海外国民党员和广大华侨，对国民党新近的政策不甚了解，尤其是对民生主义与共产主义的关系缺

---

① 关于中国国民党一大海外支部代表名单，一些资料记载略有不同，这里系根据台湾《中华民国史事纪要（初稿）》，1924 年 1 月至 2 月，第 137—138 页。其中陈璧君既作为南洋代表，又作为妇女代表，显系重复。

乏认识，容易产生误解，希望他给予详细解释。于是在第二天下午的全体大会上，孙中山专门作关于民生主义的讲演，解释了民生主义与共产主义的关系，并当场用毛笔宣纸绘图，使大家加深理解。在随后讨论大会宣言时，有的华侨代表深有体会地说，以前本党一再失败，国家之乱源亦由是不能廓清，其原因在于认识目标的不清。"现在我们已有了宣言，目标算是已定。"海外同志将以此宣言为奋斗之标准，努力前进。这表明了华侨赞成国民党改组、支持国共合作的态度。

　　按照大会安排的日程，海外华侨代表有多人在大会作报告或发言。1月22日下午，华侨代表陈觉梦、黄右公、刘福珠、刘芦隐、余和鸿、黄发文、萧振堂、萧佛成、梁为杰等多人作报告。24日上午，缅甸代表黄馥生作报告。28日下午，越南西贡代表陈飚生、印度尼西亚巴城代表李国瑞、日里棉兰代表梁如九、日本神户代表刘士木等作海外党务报告。29日上午也有华侨代表作报告。他们在大会上畅所欲言，介绍了海外各地党务的历史和现状及其艰难的社会环境，帝国主义和殖民主义对华侨的压迫，等等，呼吁大会重视华侨问题，保护华侨。他们的发言也表达了对这次大会的殷切希望。如余和鸿报告了墨西哥党务的情况：墨西哥有国民党支部1个，分支部8个，共有党员1500多人，宣传机构为《新华》杂志，经费有3万美元，多年来累计捐助及缴纳军饷和党费共计15万美元。余和鸿还介绍了1922年旅墨的反对党致公堂、保皇党与国民党发生了一场械斗，国民党员被打死7人，并被当地政府拘捕党员30多人，后经争取和斗争，被捕党员均被释放，而反对党被捕去400多人。这也暴露了墨西哥国民党组织还未能把当地华侨完全团结在自己周围的问题。黄发文介绍了加拿大的党务情况：加拿大国民党组织由同盟会改组至今已十多年了，共有党员七八千人，当地凡有40人者即设一党的机构。旅加党组织的工作原则为："一、讲究宣传，二、联络感情，三、讲求互助方法。"发动党员和侨胞累计为国内党部捐款100万美元之多。当1918

年汤化龙由加拿大赴美、被华侨革命党人王昌行刺时，加拿大政府曾下令解散国民党组织，后经争取旋又恢复，得到发展。由此可见，国民党组织在加拿大华侨中蓬勃发展。马来亚芙蓉代表介绍了陈炯明背叛后，与当地政府勾结，与国民党同志为难及其恶劣影响，并请本党政府注意。菲律宾代表梁为杰报告说，菲律宾国民党有第一、第二两个支部，第一支部为广东人；第二支部为福建人，由原爱国社改组而成，工人居多。工人党员虽贫困，但爱国情殷，近年来为国捐款 20 多万元，他们认为，国内工人很痛苦，期望本党成功。① 越南河内代表陈觉梦发言表示："河内办党，异常困难"；"回国后又惹人歧视，所要求者，就是希望党员回国有人保护"。檀香山代表介绍，檀香山原有华侨五六万人，现在只有二三千人；党员原来有五六千人，现在只有五六百人。表示要采取措施，使党务有所发展。黄右公在发言中介绍了澳洲支部的情况及希望：现有党员 4000 多人，财产 30 多万。以前中国北洋政府驻澳洲领事与国民党支部为难，勾结当地政府，不许华侨入境。后来经过斗争，此种苛例被取消。"现在尚有一种希望，即澳洲办党人少，望大会开会之后，由本埠两党员，至澳洲帮同办党，必能使澳洲之党务大发展。"② 邓泽如也介绍了南洋党务的情况。海外代表在国民党一大上表现积极，知无不言，言无不尽，表达了他们对党务的热心。

　　由于孙中山及国民党左派的坚定态度，出席会议的共产党人和华侨代表的有力支持，大会挫败了国民党右派的阻挠，最终通过了《中国国民党第一次全国代表大会宣言》，宣言重新解释了三民主义，是国共合作的共同政治纲领；大会还顺利通过了《中国国民党总章》，其中第十八条规定："国外党部组织，总支部等于省，支部等于县，分部等于

<hr />

①　以上海外代表发言均见《国民党全国代表大会纪要》（四），载《民国日报》1924 年 1 月 31 日。

②　《国民党全国代表大会纪要》（三），《民国日报》1924 年 1 月 29 日。

区，通讯处等于区分部。"① 1 月 30 日，即大会闭幕这天，大会通过《慰劳海外同志函》，其中说：

举凡国人足迹所至之区，即党帜飘扬之地。此中功业，端赖我海外同志牺牲奋斗，有以致之。即本会今日之盛集，亦莫非我海外同志之所赐。……今我海外同志虽处恶劣环境之中，仍能结至坚至固之团体，为国家而牺牲，为主义而奋斗，不为利诱，不为威劫。溯辛亥覆清，癸丑讨袁，丁巳护法，以迄去年逐陈诸役，深荷我海外同志之群策群力，艰难共济，以有今日。此固同人等所钦佩莫名，即党史上亦留绝大之光荣也。②

信中对海外华侨自辛亥革命以来到国民党一大所作的贡献做了充分的肯定，对其"为国家而牺牲，为主义而奋斗"的革命精神做了高度的评价；最后期望"吾党使命尚未告完，至望继续努力，以竟全功"。

中国国民党第一次全国代表大会的召开标志着第一次国共合作的正式形成。由于孙中山顺应时代的潮流，以坚定的态度改组国民党、实行国共合作，以及廖仲恺等国民党左派的支持，加上共产党人和多数海外华侨代表的努力，使大会顺利通过了国民党一大宣言及国民党的纲领、章程等文件，一批国民党骨干和共产党精英被选进国民党中央领导机关，使国民党增加了新鲜血液，充满了生机。

在此还需要提及的是廖仲恺在国民党一大上的积极表现，他协助孙中山参与大会的领导工作，把握大会沿着正确的方向发展。他在会上先后 7 次演讲和发言，对一些重大原则问题阐明自己的重要意见。尤其在 1 月 28 日的大会上，许多国民党员提案反对共产党员加入国民党。廖仲恺和共产党人一起予以反驳，对于否定反对"跨党案"、通过"联共案"起到至关重要的作用。从筹备国民党改组，到国民党一大期间，廖仲恺

---

① 《中华民国史事纪要（初稿）》，1924 年 1—2 月，第 229 页。

② 荣孟源主编：《中国国民党历次代表大会及中央全会资料》上，光明日报出版社 1984 年版，第 54 页。

与共产党人默契配合，及至国共合作实现后，他又与共产党人进行真诚合作，如将原本拟自己兼任的国民党中央组织部长让给共产党人谭平山，推荐周恩来出任黄埔军校政治部主任，等等，表明了他对"联共"的积极态度。在国民党一大上，廖仲恺担任中央执行委员会常委兼工人部长，后又兼任农民部长。他支持省港大罢工，任省港罢工委员会顾问；他支持在广州设立农民运动讲习所，表明他积极贯彻孙中山扶助农工的政策。总之，廖仲恺是孙中山三大政策的积极支持者、忠诚实践者。

## 二、海外党组织纷纷改组

不言而喻，海外华侨中的中国国民党组织，是随着孙中山领导的同盟会经国民党、中华革命党演变而来的。两者是主体和分支的关系。随着孙中山改组国民党，海外党组织的改组也势在必行。

孙中山于 1919 年 10 月将中华革命党更名为中国国民党后，党组织处于一盘散沙、涣散无力的状况，革命性、战斗性乃至凝聚力远不如以前；海外华侨中的党组织也是如此。因此，孙中山改组国民党、国共合作形成后，海外各级党组织也普遍面临着改组、整顿、补充新鲜"血液"的问题，而海外党组织又分散在世界各地，由于各侨居国对华侨及其党派团体的政策不同，因而致使国民党的海外党务工作充满了特殊性和复杂性，这就亟须一个统一的组织加以指导和管理。

中国国民党一大闭幕不久，即 1924 年 2 月 6 日，在孙中山亲自主持下，国民党中央执行委员会举行第三次会议，会议通过《海外党务方案》，"议决依据海外代表谈话之结果，于中央执行委员会增设海外部，统辖海外加拿大、三藩市、古巴、檀香山、墨西哥、澳洲、菲律宾、安南、暹罗、缅甸、日本、（中国）香港、南洋、英国、印度、南美、法国、南非等十八个总支部。"①《海外部简章》规定，海外部为监督、指导海外党务之最高机关，隶属于中央执行委员会，主要职责为：登记海外各总支部、分部及区分部所在地并党员人数；对于海外总支部、分部及区分部之组织，随时查核是否依照党章办理；促进海外各党部关于本党进行事宜；对于海外本党报馆、学术及具有宣传性质者时常检阅或调查之，并指示其进行方法；调查海外华侨现状；招待海外归国华侨同志等。这就明确了中央执行委员会下设中央海外部，主管海外党务工作。1924 年 2 月 15 日，海外部正式成立，林森担任第一任部长。在 1926 年1 月召开的国民党二大上，辛亥革命元老、孙中山的挚友、坚定的国民党左派侨领彭泽民当选为第二任海外部长，马来亚吉隆坡华侨国民党党员（也是中共党员）许甦魂②任秘书长。海外部工作人员由国共两党党员组成。由此可见，国民党中央海外部是以国共合作为基础、具有统一战线组织形式的指导海外党务及华侨爱国运动的最高领导机构。尤其是大革命后期，海外部在彭泽民、许甦魂的领导下，在争取和领导海外华侨支援和参加国民革命、捍卫国共合作等方面成绩显著。

国民党中央海外部成立之后，积极贯彻执行国民党一大的决议，促进和推动海外国民党组织的整顿和改造。为贯彻国民党一大精神，国民党中央组织部和中央海外部向海外主要侨居地派出了一些党务特派员，

---

① 《中华民国史事纪要（初稿）》，1924 年 1—2 月，第 369—370 页。

② 许甦魂又名许进。广东潮安人，1916 年到新加坡，创办华工免费夜校，自任校长；1918 年任新加坡华侨店员工会名誉主席，后任《新国民日报》编辑；五四运动爆发后，发起组织"旅新华侨反帝救国后援会"，支持国内反帝爱国运动；1920 年，英国驻新加坡殖民当局对华侨进步分子进行政治迫害，许甦魂为躲避追捕回国，翌年再次出国到马来亚吉隆坡任《益群日报》编辑，加入国民党，国共合作期间加入中国共产党，并到缅甸主持国民党缅甸总支部工作；1925 年回国参加国民党二大，担任中央海外部秘书长，积极发动华侨支援国民革命，坚定维护国共合作；大革命失败后，参加南昌起义，随即被中共党组织派到香港、广西工作，后参加红七军，先后担任红七军宣传科长、红七军 19 师政治部主任，红七军政治部主任，红二军团第七军政治部主任。1931 年 7 月，受王明"左"倾机会主义影响，红七军内开展"肃反"运动，被迫害致死。1945 年中共七大后为其平反昭雪，追认为革命烈士。

指导和参与当地国民党组织的改组工作。如派许甦魂赴缅甸；派林预尧、李芳园、蓝锡安、董方城等分别到美洲的加拿大、美国、墨西哥、古巴等地；派王健海赴澳大利亚等。在党务特派员的指导和推动下，各侨居地国民党组织纷纷改组和整顿。

中国国民党在欧洲的党组织，积极响应和配合孙中山及国民党一大的号召，较早地进行了改组。1924 年 1 月，中国国民党旅法委员 180 多人联合成立巴黎国民党通讯处，"其党员以华工及勤工俭学生为最多"。3 月，支部长王京岐回国，与广州、上海各地国民党领导人接洽磋商。6 月，王京岐返回法国，遂提议支部改组。6 月 25 日，巴黎国民党通讯处开会，决定召开全体党员大会，讨论支部改组事宜。7 月 6 日，改组大会在巴黎地理学校举行。会议由王京岐主持，决议在巴黎设总支部，并筹设华工义务学校。大会推定 28 人为出席总支部大会代表。7 月 20 日，在巴黎召开国民党第二次代表大会，宣告中国国民党驻法总支部改组完成，大会通过了《致革命将士书》《致海内同志书》。在《致革命将士书》中指出："本党驻法总支部，现已遵照中央执行委员会之指令，实行改组。改组惟一意义，便是整齐队伍，训练战员，预备他日归来，相起敌忾同仇。"《致海内同志书》历数了国内反动军阀的黑暗统治使中国"外患日亟，民生凋敝"的罪行；追溯了国民党三十年来的奋斗精神，指出，"救济中国人民的重大责任，也只有我党同志肩负得起"。"我们远处海外，不能为你们分劳，实在言之惭愧，但革命的工作，非一日所能完成，革命的人材，亦非一日可用尽。要革命有继续的可能，必要有革命党不断的产生。我们旅欧同志愿尽我们的能力，源源不绝地供给你们一批一批的革命战士，这就是我们今后的重要工作。"①这些表明，旅欧的国民党人对改组国民党组织有着明确的认识，开展了卓有成效的改

---

① 《中华民国史事纪要（初稿）》，1924 年 7—8 月，第 31、85—86 页。

组工作。改组后的国民党旅欧支部认真贯彻执行了国共合作的方针政策，在后来声援国内五卅反帝爱国运动中十分活跃，是海外国民党组织经改组后取得显著成效者之一。

1924年6月10日，中国国民党菲律宾苏洛支部借新厦落成之际，举行改组会议。吴麟趾担任执行委员会主席，他在会议上发表就职致辞说："本恭支部承中央执行委员会训令改组，今日乃改组成立，弟谬荷诸同志，不弃驽劣，推举为执行委员会主席。但弟德薄才浅，诚恐有忝厥职，然以为国为党，不得不勉尽绵力，黾勉从事，服从孙总理三民主义，恪守吾党纪律，使毋负诸同志之重爱。"①原苏洛副支部长郭致安在会上发言，痛斥了叛逆陈炯明，军阀曹锟、吴佩孚等人的卖国罪状。

日本东京国民党支部根据国民党一大精神进行了改组。改组前夕，对党员进行动员，着重强调两条：一是予党员以训练的机会；二是严肃党员纪律。由于得到中共东京支部的支持和帮助，党员进行了重新登记，组织"由涣散到有起色，由有起色到生气勃勃"。经过准备，中国国民党东京支部改组大会于1924年7月6日召开，会期5天，选举产生了执行委员会，并于10日发表宣言，呼吁海内外同胞团结奋起，以完成国民革命。宣言指出："我党为谋国内组织的巩固，与应客观事实之要求，乃于今春改组，力与全国颠连困苦呻吟无告的同胞结合，以扩大革命的战斗力，与反革命派相周旋"，"我党最初在东京的同盟会，已做了过去革命历史中的第一编的事实。换句话说，'东京'在我党中是占了特别位置。这是谁也不能否认的。我们既旅居于此，追怀往事，对于前途所抱的使命，自具有相当的感觉与兴奋。""革命的钟声响了，被压迫的全中国的同胞们，一致团结起来，共同努力，完成国民革命，来建设三民主义五

---

① 《中华民国史事纪要（初稿）》，1924年5—6月，第1120页。

权宪法的新国家。"①改组后的日本总支部和各支部有相当的发展，左派势力得到发展，"留学生、华侨小商人中，有一批人参加了国民党"②。这说明，国民党东京支部的改组吸收了新鲜"血液"，取得了成效。

缅甸华侨中的国民党组织改组是从 1924 年夏开始的。在许甦魂的指导下，缅甸国民党总支部先是创办了仰光模范学校和缅甸华侨中山学校，以此为基地并作为掩护，培养革命骨干。同时，党组织发展了一批思想进步、具有很高爱国热情的华侨青年入党，吸收新鲜"血液"，并以他们为骨干，充实和健全总支部。然后，总支部派员到全缅各地华侨中建立和发展国民党基层组织。1926 年 3 月，缅甸总支部召开了全缅国民党组织代表大会，通过了以孙中山新三民主义为基础的大会宣言，选举产生了国民党驻缅总支部组织机构，陈芳如、许甦魂等 14 人当选执行委员和候补执行委员，黄王成等 3 人被选为监察委员。总支部下设组织、宣传、工人、青年、会计 5 个科。这次大会标志着国民党缅甸支部最终完成了改组。据统计，截至 1926 年 4 月的两年时间里，缅甸的国民党组织有较大发展，总支部下属的党支部由原来的 3 个发展到 5 个，分部有 22 个，党员由 2000 多人增加到 3455 人。③

南北美洲各地华侨中的国民党组织也纷纷响应孙中山的号召，对所在的党组织进行了不同程度的整顿和改组。如加拿大共有华侨几万人，加入国民党者有七八千人，其党员数量是以前同盟会或中华革命党时期所无法比拟的。总支部设在温哥华，所属分部共有 72 个。其中温哥华党部"年来振刷精神，发展党务，特遣多人在外宣传三民主义，在（有）

---

① 《中华民国史事纪要（初稿）》，1924 年 7—8 月，第 50—51 页。

② 张天放、濮清泉：《国民党东京支部的左右派斗争》，载《文史资料选辑》第 60 辑，第 140—141 页。

③ 许肖生、胡提春：《甦来别旧我　投身铸国魂——许甦魂传略》，《潮州党史与党建》2006 年第 4 期（总第 66 期）。另据《民国日报》1927 年 4 月 19 日报道：缅甸华侨约 12 万人，近该地党务"异常发达，入党者近十分之六"，由此算缅甸的国民党党员约有 72000 人，似有夸大。

志之士，深表同情，以故相率注名党籍，同做救国工夫"①。1924 年 2 月 4 日，加拿大多伦多天气严寒，大雪纷飞，当地人均在室内围炉御寒，而这天国民党支部召开新党员入党会议，会议主席伍愤然宣布开会，他说："今日开会，系欢迎新进党员的会议。"他勉励党员们将来为国为党努力，始终如一，依本党孙总理之主张做去，国可以强，民可以富，武人必倒，军阀必亡，共同一致，互相进行，吾党主义，终达到目的。随后，由陈志英演讲解释国民党的政纲、三民主义、五权宪法等，与会者津津聆听。会议吸收 40 多名华侨入党。②加拿大国民党组织改组及改组后蓬勃发展的情况，由此可见一斑。

美国华侨人数众多，自孙中山发动革命以来，他们始终是积极的支持者。美国国民党总支部设在三藩市，支部有一百数十处，党员数量超过 1.2 万多人。为响应国民党中央的号召，在纽约华侨中新建了国民党支部，并创办几家党报进行宣传。当地各种政治派别、各阶层的华侨加入国民党较为踊跃。受其影响，纽约不少华侨社团也向国民党组织靠拢。

中美洲的古巴，民国成立以前这里的同盟会组织曾活跃一时，但此后这里的革命党组织一直处于混乱状态。国民党改组后，命董方城为特派员远赴古巴指导改组，他通过宣传孙中山的新三民主义和国民党一大精神，争取侨众，打开局面。但不久传来孙中山不幸逝世的噩耗，古巴总支部以发动华侨悼念孙中山为契机，发展新党员达千余人之多，使国民党组织的发展呈现出前所未有的新局面。在此基础上，1926 年 3 月古巴国民党总支部召开了全侨恳亲大会，这标志着古巴国民党组织改组工作基本完成。

非洲华侨人数较少，他们多侨居在南非一带。至 1924 年国民党改组

---

① 《民国日报》1924 年 2 月 26 日。

② 《加拿大国民党欢迎新党员，党员冒雪到会》，《民国日报》1924 年 2 月 16 日。

时，按南非的国民党人数本来是不够成立总支部的，孙中山遂特许在南非设立国民党总支部。1925 年南非总支部成立，其下属支部 10 个，区分部 16 个，党员人数 813 人，并办 2 份党报。

除了上述地区外，马来亚、菲律宾、暹罗及澳大利亚等地华侨中的国民党组织也进行了不同程度的改组或重新登记党员，一批批充满活力的华侨青年被吸收入党，某些顽固反对国民党改组和国共合作的右派分子被清除出党。至 1925 年国民党中央执行委员会第三次全体会议止，海外国民党组织已改组和整顿的总支部有加拿大、墨西哥、澳洲、暹罗、缅甸、南洋、法国、南非以及美国的三藩市和檀香山共 10 个，正在改组中的有古巴、菲律宾、安南、日本；尚未组织的有印度、英国、南美和中国的香港（按：当时香港也作海外支部）。改组后的国民党海外支部有 61 个，分部 324 个，区分部 264 个，党员人数 43966 人，党报 24 家，学校 59 所，宣传机关 75 处。[①] 而同期国内国民党党员 20 万人，海外党员人数占国内党员总数的 1/5 以上。另据有的学者统计，至 1926 年 10 月，经过整顿和改造的以及新成立的海外国民党组织总支部有 14 个，所辖支部 88 个，分部 524 个，区分部 875 个，交通部 1 个，总分部 1 个，党员总数达 97455 人。[②] 海外党员数接近国内党员数的 1/2。这充分说明海外国民党组织的改组是积极的、富有成效的，由此带来海外国民党组织和党员人数的大发展。

当然，同国内一样，海外各地国民党组织的改组和整顿也充满了复杂激烈的斗争，一些右倾分子反对孙中山制定的国共合作方针，反对新三民主义。如日本国民党组织左右两派，以拥护和反对三大政策为焦点，进行过多次针锋相对的斗争。在"四一二"反革命政变前，基本上是左

---

① 《华侨革命史》编纂委员会编纂：《华侨革命史》下册，台湾正中书局 1983 年版，第 378—379 页。

② 参见许肖生著：《华侨与第一次国共合作》，暨南大学出版社 1993 年版，第 61—64、68 页。

派占优势。古巴的国民党组织,原在右派分子的把持下,混乱涣散。后来党务特派员董方城来古巴改组时,吸收新生力量,肃清右派分子的不良影响,最终得以实现改组。再如悉尼国民党组织的改组更是充满了激烈的斗争。当地国民党右派分子或是阻挠改组,诽谤孙中山的三大政策,攻击孙中山对国民党的改组为"赤化",是"受共产党的欺骗",进行煽动宣传;或是挑动一些人到国民党驻悉尼总支部机关捣乱,当众撕毁国民党一大党纲,殴打拥护国共合作的宣传员,甚至到总支部党员大会上捣乱,勾引当地警方扰乱总支部的工作。但右派的阻挠破坏活动,未能动摇悉尼总支部的改组,在吸收一大批先进分子入党的同时,将 25 名反对和破坏改组的右派分子清除出党。这说明,海外国民党组织的改组及贯彻国共合作精神的行动并非一帆风顺,而是充满了激烈斗争。

与海外各地国民党组织改组相配合,一些华侨报刊(多为党报党刊)开展了舆论宣传工作。如加拿大国民党总支部的机关刊物《加拿大晨报》专门为国共合作问题发表社论,指出,振兴民族、铲除内乱不止的祸根,需要国民一齐努力。孙中山先生领导的国民革命,"是要建设新社会的","所以总理主张'联共'、'联俄'、'拥护农工政策'。他的目的,就是要用共产党份子来帮助本党完成国民革命"。[1]留美学生创办了《中国留美学生季刊》,总编辑潘光旦等将《国民党第一次全国代表大会宣言》译成英文,在美国到处散发。尤其是国民党马来亚芙蓉支部的机关报《益群日报》,在国民党改组期间派编辑回国到京、沪、穗各地采访,对国民党改组的见闻和国民党一大盛况加以报道,使当地华侨能够及时了解有关情况。日本的国民党组织,对留学生和华侨做了一些宣传工作,宣传的内容有孙中山的新三民主义和国民党一大宣言。

---

① 方积根、胡文英著:《海外华文报刊的历史与现状》,新华出版社 1989 年版,第 8 页。

# 第三节 围绕国共合作的斗争

## 一、国共合作酝酿期间的斗争

毋庸讳言，在孙中山改组国民党期间，在华侨中的国民党领导人之间及国共两党之间，充满了复杂激烈的斗争，而且这种斗争一直存在于第一次国共合作时期。

由于绝大多数华侨侨居在资本主义国家或这些国家的殖民地，受到敌视共产主义的宣传和影响，对于共产党及其信仰之共产主义不甚了解甚至存在误解，华侨中的各阶级、各阶层尤其是资产阶级，耳濡目染，很怕"共产"，视共产主义如洪水猛兽，其本质上是资产阶级和无产阶级的阶级矛盾和冲突在第一次国共合作中的反映。因此对孙中山制定的以"联俄、联共、扶助农工"为基础的第一次国共合作的方针策略，存在着不同的甚至是对立的认识，如美国华侨中把持国民党党务的商人和知识分子阶层，一般均有较强的民族主义意识，但在思想上与当时祖国蓬勃发展的工农运动有很大距离，加之美国当局仇视共产主义政策的影响，使他们对孙中山的新三民主义抱疑惧态度。早在辛亥革命时期美洲同盟会的喉舌《少年中国晨报》即是典型代表，该报在国共合作形成前后曾连载几篇社论，力辩三民主义与共产主义格格不入。同时，反映在孙中山身边的资深华侨代表人物身上，也分化出反共派与联共派，这两派围绕孙中山改组国民党和以"联俄、联共、扶助农工"新三民主义为基础的国共合作，展开了激烈而复杂的斗争。

国民党中华侨上层及商界华侨中反共与联共两派的斗争，早在 1923 年 10 月 10 日在广州召开的中国国民党恳亲大会上即初露端倪。时任恳亲会会长、资深的华侨国民党负责人邓泽如在开会祝词中宣扬以原国民党为本位，根本不谈孙中山正在紧张酝酿的国民党改组，一味强调加强华侨同志的团结，努力"造成一大中华民国党政府"。当时孙中山因病未能出席会议开幕式，由廖仲恺替他宣读训词。训词称赞俄国的主义和奋斗精神及缘此而出现的"新气象"，"愿吾人奋力猛进，毋让步于人"。15 日，孙中山莅会并发表演说，他首先赞扬了华侨对中国革命的贡献，接着阐明中国国民党"没有朝气"而"暮气很深"的严重情况，强调改组国民党、吸收新血液的必要。这实际上是支持了廖仲恺，批评了邓泽如的保守思想。

但邓泽如等并没有接受孙中山的批评教育，时过不久，即 1923 年 11 月 29 日，他以国民党广东支部支部长的名义，同该支部的主要领导人及原来跟孙中山关系密切、具有资深革命经历的华侨，如黄心持（曾任同盟会芙蓉分部负责人）、黄隆生（越南兴中会、同盟会负责人）、朱赤霓（曾任同盟会南洋支部负责人）、陈占梅（吉隆坡同盟会骨干）等 11 人上书孙中山，反对改组国民党和国共合作。其主要理由是：共产党主张反帝反军阀，如让其加入本党并将其思想纳入政纲，"则使我党从国际之仇怨"，"在国内断绝实力派之协助"，使我党失去国际上之同情，"我华侨党人在海外无复立足之余地"；而且国民党改组的组织法、党章、党纲等草案，"实多出自俄人鲍罗廷之指挥"，"全为陈独秀之共产党所议定"[①]。上述几位华侨国民党人，从兴中会、同盟会到中华革命党时期都是孙中山的有力支持者，现在却反对孙中山新三民主义的三大政

_____

① 转引自中山大学孙中山研究所编：《孙中山与华侨——孙中山与华侨学术研讨会论文集》，中山大学出版社 1996 年版，第 176—178 页。

策，尤其是极力反对联共。如果仅从海外党务考虑问题，华侨革命党人在各侨居地开展活动的确处境艰难。他们所据理由也并非一点没有道理。但这毕竟是一隅之见，并非从国民党全局出发。当时，作为加拿大国民党代表的黄季陆回忆："本来在大会开幕之前，有一部分老同志如林森、郑泽如（应为邓泽如——引者注）、谢持、方瑞麟诸先生和海外代表们，即已对渗透在党内的共产分子有所怀疑，曾在广州太平沙一个住宅里举行过好几次谈话会，预备对于'共党'分子加入后有所取缔防止。"①黄季陆的几句话，道出他们背地里反对联共的实情；也表明，从孙中山确立三大政策之始，就引起一些资深的华侨国民党人的反对。对此，孙中山不是简单粗暴地处理问题，而是采取循循善诱的办法。他坚持联俄、联共的方针，对邓泽如等人采取了团结教育和安抚的办法。他在上书的批语中，一方面总结了过去革命的失败的情况，阐明了联俄、联共的必要性，指出："我国革命向为各国所不乐闻，故尝助反对我者以扑灭吾党，故资本国家断无表同情于我党，所望为同情只有俄国及受屈之国家及受屈之人民耳。"希望他们不要疑神疑鬼，细心研究，注意改良革命方法，以图进步；另一方面也表明了与共产党合作的原则，是必须"服从吾党""与我一致动作"，"否则当绝之"，即坚持以国民党为本体或主体，以免共产党"独得俄助而自树一帜与吾党争衡"②。孙中山这里说的是真心话，也很有针对性，对邓泽如等人是晓以义、利、情的教育。说明孙中山能够顺应时代潮流，也表明某些华侨国民党人已经落伍于时代潮流。

---

①　黄季陆：《限制跨党案的提出与争辩》，《中华民国史事纪要（初稿）》，1924 年 1—2 月，第 242 页。

②　《孙中山全集》第 8 卷，中华书局 1986 年版，第 458—459 页。

## 二、围绕联共与反共的交锋

围绕着联共与反共的斗争，在国民党一大上更加激烈和明朗化。如在大会讨论国民党章程时，具有华侨背景的广州代表方瑞麟（方早年留学日本，加入同盟会，后奉孙中山之命至南洋侨胞中宣传革命，民国初年被任命为南洋群岛宣慰大使；1920年曾组织东路华侨讨贼军）提出《中国国民党章程》中应增加一条："本党党员不得加入他党"，实即反对与中国共产党党内合作。方的提案得到加拿大华侨代表黄季陆的支持，他强调本党党员"只能有一个党籍，不得加入其他政党"。此议立即遭到中共代表李大钊的反驳，他严正指出："我等之加入本党，是为有所贡献于本党以贡献于国民革命事业而来的，断乎不是为取巧讨便宜、借国民党的名义作共产党的运动而来的"，"我们来参加本党而兼跨固有的党籍是光明正大的行为"。[①] 李大钊的声明举起孙中山"联共"政策的旗帜，严正地表明共产党员参加国民党的原则立场。李大钊的主张得到与会多数代表包括某些华侨代表的赞成（如廖仲恺等），最终否定了方瑞麟的提案。在讨论国民党"一大宣言"时，黄季陆重复邓泽如提出过的论调，并反对在"宣言"中列入收回租界、收回海关、取消外国人在华特权等鲜明反帝内容，否则，华侨党组织难以立足和活动。此议案遭到廖仲恺的反对和驳斥，在孙中山的支持下，"宣言"最终保持了鲜明的反帝色彩。

国民党·大后，这种斗争仍然继续并且日益激烈。国民党一大闭幕不久，邓泽如、林森、萧佛成、冯自由、方瑞麟等人联络其他反共分子兴风作浪，一再炮制弹劾制裁共产党的提案，破坏国共合作。但他们的

---

① 中共中央党史研究室著：《中国共产党历史大事记（1919.5—2005.12）》，中共党史出版社2006年版，第19页。

活动遭到廖仲恺、彭泽民等华侨国民党左派的坚决反击，这种反击得到了孙中山的支持。如 1924 年 3 月 1 日，刘成禺、冯自由等在广州林森的住所"召集华侨及各省反共党员五十余人秘密会议，由邓泽如主持，决议警告李大钊等'共产分子'，不得利用跨党机会攘窃国民党党统"。不料警告尚未发出，即被孙中山发觉，遂召冯自由等 4 人加以批评，并令国民党执行委员会通告全党。随即马君武、冯自由等在北京组织国民党同志俱乐部"以示对抗"[1]。孙又对冯自由等人予以告诫，后来将无视批评并组织宗派活动的冯自由开除党籍。孙中山逝世后，国民党右派更加放肆和猖狂地进行破坏国共合作的活动，1925 年 8 月，坚定的国民党左派、归侨廖仲恺被右派分子暗杀，美国归侨、国民党人朱卓文等人参与了策划暗杀活动。

1926 年国民党第二次代表大会召开前，国民党三藩市总支部接到开会的通知后，选派代表陈耀垣、谭赞两人回国参加会议，他们回国时孙中山已经逝世，正赶上一部分国民党元老派在北京召开西山会议，提出"反共"纲领，另组中央委员会，与在广州召开的国民党二大对抗。而回到国内的陈耀垣、谭赞非但没有到广州参加国民党二大，反而动用总支部经费 3000 元给西山会议派。此举引起美国华侨中的一些国民党人的哗然，西雅图分部联同 10 多个分部致电广州的党中央委员会，声明取消陈、谭二人的代表资格，而《少年中国晨报》及总支部却继续支持陈、谭两名代表。于是美国国民党组织遂分为两派。两派由于政见不同，矛盾不断扩大，以致"冲突而动武"[2]。还有原国民党元老、美国归侨马超俊成为西山会议派的主要成员，并为扩大西山会议派的影响专门到美国各地拉拢华侨。

---

① 《中华民国史事纪要（初稿）》1924 年 3—4 月，第 488—489 页。

② 麦礼谦著：《从华侨到华人——二十世纪美国华人社会发展史》，香港三联书店 1992 年版，第 215 页。

上述情况说明，第一次国共合作建立后，围绕其中的"联俄、联共"问题，在原来积极跟随孙中山革命、资深的华侨国民党人中间及海外国民党组织之间，产生了联共派与反共派两派，两派的斗争是很激烈的。

## 三、联共与反共斗争的白热化

国共合作掀起了反帝反封建的国民革命高潮，广大华侨掀起的声援国民革命浪潮与国内革命潮流融汇，形成大革命的惊涛骇浪，国内、海外互相影响、互相推动，使中国革命呈现出大好局面，但同时也潜伏着涌动的暗流。

国共合作的统一战线自建立时起，就始终充满了激烈复杂的斗争。统一战线内部的国民党老右派、新军阀不断制造分裂活动。孙中山在世时，他们还不敢兴风作浪。孙中山逝世后，他们日益嚣张起来，一次又一次地掀起破坏国共合作、分裂统一战线的逆流浊浪，最终使第一次国共合作破裂，轰轰烈烈的国民革命功败垂成。

1925年11月23日，一部分有海外关系的国民党右派邹鲁、谢持、居正、张继、林森等人在北京西山召开伪国民党一届四中全会，通过"反苏、反共、反对国共合作"等议案；会后在上海、北京等地另立国民党中央和地方组织，形成了所谓的西山会议派，并掀起了一股颇有声势的分裂国共合作的污泥浊水。

西山会议派的活动完全背弃了孙中山的新三民主义的宗旨，遭到了共产党人、国民党左派及一些海外国民党组织的谴责和反对。11月28日，被推选回国参加国民党第二次全国代表大会的古巴、大洋洲、缅甸、暹罗、日本、南洋等地的海外国民党组织的代表，与驻穗侨团一道，在广州集会反对西山会议派，拥护广东国民政府，主张召开国民党一届四中全会和国民党第二次全国代表大会。他们发表通电指出，西山会议违背了国民党的党章党纲，"形同反叛"，要求国民党中央从严追究，以正视听。随后，不少海外国民党组织如美国华盛顿支部、檀香山总支部、日本总支部、加拿大总支部、法国总支部、德国支部、比利时支部、英国支部、缅甸总支部及其所属的数十个分支部等，纷纷发表函电反对西山会议派召开的所谓全国代表大会及组织的伪中央。这说明海外相当一部分国民党组织，是反对右派分子的分裂行径的。

1926年1月，国民党二大在广州召开，出席大会的海外国民党组织代表有王健海、麦兴华、周启刚、劳先鞭、许甦魂、陈季博、黄克谦、高语罕、吕渭生、张伯荫、刘涌芳、林超伯、关素人、杨剑光、王志远、凌棠、王月波、郑受炳、王瑞延、崔广秀、朱拔英、张东华、冯少强、邓范生、彭泽民、邓子贤、李国瑞、邬日初、莫子材、冯宝锯、罗安、周守愚等30多人，分别来自美国、加拿大、法国、大洋洲、墨西哥、古巴、秘鲁、缅甸、日本、马来亚、新加坡、印度尼西亚、菲律宾、印度、越南及暹罗等国家和地区，约占与会代表总数的12%。由于共产党人与国民党左派的密切合作，大会决议遵照孙中山遗嘱，继续坚持"联俄、联共、扶助农工"三大政策；通过了"弹劾西山会议决议案"，对西山会议派的12名首要分子分别给予不同的处分，打击了西山会议派的分裂气焰；选举了由国民党左派和共产党人占多数、继续坚持国共合作的新的国民党中央领导机构。其中归侨代表彭泽民、陈友仁、萧佛成、许甦魂、周启刚、陈其瑗等人被选为中央执行委员、候补中央执行委员和中央监察委员。应该说，会议能取得较为圆满的结果，除了国民党左派与共产党人努力外，海外代表和归侨代表也起到了积极的作用。其中彭泽民对此作出了重要的贡献。在会议期间的一个晚上，彭泽民被邀请参加南洋总支部在广州东堤的两艘楼船上召开的会议。与会后彭泽民才知晓，原来这是国民党右派分子邀集120名代表召开的策划拉选票、企图钻进新的国民党中央领导机构的阴谋会议。彭泽民明白真相后，当众愤怒地对拉他参加会议的人说："此等正是猪仔所为，我固然不能参加，你同我都是同一总支部代表，所以我忠告你，不可轻信他们诱惑，失却自己代表的资格。"[①] 说罢愤然离去。一些华侨代表受其影响后也纷纷离去，从而使右派分子拉选票的阴谋受挫。由于彭泽民的出色表现，在国民党二大上，他当选国民党中央海外部部长，并担任国民政府委员，成为继廖仲恺之后为数不多的坚持和捍卫国共合作的国民党左派中的归侨代表人物。

彭泽民是孙中山"联共"政策的忠诚实践者和捍卫者。1926 年 5 月，蒋介石在国民党第二次中央执行委员会全体会议上，抛出了限制和打击共产党的"整理党务案"，规定加入国民党的共产党员在国民党中央、省、特别市党部中担任执行委员的名额不得超过总数的 1/3，共产党员不得担任国民党中央的部长，加入国民党的共产党员名单全部交国民党中央保存，共产国际对中共的指示和共产党对参加国民党共产党员的指示，须先交两党联席会议等。这显然是别有用心地限制共产党、破坏国共合作的阴谋。对此，彭泽民、何香凝、柳亚子等国民党左派起来反对，未果。"整理党务案"被通过后，彭泽民在孙中山的遗像前痛哭[②]，表达了他对孙中山的"联共"政策遭到破坏的痛心。

需要指出的是，除了彭泽民等国民党左派归侨坚定地维护国共合作外，远在海外的华侨也有坚持联共的，印度尼西亚坤甸中华总商会就是一例。1926 年 8 月，坤甸中华总商会多次接到国内上海"反赤救国大同盟"的反共组织寄来的一些反共宣传资料，进行"反赤救国"的蛊惑宣传，认为"赤祸"为中国招乱之源。中华总商会致函《民国日报》反驳说，中国的祸乱"不外内军阀外列强互相勾结"，"解救今日之危乱，非

---

① 转引自郑民、梁初鸣编：《华侨华人史研究集》（一），第 414 页。

② 参见严如平、宗志文主编：《民国人物传》第 5 卷，中华书局 1986 年版，第 78 页。

以全民力量内除军阀外抗强权，实无第二善法"。吾侨"只认明能福国利民者以为趋向爱戴，绝不为无意识之主张，更不知反赤反共之名号。良以吾国国际地位之低落，华侨先受其赐，尝无限之痛苦也。贵会以反赤救国为号召，敝会远离祖国，未能了解，弗敢苟同，承寄捐册，谨奉璧还"[①]。坤甸中华总商会的联共态度是鲜明而坚定的，其驳斥"反赤"的言论也是有力的。

当然，在当时的情况下，像彭泽民和坤甸中华总商会坚持国共合作、继续主张联共的，或许不占大多数，或许不能完全代表大多数海外国民党组织或华侨的态度，但这正显示了他们"出淤泥而不染"的本色。孙中山逝世后，国共合作形势日益复杂严峻，分裂势力不断抬头且愈加嚣张。

## 四、捍卫国共合作的最后抗争

分裂和维护国共合作的斗争异常复杂激烈，一波未平，一浪又起。国民党老右派的分裂、破坏国共合作活动遭到打击并有所收敛后，以蒋介石、汪精卫为首的新右派又公然跳了出来，更加猖狂地破坏国共合作，给国民革命造成难以挽救的损失，在海外华侨中造成了严重的混乱和恶劣影响。

孙中山逝世后，蒋介石以孙中山的"信徒"、继承者自居，夺得党政军大权，羽翼逐渐丰满，以更加阴险的手段相继制造"中山舰事件""整理党务案"等反共分裂活动。在北伐战争捷报频传之际，蒋介石于1927年初制造了一场迁都之争——擅自召开"中央政治会议临时会议"，决定国民党中央党部及国民政府迁到南昌，以与在武汉的国民党中央分庭抗礼。但这一阴谋立即遭到共产党人及国民党左派宋庆龄、何

---

① 《坤甸侨胞不敢苟同"反赤"》，《民国日报》1926年8月22日。

香凝、彭泽民、陈友仁、许甦魂等人的坚决反对。在 1927 年 3 月的国民党二届三中全会上，他们团结一致，挫败了蒋介石企图迁都南昌另立中央的阴谋。但蒋介石并未就此罢手，而是变本加厉地进行反共分裂活动，最终发动血腥屠杀共产党人和革命群众的"四一二"反革命政变。4 月 15 日，武汉国民党中央和国民政府发布命令，开除蒋介石的党籍、撤销其一切职务，并通令讨蒋。4 月 22 日，毛泽东、董必武、林祖涵、吴玉章、恽代英等共产党人与国民党左派宋庆龄、何香凝、邓演达、程潜以及彭泽民、陈友仁、许甦魂等联名发表了《讨蒋通电》，号召全体党组织及广大党员、全国民众"去此总理之叛徒，本党的败类，民众之蟊贼"。随后，彭泽民在中央军事政治学校举行的讨蒋大会上发表演讲指出："我们要打倒帝国主义，蒋介石竟勾结帝国主义；我们要解放工农，蒋介石竟摧残工农。我们要革命，要拥护总理的政策，我们非打倒蒋介石不可。"[1] 5 月 13 日，彭泽民、许甦魂以中央海外部名义，签发了《海外部紧急通告》，揭露并声讨蒋介石的一系列罪行，号召海外各党部和华侨团体，一致奋起声讨蒋介石。然而，在当时的严峻局势下，蒋介石破坏国共合作的分裂活动，嚣张至极，后果严重，势难挽回。

蒋介石发动"四一二"反革命政变后，革命局势雪上加霜，而隐藏在武汉国民政府中的假左派汪精卫集团又蠢蠢欲动。彭泽民获悉汪精卫"分共"的风声，责问汪精卫道："外间人说国共要分家，实在有无此事？"汪精卫不阴不阳地说："不是我们要分人家，乃是人家要分我们的家。"随即拿出一份电文（即共产国际的《五月指示》）给彭泽民看，彭看后说："我看此文并无分家之意思……现在两党合作，凡事尽可共同磋商，不可两相疑忌。"汪精卫闻言当即恼羞成怒地吼道："你是本党老

---

① 转引自严如平、宗志文主编：《民国人物传》第 5 卷，第 79 页。

同志尚且如此，难怪许多人说你是共产党了。"①从汪精卫声嘶力竭的吼叫声，可以看出形势的严峻，也可以看出彭泽民在逆境中的艰难抗争。在此紧急关头，1927 年 7 月 3 日，华侨协会在武汉党部大礼堂召开第二次会议，百余名华侨代表参加了会议。彭泽民主持大会，他指出，华侨协会的主要任务是：打倒蒋介石，以表示华侨的义愤；反对帝国主义干涉中国，以保卫祖国革命的成果。经过讨论，会议通过了通电海外同胞一致讨蒋、通告各国工人阶级援助中国革命等五项决议，并选出以彭泽民、许甦魂等人为首的华侨协会新一届执行委员会。在国共合作及国民革命岌岌可危的时刻，以彭泽民为首的华侨协会的表现仍然可赞可叹。

1927 年 7 月 14 日晚，汪精卫在武汉秘密召开"分共会议"（在国民党中央兼职的共产党人均被排斥在会议之外）。彭泽民出席了会议；宋庆龄接到通知后拒绝与会，派陈友仁作为代表。彭、陈在会上坚持维护孙中山的三大政策，反对汪精卫的"分共"行径。陈友仁在会上代表宋庆龄发言，严正指出："联俄、联共和扶助农工的三大政策是总理手定的，有了三大政策，革命才能发展成今天的局面，抛弃三大政策就必然要向帝国主义和蒋介石屈服。"②陈友仁发言后，孙科起来与其"大吵大闹"，会议气氛异常紧张。当汪精卫宣布与共产党分裂时，彭泽民奋起反对说："联俄、联共、扶助农工三大政策，是孙总理遗留给我们的。总理新亡，你们便变更他的政策，我不同意。"③但是，尽管彭泽民、陈友仁等力争仍无济于事，会议上的"反共"叫嚣占了上风，通过了"分共"议案。当夜 12 点，彭泽民将会议情况密告共产党人林祖涵和吴玉章，使他们等及时脱险。次日，他又通知海外部的共产党人和坚持国共合作的华侨马上转移，并发给每人百元大洋。在危急而关键的时刻，彭泽民和

---

① 转引自郑民、梁初鸣编：《华侨华人史研究集》（一），第 416 页。

② 《吴玉章回忆录》，中国青年出版社 1980 年版，第 150 页。

③ 中国农工民主党中央编：《纪念彭泽民》，中国文史出版社 1987 年版，第 3 页。

陈友仁等坚定地维护国共合作并尽力保护共产党人。彭泽民对蒋介石、汪精卫背叛孙中山的三大政策非常痛心，一个月后，他对身边的同志讲到汪精卫主持的"清党"紧急会议时，愤愤地说："清党！清党！清他们的狐群狗党！"[①] 1927年8月1日，彭泽民毅然参加了周恩来等领导的南昌起义，与蒋介石、汪精卫之流彻底决裂。国民党中央随即开除彭泽民的党籍并加以通缉。而陈友仁则与背叛革命的汪精卫政府决裂，不惜放弃所有官职，秘密前往莫斯科。

　　蒋介石、汪精卫发动的"四一二"反革命政变和"七一五"政变，标志着第一次国共合作彻底破裂，轰轰烈烈的国民革命惨遭失败。国民革命的失败，南京国民政府的建立，国民党的性质发生了本质的变化，华侨与国民党的关系也进入了一个不同的阶段。第一次国共合作期间，以国民党左派廖仲恺、彭泽民、陈友仁、许甦魂等为代表的爱国华侨，只是代表了华侨中的一小部分，坚持和维护国共合作的力量是弱小的，仅凭他们有限的力量，是阻止不了国民党新老右派破坏国共合作的狂风恶浪的。但是，应该认识到，在当时寒流滚滚的反共气氛中，他们能够挺身而出，努力维护国共合作、反对分裂，不与分裂势力同流合污的精神极为难能可贵。这说明，在孙中山逝世后，仍有一部分华侨是孙中山革命事业的始终不渝的继承者，国共合作的统一战线在华侨中打下初步的烙印，这为以后广大华侨推动第二次国共合作、开创全民族的抗日战争局面奠定了思想基础。

---

① 　中国农工民主党中央编：《纪念彭泽民》，第7页。

## 五、华侨与国共合作关系管见

### （一）华侨推动第一次国共合作值得肯定

客观地说，这个时期华侨的思想状况比较复杂。就是早年积极跟随孙中山革命的一些资深华侨革命者，对国共合作的态度和认识也是差别较大的。归侨中的几位国民党左派领导人陈友仁、廖仲恺、彭泽民等大力襄助孙中山改组国民党，鼎力支持孙中山实行国共合作，并在国共合作过程中成为孙中山的得力助手。他们在第一次国共合作的建立和坚持方面，功不可没，尤其是廖仲恺为国共合作事业而献身，而陈友仁、彭泽民则成为日后大革命时期国共合作的坚定捍卫者。与他们截然不同的是，一批国民党右派归侨邓泽如、冯自由、黄季陆、萧佛成、马超俊等，对孙中山改组国民党抱消极态度，对国共合作持反对态度，尤其是激烈反对孙中山的"联俄、联共"政策。在国共合作酝酿和建立过程中，他们不断制造反共逆流，一再提出反共议案，成为国共合作的阻碍和对立者。至于参加国民党一大的诸多海外代表，应该说表现比较积极，多数人响应孙中山改组国民党，支持国共合作。但在思想上对"联俄、联共"的认识，则分为支持者、保留者、怀疑者、反对者，千差万别。笔者认为，尽管华侨对第一次国共合作态度有所差别，但从总体上考察，他们是孙中山改组国民党、实行国共合作方针政策的响应者、推动者和支持者，主流是好的。因而，对此应该具体情况具体分析，以往学术界缺乏这种分析，一概肯定华侨推动和支持国共合作，这是不符合实际的。

需要说明的是，国民党改组和国共合作，主要是组织行为，在海外也主要是华侨中的国民党组织的响应和配合，并未像其他重大反帝反封建斗争事件的影响那样波及广大华侨社会。而在国内，在国共合作酝酿和建立期间，国民党中的左、右派归侨均与中国共产党人打过交道，其中既有合作共事、密切配合，又有矛盾冲突、交锋斗争。可以说，第一次国共合作增进了华侨对中共的了解、认识和交往。

### （二）对于华侨中"联共、反共"斗争的认识

人们公认，孙中山是20世纪站在时代前列的伟大领袖。其伟大之处在于他能够随着时代的前进而前进，在理论和实践上把旧三民主义发展成为新三民主义，改组国民党实行国共合作，为日后掀起的国民革命高潮创造了条件。

客观地说，对于当时广大华侨而言，能够跟上时代潮流前进的也只是廖仲恺、陈友仁、彭泽民、许甦魂等少数国民党左派领袖。他们对孙中山"联俄、联共、扶助农工"的新三民主义认识深刻，由旧三民主义的拥护者、执行者，发展成为新三民主义的拥护者和实行者，在思想上能够由旧民主主义转变到新民主主义。而旧民主主义革命时期的许多革命骨干（包括不少华侨），不能随着历史的发展而前进，因而对于孙中山的伟大转变认识不清，持若即若离甚至反对的态度。如邓泽如、冯自由这部分华侨资产阶级代表人物基本上属于旧民主主义革命者，他们可以接受孙中山领导的反对清王朝的封建专制统治的旧民主主义革命，却不能随着时代的变化接受孙中山的新三民主义，成为时代的落伍者。而在一般华侨国民党人中有这样的思想认识就更不足为怪了。这样就不可避免地产生新旧思想的激烈斗争，国共合作期间华侨中的联共与反共的斗争就是其中的表现。

笔者认为，围绕第一次国共合作而发生的华侨中的冲突和斗争，并非在于他们的阶级差别——通常所说的民族资产阶级与买办资产阶级的差别，而在于华侨资产阶级两面性的各有倚重的显露，及其对达到民主革命目标的方式、途径、依靠力量的认识的远见与短视。这种情况的出现有其自身思想认识的主观原因，客观上和其所处的环境及与帝国主义的恶意宣传有密切的关系——多数侨居国是帝国主义国家或这些国家的殖民地，视共产主义如洪水猛兽，对共产党极端敌视、恐惧——长期受

到这种耳濡目染的广大华侨在短时间内难以超越这种认识。另外，不能因为像邓泽如、冯自由等一批华侨反对国共合作，而否定他们对旧民主主义革命作出的贡献。

**（三）第一次国共合作对华侨的影响**

华侨支持孙中山改组国民党，推动第一次国共合作、建立国共合作的统一战线，尤其是海外国民党组织纷纷改组，使一度低落、沉寂的海外党组织获得新生并得到发展。改组后的海外国民党组织，成为新民主主义革命时期海外国民党组织的基本雏形，成为海外华侨社会支持祖国革命的领导力量之一，尤其是成为即将掀起的国民革命高潮的组织力量和推动力量。另外，这也表明中国国民党力量的发展壮大。

第一次国共合作建立不久，即掀起了国民革命高潮，华侨也随之掀起支援国民革命的热潮，中国革命出现了前所未有的大好局面；但随即又发生蒋介石、汪精卫的反革命政变，使国民革命遭到失败。华侨通过第一次国共合作的实践，亲身体会和认识到国共合则两利，革命就向前发展；分则两败俱伤，革命会遭遇挫折。总结和吸取这些经验教训，为此后抗日战争时期华侨推动第二次国共合作的建立及维护国共合作提供了可资借鉴的宝贵经验。

## 第四节　天下为公、浩然正气长存

　　孙中山改组国民党、推动实现第一次国共合作不久，为了吸取过去没有建立一支真正的革命武装的"一个大教训"，仿效俄国革命的经验，于 1924 年夏创办了黄埔军校，"创造革命军，来挽救中国的危亡"。黄埔军校由蒋介石任校长，廖仲恺任党代表，周恩来任政治部主任。有些海外华侨青年慕名而来投考并被录取为黄埔军校学员，其中暹罗华侨居多。该校是国共合作的产物，为国共两党培养了大批军事将领。

　　随着革命形势的发展，广州再度成为中国革命的中心，中国的希望之所在。但与之对立的北京军阀政府，仍厉行依靠帝国主义的专制统治，是革命的最大障碍。孙中山完成国民党改组工作后，仍致力于北伐大业，于 1924 年 9 月初到达广东韶关，18 日以中国国民党的名义发表《北伐宣言》，号召推翻军阀及其依赖之帝国主义。21 日，旅法华侨华人 200 多人在巴黎召开会议，一致主张打倒军阀，推翻国际帝国主义，实行国民革命，拥护国民革命领袖孙中山的北伐。10 月 23 日，冯玉祥发动北京政变，逼迫"贿选总统"曹锟下野，并与张作霖合作赶跑掌有实权的直系军阀将领吴佩孚。这样，北伐即失去打击目标，北伐军停止前进。29 日，冯玉祥电请孙中山北上共商大计。孙中山于 11 月 10 日发表《北上宣言》，随即偕宋庆龄等人绕道日本北上，在北上期间，因时局多变，冯玉祥迫于压力，参与联名推出段祺瑞为中华民国临时执政。段上台后对各国公使表示要"外崇国信"，即遵守不平等条约，并公布善后会议条例，决定召开完全由军阀官僚作为代表的善后会议。12 月 4 日，孙中山一行抵达天津，因旅途劳顿，多次接见记者，加之天气寒冷，孙中山在天津病倒。他得知段祺瑞的言行后，旗帜鲜明地反对召开善后会议，主张召开国民会议，得到国内各界及日本、南洋等地华侨的响应。12 月 31 日，孙中山抱病进京，并发表公开的书面讲话。但因病情愈重，被送到医院，确诊为肝癌并已到晚期，各种治疗方法均无效，于 1925 年 3 月 12 日逝世。

一代伟人孙中山逝世，举国哀悼，海外各地华侨惊闻噩耗，沉浸在无限悲痛之中，并举行了各种形式的悼念活动。

海外华侨对孙中山的悼念活动大体分为三种情况：一是海外各地的国民党组织开展的悼念活动；二是华侨团体组织的悼念活动；三是华侨和当地国际友人共同组织的悼念活动。悼念的方式多种多样。国民党美国圣路分部、墨西哥加兰分部、秘鲁利马支部等纷纷向国民党中央执委会及宋庆龄等致唁电。国民党东京、横滨支部除致唁电外，还制作遗像明信片、纪念徽章，召开党员哀悼大会。美国纽约华侨、留学生和当地各界名流及友人，于 3 月 22 日召开哀悼孙中山的国际大会，大会由 36 人组成筹备处，内分总务、财政、宣传、布置四科，会场设在万国学生会正厅，桌上供放由闻一多绘画的孙中山遗像，挂着国民党党旗；遗像前香烟缭绕，摆着鲜花、果品及五颜六色的花圈；祭桌两边各竖一块大纸碑，上书孙中山遗嘱的原文与译文；四壁遍挂各种联幛……参加追悼会的中外人士有一千数百人，他们臂缠黑纱，行祭礼，宣读祭文。追悼大会庄严隆重。美国的费城、芝加哥、积彩、都郎度也开展了各种形式的追悼活动。其中都郎度举行的"孙公吊礼"，届时大雨如注，许多人冒雨来到祭堂。4 月 13 日，加拿大多伦多、温尼比、维多利亚等地华侨以游行的方式举行追悼活动。4 月 5 日，旅法华侨举行了有千余人参加的追悼会，法国众议院议长及阁员均派代表与会。英国华侨则参加了中国驻英使馆举行的追悼会。

东南亚各地华侨悼念孙中山的活动更加隆重。新加坡华侨得知孙中山不幸逝世的消息后，华埠连日降半旗，"妇孺辈亦莫不痛惜"，"甚至各小童手执一国旗，沿街大唱哀国父逝世之悲歌"；工商多辍业一天；侨校一致停课。4月12日，新加坡各界华侨举行追悼孙中山大会，"到者逾十万人，秩序肃穆"①。马来亚、菲律宾、越南、朝鲜等地华侨也都举行了悼念活动。孙中山逝世以后，日本横滨、东京、名古屋等地的各界华侨都举行了沉痛的追悼活动，其中旅日华侨联合会举行的追悼活动更加引人注目。会场大门口悬挂"追悼国父"四个大字，二门悬挂"孙中山主义万岁"的横幅，还挂有"先生不死""天下为公"的字幅；大礼堂二层楼悬挂着"华侨追悼孙中山先生大会"的匾额，左右各插青天白日满地红的旗帜。会场前方正中摆放着绕以鲜花的孙中山遗像，陈设香案果品；两侧悬挂着老华侨杨草仙手书的挽联："革命先生万古，中华民国一人。"会场四周悬挂、摆放着一百数十副挽联和数十个花圈。下午二时，追悼会开始，会议主席郝兆先致辞，宣读孙先生遗嘱并逐条解释；继之全体起立对遗像行三鞠躬礼，默哀三分钟；华侨江洪杰、王杰三分别致悼词和宣读祭文；不少侨胞作了演讲和发言，尤其是87岁高龄的老华侨杨草仙发言时，刚开口说话即失声痛哭，全体与会者皆受感动而放声大哭，历十多分钟。杨呜咽着说："余非国民党员，余信服孙公，实如国民党员。盖孙公所创之党，实为国家为民众谋幸福之团体。吾人虽非党员，受赐不浅，应较党员更努力以实现孙公之主义。不有孙公，何有民国。吾人在海外何能得到今日之自由？诸君，孙公虽死，主义不死。吾人能实现其主义，孙公虽死犹生。"②各位演讲结束后，由大会主席致闭会词，摄影留念闭会。此外，归国华侨也举行了悼念活动，1925年4月11日，归侨多人在北京中央公园开会，讨论筹建孙中山铜像事宜。

---

① 以上分别见《民国日报》1925年3月31日、4月15日。

② 葛培林编撰：《永留浩气在人间——1925年海内外悼念孙中山先生活动纪实》，《中山文史》第39辑，1996年内部出版，第285页。

会议当场议决推举华侨议员黄伯耀、古伯荃二人为铸像筹备委员，并将决定报告国民党中央备案，随即着手筹备。

以上概要地介绍了各地华侨悼念孙中山逝世的情况。据初步统计，孙中山逝世后，海外华侨发回国内的唁电有 87 件，挽联 160 多副，十几个国家 30 多个地区的华侨举行了追悼活动。海外华侨这样大规模沉痛悼念中国革命的领袖是前所未有的。他们主要从以下两个方面缅怀孙中山的伟大功绩：

其一，高度赞扬了孙中山推翻封建帝制、建立中华民国的功绩。墨西哥的国民党组织及全体党员，在致宋庆龄的电文中说，"总理手创民国，名留千古"；旅日华侨联合会认为"孙先生为开国元勋"，他"不但手造民国，使吾人为自由平等共和之民，且致力民族革命，使祖国为自由平等独立之国，宜乎同胞皆称之为国父，世界皆称其为伟人"；其"事业不亚华盛顿，其主义则为他人所不及"[1]。美国纽约华侨及国际友人将孙中山与印度的甘地、土耳其的凯末尔、俄国的列宁、美国的威尔逊并列为当代五杰。这是对孙中山的崇高赞誉。

其二，高度评价孙中山的三民主义思想。孙中山为挽救中华民族不屈不挠的革命精神及其三民主义思想教育和鼓舞了千千万万的中国人，海内外华人奉孙中山先生为楷模。在各地华侨举行悼念活动的会场有不少悬挂着"三民主义万岁"的标语，悼念的人群异口同声高呼"三民主义万岁"的口号；宣言表示"拥护三民主义"，三民主义的真谛在于打倒军阀，反对帝国主义侵略，今后"当依三民主义计划而行，完成革命事业，以继总理之志而慰总理在天之灵"[2]，表明三民主义已经深入华侨

---

①　葛培林编撰：《永留浩气在人间——1925 年海内外悼念孙中山先生活动纪实》，载《中山文史》第 39 辑，1996 年内部出版，第 37、284、286 页。

②　葛培林编撰：《永留浩气在人间——1925 年海内外悼念孙中山先生活动纪实》，载《中山文史》第 39 辑，1996 年内部出版，第 297 页。

的心。广大华侨对孙中山为民族、为祖国"鞠躬尽瘁，死而后已"的精神，更是有口皆碑。

孙中山的一生是不断革命的一生，是不断追求进步的一生，他是中国近代伟大的资产阶级民主革命家，是能够随着滚滚前进的历史车轮而前进的历史巨人。毛泽东曾赞扬说，在孙中山四十年的革命生涯中，"经过了多少艰难曲折，然而孙先生总是愈挫愈奋，不屈不挠，再接再厉。当多少追随者在困难与诱惑面前表现了灰心丧志乃至投降变节的时候，孙先生总是坚定的。孙先生是坚持其主义的。在他一生，他的三民主义只有发展而无弃置。"[①] 孙中山的一生经历了两次伟大的转变，即由改良向革命的转变，这次转变的结果是推翻了清王朝的专制统治，结束了统治中国两千多年的封建帝制；第二次是由旧三民主义向新三民主义的转变，亦即毛泽东所说的"把适应于旧的国际国内环境的旧民主主义的三民主义，改造成了适应新的国际国内环境的新民主主义的三民主义"。这次转变的结果实现了第一次国共合作，进而形成了轰轰烈烈的国民革命高潮。两次转变推动了中国历史的进程。无疑，孙中山的两次转变对广大海外华侨也带来了很大影响，他的第一次转变，带动和影响了大批华侨的转变，使他们踊跃支援和参加辛亥革命，成为革命的主要动力之一；第二次转变，虽然有一部分华侨没有适时地随着转变，成为时代的落伍者，但仍有一些革命意志坚定的华侨能随着时代的潮流前进，始终不渝地跟随孙中山。孙中山逝世后，仍一如既往，坚持和捍卫孙中山的革命事业。

孙中山不但是中国民主革命的领袖，也是华侨革命的领袖，他能够把普遍没有觉醒的广大华侨广泛发动起来，使他们积极参加中国的民族民主革命，这是孙中山的一个伟大功绩。从另一方面看，广大华侨奉孙

---

① 《毛泽东文集》第2卷，人民出版社1993年版，第112页。

中山为"侨父""海外侨胞之慈母""爱护华侨惟一恩人"，孙中山在海外华侨中的影响以及华侨对孙中山的衷心爱戴，在古往今来的领袖人物中是绝无仅有的。宋庆龄在纪念孙中山诞辰 90 周年时曾经说道："由于中山先生在革命实践中一再遭到失败，不得不在国外策动革命，他的革命事业是与华侨同胞的努力分不开的，他不仅重视华侨，且以华侨为忠诚的战友，在爱国主义的基础上和他们紧密地团结起来……中山先生反帝国主义反封建主义的革命斗争中，华侨曾作出很多贡献，很多华侨同胞是他忠诚可靠的朋友。"[①] 这段话恰如其分地说出了孙中山与华侨的关系。

第三章

# 积极推动和投身国民革命

　　国共携手合作，革命力量倍增。在国共两党的共同领导下，掀起了摧枯拉朽的国民革命高潮。国民革命的惊涛骇浪，以雷霆万钧之力，涤荡着封建军阀黑暗统治及帝国主义在华势力的污泥浊水，极大地推动了中国反帝反封建革命的进程。但由于国民党新老右派叛变革命，使国民革命功败垂成。

　　海外华侨积极投身国民革命，他们在海外广泛地声援五卅反帝爱国运动和省港大罢工；洗雪历史耻辱，掀起废除不平等条约的斗争；成立北伐后援会，开展捐款献物、回国参战等多种方式支持和配合北伐战争；当国民党右派发动反革命政变、致使国共合作破裂时，部分华侨奋力维护国共合作；等等。广大华侨是国民革命的一支重要进步力量。

# 第一节　声援五卅反帝爱国运动

## 一、南洋华侨奋起反抗暴行

上海是 20 世纪 20 年代中国工人阶级力量最为集中的大城市。1925 年在这里爆发了轰轰烈烈的五卅反帝爱国运动，并迅速形成了全国规模的反帝爱国浪潮，进而很快波及海外华侨社会，他们开展了各种形式的声援活动。

1925 年 5 月 14 日，上海日商纱厂工人为抗议日本资本家无理开除工人举行罢工。15 日，日本资本家枪杀中国工人顾正红，并打伤十余人。随后，上海高校学生为救济工人举行募捐及参加顾正红追悼会时，有多人遭到"租界捕房"的逮捕。美、日、英、法等租界当局决定 30 日会审被捕学生。30 日这天，上海工人、学生举行反帝示威游行，经过南京路时，英国巡捕向游行群众开枪射击，当场打死 13 人（其中有一位归侨学生陈虞钦，南洋婆罗洲人），伤数十人，制造了震惊中外的五卅惨案。惨案引起全国人民的强烈愤慨，反帝怒潮迅速席卷到北京、南京、汉口、广州、长沙、天津、重庆等许多大中小城市，声援和参加反帝运动的各界群众达 1200 多万人。6 月 19 日，为声援上海工人、学生的反帝斗争，抗议英帝国主义的暴行，在中华全国总工会的直接领导下，香港各行业工人 10 余万人同时罢工，随后增加到 25 万人，罢工工人纷纷回到广州。6 月 23 日，回穗的香港工人和广州工人、学生 10 多万人举行大游行，当队伍经过沙面租界对面时，遭到英、法军队开枪射击和军舰炮击，当场死亡 52 人，数百人受伤。帝国主义的暴行更加激怒了中国人民，声援和参加罢工的人数骤增。在此情况下，中华全国总工会成立以苏兆征、邓中夏为首的省港罢工委员会，并组织了 2000 多人的工人纠察队，严密封锁香港及沙面租界，使繁荣的香港顿时变成了"臭港""死港"，沉重地打击了英帝国主义，这就是后来坚持 16 个月之久的省港大罢工。

五卅惨案和省港大罢工的消息传到海外，各地华侨无比愤慨。他们向国内同胞致电致函，表示慰问；或在当地侨报上发表文章、社论，抨击帝国主义屠杀中国人民的暴行；或者成立各种团体，争取侨居国各阶层的支援和同情；等等。

五卅惨案的导火线是日本资本家屠杀中国工人，因此，日本华侨闻讯后，首先作出强烈反应。6 月 4 日，东京华侨联合会召集紧急会议，到会的各阶层华侨和留学生千余人，会议一致决定，援助国内反帝爱国运动，并议决援助的几项办法。会后，由中华留学生总会、驻日华侨联合会、旅大收回后援会及各省同乡会等团体代表若干人联合成立外交后援会，联络各地华侨声援国内反帝爱国运动。后援会多次向国内汇款接济爱国同胞，并多次集会通报情况，制定各种声援办法，还以驻日华侨联合会中央执行委员会名义通电国内各团体，其中说："此次上海青岛工人罢工，纯为劳动者对资本家工资及待遇上之一种要求，乃日本资本帝国主义者殴毙工人。上海学生作援助工人讲演，竟遭英国巡捕惨毙多人。暴日暴英，如此肆行无忌，直欲亡我国而灭我种。侨日同胞闻噩，愤不欲生，除电嘱归国代表王杰三就近赴各地参加奋斗外，立即募集巨资，以接济罢工并为国牺牲之同胞，惟望再接再厉，群起打倒国际资本帝国主义在华势力。同人虽侨居海外，誓为后盾。"[①] 同时，华侨还争取当地日本工人、学生共同开展反对日本资本家在华的暴行。6 月 7 日，36 个

---

① 《留日学侨"五卅"运动之热烈》，《民国日报》1925 年 6 月 19 日。

日本工人团体在东京召开大会，议决一面声援中国工人，一面向政府当局提出抗议，要求对"惨杀顾正红事件须赔偿谢罪"，"惩办上海的日本资本家"等，表达了日本工人对中国工人阶级的同情和支援，也表明华侨对日本工友争取的成效。

为扩大斗争声势和影响，上述三个侨团还派代表归国，与国内同胞互通声气，互相配合，团结对敌。他们于6月5日和15日两次发表宣言，其中指出："一个庄严灿烂的华夏，已变成了破碎不堪的山河了！"各帝国主义在华强开租界、攫取各种特权还不满足，又制造伤天害理的杀人惨剧。接着历数日本侵略中国，残杀、迫害旅日华侨的暴行。"现在我们认为目下救中国惟一的目标，只有扩大国民革命的战线，对内唤醒民众，打倒军阀，实行国民革命，澄清内政，贯彻和平奋斗救中国的目的；对外联合友我的民族，打倒帝国主义，废除一切不平等条约，完成我中华自由独立的国家。"即"对内要革军阀的命，对外要革帝国主义的命"；最后提出"对日否认二十一条，实行收回旅大""废除国际间一切不平等条约"等六条纲领①。宣言表明，日本华侨明确目前中国革命反帝反封建的两大任务。

横滨华侨继之而起。他们在横滨和亲大剧院为国内爆发五卅运动召开紧急国民大会，容纳千余人的剧院为之爆满，与会的还有些日本工友。为引起人们注意，会前，由几名华侨驾驶汽车敲钟绕横滨市一圈，车上贴着抗议英帝国主义暴行的标语，引起日警的监视。会议开始后，由主持者报告五卅惨案经过。随即由华侨学校校长吴肇扬、华侨联合会的同盟会元老温炳臣、外交后援会宣传部郝兆先等多人演讲，愤怒地谴责英日帝国主义惨无人道的暴行，我"同胞务协同一致，以热心为武器与帝

---

① 《留日学侨归国南方代表宣言》，载《近代史资料》2002年第3期（总103号），第62—64页。

国主义者宣战"，为国内同胞后盾，并争取各国劳动民众的援助。演讲结束时，与会者纷纷捐款。最后通过以下办法：（1）电工商学同胞坚持到底誓为后盾；（2）继续筹巨款接济；（3）对英经济绝交；（4）向日英国民发表宣言；（5）电北京及广东政府力争；（6）收回租界，并宣读决议文，报告横滨各团体总会，系由华侨联合会发起，专办理一切对外交涉，同胞协力赞助进行等。最后高呼中华民国万岁。[①]

在日本东京、横滨华侨影响下，京都、大阪、神户、长崎、名古屋、冈山等地华侨纷纷响应，开展了以通电致函、召集会议、筹捐募款等为内容的声援活动。神户华侨妇女向国内同胞致声援电，对五卅惨案"义愤填胸"，"我神户妇女，同属国民，结集社团，拯救乡国"。她们向上海汇寄大洋 500 元，以救济失业工人。7 月 20 日，神阪（神户和大阪的合称）地区的中华总商会、神阪中华会馆、神户华侨海员后援会 3 个侨团发表《告日本国民书》，向日本民众陈述五卅惨案真相，揭露英国巡捕以所谓中国"学生工人之行动为暴动"而开枪的借口。《告日本国民书》中首先指出，一个多月的五卅运动，"从物质的方面观察此国民运动，虽罢工罢市，牺牲甚大，然从精神的方面观察之，则我国民之国家意识，得以强固，继承光辉过去文明之民族精神，从而复活，所得足偿所失"；继而严正指出，据上海会审衙门审判消息，游行群众距离巡捕房三丈多远，发警告后十秒钟即令开枪，其罪名是群众"暴动"。而英国法律有关"暴动"的规定为："为以同一之目的，结合三人以上，以暴力为破坏平和及惹起民众惊惶心之行为，且以暴力抵抗、制止暴力之对手者。""今观上海学生之行为，单持旗呐喊，手无武器，亦无以暴力抵抗巡警之意识。观六月十一日上海会审公廨判决学生工人无罪，及警察无人死伤，即可证群众之非暴动。"退一步说，即使为暴动，"然发警

①　《横滨华侨之国民大会》，《民国日报》1925 年 6 月 26 日。

告后，仅十秒钟即命开枪，实违反一七一五年以来现行英国制止暴动条例所规定警告一点钟犹豫开枪之条"；"英国谓上海工部局为英国直辖，何工部局之英吏不守英国之法律耶？岂英国法律所规定之人权保障，不适用于东方之中华民国人耶？""然则解决此事出于何途，当面的则须明虐杀者之责任。根本的则须改订我中华民国与诸外国缔结之不平等条约而已。吾人断言不平等条约所规定之租界及领事裁判权之存在，为此次上海虐杀事件之根本原因。"《告日本国民书》从法理上揭露英国巡捕屠杀中国同胞的谬论，有理有据，批驳有力，进而希望沪案早日公正和平解决，"改订根本的祸因之不平等条约，依国际平等之原则，举人类共存共荣之实，确立世界永久和平之基础"[1]。最终要求改订"祸因之不平等条约"，可谓抓住了问题的关键。

日本华侨在海外率先奋起，声援国内五卅反帝爱国运动，表现积极，认识深刻，活动频繁，影响较大。

五卅惨案的消息传到英国的殖民地新加坡、马来亚，各界华侨痛恨英国侵略者的凶残暴行。新加坡华侨曾多次集会商讨对策，决定一面捐款援助，一面实行总罢工，迫使英国当局认错，不达目的，绝不复工。马来亚华侨中的国民党人成立了"共济会"的组织，开展募捐、宣传等活动，声援国内反帝斗争。英国殖民当局以该组织的活动有"破坏英国统治之嫌"为借口欲加以取缔，但该组织"屹立未动"，并秘密散发具有反英内容的宣传品。当地侨领梅钧代表广大侨胞联名致电北京政府，力主对英宣战，电文痛陈"沪案未了，继以沙面、汉口等惨变。弱肉强食，无过于此。钧等闻讯，欲哭无泪。再四思维，惟有对英宣战"。电文还说，"一旦宣战"，"至于军饷，则钧等尚有家产可倾"[2]，表示了

---

① 《旅日华侨告日本国民书》，《民国日报》1925 年 7 月 31 日。

② 转引自郑民、梁初鸣编：《华侨华人史研究集》（一），海洋出版社 1989 年版，第 205 页。

毁家纾难的反帝救国决心。但华侨的爱国义举，遭到英国殖民者的压制。在新加坡，他们焚毁中国国旗，先后封闭华侨学校18所。

五卅惨案发生时，菲律宾中华总商会的负责人之一、华侨富商李清泉正在上海，耳闻目睹了惨案的情况，当即致函菲华总商会，嘱其立即汇款援助罢工工人。菲华总商会接到信函后，当即通过银行汇寄申洋1万元转给上海总商会。李清泉遂与上海总商会会长虞洽卿联系，并提出六条意见，其要者如下：沪案发生，虽由学生工人而起，而英捕残杀同胞，侮辱国体，凡我国人，共同反对；上海为全国中心，贵会又为商界领袖，务请提挈纲领，为各界倡，商学各界，有所秉承，心志团结，勇气倍增；目前救济，在于分途募捐，而根本救济，最好于吾人自有工业，从事扩充，使罢业工人，有工可做，则可坚持到底，始终不懈；对外宣传，使各国深明真相，主持公道，为我协助；通电全国军政工商学各界，毋分畛域，毋存异见，一致合作，则国势虽弱，民气奋发，未尝不可为自卫。这些虽属个人建议，但基本反映了菲律宾商界侨胞的态度，也表明华侨资产阶级上层的表现是好的，反帝觉悟有提高。

菲律宾其他各界华侨也积极声援国内反帝爱国同胞。如马尼拉120多个华侨社团争先恐后地捐款救助国内同胞。6月24日，该市各华侨商店均下半旗，以示对上海罹难同胞的哀悼。菲律宾苏禄（宿务）埠华侨联合会致电国内指出："沪案传来，侨众激昂"，"望保重国权，坚持到底"。该地华侨于6月21日晚召开演说大会，以示声援国内同胞，侨胞们踊跃与会，后来者几无立足之地。为声援国内反帝斗争，菲律宾华侨成立了"临时救济会"的组织。进入8月，由于消息不畅，"临时救济会"特致函国内询问运动进展情况，"务望坚持力争"，"俾免归于失败"①，表示了关切之情，并主张斗争到底。当其阅报得知，罢工同胞生

① 《民国日报》1925年8月24日。

计困窘,立即汇给上海总商会沪银3万多元,并附信说:"阅报载罢工救济困难,状至可悯,侨众忧心如捣。工人枵腹从公,足敬。关系国家匪轻,一旦复工,交涉无望,国事前途益趋悲观,切盼坚持到底,严守秩序,一方通电海内外同胞呼吁,一方就地设法维持,当以国事为重,勿示人以弱,本会誓为后盾。"①可见,菲律宾下层华侨反帝斗争更加坚决,表现更为出色。

印度尼西亚的泗水、坤甸等地各界华侨成立外交后援会,发动侨胞捐款分别汇寄上海、广州、汕头总商会收转援助救济失业工人,并购买大量面粉转运广州给罢工工人。泗水华侨致电省港罢工委员会表示,对"五卅惨案,普天同愤",侨胞们"至堪钦佩"国内各界抵抗帝国主义压迫的三罢斗争,并"誓为后盾"。印度尼西亚华侨支援国内同胞反帝斗争是实在的,既有财物援助,又有精神鼓励。

《暹罗侨报》不断报道国内反帝斗争的消息,号召华侨起来声援,结果遭到暹罗当局的封闭。暹罗华侨便转换斗争方式,7月间,他们派许超然等3人为全权代表专程回国慰问国内同胞。许超然等回国时搭乘"美东号"轮船,不顾旅途辛劳,在船上临时创办一份石印的《挽狂澜日报》,向旅客宣传国内沪、汉、粤等地的惨案经过,以激励国人的爱国意识。挪威船主感动地说,他行船数十年,从未见过在船上印报宣传的事。为支持上海罢工同胞,8月24日,暹罗琼籍华侨捐款1100多元,并附信一封,特派黄海英为代表回国慰问。比较而言,暹罗华侨声援国内反帝斗争的方式是独特的。

为慰劳问候国内罢工同胞,鼓励他们的斗志,让他们了解反帝斗争情况,华侨专门组织了"海外华侨参观团"。团员共百余人,于1926年1月19日回到广州,他们受到国内同胞的热烈欢迎。参观团风尘仆仆地

---

① 《菲侨汇三万元济工》,《民国日报》1925年8月28日。

参观了省港罢工委员会及下属各机关，复派代表携带牛奶、饼干等食品，前往医院慰问住院工人，并向诸工友演说。海外侨胞的举动，使国内罢工同胞深受感动。表明了海内外同胞心心相印、团结一致反帝救国的热情。

1926 年 8 月 11 日，驻粤南洋华侨各公团联合会，派代表曹俊升（南洋总工会代表）等 50 多人到省港罢工委员会慰问罢工工友，并到各部门参观。罢工委员会委员冯民颂出面接待。下午 1 时在劳动学院召开欢迎会，会议内容为：（1）省港罢工委员会与华侨代表相见互致鞠躬礼；（2）省港罢工委员会委员长苏兆征致欢迎词并报告省港罢工经过及中英谈判结果；（3）华侨代表曹俊升致慰问词等五项。曹俊升在慰问词中说："兄弟今天代表南洋有组织之 20 余工会，8000 余工友，来此地慰问诸工友。自省港罢工发生后，兄弟在南洋与侨界工友诸先觉组织 20 余处工会，努力宣传并筹捐款项接济上海及省港罢工之工友。当时帝国主义者非常恐慌，曾加捉拿，但不成功。省港罢工因工友决心牺牲已整整 1 年了，英港政府受绝大之损失，不得不派代表与我方开正式谈判磋商解决省港罢工。""所以我希望 20 余万民族革命之急先锋，要能坚持到底，以期达到最后的胜利，万不要被帝国主义者及一切反革命势力所离间所破坏，我愿率 20 余工会下的华侨工友作有力的后盾。"[1] 从曹俊升的致辞中，可以看出南洋华侨工人对国内工界同人的大力支持及热切希望，表明在帝国主义殖民统治下的南洋华侨对国内同胞的支援也是冒着较大风险的。

五卅运动及省港大罢工期间，南洋各地华侨开展了多种形式的声援活动，有力地支持了国内同胞的反帝爱国斗争，鼓舞了他们将反帝斗争

---

[1]　《华侨代表慰问罢工演词》，《工人之路》1926 年 8 月 13 日。广东省档案馆等编：《华侨与侨务史料选编》1，广东人民出版社 1991 年版，第 458 页。

进行到底的意志。可以说，南洋华侨各公团联合会组织的回国慰劳省港罢工工人的活动，将南洋华侨的声援活动推向了高潮。

## 二、欧美侨胞反帝斗争高涨

由于有国民党驻法总支部和中共旅欧支部的大力发动和领导，欧洲华侨华人以前所未有的声势和规模声援国内五卅运动。国共两党合作，共同领导了欧洲华侨和中国留学生（主要为勤工俭学学生）声援国内的反帝爱国斗争。

法国巴黎，是国民党驻法总支部和中共旅欧支部所在地，可谓旅欧华侨华人声援国内反帝斗争的总指挥部，欧洲华侨华人的反帝救国浪潮即从这里掀起。

五卅运动爆发后，国民党驻法支部主办的《国民报》、中共旅欧支部的机关刊物《赤光》，都连续报道国内反帝运动的新闻消息，呼吁旅欧华侨华人起来声援。

1925 年 6 月 7 日，在国民党驻法总支部和中共旅欧支部联合发动下，旅法华侨华人在巴黎召开声援国内反帝斗争大会。国共两党代表及法共代表等发表了慷慨激昂的演讲，声讨帝国主义屠杀中国人民的罪行，声援中国人民的正义斗争，并通过发表宣言、成立反帝爱国组织等多项决议。当晚，28 个旅法华侨华人团体的 3000 多名代表再次集会，成立了"旅法华人援助上海反抗帝国主义行动委员会"。该会成立后，呼吁英国、德国、比利时、奥地利等国家华侨奋起斗争。6 月 14 日，千余名华侨华人在巴黎掀起示威游行活动，声援国内同胞反帝斗争。示威游行活动遭到法国警察干涉和镇压，随即发生冲突，有 4 名中国留学生被捕，不久被释放。

法国华侨和留法勤工俭学学生深知，在遥远的异国他乡开展反帝爱国斗争必须讲究策略。前述游行示威活动被镇压后，300 多名华侨和留学生代表召开秘密会议，议决采取如下斗争形式：将法国华侨华人的反帝爱国活动拍摄成幻灯影片，印刷反帝宣言传单，一并寄给法、英、意、比各国政府及美、日驻法使馆；印发小册子解释五卅惨案真相，暴露帝国主义的侵略行径及残酷本性，以求获得各国民众的同情和赞助等六项措施。会后即安排 38 人印发法文传单及小册子等。

受上述爱国活动影响，6 月 16 日，法国学生工人召开声援中国大会，在法国引起震动。法国外交部照会中国北京政府驻法公使陈箓，质问中国人开会事。陈答："此事不过一二学生及十余工人为之，不必过虑。"法国外交部照会及陈箓公使的答复在法国各报发表后，法国政府对华侨华人爱国活动的压制、陈箓对五卅惨案的态度及对旅法华侨华人爱国行动的抵制，引起当地华侨华人的强烈愤慨。6 月 21 日，数百名华侨华人代表再次集会，议决如下四项：（1）以中国公使名义致电上海援助反抗帝国主义运动；（2）向法国提出抗议，要求撤退上海法国军队及法国军舰；（3）向报界解释上海运动非排外运动，为反抗帝国主义运动；（4）在法华人有开会自由，要求陈箓签字履行。① 会议推选出 120 多名代表到中国驻法使馆，逼迫陈箓在上述四项决议上签字，并致电国内。一向敌视法国进步华侨和留法勤工俭学学生的陈箓，本想反对，又无实力，慑于压力，被迫签字。法国华侨华人的这一爱国举动，在法国乃至整个欧洲引起"震骇"，法国各报都以醒目标题对此加以报道。法共《人道报》还呼吁"法国就该帮助中国，不应该打中国人民"。但不久参加这次斗争的 20 多名华人遭到了法国政府的逮捕或驱逐，这实为中国驻法公使陈箓与法国政府勾结所致。7 月下旬，国民党旅法总支部再次为"沪案"告旅欧华人，呼吁声援国内同胞、开展反帝斗争，"反抗帝国主义，

---

① 《旅法侨胞热烈援助沪案》，《民国日报》1925 年 8 月 30 日。

就只有开国民会议废除一切不平等条约，这是孙中山先生抱病晋京病危临别时谆谆告诉我们解脱危难的惟一法门……生在今日的中国，那（哪）有苟安的可望，我们应设法促成国民会议及废除一切不平等条约"①。

法国华侨华人声援五卅运动的活动有声有色，对欧洲各国华侨的反帝爱国活动产生了积极的影响，并起到了带头作用。与此同时，德国、英国、苏联等国家的华侨和中国留学生纷纷行动起来声援五卅运动。

五卅运动爆发一个星期，即 1925 年 6 月 5 日，留德学生总会和华侨总商会联合召开紧急会议，通过致电国内提出反对帝国主义、慰问受伤及死难同胞家属、旅德侨胞誓死援助等 6 条声援举措，并成立旅德中华民族解放运动委员会的团体，同时发表抗议帝国主义屠杀上海人民的宣言，旗帜鲜明地驳斥英国路透社所谓"五卅运动是中国人的盲目仇外运动"、是义和团再版等荒谬的歪曲宣传，阐明这次运动"实是我国历年来受列强之侵略，多数民众终日劳苦不得一饱所致，及列强之种种待我不平，故有此次之解放大运动"。旅德华侨和留学生连日在柏林市分区散发德文传单。某日大雨滂沱，他们仍冒雨散发传单，衣履尽湿。一名德国工人见状劝其暂避，他们表示，国内同胞冒着枪林弹雨与列强斗争，"我辈何惧雨乎？"德国工人深受感动，对他们大加称赞②。旅欧勤工俭学学生、驻德国民党支部朱德等人，以中国旅德学生会的名义，致函柏林各大报纸，庄严地声明五卅运动是中国民族解放运动，反对帝国主义的桎梏和屠杀，中国人民的反抗是正义的、自卫的。德国各大报多以醒目位置刊登这一公开信，及时地批驳了路透社的造谣污蔑。中国留德学生会还印发题为《英帝暴行与中国民族反不平等条约的斗争》的传单广为散发，赢得了德国工人和各界的同情和支持。朱德还"与他的同志们，

---

① 《民国日报》1925 年 7 月 28 日。

② 《旅德华侨援助沪案之激昂》，《民国日报》1925 年 8 月 5 日。

联同德国的工人阶级，在两个月内组织了十次大规模集会"①。

英帝国主义是制造五卅惨案的罪魁祸首。英国华侨一面声援国内反帝爱国同胞，一面向英国工人及各界友好人士阐明五卅运动的真相，争取他们的同情与支持。1925 年 6 月 16 日，旅英各界联合会的侨胞致电国内国民党机关报《民国日报》转全国各界，愤怒地指出："沪既伏尸，汉又喋血。举世痛愤，舆论激昂，宜坚持原有要求，奋斗到底，敝会誓为后盾。"② 1926 年春节，伦敦"中国工人联合会"和国民党伦敦支部，邀请英国工运领袖、记者及对华友好人士等 50 多人举行招待会。华工代表在会上发表演说，解释中国发生事件的真实情况，呼吁中英工人团结起来，加强"国际互助和扶持"，勿受帝国主义者的"挑拨和愚弄"。与会的英国工会代表指出，凡是以英国名义抢掠杀人的，都是英国资本主义造成的，与英国工人不相干。与会的英国共产党、独立劳工党、职工联合会、劳动同盟大会等代表纷纷发言，不同程度地谴责了英国在华的行径，对中国民众表示了一定的同情。另外，在英国轮船上工作的中国海员为声援"沪案"，几次谋划举行罢工，均因受到监视未果。7 月中旬，几艘英轮航行至日本神户、横滨港，542 名海员乘机罢工。神户、横滨两地的侨胞对海员们的义举深表同情，纷纷为其提供食宿，赠送慰问袋，并募捐资助他们归国，其援助"甚为周至"。反帝爱国是一种无形的精神力量，将世界各地的中国同胞凝聚在一起，并将这种精神力量化为自觉的爱国行动。

经过十月革命洗礼的苏俄华侨，更具有支援祖国反帝爱国斗争的思想觉悟和便利条件。1925 年 6 月上旬，莫斯科的华侨数次集会，声援上海罢工工人。15 日，莫斯科的 2000 多名华工和中国留学生为声援国内

① 《史沫特莱文集》3，新华出版社 1985 年版，第 191 页。

② 《民国日报》1925 年 6 月 18 日。

反帝运动再次集会，先由两名莫斯科大学中国学生报告五卅惨案的经过，继由知名的日本共产党人片山潜代表第三国际致辞；英国代表白朗安及法国、朝鲜代表也在会议上演说。白朗安在演说中表示，英国无产阶级已自觉于国际间之责任，此次对中国事件，一致反抗英帝国主义。会议致函苏联中央执行委员长加里宁，希望苏联尽力提倡和平合作，对中国事件不独予以道义上之援助，并尽力予以物质上之援助。散会后，全体与会者列队游行，他们高举着国民党党旗和反对帝国主义的标语牌，最后到英、日驻苏使馆，推出代表向英、日外交官员递交抗议书，强烈要求他们将其转给各自的政府。请愿书表示："中国人民对英、日之残暴已不能再忍，英、日领事之威信，断非所能恢复，惟有承认要求，尚可略补其罪等。"① 受此影响，6 月 11 日至 12 日两天，莫斯科市的苏联工人和华侨在市区内几个地方集会。集会场所或在室内，或在露天，参加各处集会的均在两千人左右，"中国人在此地赞成国民革命的人，都被他们拉去演讲，中国人一登台，工人群众拍手总是数十秒或至一分钟"。苏俄政府领导人季诺维也夫也出席了其中的一处集会，并发表演讲。他说："中国国民的解放的成功，就是全世界被压迫民族解放的先声，也就是全世界真正和平的先声。"13 日，旅居莫斯科的两千多名华侨再次集会游行，他们向国内通电，随即到英、日、美、法等国使馆前示威演说。有趣的是，平素专门与国民党人作对的北洋政府驻苏的使馆官员，这次也向孙中山的遗像和国民党党旗行礼，并帮助举旗参加游行，可见这次活动的威力和感染力之大。五卅惨案发生一个月之际，即 6 月 30 日，苏联华侨再度在莫斯科大戏院集会，主席台上悬挂着孙中山遗像和国民党党旗及反对帝国主义的标语。会议主席彭绍贤首先提议旅莫华侨成立"反帝国主义协会"，当场通过。随后，华工代表、中国留学生代表及第三

---

① 《莫斯科华侨游行——向英日使馆递交要求条件》，《民国日报》1925 年 6 月 25 日。

国际工人领袖发表演讲。其中德国的锡琴女士在演讲中表示，德国工人、俄国工人对中国事件表示同情，"我的老心对此青年的中国工人阶级之英勇的奋斗，不禁动荡而欢欣"①。会议还通过了援助中国的议案多项。

苏联是刚刚诞生不久的当时世界上唯一的社会主义国家，又是共产国际的所在地，在此有各国共产党的知名人士。他们以无产阶级的国际主义原则，对中国工人阶级及广大的中国人民的反帝斗争给予的真诚支持，对中国人民的反帝爱国斗争起着特殊的鼓舞作用。因而苏联华侨对五卅运动的声援空前活跃，也具有更为广泛的国际意义。

祖国爆发的五卅运动在大洋彼岸的美洲华侨中也产生强烈的反响。加拿大华侨报纸经常报道有关国内五卅运动的新闻，发表文章、社论支持国内同胞的反帝爱国斗争。多伦多曾有1000多名华侨集会，声援上海工人罢工；温哥华中华会馆除为国内捐款外，还通电声援工人学生；维多利亚各界华侨开展了抵制英货的活动，该埠中华会馆致电国内《民国日报》转工商各界表示："外警残杀学生，侨等同愤。请继续奋斗，打破帝国主义，侨等誓为后援。"②慎尾利华侨致函《民国日报》，指出："上海学生援助工人，惨被外敌放枪击毙，恃势横行，夺我祖国之权，辱我全国国民之人格。本埠华侨，众愤异常，主张誓死抗拒，以雪国耻，合集华侨，全体发起筹捐，援助学生，赈济工人，力谋取消不平等条约，深望凡属我国民之分子者，务要群策群力，继续奋斗。"③华侨声援五卅运动的行动遍及加拿大各地。

美国华侨成立了"美洲华侨筹赈祖国失业工人慈善会"，一面宣传并争取美国各业工人同情中国人民的反帝斗争，一面反对美国同英、日等国一道成为镇压中国人民的帮凶。费城华侨成立了"中美劳工联合大

---

① 《莫斯科侨胞对沪案之激昂》，《民国日报》1925年7月22日。

② 《民国日报》1925年6月14日。

③ 《加拿大华侨奋起救国》，《民国日报》1925年7月21日。

会"，纽约成立了国是后援会等救国侨团。纽约国民党组织及华侨分别致电国内国民党领导人及工商学各界和报馆，指出："粤乱未平，沪学工被杀，内忧外患，存广所关"，"请一致御外，爱国奋斗，同人等誓为后援"。6 月 15 日，美国士作顿中华会馆开会，援助国内沪案，当场捐集美金 500 元汇往上海。留美学生在芝加哥召开大会声援国内斗争。在此前后，旧金山、檀香山等地华侨也致电国内声援工人学生并汇款。尤其是在美商大来公司寰球班轮船"哈利臣"号工作的粤籍海员韩清泉，向来热心爱国运动。沪案发生，他愤慨至极，此次该轮由美驶华，每一泊岸，他就探听沪案交涉及罢工情况，并在船上随时宣讲爱国。由于精神受到强烈刺激，当船航行太平洋之际，趁人不注意，突然投海自杀 [1]。其行动虽不可取，但其情十分悲壮。

墨西哥参迫古反帝国主义大同盟致电国内各报各团体表示："工学遭杀，请奋斗，誓为后援。" [2]

五卅运动消息传到非洲，南非华侨立即召开紧急会议，与会者都表示要尽"国民责任"，绝不能对帝国主义暴行袖手旁观。随后侨胞们纷纷为国内受难同胞捐款。

## 三、为罢工同胞捐款献物

踊跃捐款献物资助救济国内失业工人和遭难同胞，是华侨支持五卅运动和省港大罢工的一项重要内容，也是华侨开展的带有传统性和普遍性的一项爱国活动。对此，前面虽然有所涉及，但为了突出其作用，在此仍有集中阐述的必要。

---

① 《海员韩清泉投海——因五卅案刺激》，《民国日报》1925 年 8 月 24 日。

② 《民国日报》1925 年 6 月 14 日。

海外侨胞深知，当时执掌国家政权、控制国家经济命脉的北洋政府是帝国主义在华的走狗、代理人，只会镇压中国人民的反帝爱国斗争；代表大众利益、支持人民反帝救国斗争的广东国民政府，毕竟地处南方一隅，财政困难，实力有限。因此，在五卅运动和省港罢工期间遭受伤害的同胞和罢工失业的工人，生存维艰，饥寒交迫，不言而喻。这是与祖国同胞患难与共、命运相连的海外侨胞踊跃捐款献物的重要原因。

华侨为国内同胞捐款献物事例较多，下面仅列举有代表性的事例，不做展开介绍。

1925 年 6 月 19 日，印度尼西亚泗水华侨召开各侨团代表会议，成立泗水华侨外交后援会，"募集捐款，以为援助"是其一项重要活动。自"出募以来，侨民无不踊跃输将"，很快募捐 16500 元汇寄国内。一个多月后，泗水华侨募捐即达 30 多万元，其中工商界华侨捐款甚为踊跃。印度尼西亚巴达维亚华校——平民学校的学生们也为国内罢工工人捐款献爱心，他们"每日除节省零用费积蓄起来外，工余再向侨胞之热心家募捐"。他们致信国内罢工同胞说："我们侨居海外，不能随诸工友们直接向那帝国主义作战，很觉惭愧"；"我亲爱的省港罢工工友们，努力啊！奋斗啊！坚持到底呵！不打倒帝国主义我们总无出头的日子呵！现在积有洋毫 6000 角，即于 4 月 21 日由吧城永德银庄汇上，由海外部转交到，请查收示复为荷。"[1] 侨生的信字字诚恳，句句真挚，充满情感，表明祖国反帝爱国运动深入侨心。

越南河内华侨工人李某，收入微薄，平日勤俭，共积蓄 3000 元。当他闻知国内同胞遭到帝国主义者残杀，便将平日积蓄慷慨捐献出 1000 元，托人交海外部转省港罢工委员会。

据省港罢工委员会财政委员会报告称，仅 1926 年 1 月 12 日至 15

---

[1]　《工人之路》1926 年 6 月 8 日，见广东省档案馆等编：《华侨与侨务史料选编》1，第 448 页。

日的 4 天时间里，即收到南洋各地侨团或个人的捐款十几次，捐款额达 51400 元。管中窥豹，南洋华侨为国内罢工同胞捐款之踊跃，可见一斑。

欧洲华侨也开展了为祖国罢工同胞捐款的活动。1925 年秋，英国利物浦华侨团体工商联合会捐款 2025 元，中华自由会捐 410 元，汇回国内。1926 年 3 月，法国华侨借召开纪念孙中山逝世一周年大会之际，捐款 1000 法郎汇寄国内，接济罢工同胞。

美国纽约华侨得知祖国发生五卅惨案的噩耗，立即捐款，仅一个小时即募捐 5 万美元汇寄国内。后来，他们又联络墨西哥、加拿大等地华侨拟订筹募美金 100 万元的庞大计划，截至 6 月下旬的短短一个月里，已募捐 30 万美元汇回国内。纽约华侨还决定："如与英战，朝下动员，夕即归国从戎，全体华侨，现已准备束装待命。"[1] 纽约华侨筹募百万美金的计划是否完成未见确切记载，但美洲各地华侨争先恐后地为省港罢工同胞捐款是不争的事实。1926 年秋，加拿大中华会馆一次捐港币 16000 元，说明纽约华侨发起的这一捐款活动在北美洲持续近一年半的时间。

国内工界同人奋起罢工，也引起外轮华人海员的深切同情和资助。1925 年 8 月 2 日，某外轮从旧金山港启航来华，船上乘客有不少广东人。华人海员遂开会商议劝捐，他们先请曾在美国华埠任职的罗某演讲帝国主义侵略中华史，乘客闻之激愤，遂捐款 120 多元，全船华人海员捐款 270 多元。该轮抵华后，他们将捐款托有关部门转交罢工工友。此虽杯水车薪，但表达了华人海员的一片心迹。

古巴华侨也十分关心国内五卅惨案中的受难同胞，多次汇款救济他们。但因不明汇款地点，汇回的款项又无回音，适值国内即将召开国民党第二次全国代表大会之际，国民党驻古巴执行委员会特派周启刚、罗

---

[1] 《美华侨奋起救国》，《民国日报》1925 年 7 月 1 日。

安、劳先鞭三人回国调查收款机关及汇款下落，并随带信函一封，其中说："上海广州两处我最亲爱工友学生，愤外盗之摧残，为之抵死力争吾人之自由平等，实深钦佩，吾人身居海外，恨未能共同抵抗，怅甚歉甚！对救国运动，凡属国民，当尽一份责任，敝局自当联合侨胞，捐助款项，为之接济。"①周启刚等一行抵沪后，即至上海总工会接洽，联络好接收汇款办法后，"该代表等遂即急电古巴华侨，速将已募集之40余万美金，即行汇沪救济罢工工人"②。由此可见古巴华侨为国内同胞捐款的高涨热情。

巴拿马华侨得知祖国爆发五卅运动及省港工人罢工的消息，激于义愤，"所恨殉国烈士之忠魂已杳，而帝国主义之凶徒犹在"，特组织"旅巴拿马华侨筹赈祖国失业工人妇孺慈善会"，随后捐款3000美金，汇寄国内接济有困难的罢工同胞家属。

华侨为国内工界同胞捐款的形式多种多样。国民党秘鲁利马支部为捐款事召集特别会议，决议在同庆戏院聘请琼山玉班演戏筹款。1926年3月15日晚，按计划演出以五卅惨案为题材的新编时事剧《罢工血泪潮》，当地侨众踊跃购票观看，当晚收入门票款秘鲁货币1万多元，汇寄汪精卫转罢工委员会。3月26日晚，当地侨胞乘兴捐款，再演《罢工血泪潮续编》，又收门票5800多元汇回国内。"秘鲁侨胞援助省港罢工之热忱"，"为向来所未有"，"令人感佩"③。

1925年6月23日沙基惨案发生后，华侨反帝情绪更加高涨。毗邻中国盛产稻米的越南、暹罗等国家的华侨随即为广东同胞捐献粮米活动。

---

① 《古巴华侨援助爱国运动》，《民国日报》1925年8月14日。

② 《古巴华侨将汇巨款济工》，《工人之路》1925年9月1日，见广东省档案馆等编：《华侨与侨务史料选编》1，第414页。

③ 《秘鲁利马侨胞汇款接济罢工》，《工人之路》1926年5月30日，见广东省档案馆等编：《华侨与侨务史料选编》1，第447页。

越南华侨商会当即致电广东国民政府，捐资购米 20 万石运回国内，救济同胞。旅居暹罗华侨广东潮汕人居多，他们得知沙基惨案，港英当局封锁港口、断绝广东粮食的消息，广潮帮华侨召集专门会议，决定集资购米运返广东。但由于受英国的外交威慑，暹罗当局阻挠华侨支援国内同胞的反帝爱国活动，华侨捐购米粮活动"只可暗中进行"。至 8 月初，他们购米 100 包，派专人秘密运回广东。印度尼西亚华侨在积极捐款的同时，复为国内罢工工人购买面粉 3000 包，运回上海转广东委托中华总商会转交省港罢工委员会。1926 年春，印度尼西亚华侨赈济失业平民会，特派代表回国至省港罢工委员会慰问工友，并捐荷币 7000 盾，为罢工同胞购买粮食所用。

五卅运动和省港大罢工期间，华侨不但捐款踊跃，而且数量巨大。据华侨协会 1926 年夏的一份报告称："华侨此次援助省港罢工，计汇款已达 300 万，有此后盾，无往弗利。"[①] 海外华侨的大量捐献，是省港大罢工得以坚持长达 16 个月之久的重要原因之一。华侨的爱国义举得到省港罢工委员会的高度赞扬，其主办的《工人之路》刊登的《华侨之爱国热》一文说："助工最多者厥为华侨，大宗款项源源进来，历久不渝，诚足征华侨之救国热也。"[②] 省港罢工委员会副主席邓中夏称赞说："罢工的维持，自然要靠海外爱国同胞及全世界工人阶级在精神上、物质上予以不断的援助。然后罢工工人觉得后援不孤，更能安心作战。"[③]

华侨在海外开展的一系列声援活动，成为五卅运动的重要组成部分。国共合作、国共两党的海外组织共同领导了华侨声援五卅运动的反帝爱国斗争，因而它又是国民革命的组成部分。华侨对五卅运动的声援，是

---

① 《华侨协会对解决罢工意见》，《海外周刊》第 21 期，1926 年 7 月 19 日（民国时期的期刊卷期数及时间均为汉字，本书按现在的规范，均统一改为阿拉伯数字，包括引用的报纸资料）。

② 《工人之路》1926 年 1 月 31 日，见广东省档案馆等编：《华侨与侨务史料选编》1，第 431 页。

③ 转引自林金枝主编：《华侨华人与中国革命和建设》，第 154 页。

继辛亥革命、五四运动之后，华侨反帝爱国斗争的新发展，是华侨民族意识不断高涨的体现。

## 四、华侨协会的成立及活动

至 1926 年初，轰轰烈烈的省港大罢工已持续 7 个月之久。如何组织海外党部和华侨继续支援省港罢工，为省港罢工增加力量和声势，对国民党中央海外部提出了新的任务。1 月 24 日，国民党中央海外部部长彭泽民和秘书长许甦魂主持召开了华侨协会筹备会议，参加会议的有国民党二大海外华侨代表 30 多人，海外驻穗侨团代表 32 人，归侨代表 10 余人。会议决定成立华侨协会筹备委员会，推选彭泽民为主任委员。

华侨协会筹委会成立后，即向海外各级党部发出函电，阐明本协会是经国民党二大通过、由海外全体代表及驻穗各华侨团体代表组成，号召海外各地组织分会，团结互助，"促进国民革命成功"。经发动和争取，驻广州的 16 个侨团以团体会员的资格加入华侨协会，各地归侨入会者也不乏其人。不久，又在广东汕头、海口等地设立分会。随着会员的增多，华侨协会筹委会召开扩大会议，讨论组织大纲，通过了《华侨协会章程》。《章程》规定：华侨协会是国民党中央海外部指导下的华侨联合会。其任务是：发展华侨事业，保卫华侨利益，拥护三民主义，完成国民革命。1926 年 6 月 6 日，华侨协会选举产生中央执行委员和常务委员，彭泽民、许甦魂、周启刚、莫子材、劳先鞭等人当选为常务委员，华侨协会组织机构正式建立。截至 1927 年春，华侨协会在海内外发展到约有会员 20 万名。从华侨协会成立的情况看，可以说它是在国民党中央海外部直接指导下的一个支持国民革命的华侨群众团体。

华侨协会成立后不久，即 1926 年 3 月，海外部在广州主办了机关刊物《海外周刊》，由许甦魂创办并任主编。该刊的宗旨是：1. 发扬孙中山的革命学理和方法；2. 报告每周重要时事给海外侨胞，使得一个明确的消息，不致误信谣言；3. 报告中央执委会重要议案，及有关华侨的事项；4. 记载本部及海外各级党部的工作经过和重要报告；5. 记载华侨消息；6. 评论华侨运动。①《海外周刊》是海外部的重要喉舌，对于争取发动海外华侨支持祖国反帝爱国运动、加强海外华侨与祖国的联系发挥了重要作用。该刊广州期间共出版了 35 期。

根据反帝救国斗争、国民革命发展的形势需要，华侨协会参与发动和领导了海外华侨支援省港大罢工及随后爆发的北伐战争的爱国活动。实际上，华侨协会部分地承担了省港大罢工中后期海外华侨支援祖国反帝爱国斗争的领导任务。华侨协会成立后主要开展了如下几项活动：

其一，鼓励省港罢工同胞继续坚持反帝斗争，做他们的精神后盾。华侨协会成立时，已持续半年多的省港罢工再掀高潮。华侨协会致函省港罢工同胞，赞扬他们的罢工斗争"为我国争得体面"，"使帝国主义者有所畏惧"，对他们"敬佩万分"。信中鼓励道："亲爱的第二次省港罢工同胞，你们只要团结一致，坚持到底，必能征服帝国主义者以博得最后之胜利。"你们取得胜利，"则彼帝国主义者所属的殖民地人民必群起仿效，势非将彼帝国主义者打倒不止"。② 1926 年 2 月 17 日，华侨协会发布《华侨协会援助罢工宣言》，其中指出，"因罢工而使繁华的香港变成荒岛"；"因罢工而使广东不得不计划建筑珠江口岸，急图开发工业与矿业。珠江口岸建筑成则香港的商务可移到广州，工业矿业开发则广东经济可以独立，罢工所得的效果是何等伟大"。《宣言》最后表示："我们必仍须竭力援助你们，以争得最后的胜利。你们的胜利，就是中国的

① 许肖生、胡提春：《甦来别旧我　投身铸国魂——许甦魂传略》，《潮州党史与党建》2006 年第 4 期。

② 《华侨协会致第二次省港罢工同胞函》，《工人之路》1926 年 2 月 11 日，见广东省档案馆等编：《华侨与侨务史料选编》1，第 434—435 页。

胜利，就是全世界被压迫阶级的胜利。"[1] 华侨协会的信和《宣言》，不但指出了罢工的政治意义和经济意义，而且还阐明了罢工的世界性意义，给予罢工同胞以巨大的鼓舞，使他们对罢工的胜利充满信心。1926 年 11 月中旬，华侨协会发布《华侨协会慰问罢工工友书》，高度赞扬省港罢工委员会及其领导的数十万工友，与帝国主义斗争达 16 个月，"虽不能根本推翻帝国主义在华势力，然亦予其绝大致命伤"，"尚望本既往勇毅之精诚，继续做打倒帝国主义运动，以期中华民族得到解放，被压迫阶级得到自由，敝会愿领导率海外侨胞，一起为后盾，并予经济上之援助"[2]。可见华侨协会成立后，坚定地支持了省港罢工同胞的反帝爱国斗争，增强了他们取得斗争胜利的信心。

其二，号召和发动海外侨胞继续支持祖国的反帝爱国运动。当省港大罢工的反帝斗争如燎原烈火势不可当时，英帝国主义被迫与中国代表谈判，企图熄灭罢工烈火。但谈判破裂，华侨协会为此多次集会，讨论对策，向广东国民政府条陈意见，"并通函海外各地华侨团体继续募捐款项，接济工人粮食，以为罢工工人之后盾"[3]。1926 年 8 月，持续一年多的省港大罢工胜利在望，华侨协会的领导者许甦魂、周启刚等参加各界援助罢工周会议，随后到国民党中央党部听取孙科、陈友仁、邓中夏等人介绍中英谈判情况。8 月 24 日，华侨协会召开各团体代表及全体委员会议，听取许、周介绍有关罢工情况的介绍，听者大为动容。为继续加强援助罢工斗争，彭泽民在会上提议组织华侨援助省港罢工总会，当即表决通过，并推举彭泽民、许甦魂、周启刚、莫子材、劳先鞭、陈英

---

① 《华侨协会援助罢工宣言》，《工人之路》1926 年 2 月 17 日，见广东省档案馆等编：《华侨与侨务史料选编》1，第 436 页。

② 《华侨协会慰问罢工工友书》，广东省档案馆等编：《华侨与侨务史料选编》1，第 468 页。

③ 《华侨协会援助省港罢工》，《工人之路》1926 年 7 月 30 日，见广东省档案馆等编：《华侨与侨务史料选编》1，第 455 页。

三、余和鸿、刘兼善、陈任一等 9 人为执行委员，周启刚为总务部长，彭泽民为筹款部长，许甦魂为宣传部长；下设交际、劝捐、会计、编辑等机构。会议还通电海外各侨团继续一如既往地援助国内罢工同胞。援助省港罢工总会可以看作华侨协会组织的发展，它虽然在省港大罢工的尾声成立，没能开展更多的反帝活动，但可以反映出其坚持不懈的反帝斗争精神。

其三，关心华侨的切身利益。华侨协会在发动华侨支持祖国反帝爱国运动的同时，还与华侨自身解放联系起来，也就是将祖国的民族解放运动与自身的解放联系在一起。1926 年 5 月上旬，华侨协会连续三次召开反抗帝国主义大会，如 5 月 2 日的会议通过议案五项，其中有"请国民政府向各殖民地压迫华侨之帝国主义提出严重抗议"；"唤起侨众诚意与各殖民地弱小民族联合，共同做反帝国主义运动"；"通电警告各帝国主义政府勿再压迫华侨"等。[①] 这种愿望的实现必须有强大的祖国做后盾，在当时虽然离现实比较远，但这反映了华侨摆脱压迫、改变自身处境的强烈愿望。

当然，华侨协会的活动不只以上三个方面，还有向国内外同胞揭露英帝国主义的暴行等。省港大罢工期间，英帝国主义者不断制造事端，诸如制造沙基惨案、万县惨案等，1926 年 9 月初，复派军舰驶入省河，水兵上岸架炮威胁，捆绑罢工纠察员，抢夺纠察员的枪械；复在汕头寻衅滋事。华侨协会对英国暴行十分愤怒，发表《为英兵挑衅告海内外同胞》《敬告海外同胞书》及《英文宣言》等，将英帝国主义的暴行昭告全世界，要求祖国"对英经济绝交"，号召"海内外同胞急起扩大反英之运动"，同时"尽力援助省港罢工"[②]。

---

①　《海外华侨的反帝大会》，《海外周刊》第七期，1926 年 5 月 2 日。见广东省档案馆等编：《华侨与侨务史料选编》1，第 444 页。

②　广东省档案馆等编：《华侨与侨务史料选编》1，第 462、463 页。

　　华侨协会作为国民党中央海外部领导下的华侨群众团体，在省港大罢工期间更广泛地发动和联系广大华侨支援祖国的反帝爱国运动，突出了华侨反帝斗争的主线，强化了华侨的民族意识。同时，华侨协会也是与中共有密切关系的华侨群众团体，在共产党人和国民党左派领导下团结海外华侨，支持和配合国内革命斗争，发挥了积极的作用。

# 第二节　开展废除不平等条约斗争

## 一、比利时华侨发起废约运动

鸦片战争爆发后，各帝国主义列强弱肉强食，强迫清政府签订了一系列不平等条约，依仗这些不平等条约攫取大量白银和种种特权。

随着华侨声援五卅运动和省港大罢工等反帝斗争向纵深发展，华侨的反帝爱国思想觉悟也不断深化和提高。有些华侨认识到近代各帝国主义列强与中国签订的一系列不平等条约是其欺凌中国的祸根，进而提出废除不平等条约和"力争关税自主"的强烈要求，掀起了一场废约斗争。

1926 年夏，中国政府有关部门组织了实业参观团赴日参观考察。考察期间，日本华侨向参观团指出，"今日世界民族，可分作侵略民族，与被侵略民族；日本为世界侵略国家之一，吾国为被侵略国家之一"，对其要有所警惕，在国民外交方面，对于日本的所谓"亲善"必须坚持以下三项条件为前提："（A）日本须自动的取消二十一条件；（B）日本无条件地交还旅顺大连；（C）日本须改善华侨待遇保障华侨来往营业之自由。"要求日本"自动地取消""不平等条约"①。日本华侨提出的有关日中关系的前提和要求，均为切中要害、事关中国主权的重大问题，表明日本华侨高度的民族觉悟。这是提出废除不平等条约的先声。

在近代帝国主义列强与中国签订的诸多不平等条约中，1865 年 11

---

① 《民国日报》1926 年 5 月 25 日、6 月 10 日、6 月 19 日。

月 2 日比利时与中国签订的商约就是其中一个（翌年 10 月 27 日正式换文），该约是第二次鸦片战争的产物。通过该约，比利时在华与其他列强一样享受领事裁判权、设立租界权、协议关税权及片面最惠国待遇等特权。按条约第 46 条规定，欲有变通之处，期满 10 年可提议修约一次，但须先期 6 个月提议修改；比国有提议修改之权，而对中国是否有权提议修约未作规定。而在晚清政府时期已过 4 个十年，只字未改。至 1926 年 10 月 27 日第 6 届期满。1926 年 4 月中旬，中国北京政府外交总长胡维德照会比利时驻华公使，正式提出修约要求。4 月 27 日，比国驻华公使复照胡维德，强硬地表示："惟独比国方面，可有提请修改条约之权。"即中国无权提出修约，实际上是拒绝了中国政府修约的提议。

比利时华侨、国民党驻比支部及中国留学生获悉比利时政府拒绝中国政府提出的修约提议后，群情激愤。国民党驻比支部于 6 月 15 日发表了《告国人书》，揭露中比条约是一个掠夺中国、在中国享受诸多特权的不平等条约，应予废除。国民党支部还派人到比各华侨聚集地开展废约宣传，号召华侨华人觉醒起来，开展废约斗争。7 月间，驻法国的国民党欧洲总支部亦派人到比京布鲁塞尔，发动废约运动。7 月 22 日，旅比华人召开废约问题会议，工、商、学各界代表与会百余人，会议决定建立专门组织开展废约活动。会议还决定通电南北政府及全国各省政府机关团体等，请其分别进行废约运动，并严厉督行北京政府的外交政策。会议议决大纲四条：第一条，旅比全体华人，认定中比不平等条约，除领事裁判权与关税权最为侵害中国主权外，其余各款，均不平等，故议决 1865 年 11 月 2 日所订之中比不平等条约，无论如何应绝对于本年 11 月 2 日前正式宣告全文无效，且誓不承认以任何手段托辞修改或延长之。第二条，大会为防止比方拖延起见，故议决请中国政府采纳民意，取强硬态度和手段，不论比国政府对于该约废除之意见如何，中国政府须于该约期满前，即本年 11 月 2 日前正式宣布该约作废。第三条，自中国正式宣布该约全文作废，比国政府如违反和平正义公理诸原则，施何压迫的外交手段，中国政府须顺从民意，采取相当的对付手段等。第四条，如中国政府违反民意，不执行上列各条时，旅比全体华人，联合全国各界同胞采取任何形式的方法与手段，强迫政府执行，或自动执行之议决案。① 会后，与会者举行游行示威，至比利时外交部附近时，派代表邓矩芳、杨自福等进外交部呈递说帖。比外交部长命秘书代见，允将代表意见转达给外交部长。随后又至中国驻比公使馆请愿，向公使转述会议内容，要求其转达中国政府执行。游行者还在大街小巷散发传单，并派代表到法、德、荷等国家，向当地华侨宣传废约。从这次活动可见，比利时华侨华人点燃了废除不平等条约的火种，并一开始即表现了坚定的废约态度。

中国国民党驻比支部顺应并积极支持当地华侨的废约活动，并致函《民国日报》，揭露比利时政府拒绝修改不平等条约的行为，进而提出五条应对措施（与上述华侨废约会议内容大致相同），呼吁各级国民党组织起来响应，力促其实行。

比利时华侨的废约斗争也同时得到留比中国学生的响应、支持和配合。7 月下旬，中国留比学生为废除中比条约问题集会，并派代表与比外交大臣见面交涉，提出废约要求；又派代表会见中国驻比公使王景圻，请其代表中国政府进行废约交涉；随即发表告比国人民书，说明废除中比条约理由。中国留比学生的废约活动，是旅比华人废约斗争的组成部分。

在废约斗争初步掀起并得到国民党驻比支部及中国留比学生支持的基础上，华侨华人成立了旅比各界废约后援会，并于 9 月 3 日发表通告。旅比各界废约后援会的成立，成为日后旅比华侨、国民党人、留学生等

---

① 《旅比侨胞废约之运动》，《民国日报》1926 年 8 月 19 日。

各界开展废约斗争的组织者和领导者。

但是，比利时政府根本不顾当地华人的强烈要求，在中比废约交涉中，毫无诚意，继续坚持保留不平等条约，激起旅比华人的更加愤慨，他们开展的废约斗争也随之进一步升级。

为争取国内各界同胞的声援和配合，壮大废约斗争的力量，旅比各界废约后援会分别致函致电欧美及南洋华侨团体，吁请声援，并派代表赴欧洲各国，与各华侨华人团体取得联系，商讨联合行动，开展废约斗争。同时，向国内各界发出《对废除中比条约之紧急宣告》，指出，不平等条约对中国贻害无穷，中国要得到民族解放，必须废除强加在中国人民身上的不平等条约，而废除中比条约则是废除一切不平等条约的起点。随后，旅比各界废约后援会又多次向国内各界、各党派团体、南北政府致函致电，宣传和呼吁废除中比条约。其中旅比各界废约后援会代表杨自福，致函上海总商会，陈述了废除中比条约的四条理由："国际形势随时代而变迁，现在之中国，非六十年前老大帝国可比，自不应受不平等条约之束缚，且亦不能受，此应废之理由一；该约受强迫欺骗而求律以国际公法，和平正义实无存在可能，而竟拖延至六十年之久，此应废之理由二；国际和平须基于平等互助，该约之不平等，实同天壤，除我中华民国忍辱订有此项条约外，世界其他各国际间再无相似之条约，国际之障碍不除，世界永无和平希望，此应废之理由三；该约订立以十年为期，则本年十月廿七日为第六届满，即就普通条约而言，已实延之无可再延，此应废之理由四。"该约不可不废之理由有五：其一，该约予比以领事裁判权，致使在华比人无恶不作者，其贩运军火供给军阀、盗匪，以延长中国内乱，使中国永无宁日，而中国无权惩治；私贩鸦片泛滥，所有外国在华医院及医生皆以鸦片充作药品毒害中国人民，外国在华商贾、官员、工作人员亦私卖鸦片而暴富，而中国政府无检查及惩治之权，因此，不废该约危害极大。其二，自去年五卅惨案以来，外人在中国大肆屠杀同胞，虽不自比人为之，亦为不平等条约引起之恶果，"故为保障民权"，该约当废。其三，比国领使滥行领事裁判权，"华人犯法，比人保护"，致使我国"盗匪盈城盈野"，"故为保护治权"，不可不废该约。其四，该约对于比货输华所定关税极低，导致"舶来品"压制国货难以销售，津沪各地的华商纱厂受到外商竞争纷纷倒闭，而国家无力保护。故为"保护税则"，该约当废。其五，该约对中国商品入比未作规定，故中国驰名之丝、茶、瓷等商品入比纳税极高，"重惩苛敛"，甚至拒绝入境，"为发展国外贸易起见，该约亦不能留"。[①] 信函还分析了废约诸种有利条件和实施办法。此信对中比不平等条约的危害及废约理由条分缕析，认识深刻，既认识到了维护民族独立、国家主权的大局，又考虑到了保护发展祖国民族工商业的具体问题，分析得入情入理，反映了旅比华侨对废除不平等条约问题的高度觉悟。

比利时华侨华人首先发起废除中比不平等条约斗争，为国民革命时期海外侨胞的废约运动起了带头作用，立下首役之功，其义举难能可贵。当然，这场废约斗争对于寄人篱下的比利时华侨华人来说毕竟势孤力单，孤掌难鸣。考察比利时政府拒绝废约的顽固态度，欲取得这场斗争的胜利，困难重重，有待于斗争的进一步深入发展。

## 二、废约斗争向纵深推进

比利时华侨发起的废除中比不平等条约的斗争，是在国内反帝爱国运动不断高涨的背景下进行的。这一正义斗争掀起后，得到了旅欧华侨华人的广泛声援和响应，其声势和规模不断扩大，发展成为整个欧洲华侨华人的废约斗争。

---

① 《旅比各界运动废约之再接再厉》，《民国日报》1926 年 9 月 2 日。

较早起来响应比利时华侨废约斗争的是法国华侨。1926 年 8 月 1 日，旅居巴黎的工商学各界华侨华人召开废约会议，讨论声援配合旅比华侨废约事宜。会议决定如下事项：发表中、法文宣言说明废约真相；向比国外交部抗议，以表示法国华侨华人对废约的明确态度；致电国内南北政府敦促其坚决废约；致电国内各界号召废约；向侨居世界各地华侨说明废约的重要性，倡议组织欧洲华侨废约委员会，当即推举邓荣惠、方棣棠、蒋景瑞等人为委员。会议通过《旅法华人大会为废除中比不平等条约向全国民众宣言》，其中指出，废除不平等条约，必须"集合我国全国民众"；法国华人"将最诚挚忠诚之热血及极诚恳之态度，与全国人民以誓死共合，将一切万恶之不平等条约废除净尽"。会议通过成立旅法华侨废约后援会。

继巴黎之后，里昂华侨声援废约活动更加有声有势。8 月 22 日，里昂华侨集会，与会者众多，先由主持者通报这次废约运动的动机，中比条约的内容及时效，比利时侨胞废约运动的进展及法国华侨声援活动的一些情况。会议经过深入商讨，决定成立"里昂华人废除中比不平等条约后援会"，并与"比国华人大会"采取一致行动的策略，具体议决事项如下：（1）电促国内当局向比严重提出中比不平等条约之废除；（2）函促驻比中国公使向比继续交涉废约；（3）函比国当局严辞促其觉悟取消中比不平等条约；（4）函促驻欧各国中国公使相助比公使之进行；（5）函比国华人大会及巴黎工商学联合会互相联络，同作一致之废约运动；（6）募捐作为援助废约等费用；（7）选举执行委员会九人，担任以上各项工作。会议选出汪德耀等 9 人组成执行委员会，当即就职。当日下午，执委会在中法大学开会，分配工作并分头进行，会议草拟《致国民政府代电》《致北京外部代电》《致驻比公使函》《致驻欧各国（德法英意）公使函》等电函多封，并分别拍发。这些电函首先均扼要地介绍了中比不平等条约签订的背景、内容、危害，至今已届期满，必须废除，但各自又有不同的针对性，如《致国民政府代电》指出："佥谓国民政府为代表真正民意之机关，应请执行民意，届期通电中外宣言废除此约，以为废其他一切不平等条约之先声。"电文肯定了国民政府代表民意，期望其继续进行，不负众望。《致北京外部代电》则指出，丧权辱国的中比条约早在废除之列，"如无当局一再因循，贻误至今，兹值本年十月六届期满，全国人民，实难再行容忍，应请钧部届期毅然通电中外，宣言废除，以顺舆情，而维国本，实时千载一时之机会，少纵即逝"；"应请钧部依顺民意，竭力交涉，非达废约之目的不止，望勿再行遗误，致国人府怨于钧部也，不胜盼祷之至"。电文对以往北京政府及外交部在废约交涉中"贻误"时机充满指责之意，促其变消极为积极，补救过失。在致驻比及驻欧各国公使函中，阐明此次中比废约意义重大，其"虽起于一邦，影响实被于万国，换言之，以时会之关系，比邦适当其首冲，吾人之废约运动，亦即以废比约为起点"，而驻比公使责任重大，"应本诸牺牲之精神"，"不辱民命"；驻欧各国公使"亦负同等之责任"，"请求互相联合，协助驻比王使"，"合力以谋之"。你们应"重职责以报国家，否则为国家之罪人"。同时提醒诸公使"此事应由中比两国直接交涉，中国切勿贸然提交国际联盟公判，致授彼合力谋我之机"，"如比邦有意提交国际公判，冀挟列强以为重，亦望设法阻挠"。"国际联盟，一口蜜心剑之机关，既往事实，已有明示吾人以不可信赖，望勿为所愚"[1]。电文提醒中国驻欧各国公使在废约交涉中，不要将中比商约提交国联，不要对帝国主义操纵的国联抱有幻想的建议，很有见地并富有预见性，表明里昂华侨对废约的认识透彻深刻。

法国其他地方的华侨也向海内外同胞发表宣言书，指出，近代列强侵华，强迫中国签订一系列不平等条约，丧权辱国，中比条约亦是其中

---

① 《里昂侨胞之废约运动》，《民国日报》1926 年 9 月 25 日。

之一，"其最足以致我死命者，则为关税"，使我"工商无从发展，内政更受牵连"。我们海内外同胞应万众一心，外抗强权，监督政府，据理力争，务达目的。"由此进而与列强拼命，取消一切不平等条约"，"挽狂澜于既倒"，"扶大厦于将倾"①。

在此期间，德国柏林、汉堡，荷兰海牙等地，纷纷成立华侨废约后援会，响应废约斗争。这表明，在废约斗争中欧洲华侨已经初步联合起来。

然而，在中比废约交涉中，比利时始终坚持原来的不平等条约。1926 年 8 月底，比利时外相发表宣言，称中国没有要求废约的权利，拒绝旅比华人的废约要求，表示不答应中国收回关税及领事裁判权，并联合国际上各帝国主义共同起来压迫中国，提出要将中比商约提交国际联盟裁决。值此关键时刻，北京政府则采取了妥协退让政策，竟于 9 月初派五四运动中的卖国贼、时任驻瑞士公使陆征祥赴比办理延约交涉事宜，拟延期三个月。实际上，北京政府正谋借口修建沧石铁路向比、法借款 1500 万元以充军费，派陆赴比交涉，并以条约延期为交换条件。这就暴露出北京政府的卖国面目，如此将使轰轰烈烈的废约运动毁于一旦。

在此严重关头，旅比各界废约后援会当即派人赴陆征祥的住处质问陆来比的目的，陆则隐藏于使馆内不敢露面。后援会则安排人日夜监视使馆，陆迫不得已偷偷溜走。同时，后援会发表《紧急宣言》，并将《宣言》寄至上海总商会。《紧急宣言》再次历数外国列强与中国签订的不平等条约，使我国"政治经济交通实业，大权无一不在外人掌握之中"，是我行将"亡国灭种"的"祸根"。阐明了如不坚决废除中比条约的严重性："内乱益以延长，人民愈加涂炭"，"其他不平等条约，继起效尤，束缚愈形紧迫"，如此将要"国亡无日"，吾人前此的废约运动将前功

---

①　《民国日报》1926 年 10 月 2 日。

尽弃。《紧急宣言》最后严正呼吁："欲求国家之自由，固在运动废除不平等条约，以打倒帝国主义反对卖国借款，以打倒军阀，而使激昂之民气有所成功，则在慎始慎终之奋斗到底，故本会对于中比条约之废除也，无论比国态度如何强硬，与夫列强如何藉故，如何干涉，亦无论北京政府如何媚外，卖国贼之如何猖獗，借款进行如何秘密，为国家争权利，为人民争自由，均誓竭全力以战胜环境，达到最后之目的，天日可移，此志不渝。"①《紧急宣言》表达了旅比华侨华人坚定不移的废约决心，以及坚忍不拔的斗争意志。

欧洲各国华侨获悉中国北洋政府和比利时政府之间关于废约问题的交涉情况后，震惊而焦急，立即采取相应对策。英、法、德、荷、比华侨工商代表团特派人到日内瓦国联会议处，日夜监督中国公使的活动，并于9月24日致电上海总商会及全国学联，通报了上述严重情况，请采取措施，"一面速迫北京政府撤回延期主张，即日宣告废约，并直接以总商会及其他各团体名义，速电比外部国会商会告以全国人民对于废约之激昂与坚决；一面速联各团体即行一致入手抵制比货，因比人让步与否，全视我人在实际上与彼程度如何"②。国民党驻德国支部对旅比华侨的废约斗争旗帜鲜明地予以支持。当比利时外相发表拒绝废约的宣言后，该支部立即去信表示抗议，并分别致函旅比各界废约后援会和上海民国日报社，揭露比利时政府的阴谋，及"卖国之北政府，老洋奴之外交官"；对旅比各界废约后援会的废约斗争"谨以极热烈之同情，而愿尽力之所能，以为贵会之后援"，"希望贵会否认三月之延期"，"逐步进前，驱陆贼坚持废约"③。国民党驻德支部及前述的国民党驻比支部的态度和表

---

① 《旅比各界对废约紧急宣言》，见《大公报》1926年10月8日；《民国日报》1926年10月5日（两者文字略有不同）。

② 《旅外华侨请废比约》，《民国日报》1926年9月26日。

③ 《民国日报》1926年10月3日、10月4日。

现，说明国民党驻欧洲党组织在废约斗争中的表现是积极可嘉的。

为更加有力并有组织地声援和领导旅比华侨的废约斗争，10 月 18 日，旅欧华侨在比利时首都布鲁塞尔召开废除比约代表会议。来自英、法、德、荷、奥、比 6 个国家、38 个侨团的 53 名代表济济一堂，讨论如何进一步扩大废约斗争的举措。会议通电国内广东国民政府、北京政府及各省政府、上海总商会及各团体，以及美洲、南洋、日本等地华侨社团，指出："我国不平等条约束缚，永无振兴之望，前此商诸列强，共加修改，动议数十年，无一结果，胡可忍待，单独到期之约，届满作废，若又无成，势惟待弊。存亡所关，不应坐视，比约到期，我主废除，比人狡展阴狠，交涉数月，毫无结果。比外相近更宣言，若不实行协力与决雌雄，万一修改条约为所胜，列强必群起效尤，断我生路，不免宰割，务恳查照前电，特许本此意旨，民众示威，请愿提倡抵制比货，益电告比政府比商会，促其觉悟，时期益迫，迟则无效。"① 会议决定于 10 月下旬在布鲁塞尔举行三次大规模示威游行，以此扩大废约斗争影响，将斗争进行到底。这预示着废约斗争的升级。

按照既定计划，旅欧华侨华人于 10 月 20 日、22 日，在布鲁塞尔举行了两次游行示威活动。比利时政府对于中国人民废约斗争的坚决态度，不能不有所顾忌，以前顽固拒绝废约的态度略有松动。22 日，比政府发表对中比邦交问题之意见，说什么在法律上根据条约第 46 条仅比国有取消 1865 年条约之权利，但比国愿订一种办法，以待与稳固的中国政府签订无不平等条款之新约；关税法权的放弃有待于关税、法权两会议结束后再定。但比外交大臣对与中国有关系之比公司、代表又暗示，如中国继续坚持废约，比国拟将以该提案提交海牙国际法庭。可见比对废约问题使出了阴险的两面派手段——表面以缓和态度敷衍华人；另一面暗中

---

① 《大公报》1926 年 9 月 16 日。

阴谋策划诉诸国际法庭的活动，实际上仍然玩弄拒绝废约的伎俩，只是不那样露骨而已。旅比各界废约后援会获悉比利时政府的两面态度，坚决主张中国不能承认交付海牙法庭，并申述了"中比商约原为中国与比国直接之外交关系，固无第三者可有干涉之权，订约废约，与海牙似无丝毫关系"等四条理由①，并决定采取更大规模的游行示威斗争。欧洲华侨废约斗争中更加激烈、悲壮的一幕即将开始了！

在前两次游行示威的基础上，10 月 27 日，比利时全体华侨加上旅欧各国在比的华侨代表，举行了更大规模的游行示威。游行者打着中国国旗，高举要求废约的标语牌，不断地高呼废约口号。当他们行进至闹市区时，遭到比国警察的突然袭击，如狼似虎的警察野蛮地抢夺游行者手中的旗帜和标语牌，并挥舞着警棍向游行者乱打。游行队伍被冲散，华侨受重伤者十多人，17 人被逮捕，制造了举世震惊的流血事件。比利时政府拒绝废约的凶残面目终于暴露。旅比华侨流血事件的发生表明，废约斗争已达到了白热化阶段。

比利时政府的暴行，激起了旅欧华侨的愤慨。当日，旅欧华侨废约代表们召开紧急会议，作出如下决议：（1）由中国驻比公使直接通知比利时政府，宣布旧约失效；（2）派遣代表回国，向国内各界揭露比方野蛮暴行，吁请一致对外，与比经济绝交；（3）欧洲华侨继续开展废约斗争，设总办公处于巴黎，设分部于比、英、德、荷等国。

参加废约游行、被捕关押在狱中的华侨不屈不挠，他们坚定地表示："吾辈为国牺牲，无所顾惜，惟望国内人士努力奋起，救我种族，挽我国权，我等虽粉身碎骨，亦不辞也。"②语言不多，朴实无华，虽算不上豪言壮语，但亦铮铮有声。不久，他们都被驱逐出境。他们在遥远的异

---

① 《民国日报》1926 年 10 月 24 日。

② 《民国日报》1926 年 11 月 27 日。

国他乡，为自己的祖国争取主权而身陷囹圄的壮举，值得赞颂。

旅欧华侨废除中比不平等条约的斗争，得到国内各界的支持。与北京政府的妥协态度形成鲜明对比的是，由中国国民党领导的南方国民政府对这场斗争持鲜明的支持态度。废约斗争期间，国民党的机关报上海《民国日报》以大字刊登国民党对外政策："凡自愿放弃一切特权之国家，及愿废止破坏中国主权者，中国皆将认为最惠国"；"中国与列强所订其他条约，有损中国之利益，亦须重审新定，务以不害对方主权为原则"①。其态度旗帜鲜明。11 月 23 日，国民革命军总司令在南昌接见外人采访时明确表示："非至治外法权外人租界及不平等条约一律废除后，现有革命决不中止。俟此次军事成功后，外人条约立即作废，海关邮局与盐署之外人管理权亦一并废除。"② 这些反映了南方国民政府的鲜明立场。另外从前述国民党驻比、法、德支部对废约的声援活动也可以说明其对废约运动的支持态度。

比利时拟将中比条约提交国际联盟裁决的消息传到国内，北京各界即商议对付办法，议决：如比将此案交国联仲裁，即全国实行与比全面经济绝交。上海、广州等地商界等各界同胞对欧洲侨胞的废约斗争也予以积极支持。1926 年 9 月 3 日，上海总商会致电北京政府，请求废约；同时致电声援欧洲侨胞的正义斗争。7 日，上海万余名群众为不忘辛丑国耻集会，商界、学界及妇女界分别发表通电和宣言，表达上海各界废除不平等条约的要求。同日，广州十多万人召开勿忘国耻大会，与会者群情激昂，并在会后举行示威游行，支持旅欧侨胞废除不平等条约的斗争。

在各方压力下，北京政府亦不得已地表示，若比将此案提交国联，中国将予驳复，随后将驳复书寄给比国有关部门。同时中国政府亦实际

---

① 《民国日报》1926 年 11 月 17—18 日。

② 《民国日报》1926 年 11 月 24 日。

取消了上海比国的领事裁判权。比利时政府接到中国政府的驳复书后，仍一意孤行，不顾中国各界的强烈反对，决定单方面将中比条约提交海牙国际法庭。

## 三、废约斗争取得胜利

比利时作出将废约事件诉诸国际法庭的决定后，旅比华侨华人继续不屈不挠地坚持斗争，并采取了新的斗争策略。10 月下旬，他们派出蒋景瑞、杨嗣福、张岱岑、杨开荣 4 人为代表，组成旅欧华侨废除比约归国代表团回国到上海，发动国内各界共同开展废约斗争。他们先后到上海总商会、国货维持会、上海各路商界总联合会等部门联络，并向全国各界通电，报告旅比华侨废约斗争经过及比利时国内各界对此事件的反应和态度，呼吁全国同胞起来声援，与比利时经济绝交。1927 年 1 月 3 日下午，代表团邀集上海学界、上海特别市党部等各团体代表十余人讨论废约运动进行办法，随即成立上海各界废除比约后援会。4 日，归侨代表团向"后援会"提出废约意见书。意见书共有七大项，其中第二项有执行取消领事裁判权，实行关税自主，停止比使比领在华之一切国际不平等待遇，在新约未订立以前、所有比国在华使领人员概以无约国待遇等办法 11 条 [1]。归侨代表的活动收到了良好效果，所到各部门均受到热情接待和同情。受其活动影响，上海各界废除比约后援会经常开展废约活动，如在 1 月 8 日会议上，通过"宣传大纲"六项，其中第六项为"反对北京政府之不彻底废约"；"反对提交海牙法庭公判"；"提防北京政府有让步订约之举动"等 6 条 [2]。中华国货维持会等 21 个公团致电

[1]　《废除比约之意见》，《民国日报》1927 年 1 月 5 日。

[2]　《民国日报》1927 年 1 月 8 日。

北京政府外交部及全国商会联合会，主张废除中比不平等条约，反对比国将此诉诸国际法庭。

比利时华侨派代表团回国开展废约活动，将海外的废约斗争直接扩展到国内，把海内外的废约斗争联结为一体。他们将国内各界同胞作为废约斗争的强大后盾，时刻关注和警惕北京政府的动态，对于北京政府在废约斗争中的动摇妥协起到了某种监督和防范作用。

经过多方强大压力，1926 年 11 月 6 日，执掌北京政府的张作霖最终发布《中比条约终止宣言》，正式发布终止 1865 年中比条约的法令。11 月 26 日，比利时正式向海牙国际法庭提交中比条约诉讼书，颠倒黑白地说中国废约是"无理取闹，越权废约"。12 月 23 日，海牙法庭书记长通知中国驻比公使出席答辩中比条约交涉案，并声称如不到庭将缺席裁判。对此，旅欧华侨废约代表团据理驳斥：我国宣布废除已到期之中比条约，纯系国家政治问题，非国际法律问题，无待国际法庭解决之理。现国际法庭妄加裁判，失其和平公理，我们誓死反对。代表团还发出通电，提出相应对策。北京政府外交部作出拒绝到海牙应诉的决定。

1927 年春，随着北伐军胜利进军，南方国民政府收回汉口、九江英租界，海外华侨的废约斗争势头不减，中国人民反帝斗争浪潮汹涌澎湃。慑于中国人民如火如荼的反帝斗争的威力，比利时政府被迫作出让步，比驻华公使照会中国外交部，表示愿以平等及互相尊重领土主权为基础，开议新约，会商期内，中止海牙诉讼。2 月 15 日，海牙法庭照准比利时撤销其控告中国废约案。至此，废除中比不平等条约的斗争最终取得了胜利。

废除中比不平等条约的斗争，是在轰轰烈烈的国民革命潮流中，由比利时华侨首先并且是自发地掀起的，进而得到旅欧华侨的响应和支持。废除中比不平等条约的重要意义在于，影响和带动了其他有关国家的华侨掀起废除不平等条约的斗争。在旅欧华侨轰轰烈烈的废约斗争影响下，日本华侨也掀起了废约活动。光绪二十一年，即1895年中日甲午战争中清政府惨败，签订了空前丧权辱国的《马关条约》，其中有极不平等的中日通商条约，旅日华侨堪受其苦，早想废除之。现该约已届期满，日本华侨乘机掀起废约活动。1926年7月，国民党东京支部曾向国内通电，要求南北政府废除中日通商条约，恢复中国应有的主权。10月中旬，日本华侨成立通商条约废止后援会，并敦请留日学生襄助。为唤起中日人民觉悟，"后援会"印发中日文传单万余份，并派代表回国宣传。"后援会"决定分以下三个步骤开展废约活动：（1）联络全体旅日侨胞；（2）吁请国内全体民众赞助；（3）唤起世界舆论的赞助①。11月12日，日本各华侨团体联名发表《废除不平等之中日通商条约宣言》。《宣言》充满激愤之情，历数了中日不平等条约给中国人民带来的灾难，以及给日本华侨带来的痛苦和不平等待遇，坚决要求废约。此后，东京、横滨、神户等地华侨多次举行要求废约的集会游行，并派代表到北京政府驻日使馆、领事馆请愿；复派代表回国向武汉国民政府请愿，请求政府"收回主权"，宣布废除"此种不平等条约"；还向全国人民呼吁，为了国家前途，一致奋起，共同力争，以达到废约目的。在国内外同胞的强烈要求下，北京政府外交部和日本驻华使馆均作出修约的表示。日本华侨的废约斗争取得了一定的成果。

越南是法国的殖民地，越南华侨深受《中法越南通商条约》之苦。1926年8月该约已经到期，旅越华侨同样举行请愿、通电、宣言等形式，敦促、呼吁废约，并初见成效。还有美国、墨西哥等国华侨，也开展了类似的废约斗争，虽然成效不同，但均对侨居国政府造成不同程度的促动。

当然，也应看到，废除中比不平等条约只是取得阶段性的胜利，并非完全胜利。因为废约令发布的同时，还发布另一个法令："命令地方

---

① 《中日废止通商条约之大运动》，《民国日报》1926年12月4日。

当局采取措施，保护在华比利时侨民的生命财产，并规定比利时在贸易方面受最惠国待遇。"比仍享"最惠国待遇"表明中比条约废除得并不彻底。中国政府废约令发布后，比利时并未认真履行，双方也未签订新约。当1927年蒋介石发动"四一二"反革命政变后在南京建立国民政府、1928年北伐取得胜利时，比利时旧调重弹，再次向中国政府提出就中比条约问题进行谈判。而南京政府代表在同比方交涉中没有坚持原则，双方在达成的一项暂时协定中规定："比利时侨民在过去六十年中依据领事裁判权以及治外法权所享受的保护，将要继续到享有同样权利的缔约国一半以上同意放弃这些权利时为止。"与北京政府相比，南京政府采取了"令人难以理解的""妥协的政策和行动"[1]。至此，轰轰烈烈的废约斗争前功尽弃，功亏一篑。实际上，直到1943年中美、中英废除不平等条约，中比条约才最终随之废除。

---

[1]　《顾维钧回忆录》第1分册，中华书局1983年版，第358页。

# 第三节　开辟北伐战争的海外战场

## 一、呼吁国民政府扫除军阀

北伐战争是由国共合作领导的一场推翻由帝国主义支持的北洋军阀封建专制统治的革命战争。1926 年 5 月，国民政府派第 4 军叶挺独立团等部担任北伐先遣队；7 月 9 日，国民革命军正式出师北伐，兵分三路向北进军。经过半年时间，三路北伐军进展迅速，势如破竹，先后攻下了湖南、湖北、江西、福建、浙江、安徽、江苏等省的全部或大部，消灭了北洋军阀的主力。北伐战争的胜利，使革命势力从珠江流域扩展到长江流域，将轰轰烈烈的国民革命推向了高潮。

北伐战争是在国共合作建立了广泛的革命统一战线的大好形势下取得胜利的。这场战争有着明确的反帝反封建政治方向和广泛的群众基础。北伐开始时，省港罢工工人就组织了几千人的各种服务队随军出征；北伐军所到之处，工农群众积极参加军需运输、救护伤员、破坏敌军设施，有的直接拿起武器与北伐军并肩作战，等等。因此，以往学术界一致认为，国共两党共同领导、北伐军将士英勇作战、广大群众踊跃支持，是北伐战争取得胜利的主要原因。这固然不错，但笔者进一步认为，千百万支持国民革命的海外侨胞是构成北伐战争的群众基础之一；广大华侨热烈支持、开辟北伐战争海外战场，是北伐战争取得胜利不可忽视的原因之一。也正是由于广大华侨的支援，扩大了北伐战争及国民革命的国际影响。这样评断，并非妄言虚夸，以下内容及史实可以充分证明之。

国共合作的统一战线建立以后，许多海外华侨尤其是海外的国民党组织，对国民革命的主要任务，即反对帝国主义及其支持下的封建军阀割据、统一中国有了更加明确的认识。因此，随着广东革命根据地的巩固和发展，南方革命政权的基本稳定以及工农运动的日益高涨，在海外出现了敦促革命政府北伐的呼声。1926 年初国民党第二次代表大会以后，一些海外的国民党组织和华侨团体纷纷"电请中央出师北伐，以图早日推翻帝国主义的工具，除去列强在华势力"。印度尼西亚望加锡国民党组织和华侨团体向国内通电指出，自孙中山逝世以来，帝国主义和反动军阀联合向本党进攻，使本党的根基动摇，国民革命不得前进。因此，"北伐之举，乃急不容缓之工作。本党同志，均应集中于此旗帜之下，一致奋斗"。日本神户、大阪两地的全体国民党员联名致电国民政府，敦请出师北伐。电文说，由于"内有万恶军阀之反动派强暴势力的膨胀，外则国际帝国主义居心阴险毒辣"，致使我国"南北分争，转辗相循，无有宁日"。"我中华民族要求自由解放，惟有团结我海内外民众的力量，谋一致向军阀及帝国主义者进攻，恳请速下动员令，出师北伐，俾中华民族完全自由解放，国民革命早日实现。"还有古巴、印度、暹罗、秘鲁等地的国民党组织和华侨团体也发表宣言和通电，呼吁国民政府出师北伐，消灭封建军阀。这种呼声到 1926 年 5 月国民党二届二中全会前后更加强烈。

应海外国民党组织及侨团的呼吁和要求，1926 年 5 月上旬，国民党中央海外部长彭泽民和秘书长许甦魂以中央执行委员和候补执行委员的名义，同时代表海外党部及侨团，向国民党二届二中全会提出了《请迅速出师北伐》的提案，其中指出："海外同志迭来函电，请迅速出师北伐，建立统一全国之强有力政府，俾彼等在帝国主义铁蹄下过生活者有所保证，彼等并愿竭力为后盾，其情辞至恳切。我革命军犹迟疑不出师，海外同志将由失望而灰心，由灰心而解体。"① 二中全会遂接受海内外同胞请愿，决议出师北伐。6 月 4 日，国民党第二届中央执行委员会全体会议认为，全国人民"及海外侨胞皆渴望国民党早日出师北伐，代表请愿，络绎不绝"②。可以说，海外国民党组织及华侨团体对北伐的强烈要求和呼声，对国民政府作出北伐的决定起到了推动作用。

国民党二届二中全会召开不久，向全党发布了《国民党训令全体党员文》，指出，北伐是本党继承孙总理的遗志，完成中国国民革命的使命，消灭"帝国主义与军阀"，"统一中国"，"深望本党各级党部及全体党员"，"无负总理及全国人民之重望"③。1926 年 7 月 1 日，广东国民政府发布《北伐宣言》，10 日正式誓师北伐。与此同时，国民党中央机关报《民国日报》发表"言论"《海外党员对革命军出师应负的责任》，指出，海外华侨尤其是本党海外党员对北伐"责无旁贷"，要向广大华侨宣传此次北伐是完成孙总理的遗志，"其目的在打倒军阀，尤在打倒军阀所赖以生存的帝国主义"；要求"海外各级党部同志，宜组织华侨革命军出师后援会，以为国民革命军的后盾"④。同时，国民革命军发表了出师北伐告海外侨胞书，号召广大侨胞团结起来支援北伐。随后，国民革命军总司令蒋介石也发表《告海外侨胞书》，希望海外侨胞"务望一致团结，彻底主张，赞助北伐，参加革命，使先大元帅之志愿，得以圆满完成，国家幸甚"⑤。这些足以说明，广东国民政府、国民党中央

---

① 华侨呼吁出师北伐及彭泽民等《请迅速出师北伐》的提案，均转引自许肖生著：《华侨与第一次国共合作》，暨南大学出版社 1993 年版，第 130—131、133 页。

② 《中华民国史事纪要（初稿）》，1926 年 4—7 月，第 444 页。

③ 《民国日报》1926 年 7 月 21 日。

④ 《民国日报》1926 年 7 月 31 日。

⑤ 分别见《中国国民党历次会议有关海外党务侨务重要决议案》，国家图书馆编：《民国文献资料丛编民国华侨史料续编》第 3 册，国家图书馆出版社 2017 年版，第 68 页；《中华民国史事纪要（初稿）》，1926 年 4—7 月，第 524 页；《民国日报》1926 年 8 月 3 日。

以及国民革命军，对海外党组织及广大华侨支持北伐的高度重视和努力争取，也可以认为是对海外北伐呼声的回应。

## 二、纷纷成立华侨北伐后援会

为广泛配合和支持国民政府北伐，国民革命军北伐誓师的第二天，国民党中央海外部和华侨协会联合在广州召开"华侨北伐后援会"成立大会，通过并向海外公布了《华侨北伐后援会简章》（简称《简章》）。《简章》共12条，其中："（一）定名：本会由归国各华侨团体各代表组织之，故定名为华侨北伐后援会。（二）宗旨：援助国民革命军出师北伐，以求中国之真正统一。（三）工作：（甲）筹款接济北伐军饷；（乙）宣传北伐之意义；（丙）慰劳前敌将士。""（六）支分会本会请中央海外部令海外各级党部发起召集各该地华侨团体，共同组织华侨北伐后援会支分会或由各该党部自行组织。"①《简章》还对华侨北伐后援会的组织、经费、奖励等作了规定。彭泽民、许甦魂、周启刚等7人被选为执行委员，彭泽民兼任筹款部部长，许甦魂兼宣传部部长。7月16日，彭泽民和许甦魂签署了《海外部通告华侨组织北伐后援会》，"通告海外各级党部，发起召集各该地华侨团体共同组织华侨北伐后援会、支分会，或由各党部自行组织。希各同志踊跃进行，即号召所在地华侨团体共同组织北伐后援会支分会，以利出师北伐"②。国民党中央海外部对海外党部和华侨从组织方面支援北伐做了具体部署和指示，使其支援北伐具有组织保障。

在华侨北伐后援会的广泛号召、发动和领导下，"南洋澳洲""中美

①　《海外周刊》第18期，1926年7月19日，见广东省档案馆等编：《华侨与侨务史料选编》1，第369—370页。

②　广东省档案馆等编：《华侨与侨务史料选编》1，第367页。

北美各属"侨居地,纷纷成立"华侨北伐后援会""华侨救国后援会"等组织。各地华侨成立北伐后援会的事例多不胜举,下面以亚洲和美洲为代表分述之。

国民党驻菲律宾党部接到国内北伐后援会的号召后,于 1926 年 7 月 18 日上午召开委员会议,议决成立华侨北伐后援会菲律宾支会筹备处,指派陈希豪等 7 人为筹备委员。筹备委员们随即开会讨论成立北伐后援会的组织机构、发表宣言等具体事项。不久发表宣言,指出:"军阀是帝国主义者的工具,我们非将帝国主义者的工具打倒,帝国主义者永远不能消灭,我们的祖国也永远没有希望。""北伐军是救国救民志愿打倒军阀的军队,我们惟一的希望,就在这一次北伐,如果这次北伐能够成功,便可扫除一切的恶势力、帝国主义者和军阀,重新整顿祖国的山河,组织统一国民政府,完成民有、民治、民享的国家,取消一切不平等条约,提高国际上的地位,我们侨众的幸福,事就寓在此中了。"宣言呼吁各华侨团体"闻风而起,组织一个'华侨北伐后援会菲律宾支会'"[1]。不久,该支会在马尼拉成立,当地各侨团、商会纷纷加入。7 月 27 日,荷属印度尼西亚华侨组织北伐后援会分会。9 月 11 日,日本华侨成立中华留日各界北伐后援会,该会开展了如下一些活动:发表对国内及世界各国宣言,警告日本朝野勿为英国所利用,召开北伐军胜利祝捷大会,派代表回国向北伐军将领赠送金质奖章、名誉奖旗及捐款援助等。

华侨北伐后援会的组织遍布南北美洲。1926 年 9 月,古巴华侨北伐后援会成立,当即发动华侨捐款,并发出通告说:"尚望我爱国侨胞继续努力,以期肃清军阀,早定中原,聊尽国民一份之责。"[2]随后发表《驻古巴华侨北伐后援会支会宣言》,进一步阐述北伐战争的意义是:打倒

---

[1] 广东省档案馆等编:《华侨与侨务史料选编》1,第 375—376 页。

[2] 广东省档案馆等编:《华侨与侨务史料选编》1,第 388 页。

帝国主义！打倒万恶军阀！"若打倒了帝国主义，我们不但可取消一切奴隶吾华的不平等条约，解除各种被束缚之痛苦，且可在国际上争得平等地位，以洗红毛碧眼儿以下等民族待我之耻，而人亦不敢欺余了，推翻万恶军阀，不但挽回国权于既倒，即个人方面，亦能博得各种自由，民主政治，也必日益发达，我们的生命财产于是则有坚固之保障。"[①]古巴华侨北伐后援会对北伐与祖国的民族解放及与自身利害关系认识明确。11月19日，秘鲁华侨召开北伐后援会成立大会，开幕前，与会者齐声诵读孙中山遗嘱。会议主席宣布开会后，大家高呼"打倒军阀""打倒帝国主义""国民革命万岁""中华民族万岁"等口号。继之，宣传科主任宣读北伐后援会成立宣言书及祝词；驻当地国民党各支部、分部纷纷宣读祝词，并有些与会代表登台演说。12月6日，发表《华侨北伐后援会利马支部简章》11条，其宗旨为"援助国民政府出师北伐，达到中国真正统一之目的"；主要工作为"筹款接济北伐军饷""慰劳前敌将士""宣传北伐之意义""督促北伐之进行"四项[②]。在此前后，墨西哥华侨也成立北伐后援会。美国费城成立华侨北伐后援会并发布简章，以"纯为筹集义捐提供国民政府北伐军费"为宗旨；同时发表宣言表示，"马革裹尸者勇士之行"，"输浆助饷者吾侨之责"。

　　除上述亚洲、美洲各国华侨纷纷成立北伐后援会外，欧洲等地华侨也纷纷成立北伐后援会。如1926年8月1日，法国里昂华侨集会，会议议决成立里昂华侨北伐后援会，并决定如下声援办法：致电广州国民政府及全体将士拥护北伐；致电全国同胞请其一致援助北伐；募捐接济国民政府以资助北伐；倡议挺身归国参加北伐等。决议通过后，当场就有

---

①　《海外周刊》第26期，1926年9月12日，广东省档案馆等编：《华侨与侨务史料选编》1，第396页。

②　《海外周刊》第35期，1926年12月6日，广东省档案馆等编：《华侨与侨务史料选编》1，第404页。

唐学咏等报名回国参加北伐。会议选出 7 人组成干事会。当日下午，干事会即开会落实上述措施。里昂华侨不但成立北伐后援会，而且援助行动立竿见影。8 月下旬，比利时华侨"联合同道，组织北伐后援会，为国民政府北伐军精神上之后盾"。

总之，自国内华侨北伐后援会成立并向海外发出号召后，海外各地侨胞"均有北伐后援会支分会之组织，从事筹饷接济北伐军饷，慰劳前敌将士，宣传北伐之意义"①。据统计，截至 1926 年 10 月，仅约 3 个月的时间，各侨居地建立的北伐后援组织已达 524 个，会员约百万人，可见其组织之多，人数之众，形成一支遍布世界的浩浩荡荡的海外北伐大军。不但如此，各地华侨北伐后援会成立后，一般都发表了宣言、简章等，阐述了对封建军阀祸国殃民及其与帝国主义的"奴仆、靠山"关系的深刻认识，深明国民政府发动北伐战争的重要意义。因此说，海外各侨居地组织的华侨北伐后援会，是广大华侨支援北伐战争的发动者、组织者和领导者。

## 三、通电宣言集会声援北伐军

在各地华侨北伐后援会及海外国民党组织的发动和领导下，广大华侨掀起了一个支援北伐战争的热潮，将国民革命的影响传播到世界各地。

继声援五卅运动之后，日本华侨爱国势头再度高涨，声援北伐战争的活动此起彼伏。日本神户、大阪侨领陈季博、杨寿彭等人，得知北伐战争打响的消息，遂以神阪国民党支部的名义致电拥护广东革命政府北伐。电文历数了吴佩孚、张作霖等万恶的军阀在帝国主义的支持下"丧

---

① 《海外周刊》第 35 期，1926 年 12 月 6 日，广东省档案馆等编：《华侨与侨务史料选编》1，第 403 页。

心病狂，辱国殃民"的罪行，我广州国民政府誓师北伐，中华民族命运，在此一举，"本党部全体党员虽侨居海外，未能驰驱疆场，惟爱党爱国之心，岂后于人，对于此次北伐，自当聊尽绵薄，作实力之后援，以尽国民一分子之责任"[1]。国民党驻日本党组织，声援北伐，率先垂范。1926 年 9 月 21 日，日本长崎华侨集会声援国民革命军北伐，并通电全国，指出，"庭厦荒芜，孤鼠频出，国家凌乱，妖孽迭生"，"如张作霖张宗昌吴佩孚等集其豺狼之爪牙，纠其土匪之徒众，掳掠奸淫，是其惯技；焚烧虐杀，为其特长。不惜以人民为遵组（樽俎），以国家作孤注，逞欲行凶，罔知所极。呜呼！长此以往，国将沦亡，朝鲜之覆辙堪虞，印度之殷鉴不远，同人等悲陆沉之无日，痛哭失声，恨蟊贼之横苛，欲诛乏刃，迩幸迭接北伐军宣言，决意出师，吊民伐罪，以扫除内奸外贼。""一致救亡，义容后我，同心杀贼，礼不让人，怀匹夫有责之训，求群策群力之谋。"[2]电文慷慨激昂，憎爱分明。9 月 18 日，在东京召开了庆祝北伐军占领武汉祝捷大会，与会侨胞千余人。大会主持者先读祝词，继向孙中山遗像及国民党党旗三鞠躬，朗诵孙中山遗嘱，高唱国民革命歌，复有多人演讲，其中孙中山早期的日本挚友宫崎寅藏长子宫崎龙介的讲演，使与会者深受感动。正在开会时，忽听有人报告吴佩孚派温世珍为代表，正在日本活动卖国借款，而温不谙日语，其外交活动均托胡某代为交涉，会议当即派出 20 多人将胡围住质问，并限温 5 天内当众说明一切，否则驱逐出境[3]。

　　在此期间，日本华侨开展的一场打击奉系军阀卖国借款的斗争，也直接或间接地声援和配合了北伐战争。1926 年 8 月，东北军阀张作霖为扩充实力，派顾问赵欣伯为代表赴日本磋商卖国借款 500 万元，名为救

---

①　《神阪华侨赞助北伐之热烈》，《民国日报》1926 年 7 月 23 日。

②　《留日侨胞助北伐》，《民国日报》1926 年 9 月 28 日。

③　《留日侨胞祝捷》，《民国日报》1926 年 9 月 27 日。

济"奉票"，实为扩充军备，穷兵黩武，残害同胞。借款条件以承认商租权换领事裁判权，即准日本人与中国人杂居买土地耕种等。中国留日学生得知后，前往劝阻赵欣伯停止卖国活动，而赵报警，大队日警突然出现，追赶、毒打学生，并逮捕 10 名学生下狱，横加虐待。旅日华侨对此十分气愤，9 月 3 日，千余名华侨集会，讨论驱逐赵欣伯、援救学生及时局等问题。会场上悬挂着"驱逐卖国代表赵欣伯及打倒吴佩孚张作霖卖国殃民军阀""援救下狱同学及赞成革命军北阀"等标语。会议先由主席介绍赵欣伯的卖国活动及勾结日警殴打、逮捕学生的经过，复有人介绍被捕学生在狱中受虐待情况，随即又有几人演讲。与会者同仇敌忾，最后通过"驱逐赵贼回国"，"否认北京政府及张作霖与任何国家缔结条约"，"组织救护被捕同胞后援会"，"电贺北伐军攻克武昌"，"劝孙传芳反吴反张助革命军北伐"等决议十条[1]。封建军阀一丘之貉，在北伐战争期间突发的旅日华侨反对奉系军阀的斗争，也间接打击了其他军阀，对北伐战争起到了一定的策应作用。

旅法参战华工总会得知北伐的消息，纷纷"请缨讨吴，措辞极激昂"。1926 年 8 月，国民党驻法总支部召开第六次代表大会，大会为支持国民政府北伐通电国内，电文声讨军阀吴佩孚、张作霖等在帝国主义支持下"荼毒民众"，战祸频仍。其中指出："国民政府为铲除军阀打倒帝国主义统一全中国起见，已调集国民革命军出师，中国民族能否获得解放之生路，将视此战之结果而定，凡我国内外各界同胞，当知国民革命军为全民族作战，而以全力实行拥护。本大会代表旅法比德三国全体党员，誓竭力为革命军后盾，以完成国民革命之使命。"[2] 国民党驻法总支部代表旅欧国民党组织，对北伐战争旗帜鲜明地表示支持态度。9 月

---

[1]　《民国日报》1926 年 9 月 10 日。

[2]　《留法国民党愿为革命军后盾》，《民国日报》1926 年 8 月 23 日。

中旬，当北伐军即将攻下武汉时，里昂华侨北伐后援会遂召开庆祝大会，会场到处悬挂着标语，当地国民党支部印发支持北伐的印刷品散发。会议主持者报告北伐军胜利进军的捷报，全国人民的热烈支持。继之，与会者自告奋勇地发表演说。会议最后通过致电国民政府祝贺北伐胜利，并将北伐捷报通告欧洲舆论界。

正为废除中比不平等条约而奔走呼号的比利时华侨，对于声援推翻封建军阀统治的北伐战争也不甘人后。1926 年 8 月 22 日，比利时华侨为声援北伐发表宣言书，指出："溯自民国建肇，兵燹濒年，北洋军阀，盗窃国家大柄，帝制余孽，宰割灿烂河山，红匪张胡，横行东北；腐学吴贼，蹂躏中原，奸淫掳掠，既民命之不堪，媚外尊洋，更国亡之无日。"我国民政府"誓师北伐，痛饮黄龙，长驱直下，所向披靡，不及一月，长岳已下，武汉将破，犁庭扫穴，指日可待"，"俾国贼列强，一致扫尽，由是而神州奠定，民治实现也"。"凡我国人"及"吾辈侨民，莫不鼓舞欢欣"[1]。宣言书对北洋军阀大加鞭挞，对北伐军的胜利大力赞扬。

## 四、为革命军北伐捐献财物

除通电、宣言、祝捷等声援形式，"美洲南洋华侨纷寄北伐军饷"，并捐献物资支援北伐军。印度尼西亚爪哇华侨鉴于自己"重洋远阻，已不能为政府执戈杀敌、效力疆场，惟有各捐些血汗之资以作政府后援而已"，因而规定，凡属北伐后援会人员，"应依照会章，认定月捐，逐月收捐，汇寄政府，以资捐助，而利成行，至北伐成功，全国统一时止"。印度尼西亚巴城、万隆、棉兰、坤甸、勿里洞等地的侨胞们，纷纷行动起来为北伐战争捐献财物。华侨的爱国举动，遭到荷印殖民当局的无理

---

[1]　《留比侨胞赞助北伐》，《民国日报》1926 年 9 月 17 日。

干涉，并宣称要将他们驱逐出境。但华侨并未因此退缩，仍然一如既往地开展支援北伐活动。菲律宾华侨北伐后援会发表《敬告闽侨胞书》，指出"北伐乃仁者之事，稍有红心者，自当起而援助之"。由侨商李清泉领导的原"菲律宾闽侨救乡会"改名为"国民协会"，该会积极筹募13万美元资助北伐。侨胞吴记霍不但动员华侨捐款，而且自己以身作则捐出大笔款项。在他的带动下，数日内便筹集了10万余元汇回国内作为北伐经费。菲律宾华侨工人宋壁良以洗衣为生，洗一件衣服仅得4分钱，但他无私地捐献出所有七年的积蓄440元。自北伐战争打响后，国民党缅甸支部组织北伐红十字后援会，募捐缅币约20万盾捐给北伐军。随后又特派黄忠澄、陈愚仙回国慰劳北伐军将士。

北伐战争打响后，早年为支持孙中山北伐而建立的"美东洪门北伐筹饷局"再度活跃起来，发动全美各地洪门为北伐捐款效力。费城华侨北伐后援会发表的宣言及简章，以"筹集义捐，提供国民政府北伐军费"为宗旨。加拿大华侨争先恐后地捐款支援北伐，从北伐开始到10月15日，全加有43个地区的华侨为北伐捐款，捐款阶层也很广泛。墨西哥各地华侨北伐后援会，派人"沿门募捐军饷"，国民党员及各界华侨为北伐"慷慨捐输"。古巴华侨北伐后援会，以"为北伐军捐助军饷，尽国民责职"为宗旨，在一个月间连续向国内汇款三次，每次汇2000多元。秘鲁华侨在成立北伐后援会的当日，即募得3410美元汇寄国内，并附一封向北伐将士的致敬电。

各地华侨在北伐后援会的领导下，捐献活动如火如荼。尤其是北伐军攻克武汉后，"各属华侨益加喜跃，登即回电祝捷及慰劳前敌将士，汇寄北伐军饷者一时纷至沓来，中央海外部大有应接不暇之势"①。据不完

---

　　① 《海外周刊》第26、27期，1926年9月27日，广东省档案馆等编：《华侨与侨务史料选编》1，第398页。

全统计，到 1926 年底，海外华侨为北伐捐款大洋约有 100 万元。1926 年
8 月 10 日《民国日报》报道："日来政府接到华侨汇来巨款，赞助讨吴；
海外国民党支部接济之巨款，现源源而来。"从上述统计和报道看，海
外华侨及国民党组织为北伐捐款相当踊跃，数额庞大。

　　各地华侨在踊跃捐款的同时，还捐献大批军用物资，如枪支弹药、
医疗救护用品等。暹罗华侨捐献飞机 1 架；越南西贡华侨李栋、李舜俞、
刘汉三等 7 人向当地殷商募款，在法国军火制造厂购买军用铁甲车 1 辆
运回国，献给南方国民政府，"以为北伐之助"。

## 五、回国效命北伐疆场

　　万里迢迢回国参战，是华侨支援北伐战争的一个重要方面。早在北
伐酝酿期间，仅暹罗华侨青年报名回国参加北伐军的即达 300 多人。越
南华侨机械师宋黎，掌握制造武器的技术，听说国内即将打响北伐战争，
遂辞职回到广州的一座兵工厂制造武器支援北伐。北伐战争爆发后，回
国服务或参战的华侨青年络绎不绝，相望于道。叶挺独立团出师北伐不
久，从广州口岸回国从军的华侨有 318 人。侨居埃及的闽侨马火扬，原
在一家公司任职，得知叶挺独立团北伐出征的消息，他便辞职，用自己
十多年来辛苦积攒的积蓄做路费，从遥远的非洲回国从军，以"抱为党
牺牲之决心"，"聊尽报国之激情"。北伐战争正酣之际，在印度尼西亚
巴城《新报》工作的华侨林善雄，发起组织由 150 多名华侨青年参加的
义勇团回国，为北伐效力。尤其是东南亚各国 200 多名华侨青年联合组
成"华侨炸弹敢死队"回国，与北伐军一道冲锋陷阵，顽强战斗，立下
战功。1926 年 7 月，在广州成立了"北伐军海外北伐工作团"，成员约
40 人，来自驻粤各海外华侨团体。他们为北伐战争前线运输物资，救护
伤员，修理机械，提供各种急需的战地服务等。同年 10 月，30 多名闽

籍华侨组建"华侨特别宣传队",随北伐军入闽,沿途向群众开展宣传,侦察敌情,成为北伐军政治宣传工作的得力助手。还有不少华侨海员被编在省港罢工委员会组织的北伐运输队中,他们在烈日炎炎的盛夏,汗流浃背地为前线运送战略物资。印度尼西亚北加浪岸中华学校校长张国基,在北伐期间送回许多华侨学生回国参加战争。1926年底他自己也回到祖国,在武汉农民运动讲习所做教务工作。

回国参加北伐战争的华侨青年勇敢顽强,其中有些人血洒疆场。欧洲华侨李海涛,曾参加第一次世界大战,后回国参加中共领导的铁甲车队,并加入中国共产党。北伐时任叶挺独立团8连连长,是独立团的一名战斗骨干。1926年10月1日,在攻打武昌城的战斗中,他身先士卒,奋勇杀敌,英勇献身。从新加坡回国参加北伐的19名华侨,至1926年11月攻克南昌城时,有18人先后为国捐躯。

为了配合北伐战争,在共产党人的推动和积极支持下,彭泽民以中央海外部部长的名义,向国民党中央提出创办华侨运动讲习所并获得批准。1926年12月至次年3月讲习所在广州东皋大道开办,彭泽民亲自兼任所长,共产党人张航声为教务主任,聘请萧楚女、恽代英、任卓宣、熊锐、郭沫若、邓演达、陈其瑗等人为教师。讲习所的任务是培养海外党务活动的骨干。第一届学员70多人,于1927年3月结业,他们中有一部分人投入北伐战争中,也有一部分人到海外从事革命运动。旋因蒋介石发动"四一二"反革命政变,讲习所只办了一期被迫停办。

如果说国民革命军在战场上与北洋军阀军队直接作战是北伐的第一战场,那么海外华侨开展的各种形式的支援活动可谓之北伐的"海外战场"或者说"第二战场"。不言而喻,华侨对北伐战争的支援,是北伐战争的组成部分。

## 六、收回汉口、九江英租界

北伐战争不断取得胜利，国内各界民众受到鼓舞，情绪高涨，也引起帝国主义的恐惧。1927 年初，武汉各界民众举行了祝贺北伐军取得胜利、欢迎国民政府将武汉作为首都并从广州迁到武汉办公的庆祝活动。1月 3 日下午，中央军事政治学校武汉分校宣传队在汉口码头江汉关前与英租界毗连的广场进行宣传演讲，"听众极多，肩头相接"。这一活动引起英帝国主义的恐慌，租界内的英国海军陆战队从"蜜蜂舰"上登陆，肆意向民众挑衅，酿成流血冲突。在冲突中，"中国方面伤五人，内重伤两人；英兵方面伤四五人"①。是谓"一三事件"。1 月 6 日，九江英租界的英水兵也与码头工人发生冲突，伤工人 2 人，民众激愤，英炮舰向空鸣炮示威。被激怒的人群冲进租界，英领事等逃避船上，是为九江事件。

"一三事件"发生后，引起中国各界的愤怒，他们召开声讨大会并发出抗议通电。1 月 5 日，在共产党人刘少奇、李立三等指挥下，武汉各界约 40 万人召开追悼遇难同胞及反英暴行大会，并冒雨举行大游行，游行者愤怒地冲进英租界，遭到巡捕的阻拦，再次发生冲突。群情激愤的游行者一举占领了英租界。

惨案发生的当天晚上，武汉国民政府外交部部长陈友仁立即向英国驻汉口领事葛福提出口头抗议，翌日照会葛福，首先声明此次事件责任在英方，即"海军陆战队在河岸的出现对人群起了刺激作用"，严正地要求英方撤走海军陆战队。当群众占领租界后，英工部局职员及巡捕纷纷逃避，英领事葛福到武汉国民政府外交部，要求中方派军警入界保护，维护秩序。陈友仁一面与葛福交涉，并郑重声明保护外侨生命财产；一

---

① 关于"一三事件"中英伤亡情况说法不一，这里系根据陈友仁在国民党二届三中全会报告外交事务的数字，见《中华民国史事纪要（初稿）》1927 年 3 月，第 303 页。

面做民众团体的工作，劝说大家不要发生"逾轨行动"，免给外人口实。

1月7日，武汉国民政府"联席会议"议决建立英租界临时管理委员会，由外交、财政、交通三部部长组成，由外交部部长陈友仁为主席委员，全权负责办理对英交涉事宜。

1月11日，北京英使馆参赞欧玛利等奉英政府指派到汉口与国民政府谈判，同时6艘英军舰开赴汉口江面，妄图以武力做后盾。12日至14日，武汉国民政府外交部部长陈友仁与欧玛利开始试探性谈判。欧玛利首先要求中国退还租界，遭到陈的拒绝。双方为事件的责任发生争执，陈友仁坚持认定责任在英方，是英国水兵登陆引起矛盾激化；英方则认为系国民政府怂恿民众的结果。15日，双方谈判正式开始。谈判内容主要是围绕租界谈判和修改条约谈判两个方面进行。关于租界问题的谈判，双方达成这样的协定，由中国警察控制租界，并由中国人管理租界。英方对租界的管理有建议权，金融贸易则由英方管理和监督。关于修改条约，由于英方拒绝"解决法律问题"，亦即不承认武汉国民政府，实际上未能进行谈判。双方谈判取得了阶段性成果，初步商定了汉案协定文本，待择日签字。但在此期间，英国政府以保护上海侨民为借口，从英国本土和其殖民地印度派兵，增兵上海，英地中海舰队已奉命迅赴中国。鉴于此，陈友仁发表对外宣言和汉口事件宣言，抗议英向中国增兵。而英政府对陈的宣言置之不理，仍决定向中国增兵。2月1日，陈友仁发表中断谈判宣言，声明谈判中断，责任在英国。

谈判中断后，英政府耍弄手段，派代表向武汉国民政府递交英政府备忘录一件，并附件7条，声言汉口、九江事件能得圆满解决，"而国民政府更能切实声明除用谈判之手续外，不用任何方式变更在华英租界及国际居留地，则英政府准备即时与国民政府开始谈判"。同样的备忘录和附件也送给了北京政府。实际上是要国民政府阻止民众收回租界，并以北京政府的存在为砝码进行要挟。陈友仁当即向英代表声明："此种提议，仅能显示对于中国奴隶式条约之零星修改，国民政府不能认为满意或充足。"中英问题合理解决的基础有两条：一是"凡属于全国性质之各种问题，英政府只能与国民政府谈判，不能与其他任何地方政府谈判"；二是"一切谈判皆须脱离威吓之空气，如英国集中军队于上海所造成者"。①对于中英谈判中的是非原则问题，陈友仁正气凛然，毫不让步。

英国增兵中国致使中英谈判中断，在英国国内引起各界的强烈反对；欧玛利也认识到武汉国民政府今非昔比，采取了务实的态度。在这种情况下，2月7日，欧玛利奉英国政府的指令，继续与陈友仁进行谈判。续开谈判在基本内容上与以前没什么变化，而主要围绕先签字后撤军还是先撤军后签字问题，双方争持不下。最终在陈友仁的坚持下，英国承诺地中海赴华英兵在香港登陆，不来上海；上海的英兵可能陆续撤退。至此，陈友仁认为"圆满"，这样双方经过十六轮谈判，2月19日晚7时，陈友仁与欧玛利于武汉国民政府外交部会议室在汉案协议上签字，《汉口英租界协定》内容如下：

英国当局将按照土地章程，召集纳税人年会，于3月15日开会。届时英国市政机关即行解散，而租界区域内之行政事宜，将由华人之新市政机关接收办理。在华人之新市政机关于3月15日接收之前，租界内之警察、工务及卫生事宜，由主管之中国当局办理。英国工部局一经解散，国民政府即当依据现有特别区市政办法，组一特别中国市政机关，按照章程管理租界区域。此项章程由国民政府外交部长通知英国公使。在汉口五租界合并为一区域之办法未经磋商决定以前，此项章程继续有效。②

20日，陈友仁又和欧玛利签订了《九江英租界协定》，依据协定，

---

①　《中华民国史事纪要（初稿）》，1927年3月，第306—307页。

②　《国民政府行政文件集》第二辑（外交），1929年，第34页，转引自钱玉莉著：《陈友仁传》，河北人民出版社1999年版，第136页。

自 3 月 15 日起，英国"将九江租界区域行政事宜，无条件的移交国民政府办理"。

至此，国民革命高潮时期收回英租界的斗争取得最后胜利。

在收回汉浔英租界谈判的斗争中，作为武汉国民政府华侨外交家的陈友仁不亢不卑，刚柔相济，表现了良好的谈判素质和较强的谈判能力，坚持了有理、有利、有节的谈判原则，被誉为"革命外交家"。如谈判一开始，陈友仁就根据事实认定责任在英方，在交涉中因"理直气壮"而"占优势"，致使英政府召回驻汉口领事葛福。在谈判中，英国以武力相威胁，向华增兵。陈友仁不畏淫威，发表声明，果断中止谈判。恢复谈判后，英方坚持先签字后撤兵，而陈友仁则坚持"非英先撤兵，决不签字"，迫使英方让步。陈友仁卓有成效的谈判斗争，对收回汉口、九江英租界功不可没。陈友仁在中英谈判中的良好素质和较强的能力，固然与他在英国当过律师，熟悉国际法及英国的情况有关，但主要的还在于他对中国人民的反帝斗争有深刻的认识，他认为，汉浔事件及中英交涉是"中国民族运动与帝国主义之冲突"，"汉浔案之解决，小之为汉浔案两租界之收回，大之为取消不平等条约全体之初步"。[①] 这即认识到了中英斗争的实质。

收回汉口、九江英租界是中国人民反帝斗争史和外交史上的一次重大胜利，使中国人民受到极大的鼓舞。

## 七、声讨日本制造"济南惨案"

1928 年春，蒋介石率兵北伐奉系军阀张作霖。支持奉系军阀的日本帝国主义借口保护侨民，野蛮干涉，出兵侵占山东济南。5 月 3 日，国

---

① 《中华民国史事纪要（初稿）》，1927 年 3 月，第 305 页。

民党军北伐进军至济南附近时，日本乘机制造了"济南惨案"，持续了一周的大屠杀，打死打伤中国军民数千人之多，死亡 3600 多人，并残忍地将国民党政府山东特派交涉员蔡公时的耳鼻割掉，和其他 16 名外交人员一起杀害，是为"济南惨案"。日本侵略者的残暴罪行用笔墨难以形容，并破坏了轰轰烈烈的北伐战争。

日军制造"济南惨案"的暴行，引起海外侨胞的极大愤慨。他们继"五四""五卅"之后再次掀起反对日本帝国主义侵华、屠杀中国同胞的残酷暴行、声援国内遇难同胞的爱国斗争。华侨的反日斗争主要有以下三方面的内容：

## （一）以通电集会等形式声讨日本暴行

海外各地国民党组织纷纷开会或通电声讨日军的暴行。如国民党驻荷属西婆罗洲喃吧哇支部的全体党员致电国民党中央及国民政府指出，"近悉倭奴二次出兵东鲁，侵我国权，辱我国体"，"违反国际公法，扰世界和平，恳请严重抗议，灭此巨凶"。印度尼西亚万隆国民党支部召开全体党员大会，主张对日宣战。美国波士顿国民党支部致电国内同胞，要求对暴日"请力抗坚持抵制"[①]。向国内致电抗议日本暴行的还有西婆罗洲松伯港支部、望加锡等国民党支部。

海外商界侨团及个人抗议日本暴行的函电络绎不绝。旧金山中华商会会长李坤致电上海商会指出："日本派遣兵队占据山东，此种举动凡我全体侨胞莫不义愤填膺，应请通知进出口商人，勿由日船运输货物，同人在此当亦一致办理。"该电文实际是在呼吁华商抵制日货。加拿大多伦多华侨得知日军制造济南惨案的暴行，即召开全侨大会，建立安省华侨拒日后援会，向各界宣传，为国筹款。加拿大东部各省华侨闻风响应，相继建立拒日后援会。复借多伦多举行全国博览会、观众济济之

---

① 《民国日报》1928 年 5 月 15 日、5 月 11 日。

际散发中英文传单，扩大影响。当地报纸"备称华侨爱国之热烈，为加拿大华侨破天荒之举"[①]。法国格城侨商致电国民政府义愤地表示："日本据我山东，天人共愤，亟应力争，以保国权，并努力北伐，同人誓为后盾。"[②]

菲律宾华侨知名人士 500 多人致电国际联盟，请其主持公道，同时致电日本首相田中表示强烈抗议。致电抗议日本暴行的还有美国屋仑华侨团体联合会、旧金山中华总会馆、墨西哥华侨工商会、万隆中华总商会、菲律宾华侨联合百货商会、槟榔屿平城书店等。

旅日华侨对日本侵略者血腥屠杀祖国同胞的暴行异常愤怒，开展了激烈的抗暴活动。早在 1928 年 4 月，日本华侨得知日军大举增兵侵略山东，遂组织中华留日各团体对日外交后援会，向日本在野各政党及各界民众宣传反对田中内阁出兵侵华破坏和平的行径，并于 29 日在东京召开第二次全体留日侨胞反对日本出兵大会，与会的千余名侨胞群情激愤。本来开会前，已经交涉协商、征得日警许可，但正在开会时，会场突遭 400 多名武装日警包围，逮捕 70 多名与会华侨。日警对被捕者"横加殴辱，拳足交加"。后几经交涉，大部被释放，仍有几人与日本罪犯关押在同一监狱，"时被殴打，生命甚堪"。日军制造济南惨案、在华大肆屠杀中国同胞的同时，还在日本各地掀起排华活动——驱逐华工（在名古屋有数百名华工失去工作）；逮捕华侨青年；煽动日本民众殴辱华侨。但旅日华侨不为日本排华暴行所屈服，继续斗争。先由东京商工同学会、广东同乡会两个侨团发起成立侨日各界反日大同盟，随即有 20 个侨团相继加入。大同盟成立后组织了各种抗议活动。5 月 19 日，大同盟在东京召开济南惨案追悼大会，数千名侨胞与会。会议议决致电国民政府抗争，

---

① 《民国日报》1929 年 10 月 19 日，见广东省档案馆等编：《华侨与侨务史料选编》1，第 864 页。

② 《民国日报》1928 年 5 月 15 日、5 月 16 日。

旅日华侨誓为后盾，并派代表回国，与国内同胞一道开展抗日活动，驱逐日军出中国，收回山东和东北，收回日本在华租界，废除一切不平等条约。会议正在进行时，再次遭到日本警察野蛮干涉，又有6名侨胞被捕，大家愤怒至极。会后，大同盟派胡文炜等3人为归侨代表先期回国抵沪，与上海市特别党部及学联等接洽，并设立驻沪办事处，继续深入开展抗日活动。日本华侨不顾自身安危，在侵略者的老巢抗议日本的暴行，其勇敢无畏的壮举令人钦佩，其爱国忘身的精神令人感动。

### （二）捐款资助山东遇难同胞及家属

与以往的爱国活动的相似之处是，济南惨案发生后，华侨纷纷力所能及地捐款资助接济山东受难同胞。据统计，惨案发生仅一个多月，南洋华侨通过各地银行捐款汇寄国内大洋 1014711.29 元，银 78059.6 两。其中新加坡汇洋 167684.13 元，银 8300 两；槟榔屿汇洋 179599.06 元；吉隆坡汇洋 167267 元；印度尼西亚巴达维亚汇洋 2845 元；菲律宾汇银 3556 两；棉兰汇银 26624 两[1]。

济南惨案发生两个星期后，即 5 月 17 日，在侨领陈嘉庚的召集下，新加坡召开全侨大会，与会的各界代表 1000 多人，代表 120 多个侨团，一致议决成立"山东惨祸筹赈会"，推举陈嘉庚为主席。新加坡树胶公会的侨胞们议决，每担树胶抽 1 角，每星期汇交一次给筹赈会。此间，新加坡华侨两次共汇款 6 万元，将 1.5 万元汇给蔡公时家属，其余汇寄给其他遇难家属。同时还筹款 3 万元，拟在南京择地为蔡公时竖立铜像，铜像铸成后因故未送南京，而立在新加坡三条巷南益胶厂[2]。在新加坡华侨为济南同胞捐款的活动中，涌现出某些感人的事迹。工人林天喜将平时节省下的数千元全部捐献出来。客家侨妇赖暖娘捐献出珍贵的首饰。

---

①　《民国日报》1928 年 6 月 6 日。

②　陈嘉庚著：《南侨回忆录》，香港草原出版社 1979 年版，第 22—23 页。

闽籍侨妇温姜娘将几个星期辛辛苦苦卖鸡蛋得来的 8 元钱也捐了。

暹罗华侨以曼谷中华总商会为首，设立了"山东惨案筹赈会"，由同盟会元老萧佛成任主席。一年之中，为济南惨案的遇难同胞们募集救济金 60 万美元。菲律宾华侨一面在马尼拉集会，抗议日军大肆屠杀中国同胞的暴行，一面掀起捐献活动。越南、缅甸等地华侨也纷纷为山东遭难同胞捐款。据估计，东南亚华侨为济南惨案中的山东同胞捐款约达国币 500 万元。[1]

### （三）开展抵制日货活动

济南惨案发生后，新加坡马来亚商界华侨便纷纷停止从日本进货和销售日货，不经营日本商品，其他众多侨胞则纷纷自觉地不买、不用日制商品。华工拒绝装卸、搬运日货和修理日本汽船。由于新加坡居民大多数为华侨，日本在新的零售商失去华侨顾客，生意冷清，销售额顿时骤减至过去的 1/4 至 1/3。济南惨案发生后的两个多月里，日货输入几乎处于停顿状态，比上一年同期输入额减少叻币 400 万元。与此相反，由于华侨抵制日货的同时提倡国货，在中华总商会举行国货展览会，使国货大受欢迎。

从 1928 年 6 月中旬开始，印度尼西亚的巴达维亚、三宝垄、泗水、巨港、棉兰、望加锡等地的华侨纷纷开展抵制日货斗争。20 日，泗水的 13 家杂货商、棉布商在报纸上宣布不经营日货。7、8 月间，销售日货的商店大为减少。到了 9 月，由于荷属印度尼西亚政府的压制，抵货活动被迫停止。

在盛产优质稻米的暹罗，华侨碾米商一致约定，拒绝为日本经营稻米。在码头工作的华工则拒绝搬运日制商品，以示响应抵制日货。华侨

---

① 〔日〕《第三调查委员会报告书——南洋华侨抗日救国运动的研究》，转引自吴凤斌主编：《东南亚华侨通史》，福建人民出版社 1993 年版，第 637 页。

抵制日货成效显著，使日本和暹罗的贸易额迅速下降。据统计，1927 年日本对暹出口额为暹币 1300 万铢，而 1928 年为 500 万铢，比上一年减少了 800 万铢。其中固然有暹罗经济不景气的原因，但华侨的抵制日货活动也是导致日本对暹贸易额减少的一个重要因素。济南惨案发生后，法属越南的华侨也开展了抵制活动。此项活动主要由当地华侨总商会和华工总会等侨团发起，得到其他各界华侨的响应。由于抵货，1928 年与 1927 年相比，日本对法属印度支那（包括越南、老挝、柬埔寨）的进出口贸易额分别减少 40% 和 30%。

远在非洲的马达加斯加华侨得知暴日制造残杀中国军民的济南惨案后，开展了各种形式的反日活动。侨领陈明沃等人发起成立了对日经济绝交总会，并在各地成立 16 个分会。他们力所能及地开展了抵制日货等活动。此间有一大批日本生产的中兴火柴运进马达加斯加，遭到了华侨的抵制。受此影响，当地欧洲人商店也不敢贸然批进日货。当地侨胞还成立了醒群白话剧社，演员均是义务演出，每周在华商礼堂免费为华侨演出三次，节目多为特别编排的揭露日本侵略者屠杀中国军民暴行等内容，以唤醒侨胞们认清日本的侵略野心，受到侨胞们的欢迎。国民党驻马支部则趁此机会创办了《侨民新报》，是为当地第一份中文报纸，以扩大反日的舆论宣传。

华侨愤怒地抗议日本侵略者屠杀中国军民的暴行，援助济南惨案中的祖国死难同胞，尽管是在"四一二"反革命政变、国民革命失败以后，但这仍可以看作国民革命时期收回利权、反帝爱国斗争的延续或尾声。需要指出的是，华侨强烈抗议日本制造济南惨案的暴行，还有一层特殊的意义——为日后华侨大规模支援祖国抗日战争奠定了基础。

# 第四节　华侨与国民革命关系的特点

第一次国共合作建立后，以国共合作为基础、在国共两党的共同领导下，掀起了国民革命高潮。国民革命得到了海外华侨的广泛支援。通过以上阐述的史实，可以看出华侨与国民革命的关系有这样几个特点：

## 一、反帝反封建斗争交汇并进

自近代广大华侨登上中国民族民主革命的政治舞台后，他们与中国革命的关系及其爱国活动始终并存着不可分割、互相联系的两条战线，即支援和参加推翻国内封建专制统治的民主革命；支援和参加反对帝国主义侵略中国、争取中华民族独立和解放的民族革命。由于祖国的反帝反封建革命在不同时期有不同的侧重点，上述两条战线不是平行发展的。华侨对国民革命的支援，在华侨与整个中国革命的关系史上处于一个特殊的时期，华侨以各种形式声援五卅反帝爱国运动，进而掀起一场废除不平等条约的斗争并取得胜利，积极支持和配合反对封建军阀专制统治的北伐战争。从这些内容方面考察，国民革命期间华侨开展的反帝反封建斗争互为交汇，基本上是两条战线同时向前推进，而且两条战线都是声势浩大，有声有色。毫无疑义，这一时期华侨的一系列反帝反封建斗争活动，是国民革命重要而特殊的组成部分。

## 二、反帝爱国斗争的进一步升级

华侨声援五卅运动是新民主主义革命时期，继声援五四运动后、支援祖国抗战前掀起的第二次反帝斗争高潮。这表明，进入新民主主义革命时期后，华侨明显加大了反帝救国斗争的步伐。与声援五四运动相比较，华侨声援祖国反帝斗争的规模和声势更加宏大，既反对日本帝国主义的暴行，又反对英帝国主义的罪恶行径；华侨反帝斗争的范围更加广泛，连以前很少或没有参加反帝活动的南非、墨西哥、古巴、巴拿马、荷兰、奥地利、苏联等国家的华侨，也都加入到声援五卅运动的行列中；反帝斗争的内容更加丰富多彩——各地华侨纷纷成立反帝爱国团体，纷纷集会、发表反帝通电、宣言，纷纷举行反帝游行示威活动，派代表回国与国内同胞联络沟通反帝活动。华侨声援五卅运动和省港大罢工的反帝爱国活动波及世界各地，发展成为一场带有世界性的华侨反帝爱国运动，具有广泛而积极的国际影响。这表明国民革命期间，华侨反帝斗争的进步和升级。

## 三、争取国家主权斗争成为新亮点

国民革命期间欧洲华侨掀起的废除不平等条约的斗争，与华侨声援五四运动和五卅运动根本不同的是，后者是华侨在海外声援国内爆发的革命运动，而前者是以华侨为主体、自觉地发动起来的，体现了华侨争取和维护国家主权的高度觉悟和民族意识的空前觉醒，成为国民革命史上光辉耀眼的一页，同样是华侨支援国民革命的重要组成部分。正如作为当时北京政府代表交涉中比废约事件的顾维钧所评价的："正式废除1865年中比条约是中国外交史上的一个里程碑。因为这是中国政府第一次在面对另一缔约国公开、正式反对的情况下宣布彻底废除旧的不平等条约的……中国有必要开创一个先例，证明中国决心行动起来，以结束一个世纪以来不平等条约给中国人民带来的灾难。"[①] 废除不平等条约斗争的意义在于，它是海外华侨乃至全中国人民自发地掀起争取中国国际地位平等的一场正义斗争，开创了废除列强与中国签订不平等条约的先例，是国民革命高潮中中国人民争取国家主权的一个重要内容。它与同期中国人民收回汉口、九江英租界的斗争，具有同样性质的重要意义，其作用不可低估。

## 四、华侨与国共合作的交互影响

轰轰烈烈的国民革命，是在第一次国共合作建立后，在国共两党共同领导下掀起的。五卅运动和省港大罢工波澜壮阔，声势浩大。五卅运动和省港大罢工在国内是由共产党人主持的省港罢工委员会领导的，在海外各地情况有所不同。在欧洲是由国民党驻法总支部和中共旅欧支部领导的。法国巴黎，是国民党驻法总支部和中共旅欧支部所在地，这里成为五卅运动期间旅欧华侨华人声援国内反帝斗争的总指挥部。1925 年6 月上旬，旅法华侨华人在巴黎两次召开声援国内反帝斗争大会，并成立了"旅法华人援助上海反抗帝国主义行动委员会"。6 月中旬，华侨华人在巴黎举行了较大规模的示威游行活动，声援国内同胞的反帝斗争。游行活动虽然遭到法国警察的干涉和镇压，但在欧洲影响很大。这些反帝活动均是国民党驻法总支部和中共旅欧支部联合领导的。同时，国民党驻法支部主办的《国民报》、中共旅欧支部的机关刊物《赤光》，都连续报道国内反帝运动的新闻消息，成为宣传五卅运动的号角。至于南洋和美洲，由于那里没有共产党组织，华侨声援五卅运动的活动，主要

---

① 《顾维钧回忆录》第 1 分册，中华书局 1983 年版，第 357—358 页。

是由改组后的当地国民党组织领导的。

北伐战争势如破竹，摧枯拉朽。这场反对封建军阀专制统治的革命战争同样是国共合作建立后，由国共两党共同领导的。由共产党人叶挺指挥的北伐独立团闻名遐迩。国共两党党员在北伐战争中冲锋陷阵，加之广大人民群众大力支持，这是北伐战争取得胜利的决定因素。

国民革命高潮的掀起，是国共合作取得的伟大成果，充分显示出国共合作的强大力量。这些给海外广大华侨留下了深刻的印象，也是很多华侨的亲身体会。尤其是这一时期，中共与华侨的交往有所加强，影响有所扩大。如在德国勤工俭学的朱德加入国民党德国支部，他以中国旅德学生会的名义，致函柏林各大报纸，庄严地声明五卅运动是中国民族解放运动，反对帝国主义的桎梏和屠杀，中国人民的反抗是正义的、自卫的。德国各大报多以醒目位置刊登这一公开信，产生良好反响。再如归侨共产党员（也是国民党党员）许甦魂担任国民党中央海外部秘书长，又是五卅运动期间成立的归侨组织——华侨协会的中央执行委员和常务委员，北伐战争期间成立的华侨北伐后援会的执行委员兼宣传部长。他和国民党中央海外部部长、归侨彭泽民为发动广大华侨声援五卅运动、推动广东革命政府出师北伐做了大量卓有成效的工作，为广大华侨留下了深刻的印象。还有北伐独立团骨干8连连长归侨李海涛在攻打南昌的作战中英勇献身，等等。中国共产党参与领导国民革命及上述典型事例在华侨当中树立了良好的形象。

# 第四章
# 声援祖国局部抗日战争

　　抗日战争是近代以来中华民族首次打败强大的外国侵略者的民族解放战争，是第二次世界大战的东方主战场，是世界反法西斯战争的重要组成部分。按照抗日战争史的分期，日本发动九一八事变到日本发动七七事变，是为中国的局部抗战；从七七事变到日本投降，是为全民族抗战。抗日战争取得伟大胜利，是在中国共产党倡导的抗日民族统一战线旗帜下，以国共两党合作为基础，全国各族人民、各民主党派、各爱国团体、社会各阶层爱国人士、港澳台同胞、海外华侨共同奋斗，以及世界坚持正义和平力量积极支持下取得的。其中作为中华民族重要组成部分的海外华侨为祖国抗战奔走呼号、毁家纾难、捐款献物、回国杀敌、血洒疆场，为取得这场民族解放战争的胜利立下了不朽的功勋。日本发动九一八事变、大举侵略中国东北，海外华侨奋起声援中国军民局部抗战，呼吁国共合作抗日，并在抗日救亡运动中实现前所未有的侨众大团结，这些构成了华侨支援祖国局部抗战的重要内容，也是华侨支援祖国抗日战争的重要组成部分。

# 第一节　声援东北上海军民抗日救亡

## 一、九一八事变爆发前的华侨社会状况

### （一）保持发扬反帝爱国传统

自支援辛亥革命时起，华侨与国内同胞一道开展反帝反封建两条战线的爱国斗争，当然这两条战线的爱国斗争不是并行的，而是不同时期的侧重点有所不同，如辛亥革命主要是推翻清政府封建专制统治的斗争，反抗外国侵略处于次要地位。但华侨也间接地、零星地开展了反对帝国主义侵略的斗争，主要内容有由美国华侨发起、得到各地华侨响应的反对美国排华、维护自身利益的抵制美货运动；日本留学生和华侨掀起了反对沙俄侵略我国东北、抗议法国侵略两广的斗争；奋起反抗荷兰殖民者制造的血腥镇压华侨欢庆辛亥革命胜利、建立中华民国政府的流血事件；南洋华侨革命党人罗福兴在台湾建立同盟会、发动台胞反抗日本殖民统治的斗争并英勇牺牲；等等。因此，海外华侨在大力支援辛亥革命的同时，又直接或间接地兴起了反帝爱国斗争。

辛亥革命推翻了清政府的封建统治、建立了中华民国，但不久革命果实即被封建军阀势力的代表袁世凯所篡夺。袁世凯上台后阴谋复辟帝制、妄想再做皇帝梦，并疯狂镇压革命党人，为换取外国列强的支持拟与日本签订丧权辱国的"二十一条"。孙中山为捍卫辛亥革命的胜利成果，发动讨伐袁世凯的"二次革命"，并继续得到海外华侨的有力支持。其中通电谴责袁世凯与日本帝国主义签订"二十一条"是讨袁斗争的重

要内容之一，也是华侨参加的一次反帝斗争。

第一次世界大战结束后，各帝国主义国家在法国巴黎召开分赃会议——巴黎和会。作为战胜国中国在和会上不但没有得到实际利益，会议反而强行决定由日本取代战败国德国攫取在中国山东的权益，并逼迫中国代表团签字。由此在国内爆发了反帝爱国的五四运动，得到海外华侨的响应。欧洲华侨和留学生一道在巴黎阻止出席和会的中国代表签字；美国中华会馆的华侨集会、通电响应；日本华侨举行集会并游行反对日本侵略中国；南洋华侨纷纷通电反对日本的侵略行径，并掀起了此起彼伏的抵制日货活动。华侨声援五四反帝爱国运动，矛头明确指向日本帝国主义侵略中国的行径，是辛亥革命后华侨反帝斗争的继续和发展。

20世纪20年代初，马克思列宁主义传入中国，俄国十月革命取得胜利，在共产国际的帮助下创建了中国共产党。孙中山领导中国革命屡遭挫折，但他不屈不挠，在共产国际和中共的帮助下，改组国民党，实现了第一次国共合作，掀起了轰轰烈烈的国民革命高潮。1925年5月15日，上海纱厂日本资本家枪杀中国工人顾正红，引发国内社会各界的强烈抗议。30日，上海工人、学生举行反帝示威游行，英国巡捕向游行群众开枪射击，打死打伤数十人，制造了震惊中外的五卅惨案。惨案发生后，国内许多大中小城市掀起游行示威和罢工怒潮，并发生了长达16个多月的省港大罢工。五卅惨案传到海外，各地华侨掀起了声势浩大的声援国内反帝爱国斗争的运动。日本、东南亚及欧美各国华侨纷纷开展声援活动，在海外掀起了前所未有的反帝爱国运动。五卅运动期间，由比利时华侨发起、得到欧洲华侨响应，掀起了废除中比不平等条约的运动，并得到国内各界的支持，最终取得了胜利。五卅运动及其引发的废除不平等条约的斗争，是20年代海内外中国人民反帝爱国运动的高潮。

继五卅运动之后，南方国民革命政府发动了一场打倒封建军阀统治的北伐战争，继续得到海外华侨的大力支援，使国共合作后掀起的国民革命达到高潮。与此同时，海外华侨配合国内的反帝救国活动也呈现出了新的高潮。

1928 年春，蒋介石率军北伐奉系军阀张作霖。支持奉系军阀的日本帝国主义借口保护侨民，野蛮干涉，出兵侵占山东济南，残暴地打死打伤中国军民数千人之多，并残忍地将国民政府山东特派交涉员蔡公时等 16 名外交人员杀害，制造了"济南惨案"。日军的暴行，引起海外侨胞的极大愤慨。他们以通电、集会、游行等形式声讨日军暴行；积极捐款资助山东遇难同胞及其家属；并在海外开展了抵制日货的斗争。与以往不同的是，"济南惨案"是日本帝国主义独自赤膊上阵、制造骇人听闻的屠杀中国军民的暴行，因此，华侨反帝斗争矛头直指日本侵略者。

通过考察辛亥革命以来华侨支援祖国反帝反封建斗争的发展历程，反对帝国主义侵略的声势和规模越来越大，并逐渐成为中国革命的主流之一，到支援中国抗日战争达到反帝救国斗争的新高潮。进入 20 世纪以来，由于日本帝国主义不断加快侵略中国的步伐、不断扩大侵略规模，成为侵略中国的罪魁祸首，成为中华民族穷凶极恶的头号死敌；与国内同胞一道，广大海外华侨抗日救国的浪潮一浪高过一浪，最终成为反对日本帝国主义侵略的势不可当的惊涛骇浪。

日本人曾经做过调查统计，进入 20 世纪以来，华侨（主要为南洋华侨）抗日运动先后发生 10 次排日运动，其中主要的有 4 次：（1）1919 年至 1921 年因山东问题引发的排日运动。（2）1928 年至 1929 年因"济南惨案"引发的排日运动。（3）1931 年至 1932 年因九一八事变、一·二八事变、八一三事变引发的排日运动。（4）1937 年以后因全民族抗战引发的排日运动。这些排日运动国内与国外华侨是互动的，而且每次运动的主体也不同。如 1915 年因日本对华"二十一条"要求引发的排日运动，是以华侨商人为主体，中华总商会成为首倡者。1919 年至 1921 年的排日运动，因受国内五四运动的影响，学生取代了商人，使得排日运动相当

"过激"。而 1928 年至 1929 年的排日运动，中国国民党成为主体，"将南洋华侨排日运动纳入自己的控制之下"。而且 30 多年的排日运动的指导思想也发生了变化："在以华侨商人作为排日运动的中心时，一般说来，通过这一运动谋求利益的意图是相当强烈的。自从学生成为排日运动的中心以后，排日运动就成为由所谓的'反对帝国主义'这种排外思想乃至解放思想所引发的了。然而，自从中国国民党成为排日运动的指导者以来，就从原来的抵抗侵略者这一目标转向为中华民族的生存和发展而自卫乃至抵抗。这就是说，将排日运动作为民族运动的组成部分加以认识。"[①]日本人所站的角度和立场与我们不同，但对 30 多年华侨抗日运动规律的概括大体上是符合实际的。

**（二）华侨社团演变及人口分布**

海外华侨是中华民族的重要组成部分，他们人口众多，分布在世界各地；华侨在当地为了生存发展需要，结成类型不同的社团组织。华侨人数众多和社团组织是华侨反帝爱国、支持祖国抗战的最基本要素。

有关美洲早期的华侨社会组织情况已有著作做了阐述，这里主要介绍后来的演变情况。美洲（主要是北美洲的美国和加拿大）华侨社会组织是天地会，后来天地会改为致公堂。为了人身安全和财产保障，美洲华侨大部分加入致公堂，最早的堂号有百余年，其组织不断扩大，内部堂号林立。从 19 世纪 60 年代至 20 世纪初期，致公堂在美国有 12 大堂[②]。会馆也是美国较早的社团组织，另外还有一些姓氏组织等。

南洋一带，华侨人口众多，以地域性社团较多，其中有以省县为单位的，如福建会馆、广东会馆、广西会馆、宁波会馆、惠州会馆、中山

---

① 崔丕、姚玉民译：《日本对南洋华侨调查资料选编（1925—1945）》第一辑，广东高等教育出版社 2011 年版，第 202—203 页。

② 美国的 12 大堂为：秉公、合胜、萃胜、瑞端、安益、萃英、协胜、协英、广德、竹林公所、保良公所、金兰公所（三所成员多寓于堂）。

会馆、八邑会馆及华北同乡会、江西同乡会等；较大的地域组织以闽粤二省较明显，广东派又分广府、潮州、客家三帮；福建派又分为福州、闽南两帮。还有以姓氏为单位的社会组织，如林氏宗祠、陈氏宗祠、张氏宗祠、李氏宗祠等。南洋华侨也有秘密的会党组织，如天地会、兄弟会、哥老会、龙门会、八卦会等。南洋华侨社会内部宗法思想浓厚，各种帮派隔阂常常传染至经济文化界，以至商会有广福之分，学校有闽粤之别、帮派之属。如有资料对南洋华侨社会情况的记载："南洋的社会是家族主义的社会，地域思想的社会。""无一不以地域为中心，同乡为前提。差不多除了同乡外，没有天下，没有国家。"[1]

辛亥革命以后，海外华侨社会组织发生较大变化，出现了诸多国民党组织，它们是由兴中会、同盟会、中华革命党等革命组织演变而来。据统计，第一次国共合作建立、海外国民党组织完成改组，至1926年10月，海外国民党组织总支部有14个，所辖支部88个，分部524个，区分部875个，党员总数达97455人。这些党组织到抗战时期得到延续和发展，成为华侨支援祖国抗战的重要组织者之一。

欧洲华侨社会中以工人、学生成分占多数。第一次世界大战期间，英国、法国成年人死伤惨重，一般工人皆被征到战场，前后方劳动力严重缺乏，遂派人到中国招募劳工。1916年，北洋军阀交通系梁士诒、叶公绰等投机官僚见有机可乘，便借机包办这项洋行买卖，并成立惠民公司，在各地代理招募华工获取暴利。惠民公司招募华工时，不管是工人、盗贼或流氓等都招集起来运到英法两国，致使华工中掺杂了些劣迹分子。华工在法国的组织机构有李石曾等人组织的旅法华工会，由原来的华工工会、中华工团、华工公会等团体合并组成，在各地成立分会50多处，后因内部分裂，日益涣散；商界组织有豆腐公司、都尔印字局、中国饭

---

① 陈刚文：《南洋华侨的团结问题》，《南洋情报》第1卷第8期，1933年3月15日。

馆、华侨协社、和平促进会、南洋实业团、劳动群进会等；文化界有旅欧周刊社、旅欧杂志社、华工杂志社、华法教育会、里昂中法大学、蒙校中国学生会、枫校学生游艺团、工读世界社等；学界中大致可分为四派：公子派、流氓派、俭学派和勤工俭学派等。

帝国主义者不但疯狂侵略中国，而且还野蛮欺压海外华侨。华侨社会内部矛盾恰被他们所利用。在殖民地政府当局、殖民统治者依靠政治力量，利用经济上的权利和优势，对不同的民族离间分化，被人们视为习以为常的不成文法。各帝国主义国家对于华侨采取分化、毒化和"奴化"的政策，利用分而治之的方法，掀起排华运动。华侨自身在政治上毫无保障，经济活动的范围被严加限制，任何人和组织若扩大商业活动，就必然意味着别人的损失而导致摩擦和斗争。

值得注意的是，近代以来至抗日战争时期海外华侨社会这种落后、散乱的各种团体组织，随着国内反帝反封建革命斗争的不断高涨，随着华侨爱国运动的深入发展和华侨自身爱国觉悟的不断提高而逐渐改变。卢沟桥的炮声震醒了东方的睡狮，也极大地震动了全世界千百万华侨，他们都卷入了抗日救亡的浪潮中。美洲华侨持续百余年激烈的"堂斗"得到平息，南洋华侨根深蒂固的封建宗法帮派观念基本消除，欧洲华侨工商学界由隔阂转向紧密团结，其他各地区华侨落后的组织状况也大有改变。从此，在广大华侨社会中发生了翻天覆地的变化，他们化干戈为玉帛，从前的冤家对头，现在同桌挥泪饮酒，握手言欢，他们在共同挽救中国、挽救中华民族的危亡中逐渐团结起来，形成了支持祖国抗日战争的爱国统一战线。

全世界侨胞的大团结，构成了祖国抗战的一支雄师劲旅，他们人口众多，经济力量雄厚。据统计，抗日战争爆发时，全世界共有华侨

7560353 人。其中南洋华侨为 5972565 人，占华侨总数的 79%[①]。

表 4-1　抗战爆发时世界各地华侨人口统计表

| 国家（地区） | 华侨数量（人） | 国家（地区） | 华侨数量（人） |
| --- | --- | --- | --- |
| **亚洲** | 7217222（占 95.46%） | 秘鲁 | 10915 |
| 越南 | 462466 | 智利 | 1500 |
| 缅甸 | 193594 | 阿根廷 | 200 |
| 暹罗 | 2500000 | 巴西 | 592 |
| 马来亚 | 2358335 | 乌拉圭 | 55 |
| 沙捞越 | 86000 | 哥伦比亚 | 550 |
| 北婆罗洲 | 68034 | 委内瑞拉 | 1500 |
| 印度尼西亚 | 1344809 | 厄瓜多尔 | 800 |
| 菲律宾 | 117463 | 圭亚那 | 2300 |
| 葡属帝汶 | 3500 | **欧洲** | 55364（占 0.73%） |
| 印度 | 17314 | 英国 | 2546 |
| 锡兰 | 1000 | 苏联 | 29620 |
| 阿富汗 | 5000 | 丹麦 | 900 |
| 土耳其 | 7000 | 瑞士 | 41 |
| 麦加 | 6100 | 西班牙 | 44 |
| 日本 | 18811 | 德国 | 300 |
| 朝鲜 | 27796 | 意大利 | 500 |
| **美洲** | 209039（占 2.76%） | 罗马尼亚 | 16 |
| 美国 | 80613 | 法国及其他 | 21397 |
| 加拿大 | 46000 | **大洋洲** | 63835（占 0.84%） |
| 墨西哥 | 12500 | 澳大利亚 | 17000 |
| 危地马拉 | 745 | 新西兰 | 3400 |
| 萨尔瓦多 | 167 | 夏威夷群岛 | 29237 |

---

①　根据李朴生著：《华侨问题导论》，独立出版社 1945 年版第 22 页统计计算。

续表

| 国家（地区） | 华侨数量（人） | 国家（地区） | 华侨数量（人） |
|---|---|---|---|
| 尼加拉瓜 | 1500 | 斐济群岛 | 2000 |
| 哥斯达黎加 | 600 | 萨摩群岛 | 2198 |
| 洪都拉斯 | 400 | 耶鲁岛 | 5000 |
| 巴拿马 | 2000 | 大溪地岛 | 5000 |
| 古巴 | 3200 | 非洲 | 14893（占 0.20%） |
| 多米尼加 | 362 | 埃及 | 64 |
| 海地 | 40 | 南非联邦 | 4000 |
| 英属千里达 | 5000 | 东非 | 500 |
| 英属占买加 | 8000 | 印度洋群岛 | 10329 |
| 荷属库斯萨俄等六省 | 700 | | |
| 合计 | 7560353 | | |

注：抗战时期华侨人口数量说法不一。本表据1947年国民政府侨务委员会编著《侨务十五年》第26—27页统计，其中港澳台人口合计为1140451人，当时绝大多数统计均被列为华侨，而本表不计这些人口。另外，战时日本人的调查统计，华侨总数约为800万人（也未包括港澳台人口），与本表统计接近。参见姚玉民、崔丕、李文译《日本对南洋华侨调查资料选编》第三辑，广东高等教育出版社2011年版，第87页表5-4。

从表4-1可见，抗战时期世界各地华侨分布亚洲（以南洋为主）最多；美洲次之，大洋洲和欧洲又次之。一般来说，华侨居多的国家，抗战时期华侨的抗日救亡运动也较活跃。其中欧洲华侨数量虽然不多，但由于华工和学生成分占多数，其战时活动能量很大，尤其是对抗日民族统一战线的形成做了大量工作。

抗战时期世界华侨拥有资金额约为国币500亿元至700亿元（有说

800 亿元）①。华侨社会的基本构成大致为：商人约 390 万人，占华侨总数的 52%；工人约 170 万人，占总数的 23%；农民约 130 万人，占总数的 17%；其他各业者约 60 万人，占总数的 8%。

人口众多的华侨社会，拥有雄厚的资金资源，加之有爱国的热情和光荣传统，为华侨大规模支援和参加祖国抗战提供了有利条件。

## 二、声援东北义勇军抗日

1931 年 9 月 18 日，日本帝国主义发动九一八事变，武装侵略中国东北。事变发生后，蒋介石命令张学良的东北军"为免除事件扩大，绝对抱不抵抗主义"。致使日本侵略军于 19 日占领沈阳。不久又占领辽阳、安东、营口、长春、吉林等许多大小城镇。9 月下旬侵占辽、吉两省大部，11 月侵占黑龙江省。1932 年 1 月 3 日，日军占领锦州。不到 4 个月，整个东北 120 万平方公里的土地宝藏，悉数被日本侵略军占领、掠夺；3000 万人民沦为日本侵略者的奴隶。

日本大举侵略东北，激起了国人愤怒，抗日民主救亡运动随之兴起。1931 年 9 月 22 日，中国共产党中央委员会向全国人民发出了"反抗日本帝国主义""组织东北游击战争"的号召。全国各地的学生、工人、商人纷纷集会、请愿，要求国民政府抵抗日本的侵略。

自日本发动九一八事变起，"中国抗战最早，牺牲最大，创痕最深"。最先奋起抗战的东北义勇军马占山部在黑龙江嫩江江桥一带抗日，接着李杜、丁超、王德林、邓铁梅等部也在东北各地进行抗日斗争。东北义勇军爱国官兵的抗日斗争，得到了社会各界的支持，但遭到国民党政府

---

① 分别见《华侨先锋》第二卷第一期，1940 年 7 月 1 日，《西南实业通讯》第四卷第四期，1941 年 10 月。

的压制，致使义勇军孤军支撑，十分艰难。

日本发动九一八事变、侵略中国的消息传到海外，在华侨社会中引起震动。祖国遭到外敌的侵略、大片国土沦陷，牵动着千万海外侨胞的心，他们与国内同胞一道投入了抗日救亡运动。九一八事变发生后的第三天，缅甸华侨兴商总会立即召开二十一届七次职员大会，与会华侨对日本侵略我国东北异常气愤，一致议决"为'九一八'案电请国民政府切实筹备抵抗案"，"发表宣言唤起侨胞努力共谋对待案"①。

居马华②社会领导地位的新加坡中华总商会，于9月22日召开紧急大会，通电要求国民政府全力抗日，并呼吁国际联盟及英国主持公道。9月28日，新加坡敬时等18个侨团发往南京快邮代电，恳请全国一致抗日。电文指出："肃启者，此次倭侵东北，其残暴为亘古所未有，甘为祸首，不恤破坏东亚和平，致使我神农华胄惨遭屠戮，函电驰来，侨胞发指。同时恳请宁粤领袖，联合民众，以御外侮，拒绝直接谈判，并将其残酷情形，布告天下，速电国联，主持正义。侨等北望中原，忧心如捣，悲奋之余，誓死力争，以为政府后盾。"③

新加坡粤籍华侨厨师刘石满，阅报得知日本野蛮发动九一八事变，东北同胞惨遭蹂躏，义愤填膺，持屠刀闯入日人商店，提出一日本人头颅，跑到街上示众，高呼"中华民国万岁！万万岁！"刘后被当地政府判处死刑。其举动虽属鲁莽和荒唐，但反映侨胞切齿痛恨日本侵华、同情祖国人民、誓死保卫祖国的心理状态和强烈的爱国激情。

当日军大举进攻沈阳、东北很快沦陷的消息传到美国时，华盛顿华

---

① 陈兰生、陈孝奇编著：《缅甸华侨兴商总会四十周年纪念特刊（1911—1951）》，新仰光印务有限公司1951年版，第27页。

② 为了称呼方便，有些论著常把新加坡马来亚简称"新马"，把马来亚华侨简称为"马华"或者把新加坡马来亚华侨简称为"新马华人"等。

③ 王春法主编：《行远同梦——华侨华人与新中国》，北京时代华文书局2019年版，第18页。

侨反帝大同盟、致公堂、安良工商会、协胜公会四大侨团立即联名通电谴责日本侵华，痛斥政府当局的不抵抗主义，并通电美国各地召开全美华侨代表大会要求抗日。美洲华侨抗日救国后援会总会主席谭光中，致电国民政府指出："倭寇吞满，据榆侵热，蚕食我国，不尽不止，望即尊重民意，集中人才，全国动员，决死抵抗，毋畏赦苟安，负亡国重罪，倘奋起抗战，全国民众，当实力相援。"[1] 有部分知晓国内政局内情的侨胞更一针见血地指出："东三省之不抵抗，出于所谓司令长官之命令，绝非全体将领士兵之公意。"[2] 一语道破了国内不抵抗的真相。美国芝加哥侨报《三民晨报》发表言论激烈评论：日军侵占东北，凡有血气的人，无不决心抵抗。而"蒋为军事委员长，竟不派一兵，其自动御侮者，固不接济，且遭压迫，荏苒至今，失地及于关内，此蒋独裁之成绩也"。全国人民需要清醒，倘若长此以往，"势不至亡尽全国不止，至此时始悔知人不明，国已为蒋介石所卖，复地不能，讨贼亦不及矣"[3]。其矛头直接指向蒋介石国民党的不抵抗政策，呼吁全国人民觉醒起来，冲破阻挠，一致奋起抵抗日本的侵略。

海外侨胞不但积极敦请国内政府抗日，谴责不抵抗的政策，并且在各侨居地纷纷组建了各种类型的华侨救亡团体。如德国华侨反日救国后援会、比利时华侨反日救国会、古巴侨民大会、缅华誓用国货十人团、加央（在马来亚）华侨促进国货调查委员会等。这些华侨组织分布很广，并开展了各种形式的抗日救亡活动。

1932年1月23日，旧金山侨胞简治平领导童子班为东北义勇军抗日义演，将演出筹款140元转汇马占山，"以资慰劳其军队"[4]。九一八

---

[1] 《美洲华侨一致抗日》，《南洋情报》第1卷第7期，1933年3月1日。

[2] 《华侨周报》第16期，1932年11月。

[3] 疑闻：《反对蒋介石独裁》，美国《三民晨报》1933年10月4日。

[4] 王春法主编：《行远同梦——华侨华人与新中国》，第18页。

事变爆发不久，美国费城左翼华侨把原来的工农反帝大同盟迁到纽约改为美洲华侨反帝大同盟，确定自己的首要任务是团结华侨抗日。反帝大同盟尖锐地指出，蒋介石虽然口头答应抗日，事实上他是在打内战，因此只要他当权，就不可能实现真正的团结，一致抗日[1]。1933 年初，旧金山华埠大舞台全体演艺员同胞为东北义勇军义演抗日舞台剧《铁血救沦亡》筹饷，1 月 24 日当地报纸登出演出海报内容如下：

### 大舞台全体艺员为东北义勇军筹饷演剧

侨胞阅报，阅至东北义勇军奋勇杀贼，何等痛快，何等快活！同时必哙［会］联望到倭奴船坚炮利，义勇军的头部胸部，甘做他的枪口瞄准，便感觉得何等危险，何等凄楚！须知到［道］他们同是血肉造成的身体，为什么如此牺牲？无非为民族争光荣，为中华谋幸福，所以奋不顾身，把倭奴杀个爽爽快快，任他什么炮利船坚，也是一样杀法，这是何等英雄，何等伟烈，值得我们崇拜的啊！惟是筹饷械在在需财，深赖同胞接济的了。

现在我们大舞台全体艺员，于今晚休假的时期，演剧筹款。照往年习惯，是日演剧，收入均归全体艺员分润，惟是今年是日照旧演剧，全数收入，无论多少，均汇东北义勇军朱庆澜先生收，用为杀贼之费；同时得我们大舞台董事局协助，愿将是晚所有费用，完全报效；更感谢华侨拒日后援会诸公，尽力指导，所以我们全体艺员，得诸公协同出发，分赴各方售券，承蒙各界爱国男女胞侨［侨胞］，踊跃认购，尽量帮助。说什么睇戏，实际上望多打几个大帮倭奴罢，更望发个大利市，把他杀个干干净净，这时我中华民国得获最后胜利，何患不强盛呢？[2]

从海报可见旧金山演艺界侨胞积极声援东北抗日义勇军的抗日救国

---

[1] ［美］邝治中著，杨万译：《纽约唐人街》，上海译文出版社 1982 年版，第 47 页。

[2] 王春法主编：《远行同梦——华侨华人与新中国》，第 19 页。

心情及爱国义举。

缅甸华侨成立救国会，并致函上海废止内战大同盟总会表示，在"国运阽危"之际，"军阀官僚争权夺利，内战不息"，"实令人切齿痛恨不止"！现在东北失地尚未收回，热河告警，平津危急，"吾人方御侮救亡之不暇，乃若辈军阀，同室操戈，豆其相煎，毫无国家观念，军阀之肉其足食乎"？① 此信对于国家民族面临危亡之际，国内军阀"同室操戈，豆其相煎，毫无国家观念"表示强烈愤慨。

日本侵略者悍然发动九一八事变，并很快侵占我国东北。部分海外华侨迅速作出反应，强烈谴责日本侵华罪行，呼吁国内政府当局抗日，拉开了华侨抗日救亡的帷幕，也表明了华侨的抗日救亡觉悟。

## 三、支援十九路军上海淞沪抗战

日本继发动九一八事变、大举侵占中国东北之后，1932 年 1 月 28 日又在上海燃起侵华战火，大举侵略上海，制造一·二八事变。驻守上海的国民党十九路军官兵受到全国人民强烈要求抗日救亡的影响，违抗国民党政府的命令，在蔡廷锴、蒋光鼐的领导下奋起抵抗，淞沪抗战爆发。淞沪抗战得到社会各界群众的声援和支持，但国民党政府屈服于日本帝国主义的压力，极力压制破坏淞沪抗战，镇压抗日救亡运动。5 月 5 日，国民党政府代表与日本签订屈辱的《淞沪停战协定》，承认上海为非武装区，中国在上海至苏州、昆山地区无驻兵权，但日军可在上述地区暂驻"若干"军队。5 月 23 日，国民党政府军委会下令调十九路军到福建"剿共"。

居住在上海的归国侨胞身处战火硝烟之中，带头起来抗日。他们召

---

① 《缅侨胞主张制裁内战　对内战军阀切齿痛恨》，《南洋学报》第 2 期，1932 年 12 月 1 日。

开会议，组织"全球华侨总工会"，并议决开展如下几项工作：（1）先设法筹集巨额之款项，以供救国之需要，组织全国救国筹款会；（2）统一全国救国团体，一律系统化，以收统一救国运动之效，避免分歧；（3）充实国民救国之武力，以助政府军力之不逮。[①]上海归侨率先组织起来，保卫家乡、保卫祖国，对于海外华侨掀起抗日救亡运动起到带动和示范效应。

驻守上海的国民党十九路军奋起抵抗日本侵略的消息传到海外，各地华侨欢欣鼓舞。越南堤岸侨办《群报》以特大号标题刊登《蔡廷锴大胜日军》的文章，报道淞沪抗战的消息，并在报社门前燃放鞭炮以示庆祝。其他侨胞闻讯，亦纷纷燃放鞭炮，一时鞭炮声响彻堤岸。

淞沪抗战刚爆发，由北伐军旧部吴越等人组织起一支华侨抗日救国义勇军约200人前来参加淞沪抗战，并向全国人民发出通电慷慨激昂地表示"痛祖国之沦亡"，"挽狂澜于既倒"；誓同全国人民"共赴国难"，"小不丧军人之人格，大不失中华之尺土，有死而已，无他所愿"[②]。其通电激昂悲壮，字里行间闪耀着献身救国的光辉。他们在战场上实现了自己的誓言。华侨义勇军在前线英勇作战，是"最勇敢，最有功勋者"；在后方挖战壕，"所受的苦痛亦最多"。

缅甸华侨救国会的侨胞们，惊闻国内爆发日本侵华的一·二八事变，遂有100多人组织缅华青年救国义勇队首途回国，抵达南京时，战事已趋缓和，被国民政府遣散回缅，使其一腔爱国热忱受到冷落。

有的华侨在淞沪作战中英勇顽强，献出了自己的生命。旅日华侨徐香进，偕同华侨刘兆祥等人回国参加淞沪战斗，在为前线押送作战物资时，途遇敌机轰炸，同行者早已远避，而徐始终不离职守，血染疆场。

---

① 《上海华侨公会进行近状》，《南洋情报》第 1 卷第 6 期，1933 年 2 月 15 日。

② 《申报》1932 年 2 月 2 日。

美国加利福尼亚华侨黄毓荃，在芝加哥三民飞行学校学习，1926 年回国在国民政府广东空军中服役，旋被派往苏联陆军第二航空学校深造，毕业后回国服务，曾任军政部航空第 6 队副队长。1932 年 2 月 5 日，面对大批日军飞机侵犯，黄毓荃勇敢驾机迎战，不料飞机凌空上升时，因机械故障，飞机坠落，机毁人亡，黄毓荃时年 27 岁。"出师未捷身先死。"旅日华侨翁鸿兴与其弟翁元奎一同返国参加华侨义勇队，在赴淞沪抗战的途中染疾身亡。徐香进、黄毓荃等是参加祖国抗日而壮烈献身的第一批华侨烈士。

海外华侨开展的另一项支持淞沪抗战活动是为国内抗日官兵捐献财物。加拿大温哥华华侨购买铁盔 11000 具，美国华侨购买 15000 具供十九路军杀敌之用[①]。菲律宾华侨捐献 15 架飞机及两辆载重汽车给十九路军。美国华侨也捐赠飞机多架给淞沪抗战的爱国官兵，并派出自己培养出来的空军飞行员回国杀敌。据当时十九路军司令部的统计，在其收到的总款额 1068 万元中，其中华侨捐献 801 万元，占总数的 3/4[②]。

淞沪抗战爆发不久，即 1932 年 3 月 11 日，美国华侨黄持邦给其兄长黄灼世的信中，先是介绍了世界经济危机的大萧条期间，海外华侨生存艰难，继之谈到日本侵略祖国时，慷慨陈词地表示出毁家纾难的精神：

日奴来了呀！枪杀奸淫来了！还发其兽欲，长居我土，耗闻传来，寸肠欲断，非食其肉不足为人，不灭日贼不算英雄。再言日下，海外同胞不顾一切艰难，惟为救国之心，难免弃家捐款，无不为是，除先捐之外，仍要继行。为有工做者，按月日入息捐去为响［饷］，至杀尽日本仔为限，还有决语："国家兴亡，匹妇［夫］有责，宁可家亡，妻子可无，而中华民族不可亡，地方不可失。须知有国方可言家，万心一德，

————————
　① 《海外月刊》第 3 期，1932 年 11 月。
　② 纪念抗战胜利四十周年首都部分归侨在华声报社召开的座谈会上的发言，《华声报》1985 年 8 月 13 日。

誓杀日奴，教子及孙，永不用日货，不食劣货。"读此壮语，其爱国之心足胜于国内人多矣，而还能减衣节食，务要积款救国为先，其对妻子必无余力理也，愿我同胞自此维新，奋而俟活，各担其责。①

在家信中表示出"宁可家亡，妻子可无，而中华民族不可亡"的豪言壮语，虽有过激之处，舍家为国情操难能可贵。

海外华侨开展各种形式的抗日救亡活动，犹如雪中送炭，鼓舞了奋起抗日的国民党爱国官兵的斗志。当淞沪抗战激烈进行时，中美洲的巴拿马华侨致电十九路军将领，请求蔡廷锴和蒋光鼐两将军"继续作战，自当尽力筹饷"。蒋、蔡立即回电表示："日大举增援，胁我撤防，已严拒。沪军气奋，当不负侨胞期望。"②

淞沪抗战结束后，华侨的爱国救亡活动并没有停止。《淞沪停战协定》规定要把积极抗日的十九路军调到福建"剿共"，当时在十九路军61师服役的华侨义勇队战士们，知道部队要向东南移防时，纷纷要求退伍，转赴东北杀敌报效祖国。华侨战士江子航等人则发表了北上抗日宣言，反对政府当局"偃旗息鼓"，"坐视热河继其沈阳第二听之沦陷"。宣言指出，东北同胞呼苦哀声，与其抗日烈士号泣悲音，犹安能听而不闻乎。"我们中华民族欲要求其生存，收复失地，复仇雪耻，只有拼命搏斗，誓死力争抵抗到底。"宣言激昂陈词地表示："在此紧张情形之下，吾辈抗日战士，唯有躯壳与性命，加紧抗日运动再接再厉，积极与寇仇作殊死战，今航等，愿誓以热血之头颅，决心北上援热，或出关与东北义勇军同肩抗日救国使命，共同奋斗。"③宣言反映了华侨一腔热血的抗

———————

①　《黄持邦给黄灼世的信》（民国三十一年三月十一日），见刘进、罗达全、张秀明编：《华侨书信抗战史料选编》（五邑侨乡卷上卷），广东人民出版社 2016 年版，第 13 页。原文没有标点。

②　《申报》1932 年 2 月 20 日。

③　《曾参加十九路军六十一师淞沪抗日华侨义勇军江子航等北上抗日宣言》，《华侨周报》第 11、12 期，1933 年 10 月 5 日。

日激情，谴责政府当局对日妥协退让，表达了华侨愿意同守土抗敌的国内军民继续抗日到底的报国心情。

当日本大举侵华、民族危亡之际，抗日与不抗日成为华侨判断是非的试金石。他们对于英勇抗战的祖国军民积极支援，大力歌颂；对于奉行不抵抗政策者和消极避战者严加痛斥。当然许多华侨远在国外不晓国内政情，他们把九一八事变后对日不抵抗的罪责放到张学良身上对其加以指责。1933 年 3 月 18 日，当张下野欲到英国的消息传到伦敦时，伦敦华侨联合会立即给上海《申报》馆去电表示，张学良"负东北边防重任，拱手让人，早已腾笑万邦，本应自杀，以谢国人。如腼然来英，辱国更甚，请打消此议"[1]。直到后来有的侨胞得知国民党政府不抵抗的真相时，他们有所醒悟地说，当时"我们还骂张学良，其实错怪了他，一切罪恶，只能由蒋贼负责"[2]。可见广大侨胞对祖国抗战的关切，对抗日与不抗日的是非分明。

海外华侨声援东北义勇军和十九路军抗战，是全民族抗战爆发以前，华侨抗日救亡运动的一个重要阶段，是华侨爱国运动史上第二次高潮的序幕。随着日本帝国主义侵华的步步升级，国民党政府当局的一再妥协退让、加紧"剿共"内战，民族危机的加深，抗日救亡运动的更加高涨，华侨的抗日救亡运动也向纵深发展，进而转到反对内战、响应中共建立抗日民族统一战线的轨道上来。

①　《南洋情报》第 1 卷第 9 期，1933 年 4 月 1 日。

②　司徒美堂著：《祖国与华侨》上册，香港文汇报出版社 1956 年版，第 89 页。

# 第二节　大力推动国共合作抗日

## 一、反对"攘外必先安内"方针

日本帝国主义大举发动侵华战争，先是侵占东北，继而进攻上海，随后侵吞华北，妄图灭亡中国，把中国变成它的殖民地。中华民族面临严重危机。面对日本的疯狂侵略，国民党政府执行不抵抗政策。蒋介石在 1931 年 11 月 30 日发表演说，提出了"攘外必先安内"的内政外交方针。蒋介石解释："攘外必先安内，统一方能御侮，未有国不统一而能取胜于外者"；"外寇不足虑，内匪实为心腹之患，如不肃清内匪，则决不能御外侮"。很清楚，蒋介石的"攘外"以"安内"的前提，即首先消灭中国共产党及其领导的军队，把中共及其领导的军队视为比日本侵略者还严重的头号敌人，简直是本末倒置，荒唐至极！为此，国民党政府颁布了《剿匪区内各省民团整理条例》《剿匪区内各县编查保甲户口条例》等"剿共"条例，并强化特务统治，建立保甲制度，建立"铲共义勇队"。上百万国民党军队不去抗日，却用来进行"剿共"。

对于日本贪得无厌的侵略行径，国民党政府一再忍辱退让，与日本签订一系列的丧权辱国的协定，使大片国土沦陷于日本侵略军铁蹄之下。日本侵占东北后，1932 年 3 月扶植建立汉奸政府——伪满洲国，对东北实行殖民统治。1933 年初，日军占领山海关，大举侵犯热河，热河沦陷；接着日军向长城沿线各地进犯，国民党 29 军奋起抗战，政府当局仍不予支持。5 月，国民党政府与日本签订了《塘沽协定》，承认日本占领东三省和热河，并把察北和冀东大片国土送给日本。同时，蒋介石又瓦解和镇压了冯玉祥、方振武等人组织的察绥抗日同盟军，扑灭了南方原十九路军将领发动的福建事变。1935年6、7月间，国民党政府又与日本签订了《何梅协定》和《秦土协定》，出卖了河北和察哈尔两省的大部分主权；年底，日本又策动了"华北自治运动"。为适应日本华北特殊化要求的需要，国民党政府还下令成立"冀察政务委员会"。华北局势已到了岌岌可危的地步。

中华民族面临生死存亡的关头，全国人民的抗日救亡运动不断高涨。1933年春，爆发了长城抗战。在察东和冀东，冯玉祥、吉鸿昌、方振武组织察绥抗日同盟军，宣布武装抗日，并通电全国各党各派各军，动员一切力量武装抗日。11月，原十九路军抗日将领蔡廷锴、蒋光鼐联合李济深、陈铭枢等人发动了反蒋抗日的福建事变。1932年底，宋庆龄、蔡元培等人发起组织了中国民权保障同盟。1935年12月，北平爆发了一二·九运动，抗日救亡运动达到高潮。

在民族危亡的关键时刻，中国共产党站在全民族的立场上，呼吁国民党停止"剿共"，一致抗日，并组织和发动全国人民奋起抗日。1933年1月，中共中央工农民主政府和工农红军革命军事委员会发表宣言，表示愿在三个条件下和国内任何军队订立抗日作战协定。1934年4月，中共再度发表告民众书，号召一切真正愿意反对日本帝国主义而不甘心做亡国奴的人们，共同联合在反帝统一战线内一致抗日。1935年8月1日，中共驻共产国际代表团草拟了《为抗日救国告全体同胞书》（即著名的《八一宣言》），10月1日以中华苏维埃中央政府和中共中央的名义在巴黎《救国报》上发表，宣言号召"一切关心祖国的侨胞们"团结起来，积极支援祖国的抗日事业。12月，中共召开了瓦窑堡会议，向全国各界发出了建立抗日民族统一战线的号召。

在民族存亡关头，国民党政府实行"攘外必先安内"的方针，国民党大军不去前线抗日反而枪口对内大举"剿共"的倒行逆施，受到国内各界及海外华侨的强烈反对；中国共产党的反对内战、一致抗日、建立抗日民族统一战线的号召得到了社会各界包括海外华侨的积极响应。

随着时局不断发展，中共倡导国共合作、建立抗日民族统一战线的正义主张，在欧洲华侨社会中反响愈加强烈。在法国，1936年4月，华侨成立"巴黎中华民众抗日战线"组织。在成立宣言中痛切指出，"中国将在'不抵抗'中破灭！"宣言抨击南京国民党政府不抗日是事实，断送东北出卖华北是事实，压迫人民的救国运动又是事实。总之，"南京政府要维持军阀的自私，保存内战的实力，由误国而至卖国"；南京政府"借'剿共'之名，加紧中国的内战，……这种投降的表现，何异于吴三桂引清兵入关！"[①]宣言最后大声疾呼，"同胞们，时机迫切了！我们应当团结起来，督促政府抗日，联合民众救国"；"同时，我们也切望国内同胞，迅速成立救亡团体，与我们互相联合起来，在统一的战线上，形成一个民族抗日的总汇，争取中华民族的生存！"[②]宣言感情真挚，笔锋锐利，慷慨陈词。1936年德国华侨抗日联合会召开纪念九一八事变五周年大会，也发表宣言指出：日本帝国主义侵华得寸进尺，而国内政府当局"对于御侮尚无通盘的计划，对于联合各党各派，尚无坚强的决心"，若这样下去，"则人纵不亡我，我必自亡"；"所以我们纪念'九一八'，必须促成各党各派联合，一致对日抗战"[③]。

中共建立抗日民族统一战线的呼声也得到东南亚华侨的响应。菲律宾华侨成立中华民族武装自卫会菲岛分会，以抗日统一战线为中心口号。在九一八事变五周年时，马尼拉南洋中学、民生学校等13个团体3000多人召开纪念大会，一致主张建立华侨抗日救国统一战线。同时，华侨

---

[①] 《巴黎中华民族抗日战线成立宣言》，《救国时报》1936年6月25日。
[②] 《巴黎中华民众抗日会号召海内外同胞抗日宣言》，《救亡情报》创刊号，1936年5月6日。
[③] 《旅德华侨抗日联合会"九一八"纪念宣言》，《救亡情报》第22期，1936年10月18日。

总工会、工商学业余俱乐部等团体共 4000 余人召开纪念大会，通过发快邮代电致全国各界抗日救国联合会决心共同斗争；致电"督促南京政府早日觉悟并立刻实行抗日"，"建立不分党派华侨抗日统一战线"等五项决议①。旅菲文化界华侨也发表宣言，表示要和各党各派联合，"共同促进抗日阵线的建立"。1936 年初，菲律宾工界华侨发表反日代表大会宣言，指出："要挽救中国危机，必须建立民族革命战争的联合战线"。无论是工商学界，还是蓝衣社、国民党、洪门派、社会民主党、共产党等，只要共同的目标是抗日，便须消除成见，一致诚恳地参加抗日战争，建立抗日的统一战线！宣言号召"一切抗日义勇军一切抗日将领和群众与工农红军建立抗日联军，一致开到抗日的前线去"。并希望一切抗日的力量建立国防政府，只有组织抗日联军和国防政府，才能领导全国一切抗日力量，共同抗日，才能把日本帝国主义赶出中国，并保卫中国领土的完整。②这些主张和中共建立抗日民族统一战线的主张基本一致，反映了广大华侨的民族觉悟，以及各阶层华侨对建立抗日民族统一战线的拥护和响应。

1936 年 10 月 12 日，新加坡华侨召开各界救国联合会成立大会，以抗日民族统一战线为指导思想，制订了工作纲领和主要任务。指出：（1）中华民族现在只有两条路：一是不抵抗的殖民地化道路——死路；一是全民族联合抗战的道路——生路。（2）中华民族现在的出路为立即发动全国抗日的民族革命战争。（3）在我们民族解放斗争中必须运用正确的外交，与友邦建立联盟，利用列强之间的矛盾，反对任何形式的媚日外交。大会确定以后的任务首先要组织马来亚华侨——尤其是星洲（即新加坡，华侨习惯称星洲）华侨的救国联合战线，再进而与欧美及南洋

---

① 重实：《菲律宾华侨抗日救国新动向》，《救亡情报》第 25 期，1936 年 11 月 8 日。

② 《菲岛各界侨胞一片抗日救国声》，《救国时报》1936 年 2 月 24 日。

各地侨胞救国团体联合，促成海外华侨救国联合战线。然后促成国内各势力各党派之联合，实现全民族统一战线。[1]1936 年 5 月，缅甸华侨在仰光成立华侨救亡会。发表宣言，号召"有良心而不愿做亡国奴的侨胞不分党派、宗教、男女、老少，一齐团结起来，建立我们坚固的民族联合战线"。[2]宣言表示，全体侨胞都愿做抗敌政府的后盾，争得民族的自由和解放。

　　远在大洋彼岸的美洲华侨也同样热烈拥护和响应国共合作、联合抗日救国的主张。1936 年"五卅"11 周年纪念时，芝加哥中华会馆书记吴滋田在纪念会上明确主张"国共合作"，并指出如无民国十六年（1927）蒋介石"分共"之事，我国早已成为强国了，九一八之事也无由发生。华盛顿华侨也举行"五卅"11 周年纪念大会，并特电中国驻美大使转南京政府，要求即刻停止一切内战，集中力量对日。同时致函纽约，建议美东美西华侨，速行建立全美抗日联合战线[3]。纽约华侨反帝大同盟，在 1936 年 2 月举行全体执委会，制定抗日救国的纲领：（1）武装抗日；（2）扫除汉奸；（3）不分党派的大联合；（4）促成国防政府抗日联军[4]。1936 年，古巴华侨召开纪念"九一八"大会，与会侨胞表示，为要达到全民一致抗日，全体古巴华侨必须团结，从古巴推进到美洲侨众团结，由全美洲推进到全世界侨众团结，再进一步推进到国内四万万五千万同胞的民族团结。

　　海外华侨从政治上和舆论上响应和拥护中共建立抗日民族统一战线的主张，谴责了国民党政府的"剿共"内战政策；呼吁国民党只有与共产党及其他党派实行合作，共同御侮，建立抗日民族统一战线，中华民

---

① 《救国时报》1936 年 12 月 12 日。

② 《缅甸侨胞组织各界救亡联合会》，《救国时报》1936 年 5 月 25 日。

③ 《救国时报》1936 年 6 月 25 日；《救亡情报》第 14 期，1936 年 8 月 2 日。

④ 《美洲华侨反帝大同盟议决救国纲领四项》，《救国时报》1936 年 3 月 15 日。

族才有生路。广大华侨对于建立抗日民族统一战线的迫切要求和共同呼声，形成了推动国共合作的一股强有力的海外力量。

## 二、声援国内抗日民主救亡运动

### （一）声援一二·九学生爱国救亡运动

1935 年，日军大举侵略华北，爆发了华北事变。继东北沦陷之后，华北的大片领土也被日本武装占领，民族危机愈加深重。海外侨胞，获悉日本侵华得寸进尺、大片国土不断沦陷的不幸消息，心急如焚。当时美国芝加哥侨报《三民晨报》发表《首先解决华北问题》的社论说，现在如何实行对外维护领土主权？首先的答案，便是从实际上扫除日人在华北所认为的特殊地位。解决这些问题不足虑，"所虑者，当局无整个计划，无抗战之决心诚意"①。华盛顿华侨抗日后援会、纽约华侨抗日救国协会、旧金山中华民族武装自卫会和美洲反帝大同盟总干部等侨团，纷纷致电国民党第五次全国代表大会，表示侨胞抗日救国之坚决态度，绝对不承认日寇主持之华北"自治"政府，并敦促"五全"大会顺从民意，出兵抗日。在新加坡，侨胞闻讯日本企图在华北五省成立自治傀儡政府，而国民党当局仍采取退让政策，"情绪极为紧张，愤怒充满胸腔"。许多侨团立即组织反日反战大规模游行，向国民党政府驻新加坡领事馆请愿，并递交了《反日反内战宣言》。

1936 年初，菲律宾马尼拉的华侨学生发表告侨胞书指出，现在国内有一部分人不主张抗日，归结起来，"是受执政当局不抵抗主义宣传的影响，因为执政的人，时常都宣传'忍辱''先统一后抗日''先安内后攘外'"，这部分人受此"传染"，以致"懦弱"。不言而喻，不是中

---

① 《侨报评论选辑》，《侨务月报》1937 年 3 月号。

国民众不抗日，而是执政当局不抵抗。告侨胞书还指出，中国的出路只有集中所有的反日力量，建立人民大众的反日战线，组织抗日联军，建立国防政府——只有这样才能把日本侵略者赶出中国，并消灭其御用的汉奸和国贼，保卫中国领土、人民主权的完整。"全菲华侨学生一致热烈参加这个组织，建立巩固的、统一的学生反日战线"，然后组织全菲华侨建立"一切反日力量的联合战线"。[①]

华北事变发生以来，留英的中国学生和当地侨生要求团结救国的人日渐增多，向来埋头读书的"中间分子"，"也逐渐趋向于联合战线这边来"。在英国最高学府之一的牛津大学，中国学生会也呼吁停止内战，团结抗日。法国里昂中法大学的中国学生非常关心祖国的安危，一些学生轮流去购买各种宣传抗日的报纸，按次剪贴在墙上。还有的学生，画出平津地区详图，一面看报，一面指着地图互相讨论。为了收听无线电报道国内消息，部分学生在短时间内把钱凑齐，买来收音机，拥挤在礼堂听新闻。华侨学生思想活跃，消息灵通，关心祖国存亡，把自己的命运同国家的命运连在一起，他们坚决反对内战，是抗日民族统一战线的拥护者和推动者。

但是，国民党当局一意孤行，仍然顽固执行"攘外必先安内"方针，镇压国内的抗日民主救亡运动。面对日益严重的华北危机，1935年12月9日，北平数千名学生举行抗日救国示威游行，高呼"反对华北自治运动""停止内战，一致对外""打倒日本帝国主义"等口号，爆发了一二·九运动。16日，北平学生和市民万余人，在天桥召开市民大会。会后，举行了声势浩大的示威游行，掀起了全国抗日救国的新高潮。一二·九学生爱国运动得到了全国人民的热烈支持和声援，却遭到国民党北平当局的血腥镇压。广大华侨闻讯后，愤怒异常，积极声援国内学

---

① 《全岷华侨学生代表大会告侨胞书》，《救国时报》1936年2月24日。

生运动，谴责国民党当局镇压爱国学生的暴行。

一二·九运动的消息传到海外，各地华侨学校师生群情激愤。南洋一些国家的侨校建立了"民先队"和"抗先队"等组织声援国内学生运动。一二·九运动的消息辗转传到美国，纽约学生抗日会当即致电慰勉国内全体爱国学生。电文表示，对于北平学生"此次抗日示威运动"，"甚表同情，誓为后盾"。该会又致电南京国民政府要求"不分党派组织国防政府出兵华北对日宣战收回失地"。并用多种文字发表对世界各国宣言，呼吁各国同情协助中华民族的斗争。[①]12月17日，纽约学生抗日会又召开紧急会议，决定串联华盛顿、费城、芝加哥、波士顿及密执安（又译密西根或密歇根）等地华侨中的学生团体，奋起援助国内学生运动。他们致电各地学生会说，日寇进攻，华北日急，北平学生纷起抗日示威，实为我民族抗日力量之严重表示！我海外同学应一致奋起力争，以保国家最后生命！务请贵会号召当地中国同学一致声援，共为民族解放而斗争。纽约学生抗日会的呼吁纷纷得到响应。旧金山阳和侨校虽多系"土生"侨生，对国内情况知道得不多，但其对于国内抗日救亡运动深表同情。他们召集会议，致电声援，谓"北平学生联合会，救国运动，以致流血，足寒贼胆，望奋斗到底，同人誓为后盾"[②]。一二·九运动的消息传到英国，首先在华侨学界中引起强烈反响。12月15日，伦敦华裔中华学生会发表了《为日本帝国主义在华北组织五省自治政府告全国同胞书》，支持国内的学生运动，并向国民党当局强烈要求：（1）立即停止中日秘密协商；（2）立即停止内战；（3）立即准备民族的革命自卫战争。华侨学生虽然没有能够参与一二·九运动学生游行的行列，但他们在海外的爱国活动支持和配合了国内一二·九抗日民主爱国运动，促

---

① 《侨胞声援国内救国运动》，《救国时报》1936年1月9日。
② 《美国侨胞响应国内抗日运动》，《救国时报》1936年1月14日。

进了海外广大侨胞的爱国意识和民族觉醒。

海外学界对一二·九运动的策应，带动了广大侨众对国内抗日民主运动的声援活动。美国费城、芝加哥、旧金山等大城市的华侨纷纷致电京津学联，表示坚决支持学生的爱国运动，誓为他们的后盾。纽约中华公所的侨胞召开会议，即席由侨领吕超然拟电稿4封，分别致北平学生会、南京国民政府、上海《大美晚报》和香港《大众报》，对学生的抗日救亡运动"侨界同钦"，"愿为后盾"。尾利允州华侨反帝大同盟亦致电香港《大众报》转全国学生，电文指出：惊悉我北平学生为反对华北自治，游行示威，惨遭政府当局残酷枪杀，殊堪痛愤。此种行为实为人道公理所难容，恳请全国学生继续奋斗，再接再厉，立刻举行全国总罢课，要求南京政府接纳中共中央与中国苏维埃政府的提议，组织不分党派的国防政府及抗日联军，实行对日宣战。倘南京政府仍继续卖国，则请全国学生立刻号召全国民众武装起来，发动中华民族革命的神圣战争，推翻南京政府与帝国主义[①]。美洲的古巴华侨，对国民党压迫摧残学生爱国运动的行径义愤填膺，表示誓与日寇汉奸作坚决的斗争援助国内学生救国运动。

在欧洲，旅德华侨在一二·九运动爆发后，通电全国各校，赞扬全国青年学生"作民意先锋，继续'五四''五卅'时代之全国青年民族革命的伟大精神"；对于政府当局"摧残青年的爱国热忱"，"绞死青年的爱国心理"，"令人痛心发指"。电文还说，侨胞虽远羁异邦，不能追随全国青年学生之后，尽救国之天职，但"对于冰天风雨之中，正在奔走号呼惨遭牺牲之青年，实深十二万分的敬慰，而尽可能的勉致精神与物质之援助"[②]。

---

① 《侨胞纷电国内学生勉励继续抗日到底》，《救国时报》1936年1月19日。"尾利允"即马里斯维尔（Marysville），是美国加利福尼亚州尤巴县下属的一座城市，旧时华侨称之为"尾利允"。

② 《一二·九运动资料》第一辑，人民出版社1981年版，第339页。

海外侨胞支持和声援一二·九学生抗日民主救亡运动，对国内学生的爱国活动是很大的鼓舞，对血腥镇压学生爱国运动的国民党政府是有力的打击。继声援一二·九运动之后，华侨又投入了营救爱国"七君子"的斗争。

### （二）抗议国民党政府迫害"七君子"

海外华侨开展的抗日救亡、促进祖国团结抗日的救国活动，与国内各界及民主人士是站在同一条战线上的，在抗日救亡的舆论方面，他们互相支持、互相配合。1932 年 8 月，废止内战大同盟在上海成立，并在海外侨居地设立分会，定期发行呼吁废止内战的刊物。有些海外华侨团体响应入盟，以示反对内战。九一八事变后，邹韬奋等人办的《生活》周刊旗帜鲜明地转向抗日爱国立场，菲律宾怡朗地区的侨胞成为《生活》周刊的热心读者。他们组织华侨救亡会，由起初的 10 名会员增加到后来的 150 多人，并接受全救会的领导，抗日救亡成为他们的共识。

全国抗日民主运动不断高涨，民主党派和无党派民主人士也非常活跃，他们主张团结抗日、反对内战，把矛头指向国民党的不抵抗政策。1936 年 5 月 31 日，沈钧儒、邹韬奋等响应中共"停止内战，一致抗日"的主张，在上海成立全国各界救国联合会，并发表声明要求国民党政府停止内战，释放政治犯，与红军谈判建立统一的抗日政权。全救会的正义主张，引起国民党政府当局的恼怒和恐惧，1936 年 11 月 23 日，国民党政府上海当局逮捕了全国各界救国会领袖沈钧儒、章乃器、邹韬奋、王造时、李公朴、沙千里、史良 7 人，制造了震动全国的"七君子事件"。

"七君子事件"发生后，在国内外引起很大震动。宋庆龄立即发表声明抗议非法逮捕沈钧儒等人。上海召开 5000 人参加的市民抗议逮捕"七君子"大会，签名者达万余人。接着宋庆龄、何香凝、胡愈之等 16 人发起名震一时的"救国入狱运动"，把营救"七君子"的爱国斗争推向了新高潮。就连国民党上层人物李宗仁、白崇禧等人也认为沈钧儒等人的举动"系爱国"，不是"危害民国"；冯玉祥、于右任更在南京发起征集10万人的签名营救运动，影响很大；张学良和杨虎城发动西安事变也把释放"七君子"列为八项要求中的一项。

"七君子事件"传到海外，广大华侨感到震惊，他们立即和国内各阶层一道，投入营救"七君子"的斗争。1936年11月29日，新加坡各界华侨联名给蒋介石、林森、冯玉祥、宋庆龄等人致电，痛诉国难当头之际，沪市竟逮捕救国领袖，实是"助敌摧残救国力量，徒使'敌快我痛'，伏恳即行释放，以息侨情"①。纽约中华公所华侨抗日救国会致电南京政府，认为逮捕七领袖是"自毁长城"，请立即释放并"惩办陷害主犯"。左翼侨团华侨衣馆联合会也议决致电南京政府，要求释放一切抗日政治犯及各界救国领袖，同时通电全国各界救国会向"七君子"表示慰问。

欧洲华侨闻讯"七君子"被捕后，异常愤怒，当即响应冯玉祥等人发起的营救"七君子"的10万人签名运动，并抗议英法当局允许在租界逮捕救国七领袖引渡给中国当地政府。巴黎华侨特组织援救"七君子"专门委员会，于12月6日召开第一次会议，一致议决如下事项：（1）电南京政府援绥（即绥远抗战）与释放章乃器等七人，并发表宣言；（2）向大使馆请愿；（3）发起募捐运动；（4）通告全欧华侨团体，采取一致行动；（5）联络法国名人，共同营救章乃器等人；（6）致函慰问上海全国各界救国联合会。10日，专门委员会派王海镜、何肇绪、雷子声、朱光等人到大使馆请愿，他们首先质问国民党政府驻法大使，红军领袖毛泽东朱德最近曾发出宣言，号召各方援助绥远，此点证明红军抗日救国已见诸行动，但南京政府却派兵北上"非为援绥而为'剿

---

① 《星洲华侨营救救国七领袖章乃器等》，《救国时报》1937年1月15日。

共'"，"此无异于自杀"。接着他们向使馆递交请愿书，痛斥政府当局逮捕"七君子"，并要求使馆马上向政府致电转达侨情。使馆人员被质问得理屈词穷，只好答应马上转呈南京政府并及时报告结果①。旅英侨胞闻知"七君子事件"和国民党制造的各种借口，即向国内各界通电反驳说："若主张抗日即为'共党'，主张联合即为违（危）害民国，则中国国民皆应为政府阶下囚，罪亦不在此数人。"通电要求政府当局立即释放"七君子"，开放抗日自由，以示御侮之诚意。②

华侨营救"七君子"的斗争，是全国人民抗日民主救亡运动的一部分，促进了抗日民主救亡运动的进一步高涨。

在轰轰烈烈的抗日民主救亡运动的推动影响下，1936 年 12 月 12 日，爆发了震惊中外的西安事变。当晚英国广播电台播出了爱国将领张学良、杨虎城在西安发动兵谏扣留蒋介石的消息，引起了华侨的极大关注。次日，留英中国学生抗日理事会召集会议进行讨论，认为西安事变，事关国家安危，会议决定与伦敦中国抗日救国会联名发表通电谓："西安之举，国命所系，万恳立即抗日，避免内战。"德国华侨也提出应站在中国前途的方面进行谈判；反对任何内战；仍然坚持联合战线的主张。西安事变和平解决后，张学良护送蒋介石回南京，全欧华侨抗联会一面致电张、杨二将军要求继续坚持八项主张，一面发表宣言坚决反对内战，要求恢复张学良将军的军职。

1937 年 2 月，国民党五届五中全会召开，许多华侨纷纷致电会议呼吁国共合作。当时新加坡华侨各界抗日救国会通电五中全会指出："国势垂危，切盼停止'剿共'及一切内战而从事抗战"，他们要求组织国防政府，释放一切政治犯，给予人民出版言论集会等自由，以提高民众抗

---

① 《全欧侨胞奋起》，《救国时报》1936 年 12 月 28 日。

② 《英国侨胞援助爱国领袖章乃器等》，《救国时报》1936 年 12 月 28 日。

日精神。全欧华侨抗联会对五中全会也表明了自己的严正立场——"要求实现国共及其他一切反日各党派合作","侨胞反对内战,要求联合对外抗战"。①

　　九一八事变发生后,面对日本大举侵略,中国共产党积极主张抗日,并在国内不断高涨的抗日民主运动中,逐步调整对国民党的政策和策略,其政策经过了反蒋抗日、逼蒋抗日到联蒋抗日的过程,促使了西安事变的和平解决。在国内外抗日民主救亡运动的强大压力下,特别是西安事变的爆发,标志着国民党蒋介石"攘外必先安内"方针的失败,迫使国民党走上了与共产党合作抗日的道路。1937年9月22日,国民党政府中央通讯社发表《中国共产党为公布国共合作宣言》,次日,发表蒋介石《对中国共产党宣言的谈话》,至此,以第二次国共合作为中心的抗日民族统一战线正式形成,举国上下呈现出团结一致抗日的大好局面。这一大好局面来之不易,其中有海外华侨努力之功。

　　第二次国共合作形成,海外华侨为之奋斗的目标和愿望实现了,他们为此而奔走相告,欢欣鼓舞。海外侨胞兴奋地表示:"国内外同胞空前地团结起来,坚决地、英勇地站在抗日民族统一战线之下,大家都愿为中华民族解放而流最后一滴血。"②菲律宾华侨工人致函国内各大报、国共两党中央委员会及全体党员,表示"拥护以国共两党合作为基础的全民族抗日救国的统一战线,恳请两党同志,贯彻亲密合作,共同御侮"③。这是良好的祝愿,衷心的希望。1938年5月,纽约华侨借纪念"五九"国耻日,举行空前大规模的游行以庆祝国内团结一致抗日,参加游行的华侨达15000多人,华人驾驶员驾驶6架飞机在上空飞翔,市

---

①　陈柱天:《全欧华侨抗日救国联合会一年来工作总报告》,《救国时报》1937年10月5日。

②　《新华日报》1938年4月21日。

③　《菲律宾侨胞劳工抵制大会拥护国共合作抗敌救国》,《新华日报》1938年5月20日。

区华侨商店大都休业，参加庆祝活动，气魄极盛①。事实说明，华侨为抗日民族统一战线的建立，推动和促进第二次国共合作的形成立下了汗马功劳。随着第二次国共合作的形成、抗日民族统一战线的建立，海外华侨社会也实现了前所未有的侨众抗日救国大联合。

---

① 《纽约侨胞游行拥护祖国抗战》，《大公报》汉口版，1938 年 5 月 11 日。

# 第三节　华侨抗日救国大团结

## 一、欧洲华侨抗日救国联合会的成立

前面已经介绍了近代以来海外华侨社会的基本状况尤其是社会组织情况。总的来说，抗日战争爆发前，华侨社会一盘散沙，内部不团结，组织不统一，思想混乱，目标不一致。日本帝国主义侵华的炮声震撼了中国大地，震醒了中华民族这头睡狮，震惊了海外千百万中华儿女，极大地触动和刺激了广大海外侨胞们的心灵。在中华民族面临生死存亡的紧急关头，在国破家亡、断祖绝根的危急时刻，各地华侨毅然奋起，抗日救国、挽救中华民族，成为他们一致的最高目标和最大共识。他们积极参加抗日救亡运动，在民族利益一致的基础上，逐渐化除成见，消弭内部分歧，日益团结起来，逐步走向统一。随着第二次国共合作的形成，抗日民族统一战线的建立，在华侨社会中也建立了支援抗战的救国联合战线，实现了前所未有的侨众抗日大团结。其中最早走向抗日救国大团结的是欧洲华侨。

抗日战争爆发时欧洲华侨有 55364 人，占世界华侨总数的 0.73%。虽然人数不多，但其构成比较特殊。由于第一次世界大战期间欧洲列强在华大量招募华工远赴欧洲战场服务、充当炮灰，20 世纪 20 年代前后掀起的留法勤工俭学运动，使欧洲的华侨以工人、学生成分居多数，这与南洋和美洲华侨社会构成不同。华工和旅欧勤工俭学学生思想敏锐，觉悟程度高，容易发动，因此欧洲华侨对于推动国内抗日民族统一战线的建立及其自身抗日救国联合方面捷足先登。

日本发动九一八事变后，旅欧华侨的抗日救亡运动便较早地开展起来，相继自发地建立了许多抗日救亡组织。

在法国，巴黎、里昂等大城市的华侨先后建立了巴黎中华民众抗日救国会、旅法中国救亡会、旅法参战华工总会、旅法华工联合总会、旅法亚西华工同盟会等抗日团体。1936 年，旅法各救亡团体联合成立了"旅法华侨抗日救国联合会"，以宣传抗日救国、为祖国捐款献物为主要任务。

英国工商界华侨在伦敦成立了反日同盟会，学界成立反帝大同盟。1932 年，旅英华侨各界联合成立抗日救国会，1934 年又成立了中华民族武装自卫会伦敦分会。利物浦和爱丁堡华侨分别成立了抗日救国会与爱国工商会。

德国华侨的抗日救亡运动经过某些曲折后，在 1936 年 3 月 2 日也成立了"旅德华侨抗日救国联合会"等组织。瑞士华侨在日内瓦成立了华侨抗日救国会。苏联、意大利、比利时、荷兰等国的华侨也成立了以所在国首都为中心的抗日救国团体。这些侨团虽然历史各异，立场不同，但他们的最高政治目标都是抗日救国，有相同的思想政治基础。它为欧洲华侨实现抗日救国大团结创造了条件。

1935 年底，中国共产党派吴玉章等人赴法国创办《救国时报》（初名《救国报》），揭露日本侵华暴行和国民党的内战专制政策，大张旗鼓地宣传中共的抗日救亡、建立抗日民族统一战线的主张。该报广泛联络侨胞，鼓动华侨参加抗日救亡运动，刊登报道华侨爱国活动的通讯。它成为中共在海外的喉舌，并得到欧洲华侨的大力支持，对于推动欧洲华侨的团结和行动上的统一起到了很大作用。

1936 年 9 月，全国各界救国联合会代表陶行知、钱俊瑞，全国学联代表陆璀等人到布鲁塞尔出席世界和平大会和在日内瓦召开的世界青年大会。会后他们来到巴黎，积极发起召开旅欧各国侨胞抗日救国大会，得到旅欧各国华侨的响应。9月13日，全欧华侨抗日救国联合会筹备大会在巴黎开幕，欧洲各国侨团代表60多人与会，讨论了大会的纲领宣言。会后，起草委员会根据与会代表的意见，拟定了全欧华侨抗日救国联合会章程草案，其内容是：（1）定名：全欧华侨抗日救国联合会。（2）宗旨：不分党派、阶级、职业、信仰，实行全民团结，抗日救国并增进侨胞福利。（3）会员：凡侨胞团体或华侨个人志愿抗日救国者，皆得为该会会员。（4）机构：设执行、监察委员会为领导机关。（5）任务：推进全欧侨胞统一救国工作；号召旅欧侨胞大联合，深入华侨的抗日救国统一战线运动，说服一切固守派别和存异见的华侨到抗日救国运动战线中来；与破坏抗日救国运动战线的国内外势力作斗争，争取抗日救国事业的胜利。经过多方筹备和准备，9月20日，全欧华侨抗日救国联合会成立大会在巴黎圣日耳曼184号大礼堂隆重召开。参加大会的有法国、英国、德国、荷兰、瑞士等国的华侨代表共450多人。比利时、意大利、苏联等国华侨虽未派代表，但与大会都有电文或书信联系。参加会议的华侨党派有共产党、国民党、中华民族革命同盟、西南派及其他政党派别的代表；在职业上有工、商、学、政、军、医生和新闻记者等。他们聚集一堂，一致以抗日救国为最高目标。大会确定的最高原则是："精诚团结，一致抗日。"①大会主席王海镜致《国难严重与全欧华侨成立抗日救国会的意义》的开幕词。陈铭枢作《国共两党及一切抗日党派联合抗日为之第一步》的演说。会议通过致国内同胞《立即武装抗日》的通电。在全欧华侨抗联大会上，各国华侨代表、国内救国会和学联代表都作了发言，强烈谴责、揭露日本的侵华暴行，控诉了由于国民党政府不抵抗主义造成的严重危机，自相残杀的"剿共"内战是丢城陷地、山河沦亡

---

①　胡秋原：《全欧华侨抗日救国会筹备之经过》，《救国时报》1936年10月5日。

的祸根。他们一致呼吁团结救国，共同挽救危亡的中华民族。华侨代表慷慨激昂的发言使与会的外国来宾也受到感动，他们也纷纷在会上发言，表示同情并愿意援助中国抗战。大会决定成立全欧华侨抗日救国联合会（简称"全欧华侨抗联会"或"全欧抗联"），目的在于"团结旅欧侨胞，保障自身利益，努力抗日救国运动，尤其促进全国上下的大团结，一致为祖国生存而战，为恢复失地而战"①。

全欧华侨抗日救国联合大会的召开及全欧华侨抗联会的成立，标志着欧洲华侨抗日救国联合战线的正式形成。其真正意义在于使"今后各处的华侨、各处的团体在统一旗帜之下团结一致，内与国内的团体联合呼应，作抗日的联合战线，外作国际的宣传与友邦携手作国际间抗日战线"②。这是全欧华侨历史上空前未有的大团结。特别是当时国内的国共两党尚未携手合作，而在这次华侨大会上两党党员能够开诚相见，先迈一步，势必对国内国共两党和各党派团结合作产生推动作用和示范效应。这是全欧华侨几年来奋斗的结晶，是华侨救国力量由以往的派别林立走向同舟共济的开始，是海外侨胞救国运动的榜样。

全欧华侨抗联会的成立，推动了全世界华侨抗日救亡运动的向前发展及南洋和美洲华侨抗日救国大团结。全欧华侨抗联会曾建议"美国及南洋侨胞成立救国总会促进全球侨胞联合会之成立"。全欧华侨抗联会于 1937 年 10 月派连瑞琦等 15 人（多为抗联会常委）为代表同杨虎城回国抗战，并作出"沿途作救国宣传、与救国团体联系、向政府请愿"等六项主张③。代表途经新加坡和越南西贡时，广泛联络当地侨胞，参加他们的集会，进行宣传讲演，传达欧洲华侨救国的盛况，并建议当地华侨

---

① 《全欧华侨抗日救国联合会成立大会宣言》，1936 年 9 月 20 日。

② 全欧华侨抗联大会主席王海镜的开会词《国难严重与全欧华侨成立抗日救国会的意义》，《救国时报》1936 年 10 月 5 日。

③ 《救国时报》1937 年 11 月 7 日。

建立救国联合阵线，影响很大。法国巴黎华侨抗日救国会，曾联络亚洲、美洲华侨救国团体，并和国内各抗日团体联系，以促进国内外救国联合阵线的建立。

全欧华侨抗联会，是欧洲华侨社会有史以来第一个全欧洲性的华侨爱国侨团。在全欧华侨抗联会成立大会上，讨论通过了一系列有关文献，其中最重要的是发表了《全欧华侨抗日救国联合会成立大会宣言》（简称《宣言》），并公布了《全欧华侨抗日救国联合会会章》（简称《会章》）。《宣言》首先揭露了日本侵华暴行，指出摆在中国面前的只有"或全国抗战而生，或束手待毙而亡"的两条路。《宣言》赞扬了国内奋起抗击日寇的国民党爱国官兵和发起抗日救亡运动的各阶层各党派和爱国青年学生，认为这是全国抗日联合战线日益强大的证明。《宣言》严厉谴责了南京国民党政府当局，至今没有放弃"攘外必先安内"的内战妥协政策，对暴日不断屈辱退让，甚至"卖国有功，爱国有罪"，以致全国"坚固的抗日民族统一战线尚未形成"。《宣言》提出了全欧华侨鲜明的政治主张：（1）在军事上，应当停止一切内战，团结全国军事实力，组织抗日救国军，同时武装民众收复失地、保护祖国的主权和领土。（2）在政治上，应当不分党派，一致合作，确定民主制度，给人民以救亡结社、集会、言论出版的自由，释放一切政治犯。（3）在外交上，主张联合英、美、法、苏及一切同情于中国民族解放运动和努力维护世界和平的国家和民族，共同奋斗。建议与这些国家订结互助公约，确立太平洋的集体安全，拥护国联盟约及国际维护和平的公约并对侵略者加以严厉抵制。（4）在经济上，要厉行缉私，抵制仇货，禁止敌人收买工厂和农产原料，反对减低对日关税，废除苛捐杂税，振兴民族工商业、农业，实际救济灾荒，积极改善劳工、职员和人民生活，保护侨胞的安全和一切权利。（5）在文化上，要普遍实施抗日教育，发扬自卫救亡的文化，坚决反对敌人在中国实行奴化教育和"文化统治"。《宣言》最后指出，民国十七年来两次内战，尤其是"剿共"战争，不知消耗了多少国力，这种自相残杀的行为，实在是亡国灭种的祸根。时至今日，国内各党派，如不能停止内战，推诚合作，便不能实现全国的团结，集中国力，共同抵抗日本帝国主义。"我们痛切呼吁各党派精诚团结，政府和人民一致合作。""我们以至诚告诉我祖国的国民党和共产党及其他各党派的领袖们，全国的民众及海外的华侨是没有一个不愿意抗日救国的，只要你们执行的政策，真是抗日救国的政策，而不是自相残杀；只要你们抗日救国的言论，真能言行一致，那末，全国民众对于你们便谁都拥护。"①

大会《会章》对全欧华侨抗联会的会员、名称、宗旨、组织、职务、经费、会址等都作了具体的规定。全欧华侨抗联会常委为 11 人，下设秘书处、宣传部、组织部、财政部、侨务部。《会章》规定的宗旨为"联合全欧侨胞，不分党派、职业、阶级、信仰，实行全民团结、抗日救国并增进华侨福利"②。

全欧华侨抗联会的《宣言》，是旅欧全体华侨抗日救亡、建立欧洲华侨救国联合战线的重要文献，它全面地阐明了欧洲华侨抗日救国的主张，立场鲜明地表达了全欧华侨抗日救国的决心。全欧华侨抗联会大会宣言的公布，表明了欧洲华侨已经有了正确的救国方针和奋斗方向。

## 二、南洋华侨筹赈祖国难民总会的成立

由于华侨爱国意识的提高，国内抗日民主救亡运动的影响和欧洲华侨抗日救国运动的推动，继全欧华侨抗联会成立之后，南洋各地华侨组织也纷纷走向统一。

---

① 《全欧华侨抗日救国联合会成立大会宣言》，1936 年 9 月 20 日。

② 《全欧华侨抗日救国联合会会章》，1936 年 9 月 20 日。

南洋华侨总数约 600 万人，约占世界华侨总数的 79%（具体见表 4-2）。南洋华侨人口众多，成分较杂，原来的封建宗法思想比较浓厚，地域帮派现象相当严重。但自九一八事变以来，在参加国内外抗日救亡运动的基础上，南洋侨胞也日趋团结，并纷纷建立抗日救亡团体，原来的侨团也纷纷转向抗日救亡轨道上来。

表 4-2　南洋地区面积、人口、华侨数量及比例表

| 地区 | 面积 /<br>平方公里 | 人口 /<br>万人 | 华侨数量 /<br>万人 | 占当地<br>比例 /% |
|---|---|---|---|---|
| 泰国 | 518162 | 1380 | 250 | 18.2 |
| 荷属东印度<br>（印度尼西亚） | 1904346 | 6070 | 123.3 | 2.0 |
| 英属马来<br>（新加坡马来亚） | 136236 | 438 | 170.9 | 39.0 |
| 法属印支<br>（越南、老挝、柬埔寨） | 740400 | 2300 | 38.3 | 1.7 |
| 菲律宾 | 296296 | 1300 | 11.1 | 0.8 |
| 英属婆罗洲 | 75586 | 28.5 | 7.5 | 26.3 |
| 合计 | 3671026 | 11516.5 | 601.1 | — |

资料来源：姚玉民、崔丕、李文译：《日本对南洋华侨调查资料选编》第三辑，广东高等教育出版社 2011 年版，第 88 页表 5-5。其中个别数字与"表 4-2"有出入。

1936 年 2 月，新加坡华侨成立各界抗日救国会，议决通过致电国民党五届三中全会，切盼停止"剿共"及一切内战，组织国防政府，释放政治犯。此后，著名侨领陈嘉庚等人发起组织成立新加坡华侨筹赈会，在各地建立分会 30 多处。1938 年 7 月 7 日抗战一周年纪念日，新加坡华侨筹赈会组织召开万人大会，许多侨领即席讲演，鼓动广大侨胞团结救国，会议呈现了大团结的气氛。继而马来亚其他各地华侨救国会、筹赈

会等组织也纷纷成立，多达 207 个[①]。新马华侨社会出现了前所未有的团结抗日救国热潮。

1936 年 2 月，菲律宾工界华侨召开反日代表大会，大会主张建立抗日统一战线，接着成立由各界各党派代表参加的民族武装自卫会。1937 年 5 月，马尼拉市 13 个工会团体组织"劳联会"。七七事变后半个月之内，菲岛华侨爱国团体如雨后春笋，多达 367 个。全菲 49 个省，只有两个省没有建立华侨组织[②]。各种华侨团体的建立，使菲律宾华侨的抗日救亡运动走向了有组织的轨道。

1936 年 3 月，缅甸华侨在仰光成立各界救亡联合会，发表宣言，主张"不分党派、宗教、男女、老少一齐团结起来，建立我们坚固的民族联合战线"。1937 年 8 月 5 日，"缅甸华侨救灾总会"成立，它是全缅华侨最大抗日救国团体。其主要任务为发动全缅各地华侨，组织各地救灾分支会，共同开展救国工作，发动侨胞为祖国募捐等。接着缅甸各地华侨组织不断建立，如华侨公债劝募委员会、华侨抑制日货总会、华侨募捐难民棉衣会、华侨救灾特别委员会等，加强并促进了华侨的抗日救国活动，全缅华侨在抗日救亡斗争中走向空前团结。

在越南，先是成立西堤华侨救国会，公布抗日救亡纲领 10 条。全民族抗战爆发后，旅越华侨进而成立了越南南圻华侨救国总会，确定"动员侨胞一切财力、物力、人力、智力，援助祖国""扩大宣传救国运动""促成华侨大联合"等 17 项任务。该会在越南各地共建立 35 个分会，有 77 个团体会员[③]。南圻华侨救国总会集中了各侨团的意志，统一了救国步骤，有力地推动了越南华侨的抗日救国运动。在华侨救国总会的领导、带动下，有 10 万多侨胞投身抗日救亡活动中。

---

① 华侨志编纂委员会编印：《马来亚华侨志》，台北 1959 年版，第 265 页。

② 《侨声报》复刊第 1 卷第 14 期，1944 年 10 月 25 日。

③ 华侨志编纂委员会编印：《越南华侨志》，台北 1958 年版，第 200—201 页。

与此同时，印度尼西亚雅加达 110 多个华侨团体联合成立捐助祖国抗战慈善事业委员会。由于印度尼西亚为荷兰的殖民地，殖民当局对华侨实行高压政策，在历史上曾经无数次残忍地镇压、迫害甚至屠杀华侨的爱国活动，所以印度尼西亚华侨的抗日团体多以慈善名义出现。泰国是东南亚各国中为数很少的亲日国家，因而野蛮地镇压华侨的抗日爱国活动，迫使泰国华侨抗日活动多为隐秘进行，抗日团体不能公开，而是处于地下状态。印度尼西亚、泰国华侨抗日爱国活动处境艰难险恶，但也建立了各种地下抗日侨团。

南洋各国的广大华侨纷纷建立抗日团体，团结抗日、停止内战的呼声不断高涨。虽然当时的许多华侨团体仍存在着各自为政、不相统属的现象，但在南洋华侨社会中出现了一种新的趋势，即要求捐弃派别成见，消除地域界线，铲除封建宗法思想，统一华侨组织，整齐救亡步伐，建立华侨社会的救国联合战线。"南洋华侨筹赈祖国难民总会"就是在这种背景下诞生的。

与全欧华侨抗联会的发起建立不同，南洋华侨统一的抗日救国团体，是由当地著名侨领富商发起建立的。1938 年夏，印度尼西亚侨领庄西言、菲律宾侨商李清泉联名写信给新加坡侨领陈嘉庚，建议组织全南洋华侨抗日救亡斗争的最高组织，统一南洋地区华侨的抗日救亡运动。这一建议得到陈嘉庚的赞同。1938 年 10 月 10 日，新加坡、马来亚、菲律宾、印度尼西亚、缅甸、越南、泰国等国家和地区的华侨代表共 176 人，在新加坡南洋华侨中学召开南洋华侨史上空前未有的团结盛会。大会的目的"在谋组织领导机关，增筹赈款，推销公债，以救济中国抗战中之难民，并协助政府完成建国大业"[①]。大会决定成立"南洋华侨筹赈祖国

---

[①]　《南侨代表大会宣言》，许云樵、蔡史君等编：《新马华人抗日史料（1937—1945）》，新加坡文史出版私人有限公司 1984 年版，第 46 页。

难民总会"（简称"南侨总会"），公布了《南洋华侨筹赈祖国难民总会组织大纲》。组织大纲共 9 章 27 条，并有附则 4 条。大纲规定的宗旨为："甲、联络南洋各属华侨研究筹赈方法，策动救亡工作；乙、筹款助赈祖国难民，并倡导集资发展祖国实业，以维难民生计；丙、积极劝募公债及推销国货。"[①] 大纲规定："本会会员以团体为单位，凡南洋各属华侨筹赈会，或与筹赈会同等性质之慈善机关，概得为本会会员。"[②] 根据组织大纲，南侨总会的领导机构如图 4-1 所示：

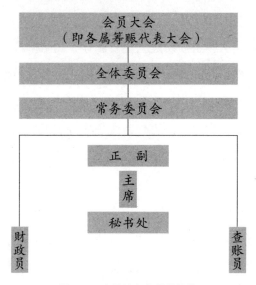

图 4-1 南侨总会的领导机构

南侨总会设主席 1 人，副主席 2 人，财政员、查账员各 1 人，常务委员 16 人，候补常委 11 人，全体委员会 21 人。第一届组织机构成员为：

**主席：陈嘉庚**

**副主席：庄西言、李清泉**

**财政员：林文田**

① 《南侨筹赈代表大会的成立》，《文汇年刊》1940 年，见广东省档案馆等编：《华侨与侨务史料选编》1，广东人民出版社 1991 年版，第 507 页。

② 见许云樵、蔡史君等编：《新马华人抗日史料（1937—1945）》，第 43、44 页。

查账员：曾纪宸

常务委员：何葆仁、陈振贤、王泉笙、李光前、陈肇基、陈三多、李振殿、侯西反、陈延谦、陈占梅、梁燊南、黄重吉、周献瑞、刘玉水、李孝式、黄益堂

南侨总会的组织人员，均为南洋各地有影响并具有爱国热情、深孚众望的侨领富商，这与全欧华侨抗联会以华工、学生及商人的构成有很大不同。

大会发表了《南侨代表大会宣言》（简称《宣言》）。《宣言》首先深刻揭露了日本侵华暴行，号召全南洋华侨必须"坚抱"抗战最后胜利之信念，各尽所能，各竭所有，"踊跃慷慨，贡献于国家"，力求实践其每月近 400 万元之常月捐；宣言勉励南洋华侨要"精诚团结"，密切联系，"冶于一炉"，"化为一体"，对"抗战建国之功业"有所补助，要求全体侨胞要积极为祖国战时投资，倡用国货，开发祖国富源，"以振我工商业，而厚我经济力"；要求南洋华侨要和所在地政府搞好关系，争取它们同情中国抗战。宣言最后郑重强调："惟精诚始足以言团结，惟团结始足以言力量，精诚充，则团结未有不固，团结固，则力量未有不宏，愿我八百万侨胞自今日起，充大精诚，固大团结，宏大力量，以为我政府后盾，则抗战断无不胜，建国断无不成。"[1]《宣言》和全欧华侨抗联会的宣言一样，是南洋乃至世界华侨爱国运动史上的光辉文献。

比较而言，南侨总会的《宣言》与全欧华侨抗联会发表的宣言的一致之处是，都号召尽一切力量开展抗日救国活动，以抗日救国为最高目标；两者不同的是，前者注重从经济上支援祖国抗战，后者着重从舆论宣传、发动国际社会抗日援华方面声援祖国抗战。这也与欧洲华侨与南

---

[1]　《南侨代表大会宣言》，见许云樵、蔡史君编：《新马华人抗日史料（1937—1945）》，第46页。

洋华侨社会构成不同有关。

如著名民主爱国人士黄炎培评价说：全南洋华侨代表大会的召开，"是南洋全部同胞对内大团结之起点，将写成人类进化史上一页珍贵材料"①。南侨总会的成立，是继欧洲华侨抗联会成立之后，全南洋华侨建立的"各党各派与无党无派之大联合阵线"组织；是广大南洋华侨冲破帮派地域观念，共同抗日救国首次大团结的象征；是华侨抗日救国的盛举。它标志南洋华侨抗日救亡统一战线的形成，"标志着南洋华人抗日运动的新纪元"②。

南侨总会的成立，使南洋华侨的抗日爱国救亡运动走上了新的道路。此后，南洋各地 80 多个筹赈会，1000 多个分会在南侨总会的领导下，为祖国抗战筹赈捐款，派遣侨胞回国参战，组织华侨回国慰劳团，维护国内团结及在太平洋战争爆发之际组织侨胞保卫侨居地的斗争中厥功甚伟，贡献至大。南侨总会不负侨胞众望，发挥了侨界抗日救亡的核心领导作用。

## 三、美洲华侨抗日大团结

据统计，抗战爆发时，美洲华侨共有 209039 人，占世界华侨总数的 2.76%。由于美洲华侨内部过去存在着激烈的矛盾冲突，历时较长，积怨很深；民国以后，国民党内部在美洲华侨社会中派系较多，隔阂较大，致使美洲华侨组织的团结统一经过了反复和曲折的过程，比欧洲和南洋华侨建立统一组织的时间要晚些，但最终还是走上了统一之路。抗日战争进入高潮后，华侨致力于救国事业，堂号竞相捐款，逐渐改变过去抱

---

① 黄炎培：《南侨筹赈大会献词》，见《新马华人抗日史料（1937—1945）》，第36页。

② 柯木林、吴振强编：《新加坡华族史论集》，香港南洋大学毕业生协会，1972年版，第157页。

残守缺之宗法姓氏观念，平素频繁冲突互斗现象殆不存在。华侨领袖"每多聚首，杯酒联欢，称兄道弟，偶有龃龉，片言消解，侨社情形，为之一变"①。

美国纽约的部分左翼华侨，早在九一八事变后首先成立反帝大同盟，后在大同盟的基础上成立华侨衣馆联合会（简称"衣联会"，洗衣行业华侨的团体），该组织在抗日救国问题上主张积极，活动频繁。1935年夏，华侨衣馆联合会等组织举办"抗日讨蒋"讲座以吸引各地侨胞，并在此基础上常常集会，邀请左翼团体和自由派团体参加，随即成立了纽约华侨联合抗日救国团，它向所有华侨敞开大门，欢迎他们加入救国团。1936年，以救国团为基础成立包括左中右各个华侨派别的华侨抗日救国会，此时尚有少数国民党人不肯加入。1937年7月7日晚，抗日救国会的华侨惊闻国内爆发卢沟桥事变的消息，当即召开会议，成立了包括国民党人在内的纽约华侨救济总委员会援助祖国抗战侨团，纽约华侨的救国组织趋于统一。

1937年8月，旧金山侨胞在中华会馆的协调和推动下，把"美洲华侨拒日救国后援总会"和"中华民国国民抗日救国总会"两大组织联合起来，召集各侨团代表大会，最后成立"旅美华侨统一义捐救国总会"（简称"义捐救国总会"），该会由44个分会、96个华侨团体组成。从左翼的美国共产党华人部到较保守的宪政党、致公堂等都加入了总会。会议结束时，与会全体代表合拍了象征华侨团结统一的大幅照片②。旧金山义捐救国总会，在美洲各地建立分会47个，其中美国有29个，墨西哥有15个，中南美洲有3个。统属大小城市300多个，为战时美洲华侨规模最大、救国成绩最显著之华侨团体。该会号召华侨"把一切捐献祖

---

① 刘伯骥著：《〈美国华侨史〉续编》，台北黎明文化事业公司1981年版，第646页。

② 寒山：《美国华侨救亡动态》，《现代华侨》第1卷创刊号，1940年5月15日。

国，拥护抗战到底"；提出"逃避义捐，非我族类；捐款不力，不算爱国"的口号[1]。至 1940 年夏，该会召开代表会议 32 次，执监委联席会议 118 次，可见其活动之频繁；全民族抗战前四年，该会发动当地华侨 2.5 万多人，为祖国捐献 1500 万美元，可见其成绩之显著。

接着，芝加哥华侨成立芝城美中抗日救国后援会。至此，美国东西部华侨较多的纽约、旧金山及中部的芝加哥等大城市的华侨趋于团结统一。

美国各大城市华侨抗日救国团体的建立，广泛发动当地华侨投入爱国救亡运动之中，推动了美国华侨抗日救国运动的持久和纵深发展。在此基础上，1943 年 9 月 5 日至 11 日，来自全美 36 个大中城市的侨团代表在纽约济济一堂，举行全美华侨抗日救国筹赈机关代表大会。大会决定统一采用"旅美华侨救国会"为全美各地华侨救国组织的统一名称，并指定在纽约、芝加哥、波士顿、旧金山、圣安东尼、西雅图六处分别设立执行机构。这次大会统一了全美国华侨的抗日救国组织，是全美华侨抗日大团结的重要标志。

致公堂组织及其成员遍布全美洲，各地的华侨虽然都建立了救国团体，但全美洲势力较大的致公堂直到抗战爆发以后一个时期还没有统一。在国内抗日民主运动的影响和欧亚华侨救国浪潮的推动下，更由于美洲华侨自身的觉醒，在 1939 年 6 月 15 日，全美洲洪门致公堂所属十余国 200 多处机关的代表齐集墨西哥城召开恳亲大会。会议主张积极联络各救亡团体，集全美 10 万堂号侨胞之力量，拥护祖国抗战。大会全体代表议决，力行洪门信条："忠诚救国，义气团结，义侠除奸"，重申洪门立会之主旨，"对于救国家保民族一贯之传统政策，从（重）新估定，同时郑重考虑一本向来主张之民主政治，以期祖国政治合于正轨。凡此主张，

---

[1]　《现代华侨》第 1 卷第 2 期，1940 年 6 月。

固与今日之抗战政策实具同一精神，且坚持其实现以复兴我国家，保存我民族，此亦即'国家至上，民族至上'之本旨"，与会代表主张统一内部之指挥，齐一战时之步骤，成立"全美洲洪门总干部"，"与我全国四万万五千万兄、弟、姊、妹同集合"①。全美洲洪门总干部的成立，结束了美洲华侨百余年激烈堂斗的局面及美国东西部持续 30 多年的堂斗惨剧。以前的私仇家恨消融在共同挽救中华民族的爱国运动之中。正如司徒美堂所说，我旅美侨胞过去"虽或有门户之见，然抗战以后，已涣然冰释，团结御侮，民族大义，凛然可风"。② 这是美洲华侨大团结的表现，是美洲华侨救国联合战线形成的标志。辛亥革命后，这棵"古老松"再次焕发青春。

1935 年底，一二·九学生运动的消息传到古巴，华侨社会群情激愤，一致反对国民党政府镇压学生运动，誓与日寇汉奸作坚决斗争。在声援国内爱国救亡斗争中，大多数华侨感到有联合起来的必要，遂由云丹反帝大同盟的华侨动议，成立云丹华侨抗日救国会，得到众多侨胞的支持，共产党、致公堂成员甚至连彭荣新、徐景亮、冼锡洪三名国民党员也带头加入救国会。但别有用心的国民党员彦某，在其控制的报刊上发表社论，指责彭等三名加入救国会的国民党员为叛党，并威胁他们退出救国会，否则呈报支部革除党籍。彭等三人在《开明公报》上撰文严加痛斥说，中国处在危急存亡关头，不论何人尽管立场不同，"皆要共同负抗日救亡的责任"，"我们以国民党员参加此种抗日运动，是为着爱国心所驱使"③。顽固的彦某勾引警兵破坏《开明公报》的印发，遭到各地华侨

---

① 《重庆各报联合版》1939 年 7 月 29 日（1939 年 5 月 3 日，因日机对重庆大空袭，造成停电、停水等困难，在渝之《中央日报》《大公报》《时事新报》《新华日报》《扫荡报》《国民公报》《新蜀报》《新民报》《商务日报》《西南日报》10 报一度联合出版，故称《重庆各报联合版》）；另见《新中华报》1939 年 10 月 6 日。

② 《司徒美堂发表致旅美侨胞及洪门兄弟书》，《新华日报》1942 年 5 月 30 日。

③ 《救国时报》1936 年 4 月 25 日。

的同声谴责，古巴侨胞和"美国中国人民之友社"（内有许多侨胞）等致电古巴总统及中国驻古领事馆，严加抗议，使别有用心者的阴谋败露，最后没有得逞。古巴华侨终于在抗日救国目标下走向了团结。

另外，大洋洲和非洲华侨也建立了抗日救国团体，开展抗日救亡活动。澳大利亚华侨中的原来数十个会馆、社团、商会及国民党支部等，联合在悉尼集会成立华侨抗敌救国后援会。新西兰各地华侨集会议决，将原来的新西兰华侨联合会改为华侨联合总会，在各地设立分支会26个。东非的马达加斯加华侨则成立了华侨抗日救国会。

华侨不但在海外成立各种抗日救国团体，国内的归侨也专门成立了抗日爱国团体，其中以华侨抗敌动员总会为最。1938年9月16日至22日，华侨抗敌动员总会在广州召开第二次大会，海外归侨和港澳同胞200多人济济一堂，共商抗日救国大业。国民党广东省党政军要员出席会议。宋庆龄应邀到会做了《华侨总动员》的讲话。大会议决向前方抗敌将士及国联致电，并通过鼓励华侨投资国防工业、组织海外华侨服务团等抗日救国的议案十多项。

## 四、凝聚在抗日救国的旗帜下

日本发动侵华战争后，"海外华侨，闻见响应，救国团体，纷纷而起"。世界各地华侨社团组织如雨后春笋，不断涌现。以欧洲、亚洲、美洲三大地区为中心，分别建立统一的华侨救国组织。以"全欧华侨抗联会""南侨总会""旅美华侨救国会"三大洲际侨团为核心，在全世界共建立了3541个华侨爱国团体（见表4-3）。这些侨团犹如繁星，尽管它们大小不一，类型不同，倾向有别，活动各异，但它们都在为抗日救国、挽救中华民族危亡而闪烁发光。如此众多的华侨团体，强有力地将千百万华侨凝聚在抗日救国的旗帜下，共同为祖国抗日救亡运动贡献力量。

这些华侨社团组织以社会团体、救国团体和职业团体为最多。而大量涌现的救国团体，是抗战时期华侨社会爱国运动的独特现象。大的华侨社团有百十万人、几万人，中等社团有几千人、几百人，小的社团有几十人甚至几个人。这些华侨团体星罗棋布，遍布世界各地，大多数社团都以抗日救亡为其主要任务。各地华侨的抗日救亡活动，一般都是以这些大小团体为基本单位。它和过去封建性很浓厚的会堂社党有本质上的不同。如美国旧金山旅美华侨统一义捐救国总会成立后，制定了一整套组织制度。该会几年如一日，每日下午1时至晚10时为上班时间，每3小时轮值一班，每班6人，每日3班共18人，每人每周轮值一次，缺班或迟到者罚款。每天收发文件平均达30余封。从全民族抗战爆发到1940年夏，该会召开60人的代表会议32次，62人的执监委联席会议118次，每次开会必点名，不到者罚款5角，许多会议都半夜后才散①。"本会同人莫不同心合力，夜以继日，无一天之休息。"该会设立执行委员会，复设执行委员会常务委员；设监察委员会，复设监察委员会常务委员。共有执监委员80多人，所属90多个侨团组织。该会"自成立以来，凡为救国之贡献者，莫不积极推动，统计历年成绩，已超过美金五百万元"。②抗日救国成绩非凡。该会团结了旧金山的广大侨胞，是美洲抗日救国活动突出并具有代表性的华侨团体。众多大小华侨社团组织的建立是华侨社会大团结的体现，表明了千百万华侨救国运动迈上了有领导、有组织的轨道。

---

① 寒山：《美国华侨救亡动态》，《现代华侨》第1卷第2期，1940年6月。

② 旅美华侨统一义捐救国总会：《七七抗战七周年纪念特刊》，见罗达全、张秀明、刘进编：《侨乡文书抗战史料选编》（"五邑侨乡卷"上卷），广东人民出版社2016年版，第235页。

表 4-3 抗日战争时期世界各地侨团统计表（单位：个）

| 洲别＼团体 | 社会团体 | 救国团体 | 职业团体 | 合计 |
|---|---|---|---|---|
| 亚洲 | 1586 | 705 | 659 | 2950 |
| 北美洲 | 125 | 95 | 15 | 235 |
| 南美洲 | 105 | 48 | 51 | 204 |
| 欧洲 | 6 | 3 | 4 | 13 |
| 非洲 | 20 | 25 | 6 | 51 |
| 大洋洲 | 53 | 25 | 10 | 88 |
| 合计 | 1895 | 901 | 745 | 3541 |

资料来源：根据《现代华侨》第三卷第二、三期合刊，1941 年 3 月 15 日整理。原表香港共有 15 个团体，本表未列入。

表 4-3 的统计资料截至 1941 年初，共有华侨团体 3541 个，其中社会团体 1985 个，救国团体 901 个，职业团体 745 个。实际上战时华侨团体是动态的，每年团体数量和情况有所不同，为了全面反映抗战时期历年华侨团体的情况，参见表 4-4。

表 4-4　1939 年至 1945 年历年海外华侨团体统计表

| 年份＼团体 | 1939 | 1940 | 1941 | 1942 | 1943 | 1944 | 1945 |
|---|---|---|---|---|---|---|---|
| 社会团体 | 1064 | 1971 | 2088 | 2110 | 2112 | 2116 | 2088 |
| 救国团体 | 649 | 919 | 924 | 932 | 932 | 938 | 938 |
| 职业团体 | 468 | 823 | 878 | 884 | 885 | 886 | 886 |
| 合计 | 2181 | 3713 | 3890 | 3926 | 3929 | 3940 | 3912 |

资料来源：国民政府侨务委员会编：《三十五年度侨务统计辑要》第 80—81 页；转引自黄小坚等著：《海外侨胞与抗日战争》，北京出版社 1995 年版第 167 页图表 42。另据侨务委员会统计，至 1946 年世界各地华侨共有团体 3975 个，见耿素丽、张军编：《民国文献资料丛编·民国华侨史料汇编》第 12 册，北京图书馆出版社 2011 年版，第 30 页。

从表4-4可见，从1942年至1945年海外侨团每年均在3900个以上，1944年最多为3940个，其中救国团体除1939年以外，历年均为900多个；以上两表比较，表4-3从横向上反映了抗战时期世界各个国家和地区华侨团体的情况，表4-4则从纵向上反映了抗战时期历年侨团的情况。两者综合更全面地反映了战时世界侨团的概况。

海外华侨深深懂得，日本帝国主义疯狂侵略中国，欲把中国变为它的殖民地，不愿做亡国奴的中国人民要抗日御侮，只有团结起来，共同对敌，否则必然亡国灭种。因此，多数侨胞衷心希望国共及各党各派团结合作，建立救国统一战线。同时，华侨在各地抗日救亡运动的实践中体验到，其自身也必须有强有力的核心组织才能积极开展救亡活动。否则一盘散沙，各自为政，难收救国之效，难成抗日大业。这样，华侨社会内部的团结统一，形成支援祖国抗日的救国联合战线，既有必要又有可能。华侨社会的救国联合战线是国内抗日民族统一战线的一部分；二者是部分和整体的关系，两者几乎同步形成。首先，国内抗日民主救亡运动的高涨，抗日民族统一战线的逐步形成，对于华侨社会内部的统一有很大影响和推动。华侨"救亡统一战线的理论与实践是根据祖国的抗日民族统一战线产生的"。如果没有国内轰轰烈烈的抗日民主救亡运动，华侨自身不投入抗日救亡斗争的实践，就不可能在华侨社会中形成救国联合战线。其次，华侨社会的团结和统一，也大大有利于国内抗日民族统一战线的形成和发展，若没有华侨社会的团结和统一，广大华侨不加入抗日民族统一战线的队伍中，无疑国内抗日民族统一战线的阵容和力量要缩小，海外的救亡活动也无法进行。二者互相作用、互相影响。

抗战爆发以前，华侨在侨居地的活动受到很大限制，有些国家和地区把华侨的党派组织和各种团体的建立和活动视为非法，严加取缔。日本发动侵华战争后，尤其是第二次世界大战爆发后，许多国家，特别是遭受法西斯侵略和威胁的国家，对华侨爱国活动的限制有所放松。对于华侨组织的救国团体，在不侵害其利益并在其法律允许的范围内不加干涉，对其有利者还加以提倡。如在南洋即将沦陷时，华侨纷纷组织团体保卫侨居地，就得到宗主国的支持。由于上述主客观原因，使得抗战期间华侨救国组织不断出现，爱国活动非常活跃。

世界各地华侨组织逐步统一，把分散落后、各自为政、带有浓厚封建性的各类侨团统统汇聚在支援祖国抗日救亡的旗帜下，使其有组织、有步骤、有计划地进行支援和参加祖国抗战的爱国活动，增强了华侨救国运动的伟大力量，并确定了以后华侨救国运动的目标。华侨组织机构逐步完善，在各地建立联络网，互通救国消息，不但有利于支援祖国抗战，更便于华侨争取国际援华活动的开展。总之，这些华侨组织，有力地团结了千百万海外侨胞，在海外组成了一支浩浩荡荡的抗日救国大军，成为祖国抗战的一支重要力量。

海外华侨开展的一系列爱国活动，传播、贯彻了中共抗日民族统一战线的主张，使其不断深入人心、深入侨心。爱国华侨"在推动祖国的和平统一对日战线上有不可磨灭的功劳"。他们是抗日民族统一战线的响应者、推动者和执行者。1940 年 11 月，吴玉章在延安召开的归国华侨救国联合会上讲话提出："海外华侨在统一战线上，起着许多推动作用。"华侨对抗日民族统一战线的形成所起的重要作用不但为史实所证明，也得到中国共产党的充分肯定。

第五章

# 抗战时期国共两党的侨务政策

广大华侨大力支援祖国抗日战争，是近代以来继辛亥革命后海外华侨掀起的规模空前的第二次爱国高潮。广大华侨之所以齐心协力、毁家纾难地起来支援祖国抗战，从主观上说自然是华侨强烈的爱国心所驱使，客观上是与战时国共两党制定积极的侨务政策、全力争取华侨支援抗战分不开的，是主客观相结合的结果。

# 第一节　国民政府积极争取华侨抗战

## 一、健全侨务机构，加强侨务工作

追溯国民党侨务机构的沿革，可从孙中山晚年开始。1924 年孙中山于广州大本营设侨务局，未几停顿。1926 年 10 月，根据国民党二大决议成立侨务委员会，隶属国民政府。后因国民党北伐，侨委会并入广东省政府。蒋介石在南京建立国民政府后设立侨务局，隶属外交部。1928 年国民党二届四中全会议决恢复侨委会，仍隶属国民政府。翌年，国民党三届一中全会议决，将侨委会改隶属国民党中央党部。1931 年 12 月 7 日，国民政府公布了《侨务委员会组织法》，规定侨委会隶属国民政府行政院，先后由吴铁城、陈树人（辛亥革命元老、归侨）任委员长，下设 3 处 6 科。20 世纪 30 年代中期至全民族抗战爆发，侨务委员会相继在上海、厦门、广州、江门、汕头、海口、河口、昆明、香港、台湾等口岸设立侨务局。在广东、福建、云南、上海等省市分别设立侨务处。全民族抗战爆发后，侨务委员会的机构得到进一步健全和加强，职能更加明确。侨委会设委员长 1 人（仍由陈树人担任，一直任职到 1947 年），副委员长由 1 人增至 2 人，委员 51 人，常委 13 人。内分 4 个处，分别为秘书处（下设文书科、事务科、人事室、会计室、统计室、侨务问题研究室）、侨务管理处（下设移民科、侨民指导科）、侨民教育处（下设教育指导科、文化事业科、华侨青年社、华侨通讯社、参议专员视察）、侨乐村管理处。设有 3 个会，即战后侨务筹划委员会、设计考核委员会、回国侨民事业辅导委员会（该会下设回国侨民漳州临时接待所，回国侨民遂溪临时接待所，回国侨民东兴临时接待所，派驻南宁、钦县、贵阳、泸苞、柳州、岳墟归侨指导员）。复在广东、福建、云南设侨务处（再设河口、保山、打洛办事处），在厦门、汕头、江门设侨务局，以及华侨教育总会筹备委员会等。1941 年 1 月 7 日，福建省侨委会成立，聘请海外著名闽籍侨领陈嘉庚、胡文虎等 40 多人为委员；11 月 9 日，福建海外华侨公会成立；同年 10 月 12 日，广东省侨资垦殖会成立。

侨委会的职责为"掌理本国侨民的移、植、保、育等事务"。具体而言，有以下一些职责：有关海外侨民的调查统计；指导监督侨民移植；处理侨民纠纷；管理侨团；指导或介绍华侨归国投资兴办实业及旅游参观；奖励和补助侨民；侨民教育及文化宣传；等等。

全民族抗战爆发后，除侨委会机构本身得到加强外，侨委会还与政府其他部门合作或参与建立一些与侨务相关的组织机构。为筹措支撑祖国抗战的巨额战争经费，1939 年至 1940 年间，国民政府在重庆成立阵容庞大的"战时公债劝募委员会"，并在海内外重要地区设立办事处，"负责各项救国公债劝募事宜"，由蒋介石亲任主任委员，财政部长孔祥熙任副主任委员，常委 24 人，"概由行政院聘定，多为党政要人，南侨闻人陈嘉庚、庄西言、陈守明、胡文虎诸氏，亦被聘为常委"。侨委会委员长陈树人亦被聘为常委，并有些侨商被聘为劝募委员。为吸引海外侨商回国投资，国民政府侨委会指导成立了华侨投资委员会，在滇粤等省设立了指导华侨回国投资的侨资垦殖委员会和救济归侨的赈济委员会，复成立西南经济建设委员会。

1938 年 7 月，侨委会会同教育部聘请侨民教育专家筹建侨民教育设计委员会，以加强规划战时华侨教育。截至 1941 年底，成立海外分会 27 个，正在筹备的有 14 个。其职责是专门从事战时"侨民教育之研究设计工作"。1939 年冬，侨委会复与教育部联合设立华侨教育总会筹备委员会，并在海外各地成立分会。1941 年 3 月 1 日正式成立回国侨民事业辅导委员会（简称"辅委会"），负责扶助归侨生产自救及救济侨民等事宜。针对太平洋战争爆发后南洋各地大批归国难侨的安置及筹划战后的复员问题，1943 年侨委会聘请专家组织战后侨务复员筹划会议，翌年扩大为战后侨务复员筹划委员会，研议战后归侨复员与发展规划，订立各项方案。

有关国民党海外党务自辛亥革命时期的同盟会，中经国民党、中华革命党到中国国民党，尽管名称不同，但一直延续不断，到抗战时期更加得到重视和加强。1938 年恢复国民党中央海外部，作为"处理华侨党务之机关"，并制定《战时海外工作纲领》颁发海外各侨居地，海外党务工作随即得到恢复并加强。1939 年 1 月 29 日，国民党第五届中央执行委员会第五次会议通过《对于党务报告之决议案》，指出："今后本党应该极力谋海外党务之发展，海外多爱国之士，尤多勇于牺牲为党奋斗之同志，今后本党，应该特别着重海外党务之发展。"同年 11 月 20 日，国民党第五届中央执委会第六次会议再次通过《对于党务报告之决议案》，充分肯定了以往海外侨胞对于国民党的贡献："发展海外党务，以为革命力量之后盾，海外侨胞，素为本党革命极大之助力，总理倡导革命以还，海外侨胞，加入本党者，为数甚众，或捐躯报国，或毁家纾难，其忠勇牺牲之精神，已成光荣之史实……今后中央对于海外党务，必须特别加以注意，务使海外爱国之士，有所归依，以为本党力量之后盾。"1940 年 7 月，第五届国民党中央执委会第七次会议又提出，"关于海外党务之一切设施，必须以协助发展侨务为依归"。此后，国民党中央执委会对此反复重申和强调。可见，国民党中央执委会对于战时海外党务的充分重视。事实上战时海外党务确实得到了强化。据侨委会委员长陈树人在一次报告中披露，截至 1940 年春，海外党部有 73 个单位，其中总支部 11 个，直属支部 60 个，直属分部 2 个；党员总人数 106200

多人。陈树人认为："侨胞对党的关系，极为密切，就海外党员的人数来说，虽赶不上国内党员数量的巨大，但就人口与党员人数的比率上说，却较国内为高，有些地区，党员人数且占侨胞人数的百分之七八以至百分之十"，"这实在是十年来所未有的纪录"①。另据战时国民党政府的侨务官员李朴生的记载，抗战时期海外有 1300 多个海外分支党部，"创造了十年来的新纪录"。由此可见，抗战时期国民党海外组织，继 20 年代第一次国共合作后的国民革命时期，又一次取得较大发展。还可以看出，战时国民党政府的侨务机构分为两大系统，即国民政府的行政系统和国民党中央的党务系统，表明战时中国政府侨务机构比以前大大加强。

通过以上所述，可见抗战时期的国民政府侨务机构是最健全、队伍最庞大的，对侨务工作实行双重或多重领导，这为做好战时侨务工作尤其是争取华侨支援祖国抗战提供了组织保障。为了使读者更直观、更明晰，笔者根据有关资料绘制了《抗战时期国民政府党务行政机构与侨务部门管理关系示意图》。

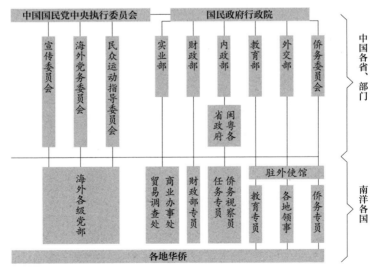

图 5-1 抗战时期国民政府党务行政机构与侨务部门管理关系示意图

① 《海外党务——陈委员长树人在中枢纪念周报告》，《中央日报》1940 年 4 月 24 日。

## 二、号召、发动华侨回国抗战

全民族抗战全面爆发后，根据战时特别需要，国民政府确定侨务工作"自以动员侨胞人力物力，参加抗战建国大业为第一义，举凡鼓励侨胞捐献、策动侨胞救国组织，加强抗战宣传，指导侨胞回国服务，鼓励侨胞回国投资，推动国民外交等，均为当务之急"。1939 年国民党五届六中全会提出："海外侨胞为抗战建国力量源泉之一"；"关于侨务最重要者，为谋保护侨胞之安全及发挥侨胞之物力人力，以用于抗战之事业"；"并订立优待保障侨胞投资条例，以及协助侨胞投资具体方案，奖励侨胞建设事业"。① 据此，国民政府侨务委员会开展大量的侨务活动。

祖国抗战需要各种人才，尤其是有特种技术的人才。为此，侨委会组织人员精心绘制了《非常时期海外华侨专门技术人才调查表》，分别寄给驻外领使馆及中华商会，为其物色推荐华侨特殊人才提供方便。如前所述，为支援祖国抗战，世界各地华侨纷纷建立抗日救国侨团，原有的各种华侨团体也纷纷转向支持祖国抗日。为引导辅导、管理这些侨团，国民党中央执行委员会颁发了《非常时期海外各地救国团体暂时办法》，中央海外部颁布《指导海外侨民组织团体办法》。具体做法为：由海外华侨团体首先呈报当地党部或领馆，再由党部或领馆函呈侨委会核办，侨委会核准海外侨民团体备案后，再报送政府有关部门实施。对于国内归侨团体的建立和管理，国民党中央党部颁布《国内侨务团体组织办法》，其中规定：国内侨团指导机关为该团体所在地之党部，主管官署为国民政府侨委会；如当地党部指导有困难，则应随时函请侨委会办理，侨委会认为该团体之行为不合规定时，得致函直接指导该团体之高级党

---

① 华侨志编纂委员会编印：《华侨志·总志》，海外出版社 1956 年版，第 529 页。

部纠正或撤销之。① 1938 年 11 月 17 日，颁布《国民党中央执行委员会修正国内侨务团体组织办法》，第四条规定："本项团体之主管机关为国民政府侨务委员会，指导机关为会址所在地之高级党部，但会址所在地高级党部关于本项团体组织之指导，应商承中央海外部办理之，国民政府侨务委员会对于本项团体认为有纠正或撤销必要时，应函由中央海外部转指导该团体之高级党部办理之。"② 这样即把战时诸多国内外侨团置于党务、侨务部门和驻外领馆的多重控制管辖之下，而国内侨团则由国民政府侨务委员会和中央海外部双重管理，由海外部主导。如此即使侨团活动有章可循并统一到抗日救亡的轨道上来。

1938 年 10 月，日军大举侵略华中、华南，武汉、广州失陷。值此紧急时刻，10 月 14 日，国民党政府最高首脑蒋介石为日军进犯广东电示海外部、侨委会转海外各地侨胞指出：我海外侨胞"抗战以来，输财输力，贡献特多。今当敌人进犯我革命策源地广东之时……务望辗转相告，互相激勉，扩大征募，接济物资，俾军实充盈，经济不匮；他如努力宣传，策应外交，或号召专才，回国效力，均当急起直追，惟力是视，促抗战之胜利，竟革命之全功"。③ 作为参加辛亥革命的华侨元老，全民族抗战爆发后，陈树人率领侨委会诸委员们利用自身的影响，通过各种形式号召华侨积极支援祖国抗日。日军大举进攻广东时，陈树人同在重庆有影响的广东籍中央委员孙科、邹鲁、王宠惠等 17 人致电海外侨胞说："倭寇南犯，军民誓死抗战，此为战局重大关键，吾国最后胜利之开始，务望侨胞踊跃输将，更多救济，临电神往，敬祝努力。"④

日本发动全面侵华战争后，遭到国际坚持正义事业者的反对和谴责。

---

① 李朴生：《华侨问题导论》，第 75—76 页。

② 福建省档案馆编：《福建华侨档案史料》（上），档案出版社 1990 年版，第 44 页。

③ 《新华日报》1938 年 10 月 18 日。

④ 《新华日报》1938 年 10 月 19 日。

1938 年 1 月，国际和平运动大会发起定期召集制日援华大会后，得到国内各界的密切关注，侨委会为号召全世界华侨响应此项正义活动，专门通电海外华侨团体，通电内容如下：

国际和平运动大会为各国爱好和平之各界人士所组成，以主持国际正义，维护集体安全及援助被侵略之国家为主旨。最近鉴于暴日发动侵华战争，威胁国际和平，屠杀无辜民众，特定于二月十一日在伦敦召开国际间名人如英国薛西尔子爵，法国众议院议长赫里欧先生等，均被邀出席，我国亦推定代表遄往参加。此举关系抗战前途至巨且大，诚以各国人士既结集其力量，一面对侵略者为严正之表示，一面对被侵略之我国为实际之援助，其必能予暴日以深重之打击，可无疑义，尤当于大会开会期间，将大会意义及其活动与所有决议，广为宣传，以期普遍。①

当武汉、广州相继被日军占领时，侨委会委员曾养甫致电海外侨胞，呼吁保卫家乡，电文说："全粤民众，闻警荷戈，矢志护乡；诸公关怀国难，望协力同心，以卫桑梓；养甫谨随诸父老，尽竭绵薄，共济艰危。"②

全民族抗战爆发后，国民党中央、国民政府有关党政部门，尤其是国民政府侨委会及其官员积极行动起来，把动员、号召广大海外华侨支援祖国抗战作为第一要务，顺应了华侨爱国救亡、挽救民族危机的潮流，是国民党政府积极的侨务政策的体现。

## 三、发动华侨从财力上支援抗战

经济实力关系到抗战成败，如果没有强大的经济支撑，抗战将难以进行或困难重重。而当时中日经济实力悬殊，日本是个经济实力强大的

---

① 《侨委会号召华侨响应国际援华会》，《新华日报》1938 年 1 月 23 日第 2 版；另见《大公报》1938 年 1 月 23 日第 3 版。

② 《曾养甫电侨胞协力保卫桑梓》，《新华日报》1938 年 10 月 18 日第 2 版。

帝国主义国家，中国是个经济弱国，除了以自己的财力支持长期抗战，还要尽力争取国际外援。因此，全民族抗战爆发后，"蒋介石政权对于激增而来的华侨资金是极为重视的"，[①] 多方争取华侨从经济方面支援祖国抗战。

日本发动七七事变、大举猖狂侵华，全民族抗战爆发后，侨委会向海外华侨发出通电呼吁从经济上支援祖国抗战，通电指出："我国长期作战之基本条件，在于财力有源源不断之补充，而目前国内生产较厚之区，都被敌骑蹂躏，敌机肆虐，损失重大，经济建设，不免困难。我海外侨胞生事较好，既已热烈输将，迈卜式之高义，然每念前方将士，前仆后继，战区民众，颠沛流离，自当本匹夫之心，再接弥励，以争取最后胜利之光荣。"侨委会鼓动华侨："未举办常月捐之地方，务于适合当地环境之下，从速会同当地侨团，参照马来亚，菲律宾常月捐先例，妥订经常劝募办法，及早施行，并将进行情形，随时具报。其已举办常月捐的地方，仍仰继续努力。"[②] 实际上这是动员华侨为祖国抗战捐款。

为了开发利用大后方的资源支持抗战，国民政府有关部门制定了一系列有利于华侨投资的政策和条例，做了大量鼓励华侨回国投资的工作。1938 年 11 月，国民政府财政部制定了《非常时期华侨投资国内经济事业奖励办法》，其中第三条规定：对于凡经指定之农矿工商及国防经济事业，华侨资金占资本总额 60% 以上者，给予种种奖励，如经营及技术上之指导与协助、捐税减免、运输之便利及运费之减低、公有土地之使用，等等。[③] 给予华侨投资者诸多优惠和便利。

---

①　崔丕、姚玉民、李文译：《日本对南洋华侨调查资料选编（1925—1945）》第三辑，广东高等教育出版社 2011 年版，第 115 页。

②　其昭：《南洋华侨推行常月捐之过去与现在》，《华侨动员》第 19 期。转引自曾瑞炎：《抗战时期国民政府的侨务工作》，《抗日战争研究》1994 年第 1 期，第 42 页。"卜式"，西汉时河南人，屡以家财捐助国家。

③　《现代华侨》第 2 卷第 2、3 期合刊，1941 年 3 月 15 日。

为吸引华侨投资西南，1940 年 2 月，侨委会制定了《指导归侨垦殖滇南暂行办法》14 条，对华侨申请投资垦荒办法、技术指导及地域划分、治安、道路交通、卫生设施及调查勘测等事项做了详尽的规定。指导并规范华侨回国投资垦殖业的活动。1941 年 5 月 14 日，农林部和侨委会为奖励华侨回国投资经营森林事业，联合颁布《奖励华侨投资营林办法》10 条，其经营范围有"造林场（或公司）""伐木场（或公司）""制材场（或公司）""林产制造厂（或公司）""林业合作社"等项目。[①]此外，根据国民政府的规定，抗战初期侨委会还承担接收世界各地华侨捐款事务。国民政府规定，凡华侨捐款均由侨委会经收，转呈行政院交军政部（此后转由财政部办理）。为激励海外侨胞捐款，1938 年春，侨委会将收到的华侨捐款数目、捐款人姓名或捐款团体名称，先后编印成《侨务委员会经收转抗战期中侨胞爱国捐及慈善金第一期第二期报告》两册，发放海外各侨居地。侨委会会同外交部、海外部共同决议，将国内国民节约运动扩展到海外华侨社会中，并将"节约大纲"寄发海外各地侨团，通令海外各地商讨具体推行办法。抗战时期华侨投资由我国东南、华南转向大西南，并掀起前所未有的投资热潮，与国民党政府鼓励引导是分不开的。

全民族抗战爆发不久，国民政府为支持抗战经济即发行救国公债，成立阵容庞大的"战时公债劝募委员会"，由蒋介石挂帅任主任委员，为动员国民及海外华侨认购公债，1941 年 3 月 4 日，蒋介石发表"为战时公债劝募运动告全国同胞书"，其内容如下：

全国国民暨海外同胞：

各地侨胞，已往对于革命进程中，历次输财出力的伟大功绩，已经是妇孺皆知、照耀青史了，不待我再来重述。就是抗战以来，凡是募集

---

① 《农林部侨委会公布奖励华侨投资营林办法》，《福建华侨档案史料》（上），第 459 页。

公债、捐款劳军、筹募寒衣、救济灾难，以至募款购机、节约储蓄等，在任何一种出钱的事，总是特别踊跃，自动输将，不但从无一次的推诿，而且从无一次冷淡过，每次捐集的数目都超政府预期。凡是到海外募捐的人回来报告我，说起许多富商巨贾，毁家鬻产，以身作则，以及劳苦侨胞，拿出他们以血汗换来的积蓄，幼小的侨胞子女，拿出他们节省下的饼饵零款，各种各式的热烈情况，和我每日直接收到侨胞的来信，真是使我又感动又兴奋，觉得海外侨胞，是一万分的对得起祖国，我们前方将士，也因此时常感到大的鼓励。这次募债运动，在政府方面，固然因为国内国外，一致奋起，有同样的成绩，不过我更相信在侨胞方面，当此胜利愈近的时机，必然更有特别的贡献，来发扬我光荣的历史，以促进抗战建国的成功。①

1942 年 10 月 17 日，蒋介石再次发布《勉海内外侨胞购买公债书》，可见国民政府及最高党政首脑积极发动海外侨胞购买公债，这是抗战时期海外华侨购买公债取得显著成效的重要原因。

全民族抗战爆发后，即 1937 年 8 月，侨委会委员萧吉珊（国民党中央委员）奉命赴新马等地在华侨中劝募救国公债，历时约半年，劝募效果显著。萧吉珊回国至武汉、接受《新华日报》记者采访时说：

沪战开始时，本人赴马来亚劝募公债，遍历星洲、吉隆坡、怡保、庇能等十余地，见各地侨众，均能热心爱国，踊跃输将，尤其各地华侨领袖，均能明瞭长期抗战的意义。现马来亚分为十二区，每区成立一筹赈祖国难民委员会，公债的推销，由该会兼办。当上月本人离开马来亚时，公债的认购，已达一千五百余万。此仅就各商家认购比较高额者而言，至十元五元的小数公债，因债票未寄到，故未及普遍推销，预计各

---

① 《中国国民党历次会议有关海外党务侨务重要决议案》，国家图书馆编：《民国文献资料丛编·民国华侨史料续编》第 3 册，第 72—73 页。

地可销数百万，合共二千万元以上。

当谈及华侨踊跃捐款情形时，萧说：

此外救济难民伤兵的捐款，亦超过一千万元。期间最可注意的，就是常月捐一项，如树胶锡矿以及其他物产，每担抽百分之若干，合十二区计算，每月可得一百五十万元以上，甚有个人每月须负担捐款一元，至战争结束为止。当本人回国时，道经暹罗、安南，暹罗的米商银信业等，也有同样的月捐。安南谷业渔业等亦然。[①]

这一方面说明，侨委会委员积极到海外侨居地发动侨胞支援祖国抗战捐献；另一方面反映了华侨踊跃购买救国公债及捐款的情形。

另外，在金融方面，为了防止侨汇流入沦陷区，在政府金融系统的中央、中国、交通、中国农民四大银行内部新设侨汇部，吸引管理华侨资金，使抗战时期大量侨汇成为国家外汇资金来源（除侨眷用于维持生活的部分侨汇外）。

## 四、奔赴各地慰问归国侨胞

抗战时期，海外华侨约有 800 万人，大部分侨居南洋各国。做好南洋各地华侨工作，发动他们投身于抗日救亡运动，对于祖国抗战助力甚大，也事关整个华侨抗日救国运动的发展。因此，全民族抗战爆发后，陈树人率领侨务委员亲自到南洋侨居地，指导侨胞的抗日救亡活动，并慰问广大华侨。

1938 年 10 月 10 日，南洋各侨居地的侨领侨商代表 160 多人齐集新加坡集会，召开"南洋华侨筹赈祖国难民代表大会"成立大会，侨委会

---

① 《拥护祖国抗战华侨捐输踊跃》，《新华日报》1938 年 2 月 15 日第 2 版。"星洲"为新加坡，"庇能"为现在的槟榔屿，"暹罗"即泰国，"安南"即越南。

及政府多个部门、党政要员纷纷致电祝贺。

抗战期间，海外华侨或回国报效，或回国投资，或在侨居地开展抗日活动，有许多开展抗日救国活动的侨胞受到侨居国政府当局迫害而被迫回国。当得知有侨胞回国，侨委会主要领导或亲自慰问、看望他们，或安排人慰问他们。日本大举侵华后，广大华侨除直接开展各种形式的支援祖国抗战活动，还在侨居地间接开展各种援华抗日活动。如新马等地日本经营铁矿的华侨矿工为抗议日本侵略中国而发生罢工事件。他们罢工后失去工作并受到迫害而难以在当地维持生计，被迫归国。1938 年6 月，新加坡日本经营的龙运铁矿的大批华工罢工并有部分人回国到武汉。侨委会委员长陈树人闻讯后，带领下属官员和工作人员前去慰问、看望，对于生病的华工立即送医院治疗并付医疗费，对于离汉转往其他地方的华工则给予旅费，使"各侨工均感激不置"①。与此同时，印尼华侨组织的救护队抵达武汉，侨委会专门设宴慰劳全体队员，陈树人亲自致辞慰勉归国的华侨队员们的爱国热忱，随后救护队奔赴前线参加战地救护工作。1942 年 3 月 27 日，陈树人亲赴昆明欢迎南洋各地归国的侨领、侨商 30 多人。"席间各侨领一致决定，集款国币二千万元，组织华侨建设银公司，开发川、青、康各省农工矿实业。"② 这些慰问活动，体现了对归侨的关怀，使他们感到祖国的温暖。

## 五、开展战时华侨文化教育

抗战时期，侨委会转变侨务理念，将与华侨有关的文化教育纳入战时轨道，对侨校侨生和侨众开展抗日救国教育，拓展抗日文化宣传，是

---

① 《陈树人慰问归侨》，《大公报》1938 年 6 月 22 日，第 3 版。
② 《归国南侨集资开发川康》，《解放日报》1942 年 3 月 31 日，第 3 版。

争取华侨支援祖国抗战中颇有特色的一项工作。

1940 年 7 月，国民党五届七中全会为发展华侨教育以适应战时需要，通过了陈树人提出的"推进侨民教育方案"，具体内容分为普通教育：改进学校行政，增加学校及学生数量，充实学校设备，提高学生文化程度，调整课程，提供教材等。师范教育：主要是培养改进师资，设立一所国立华侨师范学校和一个侨民教师训练班，海外分别在马来亚、印尼、菲律宾、越南、缅甸等地设立师范学校；办理侨民教育函授学校及侨校教师讲习会，使侨校教师有进修机会。职业教育方面：在海外适当地点设立侨民职业学校，造就较高职业智能人才，指导侨校改进各种企业经营，以提高华侨在居住地的经济地位；5 年内陆续设立侨民职业补习班1500 个；奖助华侨学生就学外国人所办职业学校及技术专科学校。社会教育方面：推行电化教育，设立阅书报社，举办巡回展览，增设民众学校。[①] 可见这是一个全面系统的侨民教育方案。关于这个方案的实施情况，因一年半以后，太平洋战争爆发、南洋沦陷，其国外方面的计划，多数没有得到实施；国内方面大多得到执行。

抗战期间侨委会在开展侨教及侨校师资培训方面做了不少工作。1939 年 7 月，侨务委员会会同教育部聘请侨民教育专家，成立侨民教育设计委员会，从事侨民教育之研究设计等工作，并在各地筹组支会分会，至 1941 年成立海外支分会 27 个，正在筹备的尚有 14 个。在 1939 年以前，国内外 3000 余所侨民学校中，向侨委会立案者 430 余所，后达 614所。侨民教育经费 1940 年前仅有 20 万元，1941 年经侨委会会同教育部呈请政府增拨，增至 120 万元；1942 年增至 170 余万元，1943 年增至261 万元，增加了 12 倍。侨务委员会为便利侨居地侨童就学，自 1940 年

---

① 《华侨革命史》编纂委员会编纂：《华侨革命史》上册，台北正中书局 1981 年印行，第122 页。

起，分别资助澳大利亚、缅甸、马来亚、印度等国家华侨创设侨民小学各一所。为收容因战事回国就学的侨生，侨务委员会于 1940 年会同教育部在云南创办国立第一华侨中学，招收侨生 300 多人，后因缅甸失守，学校迁贵州清镇。1941 年复在四川江津创办国立第二华侨中学，招收侨生 500 多人，并在福建长汀创办国立第一侨民师范学校；1942 年复在广东乐昌设立国立第三华侨中学，招生侨生 700 多人，又在广东坪石创办国立第二侨民师范院校。1942 年又拨款在国立复旦大学、中山大学、广西大学及广东省立文理学院分别增设侨生先修班。1940 年创办侨民教育函授学校，训练海外侨校教师，共招学员 1250 人，分别来自亚、美、非、大洋四大洲。[1] 由上可见，侨委会对于战时侨教方面做了大量力所能及的工作，并取得了较大的成绩。

与开展战时华侨教育相联系，侨委会复对华侨进行文化宣传。前述陈树人在国民党五届七中全会提出的"推进侨民教育方案"，即有这方面的内容，如筹办侨民书报编印社，设立书报供应社，组织各地文化站，筹设南洋博物馆，设置华侨文化教育事业研究机构，设立华侨文化事业奖金等。[2]

全民族抗战爆发前夕，侨委会先后创办了《华侨周报》《侨务月刊》《侨务委员会公报》等刊物；全民族抗战爆发后，创办非常时期侨务特刊，1938 年 3 月创办《华侨动员》（半月刊），1940 年改为《现代华侨》（月刊）作为机关刊物。这些刊物开辟了华侨论坛、华侨动态、华侨问题漫谈、专题报道等栏目，详细报道国内外侨胞爱国救亡活动，并向海外华侨介绍祖国抗战的情况，及时沟通国内与海外华侨的联系，鼓舞了广大侨胞的抗日救国热情。《华侨动员》《现代华侨》经常发表鼓动

---

[1]　周尚：《最近侨务委员会对于侨民教育之设施》，载《南洋研究》第 11 卷第 3 期，1944 年 9 月 15 日。

[2]　《华侨革命史》编纂委员会编纂：《华侨革命史》上册，第 122 页。

华侨支援祖国抗战的文章、报道各地华侨支援抗战的消息。如《华侨动员》第19期发表其昭的《南洋华侨推行常月捐之过去与现在》，详细阐述了常月捐对抗战的重要性，并对如何深入和扩展这项活动提出诸多建议。该刊还开辟"祖国抗战与华侨节约运动"专栏，向华侨介绍推广"菲律宾华侨援助抗敌委员会"制定的《菲律宾华侨在国难期中实行节约规则二十一条》，得到侨胞们的热烈响应。《现代华侨》还发表了陈树人的《抗战期中的侨务工作》《四年来的华侨爱国运动》等阐述侨务工作的文章，《华侨投资问题总检讨》《以生产合作及工合事业救侨》等带有引导性的文章，以及《侨团概况》报道等。

为便于华侨书刊的出版发行，1940年4月侨委会成立现代华侨出版社（后改为华侨青年出版社），策划出版了论文集《抗战与华侨》《动员华侨问题》等著作，论述了华侨与祖国的关系，华侨抗日救国运动的现状及发展前景。1941年夏，侨委会在重庆设立华侨通讯社，发行通讯稿，分寄国内外各地，报道有关侨务新闻与祖国抗战的消息，推动了华侨开展的抗日救亡活动。1942年4月，侨委会会同教育部在重庆成立南洋研究所，从事南洋问题研究，1945年春移交教育部。

为了使海外广大侨胞和侨居地人民了解中国抗战的情况、揭露日本侵略者的暴行，侨委会将祖国抗战实况，特别是日本法西斯制造暴行、血腥残杀我骨肉同胞及难民难童流离失所惨状的照片，派专人送到驻外使馆，举办图片展览。

## 六、救济大批南洋归国难侨

抗日战争时期，以銮披汶为首的泰国政府是东南亚国家少有的亲日政府，泰国不但不反对日本侵略中国，反而镇压华侨的抗日救亡活动。华侨的抗日活动只能秘密进行。对此，1939年12月31日，蒋介石亲自致电泰国国务总理銮披汶："余特请泰国政府对侨居泰国之中国人民，给予充分之保护。"[1] 作为国民政府最高党务和军事首脑，专门致电泰国总理要求保护侨胞，是值得肯定的。

按照陈树人1942年的说法，全民族抗战爆发前后，"我们的侨务也有很大的变化，从这个演进的过程中可以分为前后两期，前者可谓为平常时期，后者是个非常时期，去年十二月太平洋战争的爆发，是这两个时期划分的界石"。[2] 太平洋战争爆发后，东南亚各侨居地被日军占领，日军大肆屠杀爱国华侨，致使上百万难侨归国，国民政府侨务工作重心由全力争取华侨支援祖国抗战转向竭力救助归国难侨。

据记载，自1941年12月太平洋战争爆发至1943年，经各地紧急救侨委员会登记，予以救济和辅导的归国侨胞达135万多人，[3] 可见数量之大。实际上，还要超过这个数字。国民政府侨务部门及其他部门做了大量的救侨工作。

1942年1月20日，国民政府行政院第547次会议通过《国外战区侨胞紧急救助办法案》，其中规定：在同驻海外各地中国领事馆和有关机构协商以后，组建"侨胞救济委员会"，在各地募集救助资金。此外，粤闽滇桂4省也设立"紧急救侨委员会"。2月3日，行政院第549次会议通过《战时侨民家属赡贷办法案》，据此重庆赈济委员会拿出1000万元救助费，具体分配为国外赈济费300万元，国内赈济费500万元，教育补助费200万元。[4] 按当时的法币汇率换算，赈济委员会的拨款确是杯水车薪，但毕竟属于积极举措。

---

[1]　《中国国民党历次会议有关海外党务侨务重要决议案》，国家图书馆编：《民国文献资料丛编民国华侨史料续编》第3册，第71页。

[2]　周秉维：《现阶段侨务的路向》，《现代华侨》第3卷第8期，1942年8月。

[3]　华侨志编纂委员会编印：《华侨志·总志》，海外出版社1956年版，第531页。

[4]　姚玉民、崔丕、李文译：《日本对南洋华侨调查资料选编（1925—1945）》第三辑，第230—231页。

侨委会会同各地有关部门在龙州、遂溪、漳州、东兴、水东、汕尾等地设回国侨民临时招待所；在贵阳、昆明、岳墟、芦苞、柳州、钦县、南宁、龙严、惠州、金城设归侨指导员办事处，照料归侨过境或收容归侨；复在云南汀洛、广西龙州、广东东兴等地设立归侨村，安置归侨开荒垦殖。侨民事业辅导委员会实行积极性救侨工作，拟定"侨民生产合作事业办法"及"工业合作事业办法"①，前者在陪都重庆及沿海各省举办归侨技术人才总登记，兴办各种生产合作社，在陪都设立总社，各省设分社或独立设置；后者为辅委会与侨民工业合作事业管理局共同负责筹划，中央拨助基金与华侨投资结合，侧重于手工业及轻工业的发展。

1942 年初，国民政府行政院决定为救济侨胞拨专款 1 亿元法币，并视国内外情况作了分配。② 至 1943 年春，行政院实际拨发救侨费 4430 万元，其中拨赈济委员会国外战区及归国侨胞救济金 2700 万元，归国侨生救济费 200 万元，侨胞招待经费 80 万元，云南省政府建筑华侨新村经费 100 万元；拨付救侨费云南省 650 万元，广东省 400 万元，贵州省 200 万元，广西省 100 万元。③

从太平洋战争爆发至 1942 年夏的半年间，广东省成立紧急救侨委员会统筹办理救侨工作，其下设 7 个办事处：兴宁办事处下辖招待所 1 个，护送站 5 个；茂名办事处下辖招待所 1 个，护送站 14 个；高婴办事处下辖招待所 5 个，护送站 10 个，补助站 22 个；惠阳办事处下辖招待所 1 个，护送站 30 个；台山办事处下辖招待所 9 个，护送站 11 个；丰顺办事处下辖招待所 8 个，护送站 4 个；韶关办事处下辖招待所 6 个。救侨

①　《以生产合作及工合事业救济归侨》，《现代华侨》第 3 卷第 8 期，1942 年 8 月。

②　参见《解放日报》1942 年 2 月 6 日。

③　《四千余万救费》，《侨声报》（周刊）第 1 卷第 2 期，1943 年 3 月 25 日；《政府救侨经费》，《新华日报》1943 年 3 月 2 日，第 2 版。

机构遍布广东全省各地，救济侨胞 68 万多人，超出预计的 45 万人。[①]

日本发动七七事变以后，相继占领我国东南大片领土，切断交通和通信设施，致使我国东南、华南大部分侨乡依靠侨汇维生的侨眷生活发生困难；日军扶持的汉奸组织还派人到南洋华侨进行欺骗宣传，蒙蔽侨胞，骗取侨汇；特别是太平洋战争爆发，南洋各侨居地沦陷，侨汇断绝，侨眷的生活陷入严重困境。为疏通侨汇，打击敌伪破坏，侨委会通告侨民严加防范敌伪阴谋，并与有关部门协商，采取如下措施：（1）设立国外银行，吸引华侨汇款；（2）国内外银行或民信局及国内邮汇局密切联络，沟通汇路；（3）邮汇局在海外各地多设分理处，给予海外民信局以优厚利益，吸收侨汇；（4）设法使沦陷区侨民家属接受侨汇。[②]为保障侨汇安全，便利汇总，侨委会还与外交部、海外部及中华邮政储金汇业局等部门一道派员赴新加坡、槟榔屿、吉隆坡、马尼拉等地的"批业"（专为侨胞办理汇款的组织或经手人）重新组织，从简汇兑手续，并由中华邮政储金汇业局及中国银行、中南银行、华侨银行，在新加坡以及我国的香港、汕头、厦门地区集汇点办理转兑，沦陷区亦可设法兑取。[③]这些措施部分解决或缓解了侨眷的生活困难。

为救济因受战争影响而辍学的大批南洋华侨学生，侨委会拟定救济海外侨校侨生回国就学的《救济海外侨校员生及在国内就学侨生办法大纲》，并呈报国民政府行政院批准。《大纲》共 14 条，对因战事失去职业的教师和失学侨生的救济做了具体规定。[④]

以上从六个方面系统梳理了抗战时期国民政府的侨务政策及侨务工

---

① 改之：《救侨近事面面观》，《现代华侨》第 3 卷第 7 期，1942 年 7 月。

② 陈树人：《抗战期中的侨务工作》，《现代华侨》第 2 卷第 5 期。

③ 《现代华侨》第 1 卷第 2 期，1940 年 6 月 15 日。

④ 福建省档案馆编：《福建华侨档案史料》（下），档案出版社 1990 年版，第 1338—1340 页。

作，当然还有其他一些内容，不再赘述。由此可以得出这样的认识：华侨第二次爱国高潮的掀起、为祖国抗战作出巨大贡献，无疑是综合作用的结果，华侨强烈的民族爱国心是主观的决定性因素；国民政府顺应时势、为争取华侨抗战而制定积极的侨务政策，政府各部门为争取华侨抗战创造条件并做大量侨务工作，推动了华侨爱国运动的发展，这是重要的客观因素，其中作为国民政府主管侨务部门的侨委会积极作为、充分发挥作用，在客观条件中发挥了主要作用。

需要说明的是，抗战时期国民政府开展的大量侨务工作、取得一系列成绩，也有侨领侨商的贡献。如美洲著名侨领司徒美堂为支持祖国抗战作出了重大贡献，他担任国民政府国民参政员、赈济委员会委员。他忠实地履行职责，从国家民族大局出发，向政府当局提出自己有关抗战及关系到侨胞切身利益的主张和建议，呈国民政府农林部，系统提出"以侨救侨"的主张，以为"筹设垦殖区"收容归国难侨为"最善之法"；[①]他到有关侨乡调研，建议疏通侨汇与吸引侨资，并联合侨商及国内金融界人士共同创办华侨建设银行，吸收侨资，开发国内实业。[②]再如美国侨领张炳联（又名张展瑄），也曾向国民政府提出侨务工作建议，并被采纳，国民政府军事委员会复函说："台端二月二日函呈一件，并奉谕同志明悉大义，热诚爱国，良堪嘉慰，所陈侨务意见，中央已分别注意改进，尚希在海外继续努力宣扬抗战。"[③]值得赞扬的是，张炳联之子张益民，在美国旧金山中华航空学校毕业后回国参加空军，1937 年全民族抗战爆发后驾机与日军飞机空战，壮烈殉国。

---

① 中国第二历史档案馆藏：《抄司徒美堂呈行政院审查会关于筹设华侨垦殖合作社及救济回国侨民从垦办法的草案》，全宗号：22；卷号 3。

② 参见任贵祥：《司徒美堂与抗日战争》，载《史学月刊》2004 年第 11 期。

③ 江门五邑华侨华人博物馆藏《国民政府军事委员会给张炳联等的函》（3 月 1 日），见刘进、罗达全、张秀明编：《华侨书信抗战史料选编》（五邑侨乡卷下卷），广东人民出版社 2016 年版，第438 页。

当然，辩证地考察，抗战时期国民政府的侨务工作也存在着弊端和失误，主要有以下两方面：一是国民党中央海外部将国共两党政治上的斗争贯彻到侨务工作中，在已经走向大团结的侨社中人为地挑起党派纠纷，制造矛盾；拉拢打击甚至迫害倾向中共的侨领及一般华侨；竭力阻挠和破坏华侨对中共及其领导的军队的援助，甚至不准华侨报刊报道中共抗战的情况，将那些援助中共及其领导的抗日根据地的华侨列为有"严重问题"而"注意防范"[1]。二是滇缅公路被日军截断后，政府部门对奋战在此路上的 3000 多名南侨机工没有妥善安置，而是突然"遣散"，使他们陷入十分悲惨的困境；抗战胜利后，对大批归侨未能妥善复员，给他们"留下了深深的创伤。"[2] 三是太平洋战争爆发后，国民政府对于大批难侨归国缺乏充分思想准备和物资准备，较之此前侨务工作显得被动，救侨工作应接不暇，每名难侨得到的救济费用仅有法币 70 多元，僧多粥少，杯水车薪；各级地方官吏昏庸腐败，敲诈勒索，使归国难侨怨声载道；粤闽等侨乡侨汇断绝，大量依靠侨汇维生的侨眷生活陷入困境甚至绝境，广东四邑地区成千上万侨眷饿死，当时有海外华侨的家信中念及"良遂、二伯及成嫂三人因无食饿死"的"惨状"感到"痛心"。[3]

---

① 《国民党中央海外部每周工作报告》，1940 年 1 月 8—13 日，15—28 日；2 月 26 日—3 月 2日；10 月 21—26 日。南京中国第二历史档案馆藏档案。

② 秦钦峙、汤家麟：《南侨机工回国抗日史》，云南人民出版社 1989 年版，第 135 页。

③ 《给父亲陈良润及母亲的信》（民国三十一年旧历八月十五日），见刘进、罗达全、张秀明编：《华侨书信抗战史料选编》（五邑侨乡卷下卷），广东人民出版社 2016 年版，第 468 页。

# 第二节　抗战时期中国共产党的侨务工作

## 一、关于华侨抗日统战思想的发展脉络

中国共产党将华侨作为统一战线的组成部分的思想是有个发展过程的。1934 年 4 月 10 日发出的《中共中央为日本帝国主义占领华北并吞中国告全国民众书》，号召："一切真正愿意反对帝国主义的不甘做亡国奴的中国人"，"都联合起来，在反帝统一战线之下，一致与日本和其他帝国主义作战"。4 月 20 日，《中央致各省委、县委、市委的一封秘密指示信》中，指示："尽最大可能团结一切反日的力量来建立真正广大的民众的反日统一战线。"这两个文件在文字上虽未点明"华侨"二字，但比较明显地将华侨列入统一战线之中。

1935 年 8 月 1 日，中共驻共产国际代表团草拟，后以中国苏维埃中央政府、中国共产党中央委员会名义发表的《为抗日救国告全体同胞书》（即《八一宣言》），是土地革命战争时期中共侨务思想的一个重大飞跃。其标志为：一是《八一宣言》约 4000 字中有 4 处直接提到"华侨"问题，如果加上提到的华侨政党——致公党，就是 5 处了。这是自中共成立以来正式颁布的中央文件、决议、宣言中从未有过的。二是《八一宣言》向全国各界、各阶层发出抗日救国的"恳切号召"中，明确地将"一切关心祖国的侨胞们"与其他阶层并列；宣言建议组织抗日救国的最高机关——"全中国统一的国防政府"，这个政府"由工农军政商学各界，一切愿意抗日救国的党派和团体，以及海外侨胞和中国境内各民

族，在民主条件下选出的代表"组成。这里将华侨摆在了抗日救国的重要地位。三是《八一宣言》郑重提出"保护侨胞在国内外生命、财产、居住和营业的自由"，并把它列为抗日救国的一条"行政方针"。① 以上三点足以说明《八一宣言》对华侨问题认识的飞跃。

《八一宣言》发表后，在海外华侨中产生了较为强烈的反响。英国有位叫白石的华侨读了《宣言》后，激动不已，当即写下自己的感想寄给法国的《救国时报》。他认为，此《宣言》"不独是中国共产党的一篇空前的伟大的文献，就是在全世界，全中国的文书中，也是最庄严伟大，最沉痛悲愤的一篇"，"因为这不是一党一派的宣言和主张，而是全中国四万万同胞的心声"。他强调："只有积极起来求这主张的实现，才真是证明他是一爱国的志士②。"这种发自内心的肺腑之言，反映了他对《八一宣言》的高度评价和诚心拥护。旅居法国的侨胞们认为，《八一宣言》极诚恳而切合实际。《八一宣言》传到菲律宾，"大得侨众拥护"，马尼拉、怡朗、宿务等地中华商会及广东会馆、协义社等侨团纷纷通电主张停止内战，一致抗日。华侨许立（又名许敬诚、许少东。中华人民共和国成立后曾任中联部副部长）等发起领导成立了中华民族武装自卫会菲岛分会等团体，以抗日统一战线为中心目标，宣传中共的不分党派团结抗日的主张。《八一宣言》的主张在美洲华侨中也引起共鸣。美国纽约著名侨领司徒美堂、陈光润发出号召，纽约华侨要大联合，组成抗日救国阵线，主张不分党派联合抗日。以上这些足以说明华侨对《八一宣言》的拥护态度。1935 年，日军大举侵略华北，制造了华北事变，中华民族的危机更加深重。在此背景下，爆发了一二·九运动，这标志着全国抗日救亡新高潮的到来。

---

① 中央档案馆编：《中共中央文件选集》第 10 册（1934—1935），中共中央党校出版社 1991 年版，第 518 页。

② 《救国时报》1935 年 12 月 9 日。

为了抵抗日本的大举侵略，挽救民族危亡，1935 年 12 月，中国共产党召开了瓦窑堡会议，制定了建立"最广泛的民族统一战线策略的总路线"，号召每一个爱国的中国人都应"参加到反日的战线上去"。会议制定了对各党派、各阶层的政策和策略，其中郑重地向国外华侨宣告："称赞他们历来帮助中国革命的爱国举动"，"苏维埃人民共和国""决心挽救中国于危亡"。"一切国民党政府引导华侨沦于奴隶牛马的政策，均当彻底铲除，而代之以积极保护华侨的政策。在目前，一切被日本帝国主义及其他帝国主义国家排斥驱逐的华侨同胞，苏维埃给予托庇的权利，并欢迎华侨资本家到苏区发展工商业。"[①]瓦窑堡会议及其决议，对于华侨的政策较之以往更为具体化，尤其是这次会议旗帜鲜明地向国内外同胞发出建立抗日民族统一战线的号召，是中国共产党举起的带有强烈民族感召力的一面救国大旗，与广大华侨的民族意识自然地融合在一起。因此，这一号召得到广大华侨的热烈而广泛的响应。

中共建立抗日民族统一战线的号召，在华侨社会中是有思想基础和广泛共识的。因而华侨在参加抗日救亡运动中，积极响应中共这一主张和号召，并谴责国民党蒋介石"攘外必先安内"的不抵抗政策，强烈要求团结抗日的呼声进而形成推动国共合作的一股强有力的海外潮流，它和国内汹涌澎湃的抗日民主救亡浪潮汇合，形成全民族团结抗战的巨大推动力，推动了第二次国共合作的形成和全民族抗战的爆发。

全民族抗战爆发不久，即 1938 年初，毛泽东为马来亚华侨抗敌后援会代表团题词说："全体华侨同志应该好好团结起来，援助祖国，战胜日寇。共产党是关心海外侨胞的，愿意与全体侨胞建立抗日统一战线。"[②]同年 3 月 29 日，中共领导的青年爱国组织中华民族解放先锋队发表告青

---

① 《中共中央文件选集》第 10 册，第 612 页。

② 蔡仁龙、郭梁主编：《华侨抗日救国史料选辑》，1987 年闽书管刊（内字第 0023），第 49 页。

年侨胞书，号召他们继续扩大推进各种抗日活动，"促成海外侨胞反日救国的统一阵线"；"民先队"在抗战时期的任务之一是"与全国青年及国外青年侨胞的抗日救亡团体联合起来，帮助政府抗战到底，收复失地"；我们愿与华侨青年携起手来，"共同为祖国而奋斗，打走日本鬼子，建设新中国"①。

中共关于与华侨建立抗日民族统一战线的思想，是在领导抗日救亡运动、推动第二次国共合作、建立全民族抗日统一战线的过程中形成和确立的，而且和全民族抗日统一战线的建立基本上同步。《八一宣言》和瓦窑堡会议标志着党的关于华侨抗日民族统一战线思想的基本形成或者说初步形成。

## 二、建立党领导侨务工作的机构

为了加强对侨务工作的领导，把战时党的侨务工作落到实处，中共建立了相应的侨务机构，使战时党的侨务工作有计划、有组织地进行。

1938 年秋，中国共产党为进一步扩大对海外华侨的抗日民族统一战线工作，从延安抗日军政大学、鲁迅艺术学院、陕北公学等学校，挑选 20 多名华侨共产党员和青年学生组成海外工作团，由朱德总司令亲自担任工作团的主任，成仿吾负责具体工作，蔡克明、蔡白云分别任正、副团长。被选入海外工作团的归侨有一部分人被党派到东南亚各侨居国开展华侨的统战工作，在各国侨胞中宣传中共的抗日民族统一战线政策。这可以说是抗战时期中共成立的最早的侨务机构。

为了动员侨胞参战，南洋华侨回国服务团在陕北成立了驻延安办事处。1940 年 9 月 5 日成立延安华侨救国联合会（简称"延安侨联"）。

---

① 《新华日报》1938 年 4 月 6 日。

来自世界各地的华侨欢聚一堂，会场前边挂着"加强侨胞团结，争取抗战胜利"的对联。[①] 叶剑英、博古、吴玉章、洛甫等人前来参加。吴玉章在会上讲话，他说："延安华侨应该起核心作用，以推动全世界千余万华侨同胞积极参加祖国抗战，坚决反对投降分子分裂的阴谋[②]。"延安华侨救国联合会的成立，加强和统一了边区华侨的各种社会活动，使其抗日救亡运动走上了有组织的轨道。延安侨联成立后，先后组建了延安华侨俱乐部、桃林俱乐部、边区侨联分会、桥儿沟侨联分会和鲁艺分会等。1941 年初和 10 月，延安华侨救国联合会召开"二大"和"三大"，朱德在百忙中均抽出时间参加会议，并作了热情洋溢的讲话。延安侨联是在党领导下在边区成立的归侨群众团体，是今天中国侨联的前身。

在党中央的机构中，有专门开展和管理华侨工作的中央华侨工作委员会，由朱德兼任书记；中央书记处成立了中共中央党务研究室海外研究组，由朱德任组长。为了加强统一领导，适应世界反法西斯战争局势的需要，太平洋战争爆发的第三天，即 1941 年 12 月 9 日，中共中央政治局决定成立海外工作委员会（简称"海委"），同时决定将原来中央华侨工作委员会和中共中央党务研究室海外研究组并入海外工作委员会，仍由朱德任书记。委员有叶剑英、何英、李初梨、林仲、黄华、武亭、朱海德、庄然、肖林、何浚等。"海委"的任务是讨论太平洋战争爆发后党在日本大举侵略南洋时，如何组织国际抗日统一战线的战略和策略问题，在军事上争取与英美同盟军合作，抵抗日本侵略者，以及讨论南洋局势、组织华侨抗日武装和难侨的安置救济问题等。

"海委"成立后，从中央各部门抽调了 39 名归侨干部成立海外工作学习班，主任、支部书记为叶剑英；政治指导员为野阪参三（冈野进），

① 《新中华报》1940 年 9 月 12 日。

② 《新中华报》1940 年 9 月 12 日。

日本帝国大学毕业生，八路军高级顾问，后任日共书记；副政治指导员林仲，福建籍菲律宾归侨，中华人民共和国成立后曾任广东社会科学院院长；政治秘书黄华，北大毕业生，中华人民共和国成立后曾任外交部部长；办公室主任何英，海南籍马来亚归侨，中华人民共和国成立后曾任外交部副部长；资料员赵玲。海外学习班设在王家坪，其中分 7 个组，各组情况见表 5-1。

表 5-1　海外工作学习班名单一览表

| 职务 | 姓名 | 籍贯 | 职务 | 姓名 | 籍贯 |
|---|---|---|---|---|---|
| 第一组：马来亚组 | | | 组员 | 王楚惠（后参加） | |
| 组长 | 彭光涵 | 广东 | 第四组：朝鲜组（均为朝鲜族华侨） | | |
| 组员 | 李介夫 | 广东 | 组长 | 李天夫 | |
| | 李英岚（女） | 广东 | 组员 | 陈邦秀 | |
| | 刘少明 | 广东 | | 张夫 | |
| | 李奥 | | | 陶克夫 | |
| | 肖戈 | 广东 | | 朱德海 | |
| | 罗启章 | 广东 | 第五组：印尼组 | | |
| | 高辛 | 海南 | 组长 | 钟庆发（谢生） | 广东 |
| 第二组：泰国组 | | | 组员 | 杨城 | 台湾 |
| 组长 | 谭亮兵 | 广东 | | 杜伦 | 福建 |
| 组员 | 肖鲁 | 广东 | | 张上明 | 广东 |
| | 高汉 | 广东 | | 潘伊梅（女） | 广东 |
| | 罗道让 | 广东 | 第六组：菲律宾组 | | |
| | 黄觉生（女） | 广东 | 组长 | 庄焰（卜一） | 福建 |
| | 韩英朴 | 海南 | 组员 | 林汉民（林汉明） | 福建 |
| | 海丰 | 海南 | | 高明轩 | 福建 |
| 第三组：缅甸组 | | | 第七组：越南组 | | |
| 组长 | 许金荣 | 福建 | 组长 | 肖林 | 广东 |
| 组员 | 李光 | 云南 | 组员 | 林力群 | 广东 |
| | 郑祥鹏（后参加） | | | 王健华（女） | 广东（香港） |
| | 李军（后参加） | | | | |

资料来源：王明惠主编《侨德如山——广东华侨博物馆陈列》，世界知识出版社 2011 年版，第 120 页；彭光涵：《华侨青年与延安》，载全

国政协文史资料研究委员会华侨组编《峥嵘岁月——华侨青年回国参加抗战纪实》，中国文史出版社 1988 年版，第 168 页。两种资料略有出入，此表将两者加以组合。前者以国别分组，后者以序列分组；第三组（缅甸组）组长后者为李光。另有台湾组沈扶 1 人，日文翻译为王文书。

学习班主要为训练干部，准备将来派到各侨居地开展工作。学习班的成员，大多是曾在国外从事华侨爱国运动的领导人，或为早期回国、在京沪等城市从事白区革命斗争的归侨。学习班聘请日共负责人冈野进兼任指导员。学习的内容有马列主义理论、军事学、整风文件，并从事社会调查研究及研究制定侨务政策等。朱德、叶剑英对此很重视，亲自领导学习班的学习工作。朱德曾亲自为学习班讲授军事课。他还强调要研究有关欧洲战场、太平洋战场的情况和美国问题，要求学员们做到对时局动向的研究和基本情况的研究相结合，经常组织时事座谈会，并要求从实际出发，调查研究国际国内问题。1942 年 7 月 10 日，朱德致电周恩来说，为了培养党的海外工作干部，已在海外工作委员会的领导下，设立海外工作研究班，请在重庆经常注意了解和收集有关海外和华侨团体的活动情况，并把有关这方面的书报、刊物及时送到延安[①]。学习班于1944 年夏结业，当时由于日本侵略者和国民党顽固派的层层封锁，加之东南亚大部分地区被日军占领，海外工作学习班的学员们未能按计划返回侨居地开展工作，但中共对华侨工作及开展世界反法西斯统一战线工作的高度重视及其所做的努力是不能埋没的。

第二次国共合作形成后，经国共两党协商，得到国民党的同意，中共在国民党各战区的某些大城市设立八路军办事处，并商得港英当局同意，在香港也设有八路军办事处。1938 年 1 月，廖承志作为中共中央代表去香港，与先前在这里的潘汉年等一起筹建八路军驻香港办事处（简

---

① 中共中央文献研究室编：《朱德年谱》，人民出版社 1986 年版，第 251 页。

称香港"八办"），作为中共中央南方局的派出机构。廖承志为南方局委员，潘汉年为八路军代表。先后派往办事处工作的有连贯、梁上苑、潘柱、罗雁子（罗理实）、张淑芳、冯劲持、杜埃、李默农（李少石）、张唯一等人。办事处设在香港皇后大道中 18 号 2 楼的一个大房间里，对外挂牌为"粤华公司"，以做茶叶生意为掩护。办事处下设交通、宣传、联络、侨务等部门。宣传中共的抗日主张，开展抗日民族统一战线工作，"动员广大海外爱国侨胞和港澳同胞参加祖国抗战"①，是香港"八办"的重要任务之一。香港"八办"成立后，对海外华侨做了大量宣传联络和争取工作，接待护送归侨青年到各抗日根据地去，成为归侨可靠、安全的"中转站"。它是中共在祖国南大门对海外设置的一个重要窗口，实际上也是党的一个重要侨务机关。

为便于争取国际友人和海外华侨的援助，香港"八办"成立的同时，经廖承志推举，由宋庆龄在香港发起组织保卫中国同盟（简称"保盟"）。廖承志本人是"保盟"的执委之一。因此，"保盟"与香港"八办"的关系密切，可以说是在党领导下的一个外围的侨务机构。

战时中共设在陪都重庆的南方局，在周恩来等人的领导下，设有华侨工作组，泰国归侨蔡楚吟和丈夫伍治之，负责该组工作。其主要任务之一是开展对海外华侨和归侨的统一战线工作。

早在一二·九运动期间，在党的领导下成立了中华民族解放先锋队。全民族抗战爆发后，民先队的火种在海外燃烧起来。九一八事变六周年之际，中华民族解放先锋队新加坡队诞生（简称新加坡民先队）。新加坡民先队的活动内容、工作纲领、组织系统和规约、队徽、队歌等均与国内民先队相同。它以党的抗日民族统一战线为总方针，以《抗日救国十大纲领》为宣传和工作纲领。其领导成员为：队长施方平，组织部长

---

① 连贯：《回忆八路军驻香港办事处》，《广东党史资料》第 18 辑，第 30 页。

李白涛，宣传部长张楚琨，锄奸部长黄文良，青年部长黄紫焰，店员委员会主任李文陵，秘书刘道南。该队秘密队员达万余人，大部分为青年工人和店员。在新加坡民先队的指导和影响下，缅甸、泰国、越南、印尼等国家的华侨青年中也先后建立了民先队的组织。为明确接受党的领导关系，新加坡民先队于1939年3月派遣张楚琨到香港，直接向中共南方局的廖承志请求予以指导并建立联系。新加坡民先队成立后，在南洋各地开展了多种形式的支援祖国抗日的活动，使党领导和影响的南洋华侨青年的抗日救国活动异常活跃。

此外，还有些中共党员由党组织派遣或经党组织同意以个人名义秘密到海外侨居地开展华侨工作，如在菲律宾从事华侨工作的许立，就是20世纪30年代到菲律宾的中共党员。抗日战争爆发后，他在当地华侨中建立进步组织，率领当地华侨积极开展抗日救亡活动。日本发动太平洋战争、菲律宾沦陷后，他又和香港"八办"被迫解散派到菲律宾的中共党员组织抗日武装——华侨抗日游击支队，在极其艰难恐怖的条件下开展敌后武装斗争，有力地打击了日本侵略者，受到当地人民和盟国军队的高度赞扬。再如共产党人王汉斌、张光年1941年来到缅甸开展抗日救国活动，在当地华侨中组织缅甸战时工作队，创办《新知周刊》，团结华侨文化界和华侨青年从事反法西斯的文化活动。还有泰国、新加坡、马来亚等侨居地都有中共党员开展华侨工作。

抗战期间，中国共产党在国内外建立的各种侨务机构，加强了战时党对侨务工作的领导，使党与海外华侨和归侨的联系更加密切。尽管这些侨务机构还不够健全、人员少、经验不足，但他们的工作效率高，不畏艰险，为做好侨务工作提供了保证。尤其是党的领导人，如朱德、叶剑英、廖承志等人直接在这些侨务机构中任职，还有负责中共南方局工作的周恩来时常在百忙中抽出时间亲自抓侨务工作，这些都说明了党对侨务工作的重视。

## 三、中共侨务工作的主要内容

### （一）对海外华侨的宣传工作

中国共产党在抗战时期最早对华侨的宣传工作，应该追溯到 1935 年 12 月派李立三、吴玉章、廖焕星等人赴法国进行抗日宣传工作，在巴黎创办《救国时报》（初名《救国报》）。该报由吴玉章任主编，在国外广泛宣传党的抗日民族统一战线的方针政策。该报发行量较大，在一年多的时间内销行量就超过 2 万份，欧洲、美洲、亚洲 43 个国家和地区都有订户；该报影响面广，尤其是在海外华侨中产生了很大影响，为国内报刊所不及，其对争取海外华侨尤其是欧洲华侨加入抗日民族统一战线起到了有力的促进作用。这是中共向海外华侨社会开展抗日民族统一战线工作迈出的重要一步，是对华侨统一战线由思想到实践的推进。

1938 年秋，中共党组织从延安各个学校抽调 20 多名归侨党员和归侨青年成立海外工作团，有个别人被派到南洋侨居地向华侨开展宣传活动。他们在华侨中积极宣传党的抗日主张及八路军、新四军英勇抗敌的事迹；向侨胞们讲解了毛泽东的《论持久战》《论新阶段》等著作及中共的抗日民族统一战线主张等。

八路军驻香港办事处成立后，很重视对华侨的宣传工作。1940 年 9 月 27 日，廖承志致电延安及在重庆的周恩来，提出："为加强华侨宣传起见，我们建议：（甲）海外宣传工作必须加强，盼侨委着重布置，并经常指示。（乙）香港现有的办法，除在港侨工委下加设宣传组，以增强菲之《建国报》，港之《华侨通讯》，出版华侨丛书，并与海外各兄弟报增强联系外，决定加强《国新社》工作，另在中国保卫大同盟内，加强其英文通讯（暂作半月刊）。"[1] 1941 年春，大批文化界人士云集香港，

---

[1]　廖承志致延安侨委及周恩来电：《加强华侨宣传工作》，1940 年 9 月 27 日。

廖承志等就开展统战工作和文化宣传工作等问题进行详细研究，并再次致电中央书记处和周恩来，主张建立救国会香港工作委员会，奠定向海外活动的基础；由他和潘汉年亲自负责华侨、殖民地域的报刊工作①。这两封电报针对华侨的宣传工作向中央提出了具体的建议，充分说明廖承志及其领导的香港"八办"对华侨宣传问题的重视。党中央对廖承志的建议持什么态度，笔者未见到资料记载，但后来香港"八办"对华侨的实际宣传工作，基本上是按廖承志的建议开展的，这表明中央是同意和支持廖的建议的。

香港"八办"不但对海外华侨的抗日宣传工作有着较深刻的认识，而且按照周恩来有关"在香港建立一个对南洋和西方各国华侨、进步人士的宣传据点"指示②，有针对性地做了一些对华侨的实际宣传工作。

为使海外侨胞和香港同胞能经常了解国内抗战情况，以及中共的抗日主张、方针、政策，香港"八办"翻印出版了《新华日报社论集》，并根据周恩来的指示，创办了《华侨通讯》，宣传抗日和报道国内抗日的消息。《华侨通讯》除在香港发行外，还销往海外各侨居地，销量达3000份。香港的许多报刊、纽约的《华侨日报》、秘鲁的《华裔日报》、古巴的《前进月刊》等华侨报刊都曾转载过该刊的文章。1939年和1940年，香港"八办"通过保卫中国同盟和新文化书店等部门，翻印出版了毛泽东的《实践论》《矛盾论》《论持久战》《论新阶段》等著作，并用英文向国外发行。其中《论新阶段》是办事处请美国归侨张继（又称张纪）翻译的。中共在重庆出版的《群众》周刊也寄运纸型到香港，由办事处翻译发行。此外，办事处还出版了《抗战大学》《东江》《海外青年》等多种抗日文艺刊物。

---

① 《廖承志致中央书记处并周恩来电》，1941年3月24日。
② 转引自童小鹏：《风雨四十年》第一部，中央文献出版社1994年版，第318页。

皖南事变后，国共关系一度出现严峻的局面。为了打破国民党的歪曲宣传和对中共的新闻封锁，香港"八办"根据周恩来的指示，在香港爱国同胞、银行家邓文田、邓文钊（廖承志的亲戚）的支持下，创办了《华商报》，作为中共在香港对外宣传的喉舌。1941年4月8日，《华商报》创刊。该报组成社务委员会，政治上由廖承志领导，夏衍主管文艺版，张友渔主管社论、理论、时事，邓文田、邓文钊分别任"法人"代表和负责经理部。该报坚持抗战、团结、民主、进步，反对投降、分裂、专制、倒退，采取"有理、有利、有节"的策略与国民党顽固派进行斗争，成为向海外宣传抗日和民主的重要阵地。该报在新加坡、马来亚槟榔屿、越南等国家的侨居地以及我国香港和澳门地区影响较大，销量达几万份。

抗战时期，中共中央处于西北，地处偏僻，通信闭塞。受到客观条件的限制，中央不便直接对海外华侨做宣传工作，这一重任便由八路军驻香港办事处代表中央承担，周恩来代表中央直接指导，由廖承志等人做具体工作。实际上，香港"八办"成为中共对外联络和宣传的重要窗口，它忠实履行了自己的职责，对广大华侨做了大量的宣传工作，构成党的侨务工作的一个重要方面。

**（二）对各界归侨的统战工作**

在广大华侨开展的抗日救国运动中，涌现出一些模范带头的爱国侨领富商。他们在华侨社会中人数虽少，但能量很大，起到了组织者、领导者和"火车头"的作用，影响和带动了整个华侨社会。当时中共与侨领接触、交往的机会并不多，但在这有限的接触、交往中却做了大量的统战工作，其中对南洋著名爱国侨领陈嘉庚的统战工作最具典型。

陈嘉庚是新加坡的一位著名爱国侨领侨商，同盟会元老。他富有不忘祖国和家乡，为家乡捐献巨资兴办厦门大学、集美学村的爱国事迹名扬海内外。他更有着强烈的爱国心，1928年春，日本制造"济南惨案"、残暴地屠杀中国同胞，陈嘉庚带领当地侨胞奋起声讨；自日本发动九一八事变到七七事变，他一直是南洋几百万华侨抗日救亡运动的带头人。但自参加同盟会后直到抗战前期的较长一段时期里，陈嘉庚在政治上对蒋介石国民党"是抱有厚望的"[①]。早在 20 世纪 20 年代后期，国内各派军阀混战时，陈即把蒋介石为首的南京政府当作正统的中央政府，希望他统一中国，并以此作为自己主办的《南洋商报》的宗旨；1936 年蒋介石 50 寿辰，陈发动新加坡马来亚（简称"新马"）华侨"购机寿蒋"的捐款可购十余架飞机；全民族抗战爆发后，陈被聘选为国民参政员，对国民党政府有求则应。

为了慰劳国内抗日军民和考察祖国抗战实况，陈嘉庚亲自发起并率领南洋华侨回国慰劳团于 1940 年 3 月回国慰劳考察。慰劳团的足迹踏遍祖国 17 个省各大战区的上百个城镇和乡村，多次出没于战火纷飞的前线，到过血迹斑斑的战地医院，参观了繁忙的工厂、矿山、农村、机关。在重庆，陈嘉庚受到蒋介石及国民党大员们的"热情接待"。他们不遗余力地拉拢陈，蒋介石甚至授意中央组织部部长朱家骅拉陈"入国民党"，被婉拒[②]。5 月 31 日，陈嘉庚偕侯西反、李铁民冲破国民党蒋介石的重重阻挠，风尘仆仆地来到延安，开始了和中国共产党首次而具有重要意义的交往，下面是陈嘉庚在延 9 天参观考察的日志（缺 6 月 3 日）：

5 月 31 日下午，陈嘉庚一行抵达延安。延安党政军代表吴玉章、高自立、萧劲光、周士第及各机关、学校、群众共 5000 多人前来车站欢迎。其隆重场面为小小山城前所未有。延安归侨们满面笑容地打着"欢迎海外归来的陈嘉庚先生"的横幅站在队伍的前面，并向陈嘉庚等 3 人献花

---

① 中华全国归国华侨联合会编辑出版：《陈嘉庚先生纪念册》（内部印刷），第 9 页。
② 陈嘉庚：《南侨回忆录》，香港草原出版社 1979 年版，第 111 页。

致敬。其中有他的老熟人——菲律宾侨领王雨亭①的儿子王唯真，使他感到惊讶。

6月1日下午，朱德和夫人康克清亲自陪同陈嘉庚等人参观了延安女子大学。他们和学生进行了亲切、愉快的交谈，观看了学生们露天上课和居住的窑洞，参观了女大附设的缝纫、制鞋车间等。女大有20多名南洋归侨女学生，她们向陈嘉庚介绍了在延安愉快的学习和生活情况。参观女大后上汽车时，李铁民不小心头部被车门顶角碰伤流血不止，入中央医院治疗，使陈嘉庚一行比原计划多留延安几天。参观女大后，朱德又陪同陈嘉庚来到杨家岭毛泽东的住所——一个简单、普通的窑洞，屋里摆设"盖甚简单"。他们在这里进行了亲切而长时间的畅谈，并共进晚餐。"宴仅一席设于门外露天"，十分俭朴，但吃得非常高兴和愉快。晚餐后，毛泽东、朱德陪同陈嘉庚等人来到中央党校大礼堂，一同参加"延安各界欢迎陈嘉庚先生晚会"。整个大礼堂没有一把椅子，所有的座位都是钉在木桩上的长木板。毛泽东、朱德陪同陈嘉庚欣然坐下，毫无拘束地观看了一场热情洋溢的晚会。

6月2日下午，朱德和陈嘉庚一道参加了抗大三分校举行的欢迎刚从前线归来的朱德总司令及从遥远的海外归国莅延访问的陈嘉庚一行的大会。会前，学员们举行了一场篮球赛，朱德也上场比赛，年过半百、叱咤疆场的总司令龙腾虎跃地和小伙子们一道拼抢，这一幕使陈嘉庚感到惊愕。

---

① 王雨亭，福建泉州人，16岁时到马来亚做工，后加入同盟会，曾参加辛亥革命和反对袁世凯的"二次革命"；20世纪二三十年代在菲律宾创办进步侨报《平民日报》《前驱日报》，并从事进步文化活动，开展抗日救亡宣传，从财物上支援祖国抗战，介绍华侨青年回国抗日，1938年加入中国共产党，从事党的地下抗日工作；后回香港加入中国民主同盟并在民盟南方支部任职；1949年5月陪同陈嘉庚等回到北平，参加第一届全国政协会议并任第一至四届政协委员；后在"中侨委"、全国侨联任职。王唯真，1938年回国参加抗战，1939年来到延安从事党的新闻工作，为延安新华社及新中国新华社创始人之一。

6月4日，朱德到陈嘉庚下榻的边区政府交际处共用午餐。用餐时，朱德介绍了八路军接受改编及赴前线作战情况，边区行政区划分及建设情况，等等。午后，朱德陪同陈嘉庚参观抗大第四军校，陈嘉庚观察到学员和观众见到朱德并不行军礼，并看到应一位学员之邀，朱德脱掉军大衣和学员们一起生龙活虎打篮球的场面，留下"无阶级复如是"的深刻印象。

6月5日，与边区财政局局长、公安局局长、司法院长以及归侨男女学生深入谈话交流，问得仔细，答得实在。

6月6日，由朱德、康克清陪同参观了离延安数十里的安塞钢铁厂和印刷厂，沿途所见民众穿着、情绪良好，了解到小学校近几年增加了八九倍，妇女缠足及鸦片烟被禁绝。

6月7日，边区各界和男女学生不少人前来陈嘉庚住处漫谈、交流，陈嘉庚还考察了延安居民区、商业区、新市场等。当晚，延安各界在中央党校大礼堂举行欢送陈嘉庚一行晚会，毛泽东、朱德、吴玉章等中共领导人与各界群众代表千余人参加欢送会。在一片热烈的气氛中朱德致欢送词。他说："诸位先生来延九天，曾给了我们很多的指教，这是我们非常感激的。""我们坚持华北抗战，已经三年了。这三年来我们历经千辛万苦，和华北广大民众在一块支撑了华北的抗战，从斗争的经验中，证明了只要我们坚持团结，坚持进步，我们一定能够胜利的。"朱德最后说，在陈嘉庚、侯西反、李铁民三位先生回去的时候，"把我们的意思，传达给海外数千万侨胞"。[①]朱德的欢送词代表了中国共产党及其领导下的抗日根据地军民的共同心声。

6月8日，偕侯西反、李铁民等乘车离开延安。行前临时决定赠延安医院3000元，作为李铁民住院费用。离开延安之际，感慨地回味、思

---

① 《人民的光荣——朱德委员长光辉战斗的一生》四（内部资料），第378—379页。

考重庆与延安的观感：重庆"虚浮乏实，绝无一项稍感满意"；而到延安，感觉别有天地，人民安居乐业，社会风气也好。

陈嘉庚在延安只逗留了 9 天时间，这短短几天的历史，却留下了中共领袖与海外侨领首次交往的重要一页，可以反映出当时党很重视对陈嘉庚的统战工作。朱德总司令在军务繁忙之际多次陪同陈嘉庚；"毛泽东主席来余寓所数次，或同午饭，或同晚餐"，进行亲切的晤谈，望陈将"所有见过此间情形，如回到南洋请代向侨胞报告"①。这次短暂的交往，使中国共产党认识到这位著名侨领的民族正义感和鲜明的是非观念，同时使陈嘉庚深深感到中国共产党人是坦诚的、务实的。他将国共两党、蒋介石与毛泽东、重庆与延安作了反复的比较，思想上发生了很大的变化。这是他认识中国共产党并与其领导人接触、建立友谊的开始，是陈嘉庚一生政治思想上转折的起点。如廖承志所说："南洋爱国华侨领袖陈嘉庚先生，这次回国慰劳并视察，亲自去了延安，通过实际观察，陈先生加深了对我党的了解，他的思想有很大的变化。"②这短暂的交往，对于中国共产党来说也是十分重要的，她宽广的胸怀、英明的主张、宏远的志向，被陈嘉庚所真正了解。因此说，这是抗战时期中共与海外侨领一次具有重要历史意义的交往。

1940 年春夏这次回国实地慰劳考察，使陈嘉庚对国共两党的认识和态度发生了重大变化。返回南洋后，他在不同场合谈到了回国考察的真实感受，这惹恼了国民党蒋介石，蒋介石遂授意下属在华侨中阴谋进行"倒陈活动"。当陈嘉庚受到攻击时，香港"八办"经请示中共中央同意，以毛泽东、周恩来的名义致电陈，对他无所畏惧、敢讲真话的精神给予赞扬和鼓励。不久，太平洋战争爆发，南洋沦陷，日军大肆捕杀爱国侨领，处

① 陈嘉庚：《南侨回忆录》，第 159、160 页。
② 《中共党史资料》第 18 辑，第 129 页。

境十分险恶，陈嘉庚被迫避居印尼玛琅。日本投降后，他安全返回新加坡。1945 年 11 月 18 日，旅渝福建同乡会、厦大、集美校友会等十余团体在重庆大学举行的"陈嘉庚先生安全庆祝大会"上，毛泽东送去"华侨旗帜，民族光辉"的贺轴，成为对陈嘉庚的历史性评价。周恩来和王若飞为陈送祝词："为民族解放尽最大努力，为团结抗战受无限苦辛，威武不能屈，庆安全健在，再为民请命。"[①]此祝词传颂海内外。

美洲著名侨领司徒美堂，是辛亥革命元老，抗战前期也曾对国民党抱有幻想，对共产党心存"疑惧"。1942 年春他归国抵渝，受到蒋介石等国民党大员的"热情接待"——蒋介石夫妇对司徒老人殷勤备至，入则躬迎，亲自倒茶；出则搀扶，送到门口。蒋甚至派人拉他加入国民党，表示如同意可在中央政府给一个职位，遭到司徒美堂的婉言拒绝。孔祥熙约他办华侨银行；戴笠和他谈联络洪门计划……国民党大员们对司徒美堂的"关怀"可谓"无微不至"了，但这些并未博得他的好感。

抗战期间，司徒美堂老人曾两次万里迢迢返回祖国慰劳考察。由于种种原因，他未能亲到延安，对中共及其领导的军队并不十分了解。但在浓雾笼罩的重庆，以周恩来为首的中共南方局对他做了一些统战工作。1942 年司徒美堂从香港脱险辗转抵渝，周恩来、董必武、邓颖超等人得知后立即前去看望。重庆八路军办事处还派车将他接到红岩村，举行欢迎会。周恩来亲自向司徒美堂介绍了八路军、新四军抗日的情况及皖南事变的真相，使司徒美堂对国内政治有了较为清醒的认识。会谈结束时，周恩来、董必武、邓颖超等与司徒美堂在重庆"八办"门口合影留念。对此，司徒美堂回忆说："1942 年夏天，我在重庆应周恩来的邀请出席了茶话会，他当时是重庆的共产党代表。他向我详细阐述了国民党在皖南进攻新四军的经过。在这事变中，许多爱国人士被杀害。他还向我描

---

① 陈嘉庚:《南侨回忆录》，第 370 页。

述了共产党领导的武装力量是怎样受着日本侵略军主力的进攻。"[1]通过中共的统战工作，司徒美堂对国共的认识发生了微妙的变化。

此外，中共还曾对泰国著名爱国侨领、富商蚁光炎，越南侨领陶笏庭等人做过统战工作。诚然，由于客观条件的限制，抗战时期中国共产党与海外侨领富商接触交往的机会是很有限的，但在这有限的交往中，中共做了大量团结统战工作。上述对陈嘉庚、司徒美堂的统战工作就是典型的事例。

除做爱国侨领的统战工作外，中国共产党还力所能及地做一般华侨群众的争取团结工作，这主要体现在团结、关心、教育和信任来到各抗日根据参加抗战的归侨青年。

全民族抗战爆发后，广大华侨在捐款献物支援祖国抗战的同时，还有许多华侨青年络绎不绝地回国参加抗战，其中有部分人奔赴中共领导的各抗日根据地。据从菲律宾回到延安的归侨王唯真估计，抗战时期学习、工作和战斗在各抗日根据地的归侨青年总共约有 2000 人[2]。他们在党的亲切关怀和教育下，在各条战线上锻炼成长为抗日的骨干。如毛泽东在《青年运动的方向》的讲演中所说，"全国各地，远至海外的华侨中间，大批的革命青年来到延安求学"，他们"是抗日救国的先锋……全国青年运动的模范"[3]。

来到陕甘宁边区的归侨青年，深刻感受到边区的温暖，他们和中国共产党的领袖们学习、生活、战斗在一起，受到培养、关怀和教育。当年到延安的许多归侨，始终难忘他们同毛泽东、朱德、周恩来、叶剑英

---

[1]　司徒美堂：《我的生活经历》，全国政协文史和学习委员会编：《回忆司徒美堂老人》，中国文史出版社 1988 年版，第 61 页。

[2]　王唯真：《归国奔延安》，载全国政协文史资料研究委员会华侨组编：《峥嵘岁月——华侨青年回国参加抗战纪实》，中国文史出版社 1988 年版，第 49 页。

[3]　《毛泽东选集》第 2 卷，人民出版社 1991 年版，第 568 页。

等中共领导人的相处交往，留下十分美好的回忆。

菲律宾归侨庄焰（原名卜一），1938 年来延安后进入中央党校学习，聆听过毛泽东、周恩来、刘少奇、朱德、张闻天、陈云、邓小平、邓发等领导人的演讲、报告或讲课，曾在谢觉哉领导下主编《党校生活》杂志。1940 年陈嘉庚访问延安期间，他给陈嘉庚和毛泽东当翻译（陈嘉庚只会讲福建话，不好懂），有机会和毛泽东接触。毛泽东详细地了解他在菲律宾的情况，风趣地称他为"洋包子"。毛泽东说，你的名字"卜一"三画太简单了，一看就是假的。这实际上是提醒他不要自我突出，要通俗化，后来他到东北便改名庄焰。纪念五四运动 20 周年时，延安召开模范青年大会，庄焰被中央党校选为模范青年，毛泽东亲手颁给他一枚模范纪念章。庄焰在延安结婚时，党校副校长邓发前来参加婚礼，表示祝贺；妻子临产时，朱德派人送去两只老母鸡，这是朱德自己种菜卖钱买的。这些无微不至的关怀，使他感到边区革命大家庭的温暖。

1938 年，新加坡《星洲日报》女记者黄薇回国战地采访来到延安，毛泽东亲自接见了她。黄薇被延安的革命精神和抗战气氛所吸引，提出要留在延安。毛泽东劝她仍当记者，认为当记者也是学习，你作为一个华侨记者，把自己的所见所闻向海外侨胞宣传报道，使他们了解祖国的情况，增强抗战必胜的信心，这个工作很有意义。[1]黄薇欣然接受了毛泽东的劝告。

泰国归侨苏惠，先是在上海做党的联络工作，后被推选为党的七大代表到延安。1941 年新年，毛泽东请她等 5 位女同志到家里吃饭。毛泽东询问了她沿途的经过，并扳着指头说，你们过了长江、黄河，中国的主要河流、山川、铁路都让你们走过来了。我们是大长征，你们是小长征。作为党中央的最高领袖，毛泽东这样风趣幽默，没有架子，平易近人，

---

① 黄薇：《把抗日见闻报告海外侨胞》，载《烽火忆抗战》，人民出版社 1995 年版，第 420 页。

使她们倍感亲切。在党的关怀下，1945 年 4、5 月间，苏惠作为正式代表参加了党的七大（参加中共七大的归侨还有：候补代表何浚，会议旁听人员陈子广、钟庆发、林仲、匡沛兴、阿里阿罕等）。

一提起身经百战、赫赫有名的朱德总司令，初到延安的归侨都以为他是一个相貌威武、脾气暴躁的将军，但一见面他们简直不敢相信总司令没有架子，和蔼可亲，是一个很普通的人。朱老总经常深入到归侨中，参加归侨开展的各种活动，并多次同归侨青年一起就餐，有说有笑，热情地同他们拉家常，问他们在延安生活是否习惯，想不想家。他还风趣地问大家：国民党反动派造谣说我一天要吃一个小孩，大家信不信？逗得大家哈哈大笑。朱德还多次到食堂嘱咐炊事员给归侨青年加菜，主食多增加一些大米（延安以小米为主，很少有大米）。每到周末晚上，归侨青年在桃园俱乐部举行舞会，朱德和叶剑英等领导人常来参加，和归侨们共享欢乐。

1940 年底，马来亚华侨青年郭戈奇来到延安。他到延安的第一件事就以槟城《现代日报》记者身份采访朱德总司令。他把这个想法告诉朱德身边的工作人员，并托其把自己的名片转给朱德。他未曾想到，日理万机的朱德知道后当即到王家坪接受采访。见面后，郭戈奇颇为拘束地首先给朱德敬礼道："海外华侨对英勇善战的八路军、新四军致敬、问候！""对朱总司令的雄才韬略和指挥作战有方表示敬佩！"朱德面带慈祥的笑容回答说："共产党领导的八路军、新四军是人民的子弟兵，在民族生死存亡之际，挺身而出，开进敌后抗日是义不容辞的。我身为军人，指挥部队抗日杀敌更是责无旁贷。海外侨胞热心祖国，努力捐献物资，支援祖国抗战，许多华侨青年到延安，到革命根据地参加抗战，我们表示欢迎。"① 朱老总热情、慈祥、坚定的言谈,使郭戈奇原来的拘谨一扫而光,在这种和谐欢快的气氛中,采访进行了一个多小时。

朱德对归侨在延安的工作积极支持和信任。王家坪有个出色的泰国归侨伙食员罗道让。他看到干部战士每人每天定量的一斤粮食不够吃,便写了一份报告给朱德,提出拿出一些粮食喂养猪、羊、鸡等畜禽,增加肉食量,以减少粮食用量。他的报告得到朱德的批准。这一做法在王家坪推行后,果然效果显著,不但粮食够吃了,而且还改善了生活。罗道让因此被评为延安的模范管理员。朱德称赞他是懂得辩证法的好管家。

在延安的其他中共领导人也同样关心归侨,如陈云、叶剑英曾为延安青干校的学员和归侨讲课、作形势报告;再如张闻天、博古、吴玉章等人经常参加归侨的活动;贺龙、林伯渠等人也与归侨青年有过亲切交往。

领导国统区党的工作的周恩来,也同样对华侨做了许多深入人心的统战工作。七七事变后,旅居泰国的广大华侨对祖国的局势忧心如焚,思想混乱。在曼谷一家工厂工作的杜英等30多名华侨工人也具同样心情。某日,当杜英读报得知周恩来主持武汉八路军办事处的消息,便和一些华工联名给周写信反映泰国华侨忧心祖国的思想状况,请教抗战前途问题。不久,杜英等喜出望外地收到周恩来的亲笔复信。在长达八页纸的信中,周恩来赞扬了泰国侨胞关心祖国命运的爱国热忱,深入浅出地解答了他们提出的疑难问题,最后得出的结论是:"抗日战争必将是以中国人民取得最后胜利而告终。"② 周恩来的信,打开了侨胞们的心扉,使他们茅塞顿开。随即他们将该信以《周恩来论抗日形势》为题刊登在《曼谷时报》上,对当地华侨社会产生了良好的影响。

---

① 全国政协文史资料研究委员会华侨组编:《峥嵘岁月——华侨青年回国参加抗战纪实》,第94页。

② 杜英:《周恩来与泰国华侨的抗日救亡运动》,载《不尽的思念》,中央文献出版社1987年版,第106页。

　　来到华中抗日根据地的归侨也同样得到新四军领导的关怀。1940 年夏，马来亚槟榔屿华侨郭永绵经香港"八办"介绍来到苏北根据地盐城。当时此地刚从国民党顽固派手中夺回来，匪特较多。郭到盐城的当天被安排在一个客栈中。陈毅听到消息后，当晚带两个警卫员提着马灯来看望郭，对他风尘仆仆地来到苏北表示欢迎和慰问。新四军组建不久，菲律宾华侨沈尔七率领的华侨青年义勇队，由菲律宾回国到闽西参加新四军，当即受到正在龙岩的新四军政治部主任邓子恢、二支队司令员张鼎丞、参谋长罗忠毅等人的亲切接见。他们热情称赞侨胞们的爱国精神。1939 年，菲律宾华侨慰问团到皖南慰问新四军时，受到叶挺、项英、袁国平等军首长的接见。

　　在中共领导的华南抗日根据地，有许多归侨青年在这里开展各种形式的抗日活动，亦受到当地中共党组织的多方关怀。1939 年初，东江华侨回乡服务团成立，得到当地中共党组织的支持和帮助。"东团"吉隆坡队刚踏上国土，就受到曾生大队（东江纵队的前身）的迎接。

## 四、积极争取华侨援助

　　中国共产党及其领导的军队，是在异常艰难困苦的条件下坚持抗战的。抗战初期，八路军、新四军只有几万人，武器装备差，经费困难，物资缺乏。为了战胜困难，中共及其领导的抗日军民，一方面在与日伪的斗争中依靠自力更生求得生存和发展，并顽强地坚持抗战；另一方面积极争取外援，包括华侨的援助。

　　从党中央的最高领导人到八路军的高级将领，都很注意争取华侨支援抗战、积极争取他们援助抗日根据地。1938 年 3 月 18 日，毛泽东为南洋华侨战地记者通讯团题词道："马来亚的侨胞用一切力量援助祖国为中华民族的独立解放而斗争。"①1937 年 12 月 1 日，北马来亚文化界俱乐部等 8 个华侨团体各向八路军献旗一面，托华侨战地记者服务团团长曾圣提带回转交八路军，并附信一封，对浴血抗战的八路军战士"极表敬佩"。翌年 2 月，八路军正副总司令朱德、彭德怀给他们复信表示感谢。信中"深盼我全体海外侨胞大家团结一致，一面努力援助祖国抗战，同时加紧国际宣传"②。日本侵略者发动侵华战争之手段极端残忍，如对我敌后抗日根据地及其他各战场施放毒气弹，进行细菌战，毒杀残害抗日军民和亿万无辜平民百姓。为粉碎日军暴行，解救受毒害军民，八路军总部特向海外华侨社团致公开信，揭露日军暴行，恳切呼吁广大华侨"对此暴行及我军民之惨遭屠杀，必不漠然视之，敬希迅速动员当地全体侨民，予以有效之援助"③。

先后在中共中央长江局和南方局领导国统区和海外华侨统一战线工作的周恩来等中共领导人，利用一切机会积极争取华侨的援助。1938 年 11 月 2 日，周恩来、潘汉年等人还给法国救国时报社写信，"敬希迅速动员当地全体侨胞予以有效之援助我八路军健儿，誓与日寇不共戴天，虽值此艰难困苦环境中，卫国之心绝不稍懈，当心最大之决心与日寇周旋到底，务达最后胜利之目的，求得民族自由独立之幸福"。④

投资兴办实业，使抗日根据地的经济得到发展和繁荣，是根据地能够生存并得以坚持抗战的基本保证。为此，中共多次号召华侨资本家向国内投资，热诚欢迎他们到根据地来投资建厂。1935 年 12 月，瓦窑堡会议决议最早提出"欢迎华侨资本家到苏区发展工业"；12 月 27 日，《中央致二六军团电》中又具体地指示："用比过去更宽大的政策来对待民

①　蔡仁龙、郭梁主编：《华侨抗日救国史料选辑》，第 49 页。
②　《新中华报》1938 年 3 月 5 日。
③　蔡仁龙、郭梁主编：《华侨抗日救国史料选辑》，第 51 页。
④　王春法主编：《行远同梦——华侨华人与新中国》，第 22 页。

族工商业和资本家，欢迎海外华侨投资并保护他们。"①此后，在 1936 年 2 月和 3 月的《中央宣传部关于目前形势与党的策略路线问答》《中共中央北方局为抗日救国宣言》等文件中，对此多次加以重申。1938 年 3 月 25 日，中共中央致函国民党临时全国代表大会，建议鼓励海外华侨及国内富裕资产者投资，保护与鼓励工商业，发展国家资本主义。1941 年 2 月，陕甘宁边区政府在《1941 年的陕甘宁边区经济建设的计划》中规定，政府提倡保护并帮助私人商业的发展，"尤其欢迎边区以外及华侨等实业家、商业家来边区投资"。边区政府颁布投资条例，给外来投资者以奖励与保护。同年 5 月 1 日，由中共边区中央局提出、经中共中央政治局批准颁布的《陕甘宁边区施政纲领》第十八条规定："欢迎海外华侨来边区求学，参加抗日工作，或兴办实业。"纲领颁布前夕（4 月 27 日），中央为此专门发出指示，要求除边区"切实遵照实施外，在国民党区域、日本占领区域及海外侨胞中，须广泛散布此纲领，在重庆、香港、上海等地须召集座谈会，征求各界意见与批评"②。同时，中共中央机关报《解放日报》还专门发表题为《欢迎华侨来边区兴办实业》的社论，重申华侨在边区投资"必定能够享受边区政府的特殊优待和切实保障"，陕甘宁边区"欢迎你们到它的怀抱里来，发挥你们的伟大创业精神和爱国传统"，"华侨工商业巨子，各界领袖和爱国志士们！赶快组织和行动起来，来完成这一有历史意义的任务吧！"③中共中央的文件、指示对争取华侨回国投资、发展战时经济多次加以重申强调，并最终以法律的形式确定下来。这充分说明中共对这一问题的重视程度。可以说，抗战时期华侨能够掀起一个回国投资的高潮，与中共的号召、争取是有

---

① 中央统战部、中央档案馆编：《中共中央抗日民族统一战线文件选编》中，档案出版社 1984 年版，第 58、72 页。

② 《中共中央文件选集》第 13 册，中共中央党校出版社 1991 年版，第 93、88 页。

③ 见《解放日报》1941 年 6 月 1 日社论。

一定的关系的。

　　广东毗连港澳，与南洋各国隔海相望，是我国著名的侨乡。据国民党政府侨务委员会统计，抗战期间海外粤籍华侨人数近 600 万人，约占华侨总数的 70%，其中大部分集中在南洋一带。在中共领导的华南抗日武装及华南抗日根据地建立的过程中，党中央根据实际情况，非常注重利用这个特殊有利条件。1940 年，中共中央书记处先后 4 次向广东省委发出指示，要求做好华侨工作。1 月 26 日，中央书记处关于发展琼崖工作给广东省委的指示中指出："你们要把琼岛创造为争取九百万南洋华侨的中心根据地"，并要求冯白驹部队应在一年内至少扩大至一万人枪，要依靠人民，"可求助华侨"[①]。3 月 11 日，中央对广东工作的指示指出，抗日游击队要"依靠群众"，"扩大宣传，争取华侨帮助"[②]。11 月7 日，中央书记处对琼崖工作的指示中，再次强调"对沿海渔民及侨民工作须经常加紧注意"，"使琼岛艰苦抗战尽可能得到侨胞及国内各种可能的精神上、物质上的援助"[③]。12 月 28 日，中央书记处又发出对海南军事、政治工作的指示，指示广东省委立即发表告琼崖同胞及海内外同胞书，向琼崖各界及侨胞做深入广泛的宣传工作和统战工作，争取多数对我同情，使顽固派政治孤立。中共广东省委根据中共中央的多次指示，明确了今后工作的方针，要扩大党在南洋华侨中的影响，使琼崖成为扩大团结几百万华侨的中心、培养干部的根据地。中共广东省委及琼崖党组织认为，侨居南洋各国的琼籍华侨有 60 多万人，是一股较大的爱国力量，在广东既要积极争取南洋各属华侨对祖国抗战的支持，又应当把琼崖作为华侨抗战工作的重点。1940 年 10 月，中共琼崖东北区颁布抗战时期施政纲领，把"开展海外工作，提高华侨爱国爱乡思想，争取华侨积

---

① 《中央关于放手发动琼崖工作给粤委的指示》，1940 年 1 月 26 日。

② 《中央对广东工作的指示》，1940 年 3 月 11 日。

③ 《中央书记处对琼崖工作的指示》，1940 年 11 月 7 日。

极支援琼崖抗战"列为重要内容①。

1940 年是中共领导的华南抗日武装和华南抗日根据地创立、发展的重要一年，党中央在这一年中，对中共广东省委就创立抗日武装及抗日根据地要注意争取华侨援助接连发出 4 封指示电，足以说明党对争取华侨援助问题的高度重视。中共广东省委和琼崖地方党组织，对中央的指示认真贯彻落实，华南抗日根据地在远离中央、孤悬敌后的不利条件下，由创立、生存到发展，由弱到强、不断壮大。

华侨与祖国远隔千山万水，尽管他们当中的绝大多数有着满腔的抗日救国热情，但受客观条件的限制，能够跋山涉水亲自回国抗日者毕竟是少数人，而到中共领导的各抗日根据地的就更少了。仅仅做好这部分归侨的统战工作是远远不够的，还需要走出国门，到海外各侨居地、深入广大侨众之中开展华侨支援祖国抗日的工作。

中共在抗战期间派人到海外侨居地开展抗日救亡工作，要追溯到1935 年 12 月在法国巴黎创办的《救国时报》。该报由吴玉章任发行人兼主编，其工作人员多为中国留法学生。1936 年，吴玉章去莫斯科后，由吴克坚接替。《救国时报》成为中共在欧洲宣传抗日救国的喉舌，号召发动旅欧华侨大力支援祖国抗战。

中共较早派人到南洋侨居地开展抗日救亡工作，是 1936 年派菲律宾归侨党员许立返回菲律宾从事抗日救亡工作。在许立的领导下，七七事变后，菲律宾华侨的抗日救国活动开展得如火如荼。如创办《建国报》，进行抗日宣传；成立菲律宾华侨各劳工团体联合会，并先后组织菲律宾华侨抗日义勇队、菲律宾华侨回国慰问团，这两个团体共有 40 多名华侨青年回国参加新四军。菲律宾沦陷后，许立领导创建了菲律宾华侨抗日反奸大同盟、菲律宾华侨抗日游击支队，在极端艰险、恐怖的环境中坚

---

① 《琼崖抗日斗争史料选编》，第 147 页。

持抗日游击斗争，一直坚持到日本法西斯战败投降，华侨为菲律宾乃至东南亚的抗日反法西斯斗争作出了重大贡献。

全民族抗战爆发后，中国共产党更加广泛地开展对海外华侨的抗日发动工作。这项工作又分为两个方面进行：一方面是在延安的中共中央直接派人到侨居地开展工作；另一方面是在周恩来领导的南方局指导下，由廖承志主持的香港"八办"派人到海外开展侨运工作。

1938年9月，中共中央从延安各学校中挑选出20多名归侨青年组成的海外工作团，就是专门派到南洋各主要侨居国开展侨运工作、发动侨众支援祖国抗战的。10月，当工作团全体成员南下经过武汉时，受到当时领导中共中央长江局工作的周恩来的接见。周恩来详细了解了工作团每个成员的情况，经过慎重考虑并作出指示：目前国内国民党正加紧制造反共"摩擦"，国际反动势力猖獗，政治环境恶化，侨居地情况复杂。工作团不宜公开出国，要化整为零分散出国，并将在海外没有可靠立足关系的十多名同志留下返回延安，其余的继续南下分头出国。该团的蔡白云、钟萍夫妇经广州到香港，曾两度受中共华南分局代表连贯的派遣，辗转到越南、老挝、柬埔寨等地从事侨运工作。他们在华侨工人、学生、妇女中组织工会、歌咏团、救灾会等各种爱国团体，为祖国抗战募捐，输送青年回国杀敌等。派到越南的符克，主动开展侨领陶笏庭的统战工作，使陶受到教育，转而热心支持祖国的抗日救亡活动，进而组织了越南琼崖华侨救国会，后来又组织一支由42人组成的越南琼侨回乡服务团，回到家乡海南抗日。

由于条件有限，党中央不便从大西北的延安派人到侨居地工作，这项工作后来主要由香港"八办"来承担。

香港"八办"成立不久，即先后派王任叔、杜埃、陆治、董维键、沈兹九、金仲华、胡一声等人到新马、印度尼西亚、菲律宾、纽约等地开展华侨工作。廖承志亲自派遣大革命时期的党员陈启昌到南洋华侨中开展抗日活动，发动组织华侨抗日后援会，创办《侨声日报》，宣传抗日救国。其后，廖承志又派詹培到印度尼西亚泗水访问积极抗日的华侨吴志满，对吴的爱国活动给予高度评价。吴对廖承志派人漂洋过海访问他很是感动。此后，在开展抗日救亡活动中，吴经常和廖保持联系。1939 年初，著名文艺工作者金山、王莹率领上海救亡演剧二队到达香港，改名中国救亡剧团，在港演出半年多时间。同年下半年，廖承志、潘汉年派该剧团到南洋华侨中演出。同年，新加坡《南洋商报》特派员张楚琨回国采访，并受该报董事经理傅无闷的委托，在国内聘请一位编辑主任。在重庆，张楚琨见到了周恩来，并进行了亲切的交谈。周恩来十分关心南洋华侨的抗日救亡运动，对陈嘉庚的爱国活动尤表关怀，并询问张需要中共怎样的帮助。张遂建议中共物色一位深孚众望的新闻权威人士任职《南洋商报》，以加强抗日舆论宣传，帮助陈嘉庚领导的抗日筹赈运动。后周恩来安排廖承志物色人选，廖便推举中共秘密党员、文化界知名人士胡愈之担当此任。1940 年 12 月，胡愈之奉派由香港抵达新加坡接任《南洋商报》编辑主任。此前，因受陈嘉庚与胡文虎两大侨领交恶的影响，《南洋商报》（早年由陈嘉庚创办）与《星洲日报》（胡文虎创办）连年笔战，不利于侨胞团结抗日。胡愈之上任后，因他与《星洲日报》的金仲华、郁达夫为知交，两报之争遂告停息，推动了侨胞的团结。任职《南洋商报》期间，胡愈之写下了大量的社论及政论文章，这些论文笔锋犀利，政治洞察力敏锐，对于抗日救亡运动的宣传，发挥了独特的重要作用。

1941 年夏秋间，香港"八办"再派钟仕开到马来亚的吉隆坡华侨中开展抗日工作。钟在当地以教学为掩护，秘密发动华侨开展抗日活动。不久，太平洋战争爆发，马来亚沦陷，钟在当地参与组织马共青年和华侨成立抗日游击队，在艰难恐怖的环境中坚持抗日斗争，后被日军逮捕，壮烈牺牲。

除香港"八办"外，中共琼崖特委也曾派到人南洋做侨胞工作。

1939 年春，冯白驹派遣谢礼森、杨善普等人赴南洋开展侨运工作。他们与当地华侨杨少民研究建立华侨抗日救国团体支援祖国抗战等事宜。另外，中共党组织在泰国华侨中也开展过秘密的抗日救亡活动，对泰国著名爱国侨领蚁光炎做过统战工作，抗战初期泰国华侨的抗日救亡活动一度很活跃。后来由于日本施加外交压力，泰国政府转向亲日，取缔和镇压华侨的抗日救亡运动，活动转入地下状态。

太平洋战争爆发后，东南亚大部分侨居地很快沦陷，到处笼罩在日本侵略者的血腥恐怖统治之下。中国共产党人在菲律宾、新加坡和马来亚组织华侨和当地民众英勇地开展抗日游击战争，一直坚持到日本投降，为东南亚的抗日反法西斯斗争的胜利作出了不可磨灭的贡献。

抗日战争期间，中国共产党在欧洲、东南亚等主要侨居地发动华侨开展了一系列抗日反法西斯活动，构成了党的侨务工作的组成部分。从更广阔的意义上说，这也是中国共产党对世界反法西斯战争所做的工作和贡献。当然，由于客观条件有限，中共对美洲各侨居地华侨的抗日发动和组织工作做得还很不够，使这方面的工作在地区上出现了不平衡现象。

抗战时期，是中共自成立以来侨务政策达到成熟的时期，其制定的侨务政策是成功的，扩大了自身在华侨当中的形象和影响，赢得了一部分华侨的拥护。在共同致力于争取民族解放的事业中，中共与部分华侨建立了深厚的友谊，这是华侨支援抗日根据地和祖国抗战的重要原因。当然，抗战时期中共的侨务工作并非完美无缺，有些工作是初步的，有待完善和发展。其侨务政策的广度、深度和影响都是有限的；其所颁布的侨务条例、法令也不健全，中共在广大华侨中的影响也是有限的。

总的说来，国共两党为争取华侨支援参加祖国抗战，都做了大量的工作，主流是好的，这是广大华侨踊跃支援祖国抗战、掀起空前的第二次爱国高潮的重要原因之一。

第六章

# 竭力报效祖国的抗日战争（上）

自支援和参加辛亥革命以来，华侨支持中国反帝反封建的革命运动有多种多样的方式，但其中以人力、财力、物力支援革命是最基本的方式，而抗日战争时期华侨以人力、财力、物力报效祖国抗日呈现出新的方式，更加感人至深，更加可歌可泣，成为华侨大力支援祖国的全民族抗日战争最为主要的内容。

# 第一节　华侨以人力报效祖国

抗日战争期间，海外华侨万里迢迢回国抗击日本侵略者，或到后方为抗日服务，或到前线战场杀敌，流血流汗甚至献出生命，在以人力、财力、物力报效祖国抗战方面最为直接、最为感人。抗战时期华侨回国参战的总人数未见统计，据记载，回国参战的粤籍华侨即有 4 万多人，从这一局部数字可见一斑。概要地说，抗战时期华侨直接回国参战主要有组织各种服务团体归国为抗战服务、南洋华侨机工回国到大西南的滇缅公路运输战略物资、北美华侨青年经过专业培训后回国投效中国空军参加对日空战以及部分归侨青年回国到中共领导的敌后抗日根据地参加抗战等方式。

## 一、各种归侨团体回国服务抗战

### （一）巡回前线后方战地救死扶伤

一般说来，回国参加抗战的华侨有个人零散回国和组织团体回国两种形式。前面已经介绍，零散回国抗战者，九一事变发生后即有出现。全民族抗战爆发后，在各侨居地涌现出许多侨胞送子送郎归国参战的动人事迹。如缅甸仰光华侨朱风仙将其独子朱清河送回祖国投入军营。为推动华侨青年回国参军，菲律宾华侨许立带头把自己尚未成年的独生子送回祖国参加新四军。马来亚怡保地区 40 多岁的华侨妇女罗瑞云，被人们誉为"爱国的母亲"。她的丈夫经商被盗贼杀害，一家十口人全靠她来维持生活。抗战发生后，她曾任当地筹赈会募捐部主任、妇女部主任和本地"炉主"（即主席）等数职。她为抗日救亡事业夜以继日地奔走，使维持自家经济来源的小杂货店倒摊，四岁的小儿子得病未及时治疗不幸夭折。1939 年 7 月，她又送别自己的大儿子陈万和回国抗战，临别时，她向儿子嘱咐道："孩子啊，此行须时时刻刻牢记着为祖国尽忠，在你的脑子里只要刻上八个大字：国家至上，民族至上。此外不应有别的念头，更用不着眷念老母，因为我既立愿，将老身和我的儿女贡献祖国，为民族复仇，为祖国争光，一切牺牲在所不惜，你能为国尽忠，也就是尽孝了。"① 朴素无华、发自肺腑的送别词十分感人，爱国甚于爱子的义举，显示出平凡的母亲的不平凡情操。75 岁的美国华侨司徒美堂，战前一直没有回国，抗日战争期间，他曾几次奔走于中美之间，在侨胞中宣传募捐，支援抗战；在国内呼吁民主团结，共同对敌。古巴华侨周瑞裕、张天爵等也漂洋过海归国慰劳，他们分别在广东前线向当地军政首脑献旗并捐慰劳金 2000 元，并辗转赴湘北劳军②。美国侨领谭赞、邝炳舜，南洋侨领侯西反等人都曾不辞辛苦奔波往返祖国和侨居地慰劳抗战军民。

　　以上列举的是华侨个人零散回国报效抗战的事例，这类事例不胜枚举。当然，全民族抗战爆发后，由于国内政府有关部门着重号召有专门技能的华侨青年回国服务，加之远隔千山万水，零散回国抗战的华侨占少数，而以组织团体回国抗战者居多。团体回国报效者又有多种多样的形式：有记者通讯团回国战地采访，有慰劳团回国考察慰劳，有医疗救护队回国救死扶伤，有机工服务团回国献技出力，有华侨学生救国团回国参军从戎，等等。大批华侨青年离开温馨宁谧的家庭，脱下西装革履，穿上布鞋戎装，回国征战疆场，其情其景，雄壮激昂！

---

　　① 　池振超：《爱国的母亲》，《华侨先锋》第 5 卷第 3 期，1943 年 2 月。
　　② 　中国第二历史档案馆藏：侨委会《八月份工作报告》，全宗号 22，卷号 16。

抗日战争大规模展开后，国内前线我军伤亡惨重，后方医务人员明显不足。"受伤将士往往因国内西医缺乏，诊疗无人，以致不能立时救治，呻吟待绝，厥状至惨，而于战事亦影响至大。"[①] 海外华侨纷纷组织医疗救护队，回国救死扶伤。七七事变后，越南成立华侨归国服务动员会，该会在致国民政府侨委会的信中说："同人远居海外，北望中原烽火，创痛至深。言念战区难民伤心曷极至若，追怀前方将士以血肉作长城……，沙场曝白骨，原野焚脂膏"，遂"发动同侨组织敝会，借以鼓励热心爱国之青年侨胞，招收训练，灌输其军事、救护、民运等常识，以便归国服务"。[②] 在该会动员发动下，越南组织了由林鹭英率领的安南华侨救护队，第一批队员66人，随国民党151师莫希德部服务于惠州、博罗、增城、龙门、从化一带；第二批74人在粤北救护；第三批33人驻潮州服务[③]。

1937年10月，由印尼著名侨领庄西言发起，著名侨商、飞行家许启兴负责筹集经费，著名医师柯全寿负责具体实施，筹备组织巴达维亚华侨救护队，在报上刊登启事后，一时报名者达400多人，最终挑选19人组成华侨救护队编队回国，内有西医4人，护理员15人。他们购置救护车9辆，医疗器械、药品一批，一道运回祖国。12月中旬救护队回到国内，先后在广州、长沙、徐州、许昌、信阳等地进行战地救护工作。1938年6月抵达武汉，受到国民政府侨务委员会的设宴招待。1938年4月，印尼华侨黄锡歆率领棉兰"英岛华侨机师回国救护团"20人，运输4辆汽车及药品4000基罗（印尼重量单位）回国，来到国民党四路军总部服务。马来亚华侨组织槟城华侨救护队，其组织简章规定："凡我华侨

---

① 中国第二历史档案馆藏：《侨委会派驻各地委的工作报告及有关经费收汇问题的来往文书》，全宗号22，卷号16。

② 中国第二历史档案馆藏：《各地华侨组织抗日为国服务团》，全宗号22，卷号35。

③ 黄福銮：《华侨与中国革命》，香港亚洲出版社有限公司1953年版，第241页。

青年男女年龄在十六岁以上具有高小毕业或相当程度为合格。"第一期队员50人，期限为两个月，满期考试及格者发给文凭。继之，新加坡华侨青年励志社和雪兰莪华侨分别组织了圣约翰救伤队和雪兰莪华侨救伤训练会。后者制定了十多条服务项目，报名参加的华侨有108人。

抗战前期，泰国有大批华侨青年组织救护队、义勇队、机工回国服务团等，回国服务者共有2000多人。其中泰国华侨医师黄有鸾因积极资助华侨青年回国服务，被亲日排华的泰国政府当局驱逐出境，他遂发动医务界的侨胞组织救护队，被推选为总队长，率队回国服务，并购置大批医药用品，复将自己经营药店所储存的价值数百万元的药品全部带回国内贡献国家抗战所用。回国后，黄有鸾率队前往第9、第4战区前线，开展救死扶伤工作。中日常德会战爆发后，战事激烈，我军伤亡很大，他率救护队在火线上冒险救护伤兵。因黄有鸾率队巡回战地救护有功，国民政府先后颁给他4枚奖章，以资褒扬。[1]

一批批华侨救护队回国服务于前线和后方，在火线上抢救伤员，在后方治疗伤病，为祖国抗战输送了大批医务人员，拯救了大量伤兵和难民。如由医学博士陈雅云率领的缅甸华侨救护队，由华侨青年和学生组成，回国前发布《缅甸华侨救护队简章》，对队员的年龄、纪律、经费等都做了具体规定，并聘请多名医学专家对队员进行专业训练。受聘的医疗专家有由仰光皇家医科学校毕业的杨生林、古林芳，在香港大学学过内外科的医学学士陈荣环，由伦敦皇家医社毕业的张长胜，香港科学医院毕业获仰光医科学校学士的陈雅云，等等。队员训练的课程为救护训练法、绷带绑扎法、昏晕救急法、止血止痛法、骨折救护法、防毒训练法、除毒消毒法、医药临时使用法、毒气预防法及伤员搬运法，等

---

① 《华侨革命史》编纂委员会编纂：《华侨革命史》下册，台北正中书局1981年版，第697—698页。

等①。该队所有一切医疗器械及经费，均由缅甸侨胞负责接济。队员归国后分头在粤东惠阳、博罗、宝安各地参加救护工作。仅 3 个月时间，临时治疗及住院医疗伤病员和当地同胞总数达 15194 人。②

琼籍华侨青年符猛拔等 11 人，得知家乡琼崖遭到日军侵犯，自筹路费并带回药品 40 多箱贡献给家乡。其他还有 10 人组成的东江华侨救护队、苏门答腊华侨汽车同业机师回国救护团和在山西服务的新加坡华侨救护队等。

除了组织各种救护队回国开展医疗救护，华侨还组织其他各种服务团归国服务。1937 年 8 月淞沪会战爆发，新加坡 13 名华侨青年组成决死队，回国到淞沪会战战场服务。抗战开始不久，越南华侨青年会即组织归国服务团，有 30 多名成员在长江以北服务。与此同时，菲律宾成立华侨青年战时服务团，专门负责训练回国为抗战服务的华侨青年。其训练课程和项目有：国难教育讲座、驾驶技术、军事训练、政治培训、战地救护训练等。至 1938 年 10 月广州沦陷前，菲律宾华侨青年组织 4 批服务团回国服务——第一批为汽车司机和修理工 15 人，第二批为侨生童子军 22 人，第三批为华侨救护队 27 人，第四批为华侨飞行员 16 人。1937 年底，由《星洲日报》《马华日报》等十多家侨报的 15 名记者联合组织"南洋华侨战地记者通讯团"，由知名记者曾圣提率领回国，到武汉及各战场进行战地采访，向广大海外侨胞宣传、报道祖国抗战的消息。1938 年春，曾参加辛亥革命的华侨黄富求组织了以粤籍华侨木工、铁工、汽车司机为基干的缅甸华侨义勇工程队，参加工程队的百余名队员抱着"掷头颅溅热血亦义所弗辞"的决心，经 3 个月的军训后，有 30 多人返国服务，他们被编入国民党陆军特种兵工团，在桂林等地进行抗日工作。

---

① 中国第二历史档案馆藏：《缅甸华侨救护队简章》，全宗号 22，卷号 35。
② 《缅甸华侨救护队工作状况》，《民锋》半月刊第 1 卷第 1 期，1939 年 7 月 20 日。

1938 年 10 月，马来亚槟城 32 名华侨青年组成"槟华青年回国服务团"回国服务。随后，槟城华侨机器工会召开全体会员大会，议决组织机艺工程队回国服务，初选合格者 60 人，最后选定 30 多人，其中 28 人为司机兼机修工，于翌年 2 月回国。

前面已经介绍，抗战爆发后，国民政府侨务委员会和国民党中央宣传部先后向海外发出通知，公开征求华侨空军、医护人员及有特殊技能者回国服务。得到了海外华侨的响应，遂有各地组织华侨医疗救护团回国服务，并有大批特殊技能的华侨青年纷纷报名回国，最具典型的是南洋大批华侨机工回国到滇缅公路运输战略物资（后面将专门介绍），还有英国容纳耶奴有一定专门技术的华侨青年组团回国服务。根据有关资料记载，该团的发起组织是在 1940 年春。1940 年 5 月 8 日，国民党中央海外部副部长兼中央特派海外指导专员周启刚转报国民政府经济部，容纳耶奴华侨回国服务团团长戴汉英请求回国服务的报告并附服务名录等材料，经济部收到报告后批示下属的资源委员会矿业处接纳安排，矿业处批转川康铜业管理处负责接待安置。经济部训令（秘字第 59205号）说：

案准中央特派海外指导员周启刚函开："现将容纳耶奴华侨回国服务团团长戴汉英呈称：'汉英等以国家兴亡、匹夫有责，爰集合侨胞讨论回国服务问题，愿将大英炜质公司工作合同解除组团回国服务，以尽国民报国天职，业于日前回抵香港。汉英等目的系于在交通部及经济部或参加一切有利抗战之工作。现各备旅费尚能勉强赴渝。虽任何艰苦，决不中途气馁。用特呈请钧座恳予指导一切，不胜厚幸。'"①

---

① 四川省档案馆藏：《川康铜业管理处为办理介绍容纳耶奴华侨专门技术人员服务的训令公函代电与技艺人员名单》，档案号民 28—01—0020。

表 6-1 容纳耶奴华侨回国服务团名单 ①

| 姓名 | 年龄 | 籍贯 | 职业 |
|---|---|---|---|
| 戴汉英 | 三十 | 广东番禺 | 机工组打磨 |
| 梁焯英 | 三十九 | 广东三水 | 机工组打磨 |
| 潘伦 | 三十二 | 广东顺德 | 机工组打磨 |
| 卢全福 | 三十二 | 广东番禺 | 机工组钢工 |
| 麦世荣 | 三十九 | 广东宝安 | 机工组铝工 |
| 郭镜泉 | 三十六 | 广东番禺 | 机工组车工 |
| 余文聪 | 三十四 | 广东台山 | 机工组木工 |
| 黄彦 | 三十四 | 广东台山 | 机工组炉工 |
| 许作夫 | 三十九 | 广东南海 | 机工组油漆 |
| 何善平 | 三十一 | 广东顺德 | 机工组木工 |
| 梁相平 | 三十九 | 广东新会 | 机工组油漆 |
| 李耀祥 | 三十六 | 广东番禺 | 机工组打磨 |
| 邵均 | 三十五 | 广东番禺 | 机工组车工 |
| 甄德彦 | 三十六 | 广东台山 | 矿工组铸工 |
| 梁根 | 三十三 | 广东中山 | 矿工组矿工 |
| 梁伙 | 三十一 | 广东清远 | 矿工组矿工 |
| 苏达 | 二十五 | 广东番禺 | 矿工组矿工 |
| 黄荣 | 二十九 | 广东中山 | 矿工组矿工 |
| 王添 | 三十三 | 广东宝安 | 矿工组矿工 |
| 吴海棠 | 三十六 | 广东重阳 | 矿工组矿工 |
| 陈生 | 二十五 | 广东清远 | 矿工组矿工 |
| 骆坚 | 二十二 | 广东番禺 | 矿工组矿工 |
| 梁有辉 | 三十六 | 广东清远 | 矿工组矿工 |
| 邓英 | 三十五 | 广东清远 | 矿工组矿工 |
| 朱水 | 三十五 | 广东广宁 | 矿工组矿工 |
| 甄树源 | 二十四 | 广东台山 | 矿工组矿工 |
| 朱少峰 | 二十九 | 广东台山 | 矿工组矿工 |
| 王瑞荣 | 二十八 | 广西南平 | 矿工组矿工 |
| 赖廷 | 三十三 | 广东重阳 | 矿工组矿工 |
| 吴宪 | 三十四 | 广东恩平 | 矿工组矿工 |
| 郑财 | 三十六 | 广东东莞 | 矿工组矿工 |
| 黄林 | 三十一 | 广东清远 | 矿工组矿工 |
| 邝格 | 三十二 | 广东中山 | 矿工组矿工 |

资料来源：四川省档案馆藏：《川康铜业管理处为办理介绍容纳耶奴华侨专门技术人员服务的训令公函代电与技艺人员名单》，档案号民 28—01—0020。

① 表中有八九人人兼有多种技术，即黄彦兼电焊等技术，苏达、朱少峰兼油漆助手，骆坚兼木工助手，黄英、吴海棠、邓英、赖廷兼"司重机"（起重机）。

从戴汉英的呈报中，至少有两点值得称道：一是这批华侨是本着"国家兴亡，匹夫有责"回国抗日的初衷组团回国的；二是他们是辞去英国的炜质公司工作回国抗战的。

从表6-1可见，该团33名华侨均是二三十岁、有一定工矿技术的青年，其中有8人掌握多项技能；除一人为广西籍外，其余均为广东华侨。

除了参加各种团体归国服务，还有些华侨回国进入各种军校受训，准备上前线杀敌。1939年，菲律宾招考153名华侨青年组成学兵队回国参战。国民党战时工作干部训练团第五期有华侨团员30多人，第六期有90多人①。1939年秋，中央军校广西分校即有南洋侨生120人。中央军校第四分校扩充侨生团，到1940年11月已招考第十九届侨生。战时国民政府空军中华侨更多，其中菲律宾一地回国参加空军的华侨就有62人，更多的是美国华侨。越南华侨商会曾保送30名华侨青年入当地飞行学校学习，准备回国杀敌。

此外，抗战期间，遥远的非洲和欧洲华侨也组织了某些团体回国为抗战服务。1937年9月，全欧华侨抗联会召开第二次代表大会，决定组织华侨团体回国抗战。10月底，爱国将领杨虎城访问欧洲结束回国，全欧华侨抗联会随即组派代表团随杨回国，团员有十多人，其中有全欧华侨抗联会骨干连瑞琦、秦丰川、陈柱天等。翌年初，英国华侨40多人组成"汽车工友回国服务团"回国。1939年夏，德国华侨工人28人经越南回国服务。1938年4月中旬，"非洲罅沙汽车工友回国服务团"的54名华侨团员回国抗日。

### （二）南侨慰劳团回国慰劳考察

组织慰劳团回国慰劳考察祖国抗战实况，鼓舞前后方军民抗战士气，

---

① 蓝东海：《战时工作干部训练团面面观》（下），《现代华侨》第1卷第6、7期合刊，1940年11月。

传达海内外侨情，是华侨人力支援祖国抗战的一种形式，抗战时期尤其如此。

华侨回国服务团和慰劳团的成员既有初出校门的青年学生和工人，又有老当益壮之皓首老翁。曾参加辛亥革命的老华侨邓宏顺组织了十名老人步行慰劳团，其成员有：邓宏顺（团长）、何汉民（秘书）、童公德、林郁初、罗冠洲、周弼如、冯志欣、黎吉云、卫云万、董元汉。这些人年龄均在 50 岁以上，有的高达 70 岁。他们从南洋千里跋涉步行回国到各地宣慰，历经湘赣粤桂等省到达重庆，在各地受到热烈欢迎，并大大地鼓舞了人们的抗日情绪。①

为了慰劳祖国抗战军民，深入了解祖国抗战实况，传达海外侨胞的救国热情，1939 年冬，南侨总会主席陈嘉庚倡议组织南洋各属筹赈会回国慰劳团，遂在报上发出通告，并附简章五条，号召南洋各华侨筹赈机构派代表参加，这一倡议得到南洋各国华侨的热烈响应。同时陈嘉庚致函国民政府征求意见，得到最高党政首脑的同意，侨委会、海外部回电表示欢迎。②随即制定《南洋各属华侨筹赈会回国慰劳团组织大纲》，对慰劳团的名称、任务、团员、组织、经费、日程、奖惩等做了较为详细的规定。其主要任务为："代表南洋各属华侨回国慰劳各省区军民，并考察战时各方面实况"；"慰劳纯为一种情感表示，必须恭敬诚恳，无敷衍简慢之态而予受者以精神上之安慰，藉以鼓励。"③

1940 年 3 月 6 日，南洋各属华侨筹赈会回国慰劳团（简称"南侨慰劳团"）一行 40 多人从新加坡起程，途经缅甸仰光，乘火车至腊戍，然后转搭西南运输公司货车回国。已 67 岁高龄的陈嘉庚原本不想回国，但

①　《革命老人团返国宣慰》，《华侨先锋》第 2 卷第 13 期，1941 年 1 月 1 日。

②　新加坡《南洋商报》1939 年 12 月 4 日。

③　《回国慰劳团之组织慰劳与考察》，载［新加坡］许云樵、蔡史君编：《新马华人抗日史料（1937—1945）》，第 66—67 页。

考虑到应该有始有终地组织和领导好慰劳团，切实达到预期目的，遂不顾语言不通、年老怕寒等困难，毅然决定亲自率团回国。3月26日，陈嘉庚偕印尼侨领庄西言、南侨总会秘书兼陈嘉庚秘书翻译李铁民等5人一行抵达重庆。国民政府各机关、重庆市各界代表3000多人聚集在机场迎接。陈嘉庚走下飞机后，与欢迎人群握手，并由乐队引导穿过人群，即席向记者们发表谈话，他说："兄弟已经离开祖国十八九年了，虽然身在海外，可是心却在祖国。"接着阐明回国慰劳的任务是："我们最大的目的，是要安慰我们祖国已经抗战三年而受了许多辛苦牺牲的同胞们。尽一尽我们安居在国外的侨胞的天责，附带的任务，是考察国内政治、经济、文化、教育的进境。"① 继之，陈嘉庚阐明了拟在重庆建立制药厂、考察西北交通状况、到各战区拜访军事长官等四项任务。同时慰劳团将320万元慰劳金献给国民政府。

国内方面，由国民政府行政院，下属侨委会、政治部、外交部、财政部、教育部，国民党中央宣传部等近30个党政机关部门，组成一个庞大的欢迎南洋侨胞回国慰劳团委员会，由海外部部长吴铁城、侨委会委员长陈树人、政治部部长陈诚为常务会员，下设考察、交际、交通、宣传、总务5个办事组。可见国民政府及各界对南侨慰劳团的欢迎接待工作异常重视。

为减轻国家负担，避免接待浪费，慰劳团团员自备生活用品和费用。抵渝后，慰劳团连续三天在国民党《中央日报》刊登启事如下：

此次奉派回国在于慰劳与考察工作繁重，时虞限越，所有在都拜会谒见聆训参观各项，经承欢迎会代订日程，其中如党政军机关公宴及重庆市各机关团体欢迎，大会即为联合行动，本团虽觉礼重，莫当惟得以此畅聆朝野名贤之教益，自宜乐受，除此而外为敬谨，侨胞使命注重实

---

① 《中央日报》1940年3月27日。

际工作，所有其他应酬概行谢绝，仅布区区，诸祈公鉴，并希原谅。①

陈嘉庚本人也发表"郑重声明"，"一切应酬"，"掬诚辞谢"；"保惜精神，节省靡费，此固为新生活原则所当遵守，亦鄙人愚拙之性一向皆然"。②从慰劳团的启事和陈嘉庚的声明可以看出，南侨慰劳团尤其是陈嘉庚处处为祖国抗战大局着想，简朴实在、不摆"花架子"。对此，慰劳团启程前，陈嘉庚于新加坡召开的座谈会就重申：代表们"在回国后，切实做事，不夸张，不虚饰，务以诚敬谦恭对人，简单朴素律己，以不负海外千余万华侨之使命为最高之原则"③。

南侨慰劳团各路成员汇集重庆后，立即在渝进行紧锣密鼓的慰劳考察，与党政军首脑、社会各界团体进行座谈，了解前线的战况、后方的供给和生产建设等，并认真、仔细地参观了重庆的厂矿、企业、学校、医院等。5月1日，慰劳团编成华中、东南、西北三个分团分别出发到各战区考察慰劳。每分团15人，设正、副团长，秘书、财政、保管、监察各1人。各分团的侨领富商风尘仆仆、跋山涉水、风餐露宿，历时半年左右的时间，足迹踏遍了祖国川、滇、黔、宁、陕、晋、绥远、青、湘、鄂、赣、闽、粤、浙、豫、桂等17个省的各大战区及所属数百个城镇和乡村④。他们深入战火纷飞的作战前线，走进了血迹斑斑的战地医院，考察了繁忙的工厂矿山，参观了沟壑纵横的农田，拜访了战区党政机关及军事指挥员，所到之处均受到热烈欢迎。如5月27日，第一分团在西安，受到党政军各界及群众3万多人的欢迎，向战区最高军事将领献旗，并互致欢迎和答谢词，场面异常热烈；6月5日晚，福建南平各界6000多人召开联欢会，欢迎南侨慰劳团第二分团的亲人们，其隆重场

---

① 《南洋各属华侨筹赈会回国慰劳团启事》，《中央日报》1940年4月20日。

② 《陈嘉庚启事》，《中央日报》1940年3月30日。

③ 《南侨慰劳团今抵渝》，《中央日报》1940年4月17日。

④ 《南侨慰劳团慰劳考察省份和战区》，参见新加坡《南洋商报》1941年3月6日。

面为当地所少有；6 月 11 日，第三分团在宁夏受到 15000 多人的集会欢迎，举行盛大的献旗阅兵仪式，震动西北。赴西北慰劳考察的陈嘉庚等三人于 5 月 31 日到达延安，受到各界 5000 多人欢迎，其场面为小小的山城前所未有，随后毛泽东、朱德等中共领导人多次与陈嘉庚坦诚地会谈，使陈嘉庚的思想发生了重大变化。

南侨慰劳团不远万里回国慰劳考察，是对祖国抗战的有力支援，尤其是从精神上极大地鼓舞了祖国军民的抗敌斗志。他们通过慰劳考察了解到祖国抗战的真相，沟通了海内外抗日救亡的情况，维护了国内团结抗战，也推动了华侨回国投资。如国民党中央某侨务官员所评价的那样，南侨慰劳团"没有带什么金钱，没有带什么慰劳品，可是他们带有比金钱慰劳品更宝贵的东西，那就是千百万侨胞关切祖国，关切前方抗战将士的热诚，和抗战必胜，建国必成的信念，这种热诚和信念，任何巨额的金钱都换不到"[1]。陈嘉庚刚到重庆，在机场接受欢迎的讲话中也说："有人也许要误会本团回来一定带了许多金钱和慰劳品回来，但是我可以告诉大家，我们带回来的是热诚是精神的，而不是物质的。"[2] 国民党《中央日报》社论评价说："侨胞归来不仅与前方将士及全国同胞一个极大的兴奋，同时也给世界视听一个极好的印象。"[3]

## 二、南洋华侨机工献身滇缅公路

### （一）响应祖国紧急召唤

日本发动七七事变打响全面侵华战争后，气焰嚣张，仅用一年多的时间即侵占了中国东南、华南大片地区，并妄想很快"灭亡整个中国"，

---

① 吴铁城：《欢迎南洋侨胞回国慰劳团》，载新加坡《南洋商报》1940 年 5 月 20 日。

② 《中央日报》1940 年 3 月 27 日。

③ 社论《南侨归来》，《中央日报》1940 年 4 月 17 日。

进而占领东南亚，称霸亚洲，十分狂妄。

自 1937 年上海淞沪会战爆发到 1938 年 10 月广州失守，我国东南、华南沿海港口悉被日军占领，对外贸易及大量军火输入所通行的海陆运输线均被掐断。当时中国的对外战略交通仅有西南线（经缅甸或越南出入）及西北线（经新疆至苏联）基本通畅，而西北线要经过浩瀚的沙海，路途遥远，且货运量很小，基本没有运输价值。特别是当时囤积在香港的两万余吨军火及货物，亟待由西南运到大后方，这些货物不但为前线急需，而且延误时间即有被日军抢夺去的危险。因此，国民政府特设西南运输处，直属军事委员会，总部设在云南昆明，以宋子良为主任主持其事，在新加坡设办事处，名曰"西南运输公司"。1939 年初，国民政府曾动员 10 万多名民工，耗时两年多抢修的滇缅公路开始通车，这条公路成了我国战时运输量最大且相对安全的生命线（当时滇越铁路已被炸毁，不能通车）。

临时抢修的滇缅公路穿越崇山峻岭，崎岖艰险，路况很差。当初这条公路上既缺少一定吨位的卡车，更缺少技术娴熟的驾驶司机，致使这条公路车祸甚多。紧急时刻，1938 年 7 月国民政府西南运输总处新加坡分处处长陈质平致函南侨总会主席陈嘉庚表示："奉总处宋主任东越代电拟请陈嘉庚先生代为招募华侨司机二百名，担任战区械弹给养补充输送事宜。任务至为重要，务祈惠赐代办，以裨战局。"[①] 请求捐购汽车和招募司机回国助运。陈嘉庚收到信函后，认为此事有关抗战前途至大，一面在南洋各地广泛发动侨胞捐献卡车，一面于 1939 年 2 月 7 日和 3 月 9 日，分别向南洋侨胞发出征募汽车驾驶员和机修人员的第六号和第八号通告。在第六号通告里对征募回国的驾驶修车人员做了详细规定：（1）熟悉驾驶技术、有当地政府准证、识文字、体魄健全、无不良嗜好

---

① 转引自庄峻：《宋子良在西南运输总处》，《世纪》，2014 年第 4 期，第 75 页。

（尤其不嗜酒者）、年龄在40岁以下20岁以上者。（2）薪金每月国币30元，均由下船之日算起，如驾驶及机修兼长者可以酌加，须在工作时，审其技术而定。（3）国内服务之地，均在云南昆明，或广西龙州等处，概由安南入口，旅费则由各地筹赈会发给。（4）凡应征者，须有该地妥人或商店介绍，知其确具有爱国志愿者方可。（5）本总会经函各地筹赈会负责征募，各筹赈会如经征募考验合格者，计有若干人数，须即列报本总会，至应募者前往安南路程，如能由所在地筹赈会办妥手续，直接出发固妙，否则可由本会设法办理。通告最后强调说："事关祖国复兴大业，逼切注意办理是要。"① 4月6日，南侨总会又发布《机工回国信约》10条，具体规定了华侨机工回国遵守的纪律。其主要内容为：国家至上民族至上，是争取民族自由、国家独立的最高信念；为要争取全民族的自由，必先牺牲个人的自由；必须坚信抗战必胜，建国必成，并须努力为国家民族服务；遵守团体纪律即是遵守国家的纪律；要矢忠矢勇，埋头苦干，服从指挥；等等。② 由《信约》可见，南侨总会对回国服务机工的规定纪律严明，精忠报国的精神跃然纸上。

南侨总会是东南亚华侨支援祖国抗战的最具威望的救国组织，陈嘉庚是深孚众望的爱国侨领。南侨总会征募机工的通告和《信约》发出后，各属侨团积极响应，层层落实；各地前来报名的华侨青年成群结队地涌向报名点。招募机工年龄限定在20岁至40岁，为"考验"合格，年龄小者，虚报年龄；超过年龄者，隐瞒岁数。如新加坡华侨陈文忠已50岁了，朱松胜年仅17岁，也都前去报名。有兄弟同时报名争先回国的；招募机工要验看驾驶执照，有些青年纷纷先考取执照，然后报名；甚至还有女扮男装者。经过严格"考验"，最后选定合格者为3200多人，超过

---

① 《南洋华侨筹赈祖国难民总会第六号通告》，许云樵、蔡史君编：《新马华人抗日史料（1937—1945）》，第61页。

② 《机工回国服务信约》，许云樵、蔡史君编：《新马华人抗日史料（1937—1945）》，第62页。

原计划近 16 倍，足见华侨青年高涨的抗日救国热情。

在回国服务的诸多机工中，动人事迹层出不穷。在新加坡英属汽车公司工作 20 多年的工程师王文松，月薪折合国币 700 多元，他毅然告别老母、妻子及三个孩子，带着十个徒弟回国。在新加坡某个体客运公司工作的吴世光，本来生意红火，又有心爱的恋人，但得知祖国的征召后，他不顾未婚妻的坚决反对，决然挥泪回国。新加坡另一华侨青年韩利丰，告别妻子周亚妹及可爱的女儿回到滇缅公路。回国后，因战乱夫妻联系中断，后来新加坡被日军占领，妻女杳无音信，凶多吉少，韩利丰遂在云南结婚安家。时光荏苒，几十年后，韩利丰得知前妻周亚妹为自己守了 50 多年活寡，而女儿过早夭折，非常难过，遂到新加坡探妻，他们相会时老泪纵横，他将前妻接到云南，"一夫二妻"和睦相聚，成为佳话。马来亚机工刘瑞齐，正陶醉在新婚蜜月中，得知祖国的征召，思想斗争十分激烈，最终背着家人报了名，并在一天深夜趁爱妻睡熟之际，留下告别信，踏上回国路。刘瑞齐离家后，妻子忧郁成疾，一病不起。岳父无奈，写信劝瑞齐回家，瑞齐深爱妻子，洒泪回信说："中国抗战一日未胜利，我就一日不能回去。"[1] 后日军占领马来亚，妻子在战乱中病逝，"新婚别"成为"生死别"。马来亚麻坡的孙其文，是家里的独生子。在忠孝难以两全的抉择中，他选择了前者，背着家人异地报名回国。他离家后，妻子气出精神病而失踪，父母相继去世，遗子由舅舅抚养大。马来亚槟城华侨李月美是位端庄秀丽的姑娘，看到祖国征招机工的通知后，偷穿弟弟的服装，瞒着父母，以一个铁血男儿的身份报名回国，竟然未被发现。回国后在贵州红十字会当司机，后出车在滇缅公路运输物资翻车受伤、被送进医院才暴露女儿身，被誉为当代的"花木兰"。为

---

① 云南昆明西山公园"华侨机工抗日事迹陈列室"资料。

表彰其爱国事迹，何香凝特为她题字"巾帼英雄"。[1]当时女扮男装报名回国的还有白雪娇、陈娇珍、朱雪珍3人。马来亚怡保华侨司机颜世国得知国内滇缅公路急需驾驶员时，妻子怀有身孕，家中还有老母和弟妹，经激烈思想斗争，他将妻子安顿到岳母家中，未辞别老母弟妹即回到国内。泰国华侨机工蔡汉良婉拒姑娘的芳心，放弃优裕的工作待遇回国服务。印度尼西亚的陈全寿背着父母卖掉小汽车报名回国，当他在人头簇拥的码头刚要上船时，看见12岁的小弟弟跪在码头上哭喊着"哥哥……"他也情不自禁喊着弟弟的名字，要他转告爹妈——"我回唐山抗日，等赶走鬼子再回来……"[2]南侨机工回国的动人事迹实在太多，难以尽述。南洋各地的华侨青年，热烈响应祖国的号召，他们离开温暖的家庭，放弃待遇丰厚的职业，以实际的爱国行动，为祖国效力，担负起艰巨、危险的任务，其爱国热忱可嘉，忠勇精神可佩。如作家耶达夫在《送咎华机工回国服务》一文中赞扬说，华侨机工"非但代表了华侨，证明了侨胞出力出钱，在巨大的牺牲下，誓死争取民族的自由与独立；并且也代表了中华民族的正气，证明了我中华民族是决不会做亡国奴的"[3]。

华侨青年报名回国当然也有思想斗争，首先要过思想关。如新加坡机工黄迎风回忆自己报名前的思想斗争时说：

报名前我也有过深深的思考，一想这一走，便是切断了我目前堪称称心满意的工作与生活，将来不可复得。万一有失，家庭由谁管？国家是4亿人的国家，多我一个或少我一个不见得要兴亡，而家却是我一个人的，无我即不堪设想啊；二想我是一个年轻力壮的炎黄子孙，在中华

---

① 参见林少川：《陈嘉庚与南侨机工》，中国华侨出版社1994年版，第114页。书中介绍南侨机工回国的事迹均引自该书。

② 杨国贤、姚盈丽编著：《南侨机工英名录》（下册），中国华侨出版社2016年版，第22页。

③ 彭致、刘宝金：《南洋华侨机工回国抗日纪实》，载云南省地方志编纂委员会编：《云南省志·卷六十五·侨务志》，云南人民出版社1992年版，第199页。

民族生死存亡时刻，应该为民族的生存贡献个人的一切，这才是堂堂正正的中国人。有国才有家，国亡家难存。即使是国亡后家尚存，也只能当亡国奴，有何幸福？三想，我爱国吗？只想到个人享受吗？眼看着祖国沦陷无动于衷吗？我贪生怕死吗？不！经过深深的思考后，我认定只有打败敌人，才能救国家。所以，决心报名归国抗日。南洋生活虽好，但我的心已为祖国忧患所占据，能为祖国开一车士兵上前线御敌，能开一车军火上前杀敌，不也是英雄么？①

这种思想矛盾和斗争是很正常的，但又是不寻常、不平凡的，斗争的结果是国家战胜了小家，民族高于家族，体现出高尚的思想境界。

自 1939 年 2 月 18 日第一批南侨机工由新加坡启程出发，此后一批接一批，其中由马来亚经越南回国者有 9 批 2654 人，由马来亚槟榔屿出发经仰光回国者有 6 批 538 人，前后共 15 批 3192 人（报名的有 5000 多人，详细情况见表 6-2）。②上述是经有关部门正式办理登记手续回国的统计人数，实际上还有些未经登记零散回国者未计算在内。另据国民政府侨委员会记载，除在滇缅公路上服务的大部分机工外，还有一些人分散其他各地服务，这些合计在一起共 3913 人。③这批南侨机工心怀爱国之志、报国之行、救国之旅回到了战火纷飞的祖国，这是一支数量庞大、救国热情高涨的抗日救国大军。

①　彭致、刘宝金：《南洋华侨机工回国抗日纪实》，载云南省地方志编纂委员会编：《云南省志·卷六十五·侨务志》，第 200 页。

②　沈云龙主编：《〈近代中国史料丛刊〉续编》第 44 辑《星洲十年》（社会），台湾文海出版有限公司印行，第 994—995 页。

③　国民政府侨务委员会主编：《侨务十五年》，1947 年 4 月。

表 6-2　1939 年 2 月至 9 月马来亚华侨机工回国一览表

| | 类别 | 回国日期 | 回国人数 |
|---|---|---|---|
| 由马来亚经越南回国者 | 第一批 | 2 月 18 日 | 80 |
| | 第二批 | 3 月 13 日 | 207 |
| | 第三批 | 3 月 27 日 | 594 |
| | 第四批 | 4 月 10 日 | 158 |
| | 第五批 | 5 月 23 日 | 530 |
| | 第六批 | 6 月 30 日 | 124 |
| | 第七批 | 7 月 19 日 | 118 |
| | 第八批 | 7 月 31 日 | 336 |
| | 第九批 | 8 月 14 日 | 507 |
| | 小计 | | 2654 |
| 由马来亚经仰光回国者 | 第一批 | 4 月 5 日 | 344 |
| | 第二批 | 7 月 28 日 | 87 |
| | 第三批 | 8 月 9 日 | 62 |
| | 第四批 | 不详 | 34 |
| | 第五批 | 9 月 22 日 | 3 |
| | 第六批 | 不详 | 8 |
| | 小计 | | 538 |
| | 合计 | | 3192 |

资料来源：云南省地方志编纂委员会编纂：《云南省志·卷六十五·侨务志》，云南省人民出版社 1992 年版，第 219 页。

从新加坡出发的华侨机工，要在南侨总会总部、陈嘉庚的办公处怡和轩举行欢送大会。会场热闹非凡，鞭炮声和掌声交织，欢呼声和演说声交相辉映。第三批机工出发前在养正学校礼堂召开欢送大会，由刘牡丹宣读《回国机工公约》10 条，陈嘉庚等侨领侨商演说，再由陈亲自领读誓词："余谨以至诚，服从本团纪律，拥护民族利益，遵守上峰命令，克尽厥职，奋斗到底，始终不渝，如敢违背怠疏，愿受最严厉的处分，此誓。"① 机工领队刘贝锦致答词后，大家高唱《保家乡》等爱国歌曲。由槟榔屿出发的华侨机工，也举行欢送仪式，一般由侨领庄明理主持。

### （二）滇缅大道树丰碑

南侨机工集中到昆明后，按照政府管理部门安排，先要进行军训，即所谓"运输必须军事化，军事必须运输化"；礼节烦琐，动作僵硬。教官粗俗，常常骂人打人，机工经常受气吃亏，以致发生冲突流血事件。机工生活吃住很差，饭菜难吃，漱口水、洗脸水需到田沟里去舀。

滇缅公路全长达 1164 公里，从缅甸腊戍起要翻过高黎贡山和大王山这两座大山；穿过三条湍急的江河：怒江、澜沧江、漾濞江。全程要行驶七八天，其中有 2/3 的路段是贴着悬崖，路宽不过 2 丈，狭窄的地方仅容许一辆车通过。土路泥泞，坑洼不平，还常遭日机轰炸。每遇阴雨，只好躲在驾驶室内坐等天晴。路上抛锚，要等别的车来才能抢修。一名外国人到滇缅公路采访后深有感慨地说道："无疑的，它是比世界上任何一条公路具有更多的危险的地方……，经过这条公路的军火运输，在速率和安全两方面都能获得满意的结果。"② 此语道出了滇缅公路的异常艰险及华侨机工在战时西南紧张的交通运输中所起的重大作用。不时有美国车行至险路上卡住，司机束手无策，惊呼："见鬼！中国人是怎样在这里开车的呢？"便找来华侨司机帮忙开过去。这时，老外伸出大拇指高喊："OK！"

来到滇缅公路上的侨华机工，气候、语言、生活均不习惯，物质生活艰苦，工作条件恶劣，他们凭着满腔的爱国热情，以顽强的吃苦精神，克服了重重困难。他们对海拔几千米的高寒气候很不适应，常遭流行恶

---

① 彭致、刘宝金：《南洋华侨机工回国抗日纪实》，载云南省地方志编纂委员会编：《云南省志·卷六十五·侨务志》，第 201 页。

② 吴行赐：《为了救国不畏艰险——记抗战期间战斗在滇缅公路上的南洋华侨机工》，《广东侨报》1983 年 6 月 3 日。

性疟疾的打击。其月薪不及在南洋的半数，低得可怜。寒衣、宿舍、医药均缺乏，修理器材也不齐备，还要冒着生命危险行车。但华侨机工对此全然不顾。有的机工坚决地表示："敌人破坏之心愈急，吾辈职责愈重，决不畏其轰炸伎俩，反之，更应勤奋加强运输。"[①]

南侨机工归国后，经过两个月严格的军训即被编为第 11、第 12、第 13、第 14 四个大队，稍后又组建了"华侨先锋运输"第 1、第 2 两个大队，总共 6 个大队。有部分机工则被混编在其他运输大队中。机修人员除一部分被编入上述几个大队外，其余则被分配到滇、黔、渝等地的汽车修理厂工作。南侨机工以"三三制"编队，分为班、分队、中队、大队；每大队约 200 人，有车 180 辆到 192 辆，6 个大队共有车 1152 辆，加上混编在其他大队机工的车辆，约占滇缅公路运输车辆总数的一半以上。

归国的华侨机工都是熟练的汽车驾驶员或掌握汽车修理、机械工程、无线电等专门技术的人员。他们常年战斗在祖国战时的西南钢铁运输线上，从通车之始他们就成了开路先锋。因此，有人谓："滇缅公路如果没有华侨机工……几乎通不成车！"[②] 他们被誉为"模范机工"，外国人称为"技术战士"。

自 1939 年夏到 1940 年 7 月，南侨机工车队运回的主要是由仰光口岸进口的急需作战物资。由于战争前线所需作战物资"十万火急"，因而南侨机工的运输任务紧急而繁重，必须限时限量，不得贻误。当时，由昆明至下关往返路程为 824 公里，限 36 个小时内装卸往返完成。在极其紧张的运输中，时常有车在路上抛锚一时不能修好，困在杳无人烟的荒野中，干粮吃完只好饿着肚子等车来才能讨得饭食；缺水渴极了，只

---

① 《现代华侨》第 6、7 期合刊，1940 年 11 月 15 日。

② 楚琨戈丁：《西南各省实地考察记华侨机工在滇缅》（续），新加坡《南洋商报》晚版，1939 年 9 月 29 日。

好取泥浆水来澄清解渴。为祖国抗战效力，他们就是这样吃苦受累也在所不惜。如 1939 年 9 月，云南芒市、遮放一带阴雨绵绵，滇缅公路既烂又滑，第 13 大队 37 中队的 17 辆卡车，全部陷进离芒市约 8 公里的泥坑中，寸步难行。机工们想尽了一切办法，无济于事。5 个昼夜过去了，所带食物全部吃光。援救的车子进不来，没有补给。从第 6 天开始，因极度疲劳、饥饿，有一半人倒下，能动弹的人只好上山挖竹笋烧煮，给倒下的战友充饥。这里前不挨村后不接寨，又怕车上的军火出事，机工们只好忍着病痛和饥饿，困守待援。倒下的人越来越多，其中有几个机工疟疾病复发，高烧、抽搐不止。等到第 8 天天气转晴，一群路过这里的傣族儿童看到被困机工的惨状，回去报信，当地傣族同胞送来食物、草药和铺路工具，才使他们摆脱了困境。重病的被留下，其他重新上路。华侨机工在运输途中遇到困境甚至生命危险而顽强不屈的事例，举不胜举。

华侨机工在滇缅公路上夜以继日地常年运输战略物资，人人都要勇闯四道"鬼门关"：

**一是瘴疟关**。滇缅公路沿线属热带气候，雨雾蒸腾，草深林莽。各种毒虫猛兽随时袭人；传播疟疾的毒蚊，日夜叮人，防不胜防；毒蛇不下数十种，不慎被其咬伤，数小时之内即能丧命。因此，滇缅公路沿线各种流行性传染病时有发生且比较顽固，尤其被称为"焖头摆子"的恶性疟疾，缺乏特效药，"十人得九人死"。可怕的疟疾夺去了上百名华侨机工的生命。40 多岁的机工欧天福隐瞒年龄、背着妻子报名回国。当妻子知道后很理解丈夫的心情，温柔地表示："你去就去吧，你放心，家里有我。"欧天福到滇缅公路行车不久就染上疟疾，被折磨得奄奄一息，伤心地想到贤惠的妻子，临终时，抓着工友的手流着泪说："小杨啊，我隐瞒年龄回到祖国，可还没做多少事，就不行了，以后，你多替我做一些吧。"① 马来亚太平机工蔡世隆，是第五批回国机工的领队，被恶性疟疾夺去了年仅 26 岁的生命；第四批回国的马来亚霹雳华侨机工余金也被恶性疟疾夺去年轻的生命，如此献身的还有马来亚机工符和林、胡根等。再如第三批回国的马来亚机工蔡文兴，在一次运输行车途中被毒蛇咬伤，幸而被当地一位傣族姑娘及时发现并施救，才保住了性命。伤愈后，蔡文兴带上礼物到姑娘家致谢。按傣族风俗送礼即聘礼之意，姑娘家当即宣布订婚，而蔡不知其故，随后喜结良缘，传为佳话。②

**二是险路、险情关。** 滇缅公路横跨六七座高山，渡过五六条大河，高处海拔三四千米，低处只有五六百米；既要穿越于蜿蜒崎岖的重峦叠嶂，又要由顶峰绕下沟壑纵横的江边谷底，渡涧涉河。不少地段上有危悬欲坠的巨石，下有深邃莫测的深渊。沿途峭壁、悬崖、陡坡、急弯，令人惊心动魄，耳鸣目眩。当年英、美盟军汽车驾驶员通过这些危险地段，多要请华侨驾驶员代为驾驶。华侨机工虽均为技术高超的驾驶员，但还是有不少人葬身沟壑峡谷之中。第 13 大队某分队长、新加坡机工符气簪，在带队执行任务行至永平县铁树窝的一段弯多路窄的险路时，加之前车扬起的灰尘视线不清，与班长不幸翻车坠入深谷而亡；翌年机工为符气簪召开追悼会时，其远道赶来的老父符振芳痛声哭喊："吾儿为国捐躯，希望各侨胞以国家为重，努力于救亡工作，为消灭日寇、争取民族的早日独立而奋斗……"③ 老人的另一个儿子也为国捐躯，子是英烈，父为英雄。另一新加坡机工陈玉蕊，由缅甸八莫往回运汽油时，因夜行路窄，不慎翻车坠崖，无法收尸。还有前述的吴世光，在永平段的险路中随车翻入峡谷身亡。其未婚妻在新加坡的报纸上看到这一噩耗后，当即哭昏过去，并得了精神病。如此献身者还有泰国的邓元丁，新加坡的

---

① 云南昆明西山公园"华侨机工抗日事迹陈列室"资料。

② 杨国贤、姚盈丽编著：《南侨机工英名录》（上册），中国华侨出版社 2016 年版，第 90 页。

③ 杨国贤、姚盈丽编著：《南侨机工英名录》（上册），中国华侨出版社 2016 年版，第 188 页。

方九十，马来亚的黄鉴如、白昌泰等。翻下深谷即使侥幸活命者，也是重伤或残疾，如新加坡机工陈亚清运送武器时翻入深谷，幸被及时抢救，头部受伤，缝了21针，终生残疾，从死神手里夺回了一条命。

**三是日机轰炸关。** 日军为切断、堵死这条中国对外交通的"大动脉"，派出大批飞机对滇缅公路日夜狂轰滥炸。从1940年秋至1941年春的4个多月里，日军出动轰炸机400多架次，有许多骁勇顽强的华侨机工被日机炸得粉身碎骨，连尸体都无法找到。如第三批回国的马来亚华侨机工陈亚霖，1941年1月在保山执行运输任务时遭遇日机轰炸而牺牲。还有一机工从永平开往保山的路上，突遇日机轰炸，头被炸飞了，但他的双手仍在牢牢地握着方向盘。机工王春椿运输途中，遭遇敌机轰炸和机枪扫射，左腿被打断，鲜血直流，汽车熄火，被迫停下。他为了及时把军用物资运到目的地，从工具箱里拿出榔头，用绑腿布带把榔头紧紧绑在腿上，咬紧牙关猛踩离合器，开动汽车，硬是把物资运到了驻地。"生为人杰，死为鬼雄"，这是南侨机工的坚定信念。华侨机工们不畏牺牲，使该路成为摧不毁、炸不断的"钢铁线"。其中从1940年10月到1941年2月，日军对滇缅公路的咽喉惠通桥、功果桥轰炸达16次，出动飞机242架次。桥下水柱冲天，连河里的大鱼也被炸得飞上岸边。有一次横跨澜沧江的功果桥，有一半桥面被炸坠入江中，敌广播得意地报道："滇缅公路已断，三个月内无通车希望。"然而，机工们排除万难，用144个大油桶扎成浮筏，很快就通了车。1942年4月底，大批日军为抢劫我方运输汽车和军用物资，伪装成中国远征军，截断滇缅公路，于5月5日进抵惠通桥。中国军队一面狙击日军，一面炸断惠通桥，滇缅公路最终中断。而未能过桥的机工和众多难民难侨，遭到日军的疯狂轰炸和屠杀，凄惨呼救声震动山谷，我方损失汽车2000多辆，尸体遍地。有不少南侨机工殉国，其中马来亚机工陈团圆正驾驶一车军用物资，为了不使物资落入敌手，他泼油将车烧毁后，躲避山里，但后被奸细出卖遭到日军逮捕。他拒绝为日军服务，惨遭活埋。[①]

**四是雨水泥泞关。**滇缅公路仓促修成，路面泥土石块、坎坷凸凹，被称为"搓板路"。沿路气候变幻无常，忽晴忽雨，风雨交加，雨雹夹杂。晴朗的天气有时突然黑云密布，雷电交加，暴雨骤至，塌方堵路，积水成塘；山陡路滑，一不小心，轻则陷入泥潭，重则滑坡翻车。如第三批回国的印尼华侨机工周开定，行车至芒市独闯三台山，车到山顶时遭遇暴风雨，雷电交加，狂风刮倒一棵大树，正巧砸在驾驶室，他身受重伤，用身体紧紧压在方向盘上，让汽车喇叭不停鸣响，以便附近群众闻声赶来营救。等当地景颇族群众听见喇叭声赶到时，周开定已成一个"血人"，壮烈牺牲。

南侨机工就是在这四道"鬼门关"中（也有著作概括六道"鬼门关"，另两关是车多摩擦关、饥饿寒暑关）风餐露宿、不分昼夜、艰苦卓绝、出生入死地奋战着。只有活着才能实现报国的志愿；但他们不怕死去，为了报国在所不惜，死而无怨。其中有1000多人就在这重重"鬼门关"中献出了自己的宝贵青春，千余公里的滇缅公路平均1公里就埋着1名机工的忠骨，他们成为中华民族的无名英烈。他们的生命是那样的短暂，多数人牺牲后没有留下资料，不少人连姓名都没有留下。有的仅留下几行用热血写就的事迹。如新加坡机工吴再春，本来在英属工厂里有优厚的职业，但出于爱国热忱，毅然回国战斗在滇缅公路上。在一次运输军用物资到龙陵时，他驾驶的卡车发生故障，车上没有修理工具，适值大雨，气候骤寒，衣履单薄，浑身打战。他本可以离车步行他处暂避，但为保护军用物资，始终不忍离开，竟被冻死。国民政府侨委会委员长陈树人在呈行政院请求嘉奖函中说："机工吴再春，爱护公物，奋不

---

[①]　云南昆明西山公园"华侨机工抗日事迹陈列室"资料。

顾身，因此殉职"，"察其殉职情形，与前线将士守土成仁亦无多让"①。
还有前述的老机工王文松，回国后在滇缅公路的下关修理厂任厂长，为
抢修军用车辆贡献殊多，1943 年不幸因车祸殉国。②青山埋忠骨，英魂
垂青史！战斗在滇缅公路上的每个华侨机工都有自己光辉的一页，他们
是祖国抗战的功臣；每一位殉难在滇缅大道上的华侨机工，都是那样的
辉煌壮烈，他们是全体华侨的自豪与骄傲！

　　自 1939 年春出征滇缅公路到 1942 年缅甸被日军占领、滇缅公路被
掐断，长达四年如一日，华侨机工成为滇缅公路上的先锋队、主力军。
据战时日本参谋本部估算，自南侨机工上路后，昼夜兼程，抢运大批作
战物资，每日军火运输量保持在 300 多吨的水平，每月通过滇缅公路运
入中国的军用物资达 1 万吨；仅在 1941 年一年，运回国内的各种军用物
资达 132193 吨。而在南侨机工上路前，滇缅公路每月运输量仅为 1000
吨，两者相差 10 倍。4 年间，经南侨机工运回的枪支、弹药、汽油等各
种作战物资总计达 45 万吨。③这些用血泪铸就的沉甸甸的数字雄辩地说
明，南侨机工对于祖国抗战的重大贡献和重要地位。

　　3200 名南侨机工，怀着崇高的爱国主义激情，为挽救中华民族的危
亡，为赶走日本侵略者，他们为祖国的民族解放贡献出自己的一切，甚
至献出了宝贵的生命，为中华民族的抗日战争作出了巨大的贡献。诚如
陈嘉庚所说，他们是"自愿抛去原有的优美生活以及父母妻子"，"均
系抱抗战热情而来，可以说没有一个是无工作无办法借此返国而求生活

---

① 陈树人：《据报本会委员方之桢呈华侨机工吴再春因公殉职一案请予褒扬并加抚恤由》。原
件藏中国第二历史档案馆。另一说法吴再春因气候恶劣、行车辛劳致病，未得到治疗坚持运输而病故。
杨国贤、姚盈丽编著：《南侨机工英名录》（上册），第 145 页。

② 另一种说法谓王文松抗战胜利后在昆明办理了领资金登记，这说明他未牺牲。见杨国贤、姚
盈丽编著：《南侨机工英名录》（上册），第 66 页。

③ 参见秦钦峙、汤加麟著：《华侨机工回国抗日史》，云南出版社 1989 年版，第 27 页。

者"①。应该说，这些南侨机工四年如一日，能够以难以想象的毅力、克服难以想象的困难坚持下来，生命不息，战斗不止，确实有一种乐观的爱国主义支撑他们。这些青年赤子大都性格直率、豪迈乐观；以苦为荣，苦中作乐。面对国家存亡的抗战事业和壮观美丽的大好山河，他们总是满怀激情。有人问他们滇缅公路险不险？险！苦不苦？苦！累不累？累！美不美？美！乐不乐？乐！他们风趣地说，车队天天穿行在"风、花、雪、月"之中，还有比这更美更乐的吗？——滇缅公路沿途的风景特色有：下关的大风，祥云的茶花，苍山的积雪，洱海的明月。老机工沈茂山回忆 50 多年前历历在目的夜间运输时的情景时说：

> 由于敌机光顾，只能白天休息，晚上行车。开夜车虽然困难更大，但也乐在其中。每当夜幕将滇缅深山峡谷吞没的时候，成百上千辆汽车的车灯一齐亮起来，盘山公路上顿时形成一条长长的火龙，恰似给大山绕上一束闪光的飘带，壮观极了。为了观赏这夜色中的光辉，体念一下祖国这一平静的夜晚，我们常常选择高处停车休息，看着金蛇狂舞般的火龙，鼓掌大笑、大叫、大喊。②

这段散文般回忆，真实再现了南侨机工夜间运输战略物资的壮观场面，其中充满乐观主义、爱国主义和英雄主义精神。

有关华侨支援祖国的资料浩如烟海，内容丰富，其中笔者掌握的资料有三首歌曲，即《再会吧，南洋》（也有谓《告别南洋》）、《运输救国歌》《马达进行曲》。其中后两首都是南侨机工在滇缅公路留下的，现将这两首歌曲的歌词摘录如下：

### 运输救国歌

同学们，别忘了我们的口号，

---

① 林少川：《陈嘉庚与南侨机工》，第 355 页。

② 彭致、刘宝金：《南洋华侨机工回国抗日纪实》，载云南省地方志编纂委员会编：《云南省志·卷六十五·侨务志》，第 207 页。

运输救国，安全第一条。

车辆的生命，同样的重要，

好好地保养，好好驾，快把运输任务达到，

再把新中国来建造。

同学们，别忘了我们的口号，

生活要简朴，人格要高超，

不许赌钱不许嫖，快把烟酒齐戒掉。

听啊！哪怕到处敌机大炮，

宁愿死，不屈挠，

努力保家，忍苦要耐劳，要耐劳。

同学们，别忘了我们的口号，唤醒着同胞，团结着华侨，

不怕山高，不怕路遥，收复失地，赶走强盗。

民族的敌人快打倒，快打倒。[①]

## 马达进行曲

我们的雄心和马达共鸣，

我们的队伍向祖国前进；

我们的血汗作胜利的保证，

在我们前面永远是光明。

这套好身手到今天显出救国本领，

马达快开动！

为了祖国，亲爱的祖国，

负起这次神圣战争的使命，

---

① 杨国贤、姚盈丽编著：《南侨机工英名录》（上册），扉页图片第5页。

我们很光荣，与兄弟们前进！ [①]

这两首歌词同样显示出华侨机工的爱国主义、英雄主义、乐观主义精神。无疑，正是这种精神支撑着他们作出为祖国抗战而英勇献身的感人壮举。

抗战胜利后，南洋各侨居地和国内纷纷为南侨机工抗日救国的光辉事迹竖碑纪念。1946 年 7 月 7 日，马来亚槟榔屿华侨筹赈会在升旗山与鹤山交界的山坡上竖立一座"槟榔屿华侨抗战殉职机工罹难同胞纪念碑"，碑文高度赞扬华侨机工"大收骊驾辇车之利；技参军运，竟树蜚刍挽粟之功。矢石临头，都无畏色，而疆场殉职，宜慰忠魂也"；"庶几取义成仁，亘千秋而不朽；英风浩气，历万古而常昭"。翌年 11 月 30 日，马来亚雪兰莪华侨筹赈会在吉隆坡义山亭为殉难机工立碑纪念，其中碑刻曰："机工技术，驾轻就熟。机工勤劬，风尘仆仆。机工任务，滇缅往返。不畏天险，襃斜绡谷。祸生陡变，丧身寒谷。为国牺牲，谁不敬服。" [②] 南侨机工回国参战 50 周年之际，即 1989 年 5 月，为缅怀其历史功绩，表彰和发扬华侨的爱国精神，云南省人民政府在昆明滇池之滨、风景秀丽的西山公园半山坡上，竖立一座气势磅礴的"南洋华侨机工抗日纪念碑"，碑座正面刻着"赤子功勋"四个光彩熠熠的大字，其碑文写道：

七七事变爆发，日寇猖狂入侵，神州大地，烽烟四起，国土沦丧，生灵涂炭，中华民族处于危急存亡的关头。全国同胞抗日怒潮汹涌澎湃，气壮河山。海外华侨敌忾同仇，义愤填膺，积极参加抗日，广泛开展义演、义卖、募物、捐款等救亡活动，万众一心，共赴国难，波澜壮阔，四海翻腾。

---

① 云南昆明西山公园"华侨机工抗日事迹陈列室"资料。
② 这里所引两处碑文均转引自林少川：《陈嘉庚与南侨机工》，第 19—21 页。

1939 年，在南洋华侨筹赈祖国难民总会主席陈嘉庚先生的号召下，3000 多名热血奔腾的南洋华侨机工，满怀"国家兴亡，匹夫有责"的高度民族责任感，毅然离别父母亲人，远涉重洋，回到祖国，投身于神圣的抗日救国服务工作。

当时，沿海港口均已沦陷，滇缅公路成为唯一的国际通道，世界各国和海外华侨支援我国抗日的军需物资均赖此路输入。南侨机工不顾个人安危，冒着弥漫的战火，夜以继日地抢运军需辎重及兵员，组装、抢修车辆，培训驾驶、机修人员。沿途山高谷深，地势险恶，道路崎岖，设施简陋，加之敌机狂轰滥炸，路塌桥断，险象丛生。南侨机工沐雨栉风，披星戴月，历尽千难万险，确保了这条抗日生命线的畅通，被誉为"粉碎敌人封锁战略的急先锋"。在执行任务中，有 1000 多人因战火、车祸和疫疬为国捐躯。在滇黔、滇川、广西、湖南公路以及印度阿萨邦丁江机场，南侨机工也担负抗日军事运输任务，勋劳卓著。他们以自己的生命、鲜血和汗水，在华侨爱国史上谱写出可歌可泣的壮丽篇章，也在中国人民抗日战争史和世界人民反法西斯战争史上建立了不可磨灭的功勋。

抗日战争胜利后，约有 1000 名南侨机工复员回到南洋，留存国内的同志，新中国成立后在社会主义建设事业中，继续作出了积极的贡献。

半个世纪过去了，南侨机工的伟大献身精神一直鼓舞着海内外炎黄子孙高举爱国主义的旗帜，为振兴中华、实现四化、统一祖国而努力奋斗！

为了表彰南侨机工的光辉历史功勋，并激励来兹，特树丰碑，永志纪念。

云南省人民政府

1989 年 7 月 7 日 [1]

---

[1] 云南省地方志编纂委员会编：《云南省志·卷六十五·侨务志》，第 237 页。

历史的丰碑，铭刻着南侨机工不朽的业绩。自近代以来，华侨爱国活动的方式多种多样，内容丰富多彩，但像南侨机工这样一个庞大而独特的爱国群体回国报效，无论从规模上，感人事迹方面，还是对祖国作出的贡献方面，以及在华侨爱国史的地位上，都可谓空前绝后，永远值得称颂。

为祖国民族解放事业而英勇献身的华侨机工们永垂不朽！华侨机工们抗日爱国的光辉事迹铭刻青史！用宝贵生命和爱国热血铸就的南侨机工精神是中华民族爱国主义的瑰宝！[①]

### （三）不该发生的反差结局

实事求是地说，国民党政府有关管理当局，对归国报效、日夜奋战在滇缅公路的华侨机工群体，关心不够，管理不善，甚至冷漠无情。管理部门和工作人员对机工生活困难如衣履单薄、被帐无着、挨饿受冻、生病遇难等很少过问。机工休息的客栈往往和鸦片烟馆、妓院合在一起，甚至还发生虐待、关押和殴打机工的事件。各方传闻，使华侨机工在南洋的亲人很不放心。他们经常探询并派人赴滇缅公路了解情况。1939年冬，南侨总会及侨领陈嘉庚特派刘牡丹赴滇缅公路视察，见侨工苦状实不虚传，既气愤又感动，刘南返后汇报了情况，南侨总会立即筹集蚊帐、毛毯、工作服、卫生衣、羊毛袜、运动鞋、奎宁（治疗疟疾药品）等慰劳品，计每人可得9种，寄往昆明西南运输代办处。然而国民党有关管理人员，对这些物品竟"层级扣用，实惠于侨工者无多"[②]。有的机工

---

① 南侨机工研究者何泽良（中国华侨历史学会理事、云南华侨历史学会副会长、新加坡陈嘉庚国际学会会员、云南省侨联南侨机工暨眷属联谊会顾问）提出南侨机工精神，其内涵为：国家至上，民族至上，牺牲自我，做个堂堂正正的中国人；挺起脊梁骨，以生为中国人、死为中国魂的气概面对敌人、面对困难。昆明市委统战部等六部门编：《南侨机工历史研讨会文集——纪念南侨机工抗日回国75周年》，2014年内部印刷，第6页。

② 庄明理：《为归国服务"华侨机工"呼吁》，见许云樵、蔡史君编：《新马华人抗日史料（1937—1945）》，第820页。

只得到鞋袜等三四件小东西，有的竟一件未得。南洋华侨"慰劳机工的物品，大部分被国民党的官吏贪污占用了"，其贪婪腐败实在令人发指，与南侨机工的献身救国精神形成极大反差。1940 年秋，陈嘉庚率领南侨慰劳团回国慰劳考察结束后，专程到滇缅公路视察，向机工们作报告，耐心教育、勉励大家抱定爱国心，努力完成抗战目的，以求达到最后胜利。

1942 年 3 月 8 日，日军占领缅甸仰光，继之攻占滇缅公路沿线村镇。5 月 5 日，滇缅公路的咽喉惠通桥被炸断，滇缅公路被截断。此后，同战火中的难民一样，华侨机工陷入悲惨的处境。国民党政府当局不是有组织地疏散撤退华侨机工，而是突然实行冷酷无情的"遣散处理"，使机工们毫无思想准备，除千余人殉难，其余有三四百人到军事情报部门或印度参加盟军运输工作；有二三百人被介绍到黔、桂、川等地工作；有个别在昆明、贵阳等汽车修配厂工作的南侨机工，目睹国民党当局及其官员迫害华侨机工的恶行，感到痛心失望，辗转找到八路军办事处工作。如先后在昆明训练所、贵阳修配厂工作的马来亚机工叶修青偕同机工温其芳（马来亚华侨机工）等人投奔重庆八路军办事处，被安排在重庆、桂林办事处开车，投奔重庆八路军办事处的还有马来亚华侨机工李兴培等人；另有一千几百人自谋出路，或在公路沿线城镇村落谋生，或滞留在昆明生活没有着落，或远走他乡四处流浪。这些抗日功臣转眼间变得十分凄惨，不少人饿死、冻死、沦为乞丐。他们"无衣无食，贫病交迫，彷徨街头，檐下度夜，情况之惨，不忍闻问"[1]。失业的机工只得典卖衣物，倾囊以食，甚至手持侨胞登记证而沿街乞食，沦为乞丐。经归国华侨代表的多方奔走呼吁，国民政府赈济委员会最后答应拨款 25 万

---

[1] 庄明理：《为归国服务"华侨机工"呼吁》，见许云樵、蔡史君编：《新马华人抗日史料（1937—1945）》，第 820 页。

元，由归国侨领侯西反（国民党官员）主持在昆明成立华侨互助会收容失业侨工，但后来侯西反由成都到昆明时飞机失事遇难，侨工苦状仍无多大改变，流浪街头者仍有 400 多人，还有 1000 多人朝不保夕。华侨机工满腔热血归国报效，落到这样的下场，使广大侨胞寒心失望。国民党政府这样有始无终地对待归侨机工，辜负华侨的一片报国之心，伤透了华侨机工们的心。南侨机工这种悲惨的结局，政府当局难辞其咎。

抗战胜利后，多方努力促使国民政府将千余名机工复员返回南洋，另有千人留居国内。时光荏苒，七八十年过去了，至今在世的机工已寥寥无几了。

## 三、归侨健儿保卫祖国领空

### （一）为祖国抗日培养空勤人才

抗战爆发以来，海外华侨纷纷请缨归国参战。当时国民党中央宣传部和国民政府侨委会"先后通告海外华侨除空军人才及医师公开征求外，非有特殊技能者切勿轻率回国"。回国者需要事先请示报告。[①] 因此，战时归国为抗战服务和从军抗日的华侨以掌握特殊技能者（如华侨机工）、医护人员及空勤人员居多。前面详细介绍了回国服务的各种华侨救护队及奋战在滇缅公路上的南侨机工的事迹，下面着重介绍归侨青年保卫祖国领空的动人情形。

早在 1928 年 5 月日本制造"济南惨案"，就引起美国华侨的愤慨，纽约华侨遂发起组织"美洲华侨航空救国会"，其发表宣言指出："同人等爱组织斯会，一方联络航空界及与航空有关系之科学专门人才，研究航空学术，以期将来对祖国有相当之贡献；一方联络有志航空青年及热

---

① 中国第二历史档案馆藏：《照抄驻仰光领事馆原呈》全宗号 22，卷号 43。

心表同情于航空事业，协助国府，谋中国航空事业之发展，此组织斯会之微意也。"① 从其宣言不难看出两层意思：一是研究探讨科学技术；二是为谋求发展祖国航空事业，以后者为根本目的，其初衷和出发点不言而喻。翌年冬，旧金山华侨成立航空研究会。九一八事变后，美国华侨鉴于日本侵华益甚，航空救国活动更加积极并有明显的针对性。旧金山、波特兰、纽约、洛杉矶、芝加哥、底特律、匹兹堡、檀香山、菲尼克斯、图森及加拿大等地华侨，纷纷创办航空学校或航空学会，其中波特兰的美洲华侨航空学校及旧金山的旅美中华航空学校成绩斐然。

1931 年"双十节"，波特兰华侨集会纪念，议决成立美洲华侨航空救国会，翌日开始筹建美洲华侨航空学校，推选筹备人员。航校的宗旨为："训练航空人才，对外为巩固国防，尽力拒敌；对内为发展航空事业，永不参加任何政争内战。"② 强国御敌，反对内战，其宗旨值得赞扬。航校设有航空技术、航空理论、国耻史等课程。初期航校有教练机 3架，均为当地华侨所捐献，以孙中山的三民主义即"民族""民权""民生"为名号。航校成立时曾呈报祖国政府备案，经复函嘉勉，并接纳该校毕业生回国效力。同年 12 月 13 日航校举行开学典礼，翌年 5 月第一期学员 16 人毕业。8 月 20 日，被派遣回国的学员有黄泮扬、陈瑞钿、邓秀生、张达昀等 9 人，经受训后编入空军服役。第二届 1932 年 5 月开学，共招学员 20 多人，1933 年 2 月 12 日毕业。由于当时美国经济萧条，航校经费仅靠波特兰的两千多名华侨捐献，"开办两期，已觉筋疲力尽"。故第二届学员毕业后，已无力再办第三届，美洲华侨航空学校被迫停办。其两届共培养学员 36 人，归国报效者 32 人，其中黄泮扬、陈瑞钿等 4人抗战时期升任中国空军大队长，成为著名的空军英雄。波特兰华侨虽

---

① ［美］麦礼谦著：《从华侨到华人——二十世纪美国华侨社会发展史》，三联书店香港有限公司 1992 年版，第 320—321 页。

② ［美］麦礼谦著：《从华侨到华人——二十世纪美国华侨社会发展史》，第 322 页。

然人数不多，却成为抗战时期华侨航空救国运动的"先行者"。

1931年底，在美洲华侨人数最多、最集中的旧金山，一些华侨青年成立了中国航空联合研究会，并拟成立航空学校未果。1933年2月，华侨朱忠存等人发起成立飞鹏航空学会，随即在"美洲华侨拒日救国后援总会"支持下成立旅美中华航空学校。航校制定招生简章15条，"以栽植航空人才，巩固国防，永不参加任何内战为宗旨"[①]。航校有教练机5架，课程有机械原理、航空原理、空战战略、初级飞行术、高级飞行术、夜间飞行术、军事飞行术、国耻史等。航校1933年、1937年分别招收第一、第二期学员，1934年、1938年两届学员毕业，共有33人回国报效。七七事变后，全民族抗战爆发，华侨抗日团体改组，在国民党人的推动下，原飞鹏航空学会、涤汉飞行学会、华侨航空学会联合组织中国航空协会美洲总分会，随即改组航校并招收第三届学员，学员分别来自全美十多个城市和地区。1938年第三届学员毕业，分两批共45人回国。1940年初，航校也因经费难以为继等原因停办。旧金山旅美中华航空学校为美国维持时间最长、规模最大的侨办航校，三期共为祖国培养空勤人才78人。

除上述两所华侨航空学校外，美国纽约、洛杉矶、芝加哥、底特律、匹兹堡、波士顿等地的华侨也建立了航空学校或航空组织，培养了一些飞行人员，对航空救国活动有所贡献。抗战期间到底有多少美国华侨空勤人员回国报效，没有确切统计，仅上述两航校送回国的华侨青年即有110人。另从战时中国政府航空署某官员给侨委会的一份报告可见一斑："查美空军修护司令部第十四地勤大队，由美军部征集华侨编组，其中士兵全系华侨，官佐有三分之一为华侨。已派中国服务者有飞机修护一中队二百余员名，电讯连一百余员，现在受训已毕，即待命开拔者七百

---

① 刘伯骥：《〈美国华侨史〉续编》，第684页。

余员名，连同已赴华者，约共一千员名。"①该报告说明，至少有 300 多名美国华侨空勤人员回国抗战。查十四地勤大队即抗战后期美国援华的陈纳德将军组建的"飞虎队"的前身，由此可以推断，"飞虎队"来华抗战人员中也有些人为华侨。总之，美国华侨为战时航空救国运动作出了突出贡献。

除美国外，其他国家也有不少华侨空勤人员回国报效。1938 年至1939 年，有 100 多名菲律宾华侨飞行员和飞机修护人员回国抗战。1940年 7 月，国内招考空军，仅越南华侨青年回国报考者即有 145 人，另有30 人进入越南当地飞行学校学习，准备回国杀敌。还有加拿大等国华侨空勤人员回国服务。

华侨"默审我国空防能力之薄弱，深悉今日抗敌救国之要图"，培养华侨飞行员回国报效，表明他们有战略眼光。因此，上述华侨在侨居地创办的航空飞行学校、航空培训班等，为祖国培养了大批空军技术人才和航空事业的骨干。当时国民政府空军战斗机飞行员中华侨几乎占3/4，国民党广东空军"由队长以至队员，全部几以华侨子弟为骨干"②。

### （二）对日空战战功卓著

日本发动大规模侵华战争后，日军飞机到处肆虐，狂轰滥炸，战争的制空权始终在日军手中。当然，在战争前期，中国空军也打了一些漂亮仗，其中不少归侨飞行员战绩突出。

1937 年 8 月 14 日，中日空军在靠近南京的句容上空展开了一场空战。日军由台湾出动"王牌"木更津轰炸机队，分两批每批 9 架偷袭南京、句容、杭州等中国空军基地。中国空军当即迎头阻击，出战飞机以陈瑞钿、黄泮扬、黄新瑞、雷均炎、苏英祥等归侨飞行员为主力阵容。

---

① 航空委员会公函：《案据本会驻美机械附员钱昌祚报告》。原件存中国第二历史档案馆。

② 刘伯骥著：《〈美国华侨史〉续编》，第 682 页。

他们勇敢机智，痛打日本空中强盗，击落敌机 6 架，自己无一伤亡，取得中日空战以来的首次大捷，这一天被国民政府定为"中国空军节"。此后，华侨飞行员多次出战，建树颇多。

1939 年 7 月 25 日，加拿大归侨飞行员马俭进随队友驾机，分两批共 6 架飞机由成都越秦岭奔袭山西运城日军机场（第二批因故中途撤回）。马俭进是第一批 3 名飞行员之一，他们选择日军重型轰炸机为轰击目标，3 机咬尾低空快速奇袭，机场日军猝不及防，顷刻间淹没在一片火海之中，30 多架日机被炸毁炸伤，机场指挥官因此被撤职。马俭进在这次奇袭中立下战功。

在对日空战中，不少归侨飞行员奋勇杀敌，战功卓著。前述美洲华侨航空学校培养出来的归侨飞行员陈瑞钿，在祖国抗战的硝烟烽火中锻炼成长为著名的空中"虎将"、战斗英雄。他曾驾机配合中国陆军参加淞沪会战，随后参加句容空战。1937 年 9 月 19 日，他单独驾机在山西太原上空遭遇多架敌机，旋展开激战。由于敌众我寡，陈瑞钿的飞机被击伤，但他仍顽强地将一架号称"驱逐之王"的日机击落。陈机亦坠落在一间学校的房顶上，幸未起火爆炸，他当时已处于昏迷状态，满脸鲜血，左臂中弹，被当地一位教师救起送进医院。伤愈后，他又参加粤北空战，迫降日机一架，将飞行员俘虏。1938 年 5 月，在武汉空战中，陈瑞钿一人击落日机 3 架。1939 年昆仑关空战中，陈机中弹燃起大火，他虽跳伞生还，但面部和双手严重烧伤，被迫回美国植皮治疗。陈瑞钿在对日空战中累计独自击落日机 6 架，协同队友击落 3 架，因功升为空军大队长。

美国华侨航空学校毕业的空军英雄黄泮扬，6 岁随父到美国。在美国，他"深感到做一个中国人的可怜"，便下决心"学点可以使祖国强大的技能回去"，遂"选定了航空这一途"[①]。抗战爆发后，他马上归

① 林有：《保卫祖国领空的华侨英雄》，《现代华侨》第 2 卷第 10 期，1941 年 10 月。

国参战，在对日空战中异常勇猛，升任空军某部中队长。他先是在杭州、南京、句容等地上空迎敌，后来参加衡阳、南雄、汉口、广州、重庆等地的对日空战。在多次对日空战中，他一人击落敌机 5 架，因战功卓著，1938 年春夏先后提升为空军某部副大队长、大队长。1939 年 2 月 22 日至 23 日，他率队在广州空战中击落日机 15 架。他和陈瑞钿同被誉为空中"虎将"，成为威震敌胆的空中英雄。

印尼归侨飞行员吕天龙，抗战爆发时任空军某部中队长。1938 年，他相继参加襄樊、汉口中日空战，在著名的台儿庄会战中，他随队友驾机轰炸枣庄、峄县一带的日军，配合陆军作战。返航时，他击落一架日军侦察机，但自己右手被击穿，遂用左手驾机返回机场，着陆时，因力气用尽，在昏迷中被送进医院。另一印尼归侨空军勇士谢全和，生于苏门答腊岛以东的帮加邦，曾在上海暨大读师范。对日开战后，他参加国民政府广东空军驻防广州，与其队友第一次和敌空军在广州上空展开较量，击落敌机 2 架。接着，谢带领 4 架飞机与 30 多架敌机展开激战，谢机被击中七八弹，仍顽强坚持战斗。在韶关空战中，谢又一次与队友击落敌轰炸机 1 架。1938 年徐州会战，谢与队友到徐州蒙城以东拦击日军坦克车队及辎重车队。经过猛烈轰击使拥塞在公路上的日军车马死伤狼藉，有力地配合了陆军作战。此后，他又在广东境内参加了 9 次战斗，打击日军空中强盗[①]。

菲律宾归侨、国民党中央航校教官刘领赐曾参加上海、杭州、汉口等地对日空战。当时他已经 30 多岁了，为保卫祖国一再推迟自己的婚事。美国华侨飞行员雷炎均，从抗战一开始即参加保卫祖国领空的战斗，曾在句容、广州、南雄等地与敌空战，轰炸过太原、崞山县一带敌军阵地，击落击伤敌机多架，自己安然无恙。雷炎均后来晋升为空军上将。印尼爪哇

---

① 《捍卫祖国的华侨空军勇士》（下），美国《三民晨报》1940 年 5 月 21 日。

足球健将陈镇和、归侨叶恩强等人也都为保卫祖国领空立下功劳。

### （三）血溅蓝天的华侨英烈

为了保卫祖国领空，有不少华侨健儿血洒蓝天，谱写了华侨爱国史上的壮烈史诗。

美国洛杉矶侨商之子黄新瑞，1932 年淞沪会战爆发不久，即进入洛杉矶中华会馆所办的航空学校学飞行，后进波特兰斐摩上校飞行学校深造，1934 年春学成归国，在广东空军当飞行员，全民族抗战爆发后，晋升为中央空军第 17 中队分队长，翌年初升任第 29 中队队长。其驾驶技术娴熟，身经百战，1937 年 8 月 15 日、22 日参加南京对日空战；1938 年春分别参加汉口、广州空战；1939 年分别参加南雄、广州空战，特别是在广州空战中，日军出动 26 架飞机对广州和粤汉铁路狂轰滥炸。中国驻粤空军两个中队的 12 架飞机迎战，在激烈的空战中，日机被击落 7 架，其中黄新瑞一人击落 3 架，为这次以少胜多的空战立下战功。后在空战中受伤治疗，1940 年底归队。自中日开战以来，他一人共击落日机 8 架，[①] 战功卓著，被提升为空军某部第 5 大队队长。1941 年 3 月 14 日，日军大批性能上乘的新式"零式"战机空袭成都，黄新瑞率空军第 5 大队驾机迎敌，双方展开半个多小时的激战，结果有 6 架日机被击落，我军亦伤亡惨重，黄新瑞和另一归侨飞行员江东胜等多人殉国。黄新瑞牺牲月余，其妻生一男婴，取名"川生"，以志不忘国仇家恨。

美国归侨飞行员张益民，祖籍广东开平。自费留学美国学习航空，旧金山中华航空学校毕业后，1934 年与该航校第一期毕业生黄子沾、张锡庭、谭国材、林联清等人一起回国到广东空军服役，后离粤北上到南京中央空军服役，旋奉命驻防山西太原。全民族抗战爆发后，张益民驾

---

　　① 　关于黄新瑞与日军空战的事迹及独自击落日军飞机架数有两种说法：刘伯骥在《〈美国华侨史〉续编》中说击落 17 架；方雄普在《华侨航空史话》一书中，经考证认为击落 8 架。笔者认为后者较为确切。

机与侵华日机作战十多次。中日台儿庄会战时，他奉命驾机炸毁日军控制的津浦路桥梁，并炸死日军数百人，有力地配合了中国军队地面作战，此战因功由少尉晋升中尉。随后在驾机移防途中，我军 3 架飞机被日军数十架飞机纠缠迫击，张益民驾机迎头截战日机，击伤日机多架。日机恼怒，遂舍弃 3 架中国战机，集中围攻张机，因众寡悬殊，张益民壮烈殉国，年仅 24 岁。因勇敢解围，我军 3 架飞机安全脱险。中国"军事当局，以张君之英勇，非常悼惜，乃将其英骸葬于中央坟场"[①]。

马来亚麻坡归侨林日尊，中学刚毕业，闻知日本发动九一八事变，侵占祖国东北，遂毅然选择航空救国的道路，回国投考广东空军学校，苦练报国本领，毕业后提升为中尉队长。从 1937 年夏至 1940 年，他驾机参加过上海、南京、广州、杭州、南昌、长沙、衡阳、太原、徐州、开封、洛阳等数十次对日空战。在石家庄轰炸敌人阵地时，其飞机油箱被击中，他腿部负伤，仍机智地将飞机成功迫降。因他对日空战表现出色，被国民政府授予一等宣威章一枚。1940 年 5 月 18 日，日军出动大批飞机昼夜空袭成都，当晚，林日尊驾机迎敌时，重创敌机 3 架，他双腿负伤，坠机身亡。

陈仲达本是马来亚一位富有侨商的私人飞行员，抗战爆发后他毅然辞去优厚的待遇，回国到桂林担任中国航空学校飞行教官。1940 年间，日机空袭桂林时，他驾机迎敌，因寡不敌众，壮烈牺牲。

陈桂林和弟弟陈桂文于战前回国到广东航校学习。抗战爆发后兄弟俩双双参战，历经大小空战无数次。后分别在成都和昆明空战中捐躯。其父得知两个儿子先后牺牲的噩耗后，怀着极大的悲痛将两个儿媳妇和孙子接回马来亚，其事迹悲壮感人。

---

① 罗达全、张秀明、刘进编：《侨乡文书抗战史料选编》（五邑侨乡卷上卷），南方出版传媒集团、广东人民出版社 2016 年版，第 23 页。

印度尼西亚归侨飞行员梁添成，七七事变后回国考入中央空军学校，毕业后在空军服役，曾参加豫、鲁、鄂、渝等地的对日空战。1939 年 6 月 11 日，正在家休婚假的梁添成得知大批日机空袭重庆，便毅然请缨，离开新婚爱妻驾机迎敌，不幸壮烈牺牲。

为保卫祖国领空而牺牲的华侨青年还有多人，如陈锡庭、林联清、黄进长、黄子沾、谭国材、刘福庆、梁松宁、王文星、岑庆赐、刘铁树、苏英祥、泥桐植、蒙文森、李艺空、黄波、黄元波、刘炽徽、廖兆琼、雷国来等。众多华侨健儿为保卫祖国血溅长空，立下了不可磨灭的功勋。华侨的航空救国运动，在祖国抗战中占有重要的地位。

人是决定战争胜负的主要因素。抗战时期，由海外华侨组成的这支雄师劲旅是构成全民族抗战并取得胜利的一支重要力量。他们以自身为民族存亡而奋斗的勇敢献身精神"亘千秋而不朽"，"历万古而常昭"，鼓舞并激励着国人为争取抗战最后胜利的信心，其爱国献身精神永载中华民族解放斗争的史册，为中国人民抗战史和世界反法西斯战争史增添了光辉的一页。

## 四、归国报效抗日根据地

### （一）万里迢迢奔赴抗日根据地

抗日战争爆发后，中国共产党领导的八路军、新四军及华南抗日武装英勇抗日，开辟建立了陕甘宁、华中、华南抗日根据地，是为中共领导的"敌后三大战场"。中共高举抗日民族统一战线旗帜，积极争取海外华侨援助，得到了华侨的响应，并有部分华侨青年回国报效敌后抗日根据地。

远在大西北的陕甘宁边区及首府延安，是中共中央所在地及指挥抗战的中心，是八路军在华北敌后抗战的大本营。全民族抗战爆发后，部分海外华侨青年万里迢迢、风尘仆仆地奔赴延安，为陕甘宁抗日根据地的建设和华北抗战贡献自己的才智。

1938 年 9 月 26 日，以马来亚柔佛华侨工人彭士馨为领队，由 11 名华侨组成的马来亚士乃司机服务团，启程前往新加坡回国。他们回国的动机是："因阅报得悉祖国抗日军，每有夺获敌人汽车，因司机无人，每受烧毁，故特组司机回国服务团。"[①] 服务团将原来募到的 4 万多元钱购买两辆救护车及医药救急品，随车运载回国，途经香港、广州、长沙，到达武汉八路军办事处，留下两名华侨及 1 辆救护车转赴新四军，其余 10 人继续北上。他们纵贯祖国南北，行程 1.4 万多公里，历时 3 个月，于 11 月初抵达延安。马来亚华侨青年陈明回国探亲时，受到中共抗日救国思想的感召，后返回侨居地联络进步同学，告别双亲女友，辗转来到延安。菲律宾归侨青年白刃（后来成为著名剧作家）、林有声等 5 人从厦门集美中学来到西安，接着徒步八九天到达延安。1939 年，泰国华侨欧阳惠等 12 名男女青年，不辞千辛万苦，冲破重重阻挠，历时 1 年，行程万余里，来到延安。翌年，泰国华侨青年吴田夫和青年教师蔡兴回国拟赴延安。为避免国民党军警的盘查和阻挠，只好昼伏夜行，绕城攀山，常常通宵达旦不眠，吃尽无数苦头，最终到达心中向往的延安。尤其难能可贵的是，有一些华侨女青年，被称为"南洋小姐"，也和男青年一样漂洋过海，翻山越岭，冲过阴森恐怖的敌占区，闯过军警宪特阻挠的国统区，吃尽了生来从未尝过的苦头，最终来到延安。仅延安女子大学就有 20 多名华侨女学生，她们分别来自新马、印尼、泰国、缅甸、越南等地。

---

① 杨国贤、姚盈丽编著：《南侨机工英名录》（上册），中国华侨出版社 2016 年版，第 1 页。服务团第一批 11 人到晋西北为八路军服务，第一批团队情况为：团长彭士馨，团员余枝、黄国光、李文玉、郭嘉、邱朝冰、陈全、郑荀、林文秀、李荀、彭士钦。1939 年 2 月 13 日，又组织第二批服务团共 15 人，在团长马连裕带领下回国到重庆服务，后来组织第三批 32 人到昆明运输物资。

炮声隆隆，硝烟滚滚，征程迢迢，困难重重。大批南洋华侨青年在此艰难时期、在祖国最需要的时候，川流不息地回到陕甘宁抗日根据地抗日救国。据初步统计，战时来到延安的华侨青年共六七百人，其中有些随军到前线，有的奉命返回海外做侨运工作，长期战斗生活在延安的约有 300 人。[1]

来到边区的归侨青年带着火一样的战斗激情，带着亲人的嘱托，亲朋的期望，投进了祖国的怀抱，开始了新的战斗生活。他们同边区人民一道开展各种抗日救亡活动。他们大多数被安排到抗日军政大学、陕北公学、鲁迅艺术学院、延安女子大学、中央党校、马列学院、政治学院、青年干部学校等院校学习和工作。他们当中有各种各样的专门人才，从事不同的工作：有的在新华社从事新闻工作，有的从事外事翻译工作，有的从事财经金融工作，有的从事电信工作，有的从事机要印刷工作，还有的从事医疗保育工作，等等。他们在中国共产党的关怀、教育和培养下，锻炼成长为抗日骨干，其中有些人在延安加入了中国共产党，受到党中央和各级党组织的表彰和重用，有的成长为先进模范人物，有的担任各级领导职务。如毛泽东的司机是马来亚归侨梁国栋；泰国归侨罗道让被评为模范管理员，受到朱德的赞扬；菲律宾归侨黄登保先在八路军总部炮兵团当班、排长，曾被评为模范党员，参加过百团大战，抗战胜利前夕参加组建炮兵，1949 年中华人民共和国成立后成为人民解放军炮兵的一名高级将领。

抗战期间，也有一些归侨参加了新四军。其中在新四军军部和直属机关的归侨有 70 多人；经香港"八办"介绍到新四军的华侨司机有 146 人；1941 年 10 月，抗大"华中大队"接收东南亚各国的华侨青年编成一

---

① 　《解放日报》1942 年 2 月 5 日；另见新加坡《南洋商报》1940 年 8 月 10 日晚版，陈嘉庚谓在延安的华侨有七八百人。

队，翌年 4 月毕业后，全部分配到新四军去工作。

七七事变不久，马来亚吉隆坡中学教员梁灵光毅然回国投笔从戎，辗转参加了新四军挺进纵队，转战大江南北，历任苏北抗日游击队支队长，后任新四军旅长、军参谋长等职。1937 年 10 月，中华民族武装自卫会菲律宾分会发起组织一支菲律宾华侨归国抗日义勇队，队员有 28 人。他们经过训练后回国到福建龙岩参加新四军 2 支队。2 支队将其更名为菲律宾华侨回国随军服务团，任命沈尔七、戴血民分别为正副团长。不久，2 支队党委将沈尔七等 4 人转为中共正式党员。此后，随军服务团被编入 2 支队政治部宣传队，随军跋涉至岩寺军部，再与南洋各地来参加新四军的华侨青年合编为第 4 连，开赴抗日前线。翌年冬，沈尔七等奉命返回菲律宾，向华侨宣传新四军的抗日事迹，动员侨胞支援抗战。随即菲律宾各劳工团体联合会发起成立菲律宾华侨慰问团，由王西雄任团长，沈尔七为政治指导，慰问团共 23 人，以学生、工人和店员为主。1939 年 5 月，慰问团离菲经中国香港转越南至桂林，最终抵达皖南云岭新四军军部，受到热烈欢迎。副军长项英代表军部致辞感谢，王西雄代表菲律宾华侨致慰问词。会上，慰劳团演奏了抗战歌曲，举行了菲律宾华侨给新四军的财物、药品捐献仪式。会后，慰劳团深入皖南根据地巡回慰劳宣传，受到军民的欢迎。慰劳结束后，全体人员均参加了新四军。

中共领导的华南抗日根据地主要是指东江抗日游击队（简称"东江纵队"）在广东建立的东江抗日根据地，以及琼崖抗日游击队（简称"琼崖纵队"）在海南岛建立的琼崖抗日根据地等。这里地处祖国南疆，远离八路军、新四军主力，孤悬敌后，建立抗日根据地困难重重。由于这里是我国主要侨乡，有不少南洋华侨青年参加或参与创建根据地。

1938 年秋，日军占领广州及广东东江下游的消息传到海外，南洋惠籍侨胞义愤填膺。10 月 30 日，南洋各地惠属侨胞在马来亚吉隆坡惠州会馆召开南洋各埠惠籍华侨代表大会，宣布成立"南洋英荷两属惠州同侨救乡委员会"（简称"南洋惠侨救乡会"），推举侨领黄伯才为主席，戴子良、孙荣光为副主席，官文森、黄适安等 41 人为委员。该组织是华侨为抗日救乡而成立的，它把南洋各地十余万惠籍侨胞组织团结起来，形成抗日救国救乡的一股重要力量。为把救乡活动落到实处，11 月，该会派黄适安率领代表团抵达香港，与香港"八办"的廖承志、连贯和正在香港的新四军军长叶挺等商讨救乡事宜。1939 年 1 月，南洋惠侨救乡会和香港惠阳青年会、余闲乐社、海丰同乡会等团体，在惠州淡水联合成立了东江华侨回乡服务团（简称"东团"），叶锋、刘宣分别为正副团长，推选 11 人组成"东团"总团部委员会，其下设组织、宣传、总务、交通四部。《东江华侨回乡服务团章程》规定："本团宗旨在我政府领导之下，动员东江群众协助军队及人民武装抗战，并拯救伤兵难民及辅导民众组织各种救亡团体。"[①]"东团"成立后，相继成立了由侨领官文森出资、以王春红为队长的"文森队"，由侨领黄伯才与张郁才出资、以黄志强为队长的"两才队"，以黄炜然为队长的吉隆坡队，还有"加影队""士毛月队"等。仅半年多的时间，"东团"陆续建立 7 个分团、5 个队，约有 500 人，达到全盛时期。一时间，南洋惠侨掀起一股爱国救乡的热潮。如吉隆坡华侨方寿亲自带儿子方隆、侄子方志良到惠侨救乡会，请求介绍他们回国参战，并嘱咐他们"要绝对服从命令，并抱就牺牲决心，不可退缩，以期对得住国家民族"[②]。其后，方寿又将另一个儿子送回祖国抗日。马来亚店员陈志奋，母亲早亡，父亲年老体弱，父子相依为命。但志奋说服老父，毅然参加"东团"，回国抗战。华侨贺玉兰夫妇及新婚不久的叶秀清夫妇成双成对回乡服务。还有美国纽约惠州工商联合会侨胞邱谭君等，不远万里回到东江抗日。"东团"积极支持中

---

① 中共广东省委党史研究委员会、党史资料征集委员会编：《广东华侨港澳同胞回乡服务团史料》（东江华侨回乡服务团），第 54 页。

② 新加坡《星岛日报》1939 年 3 月 17 日。

共的抗日主张，并积极配合东江纵队开展抗日斗争及反对国民党当局搞分裂"摩擦"的行径，为国民党当局所不容，在分化收买失败后，进而限制、迫害，最终迫使"东团"解散。"东团"队员只得化整为零，大部分直接参加中共领导的东江纵队。

1938 年 11 月，广州沦陷后，南洋一些侨居国的琼籍侨团和港澳同胞为保卫家乡海南岛，派出七八十名代表在香港集会，建立"琼侨联合总会"。1939 年初，日军占领海南岛，国民党守军惊慌退却，中共领导的琼崖抗日武装坚持孤军抗战。值此关键时刻，由"琼侨联合总会"组织的琼崖华侨回乡服务团纷纷偷渡回琼，与琼崖纵队一道开展抗日救乡斗争。从海外回琼的有符克领导的越南分团，陈琴领导的星洲（新加坡）分团，符建平领导的泰国分团，符思之率领的中国香港分团等，共约 240人。为集中统一领导，1940 年夏在琼崖抗日根据地林德乡召开各分团团员大会，成立琼崖回乡服务团总团，选举符克为总团团长，陈琴、梁文墀为副总团长，符思之为中共特支书记。总团下设宣传队、歌剧队和医疗队。该团曾到农村各地以召开群众会议、办墙报、出版刊物、文艺演出等形式，进行抗日宣传；并在乡下设医疗站点，为群众进行医疗服务，还为琼崖纵队开办三期医务人员训练班，接受培训者近 90 人，为中共领导的琼崖抗日武装输送了一批医务人员。琼崖华侨回乡服务团的一系列抗日救亡活动，配合和支援了中共领导的琼崖抗日武装的抗日斗争。太平洋战争爆发后，香港沦陷，"琼侨联合总会"被迫解散，琼侨回乡服务团也随之解散，多数团员加入中共领导的琼崖华抗日武装。

除上述东江、琼崖华侨回乡服务团参加了华南人民抗日游击队外，还有不少华侨青年分散、零星回国参加抗日游击队。据统计，至太平洋战争爆发时，回国参加中共领导的华南人民抗日游击队的华侨青年和港澳青年约有 2500 人，其中参加东江纵队的有 1000 多人。他们有些人锻炼成为抗日游击队的中下层指挥员，个别人成长为中共的高级将领。如东江纵队司令员曾生是早年回国的澳大利亚归侨。从马来亚槟榔屿回国参加琼崖纵队的陈青山，曾任琼崖纵队第 4 支队政委、纵队政治部组织部长等职。

### （二）血洒抗日根据地的华侨英烈

抗战时期，战斗在中共领导下的各敌后抗日根据地的一批归侨青年，英勇顽强，不畏牺牲，有些人把自己的宝贵生命献给抗日根据地，献给了中华民族的解放事业。

印尼爪哇华侨女英雄李林，抗战爆发前回国内就学，抗战打响后毅然投笔从戎，赴华北参加八路军 120 师，并在抗日烽火中加入中国共产党。历任雁北抗日游击队第 8 支队政委、师独立第 6 支队骑兵营教导员、边区委员会宣传委员等职。1940 年 4 月，她在雁北指挥所部反击日军第九次"扫荡"时，率领少数骑兵战士掩护战友和干部群众转移时壮烈牺牲，年仅 24 岁。李林烈士在抗日斗争中，"对敌人骁勇讨杀，建功卓著"[①]。八路军 120 师师长贺龙称赞李林是"我们的女英雄"；延安中共中央妇委的唁电赞扬她为"女共产党员的光荣模范"，"是全国同胞所敬爱的妇女英雄"[②]。泰国华侨梁传燊在当地读中学时，即是抗日救国运动的积极分子，1938 年回国赴延安进入抗大学习，后进鲁艺文学系深造。因他不适应大西北的气候和生活习惯，加之忘我地学习工作，致使身体虚弱多病，鲁艺决定让他留校工作，但他执意要到前线杀敌，遂与同学到 120 师转战晋西北，在一次反击日军"扫荡"时，为掩护群众而献身，年仅 18 岁。另一泰国华侨青年庄儒邦，1939 年秘密离开富有、舒适的家庭来到延安，进入抗大学习，并加入中国共产党。后随军上前线作战，因作战勇敢受到通令嘉奖并被评为模范党员。1943 年在河北反击日军

---

① 中共平鲁县委员会、平鲁县人大常委会、平鲁县人民政府：《重修李林碑文》，1983 年 10 月 1 日。

② 《悼念民族女英雄李林同志》，《新中华报》1940 年 5 月 28 日。

"扫荡"中牺牲。东南亚华侨学生林烈、余自克,经香港"八办"介绍赴陕北进入甘肃庆阳抗大分校学习,毕业后参加抗日游击队,转战晋冀鲁地区,后在一次战斗中牺牲。在华北根据地抗日牺牲的归侨烈士还有朱田、韩道良、刘振东、谭洪金等人。

在新四军政治部敌军作战部任职的泰国归侨王崇新,1939年初在攻打日军霍家庄据点时牺牲。曾经两次往返菲律宾和新四军的沈尔七,1941年底第三次由菲返回新四军时,正值日军发动太平洋战争,辗转到东江游击区,1942年在反击国民党顽军进攻、掩护伤员撤退时牺牲。新四军政治部组织部长、菲律宾归侨李子芳,早在1932年参加红军,曾参加二万五千里长征。第二次国共合作形成后,党中央派他等从延安南下参与组建新四军,为新四军的政治思想建设和组织建设做了大量工作。后在皖南事变中被俘,被国民党顽固派杀害。在皖南事变中牺牲的还有泰国归侨青年陈惠、陈宜及参加新四军的菲律宾华侨回国慰劳团的一部分归侨。

"东团""两才队"队长黄志强是马来亚雪兰莪归侨,参加东江纵队后任第3大队民运队长,在东莞等地开展民运工作,后在与日军遭遇战中牺牲。"东团"吉隆坡队的华侨罗一帆(又名刘荫),参加中共领导的东江抗日武装后,做后勤补给和统战工作,1941年秋为保卫根据地英勇献身。泰国华侨青年钟若潮、王丽夫妇新婚不久即双双回国参加"东团"抗日,后一起参加中共领导的东江抗日武装,双双加入中国共产党,钟若潮曾任独立中队政委。后王丽在救护伤员中被国民党顽军加害;钟若潮在保卫东莞马山战斗中,与日军激战牺牲。

琼崖华侨回乡服务团团长、越南归侨符克,1940年8月到国民党琼崖当局调解国共"摩擦"时被暗害。出身于泰国侨商之家的朱明,因参加琼崖华侨回乡服务团与未婚妻产生矛盾而分手。回琼不久,母亲病重捎信要他回泰国看望,他坚守战斗岗位没有回去,结果母亲病逝,留下遗憾。后朱明为服务团的抗日事业不幸遇难。在华南抗日斗争中献身的华侨英烈还有陈廷禹、叶风生、颜金榜、陈前、张兴、陈琴、郑松涛、杜永青、林锦华、崔憬夷、卓风康、林玩等许多人。他们为建立和保卫华南抗日根据地献出了自己宝贵的生命。

为抗击日本侵略者、保卫中华民族，一批归侨青年献出了宝贵的青春和生命，他们的鲜血洒进了华北大地，浇灌了华中平原，染红了珠江海南，他们是中华民族的功臣、英烈，是全体海外华侨的光荣和骄傲！

## 第二节　华侨以财力报效祖国抗战

中华民族浴血抗战 14 年，消耗了巨大的人力、财力和物力。据统计，1937 年至 1945 年全民族抗战阶段，国民党政府财政总支出约为法币 15289 亿元，其中军费支出约为 5232 亿元[①]，占总支出的 1/3。中国之所以能勉强维持这一庞大的军政开支坚持抗战到底，除了靠国内各种财政收入和国内外的支援外，还有华侨的大量汇款。华侨的捐款成为战时中国政府财政纯收入的重要部分；侨汇抵补了中国大量外贸入超，并垫补了政府进口军火的财政支出；华侨购买救国公债缓解了政府的财政困难；侨商对祖国战时投资，开发和利用了祖国战时丰富资源之长，弥补了祖国战时物资紧缺之短，维持了国内战时工商业的发展。侨领陈嘉庚说，侨胞与祖国经济关系，至为密切。抗战时期，尤其如此。

## 一、为祖国抗战慷慨捐款

### （一）华侨捐款数量考辨

自辛亥革命以来，华侨捐款是其历次支援祖国反帝反封建革命的一种最常见、最主要的方式。然而抗战时期华侨的捐款，其范围之广和

---

① 据吴岗编：《旧中国通货膨胀史料》，上海人民出版社 1958 年版第 153 页统计。关于抗战时期国民政府发行的货币单位通行为法币，但在华侨汇款（包括捐款、投资、侨汇）的来往文书信函均称国币，实际两者没有区别，为统一起见，这里凡涉及华侨汇款均称国币。如涉及外国货币单位没有折合国币的，均按各国货币单位称谓。

规模之大为前所未见，当时全世界近 800 万名华侨中，有 400 多万人参加过捐款 ①。有人做过比较，战时中日两国侨民对本国捐款的数量比为 31∶1②。关于抗战时期华侨捐款的数量，目前说法不一，出入较大。在此把各说简述如下，并就自己所见到的资料略作考析。

**1. 七七事变到太平洋战争爆发华侨捐款数量**

黄慰慈、许肖生在《近代史研究》1984 年第 2 期《华侨对祖国抗战的贡献》、《学术研究》1985 年第 4 期《华侨在抗日战争中的作用》、《暨南学报》1985 年第 3 期《东南亚华侨对祖国抗战的贡献》等文章中均认为：从抗战爆发到 1941 年华侨的捐款共有国币 26 亿元，平均每月捐 6000 万元 ③，当时每月抗战军费为 7000 万元，华侨承担了全部抗战军费的 6/7 以上。

《华声报》1985 年 8 月 20 日，登载《华侨抗战的真实写照——中国人民革命军事博物馆抗日战争侧记》一文谓：1937 年至 1942 年华侨捐款达 7 亿元，侨汇有 55 亿元，救国公债 11 亿元。

1985 年 8 月，广东省归侨知名人士聚会，纪念抗日战争胜利 40 周年，参加会议的新加坡归侨吴柳斯说，全民族抗战阶段前四年，华侨救国捐款达国币 30 亿元，平均每月捐 6000 多万元，占当时国民政府抗战军费的 85%，认购救国公债 2.5 亿元，侨汇 50 亿元 ④。

以上三种说法，笔者认为第二种看法较为接近。国民政府财政部和侨委会等统计资料，记载比较一致：从 1937 年至 1942 年，华侨的纯捐

---

① ［日］井村薰雄：《华侨寄款与祖国经济关系》，《南洋研究》第 10 卷第 1 号，1941 年 4 月。

② 《中倭两国侨民献金比较蠡测》，《华侨动员》第 18 期，1939 年 2 月 15 日。

③ 其文中资料均根据《解放日报》1941 年 6 月 1 日社论：《欢迎华侨来边区办实业》。

④ 《功昭日月，气撼山河》，《广东侨报》1985 年 8 月 28 日。

款额为国币 387736000 元 [1]。其中不包括华侨捐助中共领导抗日根据地及其军队的捐款，如加上这部分捐款和当时华侨认购的后来无偿捐给祖国的 2.5 亿元救国公债，这些合起来是接近 7 亿元的。

　　第一种和第三种说法虽然比较一致，但使人难以置信。第一种说法源于 1941 年 6 月 1 日延安中共中央机关报《解放日报》的社论。全民族抗战时期，华侨的绝大部分捐款是由国民党政府接收（主要是财政部和侨委会），寄给中共及其领导的抗日根据地为数不多。所以对当时华侨捐款的统计应以国民政府财政部或侨委会的记载为准。《解放日报》所说的"捐款"不一定是纯捐款。如果注意一下《解放日报》对于华侨捐款的报道，除了 1941 年 6 月 1 日的社论外，同年 8 月 4 日还刊载同盟社所传华侨汇款数字说：四年来华侨献金达 15.63 亿元，购买公债 6.82 亿元（原文为汉字，表述不便，故改为阿拉伯数字，下同）。12 月 12 日又载：据中央财政机关公布，自 1937 年 7 月至 1940 年 10 月，华侨汇交政府各机关及中国银行的各种救国捐，已达国币 294396357.65 元。这些报道不但数字相差很大，根据也不同，叫法也不一致。再从 1941 年 3 月 29 日"南侨总会"召开的第二次代表大会发表宣言中，关于捐款与侨汇的记载也可得到证明，宣言说："祖国抗战以来，海外全侨捐款及私汇归者……，南洋约占三分之二。" [2] 这里的"私汇归者"是指华侨寄给家眷的侨汇部分，这个资料应该说是可信的。它所记载数字与《解放日报》1941 年 6 月 1 日的报道基本相同，可见这一数字不能都认为是捐款。至于华侨捐款占当时国民政府军费开支的 6/7 或 85% 的说法更值得怀疑。

---

　　[1]　分别见《侨声报》第 2 卷第 9、10 期，1945 年 3 月 21 日；《华侨评论》第 7 期，1946 年 6 月；《华侨先锋》第 7 卷第 10、11、12 期合刊，1945 年 12 月 3 日；华侨志编纂委员会编印：《华侨志·总志》，海外出版社 1956 年版，第 489 页；《华侨革命史》编纂委员会编纂：《华侨革命史》下册，台北正中书局 1981 年版，第 705—706 页。

　　[2]　许云樵、蔡史君编：《新马华人抗日史料（1937—1945）》，第 56 页。

全民族抗战爆发前，国民党政府实行经济改革尤其是法币改革，财政经济得到较大发展；全民族抗战初期，国民党政府抗战也是积极的，庞大的国民政府的财政经济只负担全部抗战军费的 1/7 或 15%，其余的绝大部分靠华侨捐款支持，不符合实际。据记载，从 1937 年至 1941 年底，国民政府的总收入约达国币（法币）226 亿元[1]，当时国民政府的全部军费开支（包括国防建设费）约有 123 亿元[2]，华侨的捐款占当时军费的比例由此可见。另据当时日本人的估算，七七事变至 1940 年华侨汇款共计为 15.63 亿元，加上华侨捐款合计 19 亿元。"这就是自从事变以来华侨向中国国内汇款的总额。从这个数目看，可以说，充分实现了让华侨承担 1/4 军费的目标。"[3] 日本人的估算是通过调查统计的数字，大体可信。

### 2. 关于南洋华侨捐款的数量

南洋华侨捐款的数量主要有两种意见。黄慰慈、许肖生在《暨南学报》1985 年第 3 期《东南亚华侨对祖国抗战的贡献》一文中认为，全民族抗战阶段的前四年，华侨捐款救国总额共有国币 26 亿元，其中东南亚华侨占 2/3，约 17 亿元；购买救国公债 1 亿元，最后全部无偿地贡献给祖国，以上两项共 18 亿元，平均每月捐 3750 万元，当时，全国抗战军费每月约 7000 万元，东南亚华侨承担全部抗战军费的一半以上[4]。

吴行赐在《学术研究》1982 年第 6 期《论抗日战争前期南洋华侨抗日救亡运动的特点》、林炯如在《华东师范大学学报》1985 年第 4 期《"南侨总会"与中国抗战》等文章中，均认为在抗战头四年，南洋华侨筹交中国政府的法币总数约有 4 亿元。

---

[1]　《财政年鉴》（1948）第 3 卷，《计政与公库》。

[2]　吴岗编：《旧中国通货膨胀史料》，上海人民出版社 1958 年版，第 153 页。

[3]　崔丕、姚玉民译：《日本对南洋华侨调查资料选编（1925—1945）》第一辑，第 216 页。

[4]　文章根据陈嘉庚：《南侨回忆录》，第 321 页。

笔者同意后一种说法，因为他们的资料来源于南侨总会编的《大战与南侨》（马来亚之部），该资料是由南侨总会组织胡愈之和洪丝丝等人编著的，南侨总会是抗战期间南洋华侨的最高领导机关，其统计的资料比较可信。另外，根据前面介绍，从七七事变到太平洋战争爆发，华侨捐款为 7 亿元，南洋华侨占 2/3，其数字与吴、林二文中的数字大体吻合。

### 3. 美洲华侨的捐款数量

黄慰慈、许肖生在《福建论坛》（文史哲版）1984 年第 6 期《美国华侨对祖国抗战的贡献》一文中认为，全民族抗战阶段的前四年，美国华侨的救国捐款，常月捐共 3240 多万美元，航空救国捐 630 多万美元，购买救国公债 3000 万美元全部无偿地献给祖国，以上三项共 6870 多万美元。许肖生在《华南师范大学学报》1985 年第 2 期《略论美国华侨抗日救亡的三大运动》一文中认为，1937 年至 1945 年全民族抗战期间，美国华侨的捐款（月捐、航空救国捐、购买救国公债）共 132300000 多美元，按当时汇率计算，折合国币 1852200000 多元（文中没有注明出处）。

沈立新在《史学月刊》1984 年第 2 期《旅美华侨的抗日救亡运动》一文中说，仅捐款一项据不完全统计，全民族抗战阶段的 8 年，旅美华侨每年平均捐献美元 200 万元以上，当时在美国华侨约 8 万人，共筹得捐款约计 2 亿美元[1]。

台湾出版的《华侨革命史》下册，全面地统计了美洲各国华侨的捐款，据该资料统计，全民族抗战阶段的 8 年，美洲华侨捐款总额为 69156115 美元，其中美国华侨捐款为 5600 万美元以上，加拿大 500 万美元，古巴 240 万美元，墨西哥 200 万美元。笔者赞同这一统计数字。

### 4. 全民族抗战阶段华侨捐款的总数及不同看法辨析

关于全民族抗战阶段华侨捐款的总数，大陆学术界没有统计数字；

---

[1] 文章根据《广东文史资料》第 6 辑，第 155 页。

不同时期、不同地区捐款数量，也众说纷纭，资料依据不同，缺乏权威说法。当然，大家的共识是，抗战时期华侨捐款数量大，捐款事迹感人。关于全民族抗战时期华侨捐款各年统计和总数，台湾的有关著作统计情况为：

| 时间 | 捐款数量（国币：元） |
| --- | --- |
| 1937 年 | 16696740 |
| 1938 年 | 41672186 |
| 1939 年 | 65368147 |
| 1940 年 | 123804871 |
| 1941 年 | 106481499 |
| 1942 年 | 69677147 |
| 1943 年 | 102206536 |
| 1944 年 | 212374205 |
| 1945 年 | 584251331 |
| 合计 | 1322592652[①] |

这是台湾官方的著作根据国民党政府财政部的资料统计的，是目前见到的比较全面地统计全民族抗战时期历年华侨捐款及总数的资料，笔者认为是可信的。

全民族抗战时期华侨捐款数字说法不一的原因：一是没有见到原始档案记载，各种资料记载说法不一，根据不同结论也不同。二是当时华侨捐款情况比较复杂，形式多种多样，捐款人数众多，方法不一。三是从有些文章看，没有弄清抗战时期捐款和侨汇的关系。有人把二者截然分开，其实二者是密不可分的。当时的侨汇不是单指华侨寄给家眷的生活费用，其中包括捐款和投资，可统称为"汇款"。如高事恒在《南洋

---

① 《华侨革命史》编纂委员会编纂：《华侨革命史》下册，第 660、705—706 页。

论》中说："所谓侨汇者，为华侨从国外汇回祖国之汇款，此种汇款，悉为国外汇票，亦称外汇，但因系由华侨汇回，故称'侨汇'。侨汇计分四项：1. 国内家族生活费；2. 捐款；3. 返国旅行费用；4. 投资。"[1]当时国民党中央海外部主办的《华侨先锋》也有这样的记载，侨汇"大约分为三种用途，一为赡养亲属，二为投资祖国工商业及社会福利事业，三为救国捐款"[2]。新加坡华侨史学者柯木林对抗战时期的侨汇做了进一步的解释，他说："侨汇是海外华侨汇款回国的简称。广义的侨汇是包括一切华侨输捐回国义款赈款，以及接济侨眷的家用汇款。甚至华侨回国内投资事业、交通、农业、地产、建筑等的资金，也包括在内。第二次世界大战以后，由于中国国内情势扰攘，不能吸引华侨或外籍资本家的投资，于是从1945年开始，华侨的汇款仅限于接济家用的性质。"[3]这些足以说明全民族抗战时期的侨汇包括捐款和投资在内，不能孤立分开，对于当时有些资料记载的捐款和侨汇应注意分析。

**（二）华侨抗战捐款的种类**

华侨为祖国抗战捐款，许多有关论著均有全面阐述，这里不泛泛地加以介绍，只是概要地介绍几种主要捐款方式、阶层和特点等。

1. **常月捐。**常月捐（也称月捐）是华侨为祖国抗战捐款的一种流行的方式。七七事变爆发不久，马来亚槟榔屿华侨筹赈会发表了《劝募长期月捐宣言》，号召侨胞们"都来献月捐"，抗战一日不停，月捐就不断地缴下去，直到民族解放为止。1938年，仅新加坡华侨汇常月捐33次，其中9月份就捐了5次，总额达法币440万元。越南海防公立中学（侨校）从1937年9月起，即有教职员工开展月捐活动。他们自觉并按

---

① 高事恒：《南洋论》，南洋经济研究所1948年版，第4页。

② 《华侨先锋》第7卷第4、5、6期合刊，1945年6月21日。

③ 柯木林：《新加坡侨汇与民信业研究》，见柯木林、吴振强编：《新加坡华族史论集》，南洋大学毕业生协会1972年，第162页。

时地每月捐一日薪水及伙食费的 1/5；学生每日捐献 1 仙（越南货币），全校师生为祖国抗战月捐越币 300 多元。从 1938 年 7 月至 1941 年 4 月，印尼爪哇、万隆华侨始终不渝地坚持常月捐，共折合法币近 306 万元。特别是自"南侨总会"成立后，新马、印尼、菲律宾、缅甸、越南等地的华侨多以团体为单位认购常月捐，原认月捐数为 295.5 万元，按此数推算，前 26 个月应为 7683 万元，而实际捐献近 1.5 亿元。欧美各国华侨也都开展了常月捐活动。欧洲各国华侨的月捐一般占薪金的 10% 至 20%。美国、加拿大、古巴、巴拿马等国家的华侨团体一般规定，18 岁以上的华侨，每人每月捐 3 至 5 美元。滴水成河，粒米成箩。月捐的特点是日积月累，积少成多，持续不断，与抗日救亡运动相始终。

**2. 节日献金。**全民族抗战期间，每逢各种节日、纪念日，诸如 1 月 1 日中华民国开国纪念日、孙中山诞辰或逝世纪念日、"三二九"（农历）黄花岗起义纪念日、"双十"国庆纪念日，尤其是"九一八""七七""八一三"等抗战纪念日，以及新春佳节等，华侨纷纷借机举行捐款活动。1939 年元旦，泰国华侨捐献法币 7 万多元给国民政府财政部；至七七抗战纪念日，泰国华侨又秘密开展献金活动，捐款达 140 多万元给祖国。与此同时，马来亚霹雳侨胞梁新南、刘伯群等发起成立七七抗战救济难民筹赈会，"成绩极佳，收入总数达六十万元"[①]。1939 年"三一五"童军节、五四青年节及"双十节"等，越南华侨纷纷举行献金活动。七七抗战四周年纪念日，新加坡有 235 个侨团举行献金活动，其中有四五十个华侨宗教团体。1938 年秋，马六甲华侨筹赈会举行"双十节献金"活动，提前两个月就开始准备，发表《双十节献金宣言》，此次献金活动共收到

---

[①] 《重庆各报联合版》1939 年 9 月 21 日。1939 年 5 月 3 日，因日本飞机对重庆大轰炸，造成停水、停电等困难，在渝之《中央日报》《大公报》《时事新报》《新华日报》《扫荡报》《国民公报》《新蜀报》《新民报》《商务日报》《西南日报》10 报一度联合出版，故称《重庆十报联合版》。

法币 10 万元，金器 22 件。1938 年元旦，美国旧金山华侨将历年元旦传统的龙灯游行改为抗战捐款活动，并将春节制造爆竹费 2 万元捐给祖国作为军费。1942 年"七七"纪念日，纽约华侨一周间捐献法币 90 万元，波士顿华侨捐 150 万元，纽英伦中华公所抗日后援会捐 105 万元。节日献金犹如大海的波浪一样此起彼伏，高潮迭起。与月捐相比，节日献金虽有时间的间隔性，但由于事先做了些发动工作，有所准备，能激发华侨的热情，一般来说，数量较大，效果良好。1944 年 7 月 7 日全民族抗战爆发七周年纪念日，美国旧金山旅美华侨统一义捐救国总会发起大规模献金活动。这次七七事变七周年纪念，该会举行了系列活动，如纪念大会、游艺会、中乐会奏、图书展览会、中西联合巡游等，献金活动是其中重要内容之一。活动前经过认真的筹备工作，制定了献金奖励办法六条，如献金国币 1 万元以上者，请国民政府驻美大使魏道明题字褒奖，并将捐款人玉照登载纪念特刊，并登报表扬，发给献金襟章一枚，献金500 元以上各数量段均有不同奖励，献金目标为 200 万元国币，作用为响应祖国劳军运动。为达到良好效果，以总会名义向所属各侨团致函宣传献金的意义，并组建 60 多人救国总会献金先锋队，献金先锋队连续召开4 天筹备会，然后组成"抗战建国" 4 个队，于 6 月 26 日集中在中华总会馆召开大会后分头出发募捐，募捐国币 100 多万元。献金先锋队下又分别组建 16 个献金大队，分别是："七七"字队、抗字队、战字队、七字队、周字队、年字队、纪字队、念字队、献字队、金字队，这 10 个队的队头合起来称为"七七抗战七周年纪念献金队"；另外有第一至第六队，每队设有队长，队员若干人；这 16 个献金大队于 7 月 3 日下午出发。旧金山侨胞参加这次献金活动非常踊跃，据不完全统计，其中献金 2.5万元者 1 人，献金 2 万元者 2 人，1.5 万元者 1 人，献金 1 万元者 26 人，献金 5000 元以上者 28 人，献金 3000 元者 11 人，献金 2000 元者 39 人，献金 1000 元者 199 人。以上合计约为 79 万元。献金千元以下没有统计人数。献金万元以上的侨团 30 多个，献金 5000 元的侨团 20 多个。献金总数大大超过 200 万元国币的计划。①

**3. 婚丧献金**。华侨社会普遍认识到，日本疯狂地发动侵华战争，意味着中华民族的灾难。国难期间，不少华侨将自己的忧喜悲欢与自己国家民族的命运联系起来，遇有婚丧嫁娶，从简办理，将节省下来的费用捐给祖国抗战。1940 年印尼巴达维亚有 6 对新婚华侨青年捐献结婚贺礼、婚宴费共 3 万多元。②菲律宾华侨青年吴清河、薛素丽结婚时捐给国内一笔婚宴费，并附信一封，表示："日寇披猖，举国同愤，捐资抗战，义不容辞，我俩谨将自备结婚费用国币三千元……汇上，以作抗战军需，聊尽国民天职。"③其义举受到侨委会的嘉奖。马六甲华侨青年李新强把自己节省的结婚费折合法币 1000 元捐助祖国；其胞兄李新民和女友刘玫娇结婚，也节省婚宴费 1500 元，捐给延安抗日军政大学④。泰国华侨曾福顺捐其女儿结婚贺宴费 5000 元给国民政府财政部为抗日所用。美国纽英伦华侨余耀墀捐献儿子结婚节省的费用 111 美元（合法币约 2000 元）给祖国。菲律宾"木材大王"李清泉在美国病逝，其家属将其遗产一部分 10 万美元捐给祖国。马尼拉市一位名叫何纪常的华侨老人，其老伴去世后，他把丧葬费及亲友送给的奠仪费法币 5219.44 元，全部汇寄广东省政府转给儿童教养院。⑤美国纽英伦安良工商会会长胡恒忠去世，治丧从简，节约法币 2 万元，捐给祖国作救济难民之用。泰国华侨黄俊卿疾终

---

① 《旅美华侨统一义捐救国总会七七抗战七周年纪念特刊》。国家图书馆编：《民国文献资料丛编·民国华侨史料续编》第 11 册，国家图书馆出版社 2017 年版，第 30—34、44—72 页。其中每个捐款数量段，根据该资料刊登的照片数量统计。

② 《六对新夫妇献金逾三万》，《永春日报》1940 年 5 月 14 日。

③ 《新华日报》1938 年 3 月 17 日。

④ 新加坡《南洋商报》晚版，1939 年 12 月 15 日。

⑤ 中国第二历史档案馆藏：《海外各地侨胞关于筹募爱国与救济捐款等来往文书》，全宗号 116，卷号 415。

寓所，其弥留之际嘱其家眷拿出法币 1 万元给祖国。为国捐献丧葬费的还有印尼的郑世深老人；印尼泗水的赵天助捐其婶母的丧葬费；马来亚霹雳怡保华侨李瑞荣捐其老母的葬礼费；等等。在以往华侨的爱国捐款活动中，婚丧献金比较少见，可以说它是抗战时期一种特有的捐款活动，纯属个人自发的爱国义举。喜事不忘国难，丧事勿忘国忧。华侨青年老人与祖国患难与共、命运相连，捐款虽少，精神可贵。

4. **义卖**。义卖捐款是指华侨为祖国抗战筹款而出售自己的物品，售价一般比市价高。1938 年中秋节期间，新加坡一些华侨食品店为表抗日爱国之心，以义卖的形式为国内难民捐月饼 6600 多包，各界侨胞踊跃义买，所得款项全部捐给国内作为救济难民所用。1939 年 2 月 19 日，马来亚霹雳华侨筹赈会召开执委会，决定每星期一晚为固定义卖日，从此，义卖在当地便成为一种经常性的捐款运动。同年 9 月 24 日，马来亚峇株巴辖华侨筹赈会设立的筹赈商店开业，筹赈店所卖商品比市价高许多，但成千上万的华侨踊跃参加义卖义买，门庭若市，生意火爆。1940 年"七七"抗战纪念日，马来亚槟华筹赈会妇女部的 58 名华侨妇女，发起义卖食品活动。她们忙忙碌碌地售票、管理、招待等，将义卖得款资助祖国抗战。1939 年夏，印尼雅加达华侨举办义卖夜市，许多侨胞及一些政要前来光顾，轰动一时。华侨义卖献金的形式多种多样，既有商会社团组织的，也有个人自发的义卖。南洋婆罗洲山打根华侨小贩郑潮炯义卖瓜子的事迹非常感人，影响很大。日本发动大规模侵华战争后，郑潮炯义愤填膺，积极参加抗日救国活动，在当地沿门义卖瓜子，为祖国受难同胞先后捐款 7 次共 350 元婆币（当地货币）。1939 年农历三月，郑潮炯得知其父郑巨在广东新会老家被"扫荡"的日军枪杀的噩耗，悲痛欲绝，再次涌起救国激情，向世人宣誓"同胞，同胞，勿忘国耻，予决定义卖到胜利为止"。更加不遗余力地义卖，"由晨至夕，不辞劳苦，特为祖国伤难请命"。但因苦于贫穷，靠义卖瓜子得钱较少，助赈成效较小，遂毅然将自己的第四幼子卖给别人抚养，得乳金婆币 80 元，全部交山打根华侨筹赈会捐给祖国。当地筹赈会发出通告呼吁支持郑潮炯的爱国义卖："查郑君寓根埠经营小贩，曾在该埠义卖七次，总成绩经达根币三百五十余元。最近复将其甫生之第四幼子出让与人，得乳银八十元，亦悉数缴交根赈会，转汇助赈。"[1] 1940 年 9 月，他又抛弃一家数口赖以维生的小贩生意，离家出走，走遍新加坡马来亚大小 15 个城镇，义卖筹款坡币 5800 多元捐给祖国。其爱国事迹受到国民政府的嘉奖。[2] 1941 年 2 月 7 日，国民政府外交部呈报国民政府侨务委员会"关于呈请奖勉侨民郑潮炯"的公函，附有山打根四邑公会 1940 年 12 月 17 日的呈请函，该函说：

> 据山打根四邑公会主席陈昌盛呈称，窃职会会员郑潮炯广东新会县人，向在本埠业小贩，素具爱国心，自寇祸祖国，灾黎遍野，后方侨胞筹款助赈风起云涌，而郑潮炯君独具热诚，致力尤多，先后在埠义卖七次，共约婆币三百五十余元。又于本年春间，将其幼子让人抚养，得乳金婆币捌拾元，悉数缴交本埠筹赈会转回助赈。复于本年十月间，自备旅费，抛离妻子，出发亚庇、美里等埠，沿途义卖，现已捐得坡币五千八百余元。而郑君尚不辞跋涉，继续募捐，他日成绩更有可观，其仁风义举，实堪感佩。理合呈请转呈侨务委员会赐予嘉奖，以资鼓励。[3]

1942 年国民政府行政院、侨委会授予郑潮炯抗战救国奖章、"义举堪风"纪念章。关于郑潮炯义卖捐款总数未见统计，据后来新加坡《南洋商报》《联合晚报》报道，从 1937 年至 1942 年初的 5 年时间里，郑

---

① 《砂朥越美里埠华侨筹赈祖国难民大会通告》（1940 年 10 月 25 日）。张国雄、李镜尧著，田在原译：《有国才有家——南洋华侨郑潮炯的史诗》（中英双语版），中国华侨出版社 2015 年版，第 26 页。

② 中国第二历史档案馆藏：《奖励侨民郑潮炯案》，全宗号 22，卷号 211。

③ 张国雄、李镜尧著，田在原译：《有国才有家——南洋华侨郑潮炯的史诗》（中英双语版），中国华侨出版社 2015 年版，第 62 页。

潮炯义卖得款共达 18 万多元全部转交陈嘉庚领导的南侨总会捐给祖国抗战。①值得赞扬的是，郑潮炯之妻钟彩合虽为富家女，但甘愿吃苦，大力支持丈夫的爱国义举。尤其当郑潮炯事先未征求妻子意见，将未生下的孩子卖给他人（广东肇庆籍侨商赵炳南）时 ②，她没有吵闹，当后来骨肉分离时，虽然很难受，还是理智地理解了丈夫的苦心。其爱国精神同样值得称道。

　　义卖是抗战时期南洋华侨开展的、较为流行的侨众性捐款活动。这种捐款形式其他地区不多见或不甚流行。明知商品昂贵，却偏偏购买，按常理来说，确实不可思议。但没有人认为这是反常行为。美国华侨也举行过义卖抗日活动，西雅图华侨曾义卖过玫瑰花，一束玫瑰花少的卖 1 美元，多的达 1000 美元。该市有一个叫陈爱丽丝的 9 岁女孩曾向路人义卖玫瑰花。

　　**5. 航空救国捐。**航空救国捐是华侨航空救国运动的重要内容之一，其中包括前面介绍的在侨居地创办航空学校培养空勤人才，为祖国抗战捐献飞机等，这里作为华侨捐款的一种形式稍作具体介绍。1940 年夏，国民党中央委员陈庆云、戴愧生赴美洲各地募集航空救国捐，历时 4 个月，原计划募捐 500 万美元，实际募得 630 万美元，其中美国华侨捐献 340 万元，加拿大 60 多万元，古巴 20 多万元，檀香山 20 万元，中南美洲 150 多万元，美属菲律宾 150 多万元，"侨胞捐款之热烈，诚所谓节衣

---

　　①　张国雄、李镜尧著，田在原译：《有国才有家——南洋华侨郑潮炯的史诗》（中英双语版），第 58 页。

　　②　赵炳南去世较早，后其妻陈亚好将养子（赵社义，后改名赵毕屿、赵超屿）带回老家生活，不久养母去世，遂由二婶收养。抗战胜利后，郑潮炯仍在新马从事慈善事业，但心里惦记卖掉的这个孩子的情况。中华人民共和国成立后，郑潮炯夫妇通过中央人民政府华侨事务委员会辗转得知儿子的下落，赵超屿参军复员已结婚成家，随即父子有信函联系。1969 年郑潮炯夫妇经努力回到离别几十年的家乡与子相见，见其子家里贫寒，后多次汇款助其盖上新房。1984 年 2 月 5 日郑潮炯在新加坡辞世，享年 80 岁。

缩食，罄其所有"①。其中西雅图华侨仅半个月即募捐航空救国捐 10 万美元，受到蒋介石的嘉奖；旧金山美洲华侨统一义捐救国会筹募 100 万美元，其目标为 500 万美元；芝加哥华侨救国后援会捐 50 万美元；人数不多的纽英伦侨胞亦捐 20 万美元。牙买加华侨认捐航空救国款项 2 万英镑。东南亚的菲律宾、缅甸、新马、印尼等地华侨均有大量的航空救国捐，不再赘述。自辛亥革命华侨兴起的航空救国运动到抗日战争时，这项运动已持续近半个世纪了。就其中的航空救国捐来说，无论是广泛性（由美洲扩展到东南亚）和深入性，还是捐款数量，均是以往所无法比拟的。

**6. 难民捐**。日本侵略者发动侵华战争，凶残至极，仅在南京就屠杀中国同胞达 30 万人，在全国各地到处制造残忍屠杀中国同胞的惨案，难民遍地。广东籍居多的美国华侨则发起难民捐，救济侨眷及各地难民难童。旧金山旅美华侨统一义捐救国总会专门募捐救济难民，其募捐细则规定：此次大规模筹募赈款，专为"救济广东全省难民"，"购买伤兵难民医药"，"捐助蒋夫人难童保育事业"等；募捐总额为 10 万美元；募捐时间为 1940 年 3 月 23 日至 4 月底；年满 21 岁以上者每人最低限为 5美元，贫病者向募捐组织报告经核实减少捐款金额，妇孺量力而捐，商店团体尽力捐献、最低限为 5 美元，细则还对多捐者或未照章认捐者奖惩做了规定。② 1941 年 12 月日本发动太平洋战争后，对占领区民众包括华侨进行疯狂的大屠杀，有 135 万多名华侨难以为生被迫回国，战争爆发仅两三个月，颠沛流离，回到广东的难侨达 50 多万人；由于南洋侨居地沦陷，致使广东、福建等侨乡侨眷侨汇断绝，以侨汇维生的众多侨眷

---

① 《中央日报》1940 年 12 月 27 日。

② 《旅美华侨统一义捐救国总会〈大规模筹募赈款细则〉》，见罗达全、张秀明、刘进编：《侨乡文书抗战史料选编》（五邑侨乡卷·上卷），南方出版传媒集团、广东人民出版社 2016 年版，第49 页。

嗷嗷待哺，"民有饥色，野有饿殍"，仅广东四邑约有十数万侨眷饿死。广东省军政长官及陪都重庆广播，屡向美国等地华侨呼吁救济。旅美华侨统一义捐救国总会再次掀起为广东难侨和侨眷捐献财物的活动。该会于 1942 年 2 月 28 日发布《旅美华侨统一义捐救国总会为筹募广东难侨及侨眷救济捐宣言》，并公布《筹募广东难侨及侨眷救济捐细则》6 条，其中规定这次筹款"汇交中央财政部转拨广东紧急救侨会，专为救济海外归国难侨及广东省境内之侨眷为目的，不利移作别用"；"凡属本总会及分会范围内侨胞团体及商店最低限额须额捐美金五元，经济稍裕者多捐益善，妇孺则量力捐输"。[1] 其多捐或不认捐者奖惩办法如 1940 年春的捐款细则。

**7. 特别捐**。是指华侨为援助抗战某种用途的各种专项捐款。如祝捷捐、救灾捐、筑路捐、寒衣捐、伤兵之友捐等（有些文章、著作将这些捐款形式单独列出）。1939 年，美国侨领李国钦闻长沙大捷，电汇 10 万美元劳军；1941 年 10 月，李闻湘北大捷时，再捐 50 万元慰劳前方将士及救济战区难民。为祖国抗战伤病将士捐款，是为"伤兵之友捐"。1940 年 9 月，重庆伤兵之友总社陆续收到马来亚槟榔屿华侨筹赈祖国难民大会中下洞分会，加拿大的温哥华、渥太华，以及秘鲁等国家或地区华侨该项捐款国币 46 万多元。侨胞朱守玉得知广东被敌机轰炸时，特捐国币 5 万元救灾。1940 年纽约华侨筹款总会为重庆遭敌机轰炸捐款 5 万元救济难民。马来亚有华侨妇女 90 多万人，一些富有的华侨妇女发起了一种"认儿运动"，每人自愿尽义务养育祖国保育院中的孤儿若干名，通知国内有关部门并按月给"儿女"汇寄生活费。法国华侨妇女在巴黎组织中国难民献金会，会员 50 多人，她们为祖国举行各种捐款达 4 万法郎，并组织了捐款认养祖国难童活动，按照我国难民最低生活费用每日

---

[1] 罗达全、张秀明、刘进编：《侨乡文书抗战史料选编》（五邑侨乡卷·上卷），第 51 页。

每人 2 法郎的标准，认捐分为 720 法郎、360 法郎、180 法郎三种，认养难童分别为 1 年、半年、3 个月。认捐者成为祖国难童的海外慈母。抗战期间，中国政府发行多期救国公债，华侨踊跃认购。随后，在南洋某些地区的华侨中掀起一股焚债活动，即将自己购买的公债券焚烧，不要政府再偿还，实际上也是一种特殊的捐款。其中马来亚槟城中华学校校长吴佩瑶和学生代表 10 多人到当地领事馆，焚烧债券 107 张，券额共 4040 元。[①] 全民族抗战刚爆发时，印尼雅加达老华侨刘长英便将自己的儿子刘盛芳送回祖国杀敌。1939 年冬，刘盛芳在作战中牺牲，政府有关部门发给刘长英抚恤金 1 万元并附慰问信 1 封。刘接到恤金和信老泪纵横地说："承政府赐之恤金一万元，值此抗战时间，国家经济上正待张罗之际，实不敢领受，拟请将盛芳恤金，全部捐赠祖国，为抗战军费。"[②] 其情其景，催人泪下。华侨特别捐的形式和事例多不胜举。

战时华侨捐款还有货捐（对陆路、水路运输的各种商品货物征收的捐款）、扣薪（发薪时定时扣除小部分薪水作为捐款）、节约（节俭不必要的花费作为捐款）、罚金（向经营日货的奸商课以罚款作为捐款）等不下几十种形式，这里不诸项罗列，但从以上列举的几种主要形式中，完全可以窥见其捐款之一斑。

**（三）华侨捐款的阶层**

抗战时期，华侨不但捐款形式多种多样，而且捐款阶层十分广泛；深入华侨社会各个阶层，具有很强的穿透力。

**1. 侨领富商带头捐款。**众多侨领富商不但是广大华侨抗日救国活动的领导人，而且是侨众捐款的带头人。如著名侨领陈嘉庚，在抗战爆发后即带头捐常月捐，并率先购买救国公债。1938 年 10 月，他在南侨总

---

① 《槟城中华学校员生焚债》，《现代华侨》第 2 卷第 4 期，1941 年 4 月。

② 美国芝加哥《三民晨报》1940 年 5 月 30 日。

会成立大会上慷慨激昂地鼓动侨胞捐款，他说："悲观失望，见义不为，有钱不出钱，有力不出力，是对祖国的大不忠！"[①] 其发自肺腑、铿锵有力的语言激动侨心。华侨富商胡文虎从抗战爆发到 1939 年春，捐款和购债合计达法币 300 万元。1941 年他回国慰劳时，再捐法币 200 万元。马来亚侨领陈棉生、陈永，印尼侨领丘元荣等各捐法币 50 万元之多。还有美国旧金山侨领邝炳舜，芝加哥侨领谭訏，纽约侨领司徒美堂、阮本万、吕超然等都曾积极带头捐款。

**2. 华工捐献微薄薪水。** 处在侨居国下层的华工，虽然收入微薄，生活清贫，但他们也能在自己不多的收入中拿出一部分捐给祖国抗战。日本发动全面侵华战争后，马来亚日矿的华侨矿工集体罢工回国，他们仅靠南洋侨胞的一点救济费维生，但有些矿工回国后每人捐出两毛钱，共集 17.6 元捐给八路军，并说："这小小的数目是不足道的，不过表示我们一点意思而已。"[②] 1938 年春，法国参战华工总会发起多次捐款，仅就所知道的三次捐款情况如下：第一次有 143 人捐款，共捐 7955 法郎；第二次有 102 人参加，共捐 4195 法郎；第三次参加者有 101 人，共捐 3730 法郎。新加坡许多华籍商行因为祖国抗战捐款使业务大为缩减，也在所不惜。当地 20 多家华人理发店曾参加献金活动。英国的利物浦、曼彻斯特等地的一些华侨工人，将自己每日薪金抽留一部分积蓄起来捐给祖国。

**3. 华侨妇女不甘人后。** 华侨妇女占华侨社会比重很大，据初步统计，抗战时期仅南洋地区的华侨妇女约有 232 万人，约占华侨总数的 1/3。她们在抗战爆发后毅然冲破世俗偏见，活跃在抗日救国的第一线。海外各侨居地大多建立了华侨妇女团体，开展了各种形式的捐款活动。如加拿

---

① 《陈嘉庚先生纪念册》编辑委员会编辑、中华全国归国华侨联合会出版：《陈嘉庚先生纪念册》，第 80 页。

② 《新华日报》1938 年 5 月 15 日。

大华侨居多的几个城市，抗战期间均成立了华侨妇女组织并开展各种形式的捐款活动。多伦多成立了海湾街华人妇女会和大学街华人妇女会；1937 年秋，温哥华华侨妇女建立妇女团体并为抗战募捐筹款；七七事变前，卡尔加里即成立了华侨妇女救国会，进行募捐活动，七七事变后该组织又以戏剧演出等形式募集赈济经费；埃德蒙顿华侨妇女团体于 1939 年秋举行茶话会赈济募款；维多利亚华侨妇女专门组织了一个舞狮队，频频举行推销公债表演，受其影响，当地一些白人妇女也参与其中，引人瞩目。有一次当地侨报《大汉公报》记者目睹了她们在街头舞狮募捐表演，称之为"华人来到维多利亚后最快乐的一天"①。加拿大华侨妇女如此广泛地组织起来开展救国活动，前所未有。檀香山华侨妇女献金会，有会员 2700 多人，全民族抗战时期为祖国各种捐款达 15 万多美元，约合法币 49 万元。在广大华侨妇女的捐款活动中，涌现出不少可歌可泣的感人事迹。美国底特律市郊的一名华侨寡妇，人称简夫人，带着两个女儿开一间洗衣店艰难为生。抗战爆发后，她把自己和祖国比作女儿和母亲的关系，"爱我的祖国，和爱生我的母亲一样"，并把自己多半辈子辛苦积攒的血汗钱 1.5 万美元毫无保留地捐给祖国。1939 年春夏，当她看到一位在华的美国传教士带回来的数十张日军残杀、蹂躏、奸淫祖国同胞的照片后，怒火填胸，遂将自己的房屋典押作旅费，带着这些图片作环美旅行宣传，历时一年多，走遍美国东北十多个州，进行宣传演说 51 次，受到欢迎和称赞。她曾动情地说："若是中国不亡，我愿意花掉最后的一元以救国，若是中国不幸而亡了，我誓将离开这个世界。"② 表达了祖国女儿的一颗炽热的爱国之心。缅甸华侨妇女叶秋莲为祖国捐款，不惜将自己所有的金银首饰及家产拍卖殆尽，得款 3 万元全部捐给祖国，

① ［加］魏安国等著，许步曾译：《从中国到加拿大》，上海社会科学院出版社 1988 年版，第 302 页。

② 黄警顽：《华侨对祖国的贡献》，上海棠棣社 1940 年版，第 195 页。

因此无以维生，遂削发为尼。华侨妇女为祖国抗战捐款的事例，举不胜举，这里只能概要介绍。她们与男同胞一样，对祖国和民族尽责，具有无私奉献精神，为祖国抗战作出了自己的贡献。

**4. 侨校师生贡献绵薄之力**。在华侨社会抗日救国大潮的推动下，华侨学校的师生纷纷走出校门，参加捐款活动。抗战爆发后，越南海防华侨中学师生纷纷参加捐常月捐、节日献金、演剧筹款及购买救国公债等各种捐款活动。沙捞越诗巫华侨教师曾举行征诗助赈活动。1938年秋，新加坡利民律中华女校的20多个班六七百名小学生，群起响应新加坡华侨筹赈会募集寒衣捐活动，班与班、人与人展开募捐竞赛，各不相让，竭尽自己积蓄的零钱捐给筹赈会。同年9月，新加坡静方、中华、南华三女校的小学生，在新学期伊始，开展吃穿用节约助赈活动。她们制定《节约信约》九条，召开学生大会举行宣誓仪式。随后，醒华、培群、星华、英汉4校学生集会响应。在马来亚，吉隆坡华侨学生组织了"吉隆坡少女剧团"，举行筹赈义演；直凉埠华侨小学女学生组织义卖队，出售"救国巾"为祖国捐款。霹雳埠各华侨学校在抗战爆发的三年来为祖国捐款5万多元。1939年，美国纽约士工音乐学院侨生陈烈智等20人，委托回国的侨胞为八路军带回慰问信60封，每封信附国币1元，表示对为"世界和平"和"中国民族生存"而战的八路军的"敬佩"[①]。

**5. 皓首老翁奉献爱心**。与其他各界华侨不同，华侨老人不像成人那样有经济收入，为抗日救国四处奔波，但他们也尽其所能地参加捐款活动。侨居南非40多年已达75岁高龄的华侨老人刘浮初，将自己平生积蓄的养老金900英镑（约合法币5万多元）捐给祖国抗战。其事迹受到国民政府有关部门的褒奖。[②]澳大利亚美军华人服务营内的一位老华侨，

---

① 《新中华报》1939年5月30日。

② 中国第二历史档案馆藏：《国民党中央海外部每周工作报告》，1940年4月29日至5月4日全宗号22，卷号19。

将自己多年积蓄的养老费 300 金镑捐给祖国。当有人对他的行动不理解时，他解释道："我老了行将入土，能以区区微金，贡献祖国，实是无上光荣，死可瞑目矣。"[①] 美国一位名叫余开的老华侨已 90 多岁，生活靠亲友接济，但他仍将平日节省的 5 美元捐给祖国抗战。加拿大的一位老华侨亦倾其囊中的 1100 美元捐给祖国作防空之用。缅甸美拖埠一位月薪仅 6 元的煮饭佣妇刘瑞芝老人，一次捐款 20 元给当地华侨筹款员。在上海养老的归侨郑崇瑞，抗战爆发后，将其自家出租房屋收入的租金，按月捐给国家抗战。在越南经商 30 余年的侨商陶敬彭，1941 年归国在桂林病逝之际，将自己的存款 10 万元捐给抗日将士杀敌之用。上述这些老华侨人老心红，爱国情殷，精神感人。

**6. 少年儿童尽其所能。** 华侨社会掀起的爱国大潮涤荡着许多华侨儿童幼小稚嫩的心灵。美国有一 5 岁侨童李锦麟口齿伶俐，善用英语演讲，他的抗日宣传富有感染力，每次演讲都吸引不少中外听众，听得兴奋时，便纷纷捐款。他将演讲募得的 5 万元捐给祖国。华盛顿侨童谢妙龄，出售自制玩具得款折合法币 1000 元，捐给祖国救济难童，宋美龄为此复函表示赞扬。英国 4 龄侨童金约翰为祖国捐款 1 英镑 14 先令。1938 年缅甸华侨救灾总会在宁阳会馆开展"八一三"献金活动，其中有这样一幕：在众目睽睽之下，3 岁儿童唐同民大模大样地走上献金台，献金 29 盾 1 钱，参加献金的侨胞们顿时报以热烈的掌声；接着，林汉力和林彩凤两名侨童，也上台献金 19 盾。菲律宾华侨儿童陶恒久在 1939 年的一次献金活动中，将自己节省的面包费捐给马尼拉中国妇女救济难民协会，协会将此款购买面包义卖，将得款捐给祖国。美国汽车大王福特夫人深为此事所感动。翌年 5 月，马尼拉一名华侨女孩叶秀荫，由祖母陪同到妇女慰劳会，把自己节约的糖果费约 800 元法币捐给祖国，慰劳前线将士。

---

① 《华侨先锋》第 7 卷第 11、12 期合刊。

印尼孟加锡侨童曾宪谋和姐姐为祖国伤兵捐款101元，并致函宋美龄说："我名曾宪谋，十岁，我的姊姊曾育秀，十四岁，闻我母亲说，夫人慈悲，发起伤兵之友社，我姊姊同意，愿把扑满钱献给夫人，慰劳我们爱国的伤兵，共合国币一百〇一元，今托中国银行寄上，到请领收。"[①]华侨儿童，没有回过祖国，祖国在他们的脑海中是虚幻的，但又是实在的，是那样的神圣和崇高。他们在侨社爱国活动影响与熏陶下，对自己灾难深重的祖国和民族献出纯真无瑕的童心，更加感人肺腑。

**7. 其他各界争先恐后。**除上述介绍各阶层外，其他各界华侨也都积极参与为祖国捐款活动。1937年底，越南农村的一些华侨胶农开始为祖国捐款，他们商定每收百斤橡胶捐款1元，其月捐由初期的每月800元增加到后来的每月4000元。他们可谓华侨农民阶层捐款的代表。印尼坤甸华侨马细旦，腿残多年，生活艰难。当他得知日本侵华、国内同胞惨遭涂炭时，热血涌上心头，每日爬至闹市区，"乞钱为祖国难民请命"。可谓身残志不残。新马地区有些华侨舞女，虽然生活凄惨，但也愿为祖国抗战尽力。1941年，新加坡舞女协会演剧筹得叻币1.5万元捐给祖国，马来亚各地的舞女也起而响应，参加义演为国捐献。越南西贡市的华人妓女们倡用国货，不穿红绿丝绸洋衣，并联合向老板提出请求，以对折房租优待顾客9天，以增加收入，她们将这9天所得票洋8000元悉数捐给祖国。越南几种报纸对此作了报道并予好评，当地人也以另一种眼光看待她们[②]。抗战期间，泰国政府亲日，迫害华侨的抗日救国活动。1940年曼谷某监狱中因开展抗日救国活动而被捕的200多名华侨，在狱中募捐，捐得法币26元，托出狱的华侨转给祖国。随后，他们又在狱中节省吸烟钱500元捐给祖国。美国旧金山天使岛移民居留所候审的华人，筹

---

① 《十龄侨童献金劳军捐助伤兵之友社》，《中央日报》1940年5月16日。

② 苏鸿宾：《越南西贡华侨之爱国运动》，《南洋情报》第1卷第4期。

集 770 元捐给祖国。1940 年 8 月，菲律宾马尼拉华人基督教徒举行响应医药捐款音乐大会，将门票所得捐给祖国。七七事变三周年纪念日，当地华人天主教徒为祖国阵亡将士举行献香礼，为祖国捐款。演艺界的华侨以文艺演出方式为祖国筹款的事例比比皆是。1939 年 9 月 2 日，南侨第三次游艺会星华筹赈会在新加坡隆重举行，是晚有七八个剧院的剧团登台演出，门票收入 587 元捐给祖国。翌年 8 月 11 日，新加坡巴生筹赈会歌剧组 40 多人举行抗日宣传演奏会，演员情极悲痛，听者大为动容，当场献金助币 100 多元。新加坡华人足球队与槟榔屿槟华足球队曾几次为国举行隆重的比赛筹款。1939 年至 1940 年，沙捞越侨胞举行一次大型男女篮球义赛，共筹款 2913 元捐给祖国。

介绍华侨为祖国抗战捐款的诸多形式，可以充分反映战时华侨捐款的多样性；介绍华侨捐款的阶层，可以充分反映华侨捐款的广泛性和深入性。两者基本可以反映战时华侨捐款的全貌。

### （四）华侨抗日捐款的特点

以上介绍了抗战时期华侨捐款助战的几种主要方式，及其侨社的各个阶层的捐款情况。据此，可以总结出华侨为祖国抗战捐款的几个特点：

第一，捐款持续时间长，人数多，数量大，范围广。华侨为祖国抗战的捐款从九一八事变时开始，一直持续到抗战胜利，长达 14 年，为华侨爱国运动史上所少有。如前所述，当时全世界约有 800 万华侨，有 400 万人为祖国抗战捐过款，占华侨总人数的一半，全民族抗战的 8 年间，华侨捐款总数为国币 13 亿多元，此数当为只捐给国民政府的部分，没有包括局部抗战时期华侨捐款及捐给中共及其领导的抗日根据地和侨乡的部分。当然，学术界对抗战时期华侨捐款总数说法不一，出入很大。但是，有一点为大家所公认——华侨为祖国抗战捐款数量巨大，事迹感人。从地域上看，亚洲、美洲、欧洲、非洲、大洋洲华侨都曾踊跃捐款。战时东南亚华侨捐款国币 4 亿多元（截至 1941 年底太平洋战争爆发南洋沦陷）。美洲华侨捐款总数为 6900 多万美元，其中美国华侨捐款 5600 万美元①。欧洲华侨捐款额为 25 万余元（截至 1939 年欧洲大陆被德国占领）。非洲华侨捐款约为 70 万金镑（英镑）。

第二，捐款阶层极其广泛。战时华侨捐款从侨领富商、中小商人到生活清贫的工农大众、文化界人士、中小学生，乃至一贫如洗的乞丐、舞女、囚犯等各个阶层，上迄两鬓斑白的老人，下至刚刚懂事或未懂事的孩童都积极参加捐款。其捐款的广泛性可谓空前绝后。

第三，捐款形式多种多样，方法奇特。抗战时期华侨的捐款种类有婚丧献金、节日助赈、劳军义捐、救济难民、特别捐、月捐、义卖、伤兵之友捐、航空救国捐、救灾捐、祝寿献金、节约献金等多达数十种。如此众多的捐款种类前所未见。战时华侨捐款的形式有个人捐款，也有集团捐款，捐款的典型事例层出不穷，捐款情景可歌可泣。前面介绍的大量捐款事例以个人居多，典型的侨团也不乏其例，如美国市作顿华侨救国会（全称美国市作顿埠中华会馆救国委员会），8 年全民族抗战共开会 86 次，其中七七献金会议 8 次，春节献金会 3 次，双十献金会 2 次，劝募美金公债、航空救国捐、救国公债、发动"一碗饭"等会议各 1 次；该地共有华侨 2000 多人，参加献金者 1000 多人，共献金 40 多万美元，平均每人 400 美元。②除上述各种捐款外，该地还有筹赈灾难捐款、购买药品捐款、为广东粮荒捐款等。

第四，捐款渠道和对象不同。战时华侨向国内捐款的渠道和对象大体有四种：直接汇寄给国民政府充作战费、军费者，捐给中共领导的抗日武装，汇寄给侨乡及各地的救济费、生活费，由归侨团体或个人亲自

---

① 关于抗战期间美国华侨捐款数，麦礼谦先生认为是 2500 万美元，见麦礼谦：《从华侨到华人——二十世纪美国华人社会发展史》，第 300 页。

② 黄俊杰编：《美国市作顿埠中华会馆救国委员会九年抗战纪念录》，1946 年。国家图书馆编：《民国文献资料丛编·民国华侨史料续编》第 11 册，国家图书馆出版社 2017 年版，第 163 页。

带回呈交政府或有关部门的，等等。抗战爆发不久，由于国民政府实行侨汇（包括捐款）统制政策，因而华侨的捐款绝大部分为国民政府有关部门所接收，通过其他三种渠道捐款者为数不多。

总之，抗战时期爱国华侨的大量捐款，是海外赤子以自己的辛勤劳动，付出很大代价得来的血汗钱。他们毫不吝啬地捐款用于祖国的民族解放事业，其中凝聚着海外儿女对祖国赤诚的爱心。无疑，这些捐款是战时国民政府财政经济的重要补充，是支持祖国长期抗战的重要财源之一。

## 二、战时侨汇与救国公债

### （一）战时侨汇的特殊作用

侨汇，即华侨的赡家费，也就是华侨汇寄给家眷的日常生活费。广义上的侨汇，包括赡养侨眷的生活费、救国捐款和回国投资。整个抗战时期的侨汇数量巨大，抗战 14 年侨汇总数为法币 115 亿元，约合 13.25 亿美元；全民族抗战时期侨汇为法币 95.74 亿元，折合 7.5 亿美元[①]。从七七事变至太平洋战争爆发前，我国侨汇数量呈逐年猛增趋势，各年侨汇量为：1937 年法币 4.73 亿元，1938 年 6.44 亿元，1939 年 12.7 亿元，1940 年 13.28 亿元，1941 年 18 亿元。这一时期是近代以来"侨汇的发达时期"。[②] 另据战时日本人的调查推算，1929 年至 1938 年 10 年间，华侨汇往国内的汇款年平均额为 3.11 亿元，10 年累计侨汇约有 31.1 亿元；当时全世界华侨约有 800 万人，约有 400 万华侨向故乡汇款，平均每人年汇款额约 70 元；而华侨汇款分为"故乡侨汇"和"投资侨汇"两大类，

---

① 根据中国华侨历史博物馆馆藏资料《全国历年侨汇统计表》统计数字。

② 《侨声报》第 2 期，1945 年 1 月；另见柯木林、吴振强：《新加坡华族史论集》，南洋大学毕业生协会 1972 年编辑出版，第 167 页。

侨汇年均 3.11 亿元，其中"故乡侨汇"年均 2.62 亿元，10 年为 26.2 亿元，"投资侨汇"年均 5000 万元，10 年投资额约 5 亿元。[①] 太平洋战争爆发后，因华南侨乡及香港等主要转汇枢纽陷入日军魔掌，尤其是南洋各侨居地沦陷，侨汇发生阻滞，数量锐减，但美洲华侨仍继续不断汇款，抗战期间美洲华侨总收入为 25 亿美元，侨汇总数为 5.9 亿多元，约占其总收入的 1/4。这是抗战时期侨汇的概况。

一般说来，中国的外汇供给，一为有形的货物出口，一为华侨汇款。中国经济落后，可供出口的物资不多。自鸦片战争以来，中国在国际贸易中年年入超，且入超数字惊人。大量的侨汇抵消了外贸入超。据统计，从 19 世纪 60 年代至抗战爆发的 70 多年中，我国外贸入超额达 75 亿元以上，但从 1902 年至 1936 年的 34 年中侨汇共达 85 亿元，不仅抵补了入超且有余额[②]。另据中国银行的统计，"战前 10 年我国贸易常居入超地位，每年入超额约 60000 万元，而华侨汇款，实为抵补入超项之主要项目，其可抵补数额，常为入超总额之半数以上"，"故在平时我国财政上所患之'赤字病'，得赖'侨汇剂'以调治之。抗战以来，其效尤著。"[③] 这反映了侨汇在我国经贸方面的积极作用，而抗战时期尤为显著。

抗日战争前期，侨汇抵补政府战时外贸入超额更加庞大。1931 年至 1940 年侨汇抵补我国贸易入超情况如表 6-3 所示。

---

① 姚玉民、崔丕、李文译：《日本对南洋华侨调查资料选编（1925—1945）》第三辑，第 126、128、132 页。

② 华侨志编纂委员会编印：《华侨志·总志》，海外出版社 1956 年版，第 496 页。

③ 《广东年鉴》1941 年。见广东省档案馆等编：《华侨与侨务史料选编》1，第 208 页。

表6-3　1931—1940年侨汇和贸易入超比较表

| 年度 | 侨汇数（法币千元） | 入超数（法币千元） | 侨汇与入超（％） |
|---|---|---|---|
| 1931 | 434680 | 816413 | 53 |
| 1932 | 334628 | 861191 | 38 |
| 1933 | 314226 | 733739 | 42 |
| 1934 | 338313 | 494451 | 68 |
| 1935 | 332489 | 343402 | 96 |
| 1936 | 344386 | 235803 | 146 |
| 1937 | 473502 | 115130 | 411 |
| 1938 | 644074 | 123559 | 521 |
| 1939 | 1270173 | 306407 | 414 |
| 1940 | 1328610 | 570322 | 232 |

资料来源：何适：《论侨汇补助》，《侨声报》第 2 期，1945 年 1 月。原表 1940 年侨汇与入超为 329，似计算有误。

从表6-3可见，1931 年至 1940 年侨汇数量逐年递增，弥补入超的百分比越来越大，特别是 1937 年以后，侨汇大幅度上升，不仅完全弥补外贸入超，而且余额甚大。究其原因有如下几个方面：首先，受华侨的爱国心所驱使。抗日战争发生后，大多数侨胞由于受客观条件的限制不能亲自回国参加抗战，他们感到自己"远离祖国，勿能来往杀敌"，只有竭力出资，以此"略尽国民天职"[1]。其次，第二次世界大战爆发后，欧洲主要资本主义国家因战事影响暂时放松了对殖民地的搜刮和限制，"寓在南洋一带产树胶区域之侨胞，多能获利；而世界各地侨胞，受了战时景气，经济状况，亦见好转，均足以增加侨汇"[2]。据统计，从 1931 年至 1936 年，平均每年侨汇达法币 3.5 亿元，从全民族抗战爆发到

---

[1]　《新华日报》1940 年 12 月 27 日。

[2]　《抗战中的中国经济》，中国现代史资料委员会翻印，1957 年版，第 393 页。

1941 年底，侨汇平均每年达法币 11.7 亿元，仅新加坡和马来亚侨汇平均每年即达 1.67 亿元，约为战前每年侨汇总数的 1/2[1]。美洲华侨战时经济也有一定发展，美国大发战争横财，致使"旅美华侨各行职业，莫不利市三倍"，达到了"百年来之黄金时代"，因而有条件为祖国抗战出钱。再次，战时国民政府颁布一些条例，倡导华侨回国投资，也促进了侨资流回祖国。

当然，也要客观地看到，抗战爆发后侨汇数量大幅增加还与国民政府法币汇率暴跌有关。如以 1936 年法币兑换英镑汇率换算为：1937 年侨汇为 4.5 亿元（未跌）；1938 年侨汇 6 亿元，实际折算 4.2 亿元；1939 年侨汇为 11.8 亿元，实际折算 4.7 亿元；1940 年侨汇为 11.9 亿元，实际折算 3.3 亿元；4 年合计侨汇为 34.2 亿元，实际折算 16.7 亿元。[2] 如果只看抗战爆发后侨汇猛烈上升数，忽视法币不断贬值则是不客观的。

表 6-4　1934 年至 1938 年粤闽两省外贸统计表（单位：元）

| 地区 | 交易情况 | 1934 年 | 1935 年 | 1936 年 | 1937 年 | 1938 年 |
|---|---|---|---|---|---|---|
| 广东省 | 输出 | 82133928 | 75325979 | 83005765 | 128037034 | 193794618 |
| | 输入 | 156589331 | 150321058 | 129320764 | 178737431 | 249798563 |
| | 入超 | 74455403 | 74995079 | 46314999 | 50700397 | 56003945 |
| 福建省 | 输出 | 7978746 | 7176507 | 8453243 | 11001299 | 8583926 |
| | 输入 | 24045922 | 21575840 | 18601219 | 19528376 | 16275437 |
| | 入超 | 16067176 | 14399333 | 10147976 | 8527077 | 7691511 |
| 粤闽两省合计 | 输出 | 90112674 | 82502486 | 91459008 | 139038333 | 202378546 |
| | 输入 | 180635253 | 171896898 | 147921983 | 198265807 | 266074000 |
| | 入超 | 90522579 | 89394412 | 56462975 | 59227474 | 63695454 |

资料来源：姚玉民、崔丕、李文译：《日本对南洋华侨调查资料选编

---

① 柯木林、吴振强编：《新加坡华族史论集》，第 170 页。

② 参见姚玉民、崔丕、李文译：《日本对南洋华侨调查资料选编（1925—1945）》第三辑第 145 页表 13—6。由于资料不同，侨汇统计数有一定误差。

（1925—1945）》第三辑第 128—129 页表 11-8 统计。

表 6-4 是抗战爆发前后我国华侨最多的广东、福建两省对外贸易与入超比较表，可以局部反映我国外贸逆差及侨汇弥补入超的情况。

侨汇在抗战时期的另一个重要作用是垫补了政府大量军费开支。如前所述，侨汇是战时国民政府财政收入的一个重要组成部分，它以各种外汇的形式源源不断地流入祖国，弥补了政府财政支出中的大量赤字。从军事上说，我国大量军火依赖进口，政府可以运用海外大量侨汇，购买军火及军需物资，在国内，以法币支付给侨眷。巨额侨汇及时垫付和抵消了军火进口所需大量资金，从军事方面有力地支持了中国的长期抗战。"抗战军兴，侨胞为爱国心所驱使，汇款更形踊跃，其最多之时曾占全部战费支出四分之一，予祖国极大贡献。嗣太平洋战争爆发，南洋各地相继沦敌，侨汇款项除美澳两洲外全部停顿。"[1] 对此，政府主管财政工作的孔祥熙曾评价道，"我国抗战已三年有半，财政金融基础仍异常巩固"，其原因之一是"海外侨胞有大宗汇款回国，充实外汇"[2]。另据福建省银行 1941 年度工作计划侨汇部分报告说："查南洋华侨以闽籍居多，年来汇款归国为数甚巨，际此抗战时期，以此巨额侨汇，补救贸易入超及增固外汇基金，其裨益国家殊非浅鲜。"[3] 这充分说明了战时侨汇的作用。连当时德国法西斯柏林交易所报也不得不承认："华侨援助抗战，积极汇款，实在是起了很大的作用。"[4] 据香港汇丰银行之《远东经济评

① 《福建省银行为在南洋筹设分支机构办理侨汇致财政部呈》，《福建华侨档案史料》（上），档案出版社 1990 年版，第 383 页。

② 孔祥熙：《三年来之我国财政》，《新华日报》1941 年 1 月 2 日。

③ 《福建省银行卅年度工作计划侨汇部分》（1941），福建省档案馆编：《福建华侨档案史料》（上），第 376 页。

④ 法国《救国时报》1938 年 1 月 20 日。

论》记载，1933 年至 1941 年各年侨汇如下：

| | | | |
|---|---|---|---|
| 1933 年 | 57700000 美元 | 1934 年 | 74600000 美元 |
| 1935 年 | 41800000 美元 | 1936 年 | 95500000 美元 |
| 1937 年 | 150000000 美元 | 1938 年 | 200000000 美元 |
| 1939 年 | 180000000 美元 | 1940 年 | 150000000 美元 |
| 1941 年 | 60000000 美元 | 1945 年 | 38000000 美元 [①] |

以上 10 年的侨汇共 10.494 亿美元，如从九一八事变到抗战胜利的整个抗日战争计算还缺四五年的数字，即便如此，这个数量也是很大的，况且以美元统计不存在法币贬值的因素。

（二）积极认购各种公债

全民族抗战爆发不久，国民政府成立了战时公债劝募委员会，以政府最高军事首脑蒋介石为主任委员，诸多党政要员任委员。劝募委员会公布了一系列公债劝募办法和奖励条例，随即向海内外发行大批救国公债、国防公债等，号召和发动国内外各界为抗战购买公债。

广大华侨认识到，祖国政府发行战时公债是解决庞大的战争开支、缓解财政经费和军费支出的重大困难而采取的重要举措。因此，他们积极响应祖国政府的号召，在踊跃捐款的同时，掀起了广泛的购债运动。整个抗战期间，国民政府发行 6 期公债，总额约达 30 亿元。政府每次发行公债，华侨无不踊跃认购，而且认购数额相当庞大。以下列举三个时间的统计数字可以说明华侨购债的情况：1937 年至 1939 年华侨认购各种公债为：救国公债 51150346 元，国防公债 6265138 元，金公债 2915880

---

① 《福建省银行为在南洋筹设分支机构办理侨汇致财政部呈》，《福建华侨档案史料》（上），第 383—384 页。1942 年至 1944 年数字没有统计。

元又 22924 金镑[①]；到 1941 年夏，华侨购债总额为 6.82 亿元[②]；至 1942 年，华侨购债总额为 11 亿元[③]。按 1942 年华侨购债额算，占国民政府发行公债总数的 1/3 多一些。不难看出其数量和比重之大。

上面概要介绍了战时华侨购买公债总的情况，下面则简要分述各地华侨踊跃购债的情形。

1937 年 8 月，国民政府发行第一期救国公债 5 亿元。新加坡华侨得知祖国政府发行公债的消息后，由侨领陈嘉庚专门召集侨民劝募公债大会，宣传购买公债的重大意义，动员和号召广大华侨积极认购。他本人带头购债 10 万元，与会的侨胞随之认购二三十万元。新加坡华侨起到了购债的首倡及表率作用，马来亚华侨继之而起。初期马来亚侨界的购债方式为，先由侨团配额分担，继由各筹赈会负责购债，效果不佳。后遂改用连锁信的方法推销：即某甲购债后函告某乙，乙购债后再将该函传丙，如此辗转循环，连续不断，一人购债，其亲人好友连带购买，效果明显。据统计，至 1938 年底约一年半的时间里，新马华侨共 2105895 人，购买公债 12864105 元，人均购债 15 元。[④]可见新马华侨购债方法新、效果佳、数量大，创海外华侨购债的"开门红"。华侨积极认购第一期救国公债的热烈情形，从当时华侨的家信也可反映出来，如汤德名致汤景遇的信中说："因日本侵略中国，海外华侨购买救国公债，非常热血。现下筹集款项七八百万余元，又捐助购机之款四五十余万元，为救广东之用。"[⑤]

---

①　陈树人：《四年来的华侨爱国运动》，《现代华侨》第 1 卷第 8 期，1940 年 12 月 15 日。

②　《解放日报》1941 年 8 月 4 日。

③　《华侨抗战的真实写照——中国人民革命军事博物馆抗日战争侧记》，《华声报》1985 年 8 月 20 日。

④　蔡仁龙、郭梁主编：《华侨抗日救国史料选辑》，第 448 页。

⑤　《汤德名给汤景遇的信》（民国二十七年二月二十六日）。刘进、罗达全、张秀明编：《华侨书信抗战史料选编》（五邑侨乡卷·上卷），广东人民出版社 2016 年版，第 143 页。

东南亚其他各地华侨购债也很积极，甚至蔚然成风。1938年菲律宾华侨购债总额为550万元。印尼雅加达的客属总义祠、广肇会馆、福建会馆三大侨团带头购债共47万元。继之，全印尼46个侨团纷纷购债，共购债250万盾。"不能为祖国出力，也得为祖国出钱"，是越南华侨捐款、购债时流行的一句口号。越南某旅社的一名华侨店员月薪仅12元，他坚持按月拿出4元购债。战时越南华侨捐款购债合计约1000万元。缅甸华侨对祖国政府发行救国公债的号召非常重视，专门成立了"缅甸华侨公债劝募委员会"，由各界知名华侨150人任委员，并在全缅各地成立公债劝募处51个。仰光的南安公会等多家会馆变卖产业购债；侨众之间也实行了"公债连锁法"购债，凡私人喜庆馈赠，亦提倡购买公债以代礼品。两年间，缅甸华侨共购债国币279万元。

欧洲华侨抗日救国联合会通过中国驻法大使馆得知中国政府发行救国公债的消息，于1938年11月23日在大使馆开会，与会的有国民党驻法支部、全欧华侨抗联会及巴黎中国学生会的代表十几人。会议专门讨论了推销救国公债事宜，决定在巴黎成立救国公债劝募委员会法国分会，在里昂、格城、勃都等地成立劝募处，并建立组织机构，拟定推销公债细则、办法等。此后，法国"各地侨胞纷纷来信认购"[1]。至1938年底，德国华侨购买公债5万多元。由于欧洲华侨工界、学术界居多，加之1940年下半年欧洲大陆被德国法西斯占领，因而欧洲华侨购债额不大、持续时间短，但他们毕竟为祖国抗战购债尽了力。

美洲华侨购债持续时间长且很积极。其中美国纽约全体华侨抗日救国筹饷总会留下了诸多所属华侨购买救国公债的资料。该会为每位购买公债的侨胞发放登记证，记录了该侨胞购买公债和救国捐款情况。这里以侨胞黄文洽保留下的《纽约全体华侨抗日救国筹饷总会侨胞购买公债

---

[1] 《救国公债劝募委员会巴黎分会成立经过》，法国《救国时报》1938年11月30日。

救国义捐登记证》（简称《登记证》）为例，该证为 3402 号，内页格式如下：

敌人侵略一日不止

我们捐款一日不休

黄文洽（手写体）君收执

（籍贯）广东省台山县永和乡

（年岁）今年三十二岁

登记部第 17 卷第 53 页

本总会自民国廿六年十一月一日成立以来，各侨胞本国民救国之天职，遵照定章购买公债及尽各种救国额捐义务，颇著成绩。兹为证明各侨胞公债捐款数额，俾便稽查及各侨胞过埠或回国时有所证明起见，特发给登记证，分期登记以资证实。

纽约全体华侨抗日救国筹饷总会发给

中华民国廿八年七月廿三日

说明：

（一）本证书宜常时携带，以备本总会调查员随时检查之用。

（二）凡购买公债或捐款时，须要携带此证到本总会登记；若离埠太远，可将此证书并银由挂号信寄来或托人带来，亦听其便。

（三）凡侨胞年在十八岁以上者，每人须遵章按期购买公债及义捐，以完成个人捐款救国之义务。

（四）凡餐馆衣馆商店请人做工，必要先行查察该人曾经遵章完尽个人捐款救国义务方得雇请，倘若违例一经查出为该东主是问。

（五）此证书如若遗失，须报告本总会备案。由该人觅社团或商店具函担保然后补发新登记证。

**公债及额捐开列：**

（一）第一期救国公债每人额购大洋五十圆，多购益善。其期限由民国廿六年七月七日起至民国廿七年正月三十一日止。

（二）第二期救国公债每人额购大洋五十圆，多购益善。其期限由国廿七年二月一日起至民国廿七年七月三十一日止。

（三）美金公债每人每月额购美金五圆，多购益善。其期限由民国廿七年八月一日按月购买，如同时连购数月听由其便。

（四）购买飞机捐款由民国廿七年五月三十日起每人额捐美金拾圆，多捐益善。

购买救护车捐款由民国廿八年正月十五日起每人额捐美金三圆，多捐兴办善。[①]

由黄文洽的这份《登记证》可以看出，该会每位会员两期救国公债100美元，美金公债每月5元；另有购买飞机捐每人10美元，购买救护车捐每人3美元。可见负担还是比较重的，而且这是对于会员的硬性规定。再看黄文洽对公债和捐款的完成情况。据《登记证》登记，额捐情况：购买飞机捐10美元，购买救护车捐3美元，救济难民垦殖区捐5美元；购买公债情况：第一期公债大洋70元，第二期公债大洋50元，美金公债1938年8月至11月每月5美元，12月10美元，1939年正月5美元。[②]可见其是超额完成的。除了以上义捐外，该总会会员的捐款还有棉衣捐、元旦献金、救济难民捐等。

关于美国华侨购买救国公债和义捐的总体情况，还可以从1937年12月纽约中国银行印发的中国《驻美大使馆御侮捐款户征信录》（简称《征信录》）反映出来，《征信录》的"弁言"说："我在美侨胞，激发抗日义愤，创办救国义捐，踊跃输将……争先恐后，创捐未久，成效甚著，洵可嘉矣。"纽约中国银行代收美国华侨救国捐款从1937年8月

---

① 罗达全、张秀明、刘进编：《侨乡文书抗战史料选编》（五邑侨乡卷·上卷），第57—58页。

② 罗达全、张秀明、刘进编：《侨乡文书抗战史料选编》（五邑侨乡卷·上卷），第59页。

23 日至 12 月 13 日，不到 4 个月里发出捐款收据 19348 张，共合国币 1553371.9 元，这些款项遵大使馆指令电汇如下：

| 时间 | 经手人 | 数额（国币） |
| --- | --- | --- |
| 9 月 1 日 | 救国公债劝募总会宋会长 | 20 万元 |
| 9 月 22 日 | 救国公债劝募总会宋会长 | 40 万元 |
| 9 月 30 日 | 救国公债劝募总会宋会长 | 20 万元 |
| 9 月 30 日 | 外交部转交宋会长 | 1 万元 |
| 10 月 5 日 | 救国公债劝募总会宋会长 | 20 万元 |
| 10 月 14 日 | 救国公债劝募总会宋会长 | 10 万元 |
| 10 月 19 日 | 救国公债劝募总会宋会长 | 10 万元 |
| 10 月 23 日 | 救国公债劝募总会宋会长 | 10 万元 |
| 11 月 4 日 | 救国公债劝募总会宋会长 | 10 万元 |
| 11 月 9 日 | 救国公债劝募总会宋会长 | 5 万元 |
| 11 月 16 日 | 救国公债劝募总会宋会长 | 5 万元 |
| 11 月 23 日 | 救国公债劝募总会宋会长 | 43371 元 |

合计 1553371.9 元 [①]

从以上数字可以看出，美国华侨购买救国公债及捐款是非常踊跃的。再如美国市作顿华侨救国会积极发动华侨购买救国公债，购买第一期救国公债的华侨有 1462 人，购买公债国币 149694 元，人均购债 102 元；购买第二期救国公债的有 1372 人，共购债国币 191455 元，人均 140 元。另有参加捐美金义捐者 1218 人，捐 46062 美元，人均 38 美元；参加航空救国捐者 1125 人，捐 49300 美元，人均 44 美元；参加将士棉衣捐银 5493 元；1938 年至 1945 年七七献金共 71316 美元（其中 1938 年 3480 美元，1939 年 2203 美元，1940 年 3276 美元，1941 年 2290 美元，1942

---

① 罗达全、张秀明、刘进编：《侨乡文书抗战史料选编》（五邑侨乡卷·上卷），第 140—141 页。

年 4543 美元，1943 年 10354 美元，1944 年 35941 美元，1945 年 9229 美元）；又有 1943 年至 1944 年"双十节"献金 10202 美元（1943 年 4110 美元，1944 年 6092 美元），1944 年至 1945 年春节献金 16441 美元（1944 年 10166 美元，1945 年 6275 美元）。整个抗战期间市作顿华侨购买救国公债国币 341149 元，各种抗日捐款 193321 美元。[①] 从以上罗列市作顿华侨购债捐款的情况，该地区虽然华侨数量不多，但购债捐款献金种类较多，次数频繁，人均数量较大，说明该地华侨"慷慨输将""热心购助"，"热诚为国，慷慨为怀"。

华侨大量购买救国公债、硬性摊派各种捐款，对于一般华侨家庭来说，负担也比较重，从上面介绍的黄文洽的《登记证》即可说明。再从当时美国华侨与家人的来信可以反映出来。如 1938 年 6 月 8 日谭瑚泰给谭瑢泰的信中说：

本处承中央政府命令，设立抗敌后援会。华侨一概额捐，不得抗例，若有抗例者，作为汉奸论，全体侨胞与其人绝交。工者不得请其人当工，倘若系请，则连其同汉奸论；若系商者，则全侨不与他作工，仍在华文报纸告宣其人甘为共弃，另呈告公使馆存案。完全不办其任何之事件，另呈报中央政府，削其公民资格，脱其国籍。有章程之所在，中有一二人作犯，此系凉血者之所为，亦经依章惩戒，最后无人敢犯。[②]

从字里行间可以看出，侨团、使馆和国家对于华侨购买救国公债及义捐采取多重措施，成为大多数华侨必须完成的任务；当然也是应尽的义务，是爱国性、自觉性与强制性的结合。有关这方面的情况，华侨家

---

① 黄俊杰编：《美国市作顿埠中华会馆救国委员会九年抗战纪念录》，1946 年。国家图书馆编：《民国文献资料丛编·民国华侨史料续编》第 11 册，第 169—274 页。原资料各种捐款数后多有小数位，这里引用取整数。

② 刘进、罗达全、张秀明编：《华侨书信抗战史料选编》（五邑侨乡卷·下卷），广东人民出版社 2016 年版，第 368 页。原文无标点。

信中多有反映，再1938年6月有一名叫健明的美国华侨给家里两侄子李景周、李景俊的信中也有提到：

> 现下每月捐饷过多，公债须要负担，自中日战事发生以来，海外各埠华侨，限定每人须要月捐以助军糈之用，又另捐救济伤兵难民等等之需。后之中央政府又特派专员前往海外各埠，限定每个华侨每期须要负担公债五十元以上，待至战事停妥为限，无得异议。所谓远者出财，近者出力，勿论如何，政府决以长期抗战杀贼也，现下广东政府又特派两专员前来劝捐购机之需，凡以广东人民须要负责者也，所闻花旗最低限每人要捐助二十元以上。现下所有一切捐款，系中华国民必要负责，若然不负者，照例内以汉奸之罪也。①

可见战时中央和地方不断派官员到侨居地劝捐公债及募捐，类似的华侨家信还有不少，不再列举。但难得的是，阅读这些家信，没有发现华侨因为捐款太多、负担太重而向亲人抱怨，"有国方可言家"，"天下兴亡，匹夫有责"，是这些家信中反映出来的一致心声。华侨健明因捐款过多，对家人要求寄钱买田予以婉拒，表示"目下国家危急关头，匹夫匹妇有责之义"，"现下所有一切捐项，系中华国民必要负责"。其以国家为重的精神难能可贵。

当美国和菲律宾航空运输救国券发行时，各地华侨踊跃认购，在美国达630万美元。另据报道，1941年发行的滇缅公路公债1000万美元，全美华侨认购额超过500万元②。

战时檀香山华侨总数为27657人，按公债条例规定，除去老弱妇孺者，符合购债条件者为6000人，而实际购债的华侨却有6456人。1938

---

① 《健明给李景周、李景俊的信》（三月二十六日）。刘进、罗达全、张秀明编：《华侨书信抗战史料选编》（五邑侨乡卷·上卷），第176—177页。信中所列金额应为美元。

② 姚玉民、崔丕、李文译：《日本对南洋华侨调查资料选编（1925—1945）》第三辑，广东高等教育出版社2011年版，第259、260页。

年秋，国民党中央海外部官员赴美洲推销公债，在檀香山逗留 9 个月，侨胞认购公债额为 196470 美元，折合法币达 64.4 万元，足见檀香山华侨的购债热情。自 1937 年 8 月发行公债起至同年底，加拿大华侨捐款购债合计 200 万美元。据统计，抗战期间美洲华侨购债总额约为 3000 万美元。

南非华侨虽然人数不多，但为国购债情绪至为热烈，仅认购"爱国储蓄券"一项即达 50 万镑之多，人均 125 镑，位列世界各地华侨人均购债额的前茅。

另外，全民族抗战爆发后，国民政府中央信托局发售节约建国储蓄券，海外侨胞也踊跃认购，至 1940 年初已认购 300 万元。

华侨购买公债较之国内同胞购债起着特殊的作用。国内同胞购买公债是政府把民间的资金集中到国家手中，实际货币总量并未增加；而华侨购债均用侨居国政府货币购买，这样可使我国政府增加大笔宝贵而难得的外汇收入或外汇储备，可用其从国外购买抗战急需或国内短缺的军用物资。因此，华侨购买大量救国公债有着独特的重大战略意义。

特别需要说明的是，国民政府向海外发行各种公债时，其有关条例曾明确承诺："本公债自战事结束后第三年起，由国库指拨基金，分二十年还清。"然而，众所周知，抗战胜利后不到一年，国民党即发动全面内战，无法兑现还债诺言，也未见安排落实还债的计划，根本未把还债当回事。实际上，抗战时期华侨购买的 11 亿元公债，等于无偿捐款。

## 三、回国投资开发抗战资源

### （一）工矿投资增加军用民需

抗战初期，国民政府为了利用和开发大后方的丰富资源，以支持庞大的战争经费，除积极鼓动华侨捐款外，还制定了一些有利于华侨战时投资的政策和条例，做了一些鼓励华侨投资的工作。1938年11月，国民政府经济部制定了《非常时期华侨投资国内经济事业奖助办法》，其中第三条规定：对于凡经指定之农矿工商及国防经济事业，华侨资金占资本总额60％以上者，予以下列奖助：（1）经营及技术上之指导与协助；（2）捐税之减免；（3）运输之便利及运费之减低；（4）公有土地之使用；（5）资本及债票之保息；（6）补助金之给予；（7）安全之保障；（8）荣誉纪念品之颁给①。继之，国民政府资源委员会调查公布了国内资源蕴藏情况，以供侨商投资时参考。国民政府侨务委员会，下设华侨投资委员会，并成立西南经济建设委员会以加强领导。关于垦殖方面，国民政府制定了《指导归侨垦殖暂行办法》。1940年2月，侨委会第一次常务会通过了《指导归侨垦殖滇南暂行办法》，规划了滇省的部分垦殖区。国民政府还在中（国）、中（央）、交（通）、农（民）四大银行设置兑换部，以吸收华侨资金。中国银行组织西南视察团，研究投资对象，在西南各省的重要地点设立分行办事处，把大部分侨资引向西南。国民政府采取的一系列鼓励华侨投资的举措对于引导华侨投资起了促进作用。

随着国民政府各项投资法令的公布，许多侨胞纷纷组织考察团深入西南，洽谈业务，商讨投资办法。先由侨商胡文虎入川滇一带考察。继之，菲律宾侨商王泉笙，缅华总商会及仰光华侨等也组织了回国考察团。1940年，陈嘉庚组织大规模的华侨回国慰劳团回国慰劳考察，他们分头到西南、西北、东南各地慰劳视察，对于推动南洋华侨回国投资起了很大作用。侨领侯西反回国考察时对南洋侨胞发表广播演说，指出："我们的抗战胜利基础，便是建筑在西南各省上面"，他号召华侨"将经营事

---

① 《现代华侨》第2卷第2、3期合刊，1941年3月15日；另见《福建华侨档案史料》（上），第450—451页。

业以外的余资尽量的拿回祖国投资"①。

投资工矿业是战时华侨投资的一个重要方面。华侨对工矿业投资大多集中在大西南，主要有如下一些企业：胡文虎投资 1000 万元法币（以下投资数额未特殊标出者均为法币）于云南矿物公司②。他还投资在四川资中创办资中糖厂，资本为 200 万元，每月生产白砂糖 2 万袋。1941 年5 月，胡文虎与国内各实业家在重庆合办华侨企业公司，资本为 1000 万元，其中胡文虎 450 万元，国内各实业家 250 万元，财政经济部 300 万元；经营项目为开发西南各省锡矿、铁矿、煤炭及开垦农田。③港华实业公司在国内昆明、重庆、贵阳、上海等设分公司经营工矿业。爪哇华侨在四川设立较大规模的糖厂，新加坡侨办南洋公司与广西企业公司合资500 万元开办广西糖业公司④。新加坡华侨谢吉安在重庆组织华侨实业公司，资本 100 万元，开发川康农工矿业，并在西南设炼油厂一处，专门采用土产植物榨油。昆明难民总站，联合侨胞集资 1000 万元设立大型新式瓷厂。南洋华侨还组织西康开发公司，资本 250 万元至 1000 万元。马来亚华侨曾运回新式机器并投资 100 万元，协助改良广西锡矿。槟榔屿华侨陈忠懋随南侨慰劳团回国慰劳考察綦详，回南洋后，特联合侨胞集资 1000 万元回国投资⑤。1943 年，缅甸华侨梁金山等集资组织中国侨民公司，资本为 1500 万元⑥。泰国华侨丁文映等组织泰然贸易有限公司及佛海景栋运输公司，发展中泰间之运输贸易，与我国公路相衔接，便利了战时交通运输。

在众多侨办工矿企业中，属中南有限公司经营出色。1940 年春，马

①　何汝津：《华侨投资问题总检讨》，《现代华侨》第 1 卷创刊号，1940 年 5 月 15 日。

②　陈树人：《四年来的华侨爱国运动》，《现代华侨》第 1 卷第 8 期，1940 年 12 月 15 日。

③　姚玉民、崔丕、李文译：《日本对南洋华侨调查资料选编（1925—1945）》第三辑，第 239 页。

④　《侨声报》1942 年 6 月 3 日。

⑤　《华侨先锋》第 2 卷第 6 期，1940 年 10 月。

⑥　《新华日报》1943 年 1 月 4 日。

来亚槟榔屿侨商王振相、王金兴、庄怡生等随南侨回国慰劳团回国慰劳考察时，目睹国内各地行驶车辆，轮胎用至脱胶见布即废弃，不能翻新利用，遂动议创设中南橡胶厂，专营旧胶轮翻新复制。4 月 14 日，他们在重庆开会决定成立中南橡胶股份有限公司（简称中南有限公司），与中国茶叶公司合营。不久茶叶公司退出，成为纯侨资企业，资金为法币 200 万元。会议选举成立董事会，寿景伟被选为董事长，王金兴、卓君卫为副董事长，王振相、庄怡生等为董事，庄怡生兼任经理。随后，公司在南洋聘请雷教千等 12 人为技术员回国，并由马来亚运回首批机器和原料至昆明。同年 9 月昆明厂首先成立开工。1941 年，贵阳、重庆、曲江等厂相继建立，并以重庆化龙桥为总厂。其业务为"专翻制汽车轮胎及各种机器橡胶配件，供应军工运动及制造厂用"。旧轮胎经翻新与新轮胎无异，成本只抵新胎的 1/6，效用可抵新胎的 80%；如轮胎镶布完好，可翻新三四次。该厂建立不久即修复旧轮胎 1 万多个，节省外汇 2000 万元。1943 年经股东大会议决，该厂增资法币 2000 万元，并在美国设有办事处，与美橡胶公司有业务往来。其业务由翻新旧轮胎扩展到制造新轮胎及制造各种机器橡胶配件、日用品等。其重庆总厂每月生产产品如下：翻新汽车外胎 6000 只，复制胶（翻新车胎用）5000 条，汽车内胎 1000只，黄包车内外胎 1000 副，汽车机器零件 20000 件，胶底鞋 15000 双，运动胶鞋 10000 双，晴雨套鞋 5000 双，橡胶雨衣 3000 件，VI 胶带 1000条，胶管 10000 尺，球胆 1500 打，救生圈 1000 条，坐垫 1000 只，皮球20000 只，玩具 10000 件等。可见该厂生产能力的强大，效益可观，是当时国内唯一的一座橡胶厂，既从国外带回了新技术，又在云南大量引进种植橡胶树，尤其是战时以公路运输为主的情况下，中南橡胶厂为战事运输解决急难问题，"对抗战颇多贡献"。[①] 据当时有媒体估算：中国公路运输车辆约 1 万辆，每车平均 5 个轮胎（包括备用胎），最大限度使用一年，每年从国外进口 5 万个轮胎，每个轮胎售价 800 元，每年有 4000 万元流向国外。如果轮胎内胎仍然完好，按翻新三四次算，每年可以少购买新轮胎 32500 个，节省支出达 2600 万元。[②] 因此，该厂被国民政府经济部部长翁文灏作为战时华侨投资的范例。

全民族抗战爆发后，东南地区大部沦陷。许多工商业重镇落入敌手，使国民政府的财政经济损失很大。且各地因战争波及难民遍地，嗷嗷待哺，尤其是政府每年还要支出庞大的军费，使财政经济陷入窘境，无力大规模开发西南资源。民族工商业有许多被日本侵略者掠夺，有些在内迁中折腾得元气大伤，损失很大，恢复缓慢，完整无缺迁入内地重振旧业者不多。由此使战时西南工矿业处于萧条、混乱的不景气状态。战时华侨大规模地向大西南投资，开发和利用了西南资源为战时服务，对当时不景气的西南工商业起了舒筋活血的作用，在一定程度上舒缓了战时政府的物资供应困难，并为祖国传播了一些外国的先进技术。

值得称赞的是，有些爱国侨胞不辞辛苦、千里迢迢奔赴大西北的延安，在那里投资建厂，为敌后抗日根据地的各项建设，尤其是经济建设发出了自己的光和热。西北华侨实业公司，是归国华侨救国联合会于 1942 年在延安开办的华侨企业。该公司原拟投资 500 万元[③]，后因交通不便及国际国内时局变化等，资金一时不能集中，便首先开办一个华侨毛织厂，资本为 100 多万元[④]。毛织厂有 5 架织布机，6 架织毯机，6 架

---

① 重庆市档案馆藏：《中南橡胶厂调查报告》，交行渝分行，业字 169 卷；另见《福民日报》1940 年 6 月 21 日，《解放日报》1942 年 1 月 15 日。

② 香港《大公报》1940 年 4 月 15 日、5 月 25 日、6 月 14 日。转引自姚玉民、崔丕、李文译：《日本对南洋华侨调查资料选编（1925—1945）》第三辑，第 238—239 页。

③ 《华侨实业公司开幕，毛织工厂出品优良》，《解放日报》1942 年 2 月 18 日。

④ 《侨联总结半年工作，华侨工厂资本已逾百万》，《解放日报》1942 年 6 月 10 日。

合股机，每天生产毛毯 15 条，洋白布 1 匹[1]。工厂采取计件工资制，以劳动产品为工资报酬。在当时的情况下，工厂条件艰苦，设备简陋，技术落后。如毛织厂弹毛机部，用两头毛驴拉着旋转机代替动力，用健壮工人的臂膀推动轮轴，但华侨工人的干劲仍然很大。

延安华侨毛织厂虽然在艰苦中创业，但它不断得到发展，繁荣了当时边区的工商业。该厂成立不久，就有商号与其预定毛线万斤，毛毯数千条。到 1943 年初，毛织厂有手摇纺车 500 架，纺线妇女达 300 多人，每日生产毛毯 25 条，毛呢若干匹。在边区经济最困难的时期，毛织厂的华侨同边区人民一道参加了轰轰烈烈的大生产运动，仅 1942 年该厂即生产出毛毯 3300 条，纺毛线 4000 余磅，毛呢 100 匹，以所存羊毛实物折价共获净利 50 万元[2]。华侨工厂还开展向边区劳模赵占魁学习的运动，开展劳动竞赛，成绩显著，该厂弹毛股 1943 年 5 月平均每天弹毛 43 斤，6 月每天弹毛增到 75 斤，在 12 天内节约羊毛 90 斤，每天节约机油 2 两[3]。华侨在边区投资，为建设边区添砖加瓦，在一定程度上促进了战时边区经济的繁荣，为前方战士提供了军需物资。正像西北华侨实业公司的启事中写道："加强全国建设，自力更生，更成为战胜敌人的重要基础。"[4]

### （二）垦殖业投资生产粮食日用品

垦殖业是抗战时期华侨的一项重要投资。主要是开发荒地、植树造林、兴建新村，以解决战时粮食和日用品供应困难。全民族抗战爆发以后，泰国迫害华侨益甚，许多难侨组织回国垦殖团，由罗汗等 10 余人率领回国，到云南车里、南峤、佛海等地垦殖。云南省当局曾指定芒市、

---

① 《解放日报》1942 年 4 月 10 日。

② 《解放日报》1943 年 3 月 1 日。

③ 《解放日报》1943 年 6 月 19 日。

④ 曾艾狄：《记延安华侨毛织厂》，《新华日报》1942 年 4 月 10 日。

车里等地 40 万亩荒地为侨胞种植或兴建新村之用。越南侨胞闻讯后亦组织回国垦殖团归国垦殖。

　　由侨商与国内官员合作，在四川合办了华西垦殖股份有限公司（简称"华西垦殖公司"），聘请海外侨商陈守明、陈嘉庚、庄西言、张振帆等 13 人及国内要员缪云台、龙云、刘文辉、萧吉珊等 13 人为指导者，最初资本为 500 万元，后增至 1000 万元，后又发展到 5000 万元。经济部与西南有关各省占 40% 股本，地方实力派私人方面占 10%，侨资占 50%。其宗旨是开发华西富源，增强国力，繁荣边疆，为战区服务，经营滇、甘、川及青海等省的农垦和工矿事业诸项目。经营业务为西南西北农垦工矿及其有关的贸易、金融等。据报道，该公司已在西康省雅安、西昌等地与西康地质调查所合作，进行矿产资源调查，并进入开发阶段；关于垦殖方面，在云南省建水县开始进行规划，并完成水利灌溉工程；作为附属的金融业，已经成立一家垦殖银行。[①] 吉隆坡侨商张郁方、廖荣枝集资 200 万元回国垦田。广东归国华侨生产事业协进会投资 5000 万元垦殖。广东省连山县建立爪哇华侨垦殖区，资本 100 万元。垦殖业投资中有许多是难侨集资开垦荒地，有些是地方政府拨款和华侨集资共同开发山地。1943 年 1 月，新加坡侨商陈济民"为目前抗战建国迫切需求，爰集资金国币五百万元，设立集美实业股份有限公司"，[②] 分为 500 股，每股 1 万元，实缴 300 万元，股东为菲律宾归侨；经营农林、工矿、交通、渔业及运销等生产事业。公司总部在福建永安，设公司于柳州，设办事处于泉州、永春、安溪、长汀、赣州、曲江、桂林等地。项目有生产肥皂、锯木、海味等民用商品。同年 8 月，福建籍归国侨领郑玉书等发起组织华侨兴业股份有限公司，新马、印尼、菲律宾等各属侨胞多

　　① 《华侨先锋》第 1 卷第 8 期，1939 年 2 月 15 日；另见姚玉民、崔丕、李文译：《日本对南洋华侨调查资料选编（1925—1945）》第三辑，第 241—242 页。

　　② 福建省档案馆编：《福建华侨档案史料》（上），第 540 页。

人，丘汉平为董事长、郑揆一为总经理，经营农林、工业、贸易、运输等，资本额 1000 万元（官股 100 万元，侨股 900 万元）。各种业务资本分配为农林 300 万元，企业 200 万元，贸易 200 万元，运输 300 万元。其经营情况为：

全年营业收入：1943 年为 4858352.63 元，1944 年为 34923201.37 元。

全年营业支出：1943 年为 4000842.60 元，1944 年为 3147531.37 元。

纯损益：1943 年为 8575100.30 元，1944 年为 3447669.71 元。[①]

美国华侨也不远万里回国投资垦殖业。战时檀香山华侨祖国伤兵救济会曾集资 600 万元回国垦荒[②]。华侨出资助垦是战时华侨投资的一种特殊形式，而且主要是美洲华侨不能直接回国投资采取的一种办法，它属于垦殖投资的一种。广西露塘垦殖公司的 150 万元资本中多为美国侨胞投资。美国各地侨胞还在广东各地投资助垦，具体情况如表 6-5 所示。

表 6-5 战时美洲华侨投资广东省助垦简表

| 地名 | 资本（法币万元） | 垦区 |
|---|---|---|
| 檀香山 | 100 | 阳山茶田垦区 |
| 纽约 | 100 | 徐闻垦区 |
| 芝加哥 | 100 | 台山龙洞垦区 |
| 旧金山 | 100 | 曲江马垅垦区 |
| 积彩 | 30 | 恩平大人山垦区 |
| 华盛顿 | 15 | 英德横石塘垦区 |
| 保利磨 | 10 | 曲江龙田垦区 |
| 合计 | 455 | — |

资料来源：据《华侨先锋》第 3 卷第 3 期（1941 年 8 月 1 日）统计。

从表 6-5 看，美国各大城市和地区的华侨都参与了广东投资助垦。

---

① 福建省档案馆编：《福建华侨档案史料》（上），第 44 页。

② 《新华日报》1940 年 5 月 6 日。

另外，新西兰华侨也在广东英德走马房垦区投资 60 万元助垦。

华侨投资垦殖业主要是解决战时的粮食及日用品短缺问题，一般说赢利不高，且有些企业的创办历尽艰辛，如华侨兴业公司就是一个典型事例。1940 年，闽侨股商胡文虎、郑玉书等 14 人拟发起组织一家大规模的华侨建设公司，目的是利用侨资开发福建富源，资本拟定 5000 万元。准备募足 2500 万元时即行成立，先在香港设办事处。为鼓励侨胞积极参股，特规定凡在该公司认股 5 万元以上者，将来有推荐担任该公司经营各部门高级职员之权，凡附股者，将款存在银行里，在该公司未开办以前利息仍归附股人所得。该公司建设程序分为战时和战后两个阶段。战时阶段的建设重点是：（1）垦荒，解决福建省民食方面的米粮不足；（2）种植，闽东茶，闽西烟草、水果，闽北竹、米、菰、笋、樟脑、桐油等各种作物和产品价值高的原料，当时因劳力缺乏，自闽海被敌封锁后，已濒绝产，主要措施是救济种植农户并开发种植；（3）各种轻工业，当时福建省交通不便，产品求过于供，急需发展轻工业品。战后建设分交通矿务工业等。该公司 1941 年 1 月已募得股金 2000 万元，但新加坡等地殖民当局为防止资金外流，中途限制侨胞募股，第一期股额未能募足。这年 7 月公司派人到马来亚秘密募股 550 万元并欲与福建省银行联络，旋因太平洋战争爆发，股款无法集中，最后将国内沪粤二地的存款与闽省行合并成立华侨兴业有限公司，资本为 500 万元，其中官股 100 万元，侨股 400 万元。1943 年 8 月正式成立，为当时滨海仅有的一个侨资公司。后增到股额 1000 万元，其业务范围为：（1）农业的培植与加工；（2）森林的培植与保育；（3）民生工业的经营与发展；（4）重要矿产的探采及冶炼；（5）土产原料及日用物品的调剂与供应；（6）交通运输事业的经营与发展；（7）其他生产事业的兴办与开发。①华侨兴业有限公司成立后，承购农林场 2000 余亩，并进行了稻麦改良，糖蔗栽培以及花生、棉花、油菜和油桐的种植等。在南平、建瓯两地沿溪地区收买杉林与荒山，从事造林开荒。华侨兴业有限公司经过侨商的艰苦努力，花费 4 年的时间才建成，因战事影响与资金限制，业务发展不快，赢利不高，但是侨商不弃不馁的投资开发精神是很可贵的。

再如菲律宾马尼拉侨商洪应士针对祖国家乡"长期抗战，端赖后方扩张生产，以增国家经济力量"，"爰自不计利纯，出肩艰巨"，于 1937 年 12 月在家乡福建龙溪东乡田中央"个人独资承办"四维农场，② 1941 年 12 月向中央农林部核准备案。投资额 2400 万元，经营土地 58167 公亩，经营项目为柑橘试验、种植稻麦等粮食作物。其投资得到当地政府的支持及缙绅的协助，发展到有固定资本 3000 万元，流动资本 600 万元；年产柑橘 3000 担，糖 20000 担，谷 1000 担，约值 300 万元，收支平衡，③是东南为数不多的经营较好的垦殖投资。

我国大西南许多地区为少数民族居住区，抗战爆发前，这里人烟稀少，经济落后，土地山林多未开发利用。抗日战争发生后，内地和东南沿海大部分地区被日军侵占，西南地区人口骤增，因此，为了容纳大量战时难民，城建及荒地森林开发亟须进行，华侨的垦殖投资开发了大量荒地。如美国华侨黄寄生、黄远等创设的广西露塘垦殖公司，垦殖柳江县属凤山河灌溉区的荒地 46000 亩，由官股和侨股合资创办。其业务分为垦殖、园艺、畜牧、森林和加工运销五部分。并于垦地中划地 12000

---

① 徐盈：《一个华侨企业的成长》，《大公报》重庆版，1943 年 12 月 24 日；另见《抗战期中之福建华侨》，福建省经济建设计划委员会宣传处 1941 年出版，第 36—37 页。

② 《洪应士为创办四维农场志》（1940 年 2 月 15 日），福建省档案馆编：《福建华侨档案史料》（下），档案出版社 1990 年版，第 929 页。

③ 《四维农场调查表》（1944 年 3 月），福建省档案馆编：《福建华侨档案史料》（下），第 930 页。

亩，分为 400 个单位，每单位 30 亩，招收各地农民为垦户，每户丁口五人以下者给予一个单位，五人以上十人以下者给予两个单位，余者种植果树蔬菜和桐茶竹等。[①] 这样既开发了大量荒地，又解决了难民及归国难侨的就业问题，一举两得。再如马来亚华侨郑荆伦募集侨资，开垦福建建阳县（今建阳市）荒地 1 万余亩。柔佛华侨刘冷候开垦南平荒田 2000 余亩。[②]

抗日战争期间，华侨积极出钱出力建设和开发大西南，帮助国家解决粮荒，提供日用品供应，从而有力地支援了祖国抗战。

### （三）金融业和其他各种投资

金融业投资也是抗战时期华侨投资的一个重要方面。当时由于世界局势紧张，第二次世界大战爆发，尤其是太平洋战争爆发后，许多华侨转移资金回国，纷纷在国内建立侨资银行。华侨的金融投资主要集中在抗战中后期。

华侨在海外的金融业比较发达，世界各地有许多侨办银行，形成华资金融网，它是战时华侨捐款和侨汇的转运枢纽站和财源库。当时仅南洋地区就有华侨银行近 30 家 [③]。其中资本较雄厚、业务较完善的银行有12 家；新加坡有华侨、国民、四海通、利华、广东、广西 6 家银行；越南有东亚银行和富滇两家银行；印尼爪哇有黄仲涵银行；苏门答腊有中华商业银行；菲律宾有中兴银行；泰国有广州银行。这些华侨银行大多和国内有联系，并经营转汇华侨战时捐款、各种公债和侨汇等。太平洋战争爆发后，华侨金融业面临朝存夕亡，许多侨资银行和华侨股商纷纷向国内转移资金，兴办金融投资业。

抗战期间，国内较早的侨办银行是新加坡华侨集资 1000 万元建立

---

① 《华侨先锋》第 2 卷第 21 期，1941 年 5 月。

② 《抗战期中之福建华侨》，第 40 页。

③ 《抗战期中之福建华侨》，第 42—47 页。

的福建实业银行[①]。1943 年，侨领李光前投资 400 万元在福建建立集友银行，充作集美学校教学经费。1942 年 6 月，南洋侨领何葆仁等拟集资2000 万元组织南侨银公司，实际股额为 1500 多万元。美洲侨领司徒美堂与国内金融界巨商筹建华侨银行。侨领谭赞、胡兆祥鉴于南洋各地沦陷，侨资蒙受巨大损失，而国内工矿业亟须资本扶植，遂决定集资 1000 万元筹组中国工矿银行，实际筹股 500 万元，并征得一部官股。缅甸、马来亚等地华侨在 1942 年 9 月建立华侨建设银公司，资本总额为 2000 万元，专为发展后方农工矿各项事业而设。侨领曾纪华、戴愧生等联合内地人士集资 800 万元设立华侨工业银行，以发展后方工业为其宗旨[②]。1942年底，又有 4 家华侨新银行先后开业，即华侨信托银行、华侨实业银行、华侨兴业银行和华侨建业银行，资本总额共达 1 亿多元[③]。1943 年 1 月，在昆明市成立中国侨民银公司，资本总额为国币 1500 万元，经营投资生产等 12 个项目[④]。太平洋战争爆发后，陈嘉庚将其资本 850 万元汇寄伦敦转重庆，在广西柳州设立集美银行，专为投资工业建设[⑤]。1943 年夏，华侨连瀛洲、李文珍、何葆仁、林庆年等专集侨资，创办了华侨联合银行，下设业务、储蓄和信托三部，经营方针是"运用华侨资本，投资生产事业"[⑥]。

战时华侨金融业的投资数量没有确切统计，仅就上述所知的华侨金融投资金额，估计在两亿元以上。在当时说来，这个数目也是比较可观的，华侨的金融投资一方面对当时政府的财政金融是一个补充，另一方面为战时经济和华侨的工矿垦殖投资提供了资金。

---

① 刁作谦：《中国复兴与南洋侨胞之关系》，《新生路》第 2 卷第 2 期，1937 年 7 月。

② 《侨资银行近闻》，《西南实业通讯》第 6 卷第 3 期，1942 年 9 月。

③ 《四华侨新银行短期开业》，《西南实业通讯》第 6 卷第 6 期，1942 年 12 月。

④ 《中国侨民银行公司开幕》，《西南实业通讯》第 7 卷第 2 期，1943 年 2 月。

⑤ 《新华日报》1943 年 2 月 15 日。

⑥ 《侨声报》第 13 期，1944 年 10 月。

除了战时新举办投资外，原有的华侨企业也转入为战时服务的轨道上来。如国民制炼漆油有限公司，战时加紧制造国防飞机涂料和军需漆油。其制造的漆油经国民政府中央航空委员会试验，质量良好，并受军政部兵工署批准通令各厂采用。1938 年，国民政府航空委员会向该公司采购一批飞机涂料，总值港币 16.5 万元，该公司不计较工值与制造费用，将原价割低港币 24862.2 元，以报效祖国抗战[①]。

另外，随着战事吃紧，在沿海城市原有的华侨企业迁到西南，如南洋兄弟烟草公司由沪迁渝等。有些华侨将国外的企业转移到国内为抗战服务。如太平洋战争爆发前夕，泰国华侨和香港商人合办之大华胶鞋厂迁入昆明，生产优质胶鞋底和运动鞋底，"该厂历年在昆以廉价出品供应军鞋，动逾数万，不计成本，裨益军事，不无征劳足录"[②]。

还有些华侨在国外投资为祖国服务，如纽约华侨集资建立了中美药厂，制造大宗药品运回祖国，专供前线伤兵所用。1943 年 9 月，旧金山华侨募股 25 万元，聘雇华工约 3000 人，设立中国飞机公司，制造飞机机件，以供抗战之需[③]。缅甸华侨联络港沪实业界，1941 年在仰光筹建中缅国货公司，资本为国币 500 万元，该公司在缅甸销售国货，并将缅甸所制货品以该公司为媒介运往中国销售。[④]

### （四）战时华侨投资的作用及特点

从以上介绍的投资情况，可以看出抗战时期华侨对国内企业投资以工矿、垦殖、金融业为主。从七七事变到太平洋战争爆发，华侨投资日渐增多并达到高潮。据统计，抗战头三年华侨投资至少 8 亿元（有谓

---

① 中国第二历史档案馆藏：《关于鼓励协助华侨回国投资开发实业卷》全宗号 22，卷号 44。
② 中国第二历史档案馆藏：云南侨务处处长张客公《为侨商大华胶鞋厂董事长李卓仁经理詹范吾出国调查补充原料机器恳予照准由》全宗号 22，卷号 43。
③ 《旧金山侨胞设厂造飞机》，《大公报》重庆版 1943 年 8 月 17 日。
④ 《国货公司在缅开业》，《华侨先锋》第 3 卷第 3 期，1941 年 7 月 16 日。

10 亿元），其中 1937 年至 1939 年为 4 亿元，1940 年为 4 亿元。[①] 另据 1942 年 6 月 3 日《侨声报》记载，1941 年华侨投资即达 8 亿元之多，从 1937 年至 1941 年底华侨投资额共达 16 亿元[②]。有关七七事变至 1940 年华侨投资数额多种资料均有一致记载，而 1941 年华侨投资数额以前仅见《侨声报》的报道。后来又发现战时日本"南满洲铁道株式会社调查部上海事务所"编辑《战时中国经济与华侨侨汇》的资料记载说："根据从中国银行获得的关于 1941 年华侨向中国内地的投资额，有一则报道宣称：从 1941 年 1 月至 10 月，海外华侨向内地（重庆、成都、昆明、贵阳、广西、广东、福建）实业和工厂的投资额已经超过 8 亿元，到年末将突破 10 亿元 [ 不包括其他用途（赡家汇款）的汇款 ]。与'七七事变'以后直到 1940 年年末华侨向中国内地投资额为 8 亿元的报道，以及 1940 年华侨向中国内地投资额为 39640 万元的报道相比，可以说，这则报道揭示了华侨向中国内地投资异常增长的趋向"。[③] 该资料又说："自'七七事变'以来直到大东亚战争爆发以前，华侨向内地的投资总额约有 16 亿元"；"自'七七事变'爆发以来直到 1941 年末，估计华侨的抽逃资金总额有 24 亿至 25 亿元"，"其中的 2/3 左右汇往中国内地"。[④] 该资料虽然也是根据中国内地资料编辑，但更加具有权威性，也完全印证了以前几个时段的统计数字。另外，从太平洋战争爆发到抗战胜利，华侨的

---

①　分别见《西南实业通讯》第 4 卷第 4 期，1941 年 10 月；《华侨先锋》第 2 卷第 1 期，1940 年 7 月；《解放日报》1942 年 12 月 11 日。

②　《华侨经济与抗战投资》，《侨声报》1942 年 6 月 3 日。

③　姚玉民、崔丕、李文译：《日本对南洋华侨调查资料选编（1925—1945）》第三辑，第 209 页。

④　姚玉民、崔丕、李文译：《日本对南洋华侨调查资料选编（1925—1945）》第三辑，第 237 页。但是，同时该资料又说："当从向重庆政府提供的对外购买力这一角度来看如此巨额的内地汇款时，其中的大部分都在沿海城市汇兑黑市上被投机商和第三国用作外汇担保而丧失，因此，对强化内地财政经济的直接贡献分外小。"这说明战时华侨的巨额投资流失严重。

投资及其他汇款为 2 亿元至 3 亿元，[①] 是华侨战时投资的低潮。

华侨投资到 1941 年底之所以形成高潮，有多重原因：一是与当时华侨的抗日爱国热情有关。抗日战争爆发后，广大华侨以各种形式报效祖国，除了大量捐款献物外，复以开发祖国资源，增强抗战实力，奠定抗战胜利的经济基础和物质基础为己任，因而纷纷投资开发祖国资源。这种支持祖国抗日的方式，虽没有捐款献物那样直接，但为祖国抗战提供了物质基础，具有长期、广泛的效应。二是侨领侨商的示范带动效应。1940 年夏，以陈嘉庚为首的南侨总会慰劳团回国慰劳考察，这些人都是当地侨界泰斗、工商业的成功者，他们回南洋后成为发动投资的义务宣传员，有些人还亲自带头投资，如陈嘉庚、郑玉书、王振相、王金兴、李铁民等都是实际投资带头人。三是国民党政府的积极争取。全民族抗战爆发后，举国一致为民族解放而奋斗，呈现出相对良好的投资环境与气氛。国民政府顺应时势，制定了积极吸引侨资、开发祖国抗战资源的政策，并采取了相应措施，这些举措对争取华侨积极投资起到了促进作用。四是国际战局紧张，侨商转移资金回国。第二次世界大战爆发后，南洋一带各宗主国当局不断严格限制华侨向祖国大量捐款，华侨遂变换方式，携款回国投资；日本密谋大举南进，南洋战云密布，侨商为资金安全纷纷回国投资；还由于当时国内法币不断贬值，侨资回国可得善价，因而也吸引了许多华侨投资。五是与某些侨团的策动有一定关系。如战时归侨组织"南洋华侨协会"，"为协助归侨投资经营实业增强抗战建国力量特组织经济建设考察团"，下设分团，分团下设数组，分赴祖国各地考察"工商各业""水陆交通""农村经济""农林畜牧""矿业及

---

① 姚玉民、崔丕、李文译：《日本对南洋华侨调查资料选编（1925—1945）》第三辑第 232 页记载："大东亚战争使重庆政府仅仅能获得美洲（北美、中南美洲）、欧洲、非洲及澳洲的华侨汇款（包括捐款、赡家汇款、投资汇款，按照现在的汇率计算，有 2 亿元—3 亿元）。""大东亚战争"即指太平洋战争。

其他各地特产"等状况，[①] 为投资提供便利。以上各种因素综合作用，使得战时华侨回国投资至 1941 年达到高潮。

学术界有一种观点：民国时期华侨向祖国的投资，1927 年至 1937 年为华侨投资国内企业的"高潮"，1937 年至 1945 年为"近代华侨投资国内企业的低潮"[②]。然而，通过上面介绍的情况恰恰相反。据统计，1927 年至 1937 年华侨对国内投资总额为法币 102308200 元，平均每年投资额为 10230820 元 [③]。全民族抗战时期华侨投资按 18 亿元计算，平均每年投资 2.25 亿元，就是扣除战时法币日益严重的贬值因素，抗战时期华侨年平均投资额仍比土地革命战争时期的年平均投资额多数倍，所以说抗战时期恰是近代华侨投资国内企业的高潮，而不是低潮。其根本原因，与抗日战争的战局密切相关，即战争前期我国东南、华南大片国土沦陷，华侨纷纷投资转向大西南大后方，而前述学者对战时华侨投资的统计主要是对东南、华南的投资调研的数字，恰恰忽视了对大西南和大后方大量侨资的统计。

毋庸置疑，抗战时期华侨向国内大规模投资，是其对祖国抗战提供经济援助的重要组成部分，也是华侨对祖国抗战经济的重要贡献。南洋侨领张百基曾经说过：华侨投资可以大量开发资源；可以稳定后方资源；可以抵制敌货流入；可以发展海外国货；可以充实国防利器；可以代替当前捐款之外汇；可以维系华侨爱国之重心；可以拒绝敌伪挑拨之阴谋[④]。这"八个可以"，概括了华侨战时投资的作用与意义。国民党《中央日报》对此评论说："在战前，华侨汇款是平衡国际收支的巨流，在战

---

① 重庆档案馆藏：《南洋华侨协会经济建设考察团组织纲要草案》，卷号 72。

② 林金枝：《近代华侨投资国内企业的几个问题》，《近代史研究》1980 年第 1 期。

③ 林金枝：《近代华侨投资国内企业的几个问题》，《近代史研究》1980 年第 1 期。

④ 张百基：《抗战建国与华侨投资之关系》，《大公报》重庆版 1940 年 10 月 30 日。

时的今天，华侨投资当是抗战建国的柱石。"①

　　抗战时期华侨投资与战前比较有如下几个特点：

　　首先，爱国的动机比战前明显，是适应祖国战时需要而投资。众所周知，就当时国内外条件而言，华侨在海外从事投资等事业不患无利可图，而抗战时期国内各项建设尚属薄弱，且战事频繁，朝不保夕，条件不利，环境恶劣，往往谈不上利润。因此，"谓侨胞投资乃为个人利润，实极错误"，"盖华侨爱国观念，素甚浓厚，此为今日踊跃投资又一动机也"②。多数侨胞投资是为了战时需要，不计较个人利润。如抗日战争开始不久，新加坡侨领陈嘉庚、侯西反等多人得知国内前线各战区药品奇缺，遂决定在新加坡筹建大规模制药厂，长期供应抗战前线伤兵将士之用。在建厂时，华侨陈贵贱慷慨捐献发动机三台，不计金钱。太平洋战争爆发后，华侨准备将制药机移入重庆建厂未果，遂把资本50万元转移国内，国内银行界及四川建设厅合营的中国制药提炼股份有限公司出资50万元，和侨资合股建立了中国战时大规模的重庆制药厂，出产药品多达91种③。当时国内战争激烈，前后方缺医少药，重庆制药厂的建立，急救了大量伤兵难民，部分地解决了国内战时医药奇缺的困难，完全是为战时服务的爱国投资。又如当时延安华侨毛织厂的华侨股份全由菲律宾华侨工人承担，工资以产品偿付，主要是为了繁荣边区商业，不是为了利润。华侨的工矿投资，是为了开发西南资源，解决战时经济困难；垦殖投资，主要是为了解决粮食和前后方日用品的不足。这些投资不能和战前同日而语。当然，生产建设投资在战乱年代事难速成，非可一蹴而就，如开矿造林均非一年半载所能见效，这些投资时间长，效果慢，

---

　　①　《中央日报》1940年3月28日。

　　②　《抗战期中之福建华侨》，第38页。

　　③　《华侨革命史》下册，第692页；另见《现代华侨》第3卷第2、3期合刊，《解放日报》1942年12月24日。

获利不如战前高是不难想象的。但有人据此以为战时侨办企业"无利可图"，"华侨资本迅速地转向商业投机"[①]，这并不符合实际，也抹杀了战时华侨投资爱国性的一面。

其次，投资地区转移，投资重点发生变化。抗战前侨办企业投资90％集中在东南华南沿海的大中城市，如上海、广州、汕头、厦门、江门、海口等地。抗战爆发后这些城市先后沦陷，原有的侨办企业陆续内迁，华侨新的投资大多数转移至大西南地区。如果整个抗战期间华侨投资按 18 亿元计算，除去战时在闽、粤、沪二省一市的 2000 万元左右投资，其余的巨额投资多在西南和内地。战时的工矿投资几乎全部集中在西南，垦殖投资也大多在川、滇、黔、桂和粤省西北部；有部分垦殖投资在福建省；金融业投资除所知的福建实业、集友等银行外，其余大部集中在渝、昆、贵一带。战前华侨投资以房地产和工商业为主，战时以工矿、垦殖、金融业为重点；由非生产性投资向生产性投资转变。战前华侨投资在东南沿海一带占第一位的是房地产业。如 1919 年至 1927 年闽粤房地产投资分别占二省投资总额的 48％和 56％；1927 年至 1937 年分别占 67％和 66.27％。当时华侨投资房地产主要是为了出租获利。同时在上海、成都等大城市中，华侨工商业投资也占很大比重，如当时较有名的南洋兄弟烟草公司、永安纺织公司、永安百货公司、先施百货公司、新新百货公司等，还有交通运输业投资。抗战期间，华侨房地产投资几乎没有，商业投资也微乎其微。而西南的工矿、垦殖投资突然增多，这时期还出现了美洲华侨投资助垦的新方式。战前华侨金融投资比较少，当时比较大的侨办银行中南银行只有资本 750 万元。战时由于种种特殊情况，金融业投资也大有增加。投资重点发生变化，主要与政府有关部门引导有关。如侨委会即确定战时"鼓励侨胞回国投资开发后方生产建

---

① 林金枝：《近代华侨投资国内企业的几个问题》，《近代史研究》1980 年第 1 期。

设事业列为中心工作之一"，"分向中央各主管机关及西南西北各省市政府，搜集关于有待开发之各种实业"，并绘制发放《侨民回国投资各种事业状况调查表》，"以便侨胞回国投资时易于选择经营"。①

最后，抗战时期华侨投资多与国内官僚资本结合，纯粹的侨资企业不多。这种情况，当时被称作"'官商合作'的原则"。②从地域上说，工矿业投资以南洋华侨为主，垦殖业和金融业投资南洋和美洲兼有之。近代华侨对祖国的投资属于民族资本，战前侨办企业一般都有相对的独立性，有些侨办企业的机器设备技术和外国有着某种联系。抗战期间情况大有不同，前述的中南有限公司初期有侨资 70 万元，国内茶叶公司 30 万元。华侨企业公司，资本共 1000 万元，侨领胡文虎有 450 万元，国内实业界人士 250 万元，财政经济部 300 万元。华侨兴西实业公司为华侨李华洲和梁寒操合办。陕西开发公司由虞洽卿与华侨合办。有名的华西垦殖公司，由侨领 13 人和国内实力派 13 人合办，"是华侨资本与国内官僚资本合办的事业"③。广西露塘公司有部分官股，重庆华侨制药厂有国内银行界和四川实业界的股份参与。金融投资，如中国工矿银行，华侨兴业银行及司徒美堂和国内金融界合办的华侨银行，等等，都有官僚资本渗入。上海迁渝的南洋兄弟烟草公司更为官僚资本所控制。造成这种现象的原因是国民党政府的官员乘机渗透华侨资本赚取利润；华侨资本为了自身的生存和安全不得不和某些实力派合作，把企业"看作是政府与侨胞合作的企业机构"④。

---

① 四川省档案馆藏：《侨务委员会四川省府成都、自贡、江北、巴县、奉节、云阳、万县等县府关于填报华侨回国投资调查表的训令代电》，档案号民 115—01—1280。

② 《福建华侨档案史料》（上），第 454 页。

③ 姚玉民、崔丕、李文译：《日本对南洋华侨调查资料选编（1925—1945）》第三辑，第 241 页。

④ 《大公报》重庆版 1943 年 12 月 24 日。

# 第三节 华侨以物力报效祖国抗战

从某种意义上说，抗日战争是一场拼消耗拼实力的战争。中国的对手日本是当时世界上军事实力、经济实力很强的帝国主义国家，其工业发达，武器装备先进。而中国虽地大物博，人口众多，但仍是个半殖民地半封建的落后国家，军备落后，经济不发达。这样一个弱国与军事强国打仗，要取得胜利，显然要付出极为惨重的代价，更需要源源不断的人力、物力、财力接应。由于战争是在中国领土上进行，日本法西斯侵略者极为残忍，其对中国沦陷区实行血腥的殖民统治；对解放区、国统区实行"三光政策"，烧杀抢掠，狂轰滥炸，加上天灾人祸，使中国军队伤亡惨重，难民遍地。长期战争使国家财尽物竭，困难重重，军事装备、民用物资接应不上。海外华侨的大量物资捐献及时补充了军需民用，缓解了政府的物资供应困难。华侨捐献的大宗物资，是海外赤子以自己的辛酸血泪、拼死拼活得来的劳动果实，是华侨热爱祖国、抗击日本侵略者、支援祖国长期抗战的重要物资来源之一。它部分地奠定了祖国抗战的物质基础。

## 一、捐献大宗药品

据统计，从 1937 年下半年到 1940 年初，华侨捐赠的各种物品由水路和陆路源源不断地运回国内，总数在 3000 批以上，平均每月 100 批左右①。捐献抗日物资的爱国义举风行美国各大城市，其中纽约华侨捐献物资约 30 万美元，芝加哥华侨捐献物资 20 万美元，西雅图华侨捐献 10 万美元。华侨捐献的大量物资，有的是国内前线急需的军用物品，有的是国内当时极为缺少的或不能生产的物资。其中捐献国内短缺的各种药品是一个重要方面。

全民族抗战爆发后，前线将士奋勇杀敌，伤亡很大。海外侨胞一面组织各种医疗救护队，回国内到前线和后方救护伤员；一面在侨居地踊跃捐款购买药品捐送国内，有的侨胞在侨居地和国内建立制药厂，制造各种药品专供祖国抗战急用。

因穷于应付大规模战争，使国家无暇顾及卫生防疫工作，加之日军残忍地使用化学战、毒气战，导致国内各战区前后方时常暴发疟疾，又因缺少对症药品，使其迅速蔓延，难以控制，严重影响了中国军队的战斗力。七七事变爆发不久，华侨就开始踊跃捐献药品。据统计，从七七事变到 1937 年底，仅 5 个月时间，海外华侨共捐药棉 560 公斤又 40 箱，金鸡纳霜（也称奎宁丸）1000 公斤②。金鸡纳霜是印尼生产的治疗疟疾的特效药。印尼华侨得知国内各地疟疾流行，遂多次捐献这种药品。1937 年下半年，印尼华侨即募捐金鸡纳霜 1900 万粒，此后爪哇华侨又捐5000 万粒。1940 年，“巴达维亚华侨捐助祖国慈善事业委员会”捐献奎宁丸 1300 万大粒，并代印尼其他各华侨慈善会购运 1900 万大粒。③ 是年春，该会致函全国慰劳总会说：“荷属侨胞深知国难严重，继续捐款，努力不懈，前以祖国时届春夏之交，瘟疾流行，战区军民，需用奎宁丸为数甚巨，经发起捐购奎宁丸药品运动，各埠同侨，闻风响应，纷将寄由

---

① 陈树人：《四年来华侨的爱国运动》，《现代华侨》第 1 卷第 8 期，1940 年 12 月 15 日。

② 《大公报》1937 年 12 月 4 日。

③ 《新华日报》1941 年 4 月 9 日。

本会代购寄付。"① 从来函可以窥见印尼华侨捐献药品的情形。1941 年
10 月，该会再捐金鸡纳霜 2895 万粒，够 130 万人服用。据初步统计，印
尼华侨在抗战期间共捐金鸡纳霜约 1 亿粒，够 500 万人服用。基本解决
了治疗疟疾及防止其传播的问题。

　　同时，新马、缅甸、越南等地的华侨也积极募捐药品。新加坡南洋
筹赈总会，由侨领侯西反、郭兆麟代表捐赠前线将士阿司匹林药片 350
万颗。菲律宾华侨赠购防疫浆苗 100 万剂和许多防毒面具给祖国②，华侨
妇女慰劳会菲律宾分会为祖国前线捐献 10 万个救伤袋。1940 年 8 月，缅
甸仰光华侨捐奎宁丸 100 箱，计 500 万粒③。越南华侨捐药棉 40 箱，当
地华侨妇女会捐药品两大箱。

　　与此同时，欧美华侨也纷纷捐献药品给祖国抗战前线。从抗战爆发
到 1940 年夏，美洲华侨共捐药品 1600 个单位，每个单位计有药品 50 多
种，可供 500 名伤兵一个月之用，美洲华侨所捐药品可供国内 80 万伤兵
一个月之用④，其中大部分为美国华侨所捐献。美洲舍路等埠华侨捐助
防治霍乱药品甚多。1941 年度，美国华侨继续捐献大宗药品，主要捐给
祖国抗战大后方四川省。据当时四川省政府卫生署档案记载："钧署分配
职处美国红十字会药品共为二万九千五百一十磅约合一十五吨，由渝运
蓉"，"各项药品均为各院所急切需要之物"。⑤ 四川省卫生署为妥善分
配使用这批药品，专门颁布了《卫生医疗机关分配应用国外捐赠医药器
材应行注意事项》四条。

　　全民族抗战爆发不久，美国中部城市芝加哥华侨救国后援会里前来

---

① 《荷属侨胞捐大量奎宁丸慰劳总复电致谢》，《中央日报》1940 年 6 月 1 日。

② 《新华日报》1938 年 7 月 26 日。

③ 《华侨先锋》第 2 卷第 10 期，1940 年 11 月 16 日。

④ 中国第二历史档案馆藏：《海外华侨捐赠情形概要》，全宗号 22，卷号 83。

⑤ 四川省档案馆藏：《卫生署分发美国红十字会华侨捐赠四川药械布匹指令代电四川省卫生处
领取运输保管分配各县使用办法训令》，档案号民 113—01—0076。

捐款的华侨排起长龙，4 名工作人员忙得不可开交。芝城华侨救国后援会为祖国抗日募捐定额为 30 万美元，这对于当地华侨来说负担较重，"于是捐钱成了每家每户华人义不容辞的责任。每一位四肢健全的男子要捐 10 美元，每一家商店应捐 1000 美元，大商店捐得越多越好。对于这个强制性任务，每一位华人都圆满完成，无一例外。这股捐资抗日热潮爆发两周后，后援会共募得 20 万美元。与其他城市的华人不一样的是，芝加哥华人并没有向南京政府汇去 20 万现金，而是以此资金买破伤风抗毒素及其他医疗物资，并直接将物资运往上海"。[1] 这是美国媒体报道芝加哥华侨踊跃募捐购买药品和医疗物资的情况。

侨居瑞士的华侨虽然人数不多，但他们也以各种方式支援祖国抗战。1940 年，瑞士华侨为祖国伤兵捐寄药品 5 大箱共 1146 包，医疗器械 183 件[2]。海外华侨捐献的药品数量庞大、供给及时，使战时祖国的大量伤兵、难民得到救治。

华侨除了直接捐献药品外，还开展多种形式的捐款为前线伤兵购药。1940 年 4 月，美国芝加哥同声音乐社的全体华侨为筹募医药费救济祖国伤兵难民，在 14 日至 15 日表演锣鼓剧两天，由芝加哥华侨救国后援会印发戏票，派出华侨妇女 24 人沿门推销。侨领李宗曼、谭赞、梅友卓的夫人也都参加了推销戏票的活动。许多侨胞听说为祖国抗战售票购药，便热心赞助，踊跃购买，共得票银 2116 元采购药品给祖国[3]。1940 年，新加坡闽侨各会馆为募药救济伤兵，专门召开盛大的游艺会募捐，募得 13 万多叻币，合法币 86 万多元（1940 年每 100 元法币等于 15 叻币），创华侨团体募药最高纪录。同年 4 月，侨胞还和当地马来伊斯兰教民族

---

① 罗达全、张秀明、刘进编：《侨乡文书抗战史料选编》（五邑侨乡卷·上卷），南方出版传媒集团、广东人民出版社 2016 年版，第 31 页。

② 《瑞士华侨抗战工作近况》（五），美国《三民晨报》1940 年 5 月 22 日。

③ 《演剧筹助医药成绩好》，美国《三民晨报》1940 年 4 月 18 日。

合作演剧募药接济中国伤兵难民。

马来亚华侨还热烈响应国内发起的"伤兵之友运动"。这项运动起初由全国新生活运动总会发起，在国内成立伤兵之友总社，总社下辖有海外部，由国民党中央海外部部长为队长，侨委会委员会会长为名誉队长，并规定具体征求办法和征求标准。南侨总会接到国内"伤兵之友运动"的通告后，即分函所属侨团起来响应。于是，在广大华侨中，"伤兵之友运动"在短时间内热烈地开展起来了。各地侨团纷纷以 1 元、10 元、100 元、1000 元，甚至有以 1 万元叻币换取"伤兵之友"荣誉奖状。

抗日战争大规模激烈地进行，战线拉得很长，伤亡惨重，难民众多。只靠捐献药品不能彻底解决国内医药短缺问题，有些侨领认为，要解决前后方大量持续不断的用药，并且迅速而安全地运到抗日前线，根本的办法就是建立伤兵医院和制药厂。全民族抗战爆发后，侨商胡文虎便慨捐国币 200 万元，专为国内建立伤残军人疗养院及阵亡将士遗孤教养院之用。菲律宾华侨吴起顺逝世时，其家属遵其遗嘱，在当地建立一所吴起顺产科医院，并捐献 10 万元回国建立吴起顺伤兵医院[①]。侨领陈嘉庚、侯西反、郭兆麟等，原拟在新加坡投资建立制药厂，后来将资金移入国内，与国内实业界合资创建大规模的重庆制药厂，生产大量药品送往前线。1944 年 11 月，美国华侨侯总榜、张毓芳、陈灵等人在纽约发起建立中美药厂，专门制造国内缺乏且急用的贵重药品，其包装精巧灵便，便于航运携带。华侨为祖国抗战建立的伤兵医院和制药厂，比开始在各地零星募集药品和捐款购药的方法效果更好，帮助政府解决了战时国内缺医少药的重大困难。

---

① 《吴起顺家属捐款十万元建立伤兵医院》，《华侨先锋》第 2 卷第 12 期，1940 年 12 月 16 日。

## 二、捐献各种车辆

抗战时期，祖国各地从前线战斗的坦克车到后方的运输卡车及运送伤员的救护车，有许多为海外华侨所捐献。当时，人们看到"某某华侨号""某某侨团赠"等标记的各种运行车辆，不禁想起华侨捐献车辆的热烈场面。

1938年底，日军相继占领武汉、广州，我国东南、华南大部为日本侵略军所占领，各大海港、水陆交通要道多为日军所控制。大批军用物资和民用物资囤积在香港，由国外运往中国进口货物的交通线多被日军截断。中国的国际运输唯有靠西北和西南的两条国际公路，尤其是西南的滇缅公路最为重要。1939年春，滇缅公路这条险峻的高原运输线重新开放。当时由缅界之腊成到国界蔗放这一段路程，因路质和桥梁关系，缅甸政府只限两吨的货车通行。由于国内缺乏这种货车，这段路上的运输工具，大多只能雇用商车，远远不能满足战时紧张繁忙的运输需要。为此，西南运输公司在1939年冬函请南侨总会，请求侨胞购车助运。南侨总会接函后，认为购车助运，事关抗战大事，遂一面派遣许多有熟练驾驶技术的华侨司机和修理工回国助运，一面在南洋各地广泛发动捐献轻型卡车。马来亚各地区华侨筹赈会首先响应，他们捐叻币22万元（合法币约146万元），为祖国赠购优等两吨型卡车100辆[1]。仅南侨总会在太平洋战争爆发前，捐献各种汽车（主要为运输卡车）达200辆[2]。各地涌现了许多捐车的感人事例。1940年4月，新加坡华侨原定捐卡车30辆，而在10多天内就捐献40多辆。同年2月，缅甸华侨救灾总会在仰光举行捐献百辆救护车典礼活动，当时参加献车的侨校有15所，募款

---

[1]　中国第二历史档案馆藏：《海外华侨捐赠情形概要》，全宗号22，卷号83。

[2]　陈嘉庚：《南侨回忆录》，第292页。

缅币 145901 盾，购救护车 10 辆，编为"缅华学生第一号至第十号"[①]。1941 年，全缅华侨用一个多月时间捐缅币 30 多万盾，又购回最新卡车 150 辆交给西南运输处军运队。献车运动，遍及全缅华侨各界，除各侨团合购之"缅甸华侨号"卡车 27 辆外，还有救灾会技术委员会捐献 10 辆，缅华学生会献 12 辆，土瓦华侨中小学师生捐献两辆，高聪敏一人独捐两辆[②]，可见华侨献车情形之热烈。

美洲华侨也热烈为祖国捐献各种车辆。1939 年元旦，纽约侨胞举行"百辆救护车运动大会"，参加游行者达万余人，历 4 小时，募得美元 2 万多元为祖国购买车辆[③]。到 1940 年，美洲侨胞捐救护车在 200 辆以上。其中纽约华侨一次捐献救护车 100 辆，轰动一时[④]。抗战胜利前夕，旧金山侨胞两万人购债 75000 元为祖国购车。在加拿大温哥华，侨胞曾发起"坦克车救国大运动"。

抗战时期，华侨捐献的车辆无完整的统计，仅从抗战爆发到 1940 年 10 月，华侨捐献坦克车有 27 辆，救护车 1000 多辆[⑤]，运输卡车和各种汽车数百辆。华侨捐献的各种车辆，有效地缓解了国内战时西南交通运输中遇到的重大困难，为战时西南交通大动脉的畅通无阻提供了条件。华侨捐献的大量救护车奔驰在战时的前后方，运送大批伤病员；当时我国军工生产比较落后，重型武器生产量有限且质量差，华侨捐献的坦克车为抗日前线提供了重要的杀敌武器。

---

① 陈兰生、陈孝奇编：《缅甸华侨兴商总会四十周年纪念特刊》（1911—1951），第 33 页。

② 《缅甸侨胞献车 150 辆》，《华侨先锋》第 3 卷第 3 期，1941 年 8 月 1 日。

③ 《新华日报》1939 年 3 月 8 日。

④ 中国第二历史档案馆藏：《海外华侨捐赠情形概要》，全宗号 22，卷号 83。

⑤ 张渊若、张礼千：《南洋华侨与经济之现势》，商务印书馆 1946 年版，第 64 页。

## 三、募捐为祖国抗日购买飞机

　　全民族抗战期间，不但地上跑的各种车辆，而且天空飞的飞机也有许多是华侨捐献的。战时国民党空军不但华侨驾驶员比重很大，而且华侨捐机的数量亦不小。

　　1938 年"双十节"，缅甸华侨联合举行"纪念国庆募捐献机运动"，募得法币 40 万元，购买"缅甸华侨号"战斗机 4 架给祖国。次年 6 月，"缅甸华侨号"战斗机在重庆与敌空战中建立战功，缅甸华侨闻讯兴奋异常，国庆日再度举行献机 10 架[①]。战时菲律宾华侨为祖国捐献飞机情形更为热烈，除了一般侨团商会献机外，还有华侨庄东里个人独捐飞机 1 架，侨校中小学生也捐"学生号"飞机 1 架，华侨妇女捐"妇女号"飞机 1 架，生计不佳的马尼拉屠宰业华侨捐机 1 架，小杂货店店员亦捐献 1 架，合计菲律宾各界华侨共捐献飞机 50 架[②]。地处南太平洋的斐济群岛仅有华侨两千人，他们在 1943 年七七事变纪念日也为祖国献机 3 架[③]。

　　美国加利福尼亚州华侨于 1944 年募集战时公债 100 万元，购买陆军运输机 8 架，命名为"北加州华侨精神号"，献给祖国[④]。抗战胜利前夕，美国俄勒冈州华侨捐购高级训练机 3 架，命名为"民族""民权""民生"号呈献国民政府，并举行有中外人士 9000 多人参加的授机典礼，情形热烈异常[⑤]。新西兰侨胞捐国币 42000 元助粤购机；古巴粤籍华侨也曾捐购机款 14 万元。其他各地的侨胞也有参加捐献飞机或捐款购机活动。

---

①　黄珍吾著：《华侨与中国革命》，国防研究院、中国文化研究所合作 1963 年印行，第 348 页。

②　《华侨革命史》下册，第 696 页。

③　《斐济岛侨胞献飞机三架》，《大公报》重庆版 1943 年 10 月 13 日。

④　《新华日报》1944 年 5 月 24 日。

⑤　《旅美我侨胞呈献三飞机》，《中央日报》1945 年 4 月 13 日。

全民族抗战的 8 年，华侨共捐了多少架飞机，没有准确统计，据现有资料，仅从 1937 年 7 月到 1942 年，华侨就共捐献各种飞机 217 架[①]，其捐机数目可谓不小。当时我国空军力量非常薄弱，抗战开始时，中国的飞机（包括在厂修理者）只有 305 架，按当时国民政府拨出的空军经费和国内外同胞踊跃捐献"航空救国捐"算，中国用于作战的飞机应为 800 架至 1000 架。但由于当时国民政府主管空军的官员认为，购买飞机不合算，便把空军经费存在银行里，战争突然爆发后，向国外购买飞机一时又运不进来，造成措手不及。而日本在发动侵华战争时用于第一线作战的飞机共 700 多架，另有 5 艘航空母舰、3 艘水上机母舰的飞机共 730 架[②]。当时仅淞沪会战日本即出动 247 架飞机。可见中日空军力量悬殊，加上指挥和管理不善，到 1938 年中日几次空战后，战争的制空权完全掌握在日军手中。抗战中后期，中国主要从苏美进口飞机。战时华侨所捐献的飞机也成为我国空战力量之一，约占当时中国全部参战飞机数量的 1/4。

不言而喻，侨胞为祖国抗战捐献的许多飞机，壮大了我国的空中力量。许多华侨驾驶员驾驶着自己亲人捐献的飞机保卫祖国领空，消灭日本空中强盗，功勋卓著，鼓舞和振奋了国内军民的抗敌勇气。

## 四、为国内同胞捐献冬夏服装

战时华侨为祖国抗敌官兵和后方难民捐献大批冬夏服装，数量庞大，其热烈情形激动人心。据国民政府侨委会委员长陈树人宣布：截至

---

①　张渊若、张礼千著：《南洋华侨与经济之现势》，第 64 页；另见《华声报》1985 年 8 月 20 日《中国人民革命军事博物馆抗日战争侧记》。

②　中日飞机数量参见刘维开：《空军与抗战》，军事研究编纂委员会编：《抗战胜利四十周年论文集》（上），台湾黎明文化事业公司 1986 年印行，第 268—269 页。

1940 年，南洋华侨为祖国捐募冬装 700 多万件，夏衣 30 万套，军用蚊帐 8 万床，另外还有寒衣捐 400 万元[①]。在马来亚，华侨捐献服装非常踊跃。1938 年 12 月，蘋华（蘋坡华侨）救济会特别组织棉衣征求部，推定部员 120 名，14 日，召开第一次全体部员大会，决定在蘋坡组织 5 个征求队，每队男女队员 8 人，他们对棉衣原料的选择、制裁工作的进行都做了具体规定。会后发表征衣宣言，吁请侨界踊跃捐征，附近各地的征衣活动随即很快开展起来。当时参加募捐衣物者大多为各社团、各学校，许多小学生利用星期假日结队出发，沿门收集。1939 年 9 月，宋美龄致电南侨总会主席陈嘉庚，请其通告各侨团及各界侨胞，为前方将士捐募寒衣。陈嘉庚遂以南侨总会名义规定劝募大棉衣 30 万件（每件约助币 3 元），仅一个半月时间，南洋各国华侨都超额完成了任务。其中马来亚完成的最多为 12 万件。马来亚各地完成的情况为：新加坡 3 万件，柔佛 17000 件，马六甲 5000 件，森美兰 5000 件，雪兰莪 2 万件，巴生 3000 件，霹雳 22000 件，槟城 8000 件，彭亨 4000 件，吉礁 3000 件，吉兰丹 1000 件，丁加奴 1000 件，玻璃市 1000 件。1940 年，马来亚各区华侨又募捐 266000 元，征购寒衣近 9 万件[②]。北国严寒，大地冰封，寒气逼人，前线将士扒冰卧雪，30 万件大棉衣，使 30 万名将士免受寒冷之苦，在一定程度上为国家解决了军备困难。

南洋其他各国华侨也积极捐献服装。缅甸华侨红十字会，除为祖国捐款外，还积极征集各种衣物达 520300 件。其中单衣 813 捆，每捆 400 件，共 325200 件；新棉衣 29 捆，每捆 400 件，共 11600 件；新旧麻袋 367 捆，共 183500 条[③]。越南海防华侨捐募新旧衣被 5000 余包；泰国侨胞捐献衣服 620 包；印尼华侨捐衣服 6 万件，菲律宾华侨捐衣服 4 万件。

---

[①]　陈树人：《四年来华侨的救国运动》，《现代华侨》第 1 卷第 8 期，1940 年 12 月 15 日。

[②]　许云樵、蔡史君编：《新马华人抗日史料（1937—1945）》，第 159、165 页。

[③]　黄珍吾著：《华侨与中国革命》，第 345 页。

1939年，宋美龄发动征募棉衣的消息传到美洲时，巴拿马华侨救国剧团热烈响应，演剧筹得美元折合法币9万余元，分三批汇给宋美龄，定制棉衣送给前方将士[1]。抗战爆发第三年，加拿大华侨特为国内各战区将领捐献品质名贵的羊毛毯3000多条[2]。有的侨胞还为祖国前线捐献大量雨衣和胶鞋。

在大量衣物的捐献中，涌现出了一些动人的事例。如南洋侨商陆佑怀夫妇得知国内前线将士军装不足，便每人各捐棉衣6000套给祖国杀敌将士之用[3]。马来亚沙捞越诗巫华侨筹赈会在为祖国募衣活动中表现尤为突出。1937年冬，该会侨胞为祖国难胞发起募集旧衣运动。他们发布募衣启事，要求：（1）献旧衣者须先行洗濯干净，折整齐，方请交来；（2）献交件数既由本会发给收据，并登报表扬；（3）献衣者请于每日上午8时至11时，下午1时至4时迳交本会。启事发出后，侨胞热烈响应，纷纷献交，迭积成万，筹赈会不得不加派人员昼夜整理包装，很短时间内就募得2万多件。1938年10月，诗巫华侨筹赈会再次募集寒衣，并专门成立劝募寒衣委员会，其会员带头献衣、分头募集，全体会员分成4个小组出发到各城区和乡村，联络当地士绅，挨户劝募，仅3个多月共募衣11878套，超过预定计划。1939年，当宋美龄发起向海外华侨征募寒衣50万件给国内前线将士时，诗巫华侨筹赈会立即开会响应，并决定从"双十"节晚起举行两天的全市募衣运动提灯大会。10日晚，当地七八个侨校的提灯队、各侨团音乐队、工余高跷团、舞狮团、国术团等聚集一处，首先集会庆祝"双十节"长沙大捷，然后列长蛇阵巡行：高跷团表演古装剧，随街歌唱；舞狮团、国术团翩翩起舞，沿门表演；筹赈会宣传部多人轮流讲演。是晚鼓乐爆竹震天，热闹非凡，次日晚情状

①　新加坡《南洋商报》晚版1939年11月14日。

②　《加拿大侨胞捐献毛毯嘉慰抗战将领》，《新华日报》1940年5月13日。

③　黄万夫：《活跃的南洋》，《新华日报》1938年11月28日。

依然。仅两个晚上，募款合法币 11 万元，购寒衣 11600 多套悉数捐给祖国。据不完全统计，诗巫华侨筹赈会三次募衣活动共募得 43000 多套[1]，是战时比较典型的爱国捐献衣物的团体。

## 五、为祖国伤病将士输血

在侨胞进行物资捐献的过程中，令人感动的是他们为祖国伤病将士输血。1940 年秋，侨居印度的木工、海员侨胞发起组织为祖国前线负伤将士献血的活动。第一批参加输血的华侨工人有沈杏定、陈磊、周伦豪、卢汉章、贺根甫 5 人，共输血 750CC。以后又有华侨工人伍杏春、郭均昌、陈广福、杨泰、何润棠、赵福昌、钱晋铨、郑应林 8 人，共输血 1000 多 CC[2]。华侨海员工人生活清贫，身无他物为祖国捐献，就把自己的热血献给祖国，这种高尚的爱国精神，动人心弦。其后，旅印侨胞还建立了中国血库，蓄藏捐血，为缅北作战的中国远征军伤员之用。

1943 年 6 月，在美国纽约那疏街 154 号论坛报大楼 11 层楼上正式成立"华人血库"，专为祖国抗战将士输血。当时参加输血的有：华侨医界前辈刘瑞恒、朱章庚大夫，女侨胞有伍宝春女士、颜雅清女士。中国驻美总领事于俊吉和三个在纽约的中国留学生也参加了献血，是日参加献血者有 14 人[3]。

另外，在陕甘宁边区的一些归侨也积极响应献血活动，当他们接到总卫生处的输血通知时，相继报名者有 15 人，他们纷纷表示："二百个

---

[1] 林开臻等：《诗巫华侨三月来救国史实》（续），《现代华侨》第 2 卷第 6、7、8 期合刊，1941 年 8 月。诗巫现译为泗务。

[2] 黄珍吾著：《华侨与中国革命》，第 366 页。

[3] 严仁颖著：《族美鳞爪》，沈云龙主编：《〈近代中国史料丛刊〉续编》第 50 辑，文海出版社有限公司印行，第 59—61 页。

西西血，不成问题。"为完成祖国抗战大业，侨胞们把自己的鲜血输给祖国抗敌负伤将士，他们的血和祖国人民的血循环在一起。

## 六、捐献其他物品

抗战期间，华侨还捐献了许多其他物品，如 1938 年初，泰国华侨秘密组织捐米活动，一周之内捐献大米 10 万包（日本人统计为 1 万担），用船只运回国内。菲律宾华侨为祖国赈济大米 250 万包，粜米 5000 包。[①]还有其他杂物约合 300 万元。[②]

在抗日救国的物资捐献活动中，一些华侨妇女毫不吝啬地捐献出自己结婚时的心爱之物。1937 年 8 月，檀香山华侨妇女筹备会成立献金会时，黄冠寰女士（会长）带头为祖国捐出自己的结婚钻石戒指一套、金锭一只，以为首倡，其他华侨妇女风从。

非洲毛里求斯华侨陈琼珍女士率先为祖国抗战捐献首饰，廖梅朋夫人、范恩源夫人随之捐献，于是当地华侨群起效仿，共计收到 200 多件金银首饰折兑现金捐给祖国。其中陈汝邦夫人的一对金手镯、黎东生的金钻戒都很珍贵。[③]

1939 年春，新中国剧团到新马宣传演出，当地侨胞除捐助币百万元外，还捐各种首饰 400 余件。智利意基忌华侨筹赈祖国战区难民委员会的许多侨胞无不捐献。华侨马伟桐捐钻石戒指 1 个，谢恺舟捐电气炉 1 台，周焕捐红酒 30 樽，梁庚捐祖国瓷器古庙 1 座，黄嘉思捐孙中山遗像 2 帧，陈生捐西湖风景银质画 1 幅，林伯锡捐扑满 10 只，高锡夫人捐中

---

① 中国人民抗日战争纪念馆陈列资料。
② 崔丕、姚玉民译：《日本对南洋华侨调查资料选编（1925—1945）》第一辑，第 215 页。
③ 《模里斯华侨的爱国热》，《华侨战士》第 8 期。模里斯即毛里求斯旧时的音译。

国花樽 1 个、枕袋 1 对……① 华侨的诸种捐献，不论东西大小，价值高低，无疑都是在为祖国抗战尽力。

## 七、为抗日根据地捐献财物

抗战期间，由于种种条件的限制，能亲身回国参加边区抗日工作的毕竟是华侨中的少数，而众多未归国的侨胞在侨居地则密切关注着中共领导的八路军的抗敌情况。他们冲破限制和阻挠，积极在海外开展援助八路军的活动（简称"援八"活动），他们一面捐款献物，一面向八路军写信鼓励和赞扬其英勇抗敌。八路军的领导人对此非常感激，在百忙中一一复函向海外亲人答谢。

1937 年 12 月 1 日，北马来亚文化界俱乐部等 8 个华侨团体各向八路军献旗一面，托华侨战地记者服务团团长曾圣提带回转交八路军。同时附信一封，信中对八路军全体将士"在西北战场浴血苦斗，舍身为国，或成仁，或取义，使暴敌欲略夺我每一寸土，必须付出重大代价"的"动天地泣鬼神之英勇精神""极表敬佩"。次年 2 月，八路军朱德、彭德怀正副总司令给他们复信，对华侨献旗致函慰问表示感谢。复信中说："敝军全体将士对于诸位先生这种关怀祖国关怀敝军的高尚热忱，十分的感激与兴奋"。八路军全体将士将"鼓起继续杀敌、为国牺牲的精神以慰诸位先生及全体海外同胞的殷念"，"深盼我全体海外侨胞大家团结一致，一面努力援助国内抗战，同时加紧国际宣传"②。侨胞与八路军互相鼓励，互相慰勉，既增加了了解和友谊，又鼓起了共同抗敌救国的勇气。

1938 年秋，周恩来、叶剑英、潘汉年、廖承志联名收到泰国华侨苏

① 严仁颖著：《族美鳞爪》，沈云龙主编：《〈近代中国史料丛刊〉续编》第 50 辑，第 59—61 页。

② 《第八路军名震中外马来亚华侨献旗致敬》，《新中华报》1938 年 3 月 5 日。

君谦、郭子纲、黄奕 3 人关于给延安抗日军政大学捐款的信，9 月 21 日，周恩来等 4 人在百忙中复信，复信内容为：

苏君谦、郭子纲、黄奕列位先生大鉴：

迳复者顷代收到抗大捐款国币二百元，当遵命转交该校当局。先生等关怀祖国抗战人材之养成，爱国热忱殊堪钦敬。查抗战以来，敝路军除挺进敌人后方实行济南战争以牵制和消耗敌军之外，鉴于抗日战争民众运动，各部门亟需干部人材，故有抗大与陕公之设立。蒙海内外人士不弃，纷纷赐予物质精神援助，该两分校校务蒸蒸日上。最近复大事扩充，决招收大批青年，特别欢迎海外华侨返国就学。关于抗大陕公海外［隔］阂多有不明之［处］，盼望先生等广为解释，鼓励彼方青年前来学习抗战知识，则幸甚矣。谨致

民族解放敬礼！

国民革命军第八路军

驻汉代表周恩来、叶剑英

驻粤代表潘汉年、廖承志

九月二十一日 [1]

复信对海外侨胞的爱国义举予以高度评价，并希望他们回国到抗大、陕北公学两校学习。

1938 年 9 月 10 日，马来亚雪兰莪华侨青年国难服务团致函八路军，信中附捐国币 5 元和他们的相片一幅，表示"留作一点细微的纪念"，以致将来会面时能像"多年的战友"，不像"陌生的路人"。信中传达了中国抗战在国外及华侨中的影响，汇报了他们在侨居地开展救国的情况，并高度赞扬八路军将士们"是中华民族的优秀儿女"，"是民族革命的先锋"，是值得全中国人民学习的"英勇的模范"[2]。

---

[1]　王春法主编：《行远同梦——华侨华人与新中国》，北京时代华文书局 2019 年版，第 21 页。

[2]　《华侨慰劳将士书——并附赠国币五元》，《新中华报》1938 年 9 月 26 日。

日本侵略者发动侵华战争的手段极其残忍，如对敌后抗日根据地和其他各战场的抗敌军民进行细菌战，施放毒气弹，残杀抗敌军民和成千上万的无辜百姓。为此八路军向国内外发出通电，呼吁制止日本侵华灭绝人性的兽行，从物质上和精神上援助八路军和全国军民。新加坡华侨获悉八路军通电后，十分痛心，特发起组织"星华援助第八路军大会"，并在侨报上发出征求侨团侨校参加"援八大会"的启事，对于英勇的八路军，作有力的声援与鼓励①。1938 年 6 月，该会致电八路军，对其"军事的巧妙，政治的严明，组织的缜密，爱民的赤诚，作战的神勇，为民族求生存而不顾一切的任何牺牲，努力奋斗，种种坚毅卓越的行动、精神"，"钦佩万分"。同时表示，决不能眼巴巴地看我英勇的战士被日军的毒菌毒气所毒杀摧残，决本"有钱出钱，有力出力"，"予我英勇的贵军及晋陕冀鲁的同胞作防毒防疫的物质上精神上的援助"。7 月 22 日，八路军政治部复函"援八大会"，对他们"赤诚爱国，关怀敝军，感觉到无限的振奋"。八路军全体指战员决心"争取更大的胜利来回答你们！"信中最后表示："让我们远隔重洋紧握住团结斗争的手吧！"②来信语极诚恳，回函感情真挚，都倾吐了自己的肺腑之言，表明海外亲人与国内抗敌将士心心相连。

1938 年 3 月 10 日，妇慰会菲律宾分会致信朱德谓："公率三军，捍卫华北，捷报频传，侨众欣跃"，并汇国币 1 万元购制雨具为八路军将士应用。4 月 2 日，朱德、彭德怀回信，对其"厚意热情，无任感奋！"对海外侨胞"本毁家纾难之忱，拥护国军爱及敝路，全体将士，皆为之感动"。③

抗战爆发不久，美国纽约华侨衣馆联合会捐赠新式救护车 2 辆给八

---

① 新加坡《南洋商报》晚版 1938 年 5 月 30 日。

② 《新中华报》1938 年 8 月 20 日。

③ 《第八路军屡战皆捷海内外同胞一致钦仰》，《新中华报》1938 年 4 月 20 日。

路军，车壁上题词"献给八路军忠勇守土将士"①。1940 年，美国侨胞得知八路军发动百团大战的消息，檀香山华侨祖国抗战将士慰劳总会汇给八路军国币 890 余元。华盛顿华侨抗日救国会捐给八路军国币万元，并附信对"贵军深入华北敌人后方"，"转辗冰天雪地，战士之困苦，不可言喻"表示慰劳。美国洛杉矶华侨李兆焕响应宋庆龄的号召，为边区儿童捐款献物，并专程送到延安。为感谢大洋彼岸的亲人，1942 年春，中共中央决定将延安中央托儿所改为"洛杉矶托儿所"。②据记载，1937 年至 1941 年陕甘宁边区政府收到海外侨胞和国内爱国人士捐款如下（均为法币）：1937 年（7 月至 12 月），36254 元；1938 年，1973870 元；1939 年，6042075 元；1940 年，5505901 元；1941 年，8899340 元。 另据统计，仅 1938 年 10 月至 1939 年 2 月的近半年时间里，边区政府收到海外华侨经香港捐款 50 万元，宋庆龄从菲律宾汇款 6000 元。③

抗战期间，国民党在国内极力阻止归侨奔赴抗日根据地，在海外多方破坏和监视华侨对八路军的援助活动。把华侨的"援八"活动列为"严重问题"。国民党中央海外部频频指示海外党部对此"注意防范"。1940 年 1 月，国民党中央海外部特为"援八"案"分别密令驻槟城直属支部及密函驻槟城领事馆，设法制止"④。2 月，又指示南洋某党部对当地"醒华学校为第八路军募捐一案，事关协助'共党'，应即用书面严重警告该校负责人……"⑤尽管国民党海外部在华侨中使出种种挑拨离间手段，仍然阻止不住各地华侨的"援八"活动。华侨在海外为八路军捐

---

① 笑明：《纽约华侨衣馆联合会捐八路军救护车两辆》，《新华日报》1938 年 8 月 11 日。

② 延安"八路军总司令部王家坪住址"纪念馆"华侨救国联合会旧址"陈列资料。

③ 延安"八路军总司令部王家坪住址"纪念馆"华侨救国联合会旧址"陈列资料。

④ 中国第二历史档案馆藏：《国民党中央海外部每周工作报告》，1940 年 1 月 8 日—13 日、2 月 26 日、3 月 2 日，全宗号 22，卷号 19。

⑤ 中国第二历史档案馆藏：《国民党中央海外部每周工作报告》，1940 年 1 月 8 日—13 日、2 月 26 日、3 月 2 日，全宗号 22，卷号 19。

款献物，组织"援八"团体，甚至回国参加八路军，与其信函往来，就是例证。一封封来自南洋、美洲华侨的热情洋溢的慰劳信，字字句句感动人心，表达了对八路军英勇抗战的崇高敬意。这是对八路军抗敌寄予的希望和信任，是对共产党领导的人民抗日军队的慰藉和鞭策。八路军领导人在战事火急、工作繁忙之际，给海外亲人复信答谢，及时向他们通报自己的抗敌战绩和政治主张，让全体海外华侨了解八路军的抗敌事迹，鼓励他们积极支持祖国抗战，加强国际宣传，激发他们的爱国热情，也说明了中共及其领导的人民军队对海外侨胞的重视。

活跃在华中、敌后的新四军也得到海外华侨的财物支援。菲律宾粤侨会妇女慰劳分会捐款 2 万元，购买一批医药用品和冬季服装赠送新四军。1939 年 2 月下旬，在吉隆坡举行南洋惠侨救乡会第二次代表大会上，一致通过决议，将捐款的 40% 赠予华中新四军，40% 赠予华南人民抗日武装，20% 用作救济惠州难民。拥有万余名会员的马来亚抗敌后援会，则专门成立了"援新（四军）委员会"。1939 年 5 月，宋庆龄、廖承志等在香港成立的保卫中国同盟为新四军伤病员募集毛毯的倡议传到海外，仅半年时间，就募集到 2 万条毛毯，其中大部分为华侨捐赠。据 1942 年"保盟"记载，华侨捐给新四军的抗日款项，其中一笔有 35666.93 美元。① 此外，菲律宾华侨组织的回国华侨义勇队和慰劳团，回国慰劳时还带回一批药品、医疗器械、乐器等物品送给新四军。任新四军 2 支队敌工干事的泰国归侨陈子谷，1939 年借祖父在泰国去世分遗产之机，回泰国为新四军募捐，在较短的时间里即募捐到近万套棉衣款，他将"个人所得遗产折合国币 20 万元，募捐来的棉衣费国币 6 万元，共计 26 万元"，全部捐给新四军。这笔款相当于国民政府拨给新四军的两个月军饷。陈子谷还卖掉分得的戒指，给军部买了一架电动手摇两用油印机，

---

① 参见曹晋杰：《海外华侨对新四军和华中抗日根据地的支援》，《江海侨声》1990 年第 4 期。

最后自己的"口袋里空空如也"。新四军军长叶挺在《抗敌报》上表扬陈子谷是个"富贵于我如浮云"的爱国赤子。[1]

广东省毗连港澳，与南洋各国隔海相望，又是我国著名的侨乡之一。在华南抗日根据地的创立和发展过程中，中共根据实际情况，非常重视并注意利用这个有利条件。在1940年3月，中共中央对广东工作的指示中指出，琼崖部队要"扩大宣传，争取华侨帮助"[2]。同年1月，中共中央书记处发出对琼崖工作的指示，要琼崖党组织"把琼岛创造为争取九百万南洋华侨的中心根据地"。11月，中央书记处对琼崖的指示又强调要"使琼崖艰苦抗战能尽可能的得到侨胞及国内各种可能的精神上物质上的援助"[3]。

中共中央、中共南方局及琼崖特委，在华南抗日根据地创建的过程中，对争取团结华侨的工作都予以充分重视并取得了良好成效。

1938年秋，南洋侨胞得知冯白驹部队多次打败日军，便纷纷捐医药费，如华侨林川、何尧二人捐助币214.4元，彭亨某琼侨捐助币41.3元，寄给新加坡《南洋商报》转廖承志。1938年底到1939年，琼侨联合会除捐大笔款项给广东各抗日部队外，又捐赠寒衣15000件，军毯5000条，背心和毛巾各1万件，夹衣1000套[4]，其中有许多捐给琼崖抗日游击队。1939年5月至6月间，该会又通过廖承志转给冯自驹领导的琼崖纵队国币4万元至5万元和一批医药物资。1940年初，琼崖纵队派人到泰国、新加坡募捐，当地琼侨马上捐款2万多元。新加坡华侨和我国香港地区的海员常月捐约为五六千元。南洋华侨还秘密捐给琼崖纵队一台15瓦的

---

[1] 陈子谷：《富贵于我如浮云》，中国华侨出版公司1990年版，第73、79、83页。

[2] 《中央对广东工作的指示》，1940年3月11日。

[3] 《中共中央书记处对琼崖工作的指示》，1940年1月26日、11月7日。

[4] 《琼崖华侨联合总会救济委员会工作报告书》，《民锋》半月刊第2卷第2期，1940年2月1日。

收发报机，为琼崖纵队和中共中央的电信联络提供了很大方便。1939 年初，海外侨胞寄给宋庆龄转交曾生抗日游击队的捐款一次即达港币 20 万元。华侨的踊跃捐献，构成了华南各抗日游击队重要的物资、经济来源之一，其捐献直到太平洋战争爆发南洋沦陷为止。

第七章

# 竭力报效祖国的抗日战争（下）

　　"有海水的地方就有华侨，有华侨的地方就有中国文化。"海水所到之处就有侨胞爱国思乡之情，就有关心祖国之声。舆论往往是行动的先导，它为大规模运动的发生做了重要准备。华侨能够形成轰轰烈烈的支援祖国抗战的爱国运动，与其广泛开展文化救亡运动包括舆论宣传有密切的关系。以往在论述华侨支援祖国抗战时，一般只关注人力、财力和物力对祖国抗战的支援，其实，华侨对祖国抗战的支援涉及各个方面，其中包括从九一八事变以后华侨在全世界范围内掀起的多姿多彩的文化救亡运动。

　　由于中国共产党从民族大义出发、高举抗日民族统一战线的大旗，以及在全国人民包括海外华侨抗日救亡运动的推动下，全民族抗战爆发后，国共合作、举国一致团结抗战的局面最终形成。广大华侨为促进抗日民族统一战线的建立立下了汗马功劳，随着抗日战争的激烈进行，广大华侨在开展各种抗日救亡运动的同时，并从政治上维护和坚持团结抗战，坚决反对投降分裂，愤怒声讨汪精卫集团叛国投敌的斗争，谴责国民党制造皖南事变的行径。

世界各地华侨充分利用他们与当地人民有着长期、广泛交往等有利条件，力所能及地开展各种国际援华抗日活动，争取侨居国朝野各界同情或支援中国抗战，打击和孤立日本侵略者，这是华侨支援祖国抗战的一个重要方面。

大力开展文化救亡活动，全力维护国共合作抗战，积极开展国际援华统战活动，是海外华侨在文化方面和政治上对祖国抗战的贡献。

# 第一节　大力开展文化救亡运动

## 一、战时华侨报刊

### （一）华侨报刊呼吁抗日救亡

日本发动九一八事变侵略中国东北，马占山率部分东北义勇军奋起在黑龙江嫩江桥抗击日本侵略者，但马占山部孤军无援，很快失败撤到关内。其不得已向国内外发出"内无粮草，外无援军"的通电，得到海外华侨的同情与声援。他们除了捐款献物等支援外，还在报刊上宣传马占山抗日的事迹。当时，美国华侨办的《中国杂志》曾详细刊登了马占山抗击日军侵略的消息，该刊当时的发行量从平常的4000份增加到6000份，一周后发行量多达1万份，使马占山部东北义勇军抗日的事迹在华侨中传播开来。

1935年9月，旅美华侨学生、留学生召开全美中国学生代表大会，大会通过发行留美中国学生月刊，作为北美学生抗日救亡、传播抗日消息的机关报的决议。该刊以"联合的、统一的、不分党派的抗日战线"为编辑方针①。一切言论文章，不偏不倚，文字通俗易懂，记载翔实，图文并茂；每期内容努力刷新，日臻完善，文字中英合璧。留美学生月刊不独侨胞争先购买，而且美国人士也踊跃订阅，发行量益广，增强了侨生、留学生与侨胞之间的联络。留美学生还出版了《抗日周刊》和报道

---

① 《侨胞抗日高潮中救国刊物畅销》，《救国时报》1936年6月5日。

抗日救国新闻的《一周间》等刊物，向侨胞宣传民族救亡。

日本发动九一八事变不久，欧洲各国的侨办抗日期刊不断涌现。旅德华侨在九一八事变后相继成立抗日救国会、反帝同盟会和抗日同盟会等组织。这些组织曾先后出版过《反帝斗争》《反帝战线》《尖哨》《海外论坛》等刊物。1935 年先是创办了《抗日战线》，华北事变后又相继出版了《中国出路》《动员》《救亡》《蹶起》《铁血》《呼声》和《抗联会刊》等十几种刊物。这些期刊大声呼吁国内要团结，对日要抵抗，要建立全民族的救国阵线。其中《抗联会刊》是集中宣传抗日民族统一战线的刊物，该刊前后出版 13 期，出版了《击亡国的"准备论"》《全民族联合战线讨论》专号和《全民抗日救国的基本问题》抗日丛书 1 种，旗帜鲜明地宣传抗日民族统一战线的内容和意义。《抗联会刊》及增刊的一些文章，抨击了国民党的所谓"新生活运动"和国民经济建设的准备论以掩盖其不抵抗政策，呼吁中国现在马上应有的准备是"立刻停止一切内战，集中全国兵力"对日。法国华侨在巴黎出版了华文期刊《全民月刊》《联合战线》《祖国抗战情报》等，宣传抗日。英国华侨创办了《解放》《民主阵线》，他们所办的《抗日旬刊》免费赠予在英的华侨阅读；他们创办的《海风》为留英海员的精神食粮。在比利时出版了《抗战消息》，苏联出版《工人之路》等。

九一八事变爆发以来，印尼华侨创办了多种华文报刊。其中创刊较早的是华侨洪雪立和洪骏声等创办的《赤潮》，宣传抗日救国，其以一间洗衣店作为掩护。接着，在三宝垄创办了《南星》《日报》《太阳报》《垄川之声》；雅加达创办了《侨声》《光华报》《中华指南》《公言》和《洪报》等侨刊。这些报刊直接或间接地宣传和报道了抗日救亡的消息。其间缅甸华侨也创办了不少期刊，如《中缅周刊》《周报》《晦鸣周刊》《规律》《椰风》《南风》等。其中，《椰风》和《南风》是宣传抗日救国的重要期刊。《椰风》虽然是文艺刊物，但它不仅刊登文艺作品，还刊登致力于文艺界统一战线建立的论文杂谈。国内文化救亡运动在该刊里也大量反映。由于该刊在侨界中宣传统战思想，遭到倾向国民党华侨的破坏，1935 年底被勒令停刊。《南风》由华侨黄雨秋负责主办，编务有张华甫、毕庆芳等。内容以宣传抗战为主，如黄雨秋写的许多文章，有的描写国内华北前线的抗日斗争；有的写国民党员续范亭由于对时局认识深刻而诚意拥护抗日统一战线、国共合作，在后方建立许多功绩，得到人民的拥护，最后成为一名共产党员的经过。写得有血有肉，受到读者欢迎。与此同时，越南华侨也先后创办了《民报》《全民报》《侨众报》《真报》和《群报》等 10 多种大小报刊[1]。这些报刊也不同程度地宣传了祖国的抗日救亡运动。当十九路军奋起抵抗、淞沪会战爆发的消息传到越南时，《群报》即用《蔡廷锴大胜日军》的特大号标题进行报道，并鸣放鞭炮以示庆祝。[2] 其他如泰国、菲律宾、新马等地的华侨也都创办了宣传抗日的华文报刊。

这个时期，多数的华侨报刊已渐趋转向抗日的方向，拉开了华侨文化救亡的帷幕，但其完全转向宣传抗日的还只是少数。华侨报刊统一步伐、齐声宣传祖国抗战还是在七七事变后，也就是全民族抗战爆发以后。

### （二）大力宣传祖国的全民族抗战

日本发动七七事变，全民族抗战爆发，华侨文化救亡运动随之达到高潮。原有的华侨报刊纷纷转向宣传抗战、歌颂祖国抗战。"七月七日华北事变爆发并波及上海时，在南洋各地，不论哪一种类型的华侨报纸全都展开猛烈的反日宣传。"[3] 新创办的华侨抗日报刊如雨后春笋，阅书报社纷纷建立。据统计，海外华侨阅书报社，1934 年有 114 个，1940 年发

---

① 冯爱群编著：《华侨报业史》，台湾学生书局印行，1967 年初版，1976 年再版，第 81 页。

② 徐安如：《回忆越南华侨爱国救亡运动》，《文史资料选辑》第 87 辑，第 73 页。

③ 崔丕、姚玉民译：《日本对南洋华侨调查资料选编（1925—1945）》第一辑，广东高等教育出版社 2011 年版，第 212 页。

展到 177 个，增加了 63 个，其中亚洲由原来的 94 个增加到 152 个，美洲由 15 个增加到 18 个，大洋洲由 5 个增加到 7 个。[①] 阅书报社成为向侨众宣传祖国抗战、传播祖国文化的据点。

印刷机关和中文书店，是海外传播和弘扬中华文化的平台，是印刷和发行图书报刊的重要渠道。抗战期间，新加坡有华侨书店十余家，国内的中华书局、世界书局、生活书店等都在这里设立分店。英属马来亚的吉隆坡有印刷局 10 个，书店 5 个；槟榔屿有印刷社 6 个，书店 9 个。[②]

华侨报刊是向全世界宣传祖国抗战的重要新闻媒体，是鼓舞中国军民抗敌的号角，也是华侨文化救亡的重要工具，又是打击日本侵略者的"武器"。

七七事变后，华侨报刊业发展迅猛，是继辛亥革命后华侨报刊史上又一个高潮时期。华文报、英文报、法文报、泰文报、马来文报，语种繁多；日刊、周刊、旬刊、半月刊、月刊、年刊及不定期刊，应有尽有。据国民政府侨务委员会的统计，1935 年世界各地有侨报 84 种，1940 年增加到 128 种。仅在 1940 年就新设报馆 49 家，停办 15 家，实际增加 34家。各地侨报情形如表 7-1 所示。

表 7-1  1935 年与 1940 年侨报统计表

| 地名 | 马来亚 | 荷印 | 泰国 | 菲律宾 | 中国香港 | 越南 | 缅甸 | 北婆罗洲 | 毛里西 | 大洋洲 | 美洲 | 南非洲 | 西印度 | 印度 | 法国 | 苏瓦 | 夏威夷群岛 | 中国澳门 | 合计 |
|---|---|---|---|---|---|---|---|---|---|---|---|---|---|---|---|---|---|---|---|
| 1935 年统计数 | 7 | 10 | 7 | 4 | 13 | 3 | 2 | 1 | 2 | 4 | 25 | 1 | 5 | | | | | | 84 |
| 1940 年统计数 | 15 | 14 | 2 | 7 | 28 | 10 | 3 | 1 | 2 | 5 | 27 | 1 | 2 | 1 | 1 | 1 | 3 | 5 | 128 |

资料来源：《现代华侨专号》第 3 卷第 3 期，1942 年 4 月 16 日。

---

[①] 《海外文化团体概况》，《现代华侨专号》第 3 卷第 3 期，1942 年 4 月 16 日。
[②] 《现代华侨》第 2 卷第 2、3 期合刊，1941 年 3 月 15 日。

从表 7-1 可见，当时香港侨报增加最多，这是因为抗战爆发后，我国东南大部沦陷，文化工作者纷纷南迁，麇集香港，他们和华侨一起办报，报道祖国抗战。泰国侨报停办最多，是由于泰国政府亲日排华，注销侨报，使许多侨报及"姊妹报"相继停刊。

另据国民党中央海外部统计，到 1941 年 12 月，世界各地 70 多个大小城市共有侨报 135 家（当时有为日本人和汪伪政权操纵的 16 家侨报不计在内）。太平洋战争爆发后，南洋各地沦陷，华侨文化事业受到毁灭性摧残，侨报仍然有 58 家[①]。

为宣传、报道祖国抗战，许多侨商拿出大笔资金或集资创办侨报，如 1937 年 11 月，马来亚吉隆坡华侨梁燊南集侨股 20 万元创办《马华日报》，该报印刷设备先进，内容丰富，编排栏目新颖，标题设计简洁明快，颇受华侨欢迎。1941 年底，日军南侵，该报停刊。

在南洋华侨社会中有较大影响的侨商胡文虎，"为了宣传万金油"，先后创办"星系"八大报纸。1929 年胡创办《星洲日报》，1931 年在汕头创办《星华日报》，在厦门出版《星光日报》，在新加坡创办《星中日报》。1937 年，中日战争全面爆发，时局紧张，读报者大量增加，胡文虎把原来的《星洲日报》改为早午晚版，版面陡增，内容丰富，报道及时。接着他又把槟城版的《星洲日报》改为独立版的《星槟日报》，拟在汉口创刊《星汉日报》未果，改在广州创办《星粤日报》，又在新加坡接办了《总汇报》。1938 年，胡又出资 40 万元，在香港地区创办大型日报——《星岛日报》。该报先后增晚刊、晨报并附周刊，行销海内外，深受侨胞欢迎，影响深远。《星岛日报》机构庞大，组织健全。内设编辑部、印刷部、营业部；编辑部内设 17 个科，印刷部、营业部内设

---

① 据《华侨先锋》第 7 卷第 2、3 期合刊所说，太平洋战争爆发后侨报仅剩 4 家。但据笔者接触资料至少应为 58 家，其中美洲有 27 家，地下侨报 31 家（即泰国 9 家，马来亚 20 家、菲律宾 2 家）。

13 个股。①

　　诸多侨报，宣传抗战，竭尽全力，报道客观，是非分明。报纸编排日见新颖，内容日臻充实。有许多商报改为抗日侨报，如《南洋商报》1923 年 9 月由陈嘉庚创办（抗战时期转给其他侨商），宣传所产出品，以节省广告费。九一八事变，特别是七七事变后全民族抗战爆发以来，该报大力转向宣传抗战，除广泛报道国内外政治军事战况，揭露日本暴行及大后方人民抗敌和国际反法西斯消息外，还经常刊登八路军、新四军的抗敌事迹和边区建设的情况。该报曾登载朱德的《太原失陷后亦无关紧要，只要我们抗战到底》的讲话，称朱德"真不愧是中国今日抗战的一位战士"②；报道过《叶挺将军所部距南京十五里》的战地通讯和《周恩来将军重要讲话》，宣传中国共产党的游击战争的战略战术；1941 年 5 月 28 日第一版以醒目标题刊登《第十八集团军在华北总反攻，破坏敌后铁路公路》的百团大战的战地通讯。《南洋商报》还报道了陈嘉庚回国慰劳考察对陕甘宁边区的观感：共产党言行一致，边区生活安定，"无苛捐杂税"，公务员"苦干""俭朴""耐劳"及边区的垦荒工作等，澄清了"许多关于延安的批评的谣传"③。该报特约记者胡守愚曾到延安采访，对陕甘宁边区"穷则变，变则通"的"乐观与吃苦"精神倍加称赞；对于边区的群众工作、思想政治工作深入人心的情况，非常佩服。该报还勇敢揭露美国既援华又把"战争的血液"大量原油卖给日本的外交政策。对于美国政府"为了利润，竟没有注意到恶劣的后果"深感"惋惜"，吁请美国的政治家们"停止'援华又不制日'的矛盾致策"④。

　　抗战时期国民党政府对国内搞文化专制，在海外也极力控制侨社舆

---

① 福建省经济建设计划委员会宣传处：《抗战期中之福建华侨》，1947 年，第 22 页。

② 新加坡《南洋商报》晚版，1937 年 11 月 26 日。

③ 《陈嘉庚先生归国后观感访问记》（五），新加坡《南洋商报》晚版，1940 年 8 月 10 日。

④ 新加坡《南洋商报》晚版，1941 年 5 月 10 日。

论，规定不准侨报报道"某党"（指共产党）及其军队抗战的情况，封锁中共领导抗日根据地的消息。1940 年 1 月，国民党中央海外部，印制调查表分发海外党部，"普遍调查""海外报纸刊物之言论态度与编辑人员之思想背景"[①]。同时对报道祖国抗战真实情况的秘鲁《华商日报》从编辑到报馆负责人予以"详查"，"劝告该报应即改善态度"。对此，有些海外华侨进行了抵制。马来亚的槟榔屿报界、教育界的华侨成立了"北马文化俱乐部"，其活动广泛，影响较大，是宣传祖国抗战的一股重要的正义力量。庄明理、林珊珊、洪丝丝、曾圣提等人创办了较有影响的《现代日报》《现代周刊》等报刊宣传抗日，每月印行万份，销售全马，远及泰国、印尼及菲律宾。特别是《现代日报》努力宣传抗日，并大胆地揭露蒋介石国民党制造反共"摩擦"的行径。1940 年陈嘉庚回国慰劳访问结束回南洋后，如实地报告了国内抗日的情况，尤其是介绍了陕甘宁边区军民的抗敌事迹，揭露了国统区的黑暗。国民党马上派海外部长吴铁城到马来亚进行所谓的"辟谣"游说，《现代日报》一马当先，撰文抨击，予以揭露，引起舆论重视。不仅如此，华侨还与恶意蛊惑宣传的国民党海外党报进行了坚决的斗争。如当时古巴国民党党报《民声日报》，进行歪曲宣传，破坏华侨团结，引起当地致公堂及宪政党华侨的普遍反对，他们群起而攻之，迫使该报主编辞职。[②]

### （三）恐怖环境中的地下侨报

抗日战争期间，有些华侨报纸是在逆境中坚持出版的。其中有两种情况：一是个别国家如泰国政府亲日排华，侨报宣传抗日则受到压制甚至镇压；二是太平洋战争爆发后南洋各地被日军占领，华侨生存艰难，

---

① 中国第二历史档案馆藏：《国民党中央海外部每周工作报告》，1940 年 1 月 15—28 日，全宗号 22，卷号 19。

② 中国第二历史档案馆藏：《国民党中央海外部每周工作报告》，1940 年 1 月 29 日至 2 月 3 日，全宗号 22，卷号 19。

侨报宣传抗日则受到镇压或者破坏，办报人处境艰难，甚至有生命危险。但在如此逆境中，少数侨报冒险出版。

九一八事变后，暹罗（即泰国）侨报纷纷宣传、报道国内抗日消息而且言辞日益激烈，暹罗政府亲日，时常注销侨报执照。迫不得已，侨报便以同一办报人及地址同时注册另一报名，以便被迫停刊后迅速接替出版，这就出现了暹罗侨报史上的一些"姊妹报"。1933年，华侨陈署木、许金钟创刊《星钟日报》，另注册《中南晨报》，首开"姊妹报"之先河，此后暹罗进步侨报一般多附刊有"姊妹报"（见表7-2）。第二次世界大战爆发后，暹罗政府迫害华侨益甚，封闭侨校、侨报，"姊妹报"消失。接着，地下小报（多为八开）时隐时现，主要有《中国人报》《重庆报》《唯真话报》等9种。[①]这些地下侨报在物质条件很差、情势非常之时，因陋就简，艰难度日，秘密传播国内抗敌的消息，起到了振奋人心的作用。

表7-2　暹罗华侨"姊妹报"统计表

| 报名 | 创刊时间 | 负责人 | 停刊时间 |
| --- | --- | --- | --- |
| 星钟日报<br>中南晨报 | 1933年 | 陈署木<br>黎友民 | 1935年 |
| 民国日报<br>曼谷日报 | 1927年<br>1935年 | 蔡学余 | 1936年<br>1939年 |
| 中华民报<br>中民日报 | 1912年<br>1935年 | 刘茂新 | 1939年 |
| 华侨日报<br>华星日报<br>华声日报 | 1928年<br>1935年<br>1935年 | 熊文阶 | 1939年 |
| 中国报<br>中原报 | 1938年<br>1939年 | 李其雄 | 1939年<br>1958年10月被封 |

---

① 陈烈甫：《东南亚洲的华侨华人与华裔》，台北正中书局印行，1979年初版，1983年再版，第503页；另见冯爱群：《华侨报业史》第94页，谓暹罗当时地下侨报有6种。

续表

| 报名 | 创刊时间 | 负责人 | 停刊时间 |
|------|---------|--------|---------|
| 曼谷日报时报 | 1937 年 | 李一新 | 《民国日报》停刊后，《时报》代之而起为《曼谷日报》的"姊妹报"。《时报》停刊后，再创《新时报》为"姊妹报" |
| 曼谷日报新时报 | 1938 年 | 李一新 | |

资料来源：冯爱群著：《华侨报业史》，台湾学生局 1967 年版，第 93—94 页。

1941 年 12 月日军发动太平洋战争占领南洋各地后，华侨的文化团体组织机构均被摧毁，一切抗日活动均转入地下，随即出现一些地下侨报，犹如一个个地下暗堡不断地袭击敌人。

马来亚沦陷期间，主要由华侨组成的马来亚人民抗日军在全马各地出版中英马印各种文字报刊达 20 多种，向马来亚各族人民宣传抗日。其中华文版的有《人道报》《北马战线》《抗日先锋报》《大众报》《抗日新闻》《人民报》《公道报》《自由报》和《解放报》等十几种。这些地下侨报除批驳日军的欺骗宣传、揭露日寇汉奸的阴谋诡计外，还鼓励人民团结，激发人民勇气，指导人民斗争的方法，坚定人民胜利的信念，是恐怖环境中坚持抗日的一股铁流。

在菲律宾沦陷期间，最有影响、坚持时间最长的地下侨报是《华侨导报》（简称《导报》）。《导报》创刊于 1942 年 4 月 19 日，一直坚持到菲岛光复之后。以"彻底消灭法西斯"为目标。基本任务是："（一）打倒日本帝国主义；（二）保护侨胞利益；（三）争取祖国民主解放；（四）援助被压迫民族的解放运动。"[1]《导报》规模越来越大，由最初的油印八开一张，发展到后来的铅印四开一张；发行量越来越多，开始每期发行

---

[1]　蔡建华、梁上苑：《华侨抗日支队》，香港广角镜出版社 1980 年版，第 161、162—167 页。

350 份，1944 年每期增至 3000 份，1945 年初平均每日印发 5000 份。[①]

《导报》除报道国际国内重大新闻外，又同日本侵略者展开直接斗争，被日军追踪，多次辗转出版机关。1943 年 3 月，日军军部发行华文《岷里拉新闻》，强迫华侨订阅，《导报》立即反击，加强正确报道，揭穿敌报的造谣行径，同时号召侨胞以不叫卖敌报、不订阅敌报、不在敌报登广告进行抵制。《导报》同时还抨击国民党的政治黑暗和文化专制，并积极支持和配合了抗战后期国内掀起的民主宪政运动和联合政府运动。[②] 与其他侨报比较，《华侨导报》办出了自己的特点：（1）有进步的政治立场，敢于正视现实，言人之所不敢言，骂人之所不敢骂；（2）不屈不挠，能冲破一切困难；（3）编排形式美观，报道翔实，不夸大，不遮掩。

华侨在各地创办的地下侨报，除宣传抗战、传播国际消息、打破日本消息封锁、揭露汉奸阴谋外，它同一般侨报比较还起着特殊的作用。它不仅是宣传工具，而且是组织的桥梁，在极为恐怖的环境中，能够稳定广大华侨和当地人民的心理，使千百万读者集合在它的周围开展反日斗争。如后来有人回忆《华侨导报》时说，初见《导报》吓了一跳，住在马尼拉的人，夜里听到日本宪兵的靴子声都哆嗦，遑论去跟他们打交道了。可偏偏有那么一群不怕死的海外中华儿女敢和他们较量，着实让人钦佩。

### （四）侨办期刊的勃兴

全民族抗战时期，与侨报并驾齐驱的是侨办期刊。随着中日战争的激烈进行，侨办期刊也一改过去的"沉寂"状态，显得生气勃勃。抗战时期的侨办期刊无确切统计，当时仅美洲的华侨期刊即有 25 种。其中美

---

[①]　蔡建华、梁上苑：《华侨抗日支队》，香港广角镜出版社 1980 年版，第 161、162—167 页。

[②]　《关于言论检查问题》，菲律宾《华侨导报》1945 年 3 月 27 日。

国有 5 种，加拿大 3 种，墨西哥 3 种，千里达 3 种，占美加（牙买加）3
种，危地马拉 2 种，多明尼加（多米尼加）、巴拿马、秘鲁、苏利南（苏
里南）、智利、厄瓜多尔各 1 种。[①] 南洋地区，原来各种侨报附办的副
刊，如《星洲日报》的《狮声》、《新国民日报》的《新路》、《星中日
报》的《星火》、《总汇报》的《总汇副刊》、《中南晨报》的《大众副
刊》、《光华日报》的《槟风》等仍然继续出版，并且增加了抗日救亡的
新内容。而且各大报在原来的基础上又增办了许多副刊，计有《新国民
日报》的《新光》《影与剧》《文艺》《戏剧长城》《新国民文学》《新
流》《新园地》等多种；《南洋商报》的《新南洋》《诗歌专页》《南洋
妇女》《南洋文学》《今日妇女》《今日剧影》《今日青年》《戏剧周
刊》等 19 种；《总汇报》的《世纪风》《文会》《日落》《都会》和《舞
台面》等多种；《星洲日报》的《现代戏剧》；《星中日报》的《星火》
《星会》《星风》《电影与戏剧》等；马来亚的怡保侨办《中华晨报》
的《妇女呼声》《动摇》《雨丝》等；吉隆坡《马华日报》的《前哨》，
槟城《光华日报》的《努力》等；《槟城新报》的《野风》；《星槟日报》
的《文艺》等。这时期几乎所有的侨报都增加了新颖别致的副刊，其内
容多以宣传抗日救亡为中心。

抗战时期，南洋各地侨办期刊纷纷出版。1937 年出版的综合性刊物
有《生路》《文化丛报》《学习青年》《热带文艺》《南风》《共鸣》《南洋
周刊》等。1939 年出版的有《文艺长城》《人生周刊》《现代周刊》等。
1940 年创刊的有《实报》《忠言》《世界》《晨光》《朝阳》《中马文艺》
等。单行本有铁亢的《义卖》《白蚁》，啸平的《忠义之家》等。越南侨
办《怒吼月刊》每期出版 2000 本，被誉为"沙漠上的名花"。这时期的
华侨杂志刊登的文章、作品，内容健康，有着浓厚的民族情感和爱国激

---

① 《华侨革命史》下册，第 645—647 页。

情，大多揭露日本侵略者的野心与暴行，提出抗日高于一切，一切服从抗日，号召华侨应该如何努力来配合抗战形势等为基本内容。

1940 年底，德国法西斯占领了欧洲大陆的大部分，德占区各国的侨办报刊纷纷停刊，英国华侨杨宪益等在伦敦创办的《民主阵线》仍独树一帜，为抗战中后期欧洲宣传抗战的侨办刊物。大洋洲新西兰华侨牧师周润森，自九一八事变后，抗日救国十多年如一日，他曾发起组织华侨青年团、华侨联合会等侨团进行救国活动，并在当地创办《侨声》半月刊"以唤起侨众"，"打击敌伪之反宣传"，周曾受到国民政府的嘉奖。①

日军占领南洋后，华侨的地下抗日组织在坚持出版地下侨报的同时，还不断秘密出版各种抗日期刊。如菲律宾民主战地血干团曾出版《前锋》和《中国魂》，特工总队出版《导火线》，华侨迫击三九九团出版《新时代》半月刊等。这些地下期刊同地下侨报一样，密切配合了抗日武装斗争，鼓动当地人民在敌人的恐怖统治下坚持抗敌，振奋人们的斗志和争取胜利的信心。

琼崖华侨回乡服务团下设有十多人组成的出版股，出版服务团《团刊》。《团刊》为半月刊，但受纸张缺乏、印刷不便等条件的限制，往往成为月刊。《团刊》曾组织翻印过毛泽东的《新民主主义论》和《论持久战》等文章。发表过何秀英的《妇女参加抗日救国运动的意义》，韩骏的《戏剧与抗战》和攻克的《青年在抗战中的任务》等有分量的论文。《团刊》的发行对象为地方和部队及服务团内部各单位，有时也在国民党县团以上的机关发行。发行数量每期在 200 份以上。

抗战时期的华侨报刊，是我国新闻事业在海外的一支重要力量，它与国内的报刊具有同样的重要性，而其国际影响较国内报刊更大，它是

---

① 中国第二历史档案馆藏：《据屋仑华侨牧师周润森呈请转呈颁给奖状请察夺施行由》全宗号 22 卷，卷号 211。

祖国抗战的海外号角、喉舌、火力点。侨报大体上说具有双重作用，一方面要向侨胞报道祖国的消息，解释宣传政府的政策；另一方面又要向外人表达本国的态度，披露国内动态，开展国民外交工作，传播国际消息，对抗日反奸斗争提出正确的方针，打破敌寇消息封锁及反奸斗争等。华侨地下报刊在极为恐怖、艰难的困境中坚持战斗，对侨胞抗敌斗争起了很大的鼓舞作用。它既是宣传的工具，又是战斗的武器，被人们誉为"地下子弹"。

## 二、抗战文学与救亡戏剧

### （一）南洋抗战文学蓬勃发展

全民族抗战爆发后，我国东南大部沦陷，沦陷区的文化工作者有些到西南的重庆、桂林；有些来到西北陕甘宁边区所在地延安；还有少部分人逃难至南洋，他们与当地华侨文化界人士开展了各种形式的文化救亡活动，出现了中国文化南移的特有现象。因此，从七七事变到太平洋战争爆发期间，南洋新马华人社会的文化事业一度出现了欣欣向荣的景象。

据马来亚华侨文学家方修（吴之亮）关于马华文学史的分期的研究，在马华文学史上先后出现了四个高潮：（1）1925 年到 1931 年的南洋新兴文学运动；（2）1937 年到 1942 年的抗战文学运动；（3）1945 年到 1948 年的反殖民地主义文学运动；（4）1953 年底到 1956 年底的反黄运动。其中 1937 年到 1942 年的抗战文学运动，是迄今为止马华新文学运动史上的最热闹、最壮阔的一场文学运动。[①]当时马华文学艺术活动的主流融合了抗日、卫马、援华、助英苏等具体内容。

---

① 马仑：《新马华文作家群像（1919—1983）》，风云出版社 1984 年版，第 35 页。

太平洋战争爆发前，香港、新马一带文人荟萃，文艺作品数量大、水平高。其间比较著名的报纸、文艺副刊和文艺杂志多达 35 种。[①] 当时从祖国各地前来新马的新闻文化界知名文人有胡愈之、郁达夫、杨骚、铁亢、王任叔、叶尼（吴天）、金丁、王君实等。他们与当地文化工作者会合，使沉寂多时的本地文化活动又掀起了热潮。同时期，在新马本地也崛起许多优秀华侨作者，如疾流（隐郎）、剑光、西玲、王静海、野火、左丁、刘思、椰青、莹姿、啸平、静邦（吴适鸣）、戴清才、李蕴朗、艾豪、普佫、鼎新、淮君、吴冰、漂青等多人。他们的文艺作品大多歌颂祖国军民的英勇杀敌，暴露敌人的野蛮凶残，揭发汉奸卖国贼的卑鄙无耻。当时华侨抗战文学健康蓬勃发展主要体现在以下几个方面。

### 1. 小说以描写祖国抗日救亡为主题

从祖国南来的作者，带来了许多以中国抗战为背景的作品，转而描写本地题材的，也多反映了当地华侨支援抗日救亡等内容。如金丁、乳婴、铁亢等人，就曾以国内的题材创作了《谁说我们年纪小》《逃难途中》《小根是怎样死的》等抗日题材的短篇和中篇小说；还有张一倩的中篇小说《一个日本女间谍》、铁亢的《试炼时代》等。着眼于当地抗日救亡事迹的有陈南的《金叶琼思君》、老蕾的《弃家者》、林晨的《泡》等。随着南来作家在新马居留的时间渐久，对当地事物渐趋熟悉，他们有时也描写本地事物，如铁亢后来创作的《白蚁》《洋玩具》等都是取材于马华社会的作品。

由于受国内文化工作者的影响和华侨爱国意识的觉悟，当地华侨作家也写出了高水平的抗战文艺作品。新马华侨文学家依藤，曾将槟城自太平洋战争爆发起至日本投降止的一段沦陷史实，撰写成《彼南劫灰录》一书，书中以忠实于历史的态度，生动的文艺笔触，描述了日寇统治下

---

① 马仑：《新马华文作家群像（1919—1983）》，风云出版社 1984 年版，第 27 页。

人民的悲惨生活，并揭露了法西斯主义者的凶恶面貌，是一部优秀的历史文学作品。由一些马华青年主办的《文艺长城》，是南洋新生的优秀抗战文艺刊物。其内容有理论、创作、报告、速写、诗歌、戏剧和木刻等。该刊第 3 期刊登了乳婴的《二三个奇奇怪怪的人》、铁亢的《荷冰》和文蔚的《孩子们》等优秀的短篇小说。《二三个奇奇怪怪的人》描写日本资本家经营的龙运铁矿罢工中某华工的事迹。该华工离矿后在长期失业困境中煎熬，妻儿在饥饿穷困中挣扎。虽然这样，这名华工还是拒绝了一位被敌人拉拢利用的老朋友让他重返日矿的劝诱，并为爱国热忱所驱使，割下老朋友的耳朵（在抑制日货斗争中南洋各地流行的一种惩治奸商的办法），警告他不要再为敌人服务。小说对人物的心理描写非常细腻，引人入胜。作品《孩子们》描写了一个叫祥英的小学生，为了挣钱捐给八路军而到街头卖红豆水的故事。再如啸平的小小说《想起了母亲》、短篇小说《团圆梦》等也反映了抗日救亡的内容。这些小说生动形象地刻画出海外侨胞爱国活动的真实情景。

### 2. 诗歌抒发抗日救亡情感

南洋华侨抗战文学繁荣的另一种表现形式，则是创作了一批抗日救亡题材的诗歌。其内容多是抒发抗战反侵略的情感，以及对祖国局势的关心和对日本侵略者的愤慨等。代表性的诗篇有李蕴朗的《隆帮人的歌唱》《怒吼，五指山》，刘思的《你笑了，伟大的狮子》，呢喃的《我们——》，墨尼的《播下了的种子》，王静海的《黄河，你真岂有此理》，东方丙丁的《一百五十个》，思明的《原野》，等等。

在抗战文学创作中表现出色的女诗人莹姿是位多产作家。她是新加坡诗歌团体《吼社》的社员，曾出版多集诗刊，因她常在《狮声》副刊发表作品，所以她也是"狮声派"的主要作者之一。她还创作过独幕剧，其作品反映抗敌的气息很浓。如刊登在《狮声》上的诗篇《你们不要呆在后方》，以激昂奔腾的诗句忠告那些吝啬的富翁觉醒过来，要积极踊跃地为祖国捐输。其他重要诗作如《抗战歌》（仿孟姜女哭长城调）、《我们是青年》《南洋儿女的回声》等都写得热情奔放，朗朗上口。

为了使诗歌作为一种抗日武器发挥更大的影响力，鼓动更多的读者加入关心祖国抗战救亡的行列，有些诗人更尝试创作民间形式的诗作。如东方丙丁的《九月思郎》《刘三姐过新年》等，即利用民间小调的形式。黄裔云的《良姆教子》《阿巢埋银》则用闽南方言并以民歌形式表达，颇具特色。在此影响下，华侨社会中各种民间救亡诗歌流行一时，铿锵动听，朗朗上口，表达了侨胞爱国及为保卫中华贡献力量的心声。如《劝捐棉衣》诗：

　　多捐一棉衣，

　　多增一分力；

　　壮士可御寒，

　　拼命摧残敌。

　　…………

　　碧血光中华，

　　捐躯卫社稷。①

当时最能反映侨胞心声的是马来亚吉隆坡华侨钟醇生作的诗歌《告别南洋》，后谱了曲广为归侨青年传唱，歌词如下：

　　再会吧，南洋，

　　你海波绿，海云长，

　　你是我们的第二故乡，

　　我们民族的血汗洒遍这几百个荒凉的岛上。

　　再会吧，南洋，

　　你椰子肥，豆蔻香，

---

① 《华侨先锋》第 1 卷第 16 期，1940 年 2 月 16 日。

你受着自然的丰富的供养，

但在帝国主义的剥削下，

千百万被压迫者都闹着饥荒。

再会吧，南洋，

你不见尸横着长白山，

血流着黑龙江，

这是中华民族的存亡。

再会吧，南洋，

再会吧，南洋，

我们要去争取一线光明的希望。①

歌词热情洋溢，歌曲情真意切，抒发了华侨青年对祖国故乡和南洋第二故乡的深情厚谊，令人热血沸腾。

### 3. 报告文学和散文充满抗日激情

华侨社会中的抗战文学表现形式多姿多彩，报告文学和抒情散文则色彩斑斓。如叶尼的《秘密的日本》《一件事的始末》《胜利》《卖花队》等报告文学，将他自己的所见所闻，写得生动逼真，获得人们的赞扬。紫炎的《阴影》《风波》《热情的好孩子》等善于捕捉生活片段，突出了鲜明的主题。艾豪的《大时代的渣滓》《小薇的胜利》等作品独具特色。王修慧的作品，长于通过美丽的词句、流畅的语言，叙述一个故事，描写一个事件，抒发内心的种种感触，是颇有水准的创作。散文中杂文较多，丘康的作品，取材范围广，叙述颇有深度；多流冰的作品，短小精悍，语带讽刺；陈南的杂文常针对时事发表议论，泼辣有力；萧克和田坚的作品，利如匕首，切中时弊。

---

① 中共广东省委党史研究委员会、党史资料征集委员会编：《广东华侨港澳同胞回乡服务团史料》（东江华侨回乡服务团），第139页。

### 4. 文艺评论以抗日救亡为论点

为了配合与响应国内有关抗战文学的讨论，新马文艺界提出了"南洋抗战文艺""南洋战时文艺""华侨救亡文学""战时华侨救亡文学"等主题。其主要作品有叶尼的《论战时文艺》、金丁的《抗战文艺讲座》、丁倩的《抗战文艺的多样性》、小红的《关于南洋的战时文学》、遍聘的《战时文学与救亡文学的探讨》等作品，尖锐而具体地指出了救亡文学的发展方向及创作原则，并就有些问题展开了争论，活跃了新马文坛。

值得注意的是，这个时期无论是祖国南来的文人，还是新马华侨文化界人士；无论是报纸杂志的编辑，还是诗歌杂文的作家，其抗日的大目标是相同的，立场和态度都是鲜明的。1937 年全民族抗战爆发不久，流浪接编的《狮声》立即提出以下编刊目标：欢迎注重当前的现实，阐发及鼓励抗敌救亡，维护世界和平的文字；不登风月的作品，不登谩骂的文字；尽可能多地维系编者、作者与读者的关系。叶尼对《星火》的编辑动向订立了以下的原则：（1）直接或间接地援助抗战；（2）配合每一阶段的抗战形势；（3）探讨并建立正确的救亡理论；（4）提倡各种文化运动；（5）提高副刊的地位；（6）大众化。国内南来的知名文学家郁达夫也表示，在抗战争取胜利的阶段，文化部队需重整阵容，以配合抗战的进展，向汉奸失败主义思想急切进攻。时至今日，文艺与政治、军事有着"不分性"，所以，"不论是评论，或是创作，都应当向这一个方向前进"。新兴的诗人们，尽量地舍弃了个人主义的内容与形式，去和时代合拍，与大众同流，抒出时代与大众的颂歌。国内文化界与华侨文化界都感到在目前动乱的战争年代，"……唯一的路线只有大家联在一起，站在同一的战线，努力杀退了我们民族敌人的吼声"[①]。国内外从事文化救亡的文化界无形中形成高度的抗日共识，自发地团结起来，在共同抗日的大目标下形成了文化界救亡的高度自觉。

抗战时期南洋华侨文学创作的明显变化，使得以往悠闲的吟风赏月、描写男欢女爱、儿女情长、男女私情的作品渐渐地消沉下去，体现时代的现实的抗战的文艺作品纷纷涌现并成为时代文化的主流。这些既宣传了抗战，揭露了敌人的暴行，又使中华民族的古老文化得到进一步传承和发展。

### （二）戏剧救亡运动如火如荼

救亡戏剧是侨胞用艺术手段宣传、歌颂抗日救亡的武器。它从艺术上淋漓尽致地再现了祖国抗战的壮烈场面。据不完全统计，1940年世界各地有侨办电影院、戏剧社、戏剧院97个。[②]

抗战爆发后，作为南洋华侨文化救亡运动内容之一，戏剧救亡运动也有声有色地开展起来。马华戏剧艺术的发展，与抗战文学一样，在1937年至1942年间进入了盛期，它"汇合了抗战救亡的热潮，成为救亡戏剧运动，呈现了马华新文学史上空前绝后（迄今为止）的热闹场面。这是抗战文艺在戏剧表演部门的一个运动，也是抗战文艺运动中最有群众性、最有影响力的一个环节"[③]。据不完全统计，战时有名可查的新马华侨戏剧社有31个，约占全世界总数的1/3，具体情况如表7-3、表7-4所示。

---

① 林水檺、骆静山编：《马来西亚华人史》，马来西亚留台校友会联合总会1984年版，第347—348页。

② 《现在华侨专号》第3卷第3期，1942年4月16日。

③ 方修：《救亡剧运的全面开展》，许云樵、蔡史君编：《新马华人抗日史料（1937—1945）》，第113页。

表7-3　新加坡华侨戏剧社一览表

| 团体名称 | 同志白话剧社 | 艺花镜影剧社 | 业余话剧社 | 中华口琴会 | 艺光音乐社 | 青年口琴会 | 友益儒乐社 | 悠扬音乐研究社 | 余娱儒学社 | 横云阁音乐社 | 云庐音乐社 | 钟声音乐研究社 |
|---|---|---|---|---|---|---|---|---|---|---|---|---|
| 人数 | 100 | — | 150 | 150 | 50 | 110 | 50 | 70 | 100 | 80 | 80 | 82 |

表7-4　马来亚华侨戏剧社一览表

| 地名 | 槟城 | 文冬 | 哇株巴辖 | 麻坡 | 居銮 | 怡保 | 安顺 | 怡保 | 万里望 | 安顺 | 太平 | 太平 | 布先 | 太平 | 吉隆坡 | 和丰 | 巴生 | 吉隆坡 | 双溪大年 |
|---|---|---|---|---|---|---|---|---|---|---|---|---|---|---|---|---|---|---|---|
| 团体名称 | 同善剧社 | 泽南剧社 | 华英剧社 | 觉侨剧社 | 侨声剧社 | 人声白话剧社 | 励群慈善剧社 | 慈善剧社 | 中华慈善剧社 | 华人慈善剧社 | 慈善剧社 | 太平音乐剧社 | 青年慈善剧社 | 太平音乐剧社 | 人镜慈善白话剧社 | 华人慈善剧社 | 好善剧社 | 最乐剧社 | 移风剧社 |

注：新马戏剧社一览表根据崔丕、姚玉民译《日本对南洋华侨调查资料选编（1925—1945）》第一辑（广东高等教育出版社2011年版）第376—377页的相关表格绘制并略有修改。另见孙承译：《日本对南洋华侨调查资料选编（1925—1945）》第二辑，第395页。其中新加坡的"同志白话剧社"，前书为"同志自活剧社"，后者为"同志白话剧社"。笔者以为前者有误。

从"新加坡华侨戏剧社一览表"的12个戏剧社可见，艺光音乐社和友益儒乐社人数最少为50人，业余话剧社和中华口琴会人数最多为150人，说明戏剧社的规模还是比较大的；再从"马来亚华侨戏剧社一览表"可见，太平一地即有3个戏剧社，怡保有2个，说明戏剧社的密度也不小。

马华戏剧救亡运动达到高潮的第一个标志是救亡剧团的不断成立。"1937 年以来，南洋华侨成立的剧社尤多，其中有的流动巡回演出抗战话剧。在努力进行宣传的同时，售票款充作救助国难之用，取得巨大效果。新加坡部分青年在抗战后组织的巡回剧团，从新加坡出发，遍历马来亚各大城市上演救亡话剧，获得可观的收入。他们上演的话剧，与救亡方针一致，给民众巨大的激励，收到显著的无形效果。该剧团取得这样好的成绩是各地筹赈灾会协助宣传、售票的结果。该剧团完成任务归来时，各界人士为其爱国心所感动，到处都给予热烈欢迎。这是抗战期间马来亚华侨的一大壮举。"① 当时新马一带新成立的或由旧剧团重新改组、充实新内容的戏剧团体如雨后春笋，多达一千几百个。比较有影响的有星洲合唱团、新加坡的业余话剧社、爱同校友话剧组、槟城的今日剧社、加影（即今马来西亚的加央）的前卫剧社、马六甲的南岛剧团，等等。

七七事变后，新加坡华侨中的热心人士林庆年、林谋盛、庄惠泉等近 20 人发起组织业余京剧社团，定名为新加坡"平社"，进行宣传义演，其受各社团邀请，在新世界、大世界、快乐世界各游艺场轮流演出。后又为祖国举办大型筹赈演出两次，得到捐款 30 余万元。淞沪会战以来，马华戏剧救亡运动开展得热火朝天，新加坡的华侨知识分子组织了职业流动剧团，到马来亚各地表演，既联络了各地救国同道，促进了戏剧救国运动；又为祖国筹款赈济。新加坡还成立了闽南歌剧团，在大世界首场演出时引起很大轰动，剧院内座无虚席。

在众多剧团中，以新加坡成立的业余话剧社颇有影响，起到了对新马戏剧救亡运动的引导作用。其发起人是《南洋商报》《今日剧影》专

---

① 孙承译：《日本对南洋华侨调查资料选编（1925—1945）》第二辑，广东高等教育出版社 2011 年版，第 395 页。

刊的戴英浪，许多知名人士纷起响应，使业余话剧社成为新马实力雄厚的一个剧团。业余话剧社当时曾制定《马来亚戏剧运动纲领草案》，以为戏剧界同人的行动准则。其纲领草案分为基本理论和行动目标两部分。基本理论为：（1）为救亡而从事戏剧运动，以话剧为主体，推进其他一切戏剧形式。在民族抗战的今日，一切文化部门都应该在"总动员"的旗帜下努力。作为艺术救亡武器的戏剧，以其特殊的功能，当然更应该站在先锋的地位。（2）提高戏剧艺术水准。为了改变新马戏剧艺术的低落、幼稚状况，争取受封建艺术所影响的群众，应逐渐提高艺术的水准。（3）以戏剧力量教育大众、组织大众。战时戏剧必须有教育一般大众认识抗战的力量。不仅如此，还得把他们组织起来，成为抗战的生力军。（4）配合目前抗战形势，从事富有救亡意识及适应当地大众需要的戏剧。战时戏剧应为一般大众指出应尽的义务，同时必须演出富有救亡意识的、适应大众需要并为大众所理解的戏剧。其行动目标为，完成华侨救亡统一阵线；加强戏剧运动者的教育工作。[①] 这个纲领草案是适应当时马华戏剧救亡的形势和救亡运动大方向的进步纲领，它虽未得到当时戏剧界正式公决采纳，但它基本成为这一时期一般戏剧工作者的共识和信约。

战时马华戏剧救亡运动达到高潮的第二个标志是演出内容丰富多彩，形式多种多样。其间，大多戏剧的内容都改变过去的靡靡之音、花前月下、情意缠绵的色调，将富有朝气、歌颂抗战，鞭挞日寇暴行作为主要题材。歌词曲调的内容充满抗战救亡的新形式，这是救亡戏剧的最大特色。戏剧演出的名目颇多。有的是为宣传而演出，有的表演是为了筹款，有些是业余义务演出，有些是职业的抗战剧团；既有在正规戏院的舞台演出，也有在各游艺场的戏台表演；既有个别剧团在街头、广场及农村

---

① 方修：《救亡剧运的全面展开》，许云樵、蔡史君编：《新马华人抗日史料（1937—1945）》，第114页。

的各个角落巡回表演，也有众多剧团联合演出的戏剧界大会演。其演出的有街头剧、活报剧、旷地剧等形式的救亡短剧，还有大型多幕剧。此时戏剧演出的次数也是空前频繁，几乎每个地区每月都有好几场甚至几十场的演出，尤其是街头剧，数量不计其数。甚至"一周间的宣传游击战，最少也有几十次"。

为祖国前线和后方筹款是戏剧演出的一个主要目的。1939 年 9 月 2 日，南侨第三次游艺会星华筹赈会在新加坡举行。是晚有七八个剧院的剧团登台演出，直至深夜。他们不辞辛劳，爱国热情高涨。各台演出怡情悦目，救亡歌声震动人心，台下观众座无虚席。门票入场券收入 587 元。[1] 戏剧表演夹杂着演讲和筹款，集会中掺杂着义演和助赈。1940 年 8 月 11 日，新加坡巴生筹赈会歌剧组 40 人举行演奏会。其演唱的歌曲有《全国总动员》《牺牲到最后关头》《大刀进行曲》《莫作汉奸》《血肉保中华》《保家乡》等，歌声震动全场。每场幕落后就有侨领廖辉煌、林青山等人演讲，语多中肯，感人至深。当麦莲珍女士主演《逃难至流浪女》歌曲时，唱者情极悲痛，听者大为动容，台下侨领和侨众纷纷献金，当场收得叻币 100 多元。[2]

宣传歌颂祖国军民英勇抗战、鼓动侨胞爱国救亡，是戏剧演出的主要内容。1940 年 1 月，新加坡业余、精武、机器行、华联公学四大剧团联合演出名剧《凤凰城》，剧中描述东北义勇军司令苗可秀在当地奋勇抗敌，为敌夹击，众寡悬殊，带领队伍突围时被俘囚于凤凰城的一段历史。剧中有声有色地演出了抗敌英雄苗可秀在囚禁期间对敌之威胁利诱，不为所动，大义凛然，最后英勇牺牲的动人场面。观众情绪随剧牵动，宣传效果良好。1939 年 11 月，马来亚的一些职业戏剧演员公演了戏

---

① 新加坡《南洋商报》晚版 1939 年 9 月 2 日。

② 新加坡《南洋商报》晚版 1940 年 8 月 14 日。

剧《活地狱》，剧中反映了中国某地农村的一群浑浑噩噩的农民得过且过的生活，他们意志消沉，徘徊犹豫，对日本侵华、国家危亡漠不关心。终于日军打进来了，当他们看到日军烧杀掠抢、蹂躏同胞，并亲身体验到被逼得无路可走的时候，他们便怒吼起来，建立起游击队伍，参加了民族解放战争。该剧教育广大侨众和当地人民要时刻准备抗敌，不要麻痹大意。新马某剧团还演出救亡剧《自由魂》，描述日寇汉奸暴虐统治下的北平，一批不愿做奴隶的青年，在十分艰险的困境下奋不顾身为民族生存而战斗，甚至牺牲生命与爱情把万恶的大汉奸连人带车炸毁的情节。有的剧团还演出揭露汉奸汪精卫的爪牙携带大批伪币来南洋贩卖的《不明来历的纸币》等。还有《魔窟》《横山岭》《春风秋雨》等都是富有感染力的抗日救亡戏剧。

抗战戏剧形成高潮的第三个标志是纷纷创办戏剧刊物及广泛传唱救亡歌曲。这时期几乎每家大型侨报都开辟戏剧专刊，如《星洲日报》午版的《现代戏剧》，周刊《戏剧与银幕》，《南洋商报》的《今日剧影》《戏剧周刊》《戏剧知识》，《新国民日报》的《影与剧》《戏剧长城》，《总汇报》的《舞台面》，《星中日报》的《戏剧与电影》，等等。这些戏剧专刊刊登的都是当时一些最有代表性的戏剧作品，如《伤兵医院》《金门岛之一夜》《怒涛》《巨浪》《日出》《前夜》《花溅泪》《凤凰城》等。其中有精辟的剧评和指导性较强的专论。

在救亡戏剧演出中，还穿插了大量的救亡歌曲。侨胞演出的大多是国内外流行的抗战歌曲，也有自编自演的抗日歌曲。歌词慷慨激昂，振奋人心。如南洋北婆罗洲山打根侨胞郑子瑜编的《华侨动员歌》，悠扬悦耳，动人心弦。其中一段是："我们华侨，参加革命，历史悠久，素有光荣。抗战开始，大家一致，表现了伟大的精神。人力物力财力，报效祖国，表示一德一心……不逞意气，不分帮派，团结合作，内外同钦。

坚持到底，民族复兴，抗战必胜，建国必成……"①华侨自编的歌曲生动反映了他们支援祖国抗战反抗日本法西斯的爱国情操，体现了他们对"抗战必胜"的坚强信心。

卢沟桥事变的炮声传到缅甸仰光时，当地华侨也开展了文艺救亡运动。七七事变之初，侨胞们都聚集在收音机旁倾听祖国的消息，几天之间，仰光市的无线电收音机顿时供不应求，到1937年底，海关进口无线电收音机比往年同期增加21倍。当时在全缅侨胞中广泛流行着经过改编的"义勇军进行曲"："起来，远居海外的人们。把我们的金钱筑成祖国新的长城，……缅甸华侨一心冒着敌人的炮火前进，前进，前进！"曾在英国学得苏格兰笙的缅甸侨生林嘉泽，技巧娴熟，他一连在街头卖技三日，将所有收入捐给祖国。

太平洋战争爆发前，南洋各地尤其是新马一带的戏剧救亡运动，积极配合了祖国抗战。太平洋战争发生后，南洋沦陷，文艺救亡运动进入低潮。

### （三）欧美等地文艺救亡运动的开展

抗日战争爆发以来，美国各大城市的侨胞相继开展了以筹款为主的文艺救亡活动。1940年初，美国芝加哥华侨救国后援会举行戏剧筹款，观众有1000多人。演出之前先由救国会委员长梅友卓宣讲演剧筹款的意义，接着侨胞关文清、曹绮文两个艺术家装扮难民父女，演出戏剧《放下你的鞭子》，其演唱的流亡曲，凄悱苍凉，铁石人也为之动情，观众纷纷往台上投掷银钱纸币，短时间收得美元170多元。翌年春，美国侨胞又举行各种游艺会五次，募捐国币219540元。②1941年4月20日晚，美国积彩华侨召开游艺会，彩灯五光十色，节目丰富多彩。艺坛名人唱

---

① 《现代华侨》第1卷第5期，1940年9月15日。
② 美国《三民晨报》1940年5月21日、1941年3月17日。

曲演剧两幕，加插李子林唱《满日烽烟悲国难曲》，梅毓松扬琴独奏，梅景秀、繁华林随声附和。剧场歌声悠扬，每场演毕，掌声不绝，剧券收入达法币万余元。同年 3 月 11 日中午，安良工商会举行新春游艺筹赈大会，同声音乐社艺员到场演奏音乐，演唱抗战新曲，恳切动人。安良工商会选聘之西乐舞女 10 多人，助兴助赈。游艺会场为救济祖国难民，恳请观众解囊救灾之声，不绝于耳，抗日气氛，浓厚而热烈。会场中寰球酒家义卖"生肚粥"；李合餐馆自制麻糖、果品报效义演……游艺会翌日 9 时闭幕，筹得法币 88200 元。[①]1943 年，纽约华侨成立了学建歌咏团，团员有 50 多人，他们曾多次到纽约各大广播公司和音乐堂演唱《起来》《救国军歌》《抗战歌》等雄壮的抗战救亡歌曲。该团在纽约的声誉颇佳，宣传效果良好。美国华侨开展的文艺救亡运动，使祖国抗日救亡的歌声回荡在大洋彼岸，响彻云霄。

全民族抗战爆发七周年纪念日之际，美国旧金山旅美华侨统一义捐救国总会，举行了空前规模的系列纪念活动，除召开纪念大会、组织献金队募捐，并于 7 月 6 日下午在旧金山市市政厅前召开了中西联合巡游大会，巡游活动由警察摩托车队开路，军乐队、骑警旗队、骑警队、巡逻马队等依次在队首巡游，接着有 30 多个各界华侨组成巡游队伍，鼓乐喧天，人山人海，浩浩荡荡，气象万千。巡游队伍途经繁华之孖杰街，东转而入都扳街，行至检阅台前。各队伍表演致礼。中国驻美大使魏道明等使馆官员，美国海陆军方有关将领参加检阅。6 日晚举办了大型游艺晚会，游艺会设在花园角纲纪慎会门前，台上灯火辉煌，挂满中美国旗，鲜艳夺目。游艺场中外人士人头攒动，异常热闹。晚 9 点 30 分，游艺会开始。由古巴启便拿歌女买梨唱开场曲，周家京宣讲中国抗战经过，继之紫禁城歌女陈芬独唱，积全音乐团奏乐，程拉利与陈芬

---

① 美国《三民晨报》1941 年 4 月 29 日、3 月 11 日。

丝合唱；游艺节目有名媛闺秀历代时装表演，美国演艺界明星、剧院演员出镜，华人电影女明星那梨蔡登台与观众见面；中西夜总会剧团参加游艺表演，有紫禁城剧团表演系列；还有双簧、民歌、舞蹈、时装表演、奏乐……至午夜 12 时 15 分，游艺会结束。七七纪念活动举办了中乐会奏，演奏音乐名曲节目近 30 个，并举办了图书展览会，等等。① 旅美华侨抗日统一义捐救国总会举办的全民族抗战爆发七周年纪念活动，是一个大型综合文化活动，引起轰动效应。

由于美国、加拿大等国家科学技术先进，文化事业发达，通信技术快捷，中国抗战的新闻消息传播迅速。如加拿大华侨给在广东家乡妻子的信中反映："电影与新闻，本处较快尔们者中国，因为机器发达时代，譬如今日中国与日贼在某某处交战，明日本处必有报纸有画片卖了，但每逢有中国最近战事电影放，我是去参观的，实在惨不忍睹的，希望早日杀尽倭奴，以雪中国国民向来受的遭遇，是所深需也。"② 该信一方面说明海外华侨对祖国抗战的关注，另一方面反映出文化艺术在宣传祖国抗战方面的效用。

全欧华侨抗联会成立后，对华侨文化救亡也有推动。全民族抗战爆发前夕，旅法华侨艺术界曾集会，讨论组织国际艺术研究部，并通过决议四项：（1）限于一星期内以巴黎留法中国艺术学会名义正式参加全欧华侨抗日救国联合会，将本会会员对于国防艺术方面所得，以自动合作的精神，贡献于抗日救国联合会，补助抗日宣传工作；（2）在巴黎组织国防艺术展览会，以发展抗日联合战线为目的，尽可能到欧美各地

---

① 旅美华侨统一义捐救国总会《七七抗战七周年纪念特刊》。罗达全、张秀明、刘进编：《侨乡文书抗战史料选编》（五邑侨乡卷·上卷），广东人民出版社 2016 年版，第 254—256 页。

② 江门五邑华侨华人博物馆藏：《森给妻子关丽婵的信》（民国二十七年元月十八日）。刘进、罗达全、张秀明编：《华侨书信抗战史料选编》（五邑侨乡卷·下卷），广东人民出版社 2016 年版，第 352 页。

抗日救国会及国内各地收集关于国防艺术的作品，并举行轮流展览会；
（3）每两星期召集一次常会，积极讨论和研究有关国防艺术的一切问
题；（4）发表宣言，号召全国艺术界以抗日救国精神，积极参加各地救
国联合战线运动。[①]

1939 年 3 月初，瑞士华侨妇女抗敌后援会在首都伯尔尼与世界大学
生互助会合作举行游艺会。表演的节目悉由华侨妇女担任，除售门票外，
并拍卖各方捐助物品得瑞币千余法郎，由世界大学生互助会汇寄国内。
华侨妇女还在各地举行演讲会，李平衡夫人曾在日内瓦大厅讲述"中国
妇女之战时情形"；黄玛赛女士曾在世界学生会讲述《中国妇女》一题，
并以幻灯的方式将各种抗日救亡宣传照片映出，听众甚多，受到称赞。[②]

地处南半球的澳大利亚，虽然华侨不多，但他们也开展了一些抗日
文艺救亡活动。1939 年 7 月，在悉尼成立侨青话剧研究社，华侨黄家权
为主席。该社成立后，在当地公演救亡剧《营沟路上》，在侨胞中引起
了较大反响，促进了他们的爱国救亡运动。同年 1 月，悉尼中华青年救
国团组织华侨青年跳舞，把筹得的舞票澳币 7 镑 4 先令 6 便士捐给祖国。[③]
钱数虽少，但表现了华侨青年的爱国心。1944 年下半年，宋庆龄向海外
侨胞呼吁为祖国前线将士捐献药品和医疗器械。悉尼华侨成立特别委员
会，义演筹款购药，由滇缅公路运到国内抗日前线，侨胞的爱国精神得
到宋庆龄的复函赞扬。[④]

抗日战争爆发后，非洲东南部的马达加斯加岛的华侨成立华侨抗
日救国总会。塔马塔夫省侨领陈礼德、陈文石组织了"华体剧团"，有

---

① 《留法艺术界研究国防艺术并将举行国防艺展》，《救国时报》1936 年 11 月 10 日。
② 《瑞士华侨抗战工作近况》（三），美国《三民晨报》1940 年 5 月 20 日。
③ 中国第二历史档案馆藏：海外华侨捐款部分，全宗号 116，卷号 415。
④ 唐纪红：《为了正义的事业——记澳洲华人、反法西斯战士黄家权先生》，《华声报》1985 年
9 月 25 日。

团员 60 人，设有编剧、导演、配景、道具、化装、音乐、灯光等 11 个小组，排练广东歌剧、京剧、话剧、歌唱等节目。每逢七七事变抗战纪念日，"华体剧团"都举行公开演出，宣传抗战，得到救国捐款数十万法郎。

与海外华侨社会的文化救亡运动有声有色、轰轰烈烈开展的同时，在国内也有归侨的文化宣传活动。琼崖华侨回乡服务团，不但在前线开展抗日活动，而且在后方组织了 47 人的服务团歌剧队，活跃在海南各地。他们演出的有独唱、大合唱《义勇军进行曲》《打回东北去》《枪口对外》《抗战到底》《流亡三部曲》等抗日歌曲，演出过街头剧《放下你的鞭子》，话剧《大义灭亲》《来一个杀一个》，独幕剧《有今日何必当初》，舞蹈步枪舞《打回东北去》《枪口对外》，还演过"独脚舞"，单人大刀表演，魔术表演，等等。这些节目多与抗战有关，新鲜朴实，别具一格。

抗战时期，华侨的文学艺术呈现出独特新颖的景观，成为华侨抗日救亡运动中一道亮丽的风景线，栩栩如生地再现了祖国抗战的壮烈场景，激发了华侨的爱国主义精神，激励了国内军民的抗敌意志。

## 三、开展抗日救亡的华侨教育

### （一）侨领慷慨捐资办学

抗战期间，华侨教育事业也有很大的发展。侨校纷纷建立，侨生不断增多。东南亚陷落后，海外有许多侨生远途跋涉归国就学，国内侨生数量大增，他们就读于国内侨校、军校及师范学校。战时华侨教育以抗日救亡为主要内容。

据国民政府侨委会的统计，1935 年全世界有华侨学校 2519 所，

1940 年 6 月，侨校增至 3231 所，[①] 增加了 712 所。在南洋地区，1936 年有侨校 2145 所，1940 年增加 w 到 2605 所，[②] 增加了 460 所。如马来亚 1931 年有侨校 657 所，学生 39662 人，教员 1867 名，1938 年增加到侨校 1015 所，学生 91534 人，教员 3985 名。其中新加坡侨校、侨生和教员在抗战爆发后增加更快，如表 7-5 所示。

表 7-5  1931—1940 年新加坡华文中小学统计

| 年份 | 学校数（所） | 学生人数 | 教员人数 |
|---|---|---|---|
| 1931 | 190 | 12326 | 644 |
| 1932 | 215 | 13315 | 698 |
| 1933 | 240 | 14231 | 705 |
| 1934 | 269 | 16693 | 814 |
| 1935 | 286 | 18610 | 943 |
| 1936 | 285 | 21821 | 1047 |
| 1937 | 308 | 24091 | 1119 |
| 1938 | 329 | 28411 | 1295 |
| 1939 | 343 | 30059 | — |
| 1940 | 351 | 54947 | — |

资料来源：郑焕字：《新加坡华文小学、中学及大专院校》，见《华侨教育》第二辑第 165 页，暨南大学华侨研究所 1984 年 8 月。表中 1939—1940 年的资料根据 1941 年 3 月 15 日出版的《现代华侨》第 2 卷 2、3 期合刊统计。

为发展海外侨教事业，用抗日救国思想教育华侨青年，为祖国培养各种抗日人才，海外侨胞纷纷创办各类学校。如 1933 年 7 月，旧金山侨胞发起成立的"旅美中华航空学校"，专门为祖国抗战培养空勤人才，就有代表性。

---

[①] 胡寄南：《华侨教育之重点》，《南洋研究》第 11 卷第 1 期，1944 年；《现代华侨》第 2 卷第 2、3 期合刊，1941 年 3 月 15 日。

[②] 黄警顽：《华侨对祖国的贡献》，第 87 页；《南洋研究》第 11 卷第 2 期，1944 年。

一些爱国侨领侨商，在抗战期间倾资办学，捐款助校，推进华侨战时教育，为海外侨教事业和祖国教育事业贡献了力量。

著名侨领陈嘉庚，非常关心祖国的文化教育事业，据有人统计，他一生为国内外教育事业捐资约有 1 亿美元[①]。他早年投巨资创办厦门大学和集美学校的义举多为人知。他还非常关心海外华侨教育事业的发展，曾在新加坡创办道南中学。太平洋战争爆发前夕，南洋战云密布，形势危急，此时陈嘉庚在新加坡又创办了一所"南洋华侨师范学校"（简称"南师"）。

南洋有华侨中小学 2600 多所，学生将近 30 万人。这些侨校的教师大多是从祖国聘来，以闽粤两省为最多。即便如此，南洋侨校的师资仍然难以满足需要，又使闽粤师资捉襟见肘。对此，陈嘉庚曾请求国民党政府在闽、粤二省创设一所华侨师范学校，以解决侨校师资，但这一建议未被采纳。1940 年，他率领南洋华侨慰劳团回国慰劳考察结束返回南洋后，就潜心筹划创办"南洋华侨师范学校"。他在致各帮侨领书中谓办南师的原因有二：一是南洋侨校每年需用教师数千人，"国内教师枯竭"，对于侨校"供不应求"；二是国民党政府实行党化教育，"凡学校校长，教务训育各员，概须以党员充任"，且往往"用非得人"，陈主张办侨师应"不分省界"，以"贫寒子弟，有才乏升学能力者为合格"。[②]

当陈嘉庚筹办"南师"的消息传到国内后，遭到国民党政府的反对。1941 年 6 月 15 日，陈立夫和陈树人分别致电陈嘉庚，谓陈嘉庚办侨师"热心教育，诚属可嘉"，但"师范教育应由政府统筹办理，方符我国教育政策"，"所有私人办理之师范学校，自无继续存在之必要"[③]。要

---

① 吴泽主编：《华侨史研究论集》（一），华东师大出版社 1984 年版，第 378 页。

② 时论《各帮侨领赞助"南师"》，新加坡《南洋商报》晚版，1941 年 5 月 5 日。

③ 《教育部及侨委会陈嘉庚盼将南师改办中学或职校》，《现代华侨》第 2 卷第 6、7、8 期合刊，1941 年 8 月。

陈氏将筹备之"南师"改为模范中学或职业学校,校长或教师应由政府委派。显然是以不符合党化教育为由阻止办校,这一无理要求遭到陈的拒绝。陈立夫等除致电反对办校外,复以"他日学生不许回国升学"相威胁。① 并恶劣地在报纸上大造舆论,进行诽谤攻击。

但是,陈嘉庚发起创办"南师"的倡议得到众多侨商和侨胞的响应,南洋各帮侨领鼎力赞助,客帮侨领林师方、杨溢璘等,三江帮侨领杨惺华群起赞同,并组织筹备委员会。当时以侨领李光前购买的一座价值5万元住宅为校舍,李又捐修理费5万元。侨领侨商陈贵贱、李俊承、陈延谦、陈六使、曾江水等共襄义举,各认捐2万元,陈自捐1万元,首次募款21万元。经多方努力,1941年10月10日举行正式开学典礼,当时有学生230多名,教职员20多名②。这样,南洋600万名华侨自己的师范学校冲破重重障碍,在抗日烽火弥漫之际诞生了,但不久太平洋战争爆发,日军占领了东南亚,"南师"被迫停办。

陈嘉庚"创办实业,毁家兴学,祖国第一"。从创办道南中学到集美中学,由创办厦大到"南师",充分反映了他热心国内外教育事业的爱国精神。他所创办的"南师",虽然只是昙花一现,但它在海外侨教史上写下了浓墨重彩的一页。

侨领胡文虎既是实业家,又是慈善家,"取之社会,用之社会"是他的一句名言。20世纪二三十年代正是胡文虎在南洋各地虎标良药销路日广、业务不断扩大的时期,其生意不断由南洋发展到国内。他当时在海外创办和资助侨校40多所,同时他也关心国内教育事业的发展,他曾经对岭南大学、中山大学、暨南大学及两江女子体育学校捐款赞助。他还先后给闽粤的十几所中学捐资维修和扩建校舍。30年代中期,为提高祖

---

① 陈嘉庚:《南侨回忆录》,第307页。

② 陈嘉庚:《南侨回忆录》,第333页。

国科学文化，他曾向政府提出，自愿捐资 350 万元，在全国兴建 1000 所小学，并把这笔款项汇至香港中国银行。可是不久抗战爆发了，在全国只建成 300 所学校，其余大笔资金被国民政府购买救国公债[①]。1939 年，胡文虎家乡福建教育事业因战争而受到严重破坏，大批青少年辍学。胡又捐 20 万元在家乡创办侨育中学，由侨胞胡甫开出面组织日常事务工作，胡文虎自任名誉董事长，侨领胡兆祥任董事长兼名誉校长。侨育中学创办后，为闽西培养了许多抗日人才，师生积极坚持抗战，宣传抗日主张，因而遭到国民党政府的压制。1940 年国民党当局下令封闭侨育中学，事发后，胡文虎和许多海外华侨纷纷致电福建省政府和永定县政府，提出强烈抗议，才使侨育中学得以继续开办下去。侨育中学的办学特色是，一面学习文化，一面开展战时教育，宣传抗日救国的道理。该校培养了许多进步爱国青年，奔赴抗日最前线。1939 年至 1945 年，该校培养了 30 多名骨干教师，深入闽西各抗日根据地从事小学教育，成为宣传抗日的积极分子。有不少学生毕业后参加中国共产党领导的闽西游击队。校董胡甫开为侨育中学赴南洋募捐，途中因轮船发生事故而殉难。有不少师生为民族解放事业而英勇献身，如教师胡鸿洲、郑坚、余素华、杜南川和学生邓连发、邓达发、黄艳容、曾思训等都为祖国抗战而牺牲。

华南战事发生后，南华大学香港部分迁到广东梅县与本校合并，校董胡文虎捐资 10 万元，副董事长丘元荣、丘公治、丘纪平合捐 5 万元。丘元荣本人以后又自捐 2.5 万元，并经其手募捐 2 万元，扩充学校设备。当福州沦陷后，福建学院迁至南平，经费支绌，胡文虎又捐款 5000 元援助学校[②]。马来亚侨商王振相，1940 年为其早年创办的福建省金山小学捐资 4000 元维修校舍。缅甸华侨许文鼎以前曾在家乡海澄创办文鼎小学，

①　余以平、张兴汉：《胡文虎对祖国教育事业的贡献》，《华侨教育》第二辑，第 234 页。

②　《华侨先锋》第 3 卷第 1 期，七七抗战四周年纪念特刊。

抗战以后又捐 20 万元兴办文鼎中学。

受到抗日救亡教育的影响，许多华侨学生力所能及地参加各种抗日活动。如马来亚霹雳州太平市的华侨学生和成人一道参加抵制日货活动。其中日本生产的蝴蝶牌口琴在当地很受欢迎，不少华侨商店都有销售。抵制日货活动开始后，各华侨商店纷纷把蝴蝶牌口琴烧毁。当地一名爱好音乐的华侨小学生潘金成，毫不犹豫地把自己的蝴蝶牌口琴付之一炬。

1939 年 9 月，当第一批南洋华侨机工回国服务团由马来亚槟榔屿启程回国时，当地侨界举行的隆重欢送会上，侨校钟灵中学铜乐队和口琴队进行精彩表演为机工们壮行。乐队学生演奏的抗日歌曲《牺牲已到了最后关头》《保家乡》《再会吧！南洋》《送别》《马赛曲》，雄壮激昂，激励了所有队员，感染了与会侨众。

国内七七事变爆发、全中国同胞奋起抗战的消息传到越南，越南南部芹苴地区，当地华侨小学校长不断向学生们进行抗日救亡教育，讲解日本侵略者的凶残、国内同胞的灾难、中国官兵抗日的勇敢……并以国内流行的"战时读本"作为教学用书，教学生们唱《铁血歌》等抗战歌曲。抗日救亡教育潜移默化、贯穿到各种活动中。

### （二）华侨学生归国就学

抗战时期，国内侨校也积极开展抗日救亡教育，许多侨生归国就学，一面学习，一面参加救亡运动。

当时有一小部分华侨青年远途跋涉到大西北的延安学习，在鲁艺、女大、抗大、陕公等校学习的华侨共有 300 多人，仅陕北公学就有华侨青年 200 多人，占全校学员总数的 1/10。他们边学习，边开展各种救国活动，和边区军民打成一片，宣传了中共及其领导的根据地抗敌事迹和建设情况，他们学习努力，心情舒畅，和边区军民建立了深厚的情谊。

抗战期间，国民政府对战时侨教和安顿归国侨生就学做了一些工作。早在 1934 年，国民政府设立侨民教育师资训练所，1940 年训练第二期学员一班，1941 年更名为侨民教育师资训练班，招收第三期学员，毕业后停办。1940 年 7 月，国民政府侨委会公布了《推进侨民教育方案》，对于发展华侨教育的方针、计划规定甚详。国民政府还先后设立侨民教育教材编辑室，成立南洋研究所，创办华侨通讯社和创办华侨杂志。1939年设立回国升学华侨学生接待所，设置华侨教育总会筹备委员会。从战争爆发到 1944 年，内迁华侨学校和港澳学校 27 所。

　　战时有许多侨生带着抗日爱国热情来到重庆和西南边陲就读。1940年春，国民政府在云南省保山县（今保山市）设华侨中学 1 所，共 15 班600 人。7 月，侨委会开办侨民教育函授学校，收学员 1245 人，招清贫优秀侨生 14 人，全国统考录取 77 人。同年夏冬两季，设侨民教育师资班，招生 39 人 [①]。1941 年春，华侨教育师资训练班又招生 1300 人，多半是海外学校的教员和校长 [②]。太平洋战争爆发后，南洋沦陷，许多受难侨生归国就学，据统计，自 1942 年至 1944 年底，经国民政府收容就读的侨生达 12000 名 [③]。当然，太平洋战争爆发后，归国侨生增加，能继续就学的只是少数，大多数学生被迫失学，而政府部门的侨校教育、侨生生活安排方面问题很多。

　　归侨学生在国内一边学习文化科学知识，一边积极参加救亡运动。云南保山华侨中学学生曾组织空袭救护队，到灾区救护被空袭之难民。厦门大学、国立华侨大学（暨南大学）校舍战时曾多次遭到日军炮火袭击，学校几经搬迁，教学受到很大影响，在兵荒马乱中和条件艰苦的山沟里，这些侨校仍能在坎坷曲折中坚持办学，为祖国培养人才。

---

　　① 伍端锴：《一年来华侨教育的回顾与展望》，《现代华侨》第 2 卷第 2、3 期合刊，1941 年 3月 15 日。

　　② 《现代华侨增刊》，侨民教育师资训练班第 2 期特辑。

　　③ 《华侨革命史》编纂委员会编纂：《华侨革命史》上册，第 126 页。

## 四、文化界华侨开展抗日救亡活动

### （一）文化界侨团及个人的抗日活动

抗战期间，海外侨居地的各种华侨文化团体比较活跃，它们在各侨居地开展各种抗日救亡活动，是战时华侨文化救亡运动的有机组成部分。

华侨文化团体仅从 1940 年的侨报上零星见到的有：戏剧音乐社 9 个，学术研究会 9 个，美术会 7 个，体育会 6 个，文艺社 1 个[①]。实际上要多得多。仅美洲战时的文教团体有 65 个，美国有 40 个，加拿大 19 个，墨西哥 3 个，巴拿马、厄瓜多尔、巴西各 1 个[②]。

传播知识，团结侨胞，唤起侨众宣传抗战、支援抗战、投身抗战，是文化团体的主要活动内容。

战时越南西堤的华侨文化团体比较活跃，该地有书报社 4 个，还有华侨记者公会、南圻华侨教育会、音乐研究会、教师联合会以及各校的学生自治会等。1937 年淞沪会战后，这些文化组织又同其他社团联合成立南圻华侨救国总会、越南华侨文化协进会、学生救国总会。一些热心爱国青年又组织铁的剧社、青剧队和各种救乡会。这些团体集资办了 9 种侨报，3 种小型晚报，不遗余力地宣传报道祖国抗战。

新加坡沦陷前夕，从大陆南来的文化界人士和当地华侨人士联合成立星华文化界战时工作团（简称"战工团"）。团长为郁达夫，副团长胡愈之。战工团的主要工作是成立战工人员干部训练班，组织若干宣传队（主要为演讲宣传），戏剧歌咏队。战工团青年干训班共招两批学员，其课程有，关于抗日基本政治知识的训练，军事训练和宣传技术训练（口

---

① 周辅成：《一年来华侨文化事业的状态与改进》，《现代华侨》第 2 卷第 2、3 期合刊，1941 年 3 月 15 日。

② 《华侨革命史》下册，第 649 页。

头、壁报、漫画、歌咏戏剧等）。他们经常讨论，分头宣传。太平洋战争爆发后日军逼近新加坡时，干训班 100 多人分成 4 个中队和 1 个小的流星队，化整为零进行宣传。新加坡沦陷后，战工团解散，一些学员参加了华侨游击队，为当地抗击日本法西斯培养并输送了一批骨干人才①。

南洋各国有一些华侨学校的师生在当地力所能及开展各种抗日救亡活动。新加坡中华公学、菁莪、东华等侨校在放暑假时，校长、教师都勉励学生在勿忘功课的同时，尽量参加救亡活动。全缅甸有华侨学校 370 多所，大多侨校的师生皆能读书不忘救国，上至校长、教师，下到七八岁的小学生在课余进行救亡宣传，或进行义卖、募捐等爱国活动。有不少小学生在附近通行的火车上作五分钟宣传演讲，劝说乘客为抗日捐款，为祖国捐购飞机。他们的动人演说，使许多乘客受到感动，大家都解囊捐献。连一个印度工人也被感动得挤上来捐半盾钱，并抱起小学生亲吻，以英语大呼"中国抗战胜利！"其场面激动人心。

法国里昂中国学生在七七事变后异常沸腾，他们剪裁各报新闻出版壁报。里昂中法大学致国民政府快邮代电，提出了"动员全国军队，武装民众一致抗日"等五项建议。

为了解、宣传和报道祖国抗战实况，一些华侨记者常常到前线体验战时生活，出没于炮火之中，有的到战时陪都重庆，有的深入抗日根据地和边区采访，穿梭往来于前线和后方、城市和村庄。暹罗《华侨日报》记者李慕逸在抗战爆发不久即回国前往江北战场采访。《南洋商报》记者张楚琨经常出没祖国各地，曾到滇缅公路和重庆，还到过大江南北的新四军驻地采访；该报另一名特约记者胡守愚曾到延安采访，如实地报道边区军民艰苦奋斗的精神和边区农工商业的景象。1938 年，由新马、暹

---

① 南洋华侨筹赈祖国难民总会编印：《大战与南侨》（马来亚之部），新加坡南洋出版社发行，第 56—57 页。

罗、印尼等国华侨记者共 10 多人组成战地记者通讯团，在团长曾圣提率领下回国，于汉口设立办事处。在战地记者通讯团里，有一名 20 多岁的新加坡华侨女记者黄薇，作为《星洲日报》的特派记者奔赴徐州前线采访。她到过大西北的延安，毛泽东接见时曾对她说："你是唯一的华侨女记者，把自己见到的写出来，向海外报道，这个工作更有意义。"[①] 她历时三个月，走访华北抗日根据地 40 多个县，拜访并采访了贺龙、聂荣臻、萧克、左权等八路军领导人。她还去过重庆，进过国民政府要人的官邸，到过共产党的"周公馆"。她还被《新华日报》聘为特邀记者，也曾是我国香港《星岛日报》、菲律宾《华侨导报》的记者。众多的海外华侨青年从她撰写的百余篇通讯报道中，了解到中国抗战的前线、后方，重庆和延安的抗日情况。

除记者归国采访外，还有一些知名学者、教授放弃自己的教学和科研工作，不远万里回国服务于抗日战争。南洋知名华侨学者林维伯，曾任剑桥大学心理学教授，抗战爆发后，他风尘仆仆地回到祖国，服务于医务界。新加坡著名的华侨医学科学家林可胜，曾在英国爱丁堡留学，取得几个学位，回国后曾在北京大学当教授，在北平协和医院任过职。抗战发生后，他即积极投身为战争服务的行列中，先后创办过医校及训练示范病房，只身到武汉组织中国红十字会救护队，后在贵阳图云关创办救护总站，并附设药品及医疗器材制造厂。救护总站先后派遣了 100 多个救护队奔赴各个战区，为抗日前线输送了一批医护人员。战时归国在卫生系统服务的还有华侨卢致德博士，其经历大致与林可胜相同。新加坡华侨作家王啸平，从 20 世纪 30 年代后期开始常常在《海啸》杂志及《星洲日报》《南洋商报》《星中日报》的副刊上，发表与抗日救亡

---

① 陈丹丹：《岁月掩不住的光彩——访抗战时期著名华侨女记者黄薇》，《华声报》1987 年 4 月 3 日。

有关的小小说、散文、剧作、文艺评论及报告文学等。1940 年初，他毅然回到炮火连天的祖国，从十里洋场的大上海，奔向苏北抗日根据地，参加了新四军，开始了他的戏剧编导生涯，成为新四军中的一名文艺工作者。

文化界侨团及文化人士为国内军民抗敌提供了精神食粮，又担当起沟通国内外通信联络、宣传报道抗战、宣传和歌颂抗战的桥梁。

### （二）献身抗战的华侨文化人

同其他各界侨胞一样，有不少文化界的侨胞为祖国抗战事业而英勇献身，有些为保卫侨居地而壮烈牺牲，有的在自己的岗位上光荣殉职，有的投笔从戎、血染疆场。

缅甸华侨中学（简称"华中"）校长吴铁民，从教数十年，日夜操劳，积劳成疾。他曾率领"华中"师生热情宣传祖国抗战，鼓动募捐，积极开展战时教育。日军入侵缅南时，"华中"仓促迁入缅北照常上课。日军进攻缅北时，他率同师生紧急搬迁重要校产——价值数百万元的科学试验仪器等，经数千里长途跋涉，辗转搬运，费时一月多，到达重庆。将其完璧献交国民政府教育部，受到国民政府的嘉奖。吴铁民归国后，因长途劳累，使原来的病情加重，又无钱医治，于 1944 年春病逝于山洞私寓。他不愧为"华侨文化教育界爱国之典型人物"[1]。

南洋华侨陈子实，是侨教界另一位为国献身的爱国人士。他曾担任马来亚霹雳、丰兴等中学校长。华北事变发生后，其愤国难之日亟，思舍身于救亡，乃弃教学生涯，毅然北返祖国，为《星洲日报》驻北平特约记者。当热河战事爆发时，他不顾危险、赴前线采访，与 10 多名日军遭遇，遭乱枪扫射，壮烈牺牲。

有些华侨学生回国学习，并投身抗战事业，献出了生命。东南亚华

---

[1]　《悼缅甸华中校长吴铁民先生》，《侨声报》复刊第 1 卷第 13 期，1944 年 10 月。

侨学生林烈、余自克由八路军驻香港办事处介绍入甘肃庆阳抗大分校学习，毕业后任游击队政治指导员，经晋冀转战鲁东南，后在对敌战斗中牺牲，被评为烈士。

南洋各侨居地被日军占领后，华侨文化工作者为保卫侨居地而献身者大有人在。印尼棉兰中学教师陈吉海和学生陈吉满等 13 人，怀着对日本侵略者的深仇大恨，毅然参加印尼人民地下抗日组织，不幸被俘，英勇就义。菲律宾《华侨导报》翻译虞澄华，为保卫《导报》被日军逮捕杀害，年仅 27 岁。在菲办学 40 年的华侨老教育家中西学校校长颜大初，办报 10 多年的《华侨商报》社社长于以冈等人亦因从事抗日活动被残杀。还有的华侨知识分子为传播祖国文化被日军杀害。如青年华侨教师沈锡麟，因抗日活动积极，向学生宣传抗日道理，教唱抗日歌曲，被日军捕杀。在刑场上频呼打倒日本法西斯主义，其就义之壮烈，在场侨众莫不为之酸鼻挥泪[1]。

抗战时期华侨文化救亡运动在海外各地此起彼伏、形式多样。它从九一八事变时开始直到祖国抗战结束，构成华侨支援祖国长期抗战的另外一条战线。华侨文化救亡运动深入各个阶层，从侨界巨子到一般侨众，从两鬓花白的老年文化工作者到风华正茂的青年学子，呈现了华侨文化运动史上前所未有的动人情景。另外，抗战时期华侨文化事业的发展，既受侨居地文化的影响，又推动了侨居地文化的发展，促进了祖国与世界各地文化的融合和交流。

---

[1] 许唯心：《华侨殉难义烈史》，1946 年，第 40 页。

# 第二节　维护国共合作抗战大局

## 一、口诛笔伐汪精卫叛国投敌

### （一）声讨日本扶植的华北傀儡政府

全民族抗战进入高潮后，以国共合作为主体的抗日民族统一战线内部的妥协投降势力开始抬头。以汪精卫为首的亲日派集团，与日本侵略者互通函电，互相勾结，酝酿着叛国投敌的阴谋活动。要维护和巩固抗日民族统一战线，就必须同各种投降活动进行坚决的斗争。因此，在全民族抗战爆发伊始，海外华侨除了以人力、财力、物力报效祖国外，在政治上，他们异常关注和维护团结抗战问题，坚决同任何妥协投降行径作斗争。

1938 年元旦，暹罗、美国（芝加哥）、荷兰等地华侨举行元旦集会，分别致电蒋介石要求抗战到底，反对中途妥协。缅甸、暹罗及欧美等地的侨报大量报道国内团结抗战问题。缅北街头，华侨贴满了"拥护国内团结抗战到底"等字样的大幅标语。1938 年夏，《南洋商报》记者胡守愚来到武汉采访，耳闻目睹国内政治上的乱象，痛心地指出：有些人"不能好好在统一战线上消除误会，总想利用既成势力去消除异己"，并"专问人家的党派"，而他们所挑拨的政党，又都是站在抗日立场的政党，其实是"天下本无事，庸人自扰之"①。旗帜鲜明地对那些拨弄是非、别

---

① 胡守愚：《武汉面面观》（续），新加坡《南洋商报》晚版，1938 年 5 月 30 日。

有用心者予以无情地揭露。

中华民族抗日救国大潮滚滚向前，势不可当，但也不时出现股股逆流，就在民族危亡的时刻出现一些民族败类，投敌叛国，堕落为汉奸卖国贼。为了控制和统治中国华北大片占领区，日本侵略者每占领一地，便极力搜罗汉奸，建立伪政权，实行"以华制华""分而治之"的政策。日军占领京津后，分别成立了"地方治安维持会"。1937 年 9 月，京津两地"维持会"及冀东防共自治政府各派代表，共同组成了筹划建立华北伪政权的代表会。12 月，在北平成立了以汉奸王克敏为委员长的"中华民国临时政府"，建立了日军扶植的汉奸伪政权。

王克敏等汉奸卖国求荣，粉墨登场，不但遭到国人唾弃，也遭到海外华侨的诅咒。1938 年 1 月，全欧华侨抗联会发表声明，"本会代表欧洲华侨，一致声讨"，王克敏、汤尔和、董康等汉奸丧尽天良人性，公然叛国，趁此民族存亡之生死关头，甘心认贼作父，出卖祖国，大逆不道，死有余辜！声明警告国内各界，上述汉奸固属罪不容诛，而隐藏在军界政界中的汉奸"亦急当加以铲除肃清"[1]。与此同时，德国华侨救国团体发表《声讨汉奸宣言》，并转给国内各党政军民机关团体，指出，北平汉奸组织成立的消息传来，令人发指。"我们仅以中华民国国民与黄帝子孙的资格，对于这个傀儡组织与这些无耻的汉奸们加以声讨！"[2]欧洲华侨发出声讨汉奸卖国贼的先声，吹响了反对投降卖国斗争的号角，反映了欧洲华侨的政治敏感性。同年 10 月，即南侨总会刚成立之际，北平汉奸组织"维持会"主席江朝宗等人，以及在南京成立的以汉奸梁鸿志为首的伪"维新政府"等，纷纷致电南侨总会主席陈嘉庚，"劝其赞成和平亲日"，要求华侨承认他们的傀儡政府及卖国活动。陈嘉庚

---

① 法国《救国时报》1938 年 1 月 20 日。

② 法国《救国时报》1938 年 1 月 15 日。

当即复电怒斥他们"卖国求荣，谄媚无耻"，"终必楚囚对泣，贻子孙万代名！"

欧洲侨胞发出了声讨汉奸卖国贼的先声，尤其是强调防范铲除"隐匿"之汉奸，可谓有先见之明；南侨总会主席陈嘉庚，拒绝并怒斥亲日汉奸的拉拢诱惑，表现了坚定不移的抗日态度。这些为全国人民和全体海外侨胞同大汉奸汪精卫的斗争做了精神准备，也说明了海外侨胞的高度警觉性。

### （二）陈嘉庚打响讨汪斗争第一炮

伪华北"临时政府"与南京"维新政府"的建立，王克敏和梁鸿志等汉奸群魔乱舞，犹如一幕闹剧的序幕；随后，老牌巨奸汪精卫在日本侵略者的羽翼下，于 1940 年 3 月在南京成立汪伪国民政府，使这场丑剧达到高潮。

当抗日战争正在紧张激烈地进行之时，国民党内部亲日派汪精卫集团蠢蠢欲动，酝酿投敌的鬼胎。1938 年 3 月，汪精卫开始秘密与日本勾结，进行卖国投降活动，外界时有所闻。10 月 22 日，路透社电传"汪精卫发表和平谈话"，南洋华侨听到这个消息，半信半疑。南侨总会主席陈嘉庚与国民党政府高官汪精卫都是支持和参加辛亥革命的元老，而且两人是老朋友。陈嘉庚去电询问汪精卫传闻是否属实，汪辩解说："盖抵抗侵略，与不拒绝和平，并非矛盾，实乃一贯。"实际是表明了自己的态度，露出了狐狸的尾巴。陈得知确有其事，遂对汪苦苦相劝，申明大义，谓"先生居重要主位"，"一言兴邦，一言丧邦"，对此民族国家生存死亡大事"倘或失误，不特南侨无可谅解，恐举国上下，皆不能谅解"，"万望接纳老友忠告，严杜妥协之门"[1]。10 月 26 日，马来亚居銮华侨救济祖国难民委员会和华侨公会联名致电质问汪精卫："报载先生

---

① 陈嘉庚：《南侨回忆录》，香港草原出版社 1979 年版，第 71 页。

和平谈话，侨情震愤，本意何在？恳立释群疑。抗战始是图存，有违此旨，必遭共弃。"接着，新加坡粤籍侨胞 20 多个社团及马来亚怡保华侨筹赈会等致电国民党当局，希望领导全国团结抗战，消除联合战线内部的汉奸国贼。

1938 年 10 月 28 日，国民参政会第二次大会在重庆召开，华侨参政员陈嘉庚从新加坡把"日寇未退出我国土之前，凡公务员对任何人谈和平条件，概以汉奸国贼论"的提案致电给参政会。当时任参政会议长的汪精卫高声朗读陈的提案，顿时"形容惨变，坐立不安"。提案被删改为《日寇未退出我国土前不得言和案》①，获得通过，它被誉为"古今中外最伟大的一个提案"。著名民主人士邹韬奋形容这是"从三千里外的新加坡放出一炮直达重庆！据军事家的估计，现在世界上最新发明的大炮所能达到的最远的射程，大概还不到四十里，而陈先生的这一炮的射程却达到三千里，而且这个炮里所装的不是实弹而是纸弹，这才真是一个奇迹！"②陈嘉庚这个提案的通过，与中共代表林伯渠、董必武、邓颖超等提出的"严惩汉奸傀儡、民族败类以打击日寇以华制华的诡计，促进抗战胜利案"遥相呼应，紧密配合。

以汪精卫为首的大小汉奸，无视国内人民和海外华侨的严正忠告，卖国投敌当汉奸的决心已定。1938 年底，这伙民族败类，公开叛国投敌，并加紧拉拢引诱某些国民党官员参加所谓"和平"活动，妄图从内部分化瓦解抗日民族统一战线。以陈嘉庚为首的几百万南洋侨胞怒火填胸，对汪精卫的投降行径发起猛烈抨击。为唤起广大华侨对汪精卫投降阴谋的警觉，陈嘉庚将他和汪精卫来往的 7 份电文全部发表在新加坡著名的侨报《南洋商报》上，汪的投敌活动首先被南洋华侨暴露出来并传遍南

---

① 参见周勇：《陈嘉庚斥汪电报提案考证》，《近代史研究》1987 年第 5 期。

② 《国民参政会纪实》上卷，重庆出版社 1985 年版，第 335 页。

洋华侨社会，进而传遍世界各地。陈嘉庚在致汪精卫的电文中严厉斥责道：今日国难愈深，民气愈盛，宁为玉碎，不为瓦全，继续抗战，终必胜利，中途妥协，实等自杀。"若言和平，……海外全侨，除汉奸外，不但无人同意中途和平谈判，抑且闻讯痛极而怒"。陈嘉庚谴责汪精卫的投降行径实是"秦桧阴谋，张昭降计"；无情地鞭挞汪"不仅为总理之叛徒，抑且为中华民族之国贼"；其背党叛国，"祇只一己之权欲，不惜民族之牺牲，叛国事仇，罪大恶极，千秋万世，莫可洗雪"。[1] 南侨总会还向全体华侨发出通告，揭露汪贼叛国罪行，严防其在海外侨众中蛊惑煽动，造谣惑众。

汪精卫在叛国投敌的泥沼中越陷越深。1938 年 12 月 27 日，汪精卫从重庆潜逃越南，并发出臭名昭著的"艳电"，承认日本亡华"三原则"，公开投降日本，继之在南京建立汪伪国民政府。至此，汪精卫投敌活动完全公开化。与此同时，海外华侨的讨汪斗争也随之高涨。陈嘉庚一面继续致电严厉抨击汪的投敌罪行，加强讨汪的火力；一面频频致电国民政府、国民党中央党部、军事委员会、国民参政会及蒋介石、孔祥熙、宋子文等政要，揭露汪精卫之罪大恶极，强烈要求"宣布其罪，通缉归案，以正国法，而定人心"[2]。随后陈嘉庚以南侨总会的名义发表第 21 号通告：《为揭发国贼汪精卫之罪恶请侨胞毋为妖言所惑事》，历数了汪精卫投敌卖国的六大罪状，警示侨胞"勿为汉奸利用"，"不为妖言所迷惑"，"辨奸讨逆"，[3] 继续抗日救国。

陈嘉庚最先揭露汪精卫酝酿投敌叛国的阴谋活动，首先吹响讨汪斗争的号角，率先勇敢地打响了讨汪斗争的第一炮，为海外华侨大规模的讨汪运动充当开路先锋，随即在海外华侨社会中掀起了一场轰轰烈烈的

---

[1]　陈嘉庚：《南侨回忆录》，第 72—73 页。

[2]　陈嘉庚的电报均见陈嘉庚：《南侨回忆录》，第 70—73 页。

[3]　陈嘉庚：《南侨回忆录》，第 73—76 页。

讨汪运动。

### （三）讨汪运动席卷华侨社会

由于汪精卫在国民党中资历很深，身居高位，既有"光荣"的历史，又挂着多顶桂冠，显赫半世，因此说，汪精卫投敌叛国，是抗战时期国民党的奇耻大辱，也是中华民族的莫大不幸，对国内外蓬蓬勃勃的抗日救亡运动也产生了恶劣影响。如日本人所说："前国民党副总裁汪兆铭突然潜逃河内，接连数次发表和平演说，从根本上动摇了相当一部分印度支那华侨的民心。"[①]

汪精卫叛国投敌的真相大白后，海外各地侨报纷纷加以报道并在舆论上痛加谴责。新马的《星洲日报》《联合时报》《星中日报》《星槟日报》等侨报，一面报道汪精卫投敌卖国的消息，一面致电国内表示痛恨汉奸的态度；菲律宾的《华侨商报》《公理报》刊登的《揭破汪与敌方所订密约》《揭发汪逆卖国条约》等讨汪文章，作为头版头条，异常醒目，标题字号有拳头大小；印尼爪哇的《华侨新报》、棉兰的《新中华报》等，或报道讨汪的消息，或刊文批驳汪精卫诬蔑祖国抗战的谬论；越南的一些华文报不断报道讨汪消息，其中《越南日报》还编辑了一期"讨汪专号"。

美国纽约受聘于汪精卫一伙所办的《民气日报》的华侨，得知汪精卫投敌叛国的消息，遂全体罢职，坚定地表示与汪不共戴天。加拿大维多利亚埠侨报《新国民日报》发表文章，咒骂汪精卫为"区区一妓女式政客"，他之所以投敌，"要不过是金钱、权利、物质享受与女人之诱惑而已"，"一代名人"竟如此甘愿"葬送一生可不惧哉！"[②]

欧洲华侨抗联会编印的《祖国抗日情报》版面虽小，而讨汪的文字

---

① 崔丕、姚玉民译：《日本对南洋华侨调查资料选编（1925—1945）》第一辑，第129页。

② 陈曙风：《海外除奸讨汪阵容》，《华侨先锋》第1卷第15期，1939年8月31日。

常常占了 2/3 的篇幅。该刊 1939 年 4 月 18 日和 22 日登载的《丧心病狂之汪精卫》《一片制裁汪贼声》等文章，当时的重庆《大公报》《新蜀报》《扫荡报》的社论都予以摘录转载。荷兰首都侨办期刊《抗战要讯》，也登载《汪精卫终不免于通缉》的讨汪檄文，文章说："凡假慈悲而诱惑人心，作投降思想的都是汉奸。"[1] 勾画出卖国汉奸的丑恶嘴脸。英国华侨抗日会会员怒铁，闻知汪精卫通敌，马上给法国《救国时报》写信，要求对"卖国之犬"应急起"一致申讨"，并电恳中央当局"把甘心卖国者，明正典刑！"澳大利亚悉尼侨办《民国报》刊登的《通缉汪精卫的认识》一文指出，汪精卫"这种民族的败类，国家的罪人"，"无论在道德上，在法律上都应受最严厉的制裁"；我国政府对其通缉"正是顺合民意，合乎国法的处置"[2]。世界各地华侨报刊掀起一股声讨汪精卫投敌叛国的舆论潮流，声势浩大，不可阻挡。

值得赞扬的是，马来亚槟榔屿洪、江、翁、方、龚、汪六桂堂全族侨胞发出公启驱赶汪精卫、江亢虎、江朝宗等败类出族，其公启一段如下：

　　故三载抗战，〔扫除〕东亚强盗之凶气，振起中华民族之国威，方期全民一致，胜利可期，乃我族不幸，添生汪逆精卫，于敌人三竭之秋，发出艳电，效宋秦桧，实行出卖国家民族，欲使万劫不复之境。江逆朝宗，与江逆亢虎，甘作傀儡，为敌张目，似此赦祖辱宗之败类，卖国求荣之汉奸，苟不力株〔诛〕，实上无以对始祖生前，功彪国家，在天之灵；下无以教子训孙，雪耻救国，尽忠之义。本堂六全族宗亲，身居海外，心切祖国，虽不能以断然手段，效大义灭亲之举，然耿耿寸心，赤诚爱国，拥护中央政府，故于元月一日，召开六姓族亲特别大会，一致

---

① 陈曙风：《海外除奸讨汪阵容》，《华侨先锋》第 1 卷第 15 期，1939 年 8 月 31 日。
② 陈曙风：《海外除奸讨汪阵容》，《华侨先锋》第 1 卷第 15 期，1939 年 8 月 31 日。

议决，把汪逆精卫，江逆元虎，江逆朝宗，三个败类，驱逐出族，不加承认。一面电请中央政府，下令讨伐，置诸重典，以惩汉奸，而张固法，临电遥企无任盼切之至。谨此奉闻，诸希公鉴。[1]

从这封公启中，可以见到侨胞对民族败类、家族叛逆的痛恨，反映出华侨的大义灭亲、以民族为重的忠心。

海外各地华侨团体或是通电讨汪，或是发表宣言、声明讨汪。新加坡的闽粤会馆、中华总商会，马来亚各地筹赈会等侨团，纷纷致电国民政府，请免汪职，严加惩办，以申国法。印尼侨领国民参政员庄西言，在国民参政会第五次大会闭幕前的演说词中说，我们声讨汪精卫及其伪组织，"是表示我们对这种民族败类，当与天下共弃之大义"。此贼出卖祖国，甘作傀儡，为举世所不齿，其伪组织为古往今来最滑稽无耻之集团。"我们希望政府领导，全国一致努力，驱逐敌寇，粉碎汪逆及伪组织，以涤除我民族此一污点[2]。"印尼巴达维亚侨民代表大会致电国民政府外交部转呈林森、蒋介石表示："汪提议和平，全侨反对，决心拥护政府抗战到底。" 1939 年 9 月，马尼拉召开 4000 多人的讨汪大会，与会侨胞一致愤怒声讨汪精卫的汉奸卖国行为。菲律宾华侨援助抗敌委员会严正地表示，汪精卫在港报发表卖国条文，比之当年袁世凯与日本订立"二十一条"卖国条款"实有过之，此而可忍，孰不可忍"。菲律宾马尼拉华侨学生致电蒋介石和林森，表示与汪贼誓不两立。越南南圻华侨救国总会发出讨汪通电指出："汪逆精卫，卑鄙无耻，通敌卖国，罪不容诛，早为国人共弃，一致声讨。汪逆如天良未泯，应早自杀，以谢国人，无如近复怙恶不悛，变本加厉，与敌人签订所谓《日支新关系调整要纲》，不惜断送国家民族生命，沦世代子孙永为奴隶牛马，以博取伪

---

① 《现代华侨》第 2 卷第 2、3 期合刊，1941 年 3 月 15 日。

② 孟广涵等编：《国民参政会纪实》上卷，重庆出版社 1985 年版，第 692 页。

傀儡政权之成立，丧心病狂，莫此为甚。""本会誓率四十万华侨，竭诚拥护中央抗战国策，以根本粉碎敌人阴谋，争取国家民族生存独立，尤恳中央大张挞伐，早日扑灭此獠，以免贻羞国族，而绝奸邪。"①泰国曼谷华侨客属会所致电国民政府，"反对妥协"，拥护抗战到底。

还有许多华侨以个人名义致函致电抨击汪精卫卖国求荣。马来亚槟榔屿的吴世荣老人，是德高望重的辛亥革命元老，孙中山的挚友，与汪精卫也有深交。他为支援革命而倾家荡产，晚年穷困潦倒，瘫痪在床，风烛残年，当他得知汪精卫卖国投敌的消息时，以抱病之躯奋笔疾书《致汪精卫的一封公开信》，怒斥汪精卫身为国民参政会副主席、国民党副总裁，竟然"奴颜婢膝，摇尾乞怜"地充当傀儡。信中严正地指出，"众叛亲离"，"千夫所指，无疾而死是你的下场了"②。此信犹如宣判汪精卫叛国投敌死刑的判决书。马来亚筹赈会主席曾江水，为汪精卫投敌事致电林森、蒋介石，要求"褫夺汪逆本兼各职，通缉归案，以申国法，而快人心。"菲律宾侨领李清泉得知中国政府对汪精卫发出通缉令的消息，特致电国民政府表示，旅菲"全体侨胞，竭诚拥护"。印尼侨领庄西言致电蒋介石等政要表示，"汪主和，全侨反对"。为表示清算汪精卫的罪行，广东文化界发起铸造汪精卫跪式铁像。北婆罗洲山打根侨胞郑子瑜特为此上书国民党中央宣传部表示赞同，并建议将汪逆跪像移至孙中山墓前，"藉表为总理所深恶痛绝"。

除了通电致函的方式讨汪外，在侨居地举行讨汪集会游行，也是讨汪的内容之一。在新马一带，"民先队"南洋总队部和马来亚华侨各界抗敌后援会两大侨团，发起组织了声势浩大的"反汪宣传周"活动。他们制定了《反汉奸反汪派宣传周工作大纲》，阐明讨汪斗争的意义；进而

---

① 《侨胞讨汪》，《中央日报》1940 年 2 月 13 日。
② 《现代华侨》第 1 卷第 2 期，1941 年 6 月 15 日。

组织了数十个讨汪宣传队，深入华侨社会，召开反汪座谈会和群众大会；印发反奸反汪派的宣言、标语、漫画、歌曲、小册子和英文宣传品；演出反奸反汪的街头剧，大街小巷的墙壁上贴满了醒目的讨汪宣言、标语、漫画和壁报等。参加反汪大会的群众高呼的"打倒汉奸汪精卫！""中华民族万万岁！"的口号声响彻云霄①。参加"反汪宣传周"的各界侨胞达 170 万人之多，足见其声势浩大。1939 年 9 月，菲律宾马尼拉华侨召开讨汪大会，4000 多人与会，与会者群情激昂，愤怒声讨汪精卫的卖国罪行。缅甸仰光华侨除开展集会、游行讨汪外，华侨救灾总会还筹款百万元缉拿汪精卫。越南南圻华侨救国会举行多种形式的讨汪活动，参加者达 40 多万人。汪派汉奸的宣传品寄到泰国时，华侨一见立即将其撕毁。缅甸仰光华侨除通电、集会、游行声讨汪贼外，华侨救灾总会还筹款百万元缉拿汪逆。一时间，讨汪运动犹如烈火燎原，燃遍整个南洋华侨社会。

1941 年 3 月 29 日，全体南洋华侨最高的抗日救国团体——南侨总会召开第二次代表大会，大会宣言对汪精卫进行坚决的声讨，其中指出：抗战爆发后，"汪兆铭妄发和平妥协主张，继之以公然叛国降敌，又继之以组织南京伪政府，身受国父知遇，位居党政要职，丧心病狂，乃至于此！""为革命留一污点，为民族留一耻辱"；大会决议，"大义所在，不与两立，用决议通电声讨"②。南侨总会第二次代表大会发表讨汪宣言，标志着南洋华侨的讨汪斗争达到了高潮。

与此同时，欧美华侨社团也函电交驰，声讨汪精卫卖国投敌。美洲华侨总工会、驻美中华总会、中国航空建设协会直属旧金山支会、联义社交通部三藩市支部、三藩市阳和会馆、三藩市江夏总堂黄口隙山公所

---

① 《反汪运动在新加坡》，《新华日报》1939 年 9 月 17 日。

② 许云樵、蔡史君编：《新马华人抗日史料（1937—1945）》，第 56 页。

等侨团或发出通电，或发表宣言，齐声讨伐汪精卫。其中旧金山中国国民抗日救国总会及美国、加拿大、墨西哥的 21 个分会致电蒋介石指出："汪逆精卫与近卫互唱双簧，甘心降敌，近竟秘密赴日，与平昭订立卖国协定，罪恶贯盈。恳政府明令缉法办。汪逆如抵海外，侨胞誓当除此巨（奸），使彼无所逃于天地之间。"[①] 纽约华侨衣馆联合会发表《诚挚拥护抗战到底，铲除汉奸》的声明。芝加哥华侨一面致电林森、蒋介石声讨汪伪汉奸，一面悬赏法币 70 万元购汪贼头颅。国民党驻美国总支部致电总裁蒋介石说："汪逆擅与日订立条约，祸国殃民，全侨愤激，请钧部严加声讨，全体同志，誓为后盾。"美洲致公堂致电林森、蒋介石及全国同胞指出："汪逆媚敌祸国，逆迹昭彰，近更变本加厉，组织傀儡政权，私订亡国条约，全侨共愤，同人拥护抗战国策，诛锄奸逆，誓为后盾。"[②] 海外侨团函电讨汪，是华侨讨汪的一种重要形式。一封封函电，犹如射向汉奸卖国贼的一支支利箭。

美国华侨最多的旧金山，除函电讨汪外，还举行各种讨汪活动。1940 年 4 月 14 日，旅美华侨统一义捐救国会发起举行讨汪巡游大会，男女侨胞和各校侨生热烈参加游行，游行队伍高举着绘制的大幅汉奸汪精卫画像，游行结束时当众焚毁，侨胞无不称快，以解心头之恨。继之举行全体讨汪大会，救国会主席邝炳舜致开幕词，通报讨汪大会内容和要点：（1）讨汪大会系表示全侨一致反对伪组织，誓消灭汪逆及大小汉奸，粉碎倭寇阴谋；（2）各界侨胞踊跃参加讨汪大会，系表现侨胞之爱国热诚，决心拥护政府，拥护抗战到底，务达收复失地，获得最后胜利而后已；（3）讨汪应加紧救国工作，巩固抗日救国阵线，防止敌伪阴谋，对汉奸应万分警惕，以防窃发，破坏救国工作[③]。在讨汪大会上，侨领林叠

---

① 《国内团体海外侨胞纷请中央惩汪》，《重庆各报联合版》1939 年 6 月 6 日。

② 《海内外讨汪》，《中央日报》1940 年 2 月 3 日。

③ 《三凡市全侨热烈参加讨汪大巡行》，美国《三民晨报》1940 年 4 月 19 日、4 月 20 日。

发表演说，谓汪精卫为中国历史上最大卖国贼，罪不容诛，其一切丧德败行出卖民族勾当，实为全民所共愤，天地所不容，要进行严厉的声讨。大会发表宣言重申讨汪的重要意义，并决议以全体侨胞名义致电国民政府，请加紧通缉汪逆；同时致电国内外各爱国团体，共同诛讨汪精卫。接着美国其他各大城市的华侨也此起彼伏开展各种形式的讨汪活动。国民党檀香山支部、中华会馆等 12 个华侨团体亦曾召开讨汪宣传大会。

　　1940 年 2 月 4 日，汪精卫叛国的消息传到古巴，全体侨胞立即举行热火朝天的讨汪大会，与会者千余人。为数不多的南非华侨也极为痛恨汪精卫的卖国行径，他们在短时间内募得 7000 英镑 4 先令 6 便士，作为诛讨汪逆之奖金。

　　广大华侨开展的轰轰烈烈的讨汪运动虽然是自发的、无组织的，但却表现了难得的自觉性和坚定性。讨汪运动从南洋首先开始，接着遍及欧美各地，波及南美洲、大洋洲和非洲，范围广泛。参加讨汪运动的有爱国侨领富商，也有一般华侨大众；有各类华侨团体，也有海外国民党组织；有与汪精卫相处几十载的亲朋挚友，也有汪精卫的同姓家族……可见这个运动深入华侨社会的各个阶层。华侨讨汪运动的形式多种多样，或是在报刊上发表檄文，或是函电谴责；或是游行示威，或是集会声讨，或是捐款悬赏；等等。华侨开展的讨汪运动揭示了这样一个真理：在中华民族受到外敌大举侵略的生死存亡关头，任何人投敌叛国，充当汉奸卖国贼，都是不得人心的，绝没有好下场！海外华侨开展的讨汪运动，对维护抗日民族统一战线有着不可忽视的作用，是华侨对祖国抗战作出的具有重大政治意义的贡献。

## 二、大声疾呼国共团结抗日

### （一）担心并痛心国共同室操戈

抗日战争时期，中日民族矛盾与国内阶级矛盾错综复杂，互相交织。总的说来，中日民族矛盾是主要矛盾，以国共合作为基础的抗日民族统一战线的建立，集全民族的力量抗击日本侵略者，就是解决中日民族矛盾。但在某一个时期或某一个局部，抗日民族统一战线内部的阶级矛盾又表现得异常尖锐和激烈。

抗日战争是中华民族全民族的大业，救国人人有责，责无旁贷；抗战不能由政府或少数人包办代替，不能压制民主抗战，这是亿万国人的共识。广大华侨衷心拥护国共合作抗日，认为在此国家危亡之际，国共应摒弃前嫌，以民族大义为重，共赴国难。如有的华侨所深刻认识的那样，在此国家危急的时候，在朝政府应绝无偏私，容纳各党各派人才与意见，共为国家民族效命，"抗战不是一个党一个人可以抗得了的。国政一定要公开，一定要容纳各方面人才"①。但事物的发展往往不以人们的意志为转移，国民党当局实行独裁专制，压制民主抗战，不断制造反共"摩擦"事件，并于1941年1月制造了震惊中外的皖南事变，使国共合作、祖国团结抗战遇到了严重的危机。

国共"摩擦"的消息不断传来，风声雨声，声声入耳。美洲致公堂侨领司徒美堂等人非常担忧，特致电国共两党，提出用民主方法，即召集各党各派领袖组织特别委员会，改善国共两党关系，实行民主政治的主张。皖南事变爆发前夕，当司徒美堂和另外两名致公堂首领阮本万、吕超然，得知国共两党高级将领就新四军移防问题针锋相对地发出"佳电""皓电"的消息，已经敏锐地预感到国共"摩擦"的严重性，立即

---

① 《司徒美堂在文化界欢迎会上热烈呼吁民主政治》，香港《华商报》晚刊1941年11月27日。

致电国共两党领袖蒋介石和毛泽东。电文指出："最近读朱彭叶项发表致何白佳电，胪列国共摩擦事件，言词痛切，初尚不敢轻信，迨中外电讯播传其事，始悉我军事当局确曾下令新四军移防，以及国军二十万五道封锁陕甘宁边区二十三县。国共分裂形势严重，祖国将有内战爆发之虞，各皆言之凿凿，证之佳电信而有征［证］，海外闻之，万分惊骇。思大敌当前，谁甘分裂自坏长城，自促亡国。""夫以我全国抗战局面，此时若因国共摩擦，弄成分崩离析，则前方慷慨之英勇将士，不独头颅枉掷，宝血空流"；"后方之海外侨胞之踊跃捐输、牺牲一切，亦属枉费血汗，结果仍沦为无国之民也。言念及此，谁不痛心"。"今为我整个国族争取生存计，美堂等敢以血诚，向我国的两党呼号，敦请公等，速行负责，解决两党纠纷，放弃前嫌，重修兄弟之好，携手抗战。""如蒙采纳，国家幸甚，民族幸甚。"[1]电文血泪声声，既有担心，又有规劝；电文语言十分中肯，衷心希望国共两党以抗战大局为重，表达了全体华侨的正义呼声。

但是，国民党当权者不顾民族团结抗战的大局，不顾某些富有远见华侨的苦苦规劝，而是抱着狭隘的党派私见，公然于1941年1月6日派重兵围攻由皖南北移的新四军，新四军伤亡及被俘近万人，是为皖南事变。事实表明，司徒美堂等人的担心并不是多余的，反映了他们的政治敏感性。实际上正是在司徒美堂等人的担心下发生了皖南事变，事变发生后，一些侨领及国民党海外党部党员既表示痛心，又面对事实，表示其客观公正的态度。

皖南事变发生后，在海外华侨社会中犹如一石激起千层浪，掀起轩然大波。广大华侨致函通电，此起彼伏地谴责事变的发动者。陈嘉庚得

---

① 《新中华报》1941年2月20日；另见中国致公党中央委员会编：《司徒美堂》，中国致公出版社2003年版，第298—299页。

知发生皖南事变的不幸消息时，当即以国民参政员的名义致电第二届国民参政会、全体参政员并转国民党中央，恳切主张"加强团结"[①]。回国参加国民大会的五位海外华侨代表，都认为"皖南事变的发生，诚为抗战以来最不幸的事件之一，而且也是最痛心的事"。其中马来亚吉隆坡代表洪进聪心情沉重地表示："窃以中华民族处在千钧一发之际，凡属黄裔自应本国家至上民族至上之旨，同样于国民政府及最高统帅领导之下，一心一德共挽危亡，绝不应有国民党共产党之分，自召崩裂离析之祸，演成两败俱伤之局，至为国民所痛而敌奸所快。"[②]菲律宾侨领余清箴就皖南事变答记者问时愤愤地指出："侨胞最希望于祖国的，是希望国内团结的日益加强，坚持抗战到最后胜利，痛恶任何细小的分裂消息，希望政治进步。"[③]希望团结，痛恶分裂，争取抗战胜利，是广大华侨的心声。

**（二）谴责并望妥善解决皖南事变**

皖南事变发生后，海外侨报纷纷加以报道并发表评论，谴责国民党当局枪口对内、破坏团结抗战的行径。美洲致公堂办的《五洲公报》、纽约华侨洗衣馆办的《美洲华侨日报》、旧金山的《世界日报》及古巴致公堂的《开明公报》等共10家侨报，共同发表"十报宣言"，强烈反对分裂内战，呼吁团结抗战，务必把日本侵略者驱逐出中国。新马的《星洲日报》《南洋商报》《星槟日报》等，纷纷就皖南事变发表社论和时论，刊登华侨的抗议通电。如槟榔屿的《星槟日报》发表社论说，海外侨胞拥护团结到底，抗战到底，誓死反对枪口向内，自相残杀，"希

---

① 《新中华报》1941 年 3 月 6 日。

② 中国科学院历史研究所第三所南京史料整理处选辑《中国现代政治史资料汇编》第三辑第二十四册（内部资料）。

③ 《新中华报》1941 年 1 月 19 日。

望这问题最近有以善其后"[1]；该报还发表《我们的期望》的短评，从维护抗日民族统一战线的角度进行评论说："凡是不愿做奴隶的国民，都不希望这一战线会因此而破裂的。希望这一战线破裂的人只有我们的死敌——日本强盗和民族的渣滓——汪逆汉奸。"槟榔屿侨报《现代日报》则发表了《皖南事变是军令问题还是党派问题》的社论，分析了皖南事变的性质。1941 年 1 月 14 日，《南洋商报》发表时论指出："在日本强盗压境的日子，'团结则生，分裂则亡'"，在此危急关头，"如果怀着'排除异己'的念头，互相歧视，鼓吹分裂，陷中国于灭亡的境域，便是民族的罪人，海外一千一百万华侨将不能宽恕他"[2]。时论一语中的，非常深刻。该报还发起反分裂、反妥协、反专制的"七七签名运动"，历时20 多天，各界华侨及国际友人 20 多万人参加签名，影响广大。菲律宾侨报《建国报》发表《枪口一致向外》的社论，大声疾呼，"枪口一致向外"，诚恳地表示，凡我侨胞无论其属于任何党派或无党派，均不愿意看见我们国家民族由分裂而灭亡。菲律宾的另一侨报《华侨商报》则发表了题为《自家人当始终团结一致》的社论。

　　总之，皖南事变发生后，海外大多数侨报围绕事变发表的社论或评论，均从国家民族大局出发，比较理智、公正，其共同的呼声是国共应团结抗日，不应分裂内战，否则将犯下民族之罪。

　　海外各地侨团对国内突发大规模自相残杀的皖南事变痛心疾首，或致电国内，或发表宣言，对事变的发生和处理表明自己的态度和意见。1941 年 1 月 21 日，菲律宾华侨劳工联合会等 20 多个侨团分别致电蒋介石，指出："闻解散新四军，全侨关怀；总攻在即，不宜自起分裂，请保存实力，共同对外。"[3] 1 月 28 日，缅甸仰光 80 多个侨团集会，发表

---

① 《大众生活》新 12 号，1941 年 8 月 2 日。

② 《中国现代政治史料汇编》第三辑第二十四册。

③ 《八路军军政杂志》第 3 卷第 5 期，1941 年 5 月 25 日。

坚持团结反对分裂宣言。29 日，马来亚槟榔屿各帮会及工、商、文化界
35 个侨团联衔电蒋，要求团结抗日反对内战。马来亚霹雳、怡保、太平
等地的 1008 名华侨学生发出言词十分激烈的反对内战代电，痛心而气愤
地指出，轰动中外的解散新四军事件的消息传来，"如晴天霹雳"，"我
们海外学生欲哭无泪，深恐内战重演，使抗战无法继续，前方将士的血
白流，后方同胞的力白出，结果仍不免是亡国奴"①。与此同时，美洲各
国华侨团体也纷纷致电国共两党，对惨案的发生表示痛心。1 月中下旬，
美国费城华侨联合会，华侨抗日救国会，纽约崇正会、群社、华侨衣馆
联合会及华盛顿等地的侨团，纷纷致电国民党蒋介石，对事变表示焦虑，
"望顾全大局，妥善处理"。墨西哥致公堂某分堂分别致电蒋介石、毛
泽东，对事变的发生深表惋惜。古巴华侨团体会、救国大同盟等 7 个侨
团致电蒋介石表示："近闻国内团结破裂，彼此摩擦，莫不痛恨，请迅速
解决纠纷，永远团结抗战，驱逐日寇。"②海外侨团致电国共两党及各
界，对皖南事变表示谴责、痛心的函电的还有许多，不再列举。

　　总的来看，大多数侨胞对皖南事变抱有担心和责难的态度，无论他
们的政治倾向如何，都认为抗日战争处于白热化阶段，纵然国共两党有
矛盾隔阂，但国民党军队如此大动干戈、围攻抗日友军令人发指。因此，
在如何解决皖南事变的问题上，华侨一致主张以和平方式合理解决事件，
任何武力冲突绝不能再继续下去了，迫在眉睫的任务仍是合作抗日。国
大代表智利华侨孙海筹"希望皖南事件得迅速合理解决，武力冲突不要
继续下去"③。甚至连国民党的海外组织古巴分部亦表示"痛恨""摩
擦"，呼吁和平解决纠纷，永远团结抗战。印尼雅加达华侨致电宋庆龄，
对数千新四军将士在事变中伤亡极为痛心，"请调停并作公正之调查"。

---

① 《中国现代政治史资料汇编》第三辑第二十四册。

② 《八路军军政杂志》第 3 卷第 5 期，1941 年 5 月 25 日。

③ 《新中华报》1941 年 4 月 3 日。

菲律宾不少华侨则强烈要求"恢复新四军并释放叶军长"以解决事变。可见，以和平方式合理公正地解决皖南事变成为大多数华侨的一致要求和呼声。

当然，不能否认，皖南事变发生后，也有相当一部分华侨团体或个人认为，事变发生系"十八集团军诋毁中央待遇不公，遂起异动，如苏北新四军突击八十九军"所致，并"纷电中央，表示对于中央整肃军纪之拥护"①；甚至荒谬地认为"中共通敌叛国"，要求"迅张挞伐"②。海外华侨对于皖南事变的态度见仁见智，其中原因较复杂。战时国民党在海外有1300多个分支部及诸多驻外领使馆，"在海外华侨中间，党之势力逐渐扩张，各地皆有党部暗中推动"，他们是"消息相通，精神相通的"③。如此当然会有些海外党员在皖南事变的认识上站在国民党一边。再从部分华侨的函电可以表露出，他们对事变的了解或是"各方电讯传来"，或是"近者远道传闻"，或是"报载"，等等，说明他们得到的消息均是间接的，难免以偏概全。还有国民政府是当时代表中国政府，华侨对其抗战抱有幻想，而对共产党缺乏了解，加之受到挑动或蛊惑宣传，不免产生误解。

广大华侨在皖南事变期间的表现，对于维护国共继续合作，坚持团结抗战的大方向，以及皖南事变的和平解决，起到了积极的作用。在反击国民党第二次反共高潮的斗争期间，毛泽东曾复电司徒美堂、阮本万、吕超然等人，对其"关怀祖国，呼吁团结，敬佩无已"。痛陈蒋介石袭击皖南新四军等一系列倒行逆施，使国共合作已遇到严重危机，阐明中共"业向政府当局提出时局善后办法及临时办法十二条，尚祈公等一致

---

① 《中央日报》1941 年 3 月 28 日、2 月 16 日。
② 《华侨先锋》第 3 卷第 4 期，1941 年 8 月。
③ 《南洋研究》第 11 卷第 1 期；李朴生：《华侨问题导论》，第 134 页。

主张，予以赞助，以期迅速见之实行"①。这说明，在解决皖南事变的问题上华侨所起的积极作用及中共对华侨的重视。

皖南事变期间，广大华侨最担心的是以国共合作为主体的抗日民族统一战线的破裂，使祖国抗战前功尽弃。他们深刻地认识到："盖抗战之基本条件，端赖国共两党之合作，故两党之合作团结，不独为抗战之灵魂，抑亦最后胜利之生命也。"因而他们表示"拥护国共继续合作团结，誓死反对分裂投降"，"我们的立场，是统一战线的立场，是人民的立场，我们拥护统一战线彻底抗战"②。事实表明，华侨的言行有力地维护了国共合作的统一战线。有些华侨公开为新四军鸣不平，赞扬它是"坚持大江南北敌后抗战的英勇部队"，对这支"忠诚抗战"的军队损失在国内"摩擦"上，令人痛心。这是对新四军抗战的肯定，对中共反"摩擦"分裂斗争的声援。

"得道多助，失道寡助。"国民党当局冒天下之大不韪，制造"千古奇冤"，嚣张一时。但在国内外各方包括海外华侨舆论谴责的压力下，国民党当局不得不有所收敛，蒋介石被迫表示，"以后决无'剿共'的军事"，"中国绝无发生内战或内部分裂的危险"。如当时中共中央的通报所指出，"海外侨胞反对内战"和"团结进步的运动正在开展"，使"国民党方面在各方反对其反动措施的压力下，虽然不会变更其反动的根本计划，但更大的破裂却有被制止的可能"。③ 这表明，广大华侨的正义言行，对国民党当局不顾国家民族大局、破坏国共合作抗战的行径是个有力打击。

总的来说，海外华侨是抗日民族统一战线的重要组成部分，他们属于统一战线中的进步势力，在同顽固势力的斗争中，立场坚决，观点鲜

---

① 《八路军军政杂志》第3卷第4期，1941年4月25日。

② 《皖南事就资料选》，上海人民出版社1983年版，第471、457—458页。

③ 《中央关于华侨对国民党挑动内战的反映的通报》，1941年2月26日。

明。通过皖南事变，某些原来对国民党抗战抱有幻想的侨胞，开始有了新的转变。蒋介石自己也承认，有的侨胞"当初对本党态度很好，并没有反对本党的表示"，现在却"说本党如何腐败，政府如何不好"，其"言论态度一天天的改变"①。

---

① 蒋介石：《一九四一年海外党务工作要旨》，《总统蒋公思想言论总集》卷十八，中国国民党中央委员会党史委员印，第 194 页。

# 第三节　开展国际援华抗日活动

广大华侨居住世界各地，与侨居国政要及民众有着广泛而密切的交往。抗战时期，华侨利用自己所处的有利条件，在世界各地大力开展国际宣传，大造援华舆论，积极参加抵制日货和国民外交活动，广泛开展世界反法西斯统一战线工作，勇敢地投身侨居地的反法西斯斗争。华侨开展的各种国际活动，取得了世界各民主国家对中国抗战的同情和支援。

## 一、开展援华抗日宣传

### （一）局部抗战时期的援华抗日宣传

世界各地华侨开展的抗日援华宣传工作，揭露日本侵华暴行，宣传中国人民艰苦抗战，大致可分三个阶段：

第一阶段：从九一八事变到七七事变（1931 年 9 月—1937 年 7 月）。这个时期宣传的重点是，抗议和揭露日本侵华行径，反对国民党政府奉行"攘外必先安内"方针，对日妥协退让，进行"剿共"内战；响应中共建立抗日民族统一战线的号召；呼吁国际社会主持正义、制止日本侵略。

第二阶段：从七七事变到太平洋战争爆发（1937 年 7 月—1941 年12 月）。其宣传重点是进一步揭露、抨击日本屠杀中国人民的暴行，在广大侨众中鼓动捐款献物、回国参战、报效祖国抗战；声讨汪精卫卖国投敌，维护国共合作抗战；呼吁全世界民主国家开展援华及反法西斯斗争；坚定抗战必胜信心。这阶段是华侨开展国际援华抗日宣传的高潮时期。

第三阶段：从太平洋战争爆发到抗战胜利（1941 年 12 月—1945 年 8 月）。其间，南洋、欧洲侨居地大多沦陷，是华侨宣传的低潮。其内容主要是宣传世界反法西斯战争，争取反法西斯战争的胜利。

海外华侨的援华抗日宣传活动从日本发动九一八事变后即开始。日本发动九一八事变的消息传到新加坡的第二天，该地侨校端蒙学校经理卢浩川、校长王韶生等发动召开侨民联合大会，报告日本侵华消息，一面请政府抗日，一面致电国联主持正义。

古巴华侨在九一八事变发生不久，即组织抗日总会，多次用西班牙语向侨众和古巴人民揭露日本侵华罪行，并于国际联合会在巴黎开会之际致电会议主席，同时致电美国上议院外交官员波拉，希望主持公理，制止日本侵略。美国旧金山华侨得知日军侵占东北，特组织旅美中国救济联合会，收集祖国抗战材料，在友邦人士与我国侨民中间进行宣传。

1936 年，德国中国问题研究会、科学研究会等 6 个华侨团体成立旅德华侨抗日联合的统一战线组织。他们出版刊物和抗日基本问题丛书，向侨胞宣传抗日和建立抗日民族统一战线的意义。同年 10 月至翌年 8 月，该组织举行了 4 次大型口头宣传活动，主张建立救国联合战线，要求国内实现民主政治，释放全国政治犯，武装全国民众，联合英美法苏，参加世界和平救国阵线。[1] 与此同时，英国华侨出版中文刊物《解放》和英文刊物《中国新闻》，每期由 200 份增到 1000 余份，宣传祖国抗战。1936 年，法国华侨社团中华民众抗日救国会，出版法文刊物《中国青年》，并出版 11 期壁报，还派员参加各种国际反战会议，翻译各种抗日消息，委托同情抗日运动的外国刊物发表。

由上可见，局部抗战时期，华侨的援华抗日宣传活动已在世界各地初步展开。但这时期的宣传活动无纲领无计划，一般都是自发的、无组

---

① 《旅德华侨抗日联合会工作报告》，《救国时报》1937 年 10 月 5 日。

织的。全民族抗战爆发以后，华侨的国际援华抗日宣传活动达到高潮。

日本侵略者在发动侵华战争的同时，还开动一切宣传机器，为它的侵略行径进行欺骗宣传。其大肆叫嚣侵略中国的"合理性"，是为"拯救"中国；向国民鼓动进军中国是为解决"日本人口过剩""天然资源缺乏""捍卫主权线、生命线"的"圣战"，是"惩罚"中国军民的抗日与"扩展"的"不得已行动"，甚至是为了"帮助开发中国"的"光荣"之举。对于日本的欺骗宣传，不少人一时不了解真相，有必要加以揭穿。

七七事变爆发后，英美等西方国家，一方面为了维护自己在华的利益不被日本独吞，对日本的侵略行径做了某些谴责和限制；对中国抗战表示一定的同情和支持。另一方面，英美想借日本之手扑灭中国人民的革命烽火，使日本成为东方反共反苏的前哨。它们抱着所谓"中立"和"不干涉"的立场，放纵日本侵略，甚至趁机渔利、发战争财，大量卖给日本军火和原油。

抗日战争发生后，世界上有许多国家的政府和人民不相信中国能起来抵抗，有的人甚至讥笑说："中国人用筷子打仗"；有的抱中立或漠不关心的态度。

因此，针对当时人们的认识和世界舆论的混乱状态，必须在全世界大张旗鼓地宣传中国抗日的正义性，中国能够抗战，进而争取世界各国关心同情中国抗战。由此可见，华侨向国际社会开展援华抗日宣传既有必要性也有重要性。

全民族抗战爆发后，海外华侨热血沸腾，反响强烈，他们频频向国内外发表通电、宣言，以争取侨众和各国人民对中国抗战的同情。他们利用各种场合和各种宣传形式，宣传中国抗日战争的正义性，揭露日本侵略者的野蛮残暴以及蹂躏、屠杀中国同胞的暴行，以引起全世界的公愤，进而形成援华抗日的强大舆论氛围。

　　旅德华侨抗日联合会在七七事变爆发不久，立即发表中文宣言，要求中国政府即刻发动全国力量对日作战；同时发表对外的德文宣言，吁请德国及其他各国主持正义的人们，同情中国的抗日救亡运动。抗联会还出版了《抗战情报》和《抗战报》，大力向侨胞和友人宣传中国抗战。1937 年 9 月，全欧华侨抗联会召开第 21 次代表大会，大会制定了《国际宣传及对内宣传工作案》，详细规定对国内外宣传的办法。其国际宣传计划，"以参加国际民主和平集团建立集体安全为原则"。其具体方法为：（甲）文字宣传。内有介绍中国抗日文字；驳复外报侮辱中国的文字；与外人合办西文刊物等。（乙）演讲宣传。参加国际团体和国际会议；与国际团体合组中西人士演讲会及群众大会；进行无线电宣传等。（丙）社交宣传。举行中外茶会和中外聚餐及中外团体旅行参观；联络新闻记者等。（丁）组织抗战影片博览会。对内宣传以"拥护中央政府抗战到底，反对任何妥协企图，要求民主自由，要求公开宣布反日各党派合作，并制定民族斗争纲领，要求政府坚决参加国际民主和平集团建立集体安全"为原则。[1]

　　全欧华侨抗联会规定的宣传计划细密周全，他们按着这个计划开展国际宣传，取得了显著效果。1938 年新年之际，全欧华侨抗联会加紧国际宣传活动，该会印发抵制日货援助中国之法文传单 20 万份，以及法文小册子《日本侵略中国与中国人民之英勇抗战》2 万册赠予法国各界。法国里昂中法大学专门成立了"国际宣传委员会"，以"谋取国际之同情与援助"。同时在法国比央古华工区召集新年抗日演讲大会，当时在法国的中国共产党人吴玉章，国民党驻法总支部负责人袁冠新，书报社代表王海镜及华侨何肇绪、谭泽汉等多人参加演讲和报告。法国参战华工总会会长王庆元的演讲，痛诉日寇侵华暴行，表达他们不忍祖国同胞

---

　　[1]　《国际宣传及对内宣传工作案》，《救国时报》1937 年 10 月 5 日。

惨遭杀戮，急切希望回国参战的心情，愤慨激动，声调呜咽，泪流满面，使与会者深受感动。①

欧洲华侨在全欧华侨抗联会的领导下，向国际友人及民主国家及时地宣传了祖国抗战的情况，对促使欧洲国际舆论转为同情和支援中国抗战起到了积极作用。1939年9月，德国法西斯侵略波兰、第二次世界大战爆发，到1940年底，欧洲大部被德国占领，欧洲华侨的各种抗日援华宣传活动被迫转入低潮。

### （二）北美华侨的援华抗日宣传

全民族抗战爆发后，远在北美洲的华侨社会立即沸腾起来。加拿大温哥华等地华侨战时开展各种国际宣传，他们在各地分发英文小册子宣传抗日，尤以《中国的战争与加拿大》和《救中国与救世界和平》等书颇有影响。

争取国际社会援华抗日宣传活动在美国华侨社会如火如荼、沸腾热烈。七七事变不久，即1937年7月18日，纽约华侨衣馆联合会（简称"衣联会"，洗衣业华侨团体）召开了空前规模的抗日群众大会，会场情绪异常激昂。大会作出如下决议：发表宣言，号召侨胞扩大抗日运动，竭诚与各界抗日团体亲密携手合作；致电南京政府及宋哲元将军，促其努力拒贼，抗战到底；扩大对外宣传，揭发日贼残暴行为，印发大批英文传单，交由各衣馆同业携回衣馆散发；发动捐饷，其办法为随收随汇。会后，衣联会印刷10万份英文的《告美国人民书》，揭露日本侵略中国的罪行，动员美国人民敦促美国政府停止向日本供应军事器材，并在道义上支持中国抗战。随后，印发10万份鼓动美国人民抵制日货的传单。衣联会的侨胞用尽心思地散发传单，除了上街秘密散发外，还把印好的

---

① 《全欧华侨抗日救国联合会召集新年演讲会》，《救国时报》1938年1月16日。

各种文字的抗日宣传品夹在洗好的衣服中，以便顾客取回去阅读。[①] 为了争取国际舆论同情中国抗战，揭露日本野蛮侵略行径，美国华人基督教同人利用祈祷时间作援助祖国抗战的宣传。纽约长老会举行国难公祷会，该会华侨李任公讲《国难期中基督教徒应有之态度》，黄任民讲《此次抗战我国必操胜算》等，听者为之动容。

七七事变的消息传到华盛顿，侨胞鼎沸。8 月 22 日，美京中国学生会举行会议，决定成立 11 人组成的宣传委员会，每周集会一次。其任务为：编辑英文抗日周刊，专对美国人士宣传；编辑中文抗日周刊，专对南北美洲华侨宣传；派人与大使馆接洽消息；联络美国新闻记者；撰写有系统之英文专论；纠正不正确之宣传；编定宣传大纲；派员轮流向礼拜堂讲演；召开宣传大会；联络各地宣传机关；与美京抗日会及妇女救济战区难民协会切实合作等十多项。[②]

1937 年秋，"在美中国战事救济联合会"在旧金山成立。它包括当地的许多华侨救亡团体，如海员工会、铁路工会、码头工人联合会及劳工联合会等。该组织确定努力完成的四项任务：（1）使国会通过立法案，授权罗斯福总统区别侵略国家而禁运军火前往该国；（2）宣传并扩大抵制日货；（3）对中国平民持续作慈善救济；（4）组织并合作太平洋沿岸的宣传工作。1939 年，旧金山华侨金星公司电台成立，以广东话报告新闻，广泛报道国际国内抗日反法西斯的消息，对当日新闻报道及时，吸引了许多听众。1941 年 7 月，旧金山侨领邝炳舜归国慰劳考察回到美国后，走遍美国 26 个州的广大城乡，行程 11260 多公里，向各地侨胞及当地民众宣传中国的抗战情况，聆听其演说的侨胞达 2.5 万多人。

1938 年六七月间，美国芝加哥 5000 多华侨高唱雄壮的抗日歌曲，

① 《人民日报》驻联合国记者何洪泽：《侨胞抗日赤子心——访纽约华侨衣馆联合会主任委员林以和》，《人民日报》2005 年 7 月 19 日。

② 《各国侨胞纷纷援助祖国抗战》，《救国时报》1937 年 9 月 18 日。

走上街头开展游行宣传。费城日本领事馆前聚集数千名华侨穿着黑衣服、抬着黑棺材游行的抗日聚会。争取国际抗日援华的宣传活动在美国各大城市轰轰烈烈，此起彼伏。

除了美国各大城市华侨有组织地开展国际援华抗日宣传活动，还有些侨胞尤其是华侨妇女自发地开展有声有色的抗日宣传活动，情形感人。

美国华侨妇女余金莲及其子女修文、修娟，在抗战爆发后，不辞辛苦，走遍美国各地，对外国团体及大学演讲宣传达 2000 多次，使美国各界深受感动。[①] 密歇根州 45 岁的华侨妇女简夫人，为了宣传祖国抗日，唤起美国人同情和支持中国抗战，不顾自己女儿和女婿的劝阻，典押自己的一幢二层楼房，拿出自己的积蓄，把款项一部分捐给祖国，另一部分用作自己旅行宣传的路费。她用两个月的时间，走遍美国中部和北部十余个州，在城乡演讲达 51 次，轰动了美国各界。[②]

为了使美国社会各界了解中国抗战的真实情况，芝加哥华侨救国后援会演讲员萧悔尘女士，应美国社团之约，前来演讲其本人在回国目睹之抗战情况及国内救济难民的工作情形。在 1941 年 2 月下旬的一周之内为各团体演讲 4 次。[③] 华侨妇女慷慨激昂的宣传活动，使许多国际友人受到感动转而同情中国抗战。

出生于国民政府卫生署署长之家的颜雅清，20 世纪 20 年代初随父母到美国求学，30 年代后半期相继随伯父出使苏联，在国联中国代表团任职，并在欧洲学习飞行。日本发动七七事变后，她深感当时中国空军大大落后日本，遂赴美国进行航空飞行深造，并产生强烈的航空救国志愿。1939 年 3 月 22 日，颜雅清和另一著名美国华侨女飞行员李霞卿按计划分别开始驾驶"新中国精神号"飞机环美航空飞行宣传募捐。5 月 1

---

① 陈汝舟编：《美国华侨年鉴》，中国国民外交协会驻美办事处 1946 年版，第 20 页。
② 黄警顽：《华侨对祖国的贡献》，上海棠棣社 1940 年版，第 195 页。
③ 《萧悔尘女士周末宣讲志》，美国《三民晨报》1941 年 2 月 27 日。

日，颜雅清在美国的阿拉巴马普拉特维不幸发生坠机事故，幸运的是她没有受重伤并被救起送到当地医院救治。美国诸多媒体争相报道颜雅清为抗日宣传坠机负伤的事迹，轰动全美。她遂更加努力开展抗日宣传。如 5 月 23 日，她在蒙哥马利市政厅播放有关中国抗战的电影；第二天午宴，她发表题为《远东正在发生的事情》的演讲，当晚又在市礼堂作专题讲座；25 日，她在交流俱乐部再次播放抗战电影；随后，她又在当地基督教女青年会的女子会所，介绍了祖国同胞正面临的苦难与困境。8 月 26 日至 27 日，她应邀到缅因州参加缅因航空会议，在会上不失时机进行抗战宣传，并向采访她的记者表示："我的祖国正遭受的苦难深深地触动着我，如果在海外奔走呼号能为国家和同胞做点什么，那么我当竭尽所能。"①1939 年下半年，她以美国医药援华会为平台多次演讲。7 月，纽约广播电台 WJZ 将她作为"明日之女性"进行了专访；7 月底，她参加援华会为中国驻美大使胡适举办的晚宴并致辞，宣称，中国人民虽然正经历着苦难，但是其抗击侵略者的决心是坚定不移的；10 月，纽约基督教电台（WMCA）实况播送了颜雅清在某社交名流俱乐部午餐会所作的题为《少年中国之精神》的演讲；11 月，她又在世界妇女档案中心年会上对与会嘉宾发表演说。②由于颜雅清的特殊身份，她的抗日演讲宣传更具公信力，效果良好。

与颜雅清一起开展环美航行抗日宣传的另一位华侨女飞行员李霞卿的事迹，一些侨史著作多有介绍。③这里着重补充以往介绍不充分的内容。李霞卿出身革命世家，其祖母徐慕兰及姨祖母徐宗汉（黄兴之妻）、

---

①　［加］帕蒂哥莉著、张朝霞译：《飞天名媛——中国第一代女飞行家三人传》，广东省出版集团、花城出版社 2012 年版，第 93 页。抗战胜利前夕，颜雅清在中国驻联合国代表团工作，随后侨居美国。

②　［加］帕蒂哥莉著、张朝霞译：《飞天名媛——中国第一代女飞行家三人传》，第 97 页。

③　如方雄普著《华侨航空史话》（中国华侨出版公司 1991 年版）第 141—146 页；任贵祥著《华夏向心力——华侨对祖国抗战的支援》（广西师范大学出版社 1993 年版）第 180—181 页等。

徐佩瑶（均为徐慕兰妹妹）均为同盟会员，是辛亥革命女杰。其父李应生、叔父李沛基均是辛亥革命的功臣。革命世家的出身对民国元年（1912年）出生的李霞卿不无影响。李霞卿14岁、正在读中学时，以李旦旦的艺名初登银幕，在其父创办的上海新民电影公司拍摄的首部电影《玉洁冰清》出演配角，由于她的天赋一举成功，随后又上演几部电影而走红，与胡蝶、阮玲玉等一起被誉为"星级七姐妹"。正当李霞卿在电影上走红的时候，一次偶然的机会，使她走上另一条不为人看好的道路。20年代末，李霞卿婚后随从事外交工作的丈夫移住瑞士日内瓦。1933年在巴黎参观一次飞行表演，飞机直冲云霄的刹那使她浑身悸动、反应强烈，顿时对飞行产生极大兴趣并迫切地想当飞行家。回日内瓦后即报名学习飞行，并很快获得飞行执照。随后，她只身来到当时世界一流的美国加利福尼亚州奥克兰波音航空学校深造，被破格录取，随即成为该校少有的技术高超的女飞行员。1935年5月15日，她随教练在旧金山湾上空训练特技飞行时遇险——当飞机正在翻滚时，强大惯性将安全带挣断，她突然被从飞机里甩到半空中。突然遇险，她和教练都吓呆了，但强烈的求生欲望随即使她镇静下来，在空中及时打开降落伞，落水后又及时摆脱伞绳缠绕。真皮飞行服泡水后笨重不堪，她尽力在寒冷刺肤的海水中漂浮着、漂浮着，最终被美国海军预备队员救起。李霞卿在生死考验面前成为勇者、胜者，其遇险脱险的事迹轰动美国。同年11月，她以优异的成绩拿到毕业证和飞行执照。12月，她学成回国，加入上海航空协会，投身航空救国活动。1938年10月20日，李霞卿再次飞往美国，从事一项特殊活动——以红十字会名义环美飞行募捐宣传中国抗战。为此她随身携带价值达7000多美元的珠宝首饰。1939年3月中旬，李霞卿用所带的珠宝首饰作抵押，经美国友人帮助租借一架小型飞机，起名"新中国精神号"。4月初，李霞卿和颜雅清开始了各自的环美飞行，实施各自的飞行计划。"李霞卿所到之处都受到当地政要名流以及民众的热烈欢迎和热情款待，这其中包括当地政府要人、领事馆高官、各团体组织的负责人和当地华人领袖。""每到一处，李霞卿无疑都在当地的华人社会掀起了一股旋风。李霞卿的到来让那些身在异乡的炎黄子孙感到振奋和鼓舞，不管她们来自人口多么稀少的社区，也不管他们来自多么卑微的社会阶层，他们都以李霞卿这位巾帼英雄为傲。"① 但她并没有给人恃宠而骄的印象，而是很注意自己在公众心目中的形象，这从个别报道中也可见一斑。如当年加拿大的《大汉公报》曾报道：1939 年 5 月 11 日，李霞卿飞抵温哥华，翌日出席中国航空建设协会温哥华支会在华侨饭店为她举行的欢迎酒会。唐人街所有华侨社团均派代表与会，当她步入饭店时，各团体代表们纷纷献上鲜花，不少名流热情洋溢地致欢迎辞，并欢快地表演了精心排练的节目。酒会结束后，李霞卿在会议厅发表航空救国思想的演讲，三四百人在室内倾听演讲，挤不进会议厅的许多听众则聚集在门口的走廊上聆听演讲，4000 多居民（占社区人口一半）驻足大街小巷，通过扩音器侧耳听讲。在温哥华逗留 11 天，她进行多次富有激情的演讲，受到社区华侨的"争相邀请"和"热烈追捧"。13 日，她在远东大剧院发表关于拯救大中华的演讲，院内听众千余人，院外听众达6000 多人，盛况空前，她成为当地炙手可热的新闻人物。她那"中国一定会赢得胜利"的坚定誓言，对于那些身居海外、关心祖国前途命运的侨胞们是一种巨大的鼓舞，"让他们振奋精神，重拾信心"。②

5 月初，李霞卿的环飞好友颜雅清在加利福尼亚州中部发生飞行事故，由于信息闭塞，香港的许多媒体误报为李霞卿飞行失事并受重伤。她虽然没有失事，但飞抵芝加哥时座机出现机械故障，只好再次以珠宝抵押更换另一架飞机，于 6 月中旬环飞到东海岸的纽约，圆满结束历时 3

---

① ［加］帕蒂哥莉著、张朝霞译：《飞天名媛——中国第一代女飞行家三人传》，第 219、220 页。

② ［加］帕蒂哥莉著、张朝霞译：《飞天名媛——中国第一代女飞行家三人传》，第 221、222 页。

个月的长途飞行，安全飞行 42 个州，近 1 万英里，为祖国难民筹集 1 万美元，中国法币 2 万元。[①] 获得了宣传和募捐的双丰收。1940 年 3 月中旬，李霞卿在美国医药援华会的支持下并征得该会名誉会长宋美龄的同意，以援华会名义实施了一个更加雄心勃勃的赴南美洲跨国募捐飞行计划。这次飞越的是完全陌生的大陆——语言环境、航空网络及设施、赤道湿热气候等都是陌生的，因此更具挑战性、险恶性。"李霞卿所到之处无不掀起一阵狂潮。"有关她的这次南美飞行留下的记录较少，其中秘鲁之行可见一斑。据记载："在秘鲁，她驾驶一架军用飞机进行了长达 1 小时的飞行表演，这在秘鲁航空史上前所未有，她的精湛演技引起极大轰动，募捐活动取得巨大成功，创下了单次表演募得 4 万美元的辉煌纪录。秘鲁政府特授予李霞卿一枚航空金质奖章，并由航空部长亲自为其佩戴。"[②] 在秘鲁首都利马举行的晚会上，她受到秘鲁总统曼努埃尔·普拉多·乌加特切的亲切接见。7 月，李霞卿完成飞行回到纽约，这次远程跨国飞行历时 3 个多月，飞越墨西哥、中美洲及加勒比海 9 个国家的 16 个城市，共 18000 英里。[③] 1944 年 3 月底，李霞卿开始第二次南美洲航行，这次航行飞越了人迹罕至的亚马逊丛林地区。这次航行虽然只有 3000 英里，但长达 8 个月，12 月初回到纽约。李霞卿的北美洲、两次南美洲及其他飞行累计达 45000 多英里，被誉为"亲善大使"，创造了为祖国抗战宣传的奇迹。

需要特别说明的是，对于李霞卿当年的南美洲飞行，国内报纸曾登出消息，"称航空女杰李霞卿赴南美洲宣传抗日，飞机失事，香消玉殒。关于李霞卿之死，至今仍有著作言之凿凿。然而这却是误传，可能是当时信息闭塞，将李霞卿与另一位美籍华人女飞行员李月英混为一谈"。

---

① ［加］帕蒂哥莉著、张朝霞译：《飞天名媛——中国第一代女飞行家三人传》，第 226 页。

② ［加］帕蒂哥莉著、张朝霞译：《飞天名媛——中国第一代女飞行家三人传》，第 237 页。

③ ［加］帕蒂哥莉著、张朝霞译：《飞天名媛——中国第一代女飞行家三人传》，第 238 页。

"事实上，李霞卿一直活到 86 岁，直到 1998 年因急性肺炎死于美国南加州渥仑市。"[①] 其去世前一年，即 1997 年中国香港回归时，她作为贵宾获邀出席回归典礼。随后，她回中国内地游历长江三峡，接着远行欧洲，因年迈劳顿而感染呼吸系统疾病，翌年 1 月 24 日因急性肺炎去世。

### （三）南洋华侨冒险宣传抗日

抗日援华的国际宣传活动在南洋华侨社会中也此起彼伏。南侨总会成立后，公布了宣传方法六条，其中有"多设阅报室及壁报，任人观阅；注意在市区外各山芭村落演讲，俾能善及出钱"[②]。南侨总会将大会宣言及工作情况分寄国内国外团体，译成外文向全世界各地散发，并把大会所有活动拍摄幻灯片分寄各地。南侨总会组织的抗日宣传活动及大会宣言，得到南洋各地华侨的积极响应。

在马来亚，华侨中学师生和当地侨胞深入日办龙运铁矿演讲宣传，使众多华侨矿工受到影响离矿罢工，致使敌人的铁矿瘫痪或停产。

缅甸华侨救灾总会曾将日本侵华臭名昭著的《田中政策》（即《田中奏折》）一书译成英文和缅甸文，印发数千册，揭露日本侵华阴谋，并编印英文、缅文抗日宣传品多种，送给友邦人士阅读。

为更深入地宣传祖国抗战，越南美以美华侨筹赈会宣传股组织 10 个宣传队，每队队长 1 人，队员 4 人。1939 年元旦各队分别深入农村宣传，其方式主要是口头演讲。队员们带着自己印制的《宣传大纲》，在乡村公众场所召集公民大会，他们按大纲的内容轮流宣讲。这种宣传曾开展

---

① ［加］帕蒂哥莉著、张朝霞译：《飞天名媛——中国第一代女飞行家三人传》，第 267—268、269、276 页。李月英出生于美国俄勒冈州波特兰的一个华侨之家，20 世纪 30 年代初进波特兰中华航空学校学习飞机驾驶，学成后回国报效抗战，因当时中国空军不收女飞行员，她遂在航空委员会任职；太平洋战争爆发后返回美国参加空军，后在一次执行空运任务时与一架战斗机相撞受重伤不治身亡。其遇难消息传到国内，可能因为同为李姓，又都为祖国抗战飞行，故导致"李霞卿飞机失事，不幸罹难"之误。

② 陈嘉庚：《南侨回忆录》，第 65 页。

过几次，每次数十天。有一次宣传股主任林开臻正向侨众宣讲时，突有年逾半百之老媪萧琚佛，听到祖国同胞如何遭受暴敌奸淫残杀，侨胞应如何出钱出力矢志报仇时，即刻泪眼盈盈，当众摘下金耳钩一副，挤向台前亲手献交讲演员，声言以此捐助祖国。[1]

越南海防华侨中学于 1938 年暑假，师生共绘抗战图画 400 余幅，分别在海防公展 2 次，河内、南定及海阳各 1 次，以激起侨胞抗敌爱国热情。[2] 这些对祖国抗战前后方栩栩如生的摄影和图画宣传，激发了广大侨胞对祖国亲人及锦绣河山的热爱及对日本侵略者的深仇大恨。

1940 年 3 月，以陈嘉庚为首的南侨慰劳团回国慰劳考察，拍摄大量照片。次年初，精选 1700 多幅，在南侨大会召开之际举办展览。照片有国共军队杀敌的场面，有大后方和边区建设的真实情况，还有党政军领袖的照片和名胜古迹等，展现了祖国抗战军民的英姿，再现了祖国杀敌战场的真实场面，其展出规模之大，堪称少见。[3] 侨领侯西反借回国视察慰劳之机，一周内曾三次在重庆广播电台对海外播讲。其风尘仆仆，多次来往祖国和南洋之间进行宣传活动，向南洋华侨传播祖国抗战的真实情况。

需要说明的是，与欧美等地华侨开展的援华抗日宣传活动环境不同，南洋地区侨胞开展的各种爱国活动包括国际宣传活动是承担很大风险的，他们不仅受到各国殖民当局的压制和阻挠，而且遭到个别亲日政府的压制和迫害。侨胞们不畏各种邪恶势力，冲破限制，为发扬民族正义进行了勇敢的斗争。

日本在发动大规模侵华战争的同时，还派遣大批特务潜入马来亚及南洋各地搜集情报、绘制地图，为侵略东南亚作准备。为此，"马来亚抗

---

[1] 《现代华侨》第 2 卷第 6、7、8 期合刊，1941 年 9 月。

[2] 《现代华侨》第 1 卷第 2 期，1940 年 6 月。

[3] 《南侨慰劳团影展意义》，新加坡《南洋商报》晚版，1941 年 3 月 26 日。

敌后援会"与英殖民政府政治部协商，派华侨王火之、粘文华、辜俊英、苏棠影 4 人为代表前往政治部研究肃清日特活动问题，不料这 4 位代表依约到达时，英政治部撕毁协议，宣称他们进行非法活动，有碍英日邦交，将他们拘捕并驱逐出境。

1938 年，新加坡筹办《南侨日报》的几名侨胞，因努力宣传抗日救国工作，被当地殖民政府逮捕。马来亚吉隆坡、加影、巴生、煤炭山等地的华侨青年因举行反日游行示威宣传活动，被当地政府逮捕，囚禁 9 个月，受尽种种折磨，后被驱逐出境，但他们"并未因此而减低救国的热情"。1939 年，"南侨总会"委员侯西反被新加坡政府以所谓"反英嫌疑"和"暗助非法团体"等"罪名"驱逐出境。

自日本发动侵略战争以来，亲日的泰国政府大肆进行排华活动，许多开展抗日救国活动的侨胞遭到逮捕和驱逐。当地有 40 多所侨校及 9 家侨报被封闭。《曼谷日报》《中国报》因发表《敌侵潮汕我们当前应有的认识与任务》《杯葛》等文章，被泰国政府当局以煽动华侨抵制日货之嫌被查封。《华侨日报》因发表《忠告英帝国》一文揭露关于中国事件英对日的妥协态度，以有碍泰英邦交之嫌被封。1938 年 9 月 11 日早晨，曼谷出动大批警察，以肃清不良分子为由逮捕华侨多达 5223 人，有 850 人被驱逐出境。[①] 但是，在这样恐怖的环境下，泰国华侨的抗日救国活动仍然没有停止。

抗战时期，华侨开展抗日援华国际宣传的意义在于，日本侵略者发动的侵华战争，屠杀中国人民和东南亚人民的血腥暴行，在许多方面是通过广大侨胞传播给国际社会的。这些宣传活动一方面唤醒了广大侨众，激发了他们踊跃支援祖国抗战的爱国热忱；另一方面，世界各民主国家及国际友人能够积极同情或支持中国抗战，是与华侨的宣传鼓动分不开

---

① 《暹罗侨胞的痛苦与希望》，《新华日报》1938 年 11 月 20 日。

的。华侨是争取国际援华抗日的发动者，是中国抗日战争和世界反法西斯战争互相连接的桥梁之一。

## 二、国际援华统战与国民外交

### （一）国际统战活动声势浩大

中国抗日战争是中国人民捍卫国家主权、争取民族解放独立的正义战争，又是世界反法西斯战争的重要组成部分。抗日战争具有广泛的国际联系，华侨是这种联系的重要纽带之一。抗战开始时，国际上苏联对中国采取了积极支持的态度。英美等西方国家，虽然也表示支援和同情中国抗战，但往往是口头上支持中国、谴责日本，而在经济上并没有采取措施制裁日本，反而进行大量军火贸易，把大批作战物资输往日本，发战争横财，采取了自相矛盾的两面政策。在这种情况下，华侨开展广泛的国际统战活动，他们以民间交往的形式，联络侨居国的朝野人士，广泛开展援华抗日的国际统战工作，揭露英美等国政府的矛盾政策，促使其加强援华，就显得非常重要。

日本发动九一八事变占领东北之后，扶植傀儡建立伪满洲国，并得到意大利等法西斯国家的承认。罗马华侨抗日后援会闻讯后，立即发表为反对法西斯同盟承认伪满洲国的宣言，愤怒谴责法西斯同盟国"武装强占亚比西尼亚"，"协助西班牙卖国叛将"，"今又承认满洲伪国，……似此同恶相济的法西斯行径，实世界和平的公敌"。[①]宣言还主张唤起国际同情，制裁侵略，维护世界和平，认清我们的朋友和敌人，巩固民族统一战线与侵略者作最后的斗争。罗马华侨抗日后援会的反法西斯宣言，一方面揭露德意日法西斯是世界和平的敌人；另一方面呼吁民主国家认

---

① 《救国时报》1937 年 11 月 30 日。

清敌友，联合起来维护和平制裁侵略，实际上体现了建立国际反法西斯统一战线的思想。

为了争取世界人民同情中国抗战，共同制裁法西斯侵略者，许多华侨经常同国际友人在一起集会，共同讨论援华事宜；他们还尽力争取参加各种类型的国际会议，开展广泛的国际援华统战活动。

早在 1936 年 9 月，全欧华侨抗联会召开成立大会时，"法国中国人民之友社"贡斯堂夫人，"英国中国人民之友社"杨格夫妇和世界学生代表詹姆士等人应邀参加大会，并在大会上演讲。外国友人们认为中国朋友的奋斗"不单只是为了你们自己，也为了世界和平"，各国人民"对于中华民族解放运动的英勇斗争时时刻刻地关心和同情"[①]。这些充满正义的演说，鼓舞了广大华侨为争取世界和平、共同反抗法西斯侵略者而奋斗的信心。欧洲华侨还派代表参加世界学生大会。在日内瓦国际和平大会上，由于华侨和中国代表的共同努力，通过了某些援助中国的决议。国联大会召开时，全欧华侨抗联会致电国联大会主席，要求执行国联盟约，制裁日本，并函请中国大使顾维钧在日内瓦坚持正当要求，借机与英法苏诸国代表商讨建立远东集体安全问题。1937 年底，九国公约会议召开，欧洲华侨组织请愿团，有法、德、荷、比四国侨胞 19 个团体代表参加，他们做了大量有益的工作，使与会的许多国际友人产生倾向和同情中国的心理。

1937 年 9 月，全欧华侨抗联会发表告世界人士书指出，中国和侵略者的斗争，"……并不是只为了自己的利益，并且是为了全世界人民的利益"。中国的胜利就是正义的胜利，就是人道尊严战胜侵略暴力的胜利。因此，一切爱好和平的人有义务给中国"以精神上的帮助"及"物质上

---

① 《全欧华侨抗日救国大会上外宾演说》，《救国时报》1936 年 10 月 8 日。

和技术上的帮助"①。全欧华侨抗联会的告世界人士书，是争取全世界人民援华的呼声。此后，抗联会的华侨代表访问法国政府各政党、工会、宗教团体及其他反战反法西斯爱好和平同情我国抗战之团体达 40 多个，并尽力帮助"法国中国人民之友社"的友好活动。11 月，华侨还参加在巴黎举行的有 3000 余人参加的法国政府政党、工会及其他民众团体的讨论援助中国抗战大会。

欧洲华侨开展的一系列国际统战活动，加深了欧洲各国政府和民众对中国抗战的同情，进而逐渐转向支持中国抗战。

美国华侨也频繁地开展国际统战活动并取得明显效果。美国华侨社会中有一种自然的联络分工，代表不同阶层、不同政见的侨团与美国社会有各种不同的交往和接触。如下层和左翼的华侨反帝大同盟及华侨衣馆联合会等，与美国左翼和劳工阶层联系密切；中华公所和国民党海外支部则与社会名流如政治家、商人及教会首领交往较多。各阶层华侨对美国朝野人士都做了不同程度的统战工作。

1937 年，美国西岸航海业工人 4 万多人，为反对剥削压迫而开展反对法西斯主义的大罢工，众多华侨工人同美国工人密切团结，支持和参加罢工，许多华工担任纠察工作，义务在餐馆服务，向美国工人宣传反对日本法西斯的意义。在各国工人互相支持、互相配合下，罢工取得了胜利。1941 年美国好莱坞侨胞为救济中国难民发起募捐盛会，华侨联络发动美国各阶层人士共有 10 万人参加。好莱坞电影明星伯勒·荷普、马琳·黛特西、爱德华·鲁滨孙、维克多·麦克拉连等都参加了游行。②

轰动和影响很大的是美国华侨发起的"一碗饭"援华募捐运动。该运动是由美国最具声望的慈善募捐机构之一的美国医药援华会（American

---

① 《全欧华侨抗日救国联合会第二次大会告世界人士书》，《救国时报》1937 年 10 月 5 日。

② 《旅美侨胞开会募款救济难民》，《华侨先锋》第 3 卷第 5 期，1941 年 9 月。

Bureau Medical Aid to China, ABMAC）发起的。该会则由纽约著名华侨医生许肇堆博士（纽约大学医学院实验外科实验室负责人、研究员）发起成立，由罗斯福总统之子小西奥多·罗斯福任会长，董事会成员均由美国和华侨知名人士担任。"一碗饭运动"是医药援华会为了购买药物和医疗设备支持中国抗战，而在美国民众和旅美华侨中开展的一项募捐运动。意为每人节省"一碗饭"钱支援中国人民的抗日战争。这一运动得到了美国各阶层的广泛支持和响应。1938 年 6 月，旧金山华侨首先发动"一碗饭运动"，他们举行反日示威，用飞机散发传单。美国前总统胡佛、《纪事报》主笔史密士等联合各团体前来参加。旧金山市长与中国领事馆领事是日同乘汽车，由市政府率队游行华人社区，参加人数达 20 万，募捐 5 万多元。[1] 华侨巡游队举着各种标语牌，上面写着"请帮助中国难民充满其饭碗，你们五毫银可买'一百碗饭'！五毫银可救中国难民的命！""饥饿的中国难民需要饭食你们帮助吗？""数千万中国难民需要你们在今晚的帮助！""一个仙可以供给中国难民的一天粮食"[2] 等情意极浓、煽动性很强的英文标语，观者皆受感染。"一碗饭运动"很快扩大到全美国，有的地方组织了美国救济中国难民联合会。7 月 17 日，全美两千余城镇同日开展"一碗饭运动"。是晚旧金山市这一运动再次掀起高潮。中西人士踊跃募捐，盛大的"华埠之夜"，前来参观者人山人海，挤得水泄不通。据美国警厅报告，是晚游客人数 9 时已达 15 万人，10 时达 25 万人，10 时 45 分约达 30 万人，"诚华埠有史以来所未见"[3]。共募集 178362.37 美元。1939 年起"一碗饭运动"规范为每年举行一次。这一运动不仅为祖国募捐了大笔款项（约 100 万美元），而且在客观上起到了开展对美国上层人士和美国广大民众的国际统战的作用。其政治

---

① 《新华日报》1938 年 6 月 24 日。

② 《美洲举行"一碗饭"运动》，《华侨动员》第 2 期，1938 年 3 月 31 日。

③ 《美洲举行"一碗饭"运动》，《华侨动员》第 10 期，1938 年 9 月 15 日。

意义和经济意义一样重要，可谓一举两得。

七七事变爆发不久，加拿大卡尔加里华侨组织了拒日救国会，从事救国工作。1937 年 9 月 19 日，有 29 个华侨机关团体重新改组拒日救国会，内有文书、财政、交际、宣传等十多个科，并直辖公债部、华人慈善部、西人慈善部等。西人慈善部专向友邦人士以函捐和映画等方式募捐。10 月 22 日，卡尔加里华侨拒日救国会发起召集 75 个中西团体机关参加的抗日非战运动大会，到会的当地群众达 7000 多人。卡尔加里市长和阿尔伯达省政府的首脑人物也参加了大会。[1] 抗日援华活动轰动了加拿大。

1938 年 2 月，国际和平大会在伦敦召开。南洋各地如新马、菲律宾、泰国、越南等地侨团学校，热烈拥护国际和平大会，号召全世界爱好和平的民族和人民联合起来，打击法西斯侵略者。同年 10 月，南侨总会召开成立大会并发表宣言，指出，南洋各属，环境各异，法律不同，"我侨胞宜各顺适环境遵守法律屏叫嚣而尚沉着，崇理智而制感情。步伐必求其齐，路径必取其正。使各方获好印象，而利我进行，吾人须知吾人之敌只有一个，敌以外皆吾人之友，吾人应以左手挥拳以击敌，应以右手伸掌以握友，然后足以孤敌困敌，然后足以加速博取最后之胜利"[2]。宣言实际上是号召侨胞与当地政府搞好关系，认清并打击主要敌人，贯穿了国际统战的思想，为当地侨胞开展抗敌救亡运动指明了方向。

## （二）援英反德与援华抗日合流

1939 年 9 月，德国法西斯悍然入侵波兰，英国立即对德宣战。德军很快占领了欧洲大陆的多个国家，并出动大批飞机对英国本土狂轰滥炸，伦敦等城市陷入火海之中。大战爆发不久，英驻新加坡总督汤姆斯及其

---

[1]　支厦：《卡技利华侨四年来救国工作概况》，《现代华侨》第 2 卷第 5 期，1940 年 5 月。卡技利即卡尔加里旧时的音译。

[2]　《南侨代表大会宣言》，许云樵、蔡史君编：《新马华人抗日史料（1937—1945）》，第 47 页。

夫人发动了援英和捐献"爱国金"运动，新马华侨与当地民众积极响应。马来亚槟华侨筹赈会举行团体代表大会，有 122 个侨团代表出席会议。侨领王景成在大会上提议：侨民与政府合作，拥护英政府；响应援英献爱国金运动，以助英抗战及救济难胞。这个提议得到热烈响应，会议遂表决通过下列办法：（1）由筹赈会款拨出叻币 1000 元捐赠政府；（2）各界自动响应；（3）通告侨胞，拥护英国为正义而战。[①] 9 月 11 日，马来亚柔佛华侨总会致电英王，表达华侨援英的态度。电文说："侨等对于英皇陛下因希特拉主义压迫和平国家而作战，表示深切同情，并愿竭尽援助与拥护。"[②] 接着，马来亚各地如金保、立卑、劳勿等地先后成立援英华人组。9 月 15 日，森美兰华侨集会，成立森华援英义捐委员会，主席黄益堂演讲说："盖英国此次正与我国在东方抵抗日本侵略主义者，意义相同"，"我侨除表示热烈拥护英对德义战外，并望各尽能力，资助英政府……"英政府华民司在会上表示："……现各洲华侨，对于英国参战甚表同情及赞助使英人更加兴奋，感觉非常光荣，列位之热诚赞助，英政府与人民永远感激不尽。"与会华侨当场献金 7100 元捐给英国。[③] 从 9 月至 11 月，马来亚华侨援英捐款达叻币 106245 元。[④] 据统计，新马各地华侨为伦敦募捐汇寄 37.5 万英镑。[⑤]

援英反德运动一直持续到太平洋战争爆发后南洋沦陷为止。值得注意的是，华侨把援英反德与援华抗日乃至整个世界反法西斯战争有机地联系起来。1941 年 9 月 1 日，新马等地华侨为纪念英国反抗德国法西斯侵略战争二周年，举行了盛大的援英运动周，中华总商会、中华厂商联

① 新加坡《南洋商报》晚版，1939 年 9 月 11 日。

② 新加坡《南洋商报》晚版，1939 年 9 月 12 日。

③ 新加坡《南洋商报》晚版，1939 年 9 月 16 日。

④ 《华侨援英基金已达十万余元》，新加坡《南洋商报》晚版，1939 年 11 月 18 日。

⑤ ［英］巴素著，郭湘章译：《东南亚之华侨》上册，台湾"国立编译馆"出版、正中书局印行，1956 年初版，1974 年第 4 版，第 327 页。

合会、福建会馆等 200 个单位的 1300 多名代表参加援英大会。大会先由陈嘉庚致辞，他说：今日之世界战争，可谓民主阵线对法西斯侵略阵线之战争，"中国为民主阵线之一环"，"是以今日欧亚各民主国家之抗战，在地域上言，虽属两面，而利害关系，实则一致也"。英国今日为打倒法西斯而战，不但足以保护英国殖民地及马来亚华侨，"亦为助于祖国之抗战前途"。由是以观，今日之纪念大会，其意义不但拥护英国为民主自由而战，"亦为保卫全人类民主自由所维系之世界民主阵线"。① 侨团代表陈延谦等 16 人先后在会上发表演说，或为阐明援英意义，或以中英合作保卫民主阵线相勉。在援英运动周中，侨胞们喊出了"援英即援华"等口号。

华侨在当时把第二次世界大战的参战双方清楚地分为民主阵线和法西斯阵线，表示自己要坚决站在民主阵线一边共同反对法西斯侵略，并把援助祖国抗日的反法西斯斗争同英国抵抗德国法西斯侵略看成"实则一致"，说明侨领侨众对开展国际统战工作在认识上的清醒、到位。华侨这种不计以前遭到英国殖民压迫的大义之举，积极地援助盟国反法西斯的精神，使英人受到感动并加以赞扬。当时新加坡英人办的《海峡时报》发表社论说："今日马来亚华人开始作一项努力，居在此间之欧人，应表示赞佩及感谢……"《自由西报》社论说："马来亚中英关系，从未有如本周南侨总会所组织援英运动募捐救济空袭义金之表现……英国有马来亚间一个华人为其后盾，诚属令人兴奋也。"② 在英属新马等地的英国高级官员，最初抱着等级偏见，对华侨的抗日运动，并不表示同情或好感，甚至压制华侨的抗日活动，但此后慢慢同情华侨，默许华侨开展的抗日救亡运动，最后转而支持华侨的抗日救亡活动。

① 《新加坡华侨援英运动》，香港《华商报》晚刊，1941 年 9 月 15 日。
② 《新加坡华侨援英运动》，香港《华商报》晚刊，1941 年 9 月 15 日。

　　华侨开展广泛的国际统战活动，使许多外国人士对中国的抗战深表同情并伸出援华之手，进而在世界各地出现了许多援华团体。在美国旧金山，1937 年秋成立"在美中国战事救济联合会"；纽约成立"全美援华委员会"，该组织在美国各地建立 50 多个分会，会员近 400 万名；美国其他各地还有"救济中国难民联合委员会""中美协会""美国中国人民之友社"等友好团体。在英国，英国友人和华侨组织了"英国中国人民之友社""英国抗日援华会"和"国际援华大会"等。在东南亚一带有"华印缅抵制日货委员会""中菲协会""中国人民之友社"等。这些国际援华组织，有的是华侨和国际友人共同组织的，有的是在华侨影响下建立的。这些组织开展了各种援华活动，推动了当地政府和民众的援华抗日运动。

### （三）以国民外交策应政府抗日外交

　　开展国民外交工作是华侨援华抗日的重要国际活动之一。华侨在侨居地协助我国领使馆工作，宣传解释我国战时的对外政策，这是"帮助祖国最有效的办法"，"关于这方面的工作，只有华侨才能负得起，才能做得好"①。

　　日本发动九一八事变很快占领中国东北，国民党政府执行不抵抗政策，幻想依靠帝国主义操纵下的国联解决东北问题。1932 年 2 月，国联派出以英国人李顿为首的调查团，他们经日本到中国上海、南京、汉口、北平等地进行"调查"后，发表了洋洋数万言的报告书。报告书虽然承认东北是中国领土不可分割的一部分，日本发动九一八事变为非法，满洲国为日本人所制造。但报告书又胡说中国人抵制日货和苏联输入共产主义是日本制造九一八事变的原因。对中国东北问题的处理，主张门户开放，由国际共管中国东北，其要旨是反对日本独占东北，寻求"公平

---

　　①　张楚琨：《凯丰论华侨青年运动》，新加坡《南洋商报》晚版，1939 年 12 月 6 日。

分赃"。

国民党政府竟对国联报告书表示原则接受，胡适以《一个代表世界公论的报告书》为题，称赞报告书的"公平"。但报告书遭到中共、社会各界及国民党政府内部有民族正义感的一些官员的反对。

自从九一八事变爆发后，海外华侨一面致电南京政府要求采取强硬的抵抗政策，一面致电国联要求制裁日本侵略。檀香山中华商会代表全体华侨致电国联，请其"制裁日人之暴行，维护世界之和平"[1]。古巴华侨致电国联调查团，望其主持公义，并致力于解散伪满洲政府及撤退在华日兵。然而，国联调查书公之于世后，一些思想敏锐的侨胞感到大失所望。辛亥革命元老、归国华侨郑螺生等人见到国联调查团报告书后，义愤填膺，马上致电国民党中央党部、国民政府各院部会、各报馆、各机关团体，指斥"国联调查团报告书，谬点难以殚述"。"如此而犹满意，真不知世界间有羞耻事。"电文提出了他们的十二项主张，其中有"绝对反对东三省设立自治政府"；"声明日本强夺满洲系其传统帝国主义之表现"；"声明日本军阀之野心与狠毒正想征服世界，绝无亲善可能"；等等。电文呼吁："同胞乎，同胞乎，亡国甚于毁家，名誉重于生命，宁为岳飞、戚继光、史可法、安重根、蔡廷锴、李奉昌、尹奉吉……流芳百世，勿为秦桧、洪承畴、吴三桂、李完用、郑孝胥、谢介石、赵欣伯……遗臭万年。"[2] 侨胞慷慨陈词，对国联报告书进行无情的揭露和怒斥，其态度立场正义鲜明。

归侨刘成灿对胡适袒护国联报告书痛加驳斥：胡适为一极端"为我"主义者，其心中无所谓民族主义，无所谓国家观念。其视东三省主权之丧失，不若其视薪水折减之重。见强权则崇拜，弃公理如弁髦。华侨还

---

① 《海外月刊》创刊号，1932 年 9 月 1 日。

② 《归国华侨对报告书批评》，《海外月刊》第 3 期，1932 年 11 月。

对胡适赞称报告书中"东三省解除武装问题""设立自治政府问题""关于日方利益之中日条约问题""中日和解公断不侵犯及互助条约问题"及"中日商约问题"等逐条加以反驳。认为胡适"拥护调查团，并歌颂其所拟'设立东省自治政府'等办法，意或别有用心。故意为此曲说"。[①]华侨抨击国联调查团的谬论，驳斥胡适对调查团的祖护，实际是对国民党政府对日妥协外交、幻想国联制日方针的强烈不满，提醒国人不要轻信国联调查团的荒唐骗局。

全民族抗战爆发后，世界各地华侨广泛开展国民外交工作，在协助并督促国民政府使馆人员实行抗日外交政策，取得各国同情与援助中国抗战的工作中付出了很大努力。

1937年9月，全欧华侨抗联会召开第二次代表大会并发表宣言，在外交方面主张联合苏联、美国、英国、法国，利用国际上一切有利于中国的力量，形成国际反日阵线，阐明"我们一方面要确定抗日的自主积极外交路线，正式宣布参加世界和平阵营，一方面也要公开反对《日德防共协定》，打破日寇对我的外交包围政策"[②]。1937年9月，国际联盟在日内瓦召开大会。9月12日，全欧华侨抗联会致函出席国联会议的中国代表兼驻法大使顾维钧，提出要求国联制裁日本侵略者五点意见：（1）日本为侵略者在国际上已无疑问，应要求大会一致认定祸首；（2）应请各盟约国对日本侵略者，根据国联盟约16条与17条之规定，作军事与经济上已有效之制裁，并要求立即执行；（3）应坚决反对一切敷衍以及与侵略者妥协之"调停"办法；（4）应利用大会时机与英、法、苏诸国代表接洽，以便联合各国，成立远东集体安全盟约，以维护东亚和平；（5）尤应利用大会之场所，宣扬我民族精神。18日，顾维钧大使

---

① 《归国侨胞斥胡适祖护国联调查团报告书》，《华侨周报》第16期，1932年11月2日。

② 《全欧华侨抗日救国联合会第二次大会宣言》，《救国时报》1937年10月5日。

复函抗联会"深佩卓见，承示五点，洞中窍要"，表示要按"斯意旨进行"，"冀慰期望"。[①]

1937年10月，旅德侨胞在恐怖环境中集会，成立保卫祖国联合会。他们致电中国出席九国会议的代表团，请其竭力维护中国权利，要求大会采取切实措施，制止日本侵略。九国会议召开的时候，全欧华侨抗联会法国、德国、比利时、荷兰等国18个华侨团体代表赶到布鲁塞尔向大会请愿，并与我国驻欧大使密切合作，他们三次访问顾维钧等几位大使，以坚定的立场向大会要求：尊重国际公约的精神执行公约义务；以具体有效方法制裁侵略者；反对一切调解，抗战到底，誓死驱逐日寇，非收回一切失地不可。请愿团向大会主席斯巴克递交法文请愿书，特以英文印本分致英美代表团，请求其彻底援助中国，予日寇以具体有效的制裁。请愿团还遍访了与会各国代表团，并举行招待各国记者20余人的新闻记者会，其中有第二国际秘书汪德威尔及社会党女议员布留姆夫人等，向记者散发请愿书及各种英法文宣传品。[②]请愿团还支持比利时首都布鲁塞尔的中国、比利时大学生几次向日使馆递交请愿书。

全欧华侨抗联会向九国会议的请愿活动有力地协助了中国外交代表团的工作，使与会各国代表对中国抗战问题有所重视，传播并扩大了中国抗战的影响，配合并推动了中国使馆在欧洲的抗日外交活动。

美洲华侨特别是美国华侨也频繁地开展抗日援华的国民外交活动。九一八事变后不久，为了加强中美关系，争取美国对华的同情和援助，旧金山华侨组织了中国战事救济联合会，收集我国抗战材料，向我国侨民及友邦人士传递。旧金山会议召开时，该会提出数项主张，其中有赞同美国罗斯福总统修正中立法案，促使美国国会通过授权美总统禁止军

---

① 《全欧华侨抗联会致出席国联首席代表顾维钧大使函》《顾维钧大使复全欧抗联会信》，《救国时报》1937年10月10日。

② 《全欧华侨组织代表向九国公约会议请愿》，《救国时报》1937年11月15日。

火运往法西斯国家，宣传抵制日货及救济中国难民等。该会及其主张引起美国政府的注意。

　　美国著名侨领邝炳舜，为祖国抗日救亡四处奔波。1941年美国实施《租借法案》，而提案只限于援助英国。邝炳舜得悉后，心急如焚，立即发动侨胞上下活动，各向其熟悉的美国参众两院议员恳切解释，请求对华予以同等看待，卒获各方理解、同情和赞助，使美国政府的《租借法案》同样适于中国。[①]美国纽约华侨在1940年底举行援华大会，参加的人员中有美国联邦公安部部长麦克纳特，前两届总统候选人威尔基，著名编辑李普曼及前海军部长爱狄生等名流和中国驻美大使等。华侨在大会上大肆鼓动，请与会知名人士援华。

　　1942年七七事变纪念日，美国各大城市的侨胞开展了大规模的纪念活动。华盛顿侨胞在昔日华盛顿总统寓所举行纪念大会，会后，众多侨胞与各国家驻美大使馆、公使馆代表列队在唐人街游行，并以乐队与装载展览品的卡车为前导，美陆军华籍士兵数十人也加入游行行列。旧金山侨胞是日举行盛大集会，加州市长、旧金山市长与27个联合国家驻旧金山领事应邀均派代表参加，并致电向中国三军致敬。纽约华侨也举行了示威，纽约第五号街，悬挂我国国旗42面。[②]各大城市的纪念活动影响很大，既宣传了祖国抗战，又是一次大规模的国民外交活动。

　　1945年4月，联合国成立大会在美国旧金山召开，旅美华侨为了对祖国在经过抗战后国际地位得到提高表示祝贺，当中国代表团到达旧金山时，遍街悬挂中国国旗，各华人社区门庭清洁，市容整饰一新，张灯结彩。2万多名华侨前来欢迎中国代表团；中华会馆特组织欢迎委员会，芝加哥中华会馆、纽约中华公所纷纷致电欢迎。

-------

① 《海外名人录》，《华侨先锋》第2卷第19期，1941年4月1日。

② 曾生：《海外侨胞抗战热情的指针》，《现代华侨》第3卷第10期，1942年10月。

美国侨胞八年如一日，对祖国抗日贡献甚大，开展国际援华活动成效显著。美国是世界上最发达的强国，各国使节众多，来往频繁，华侨利用这些有利条件，在各国使节中广泛活动，配合了中国在美国使馆的外交工作，其对美国各界产生积极影响。

抗战期间，古巴华侨也积极开展抗日援华的国民外交工作。1941年七七事变纪念日，古巴侨胞举行纪念大会，特邀美国大使、英国公使、波兰总领事等，以及古巴名人约翰马典、年逾70的加士的佑上将等也参加纪念大会。各国使馆人员和古巴名流皆发表演说，盛赞中国抗战不仅谋求独立自主，亦是为世界之和平正义而战，应该加以大力援助。大会期间，某外商提供一架飞机，在古巴哈瓦那上空散发宣传中国抗战传单达25万张，古巴广播电台转播、报道了纪念大会的实况，使各国使节、华侨的讲演声传遍全美洲。①

战时大洋洲的新西兰华侨也曾积极致力于抗日援华的国民外交工作。1937年9月至1938年9月，由惠灵顿华侨发起，连续四次举行新西兰华侨联合会代表大会，成立新西兰华侨联合总会于惠灵顿。并在各地建立分支会，进行捐款和宣传等各种爱国活动。尤其是第四次代表大会致函新西兰众议院议长巴那氏，对其致力救济我国难童表示敬意。通过当地华侨的工作，新西兰人士对中国抗战"极具好感"并"尤表同情"，"此亦我侨胞平日言行所予良好印象有以致之也"②。

1940年3月，马来亚槟华各侨团召开代表会议，议决致电英国首相，请求准期开放滇缅公路。10月，缅甸华侨救灾总会收到我驻英大使关于滇缅公路禁运已届三月的来电之后，即召开理事会，议决举行滇缅公路复运宣传周，并致电英政府表示："滇缅公路协定期满，恳即准予复运，

---

① 《古巴华侨热烈开会纪念抗战》，《华侨先锋》第3卷第5期，1941年9月。

② 中国第二历史档案馆藏：《纽丝纶华侨两年来之救国运动》，全宗号22，卷号85。纽丝纶即新西兰旧时的音译。

以慰群情，不胜盼切待命之至。"①经过中英、中缅的外交协商，滇缅公路终于重新开放。

抗战期间，旅居日本的华侨虽然艰难地生活在日本法西斯的国家里，但他们也力所能及地开展抗日救亡活动。1938年新年，留日华侨举行新年大会，秘密地邀请驻横滨的中国总领事到会演讲中国抗战情况，在场的侨胞都表示坚决拥护抗战到底，痛斥傀儡走狗，与会的中国使馆人员受到感动。当然，旅日侨胞生存愈加艰难，大多遭法西斯政府的迫害。

华侨是天然的国民外交专使，他们侨居世界各国，在当地繁衍生息，和侨居国各阶层人士有广泛接触，往来密切，所以华侨做起联络感情的工作来比任何人都便利。抗战时期，华侨开展的国民外交工作，就是利用自身这种天然优势，做了大量国内同胞做不到的有益工作。

## 三、在侨居地制裁日本侵略者

### （一）抵制日货如火如荼

抗战期间，世界各地华侨广泛开展抵制日货运动，这也是华侨开展国际抗日援华活动的一个重要方面，这个运动首先在南洋各地蓬勃地开展起来。

日本资源极度贫乏。从某种意义上说，南洋是日本支持侵华战争的生命线和补给线之一。发动全面侵华战争前，日本对南洋的进出口贸易额在1931年为2.03亿元，占其贸易总额的8.52%；1936年增至6.6亿元，占其贸易总额的10.35%②。全面侵华战争开始后，日本为了支持庞大的战争开支，对南洋的贸易量大增。而南洋的600万华侨中，经商者

---

① 《缅甸侨胞进行开放滇缅公路运动》，《新华日报》1940年10月15日。

② 武育宣：《近十年来日本与南洋的贸易关系》，《南洋研究》第8卷第2号，1939年4月。原资料没有标注货币单位，根据判断应为美元。

占一多半，华侨商人大多为批发商和零售商，即所谓的"中介商"。南洋地区与欧美各国、日本及中国的进出口贸易必须经华侨转手，他们在当地经济贸易中地位重要而特殊。当时上海圣约翰大学教授麦克勒曾说道："欧美商人，如无华侨之中介，几无法与本土人民交易，结果不得不求助于华侨。"① 当时日本人经过调查发现："虽然说华侨很少直接参与进出口贸易，但是，贩卖输入商品却被他们独占。而且即使在输出商品方面，在从原料生产者直到出口商的中间过程，华侨的势力颇大，大部分要由他们来供应。正是这些中介商人，成为南洋各地华侨经济势力的根干。可以说，如果没有华侨，马来的商业交易就不可能进行。"② "作为中介商的华侨遍布南洋各地，成为华侨经济势力的根基。"另外，在对南洋各国的投资方面，荷兰和华侨投资额分别占 28%，英国占 26%，美国占 8%，日本仅占 2%。"可见，华侨投资额远远超英美，可以窥见华侨经济力的强大。"③ 华侨在南洋投资相对于日本投资占压倒性优势。再如，新加坡马来亚 1936 年共有橡胶商 218 家，其中华侨商人 175 家，英国 23 家，日本 8 家，美国 3 家，荷兰、法国、德国等国各 1 家。据马华筹赈会的调查，1938 年新加坡华侨商业有 111 种，6765 家，其中杂货商 583 家居首。战前缅甸有华侨土产商 374 家，杂货商 810 家，米谷商 121 家。菲律宾共有零售商 72003 家。其中菲律宾本土商人 56758 家，占 78.8%；华商 13758 家，占 19.2%；日本 719 家，占 0.98%；印度 198 家，占 0.27%；美国 276 家，占 0.38%；其他 294 家，占 0.40%。④ 无论从华侨对南洋总的投资额看，还是从南洋各国商业中华侨商人所占的比例看，都可以反映华商的地位。因此，大量华侨商人的存在，不但有利于祖国

---

① 丘斌存：《华侨经济复员复兴问题》，上海新时代出版社 1946 年版，第 71 页。

② 崔丕、姚玉民译：《日本对南洋华侨调查资料选编（1925—1945）》第一辑，第 190 页。

③ 姚玉民、崔丕、李文译：《日本对南洋华侨调查资料选编（1925—1945）》第三辑，第 135 页。

④ 孙承译：《日本对南洋华侨调查资料选编（1925—1945）》第二辑，第 372、379、381 页。

对南洋的贸易，而且对于抵制日货也处于天然的有利地位。这是南洋华侨在抗战期间首先发动抵制日货的主要原因。

九一八事变爆发后，南洋各地华侨就开始了零星的抵制日货活动，但当时由于欧美殖民当局的限制，日商的从中破坏，抵制日货的时间较短，规模不大，对日本打击也不重。

全民族抗战爆发后，南洋华侨冲破阻挠和限制，掀起了新一轮更广泛的抵制日货运动，他们在侨居地不卖不买不用日货，侨商不经营日制商品，给日商以釜底抽薪的打击效果。当时抵货最突出的是新加坡和马来亚华侨。七七事变之初，华侨公开的抗日救国活动受到种种限制，他们就利用其有利的经济地位拒绝买卖日货。最初的一两个月之内，这种活动是零星的"游击式"的。到1937年10月以后，新加坡一部分同侨（一般把同行业的华侨称"同侨"）发起组织中英物产联合研究会，使抵制日货运动规模逐渐扩大。中英物产研究会的主要办法是积极推销中英货物而阻止日货的输入。接着类似的组织纷纷出现，如关旦（关丹）侨商国货调查推销团，雪兰莪中华总商会商品研究部，蔴华救济会物产研究会，文冬华商货物研究会，等等。这时，有的华商还输入一定数量的日货，有的华商仓库还存有日货。1938年8月，华侨将所存的日货自行标封，订货全数取消，各商号联同订立契约，誓不贩卖日货，抵货随即形成高潮。侨商为了抵制日货，宁可自己蒙受损失，甚至破产也在所不惜，抗日救国精神难能可贵。

新马华侨抵货又可分公开活动与秘密活动两类：前者是在殖民当局默许下开展对日制裁的公开性活动；后者是在违反殖民地政府的法律规定所采取的秘密活动。侨胞在抵制日货时首先揭露日本侵华暴行，宣传抵制日货的意义，大多数侨商均热烈响应，拒买拒卖日货。如新加坡布商同业实行拒绝日货，专办英、美等国出口商品，违者由同业委员会处分。90余家钟表店代表在新加坡总商会召开会议举行宣誓不再输入日货，各钟表店所存日货一一登记，登记后可发售，但不得购进。98 家华人瓷器商议决不再采办日货。其他如茶商、自行车商及印务同业等也随之展开抵货运动。[①] 抵货运动同时风行于马来亚其他各地。雪兰莪华侨自行车商一致开会与敌经济绝交；太平 17 家广侨杂货商集会议决停办敌货，并报告检查所存仇货；太平 46 家闽侨商贩与广侨商家联络停办仇货；吉隆坡各同侨洋货布匹铜铁商家组织货品研究部实行不采办日货；槟榔屿抵货更加突出，先由中医中药联合会集会，决定由医生与药商合作再不采办仇货。后又发生所谓"豆潮"事件——在抵货运动广泛进行时，有一位商人贪图暴利，购买大宗日本掠夺自我国东北的黄豆出售，事为华侨所探悉，当这批大豆由码头运往货栈时，沿途被华侨多人挖破豆袋，大豆遍撒途中，有人将大豆运至中国救济会拍卖，许多华侨又冲入救济会内，击破门窗，将豆袋拖出投入大海，然后欢呼而散。全马各州的学生成立"侨生部"，开展抵货除奸。有一次某小学生不留意买了一支日制铅笔回校，同学们发现后，对他进行说服，这位小学生当场发誓永不买仇货，并将买来的铅笔立即折断扔掉。由上可以看出新马华侨抵制日货广泛而深入、坚决而彻底。

抵货不但在华侨下层中展开，还深入殖民政府当局内部。1938 年 11 月，新加坡市政府当局提出购买日本乌灰事展开辩论，华籍议员陈森茂提出政府不购日货、多购英货的议案，投票结果以一票之差陈的议案没有通过，其中另一位华籍议员投了反对票，遭到侨众的群起攻击，各报议论纷纷，迫使这位华籍议员被迫辞职。1939 年 1 月，陈森茂再次向议会提出前项议案，终于获得通过。

新马华侨抵制日货成绩很突出，日货在当时世界市场上损失最大的

---

① 许秀聪：《星马华族对日本的经济制裁（1937—1942）》，见《新加坡华族史论集》，第 144 页。

地区，要数马来半岛，约减少 75%。据当时伦敦统计数字显示：1937 年日本输入马来亚货物总值为 4048.2 万元，1938 年减至 1242.6 万元，其中棉织品之输入由 750 万元减至 275 万元，煤料之输入几减至半数，水泥输入减少 2/3，钢铁之输入减至 1/10。[①] 当时曾亲自到南洋考察的日人白石源吉自称：中日事变前日本每月输入新加坡之货物达星币（即叻币）400 万元，事变后每月减至 100 万元；食品战前每月输入 50 万元，事变后不久完全绝迹。日邮船会社自新运日货品由战前每月 7000 吨降至战后每月的 3000 吨至 4000 吨，输入新加坡的货品由每月 8000 吨降至 2000 吨至 3000 吨。[②] 可见新马华侨抵制日货对日本贸易的沉重打击。

菲律宾、缅甸、泰国的华侨抵制日货也很活跃。1938 年 2 月，菲律宾华侨制定了《抵制敌货实施办法》，"办法"共 21 条，对抵制日货作了具体规定，其中第五条为："凡属有意乘隙贩卖仇货、破坏抵制者，经本会调查属实时，以汉奸论处，在报纸上公布其姓名，并请求本国政府（国民政府）通令逮捕。"[③] 当家乡厦门被日军占领的消息传来，以福建人居多的菲律宾华侨"反日情绪极端高涨"，随即"各华商团体一致开始抵制日货"[④]。菲律宾宿务华侨坚决拒绝为运载椰干赴旧金山的日轮南满丸号装货，使该轮只好空船往返。西里省华侨联合会与日本商人竞买废铁，把其收买的废铁转售中国政府。缅甸华侨救灾总会在仰光组织缅甸华侨抵制日货总会专门负责抵货，并派人到各地广泛发动，得到旅缅印人国民会议派和缅人青年社会党领袖等名流的支持与合作，复成立"华印缅联合抵制日货委员会"。在 1937 年"双十节"，该会召集侨团、侨

①　新加坡《星洲日报》早版，1939 年 8 月 11 日。

②　《星洲十年》（社会），沈云龙主编：《〈近代中国史料丛刊〉续编》第 44 辑，文海出版社有限公司印行，第 992 页。

③　崔丕、姚玉民译：《日本对南洋华侨调查资料选编（1925—1945）》第一辑，第 81 页。

④　崔丕、姚玉民译：《日本对南洋华侨调查资料选编（1925—1945）》第一辑，第 5 页。

校举行抵制日货扩大示威游行，情况至为热烈。在泰国，华侨所从事的贸易活动居主导地位，在 20 世纪 30 年代初的世界经济危机前，华侨占当地贸易额的 52%，危机后下降至 30%。"华侨掌控着暹罗商品贸易的全部营销网络。"其中树胶商华侨所占比重很大，战时日本拟向泰国当局购买大量树胶以生产军舰、战车、飞机等各种武器，悉被侨商所阻绝；泰国对外贸易的运输船只，"驳船、货船等运输业务全都在华侨的控制之下"[①]，日又向泰国经济部要求代购大量食米，结果亦因华侨米商的一致抵制而未果。

当然，华侨的抵制日货活动，在各侨居地存在着不平衡的情况，也并非一帆风顺，往往受到多重阻挠和破坏。这从南侨总会主席陈嘉庚致中央广播事业管理处的信函中可以说明。信函说：抵制日货"初期运动风起云涌，终以居留地弗获自由渐见弛懈，虽爱国志士推行工作不避艰危，然法律取缔极严，而奸商又敢冒险图利，一般受敌豢雇之汉奸更暗中为其包庇，故敌货入口无法根绝，比较'七七'以前尚有三四成存在也。按侨界中百计破坏救亡壁垒者一为敌人收买之汉奸，一为奸商以贩卖敌货，或以敌货为其商品之制造原料者，一为汪逆精卫派，三者经济均有来源，势力相当雄厚，潜伏华侨社会中，专以筹赈会为其惟一之攻击对象；或用其自办之报馆以作机关，或另行印发传单以为利器，无日不寻瑕抵隙，吹毛求疵。"[②] 这段表述，至少说明南洋华侨抵制日货受到种种困扰和破坏的情形，也反映了华侨抵制日货活动的复杂性。

对一些偷偷买卖日货的侨商，华侨采取了各种制裁措施。其制裁的办法是先礼后兵、先教育后警告，仍然不改者，则强行罚款以警告等惩

---

　　① 姚玉民、崔丕、李文译：《日本对南洋华侨调查资料选编（1925—1945）》第三辑，第 98—99 页。

　　② 《陈嘉庚关于南侨总会工作成绩及汉奸破坏情形致中央广播事业管理处函》，福建省档案馆编：《福建华侨档案史料》（下），第 1663 页。

戒措施。当地著名的侨报《星洲日报》将新加坡贩卖日货的侨商 30 余家的店名地址一一登报，对这些商号压力很大，迫使他们改邪归正。华侨的种种制裁活动，有些方法不当甚至过火，但他们的抗日救国心情是可以理解的。

其他侨居地对继续经营日货的侨商也采取了各种惩戒措施。如印尼华侨棉布商根据同业总会决议建立抵制日货同盟，决定对违反者课以相当于贸易额 50% 的罚金。在印度支那，华侨"抵制日货相当盛行，其手段是编制出售日货的华商名簿，进行各种威胁，向各商店派遣监视人员进行监督，对违反者课以罚金，或者直接采取行动，已经发生数十起被害事件"[①]。可见，当时对于侨商而言，抵制日货有积极主动者，有顺势而为者，有消极被迫者，也有利欲熏心、丧失国格人格偷贩日货而受到制裁者。

"日本既认南洋为日本的生命线，现在这个'生命线'已被华侨的爱国心所割断。"[②] 由于华侨抵制日货，使日本对南洋的贸易输出 1938 年比 1937 年约减少 38%，输入约减少 30%，贸易总额约减少 39%。表 7-6 为日本对南洋华侨居多的几个主要国家的贸易情况统计，也可明显看出抵货的影响。

表 7-6　1937—1938 年日本对南洋五国贸易统计表（单位：千元）

| 输出 | 荷印 | 菲律宾 | 英属马来亚 | 法属越南 | 暹罗 |
|---|---|---|---|---|---|
| 1937 年<br>1938 年 | 200051<br>104145 | 60348<br>32599 | 72334<br>23827 | 4624<br>3082 | 49382<br>39269 |

| 输入 | 荷印 | 菲律宾 | 英属马来亚 | 法属越南 | 暹罗 |
|---|---|---|---|---|---|
| 1937 年<br>1938 年 | 153450<br>88249 | 45194<br>35630 | 134367<br>114810 | 27012<br>20301 | 13579<br>4751 |

---

① 崔丕、姚玉民译：《日本对南洋华侨调查资料选编（1925—1945）》第一辑，第 4 页。

② 武育宣：《近十年来日本与南洋的贸易关系》，《南洋研究》第 8 卷第 2 号，1939 年 4 月。

日本神阪区战前经营进出口贸易的华侨商人有 150 家，输出总额达 1 亿日元，战争发生后，华商纷纷回国，商业陷入停顿状态。据统计，1936 年神户华侨输出贸易额为 4432 万元，1937 年下降到 1831 万元，1940 年下降到 1630 万元；神户对东南亚输出贸易总额所占比重则从 1936 年的 30% 下降到 1937 年的 11%，1940 年的 14%。[①]

抵制日货运动在欧美各国的华侨中也普遍展开。1937 年 10 月 7 日，"纽约中国人民之友社"会同"美国反对战争和法西斯主义大会"的外国友人联合发起召开抵制日货大会，华侨和美国友人共 15000 多人与会，他们一致赞成抵制日货，给日本侵略者以经济制裁。[②] 从此，抵制日货往往成为中美人民共同的行动。不久，"纽约中国人民之友社"又组织了一次示威游行，要求美国妇女拒买拒卖日本长筒丝袜。1 万多人参加游行集会，其中有 2000 名华侨妇女参加。她们有的穿着棉布袜子，有的干脆赤足上街示威游行。著名的美国电影明星洛丽泰·扬、西尔维亚·西德尼和弗朗西斯·法默等参加了这一活动，并成为抵制日货的亮点。1938 年春，美国伯明翰的一家华人洗衣房发表声明，拒绝洗染日制丝织衣服，以示抵制日货。芝加哥侨胞把自家商店的日货堆积在大街上，然后由华人童军协助焚毁。旧金山华侨青年黄荣灿同德籍青年在华埠日人商店用油漆涂写"抵制日货"等标语，被警方拘捕。抵制日货运动在美国各大城市展开，深入华侨社会和各个阶层的美国友人之中。关于美国华侨社会抵制日货情况，美国侨胞给家人的信里也有反映，"现在美国中华人，无论男女非常热心，抵制日本仔货"，"无论男女团结抵制日货，不可贪平买日本仔货，不但中国抵制，各国联同抵制"[③]。

---

① 崔丕、姚玉民译：《日本对南洋华侨调查资料选编（1925—1945）》第一辑，总序，第 31 页。

② ［美］邝治中著：杨万译：《纽约唐人街》，上海译文出版社 1982 年版，第 123—124 页。

③ 《汤德名给汤景遇的信》（民国二十六年十一月初三日），刘进、罗达全、张秀明编：《华侨书信抗战史料选编》（五邑侨乡卷·上卷），广东人民出版社 2016 年版，第 138—139 页。

在欧洲，全欧华侨抗联会第二次大会制定了《抵制仇货运动大纲》，详尽制定了欧洲华侨抵制仇货的具体办法。其中规定抵货先要调查及登记卖仇货店户及各店户趸存仇货之种类和数目；劝导贩卖仇货商人自动改售国货或友邦货商品；还规定了售清仇货日期，其长短应按照地方情形办理，最长时间不能超过两个月，如限定出卖仇货期满时而仍未售清，须将余存仇货封存。大纲对抵货的组织机构和奖惩办法等都做了具体规定，并主张"唤起世界各国抵制日货"①。全欧华侨抗联会的抵货大纲是一个洲际性的华侨抵货纲领，是欧洲华侨的抵货运动的遵循。大纲公布不久，全欧华侨抗联会组织侨胞用两周时间散发抵制日货传单 1000 张，法文传单 80 张。法国华侨及"中国人民之友社"于 1937 年 11 月 3 日召开各团体反日代表大会，一致通过抵制日货案。12 月 22 日各华侨团体党派 2500 人召开反日大会扩大抵货运动。里昂华侨组织了抵制仇货分组委员会，对各饭店、商店进行严密检查。巴黎华侨制定了《取缔贩卖仇货章程》7 条，并由华侨王庆元等 7 人组成巴黎市区抵制日货分组委员会，确定以"和平方式肃清仇货"，首先进行宣传调查劝导，不听者进行没收惩戒等，使抵货运动不断深入广大华侨社会中。

大洋洲的新西兰华侨也开展了抵制日货运动，他们纷纷签署抗敌公约，相戒不买卖仇货。1939 年 6 月，有大宗日本葱头运进新西兰，华侨果蔬商店立即声明不予销售，当地居民亦纷纷响应抵货。当地政府后来也采取限制日货进口，"对于销纽日货，予以极重大之打击也"②。非洲南部的依利萨伯斯港，华侨在城市显眼之处高悬反日标语，宣传抵制日货。

华侨在侨居地用抵制日货的方法同敌人进行斗争，在经济上直接打

---

① 《抵制仇货运动大纲》，《救国时报》1937 年 10 月 5 日。

② 中国第二历史档案馆藏：《纽丝纶巴达维亚华侨救国运动活动情报》。

击了日本侵略者。华侨抵制日货在政治上也赢得了当地民众对中国抗战的同情与声援，并提高了自身在海外的地位。过去外国人多看不起华侨，认为中国人只有五分钟热血，有人一见华侨开口就说"乌人支那武索"，而现在外人一见华侨便翘起拇指喊"乌人支那班礼"①。

以南洋华侨为重心的抵制日货运动席卷全世界。各殖民当局和侨居国在不触动其经济利益的情况下，一般加以默许。华侨抵货运动一般多由自发转变为自觉的行动，华侨商会和救国团体成为抵货的领导机构和后盾。马来亚各地均秘密设有抵货会及锄奸团等组织，前者暗中检查进口货品，后者侦察商人的活动，是抵货锄奸的强有力组织。曼谷华侨总商会也是抵货的有力机关。另外，过去一发生抵制日货时，日货多冒充国货糊弄过关，战时有许多华侨特组织国货考察团回国考察国货，国民政府对华侨的抵货活动也给予配合，曾通令驻外各领事馆各中华商会参酌《查禁敌货条例》，由经济部编辑《日商标汇编》及《查禁东四省产品名称表》分寄海外侨胞参用。这样，侨胞对日货国货鉴别能力提高，使日货冒充国货之伎俩难以得逞，抵货亦大有成效。

需要说明的是，广大华侨在抵制日货的同时，和倡用国货结合起来。如抗战期间，新加坡马来亚有各种抗日救国侨团 200 多个，有些是秘密的，有些是公开的。其中以研究和宣传国货为名、公开的侨团"中英国货研究会""中华商会国货研究部""中华肃清劣货委员会""中华国货宣传会"等，既是推销国货的侨团，又是抵制日货的侨团。公开推销研究国货，暗中领导抵制日货。因此，海外各地抵制日货的同时，国货大行其道。据战时中国国货实业服务社估计，1935 年至 1938 年间，每年由上海输出南洋的国货价值，约达 5.448 亿元，若加上由其他口岸输出侨居地的国货，每年当不下 6 亿元。"中华民国国货产销之鼓励，华侨实

---

① "乌人支那武索"意为"你们中国人没用"，"乌人支那班礼"意为"你们中国人呱呱叫"。

与有力焉。"①

### （二）南洋日矿华侨罢工

华侨抵制日货主要是在商界中进行的，而华侨工人更是不甘落后，在南洋地区，与抵制日货的同时，掀起了大规模日矿华工罢工事件。

南洋华侨社会中，商人所占比重最大，其次是工人，尤其是在新马华侨社会华工比例更大。据统计，1939 年全马来亚各业工人共有 43 万多人，其中华工 15.6 万人，印度工人 23.4 万人，马来工人 4.1 万人。据1937 年马来亚矿务局的报告，全马矿工中华工所占比重见表 7-7。②

表 7-7　马来亚各州华工与其他国籍矿工比例表（单位：人，%）

| 区域 | 霹雳 | 雪兰莪 | 森美兰 | 彭亨 | 柔佛 | 吉打 | 玻璃市 | 丁加奴 | 吉兰丹 | 马六甲 | 总数 |
|---|---|---|---|---|---|---|---|---|---|---|---|
| 矿工数目 | 47530 | 31960 | 2273 | 6522 | 4528 | 832 | 3457 | 5536 | 706 | 165 | 103509 |
| 华工数目 | 37231 | 27350 | 1740 | 5342 | 3483 | 757 | 3401 | 3237 | 440 | 133 | 83114 |
| 百分比 | 78 | 86 | 77 | 82 | 77 | 91 | 98 | 58 | 62 | 81 | 80.3 |

由表 7-7 可以看到，华工占马来亚矿工总数的 80.3%，共有 83114人。最高的玻璃市占 98%，最低的丁加奴占 58%。其中有许多华工在日本人开采的铁矿山里做工。日本矿主利用中国人为其开矿，把矿石运回国内制造武器屠杀中国人民，这一点华侨矿工心里很清楚。因此，在中

---

① 《华侨生产建设协会缘起》（1941 年 2 月 15 日），四川省档案馆藏：《侨务委员会四川省府成都、自贡、江北、巴县、奉节、云阳、万县等县府关于填报华侨回国投资调查表的训令代电》，档案号民 115—01—1280。

② 林水檺、骆静山合编：《马来西亚华人史》，第 243 页。

日开战不久，南洋日矿的华工便进行了声势浩大的离矿罢工事件。

岑株巴辖与龙运是日本人在东南亚经营的两家规模最大的铁矿公司。"日本制造军火的原料，多半仰给于此"。最先开展罢工行动的是岑株巴辖日本石铁山的华工。该铁矿山的 2000 名华工在柔佛华侨筹赈会的暗中鼓动策划下实行全体离矿罢工。罢工之后，各地华侨纷纷伸出同情与援助之手，他们一面献出白米、牛奶、食品、饼干赈济失业工友，一面设法为他们另觅工作，维持生活。岑株巴辖日矿的华工首开集体罢工的义举，龙运铁矿的华工继之而起。

龙运铁矿共有华工 2700 多人，日本人及我国台湾同胞有 800 多人。华工中山东籍约有 800 人，浙江温州籍约有 700 人，福建籍约有 500 人，广东籍约有 700 人。该铁矿每日产铁千余吨，年产量约 40 万吨。当时对矿山情形较熟悉又受华工信任的矿工白珪等，于罢工之前在华工中进行秘密鼓动，并争取工头的支持。当地侨校师生也深入到工人中宣传，侨领组织接应，秘密的准备工作做得较好。各方工作开展起来后，华工一批一批接连不断地离矿。华籍工头常天绪等十八九人也发出启事，表示"从此誓与敌人完全断绝关系"，"不再供敌人利用"[①]。日本资本家眼看华工纷纷离矿、深感大事不好，便采取各种措施进行阻止破坏。他们暗中收买工人中的少数败类，流窜于工人宿舍，充当间谍，监视工人；对过往行人和进出矿山之工人严加盘查，工人出矿者必先报告矿务处，经许可始发通过证，否则一律加以扣留；对于各种报刊书籍等一概没收；把日工资由三四角升到二三元相引诱。但这些办法毫不起作用，不但矿山的全体华工罢工，一些马来、印度工友也纷纷离矿，迫使矿山最后停产。

---

① 《龙运铁矿华工退职事件汇志》，许云樵、蔡史君编：《新马华人抗日史料（1937—1945）》，第 96 页。

不难想象，罢工华工面临的困难是很大的。他们一方面要坚决同日本矿主、警探的疯狂报复作斗争，另一方面还要解决自身失业和家庭生活问题。当地及附近各地的侨胞给华工以大力支援，纷纷为华工接济食品财物，并为他们找工作、寻出路，或者出资送他们回国。当龙运铁矿的大批华工离矿抵达新加坡时，当地侨胞几千人举行盛大欢迎会，对罢工的工友致以"民族敬礼"，热情接待。新加坡中华总商会特发布启事，推举王吉士、林谋盛、庄惠泉、胡少炎、黄奕欢等人专门负责接济和安排介绍华工到新加坡。侨商纷纷为华工推荐工作，如福承德公司陈靖武介绍60人往哥打丁宜的湖港建筑部担土，林金殿介绍60人往丹戎百加船坞挑煤灰等。许多侨胞为工友捐赠肥皂、胶鞋、罐头、肉酱、咸蛋、蔬菜、面粉、饼干、黄梨（菠萝）、白米、蒜头、茶叶等生活用品，以解决华工急需，出现了共同团结对敌救国的动人场面。某侨妇陈亚芬，其夫台籍工头黄亚玉在日矿中任职，她屡次晓以大义，劝他以国家民族利益为重，迅即退出矿场，但黄亚玉甘做日本走狗，拒绝妻子的要求，陈亚芬随即与其离婚以示决绝。日矿华工罢工取得胜利与广大侨胞的支援配合是分不开的。

继峇株巴辖、龙运二矿华工罢工后，其他各地如甘马挽、居銮加烘、淡峇眼、哥打丁宜、永平等地的日本厂矿企业也纷纷燃起罢工烽火。新加坡某大船坞中的5000多名华工举行大规模怠工。日本人在场时他们佯装认真工作，不在场时便闲谈聊天、吸烟猜拳；有时预先安排好哪些人得疟疾、哪些人发烧、哪些人头疼来糊弄日本监工。受伤的船舰本来一个星期即可修好，便借故拖到两个月以上。被日人视为珍宝，在亚洲仅有的一家铝厂，是制造飞机的主要原料来源，产量相当可观，该厂的全部机器也被华工捣毁。

日矿华工罢工事件，使日本在马来亚的铁矿生产陷于瘫痪，日本赖以维持战争所急需的生产枪械、子弹、大炮、战舰等军火的原料来源减少，这对日本侵华战争无疑是个沉重打击。中日战争前夕，日本每年所需铁矿石为 250 万吨，而本国每年只生产 24 万吨，由朝鲜掠夺 29 万吨，由中国掠夺 79 万吨，由东南亚一带（主要是马来亚）输入 100 多万吨。日本平时需要马来亚铁矿石为 100 万吨，战时增加到 200 万吨，[1]约占总需要量的 1/3。据统计，在 1937 年，日本每月从马来亚运回国的铁矿石有 122424 吨，同年 12 月以后，平均每月只有 12424 吨，减少了 90% 多。[2]可见华工罢工对日本依赖发动战争的军火工业的打击是极其沉重的。

### （三）美国华侨阻止废铁运日

抗日战争全面爆发后，美国以中立国自居，既从经济上和军事上援助中国，又放纵资本家把军火和大量废旧钢铁卖给日本，获取利益。于是，侨居美国的华侨自发地掀起了阻止军需物资运日的爱国活动。

七七事变爆发不久，在美国发生了轰动较大的"广源轮案"。"广源轮案"1937 年 7 月 30 日发生在美国旧金山，是当时中国、美国、日本三方法律上经过长达两年角力、轰动一时的"大名案"，1939 年 6 月该案中方获得全胜，成功阻止了日本将 2100 吨废铁运往大阪神户、制造军火再送往中国战场屠杀中国同胞的企图。

广源轮原是山东烟台永源轮船公司购买于美国金山基督逊公司的一艘旧船（美国政府刚吊销该轮执照，卖契已经旧金山海关注册在案，正在办新籍执照），船长（河野）、大副和轮机长为受雇的日本人，二副以下及船员 20 人均为中国人。该轮 1937 年悬挂中国国旗在美运货时，日本人偷梁换柱——偷装军械及废旧钢铁 2100 吨，拟向当地中国驻旧金山领事馆请领国籍证明书，以便出境，然后准备在途中再偷偷改挂日本

---

① 许秀聪：《星马华族对日本的经济制裁（1937—1942）》，柯木林、吴振强：《新加坡华族史论集》第 139 页。

② 《华工与敌绝交后马来亚铁砂输出锐减》，《华侨动员》第 2 期，1938 年 3 月 31 日。

国旗开往日本。船上的中国海员向中国驻旧金山领事馆透露真相，黄朝琴总领事立即将情况报告中国驻美国大使馆和中国政府外交部，获得批准拒绝发给国籍证明书，使轮船不能成行。日本船长曾试图开船私逃出港，当地华人虾寮工会华侨 60 多人，有汽船在旧金山湾内从事渔业，他们暗中监视，并传递消息，日人私逃未果；金门号华侨渔船给轮上中国海员送食物。后日本船长河野运动将该船改为英国籍未果，又设计谓华方已将该船售给日本神户某公司，改船名为"德行丸"，悬挂日本国旗，中国领事馆确认没有转卖事，拒绝放行。日本人就广源轮国籍问题诉至美国法庭。黄朝琴总领事与中国政府有关部门沟通，将该商船改为政府征用，成为国有船只。日本人在船籍上败诉。稽留期间，中国船员罢工，遂与日人发生互殴事件。日本人又向美国法厅控诉，要求逮捕中国海员，中国领事馆保护海员，当地各界华侨奋起声援。使日本再次败诉。日本人最后拟将广源轮上的废铁卸载运走，中国领事馆以货在中国轮船上，拒绝日人卸货。日本人就卸载废铁事第三次向美国法庭上诉。中国使馆复向美国法庭抗诉，广源轮属中国籍船只，与美国无关；虽废铁为日本所有，但中国有权拒绝日人上船卸货，最终我方再得胜诉。有人将此比作莎士比亚名著《威尼斯商人》里女辩护士步抵氏提出的"只准割肉，不准出血"的妙例（即承认废旧钢铁为日人所有，但不准上中国轮船卸货）。该案几经法庭诉讼，中国海员、美国华侨及中国驻美领事互相配合，与日人斗争长达两年，终于取得胜利，使日人的阴谋破产。如胡适所说："广源轮船案，其实是三件案子：一为广源船上海员殴打案，一为船的主权与国籍案，一为船上废铁扣押案。三案的胜诉都归我国，这是中国外交史上一件很有意义的大胜利。"①

　　广源轮案中国胜诉、挫败日本阴谋，主要原因有三：一是中国驻旧

---

① 胡适：《广源轮案序》，载黄朝琴编：《广源轮案》（中英双语版），中国书店 2015 年版。

金山领事馆尤其是总领事黄朝琴正义爱国、随机应变；二是美国法律顾问及律师的积极支持；三是当地华侨的声援。有关华侨对于广源轮案胜诉的支援和贡献，黄朝琴总领事说得很清楚，现摘录如下：

本馆办理本案，为时二年。其中千头万绪，如何应付，如何处理？全赖人力财力。领馆人员无多，而又限于经费，一切措施，多感困难。幸我在美侨胞，深明大义，奔走协助，始获完全胜利。例如监视轮船行动，刺探对方消息，赠送海员物品，筹集遣散川资……莫不仗我侨胞之助。

广源轮初泊港内，首感困难者有三：一曰监视问题；二曰交通问题；三曰伙食问题。华人虾寮九家，每家皆有汽艇，散在该轮停泊附近。自本案发生，虾寮工友，不仅无形中为该轮惟一监视人，不使该轮被日人船长偷开出港。即岸上与轮上之交通，一切消息之传递，亦皆惟虾寮工友之汽艇是赖。此于监视与交通方面直接有助于本案之进行不少。至各工友接济海员伙食，犹其余事耳。

其后事态扩大，金山华侨各界同情于我英勇海员之抗日，以纷纷赠送物品，如食物、燃料、衣服、用品之类，日必数起，均由虾寮工友代为转送。[1]

其中华侨黄衮生平日热心救国，得知中国领馆应诉广源轮案经费拮据，愿为使馆提供财政资助，以及支持该案的虾寮工友 64 人，后均受到国民政府的嘉奖。经多方合作努力，取得阻止日本人运输废铁赴日斗争的开门红。

1938 年 2 月 16 日，希腊轮施祥罗号装载废铁 2500 吨赴日，旧金山侨胞闻讯后有 3000 多人冒雨到码头将该轮包围，阻止废铁运日。当地资方多次狡辩，华侨随即派员监视并致电美国总统罗斯福，国务卿赫尔、

---

[1] 黄朝琴编：《广源轮案》（中英双语版），中国书店 2015 年版，第 80—81 页。

劳工部长潘金斯，谓资方现以不准工人上工为要挟，如此事未能解决，则全埠航行势将一律停顿。中国难民救济协会电告中国大使馆，谓纠察风潮恐将要延及美国西海岸各埠，并请访晤罗斯福及赫尔等要求禁止军需品运日，美国当局迫于压力，最终采纳华侨的意见，下令不准废铁运日。[①] 同时为日运货的英轮"勃根亭"号也被华侨阻止，未能开出。

加州华侨发现有货轮航运日本时，数千人向当地政府请愿，得到加州州长的同情与支持，下令将准备赴日载有 1.2 万吨废铁的轮船停运。在西雅图载运废铁的日轮"海安丸"，也被华侨和当地人士 700 多人阻截，终于一无所获而去。[②] 1939 年 1 月，洛杉矶拒日会策动华人朝鲜人及当地友人 3000 人，一连三天冒雨在长堤监视运废铁赴日的挪威轮两艘。5 月，又有华侨 150 人在威明顿 22 号码头监视日轮"明宇丸"出港。

为了扩大斗争声势和影响，1939 年 2 月 9 日，在旧金山召开了华侨"禁运军火运动"大会，与会的侨胞和国际友人共 6000 多人。在会上，侨领邝炳舜作报告，电影明星黄柳霜和国际友人代表进行演讲。大会呼吁美国华侨紧急动员起来，联合美国友人，坚决制止美国垄断资本家出售废铁和军需品给日本来屠杀中国人民。会议决定成立"反对运械赴日委员会"，负责进行各项工作。

在华盛顿，有"地巴利"号轮船装载废铁 500 吨赴日，被华侨与当地民众阻拦未能成行。波特兰华侨监视装有 7500 吨废铁的希腊轮赴日，长达 13 个昼夜。[③]

华侨阻运废铁和军需物资运日，风行美国各大城市和港口，广大华侨男女老幼，鹄立码头，风雨无阻，连续不断地斗争，不取得胜利不罢休。据资料记载，美国各大港口华侨阻止货轮赴日的抗日活动在 10 次以

---

[①] 《新华日报》1938 年 12 月 22 日。

[②] 《华侨革命史》下册，第 655—656 页。

[③] 刘伯骥：《〈美国华侨史〉续编》，第 574—577 页。

上。<sup>①</sup> 他们的行动大多获得成功，并不同程度地受到美国各阶层人士的同情和支持。华侨的爱国行动，使日本制造军火的原料来源大大减少，削弱了日本侵略者的军事力量，间接地支援和配合了祖国的抗日战争。

总之，华侨开展的一系列国际援华抗日活动，壮大了中国的国际声威，提高了中国的国际地位，也提高了华侨自身在海外的地位。在抗日战争以前，海外华侨社会内部混乱，矛盾重重，互不团结。他们在政治上受到压抑，被外国人瞧不起，甚至没有生命财产保障。援助祖国抗战的过程中，海外华侨呈现了前所未有的大团结氛围，形成了一股正义力量，使外人不能再漠视和轻视华侨。1943 年 11 月，美国废除排华法案，翌年加拿大内阁会议通过废除歧视华人的规定，英国、荷兰都有类似的规定。这是中国在抗日战争中提高了自己的地位、华侨参加世界反法西斯战争的结果，也是与华侨开展的一系列国际正义活动分不开的。

### （四）保卫第二故乡，配合祖国抗战

1941 年 12 月 8 日，太平洋战争爆发，日本大举进攻东南亚，当地华侨奋起执戈保卫自己的第二故乡，保卫侨居地，许多华侨临时组织起来参加战时工作，踊跃参加维持治安、防空救护和修筑工事等。

新加坡马来亚攻防战开始后，由于英殖民政府"从未采取武装马来亚民众或训练他们服兵役的政策"<sup>②</sup>，对日军大举进攻措手不及，仓促应战，只得临时登记征兵。许多华侨争先恐后报名，岁数小的虚报年龄，有些华侨妇女也前来报名，短期内报名的约有两万人，很快成立了以华侨林江石为首的由 1300 余人组成的星洲华侨义勇军。从 1942 年 2 月 6 日起，义勇军与强行登陆的日军展开了 7 次激战，阻滞了日军登陆；9 日，义勇军将附近英军遗弃两个油库的汽油倒入海中燃起大火，烧毁多

---

① 刘伯骥著：《〈美国华侨史〉续编》，第 574—577 页。
② ［英］巴素著、郭湘章译：《东南亚之华侨》上册，第 527 页。

艘日军登陆艇，许多日军丧生。以后义勇军多次与敌激战，有力地打击了日军，自己亦伤亡惨重。当时敌《昭南日报》报道，日军当局曾误认义勇军为中华民国正规军便衣队，延缓了日军登陆时日。[①]但由于敌众我寡，义勇军又未经训练，武器简陋。2月15日，驻守马来亚的8万英军投降，义勇军随之解散。

星州华侨义勇军存在的时间虽短，但其表现了华侨健儿英勇顽强的作战精神、坚决守土抗日的高涨激情，为马来亚人民抗日斗争树立了模范并给其留下了深刻的印象。

星华义勇军解散不久，又出现了以马来亚各民族、各阶层组成的马来亚人民抗日军（简称"民抗军"），其"本质上是华人的武力"[②]。这支队伍在蚊蝇遍地的丛林中，冒着饥饿疾病与敌激战三年半，运用"化整为零"和"化零为整"的游击战术，由小到大，由弱到强，由最初4个大队发展到后来8个大队达7000多人，是威震马来亚的一支主要抗日武装。民抗军作战顽强，1942年10月在雪北乌鲁音一仗打死打伤日军300多人。次年夏，身围吉隆坡半山大狱的106名民抗军华侨志士进行了悲壮伟烈的冲牢斗争，除20多人牺牲，其余全部冲出大牢，其事迹轰动马来亚。民抗军还积极配合盟军作战，据不完全统计，他们在3年多的战斗中曾收容70多位盟军战士。他们还和盟军互通情报、秘密联系，接应大批伞兵并为盟军镇守接防等。三年半中，马来亚人民抗日军与敌作战共达340多次，共毙伤敌人5500多人，民抗军伤亡1000多人。[③]马来亚人民抗日军以满腔热血，临危受命，鏖战马来，有力地打击了日本侵略者，牺牲壮烈，浩气长存。他们用鲜血谱写了新马反侵略战争的光荣

---

① 胡铁君：《星华义勇军战斗史》，新中华出版社1945年版，第3—6页。

② ［英］维多巴素著、张奕善译：《近代马来亚人》，台北商务印书馆1972年版，第80页。

③ 南洋华侨筹赈祖国难民总会编著：《大战与南侨》（马来亚之部），新加坡南洋出版社印行，第30页。

历史，这是新马华侨的光荣。

在马来亚奋起抗日的还有中英合组的由华侨林谋盛领导的一三六部队，由华侨林志民、王志劲等人领导的一五七部队等。印度尼西亚华侨组织的抗日队伍有：郭益南领导的亚庇神山抗日游击队，爪哇"抗日民族解放大同盟"，苏门答腊的"苏东反法西斯总同盟"等。

在菲律宾，华侨组织了民主战地血干团、华侨青年特别工作总队、华侨抗日反奸大同盟、华侨义勇军、迫击三九九团、"抗日锄奸义勇军"（简称"抗锄"，由"洪门复兴委员会"组织）等许多抗日武装，打击日本侵略军。其中享有盛名的是菲律宾华侨抗日游击支队（简称"华支"）。

"华支"初由 52 名华侨青年在 1942 年 5 月建立于中吕宋，队伍逐渐壮大，队员作战勇敢、不怕牺牲。1943 年干仑巴之役"华支"毙伤日军 30 多名，圣胡连村之战毙伤日军七八十人。同年夏，"华支"急行军 26 天，跨高山、涉大河、吃野果、睡露天、斗水蛭，水中裸体行军，穿过全菲 6 个省 36 个城镇到达南吕宋，写下了"华支"抗战史上最艰苦最动人的一页。"华支"还为配合美军反攻菲律宾立下了赫赫战功，1945 年初，当"华支"配合盟军作战时，勇敢地冲进当地盟国集中营、解救被囚禁的 2100 名美国侨民，美军司令部赞扬"华支""实属伟举"[①]。"华支"还为美军充当反攻的先头部队最先攻入马尼拉市区，美军军官荷尔曼感谢"华支"给美军甚大帮助，谓"华支""表现了全菲华侨之抗日民族精神"[②]。美国军事将领史迪威也赞扬说："你们华侨健儿的英勇战绩，已经传遍了美国。"[③] 这是对"华支"的中肯评价。"华支"与敌战斗三年半，发展到 700 多人（其中伤亡 110 多人），在吕宋岛 14 个

① 菲律宾《华侨导报》1945 年 3 月 5 日、3 月 1 日。

② 菲律宾《华侨导报》1945 年 3 月 1 日。

③ 《新华日报》1945 年 7 月 24 日。

省和马尼拉市与敌战斗 260 多次，毙敌 2020 人，缴获武器 940 多支。[①]
另一支抗日武装"抗锄"也积极配合美国部队作战。被打败的日军垂死
挣扎，实施"焦土政策"，妄图把马尼拉市全部烧光。"抗锄"战士死守
马尼拉的垠伦洛区，打退利用夜幕掩护偷来放火的日军。经过华侨武装
多次战斗，使日军"焦土政策"破产，保住了马尼拉市区。当地菲律宾
群众感激地说："要不是华侨游击队保卫了这块地方，我们就会完了！"[②]

华侨在东南亚一带勇敢抗击日本侵略者的英雄壮举，牵制了日军兵
力，配合了盟军作战，为南洋战场抗日反法西斯斗争的胜利建立了功绩。

在滇缅战场上，华侨支援中国远征军同日军战斗也立下了战功。缅
甸归侨得知国民政府组织远征军后，特组织战地服务团随军服务。中国
军队开到孟贡河谷时，有许多华侨协助工兵修葺公路，为军队前进开辟
道路。战争开始后，华侨青年冒着生命危险前来助战。当我军进攻密支
那时，由城内逃出 80 多个华侨青年，自动组织担架队，从火线上抢救伤
员不下数百人。[③] 当时中国军队中的翻译、谍报员多为华侨担任。各地来
缅华侨组成南侨疏散会，派代表送往腊戌医院各种慰劳品千余袋慰劳我
军伤员。缅甸沦陷后，许多侨胞冒险到仰光监狱接济和探望中国军队囚
俘。我军开到加尔各答时，当地侨胞举行盛大欢迎会并到驻地慰劳，他
们还捐款购买飞机一架献给远征军。华侨协助中国远征军作战，为我军
的军事行动提供了很大便利，解决了许多战时困难，鼓舞了远征军的战
斗士气，为滇缅战场的反法西斯战争贡献了力量。

华侨在东南亚地区直接抗击日本侵略军，在滇缅战场上协助中国军
队作战，为亚洲战场反击日本法西斯战争的胜利作出了自己的贡献，同
时也策应和配合了祖国抗击日本侵略军的战争。

---

① 蔡建华、梁上苑：《华侨抗日支队》，香港广角镜出版社 1980 年版，第 100 页。

② 许志猛：《菲律宾华侨的抗日斗争》，《人民日报》1985 年 8 月 22 日第 4 版。

③ 张仁仲：《印缅随军纪》，读者之友社 1945 年版，第 86 页。

日军偷袭美国海军基地珍珠港，太平洋战争爆发，美国参战，"全国征兵"征兵年龄"十八岁至六十五岁"。[①]旅美华侨和美国公民一样被征入伍，美国各大城市的唐人街出现了送子送郎参军参战的情景。

1942年2月，仅旧金山第76征兵局就有2600名华侨注册。该市某中华学校毕业生，被征兵者竟有150多名。6月，纽约华侨有175人投军，有一家华人洗衣店李某，在玻璃窗前张贴歇业广告则说："现大战方酣，余已欣然投效美国陆军，别矣！诸君！"[②]足见华侨投军的热情。

第二次世界大战期间，据美国征兵总局统计，华侨在美陆军服役者有13311人，[③]占美国华人总数的17%，是美国各民族人口参军百分比最高的。参加美海空军的华侨无确切统计，据所知，战时美空军第14地勤大队的士兵几乎全为华侨，在第407空军和第555空军服务的华侨共有520人。[④]参加美空军的华侨有的当飞行员，有的当机枪手及地勤人员，大多数华侨担任轰炸机手，征战在欧亚各战场。

参加美军的华人战斗勇猛顽强，阵亡者甚多，立功受奖者也不少。美军华人黄森光，曾晋升为陆战队上尉，任职第三水陆两栖部队情报部，因功被授予铜星奖章。21岁的华侨富烈江，充任轰炸机机师，在欧洲大陆领队作战，被晋升少尉，连获飞行奖章及功牌。在反法西斯战争中，华裔美国军人积功升至中校者有刘耀隆、关卫理等6人，升至上校者有容兆珍、周生等6人，升至少将军阶者有刘国英。刘国英1943年进入陆军航空学生队受训，次年2月，被晋升为少尉飞行员，多次参加空战，

① 《谭文贺给谭金珠的信》（西历十二月十五日）。刘进、罗达全、张秀明编：《华侨书信抗战资料选编》（五邑侨乡卷·下卷），广东人民出版社2016年版，第477页。

② 《新华日报》1942年6月30日。

③ 刘伯骥著：《〈美国华侨史〉续编》，第703、704页。

④ 刘伯骥著：《〈美国华侨史〉续编》，第699、704页。

历经战役飞行达 6000 小时以上；被授予飞行十字奖章八九种。[①]

第二次世界大战期间，加拿大华侨也纷纷投军参战。据统计，战时加拿大华侨参军者有 470 多人，其中参加空军者有 20 多人，海军十多人，海军陆战队有 200 多人，其余为陆军。他们被派往欧亚各个战场作战。

美洲华侨投军参战，他们纵横驰骋于世界反法西斯各个战场，奋勇杀敌，战功彪炳。没有投军的华侨纷纷参加后方战时工作，为前线生产军用物资，默默无闻地流血流汗，同样为反法西斯战争贡献了他们的力量。

旧金山有华侨 60 多人、洛杉矶有华侨 150 人参加战时民防义勇军，加利福尼亚至少有 200 名华侨编入当地自卫队，纽约有 300 名华侨应召赴农场工作。在西雅图等大城市男女老幼侨胞加入民团和空袭防护团。尤其可赞的是许多女侨胞也都走出小家庭，投身战时行列中。1942 年春，有 60 名华侨妇女加入美国志愿服务队；旧金山华侨妇女组织慰劳华裔军人会，1944 年招待军人 3000 多人。还有的华侨女工参加加州轰炸机工厂服务。华侨参加战时后方生产，为盟国提供大批劳动力，他们服务于军事生产和航海运输等行业，同在前线战斗的华侨一样，为反法西斯战争增添了力量。此外，华侨还从经济上支援盟国对敌斗争。美国、加拿大华侨大量认购胜利公债。他们发扬国际人道主义精神，捐款献物给欧亚一些国家因战争造成的难民，美洲华侨仅此项捐款共有 100 多万美元。

欧洲大陆多国于 1940 年底被德国法西斯占领，欧洲华侨在极端恐怖的环境中同德军斗争。欧洲战事刚开始，旅法华侨有 400 多人主动为法国战时服务。1939 年底至次年 2 月，德国境内有 600 多名华侨海员和工

---

① 刘伯骥著：《〈美国华侨史〉续编》，第 709 页。1979 年，刘国英被任命为加州萨克拉门托空军后勤中心司令。

人拒绝为纳粹工作乘船返国。这是对德国法西斯的无声抵抗。德军占领荷兰后，鹿特丹港的 150 名华工拒绝为其服役，德军当局以剥夺华工失业救济金进行报复，荷兰工人对华侨深表同情，一周内为华侨募捐 3000 盾，表现出世界无产阶级反法西斯斗争的团结精神。

欧洲战场是反法西斯的重要战场，参加盟军的华侨夜以继日地同德军血战。1944 年 6 月，盟军在法国诺曼底登陆，参加盟军的华侨在战斗中英勇顽强，壮烈牺牲者竟达其从军总数的 5% 以上，有五六百人之多。盟军攻入罗马城时，驾驶第一辆吉普车首先入城的是英勇的华侨；德军退出柏林之前，华侨奋勇攻城阵亡者亦不少。[1] 模里斯（毛里求斯）的英军在大战中成立华侨连，内有 10 多名华侨战斗非常勇猛，受到英军的钦佩。[2]

1941 年 6 月德国法西斯大举入侵苏联，苏德战场成为第二次世界大战的主要战场之一。为了抗击来势凶猛的德国法西斯侵略者，在"一切为了前线""一切为了胜利"的口号下，整个苏联都动员起来。在苏联国际儿童院生活的 70 多名中共领导人、革命烈士及某些在苏联工作人员的后代，都被卷入激烈的战争中。为了支援前线，这些孩子们力所能及地从事各种后勤服务工作，为反法西斯贡献自己的力量。日本发动九一八事变后，中共领导的东北抗日联军，艰难转战于白山黑水间，与日本关东军作殊死搏斗。抗联军由 4 万多人最后仅剩下约 2000 人。20 世纪 40 年代初，少部分抗联军被迫撤入苏联远东地区"保存力量""野营整训"。1942 年 8 月 1 日，这支队伍正式组成苏联远东红军步兵独立第 88 国际旅（亦称东北抗日联军教导旅），由周保中任旅长。原在苏联的山东籍华侨韩凤瑞、郝广君、王国均等人也参加了 88 旅。反法西斯战争

---

① 潘相英：《海外侨胞对世界之贡献》，《华侨评论》第 5 期，1946 年 6 月。

② 《华侨先锋》第 5 卷第 6 期。

把中苏人民和军队紧密地连在了一起。1945 年，苏联正式对日宣战，抗联教导旅随苏军打回东北。

在苏联卫国战争中，涌现出一位把个人命运与苏联紧密联系在一起的空中英雄——唐铎。唐铎（原名唐灵运，字金城）出生于湖南益阳，早年参加过五四运动，1920 年赴法国勤工俭学，参加了"工学世界社""二八运动"和进占里昂中法大学的斗争，1923 年被北洋政府驻法使馆勾结法国当局驱逐出境。唐铎回国后投入国民革命洪流，到广东国民革命政府下属的飞机制造厂学习飞行（孙中山指示美国归侨杨仙逸创办）。1925 年唐铎赴苏联入空军学飞行，毕业后长期在苏军中任职，曾任苏军少校、中校教官，并在苏联加入中国共产党，后加入苏联共产党。20 世纪 30 年代他又先后进入两所苏联空军学校学习。1933 年 11 月 7 日，苏俄第 16 个"十月革命节"，斯大林等苏共领导人在莫斯科红场阅兵。唐铎驾驶一架 P-5 型飞机，带领 99 架飞机轰鸣着飞上红场上空接受检阅。因他技术过硬，上级令他担任长机驾驶员，飞在最前面。当天阅兵结束后，斯大林在克里姆林宫设宴招待受阅代表，祝贺飞行圆满成功，唐铎第一次见到斯大林。1944 年，在苏军工作近 20 年的唐铎驾驶战机，参加苏联卫国战争，任苏军某空中射击团副团长。他多次驾机飞往前线，与德空军激战，先后参加了白俄罗斯战役、波罗的海战役及 1945 年春解放东普鲁士的战役。1944 年 7 月初，苏军白俄罗斯第三方面军和第四方面军协同作战解放明斯克（白俄罗斯首都）的战役打响。唐铎所在的强击机团担任在空中攻击阻碍地面部队前进的敌坦克集群的任务，以配合保障地面部队推进。这次支援地面部队作战，消灭数十辆德军坦克，仅唐铎自己就消灭十多辆，出色地完成了任务，该团荣获"苏联近卫军"荣誉称号，唐铎荣获列宁勋章。在苏联卫国战争中，唐铎九死一生多次出色地完成作战任务，其中在东普鲁士战役中，他创下了 1 天 6 次放飞空战的纪录。苏联卫国战争胜利后，唐铎因功被提升为苏联空军中校主任教官；被苏联政府先后授予红星勋章、卫国战争勋章、红旗勋章、列宁勋章、攻占柯尼斯堡奖章和苏联红军建军 30 周年纪念章等 7 枚奖章。[①] 2015 年，国家主席习近平在出席俄罗斯纪念卫国战争胜利 70 周年庆典前夕，5 月 7 日在《俄罗斯报》发表题为《铭记历史，开创未来》的署名文章。文章赞扬说："中国飞行员唐铎作为苏军空中射击团副团长，鹰击长空，在同法西斯军队的空战中屡建战功。"[②]

参加苏联卫国战争的华侨还有"一战"被征募到俄国为战争服务、后参加十月革命和保卫苏维埃政权的老华工季寿山。1944 年 7 月，季寿山第三次应征入伍，参加苏联卫国战争，在苏军从事侦察情报等工作；1945 年参加了苏联红军消灭日本关东军、解放我国东北的作战，直到日本投降才返回伯力。荣获卫国战争胜利纪念章。

"二战"期间服务于欧美盟国的众多华侨海员，来往于大西洋与太平洋之间的海上运输，也是反法西斯的一支主要力量。大战期间，漂流在海上的华籍海员共有 2 万多人。[③] 其中在英美两国船舰上服务的约有 1.5 万人。[④] 太平洋战争刚爆发，亚太地区的华籍海员自港、沪、新加坡等地挽救出盟国海船达 100 多艘，此项功绩，为盟国海运当局所称道。[⑤] 在爪哇海战中，美舰马布赫德号华籍海员厨师梁某因功受奖。华人海员

---

①　有关唐铎的经历及参加苏联卫国战争的情况，见宁艳红著：《旅俄华侨史》，人民出版社 2015 年版，第 302—304 页；另见周南京主编：《华侨华人百科全书》（人物卷），中国华侨出版社 2001 年版，第 486—487 页。1953 年，在苏联学习工作 28 个春秋的唐铎回国。历任中共军事工程学院党委委员、空军工程系党委书记、系主任，中共辽宁大学党委常委、辽宁大学副校长，中共辽宁大学党委副书记、副校长，1955 年被授予少将军衔。"文革"时期受到迫害被关押 7 年之久。1978 年平反、恢复名誉，任辽宁省政协副主席；1983 年 11 月 20 日，在沈阳病逝，终年 80 岁。

②　杨军：《唐铎：苏联卫国战争中的"中国雄鹰"》，《湖南日报》2015 年 5 月 27 日。

③　朱学范：《战时中国海外海员问题》，《华侨先锋》第 5 卷第 2 期。

④　陈依范著，殷志鹏、廖慈节译：《美国华人发展史》，生活·读书·新知三联书店 1980 年版，第 268 页。

⑤　《大公报》重庆版 1943 年 10 月 27 日。

潘林，其驾驶英船在大西洋被德国潜艇炸沉后，乘救生艇逃难，独自在大西洋漂泊40余天，终被获救生还，受英王召见奖赏，是时报章盛传，视为奇闻。[①] 在盟国海上运输中，华人海员齐瑞、国泰、叶模杨、刘阿玉4人均因勇敢称职功劳卓著而获得英王之奖状。[②] 英国战时运输部报告也承认中国海员遇事沉着果敢，有纪律性，责任心强，富于国家观念。在他们身上体现了中国工人阶级的优秀特点。

　　但是，在大战前和大战初期，华侨海员备受歧视，待遇在各国都要低人一等，最明显的是在英美两国。如英国海员比华人海员的待遇要高75%。[③] 更为严重的是，华人海员人身得不到外国法律的保障，被虐待者屡见不鲜，甚至有些被陷害冤死者。第二次世界大战中后期，世界各地华侨尤其是英美等国家的华侨要求平等待遇的呼声甚高，坚决反对各国对华侨的歧视，特别强烈反对对我华侨海员的虐待。随着战争的继续，一些国家实行了比较现实的政策，陆续与我国签订条约和合同，逐渐改变以前对华侨的歧视态度。1942年夏，先是英国政府和中国大使及海员代表共同订立了关于海员待遇的新合同，规定中国籍海员和英国海员享受平等待遇，提高工资，缩减工时，并保障他们的权利。接着中荷双方也订立了改善在荷海员待遇的协定。7月底，美国司法当局也正式允许在联合国家船舰上做工的华籍海员可以在美国登陆休假；美国政府也承认华人海员与其他国籍海员有同等权利，并肯定了华籍海员对联合国家作战的贡献。1943年美国政府废除了《排华法案》，罗斯福总统在致国会咨文书中指出："中国现在是我们的盟友了……废除排华法案，我们便可以纠正历史的错误，并堵塞住日本的歪曲宣传。"[④] 加拿大政府也作出

① 刘伯骥著：《〈美国华侨史〉续编》，第484页。

② 《侨声报》（复刊）第1卷第13期，1944年10月18日。

③ 朱学范：《战时中国海外海员问题》，《华侨先锋》第5卷第2期。

④ 沈已尧著：《海外排华百年史》，中国社会科学出版社1980年版，第172页。

了同样的规定。1944 年新西兰也废除了《排华法案》。至此，长期在海外受歧视的广大华侨的政治地位有了提高，受到外国法律的承认与保护，其经济地位有了改善。这一方面是由于中国在抗日战争中提高了国际地位，并成为世界反法西斯同盟国之一；另一方面是全世界华侨自身参加世界反法西斯战争、用生命和鲜血等代价换来的结果。

美洲华侨投军参战，欧洲华侨血战德意法西斯，为欧洲战场反法西斯战争的胜利立下了不朽的功劳，也策应了亚洲反法西斯战场和中国的抗日战争。

中华民族优秀的海外儿女，前仆后继地参加保卫世界和平、埋葬人类公敌法西斯侵略者的战争，他们的热血洒遍了欧亚各个反法西斯战场，其汗水淌在反法西斯战争的前后方，其英名刻在反法西斯战争的耸天丰碑上。菲律宾群岛的义山，至今还矗立着几座华侨青年抗日遇难烈士的纪念碑；新加坡市政府前海滨风景区，屹立着华侨林谋盛少将纪念塔；旧金山圣玛利公园，1954 年建立华裔军人阵亡纪念塔；纽约有华裔军人忠烈坊；西雅图建有第二次世界大战华裔阵亡将士纪念碑。这些是华侨英烈给予世人的无言之见证。

究竟有多少华侨为世界反法西斯战争献出了生命，难以确切统计，仅就所知下列几个数字可略见一斑：二战期间为盟国海上运输而牺牲的华人海员达几千人；马来亚人民抗日军战死病死和失踪的达 1000 多人，大多为华侨；星华义勇军战死达 800 人以上；菲律宾华侨抗日支队伤亡110 多人；在欧洲战场上牺牲的华侨达 600 人以上；在中国战场归侨参战牺牲者数不胜数。至于零星的无据可考者不知有多少。在亚欧各反法西斯战场上涌现出许多英勇悲壮的华侨英烈，如菲律宾华侨抗日游击支队参谋长陈村生、优秀机枪手蔡天送，星华义勇军领导人林江石、老队员岑振符，一三六部队领导人林谋盛，美国华侨方硕培、刘国梁，等等。

从全局上讲，中国的抗日战争是世界反法西斯战争的重要组成部分，是东方主战场。华侨在侨居地参加和支持反法西斯战争，把它和祖国抗战有机地结合起来，牵制侵华日军的兵力，配合和策应了中国的抗日战争。菲律宾光复后，华侨抗日支队得知中国战场战事尚未结束，遂向菲国防部请求回国参战。不久祖国解放，他们才欣然复员解散。马来亚抗日的136部队是由中英协商组建的，中国政府委派的领导人林谋盛少将，是战时由新加坡回国的华侨。缅甸、越南、印度华侨支援中国远征军作战，为滇缅战场我军对日作战作出了贡献。这些都是华侨对祖国抗战的配合和支持，有些抗日活动本身就是祖国抗战的一部分。

第八章
# 投身全国解放战争

　　抗日战争胜利后，经过多年战争创伤、满目疮痍的中国将向何处去？建立一个什么样的国家？这一重大的抉择摆在国内各党各派各界及全国人民面前。中国共产党主张建立一个和平民主富强的新中国，并为此作出不懈努力；而蒋介石国民党则要建立一个代表地主买办资产阶级利益的一党独裁专制的国家；各民主党派则热衷于建立一个介于国共之间的"地道的"资产阶级共和国……各党各派都在为自己的目标而奋斗。同样，在海外华侨中也时刻关心着自己的祖国建立什么样的国家这一问题，他们当中的绝大多数人渴望战后的祖国和平民主富强，盼望着祖国尽快崛起，屹立于世界强国之林。

# 第一节　呼吁建立和平民主新国家

## 一、热烈欢庆祖国抗战胜利

　　海外华侨同国内同胞一样，时时刻刻都在盼望着祖国尽快打败日本侵略者，争取抗日战争的早日胜利。这一天终于盼来了！1945年8月14日，日本政府宣布接受《波茨坦公告》，次日，日本天皇宣布无条件投降。中华民族14年艰苦卓绝的抗战终于取得了伟大胜利，这是中国近代历史上反对外国侵略的民族解放战争第一次取得完全彻底的胜利。在抗日战争中，中国军民伤亡达3000多万人，财产损失达5000亿美元，付出了巨大牺牲和极为惨重的代价。无疑，这里也包括广大华侨所作出的牺牲和付出的代价。抗日战争取得伟大胜利，值得全国各族人民包括海外华侨骄傲。当日本宣布投降、抗日战争胜利的消息传到海外时，广大华侨同国内人民一样，悲喜交加，沉浸在一片胜利的喜悦之中。

　　1945年8月14日下午，美国总统杜鲁门发表关于日本接受投降的讲话，美国各大城市的华侨欢欣鼓舞，奔走相告。旧金山市汽笛及警报号角齐鸣，多架飞机翱翔于城市上空。各处唐人街，爆竹声震耳，锣鼓声喧天，庆祝活动直至次日凌晨。当杜鲁门宣布9月3日为中国抗战正式胜利日时，中华会馆特组织庆祝胜利委员会，拨款4000美元为华侨庆祝活动的费用。纽约华侨庆祝抗战胜利的盛况空前。14日至16日，一连3天华埠人潮汹涌，许多外国人士纷纷来参观或参加庆祝游行的队伍。各家华侨商店张灯结彩，高悬国旗，少年舞狮，妇女提灯游行，平均每日有 10 次之多。到 18 日，纽约街头仍有数千名华侨冒雨举行胜利游行，中国驻美大使及纽约市长拉加第等名流皆到场检阅。西雅图华侨举行庆祝抗战胜利活动，情绪高涨；中华会馆及公昌隆俱乐部门前，爆竹声阵阵，男女老少侨胞们闻声纷纷涌向街头，一些华侨青年舞龙舞狮，欢庆活动直至深夜。

秘鲁有华侨约 1.1 万人，他们得知日本无条件投降的消息后，抑制不住喜悦的心情。8 月 14 日清晨，一些侨领侨商纷纷到中国大使馆，向中国大使表示祝贺。16 日下午，侨胞们借用中国大使馆花园举行祈祷庆祝大会，秘鲁总统代表海门少校、国务总理及许多内阁官员等前来参加庆祝活动，总统府乐队前来奏乐助兴，5000 多名男女老幼侨胞们参加盛会，许多人登台演讲，口号声震天，燃放爆竹 5 万响，其盛况空前热烈。

被法西斯阴霾笼罩多年的欧洲大陆终于在 1945 年 5 月见到了晴天。在"八一五"祖国光复的喜庆日子里，饱经第二次世界大战摧残、蹂躏的欧洲华侨，为祖国这一划时代的胜利而欢欣鼓舞。英伦三岛，法兰西大地，荷兰阿姆斯特丹，意大利名城米兰，欧洲各地华侨均以祖国传统的扎彩楼、舞龙狮、敲锣鼓等喜庆方式欢庆祖国抗战胜利。其中荷兰华侨举行的庆祝活动尤为隆重。9 月初的一个星期天，荷兰的阿姆斯特丹、海牙等地同时举行盛大的庆祝游行活动，规模空前，场面壮观，当地各界友人、荷兰政要及各国驻荷使节等，均被吸引到庆祝活动中。

日本投降、祖国抗战胜利，澳大利亚华侨同声欢庆。他们分别在各居住地举行庆祝活动，其中悉尼华侨狂欢三天，侨青社派出醒狮队助兴。

抗战胜利的消息传到暹罗，遭受亲日的暹罗政府压抑多年的当地华侨兴奋异常，其中曼谷、万崙、坤敬及暹北等地侨胞纷纷走上街头游行，到处悬挂中国国旗以示庆祝。但暹罗当局对华侨爱国义举严加干涉并镇压。在曼谷，暹罗警察撕破中国国旗，封锁华人区，断绝该区的一切交通，并出动大批军警和装甲车巡逻唐人街。广大侨胞奋起抗议，各地不断发生冲突甚至演变成流血事件。其中9月的一次冲突，侨胞被打死7人。[①]这些侨胞没有死在日本侵略者的屠刀下，却在庆祝祖国抗战胜利的欢乐声中被暹罗当局迫害致死，既悲惨又令人痛心。

## 二、渴望祖国和平、民主、富强

抗日战争取得胜利，使中华民族刚刚从一场空前的民族浩劫中摆脱出来，祖国各地满目疮痍，国家亟须医治巨大的战争创伤，民族亟须从空前浩劫中恢复元气，饱经苦难的人民渴望和平生息，期望祖国民主富强；海外华侨盼望祖国繁荣强大，自己有个强有力的靠山……

蒋介石国民党政府虽仍"坚持独裁和内战的反动方针"，但由于全国人民的压力及其准备不足，不得不作出和平的姿态，邀请毛泽东到重庆谈判，不久又召开政治协商会议，国内呈现出短暂的和平时期。

中国共产党顺应时势，从国家民族大局出发，代表全国人民的利益和愿望，于1945年8月25日发表了《对目前时局的宣言》，提出和平、民主、团结三大口号，并为实现这一目标而多方努力。如1946年5月，国内内战阴霾密布，23日，中共驻国统区代表团从重庆迁到南京这天，周恩来致函归侨元老、农工民主党负责人彭泽民说："至望先生与华南民盟诸先生大声疾呼，号召社会人士共同反对内战，力挽狂澜。"[②]

在海外华侨社会中，无论是有党有派的，还是无党无派的；无论是侨领富商还是普通侨众，他们大多同国内同胞的心情一样，希望战后和平生息，致力于国家经济社会建设。尤其是在社会政治生活方面，他们都期望祖国成为一个民主、繁荣、富强的国家。早在抗日战争胜利前夕，

---

① 《中央日报》1945年9月26日。

② 中国农工民主党中央编：《纪念彭泽民》，第5页。

美洲十家华侨报纸纷纷向祖国发出呼吁，主张由各抗日党派组织联合政府。菲律宾一家进步侨报发表社论，不但主张建立联合政府，而且对联合政府的实质内容提出了具体的主张，认为"联合是必要的。不过所谓联合，并不是并吞或叫对方归降自己，也不能专顾一党一派利益而排除对方利益，如果抱着这种观点来谈联合，必然是不成的"。社论进一步主张："为防止一方藉政府权力牺牲他方权益起见，政权自不能由一方独裁，而须由各种联合力量的代表者来共同掌理。这就是目前所盛行的联合政权的基本精神，这是最公平的办法。"[1] 应该说，这些主张是很有见地的。

遭受德国法西斯蹂躏几年的法国华侨，集体致电国共两党指出，热望国内和平，以和平方式组织民主政府，是大多数中国人的希望。他们还请求在巴黎出席国际和平会议的 21 国代表，对于中国人民之命运，能予以注意，唯有和平才能使中国人民为复兴祖国而努力。

美洲的一些侨领和一般华侨都认为，抗战胜利后亟须医治战争创伤，一致团结共建和平民主的新中国。美国侨领李国钦得知毛泽东赴重庆谈判，兴奋地致电毛泽东说，要建立一个真正民主的国家，保持我们 14 年来流血与牺牲所赢得的自尊和地位，则中国的团结是必须的，"我们祈求先生尽最大的能力，使这一众人热望的情形能够实现"，使我们受尽艰辛的民众能享受和平的果实，尽心尽力，贡献于战后我国的建设。[2] 电文语言诚恳，对祖国的未来充满了期望，反映了旅美侨胞的心声。美国侨领司徒美堂于战后归国时，在中国民主同盟举行的招待会上讲话表示，望各党派和衷共济，使国家保存元气，进行建设；他在对《联合晚报》记者谈话时再次呼吁"国共两党首先无条件停战"；1945 年 11 月 27 日，

---

① 社论：《什么是联合政府》，菲律宾《华侨导报》1945 年 3 月 20 日。

② 《重庆谈判纪实》，重庆出版社 1983 年版，第 178 页。

他又致电国内，呼吁反对内战，力争民主。12 月 28 日，毛泽东复电司徒美堂表示："反对内战，力争民主，不胜钦佩。敝党代表团久已抵渝出席即将召开之政治协商会议，并已向政府当局提议立即无条件全面停止内战，结束一党专政，成立民主联合政府，以谋国家之团结、统一与和平建设。尚祈贵党与全美侨胞，一致主张，促其实现。民族前途，实深利赖。"[1]毛泽东的信函对司徒美堂的主张深表赞同和钦佩，并对美洲致公党及全美侨胞促进和平民主寄予期望。

1946 年春，美国海员工会的邝赛朝等 3000 多名华侨会员致电宋庆龄，并转国民党蒋介石、中共领袖毛泽东、民主同盟主席张澜，指出："美国海员工会中三千华侨会员要求根据停战协定与政协决议，立即停止中国内战，实现和平与重建中国。我们厌恶在内战中使用日伪军与美军的办法。我们认为必须肃清空前的贪污，取消一党专政，代之以民主联合政府。"电文切中时弊。毛泽东对此电很重视，于 6 月 24 日回电说："接获来电，得悉诸位工友呼吁立即停止中国内战，取消一党专政，成立民主联合政府，并对依靠外力进行内战的行为表示义愤。诸位关怀祖国前途，热爱和平民主，令人感佩兴奋。深望诸位再接再厉，唤起全美侨胞、全美劳工界与各界人士，要求美国当局立即停止对国民党独裁政府的任何援助，撤退驻华美国海陆空军，并撤销已向美国会提出的继续军事援华法案，使中国和平民主得以早日实现，中美传统友谊得以保持。"[2]从海外华侨来电及中共领袖复电内容看，呼吁和平民主、反对一党专制、反对外国干涉中国内政等，两者有诸多共识之处。

1945 年 11 月，中国民主宪政党在加拿大召开代表大会，大会发表了宣言、政纲和通电。宣言分析了战后国内形势，军事方面，日伪投降

---

① 中共中央文献研究室编：《毛泽东文集》第 4 卷，人民出版社 1996 年版，第 85 页。

② 美国华工的电文及毛泽东的复电见《毛泽东文集》第 4 卷，第 132—133 页。

尚未办竣，国共内战将有爆发之势，用外人之饷械以自相残杀，驱国人于深渊以烩威武；政治方面，一党专政之局犹存，贪污之风未息，空谈宪政，师法晚清，伪尊人权，特务遍地；经济方面，通货膨胀之恶潮，无法制止，平抑物价之政策，等于具支，生产无方，饿莩载道。大会的纲领和通电主张，军事方面"呼吁全民奋起制止内战"，"国民党及共产党军队须即严守防地，不得继续作战，等待政治解决"。政治上，主张由各民主党派领袖共同负责，召集"政治会议"，组织过渡时期之各党派联合政府，替代一党专政之政府，"共产党边区政府改组为地方政府"。[①] 通电强烈主张外国军队从中国撤退，不应以饷械供给任何一党。应该说，美洲华侨这些呼声是正义的，愿望是良好的，对战后国内形势的分析也是有见地的。

东南亚各国华侨多曾遭受日本法西斯的血腥殖民统治，虎口余生，更加渴望战后祖国有一个和平民主的局面。中国民主同盟马来亚霹雳分部盟员大会主席王廷俊致电毛泽东，吁请避免军事冲突，以和平民主方式建立联合政府。槟榔屿华侨各业工会及工团代表大会等致电毛泽东，呼吁停止内战，建立民主联合政府，结束一党专政，以期国家得永远和平，并促美国早日撤退驻华美军，停止干涉中国内政。毛泽东分别给他们复电，称赞他们"反对内战，呼吁和平，提出各项主张，均切中时弊"[②]。

与此同时，某些归侨人士也强烈呼吁和平民主、反对内战。1946年初，彭泽民发表了《致华侨书》，号召华侨配合全国人民，共同制止内战，挽救和平。

抗日战争胜利后，恢复战争创伤，与民休养生息，实现和平民主，

①　延安《解放日报》1945年12月28日。

②　《毛主席电复槟榔屿侨胞》，《新华日报》1946年8月9日。

建设统一、民主、富强的新中国，是全国人民包括广大华侨的共同愿望和心声。无疑，这种愿望和呼声是合乎战后世界和平民主潮流的，它充分表明：发动内战是不得人心的。它在客观上对酝酿发动内战的国民党蒋介石，起到了某种警示的作用；对中国共产党提出和平、民主、团结，建立联合政府的主张，起到了某种策应作用。

## 三、反对国民党挑起内战

### （一）延安归侨及致公党率先反对内战

历史往往是不以人们的愿望而发展的。广大人民包括海外华侨渴望和平民主，而一时主宰政治舞台的统治者却仍要搞独裁专制，在和平民主的潮流中掀起一股股反民主的逆流。事实上，在抗日战争后期，代表大地主、大资产阶级利益的国民党蒋介石仍然要维护其一党独裁专制，"以武力消灭中共及民主党派为代表的人民力量"已成为其既定方针。1945 年 5 月 5 日至 21 日，国民党召开第六次全国代表大会，大会仍然坚持一党独裁的专制统治，把动员国民党全党的力量，准备发动反共反人民的内战确定为主要任务之一。因而战后国民党谋求与共产党谈判，召开政协会议，等等，只不过是其释放以和平为幌子掩盖战争真相的烟幕而已。正如有的进步侨报一针见血地指出，国民党当局"'民主'把戏的背后，正摆着一幕厮杀的场面"①。1946 年 1 月，针对国共签订《双十协定》及政治协商会议召开等体现和平的事件和局面，新加坡《新民主报》编辑陈嘉庚题词，陈题"还政于民，与虎谋皮"8 个字，编辑为难不敢登，遂找陈嘉庚秘书李铁民商议，李铁民改为"还政于民，谋皮与虎，蜀道如天，扰心如捣"16 字，陈嘉庚对此很满意，便打电报给香

---

① 菲律宾《华侨导报》1945 年 5 月 29 日。

港《华商报》，作为该报复刊题词。《华商报》出于某种考虑，将"谋皮与虎"改为"尚待努力"，与原题词的初衷相去甚远。3 月 10 日，为纪念菲律宾《华侨导报》创刊 5 周年，应邀再次亲笔题赠"还政于民，谋皮与虎，蜀道如天，扰心如捣"16 字，[①] 字里行间反映了陈嘉庚对国内时局的担忧和远见。事实果然如此，1946 年 6 月，国民党蒋介石撕毁政协协议，在美国的支持下大规模发动内战，把满目疮痍的祖国又推向了战争的深渊。无论国民党为内战寻找什么托词，也无论蒋介石玩弄什么阴谋，有正义感的华侨都清楚地认识到："现在内战的责任，完全在国民党身上，而中共则并不负其责任。"[②]

蒋介石国民党悍然挑起内战后，抗战时期回到延安的归侨以自己在国内的亲身经历首先起来谴责声讨；民主党派归侨领导人及华侨政党也纷纷表态，反对国民党发动内战。

国民党发动内战后，抗战时期归国在延安的一些华侨，纷纷以自己早年在海外遭受帝国主义殖民奴役、得不到祖国保护的亲身经历，谴责国民党发动内战。延安侨联会主任谢生发表谈话表示：日本投降后，国民党当局采取了卖国内战独裁的政策，"亡国奴的命运，又威胁着我们华侨的生活"；他引证菲律宾华侨给他的来信说："由于国民党当局发动内战，华侨地位又见降低。"他呼吁："在延安及各解放区华侨应努力工作，参加解放区建设；海外华侨尤须继续努力开展民族民主运动，制止蒋介石的卖国行为，反对美国帝国主义分子对华殖民地政策，争取祖国独立解放，解除华侨的切身痛苦。"在延安的菲律宾归侨青年王唯真也以自己在海外的亲身经历指出："只有争取祖国独立解放，才能保证华侨

---

① 陈碧笙、陈毅明编：《陈嘉庚年谱》，福建人民出版社 1986 年版，第 175、178 页。另见全国政协文史资料研究委员会、中华全国归国华侨联合会、华侨博物院、福建省政协等编：《陈嘉庚——陈嘉庚诞辰一百一十周年纪念》，文史资料出版社 1984 年版，第 69 页。

② 《南侨日报》1947 年 3 月 27 日。

的安全与自由。为着这目的，我们必须反对国民党当局的卖国、内战、独裁政策，同时反对美国帝国主义分子干涉中国内政，援助蒋介石扩大内战的政策！"[①] 延安华侨联合会还于 1946 年 9 月 12 日致信海外侨胞，介绍了自己抗战时期回国在边区愉快地生活、学习和开展抗日斗争等亲身经历，控诉了国民党当局在各地迫害进步归侨青年的暴行，最后指出："今后，只有海外的一切爱国同胞团结一致，才能粉碎法西斯独裁统治，才能使祖国不致沦为美帝国主义的殖民地，才能提高华侨在海外的地位，才能实现独立、和平、民主、幸福的新中国。"[②] 延安归侨了解国内政治真相，他们向海外同胞揭露国民党独裁内战的罪行，带有现身说法的意义，对于争取广大海外侨胞投入反对专制内战、争取民主和平运动起着有益的作用。

中国农工民主党领袖、归侨元老彭泽民，在 1946 年"双十节"怀着悲愤的心情在《华商报》上发表了《侨胞应如何祝国庆》的文章，其中说："兹当抗战胜利之后，欢欣庆祝之情自当更为热烈，然一念及国家缔造之艰难与先烈未竟之遗志；今且神州莽莽，其豆相煎，国内战祸蔓延，灾荒遍地，工厂倒闭，农民失耕，经济恐慌，商场凋敝，空前严重，则祖国同胞之困顿颠连，尤不堪设想。""吾人不能不大声疾呼，立即停战，实行民主，使我同胞重获安定和平以休养生息，徐图建设，顾全国脉民生……则我华侨始有重返家园，为建设新中国而努力之一日。"[③] 字里行间充满了对祖国内战的愤慨之情，反映了这位革命老归侨的忧伤心态。

代表海外华侨的政党中国致公党，于 1947 年 5 月 1 日在香港召开第三次代表大会。大会通过了《中国致公党第三次全国代表大会宣言》（简

---

① 《解放日报》1946 年 7 月 9 日、7 月 10 日。

② 《留延华侨呼吁海外侨胞团结起来，为祖国的独立民主奋斗》，《解放日报》1946 年 9 月 26 日。

③ 香港《华商报》1946 年 10 月 10 日，转引自《纪念彭泽民》，第 24 页。

称《宣言》)、《中国致公党第三次全国代表大会告海外侨胞书》（简称《告海外侨胞书》）及《中国致公党政纲》。《宣言》指出，"近年以来因国民党一党专政之结果，以致政治日趋腐败，国家日益贫弱，侨胞之受外人蔑视摧残，日甚一日，财产生命毫无保障"；"一般藉内战以图利之买办官僚、封建军阀，假和谈为烟幕，借制宪为幌子，而实行扩大内战……现由于美国帝国主义与国民党反动派之加紧进一步之勾结，中国内战烟火乃弥漫于四方，使全国人民遍遭涂炭之苦！"《宣言》从政治、经济、财政、社会四个方面具体阐述内战所造成的严重危机；强调"中国问题之症结在于内战，若内战而能即行结束，则一切问题均易于解决，若内战而不断继续，则一切问题将永无解决之方"。《宣言》还进一步阐述避免内战的六个步骤。①《告海外侨胞书》严正地指出，于理，在所谓"抗战胜利"和"四强之一"的祖国，应饮水思源，克尽厥职，追念侨胞为国牺牲之功绩，予以切实有效的保护，乃国民党政府，竟举全国残存之人力物力，投于毫无意义之内战，图以消灭异己，继续其独裁统治，而置海外侨胞的惨遇于不顾，尤为"侨胞所同慨"。②

### （二）海外华侨谴责国民党发动内战

蒋介石国民党逆历史潮流而行，其挑起内战的行径不得人心、不得侨心。抗战胜利不久，有的记者就今后的筹赈工作问题采访南侨总会主席陈嘉庚时，陈即明确表示，现在不是抗战，而是要打内战，人民所受灾难不是由于抗战，而是由于内战，由于军队不复员，官吏贪污，政府腐败，侨胞对此莫不痛恨，何能激励其捐输？③

---

① 中国致公党中央文史委员会编：《中国致公党文件选编》上，中国致公出版社1995年版，第7—9页。

② 中国致公党中央文史委员会编：《中国致公党文件选编》上，中国致公出版社1995年版，第12页。

③ 香港《华商报》1946年6月25日。

　　国民党蒋介石发动内战的一个月来，反内战反独裁运动遍及新加坡的每个角落，一个月间举行侨众大会达十余次，与会者达数十万人次，除中国人外，马来人、印度人也前来参加。华侨还开展了反内战宣传周，总工会属下的各业工会、新民主青年团等团体，成立了数十个宣传队，到各华侨居住区，解释国内政局，号召侨胞及时行动起来，反对内战的发动者破坏和平民主的行径。在"九王爷"宫，一个老华侨在宣传队演讲完后又登上讲台，为对内战和独裁表示反对，一口气喊了十几个"坚决反对！"这位老人举动使一些侨众感动地流下了眼泪。在厦门街，一位热血青年上台讲演，痛斥国民党顽固派的内战卖国行径，以及美帝国主义的帮凶嘴脸，听众情绪激动，"反对内战！""反对独裁！"的口号声响彻街衢。新加坡 10 个华侨青年团体组成反对祖国内战委员会，他们义愤地举行了"星华青年界反对内战大会"，深刻地揭露国民党内战独裁政策的本质。10 月 10 日，新加坡 200 多个华侨团体的 5 万多名各界侨胞召开庆祝"双十节"大会。大会发表宣言，并分别致电蒋介石和毛泽东，呼吁和平民主，在致蒋介石的电文中指出，"窃念当年建国艰难，厥为推翻专制，建立民主，方今内战烽火，势成燎原，党未还政，民不聊生，长此蹉跎，国将不国。用特电请立即停止内战，重开政治协商会议组织联合政府，并促美军撤出中国，挽回民族危机，实现和平民主"。①从电文的字里行间可以看出，新加坡华侨要求停止内战、实现和平民主的愿望非常诚恳。

　　国内战火硝烟弥漫，厮杀激烈；海外围绕支持或反对内战展开了针锋相对的斗争。1946 年 6 月内战爆发之际，马来亚某侨商、国民党组织成员，以总商会名义召集侨团代表会议，并企图借会议名义致电蒋介石，颠倒是非地声称"华侨要请蒋主席制止中共内乱"，结果遭到侨众反对，

---

　　① 香港《华商报》1946 年 10 月 10 日。

在众人的质问下，此人见势不妙悄悄走下讲台，溜出会场。①

七七抗战纪念日之际，新加坡海员联合总会、新民主青年团总团、妇女联合总会、中国民主同盟星洲办事处、马来亚各民族各业总会等50多个华侨团体举行盛大的反内战大会，当场通过致电国内各政党领袖、全国同胞及美国总统杜鲁门，呼吁停止内战。在致国内各政党及全国同胞电中指出："抗战结束已历十月，疮痍未复，哀鸿遍野，国内反对派犹凭藉外援作兄弟阋墙之争，国难深重，民不聊生。"在致杜鲁门电中指出，日本法西斯已投降，而美国军队犹长驻中国，武装援助国民党军，"实为助长中国内战之主因。海外华侨对美国此种行动，莫不表示愤慨，应该尊重中国独立主权，迅速撤退驻华军队"。② 7月中旬，马来亚霹雳、槟榔屿、安顺等地的各华侨团体，纷纷举行集会，发表通电，要求立即无条件停止内战，实行政协决议，结束一党专政，成立民主联合政府，并要求美国政府立即撤退驻华海陆空军，停止干涉中国内政。其中霹雳华侨还致电毛泽东，对中共20多年来对祖国的贡献及在抗战中的功绩，深表敬意。认为"新民主主义"与"联合政府"为建国之指南针，其精神适吻合三民主义。③淡边和吉兰丹等地的华侨也分别发表告侨胞书和快邮代电，号召侨胞一致奋起，反对国民党的一党专政，反对其发动内战的总动员令，共救国家危亡。当时，在马来亚华侨中流行着一首反对美国援蒋打内战的歌曲，其歌词如下：

　　反动军阀顽固派，残杀同胞逞英雄，

　　曾筑五道封锁线，又来一次大围攻。

　　梦想消灭共产党，永世当官做富翁，

　　侨胞应该齐反对，让他迷梦一场空。

---

① 参见《解放日报》1946年7月24日。

② 《南洋五十余侨团举行反内战大会》，《解放日报》1946年8月24日。

③ 《马来亚侨胞通电要求无条件停止祖国内战》，《解放日报》1946年8月16日。

还有美国假好意，帮助内战更严重，

千方百计来挑拨，却说长城去兜风。

故意玩弄新花样，到底还是旧阴谋，

害人相残没道理，自己国民也难容。

纷请政府撤军队，维护和平要始终，

我们亦望美政府，对我中国要尊重，

不要为了私利欲，违背良心害民众。

反对内战反倒退，勿让顽固逞阴谋，

建立联合新政府，实行民主昭大公。

四万万人齐努力，坚持团结勿放松，

抗战才算真胜利，建国大业方成功。[①]

新马华侨反对内战专制、要求和平民主的呼声非常强烈。透过对华侨社会的各个阶层考察可见，处于社会下层的广大华侨反对内战的呼声更高，而其中的工界华侨反对国民党发动内战、支持中国共产党制止内战的斗争更坚决。如马来亚槟华海员联合会、槟城油业工友联合会、树胶工友联合会等团体致电毛泽东，望贵党能与国民党再开政治协商会解决争端，并促美军立即撤出我国，停止干涉我国内战；"祈望主席本英勇正义之精神，继续领导人民，争取和平民主之彻底完成。"[②]这封电报清楚地表明了华侨工人阶层的态度。

随着新马各界反内战专制、争取和平民主运动的深入，马来亚华侨妇女界也觉悟起来而投入反内战运动中。1947年1月，马来亚各州妇女联合会致函中国国民党政府呼吁停止内战。电文说：

中国国民政府蒋主席暨中央执委诸公钧鉴：

---

① 《马来亚流行反内战歌》，《解放日报》1946年7月24日。

② 《反内战、反卖国，要求美军撤退，马来亚侨胞电毛主席》，《解放日报》1946年10月9日。

敬启者：祖国十年内战之惨痛教训，民族元气已遭严重损伤，招致日寇之侵略。及胜利到来，万民欢腾，吾等虽遥居海外，惟渴望祖国实施民主政治，建设新国家，民生幸福。自和平后复疮痍满目，内战复燃，同胞面临饥寒病亡之惨局。美军驻华助长内战，更加深祖国同胞灾祸，奸淫枪杀层见叠出。去年圣诞节夜，更发生美军强奸北大女生沈翠凤女士事件，此不仅侮辱沈女士，且侮辱了全中国之姊妹，更侮辱了我国民族。吾等切齿痛恨之余，特代表全马数十姊妹驰函向诸公呼吁：

一、停止国共内战

二、向美国当局交涉美军应滚出中国领土

三、向美国当局交涉应赔偿沈女士的损失，严厉惩办凶手

钧安

此致

马来亚各州妇女联合会联络处谨

主席（盖章）

中华民国三十六年一月十三日 ①

从信函内容及其字里行间可以看出，马来亚各州妇女联合会应该以华侨妇女为主体；信函追溯了土地革命战争时期 10 年内战的惨痛历史，揭露了抗战胜利后美国支持中国政府打内战及美军在华暴行，使中国人民、国家民族蒙受耻辱，呼吁停止国共内战，撤出驻华美军，体现出了民族大义。

在抗日反法西斯斗争期间，菲律宾倾向国共两党的华侨还能一致对日斗争。但战后在菲的国民党组织挑动是非，迫害倾向中共的华侨。而两种不同政治倾向的华侨斗争激烈。国内内战爆发前夕，即 1946 年 6 月

---

① 中国第二历史档案馆藏资料。载王春法主编：《行远同梦——华侨华人与新中国》，北京时代文化书局 2019 年版，第 31 页。

中旬，驻马尼拉的美军组织了一次关于中国政局的广播座谈会。邀请国民党组织代表姚某和原华侨抗日游击支队（倾向中共的抗日组织）李某主讲。姚某在讲座中大力赞扬美国帮蒋作战，把中国不团结的原因归咎于中共。李某则针锋相对地加以驳斥，他简要地阐明了国共斗争的本质，概要地介绍了国统区和解放区的情况，然后指出美国目前对华政策犹如"杀鸡取蛋"。两者基本代表了旅菲华侨泾渭分明的态度。

内战打响后，多数菲律宾华侨感到痛心。其中有 25 个华侨团体分别致电蒋介石和毛泽东，痛陈中国目前面临着最大的危机，此危机即全国总分裂之内战，请求停止内战，确保和平统一。

蒋介石国民党悍然发动内战后，各地华侨谴责内战的声浪此起彼伏。1946 年 9 月 3 日抗战胜利纪念日，缅甸各地华侨纷纷集会庆祝，多数华侨对于国民党破坏政协决议、谋杀民主人士、发动内战的行径，表示强烈愤慨。在瓦城庆祝会上，侨众高呼"即日停止内战""我们需要和平"等口号。9 月 26 日，旅缅集美校友会、安溪会馆、《新仰光报》社等 9 个华侨团体领衔致电蒋介石、毛泽东，指出，抗战胜利后，应努力建设，"不图祸起萧墙，国共自相残杀"，陷人民于水深火热之中，国共如有争执，应循政治协商方式解决，"万勿以兵刃相见"。① 反对内战，以协商方式解决国共冲突成为全缅华侨的一致呼声。

反内战运动在欧美和大洋洲华侨中也此起彼伏。1946 年夏，驻英国利物浦中国政府领事馆，将 1944 年该地中华海员为抗战"双十"献金的4294 英镑购买医药、军用毯等物品"赠送中央支配"，引起华侨海员的强烈反对。中国海员互助会发出了抗议声明，指出，1944 年的"双十"献金是支持抗战，捐款抗战乃是人人怀抱的爱国热忱；今天内战是自相残杀的惨痛时期，把华工抗战时期的捐款用来今天打内战，这不但违背

---

① 香港《华商报》1946 年 10 月 30 日。

华侨海员的爱国意志，而且在政治上欺骗中外人士，使人以为大多数华侨海员是拥护反民主的内战的。声明严肃指出，这"不是海员与华侨群众在募捐时的原意"，而应由"领馆负责"。[①] 足见华侨支持民族解放的正义战争，痛恨自相残杀的非正义的内战，其是非是极其分明的。

1947 年 8 月 17 日，旅法参战华工总会召开执监委员联席会议，决议通电全国，反对国民党内战独裁的倒行逆施及丧权辱国的政策，要求停止内战，建立真正的民主联合政府。9 月 1 日，旅法华侨和平促进会发出反对内战通电，指出："祖国内战，祸国殃民，政府独裁，违反民情，借口'剿共'，置民族之生存于不顾……旅法华侨，对此大憨，悲痛无已，特电反对。"[②]

1945 年 11 月 27 日，中国洪门致公党驻美洲总部主席司徒美堂向蒋介石致快邮代电，表示反对内战，主张和平建国。电文指出：

重庆国民政府蒋主席钧鉴：

我国抗战……，以最大之牺牲博得最后之胜利，方期修养生聚共图建设，讵料内战发生，危害国家民族，自损国际声誉，贻笑友邦。务请迅即止战，力谋和平团结，保留元气，以固国本，并速召集各党代表，会商国是，实行民主政治，以奠万年不拔之基。

中国洪门致公党驻美洲总部<br>主席司徒美堂感叩[③]

因当时蒋介石国民党正在酝酿内战阴谋，并有爆发迹象，司徒美堂的电文还算委婉客气，以规劝为主，但也明确表示了反对内战的态度。1946 年元旦，以司徒美堂为主席的中国洪门致公党发表宣言，再次呼吁停止内战，主张结束国民党一党专政，由各党派成立联合政府。4 月，

①　《新华日报》1946 年 8 月 14 日。

②　香港《华商报》1947 年 9 月 20 日。

③　中国第二历史档案馆藏资料。王春法主编：《远行同梦——华侨华人与新中国》，第 30 页。

司徒美堂率该党代表团到上海准备出席中国洪门自治党成立大会和"国民代表大会"，但受到蒋介石国民党的冷遇。这次回国，司徒美堂和代表团成员耳闻目睹蒋介石国民党酝酿部署内战的行径，感受到内战的气氛，坚定了推翻蒋介石国民党政府专制政权、支持并站在共产党及民主党派一边的决心。他表示："蒋介石决心把他的腐朽政权用武力强加于人民。拯救国家的唯一出路就是推翻蒋介石的政权。因此，我呼吁在美国的所有爱国人士支持共产党以及与共产党联盟的各个民主团体，支持解放战争。"①

加拿大温哥华华侨发表告侨胞书说，亲爱的侨胞们，第二次世界大战已经结束两年了，但战争的烽火还没有在我们祖国停息。我们的家乡"陷于水深火热，经济破产，民不聊生。我们知道，这都是由于内战所造成"。告侨胞书还深刻地分析了内战爆发的原因，一方面是由于四大家族企图永久保持他们的封建统治；另一方面是美国对国民党给予各种援助。②美洲华侨对祖国内战根源的认识及其揭露是很深刻的，反对内战的态度是很明确的。

地处南半球的澳大利亚华侨对祖国爆发大规模内战也很痛心。悉尼琼侨业余进修会，在内战爆发不久即通电国共两党及全国人民，恳切地指出，各党派"本是同根生，何至萁豆煎"，呼吁停止内战，实现民主和平。

上述列举的事实充分说明，海外华侨及华侨党派对于国民党发动内战，普遍地表示反对，他们纷纷发表宣言或通电，谴责国民党挑起内战，并强烈呼吁停止内战，这些表明国民党发动内战是不得侨心的。

当然，不能否认，在战后华侨社会中，对于国内政治局势也不乏异

① 司徒美堂：《我的生活经历》，北京市政协文史资料研究委员会、广东省政府文史资料研究委员会编：《回忆司徒美堂老人》，第62页。

② 《为时局敬告侨胞》，香港《华商报》1948年4月12日。

种声音。如有的侨团主张"一切问题应以政治方法解决，并应在蒋委员长领导下，建设国家"；有的侨团致电蒋介石道："'共党'竟不顾国家民族利益，破坏铁路，决毁黄河，既阻复员工作之进行，复使千万人民重受流离失所之痛苦"，"望蒋明令制止"；有的侨团致电国民党政府及蒋介石说："'共党'逞兵占地，破坏统一，断丧国家民族命脉"，"恳请钧座速予制止"。① 如此等等，有的对国民党蒋介石抱以希望，有的因不了解国内真相而颠倒黑白，还有的对中共抱有偏见而替国民党张目，也有些则属于国民党势力的党部或侨团。这表明，战后华侨社会并非铁板一块，而是政见纷纭，情况复杂。这也不足为怪，而且有些华侨随着时局的变化而改变态度。

---

① 《中央日报》1945 年 11 月 15 日、11 月 16 日、11 月 17 日。

# 第二节　反美援蒋打内战的浪潮汹涌澎湃

## 一、陈嘉庚通电震荡南洋华侨社会

全国解放战争爆发后，随着人民解放战争的发展，国民党统治区爆发了数十万学生抗议美军强奸北京大学女学生的暴行，进而强烈反对美国帮助国民党打内战，要求美军撤出中国的反帝爱国运动，并爆发了以"反饥饿、反内战、反迫害"为口号的反对国民党打内战的反美反蒋运动。这一运动得到了海外华侨的响应和支持，形成了相对于人民解放战争军事鏖战的"第二条战线"。

国民党蒋介石发动内战，是因为有美国的支持。抗战胜利后，国共谈判，召开政协会议，美国以"中立"面目出来调停，实际上是偏袒国民党，打压共产党，扶蒋反共；而国民党以美国为后盾，破坏谈判，撕毁政协决议，发动内战。内战爆发前后，美国一面直接出面运送大批国民党军队到内战前线，一面以大宗财物和军火援蒋，使内战愈演愈烈。显然，美国是蒋介石国民党发动内战的幕后策划者、支持者，前台指挥者、参与者，对此海外华侨看得很清楚而且反应强烈，他们在海外发起了一场强大的反美援蒋打内战的斗争。

著名爱国侨领陈嘉庚以"南洋华侨筹赈祖国难民总会主席"名义，于 1946 年 9 月 11 日致电美国总统杜鲁门、参众两院议长及美驻华特使马歇尔、大使司徒雷登，电文不长，抄录如下：

华盛顿白宫杜鲁门总统，参众两议院院长，南京马歇尔特使，司徒雷登大使鉴：

中国人民一向信奉孙中山先生革命遗教，主张建立民主国家，不幸军阀内讧，加以日本乘隙而入，以借款军火，助长中国分裂，卒致有世界大战的惨祸。日本此种损人利己之企图，征服世界之野心，最后仍遭失败，可见上帝有灵，报应不爽。查蒋政府执政二十年，腐败专断，狡诈无信，远君子而亲小人，其所任用官吏，孔宋内戚及吴铁城，陈立夫，蒋鼎文，陈仪等，贪污营私，声名狼藉；以致民生痛苦，法纪荡然，为中外人士所咸知，贵国人士尤了若指掌。抑蒋政府要人，就本人多次接触，深知其昏庸老朽，头脑顽固，断不足与言改革。贵国传统政策，对各国人民，公允友爱，不事侵略，信誉昭然；今乃一反其道，竟多方援助贪污独裁之蒋政府，以助长中国内战。本人曾亲访延安中共辖地，民主政治已见实施，与国民党辖区，有天壤之别；且中共获民众拥护，根深蒂固，不但国民党军队不能加以"剿灭"，即任何外来金钱武器压迫，亦不能使其软化。职是之故，本人代表南洋华侨，特向贵国吁请顾全国际信誉，以日本为前车之鉴，勿再误信武力可灭公理，奸谋可欺上帝；务望迅速改变对华政策，撤回驻华海陆空军及一切武器，不再援助蒋政府，以使中国内战得以终止，人民痛苦可以减少。则贵国将为全世界爱好和平之人民所拥护，而上帝必佑贵国矣。[①]

9月11日，陈嘉庚的电文由美国合众社在新加坡首先发表，后英国、美国电讯社亦均发表，英广播电台作了广播，迅速传遍全世界。陈嘉庚的通电被人比作一颗威力巨大的原子弹，震荡强烈，在国内外引发强大

---

[①] 南洋华侨筹赈祖国难民总会编：《南侨正论集》，新南洋出版社1948年版，第1—2页；香港《华商报》1949年5月30日刊登的电文与此略有出入。关于陈嘉庚致电美国总统杜鲁门的时间，有著作谓9月7日。见陈碧笙、陈毅明编：《陈嘉庚年谱》，福建人民出版社1986年版，第184页。

的冲击波。国民党当局对此十分恼怒与恐惧，其党徒首先在新加坡和马来亚由他们控制的部分华侨中挑起反对和平民主的阴谋活动，各地党报众犬吠声，群起鼓噪。他们极尽谩骂之能事，诅咒陈嘉庚老而不死是为"贼"，国家将亡必有"妖孽"，"擅用主席名义发表狂妄谬论"①。具体说，他们攻击陈嘉庚的所谓"十大罪状"是："1. 盗用南侨主席名义；2. 冒充代表南洋华侨强奸民意；3. 亵渎领袖；4. 攻击政府；5. 危害国家民族；6. 反对美国援华；7. 中共尾巴；8. 认苏联至上；9. 刚愎自用；10. 晚节不忠。"② 这些诬蔑不值得辩驳，但有必要解析这股倒陈阴谋的真相。也就是说，陈嘉庚的通电引发了南洋华侨社会在政治上的大分野，在新马华侨社会一时"激起反陈的巨浪，这巨浪，现正澎湃至马来亚的每一个角落，而构成清者自清、浊者自浊的泾渭两大支流"。某些华侨或侨团是怎样被卷进"倒陈"巨浪的呢？据报载，在新加坡，9 月 20 日通电请求美国不要改变对华政策的侨团共有 91 个，只隔一天，这些侨团在报上登载署名时即退出 32 个。在最先闹起反陈把戏的马来亚吉打，反陈的侨团有 6 个，其中 2 个为当地国民党机关，1 个是被个别人施加伎俩，未征求大家意见而签名的福建会馆（签名后遭到众人的指责或抗议），还有由日本占领时充当傀儡人物把持的社团。当吉隆坡某侨团反陈的快邮代电发表后，当即有人声明此电"未经本行行友及全体职员之同意"，"鄙人特严重声明，否认此举"。再如雪兰莪州，安溪会馆发表反陈通电后，先是有两位董事提出反对，两天后又有 36 位董事反对强奸公意。其中潮州八邑会馆更是离奇，9 月 24 日先在中华大会堂拟好的反陈通电上签字，25 日始发出通告，定于 27 日召开董事会"讨论陈嘉庚通电应否反对事"。不必再举，上述这些足以暴露出新马各地反陈通电

---

① 南洋华侨筹赈祖国难民总会编：《南侨正论集》，第 13 页。

② 南洋华侨筹赈祖国难民总会编：《南侨正论集》，第 20 页。

的真相"完全是党棍子与御用的文侩们制造出来的"，即"代表反陈的是党报半党报与国民党及影响下的侨团"。[①]

　　反民主的逆流在新马各地华侨中泛起一阵混浊的泥沙之后，很快被汹涌澎湃的民主潮流所压倒、淹没。新马各地随即掀起强大的拥护陈嘉庚通电的活动。9 月 27 日，由中国民主同盟新加坡分部等 9 团体联合发起，召开了拥护陈嘉庚通电大会。与会的有 216 个华侨团体的代表 800 多人，代表新加坡各界各业有组织的华侨 80% 以上。大会在中华总商会举行，总商会会长李光前、董事陈六使、刘牡丹、黄奕欢、周献瑞等许多侨领、侨商与会，首先由黄奕欢代表主席团致辞，说明召开拥护陈嘉庚通电大会的意义，接着有许多人演说痛斥美国援蒋打内战的行径，一致主张拥护陈嘉庚的通电。会议发表了义正词严的宣言，历数了抗战胜利后国民党仍实行一党专政，祸国殃民，发动内战的罪行；继而揭露美蒋勾结，美国参与中国内争，美军长驻中国，将各地海口辟为海军基地，攫取海关和内地航运权的行径。宣言最后表示："一致拥护陈先生之正义主张，并向海内外爱国同胞呼吁，共起响应陈先生致美国之通电；要求美国改变对华政策，撤退驻华军队，在国共实现停战之前停止对任何一方之援助。"[②]大会议决成立新加坡华侨各界促进祖国和平民主联合会，以期团结各党各派、无党无派的华侨，共同致力于反内战独裁的斗争。9 月 22 日，马六甲有 3000 多名华侨代表召开拥陈大会，会议气氛热烈。在槟榔屿，有 102 个侨团的 200 多名华侨代表所属成员十多万人，冒着滂沱大雨，举行拥护陈嘉庚通电的大会。由民盟霹雳分部发起，霹雳地区的 174 个侨团代表并有列席旁听的 150 多名华侨召开会议，一致通过响应陈嘉庚通电的决议，并逐条批驳了反陈通电的谬论。在雪兰莪

---

　　① 南洋华侨筹赈祖国难民总会编：《南侨正论集》，第 94—95、61、69 页。

　　② 香港《华商报》1946 年 10 月 12 日；1949 年 5 月 30 日。

州，10 月 6 日，101 个侨团的代表共 500 余人召开拥护陈嘉庚争取祖国和平民主大会，发出宣言并通过决议，即席选派代表赴新加坡向陈嘉庚致敬！柔佛地区有 50 个侨团代表着 4.6 万侨胞召开拥陈大会，白发苍苍的老华侨戴子良也前来参加会议，格外引人注目。他在会上大声疾呼："我年已老了，但我还以这条老性命来争取中国民主政治的实现，你们年青人，更加要争气，要坚决的来推翻中国的腐败政府，建立一个新的自由的中国。"他的演讲赢得了阵阵掌声。其间，森美兰 33 个侨团、怡保 11 个侨团、太平 14 个侨团等召开拥陈通电大会。新加坡侨领、同盟会元老、老国民党党员周献瑞坚持正义，挺身而出替陈嘉庚辩驳，指出，"全南洋华侨无欲内战者！"陈嘉庚的通电是反对内战的"去火抽薪止沸之法"①。这说明，南洋华侨中的国民党人也不乏开明之士。一股巨大的反对美国援蒋打内战、争取和平民主的浪潮在新马华侨社会中掀起，进而席卷了整个东南亚乃至世界各侨居地。

此后不久，印度尼西亚、泰国、越南、菲律宾等地的华侨纷纷致函、通电或派代表到新加坡向陈嘉庚致敬，响应和拥护陈的通电。如泰国曼谷 71 个侨团于 10 月 10 日致电杜鲁门总统、曼谷美国公使馆和陈嘉庚，指出，美军留住中国，这不仅足以扩大当前的严重形势，而且侵犯了中国的主权与独立。

陈嘉庚是位无党无派、坚持正义的爱国侨领，实际上是全南洋华侨民主运动的领导者。他的通电得到整个南洋华侨社会的广泛响应，他对此感到欣慰。对这些致敬电和响应活动，他无法一一作答，同年 10 月，他在报上刊登《道谢启事》如下：

> 余自前年代表华侨回国慰劳，辄与政界要人接触，及经历多种事件，深知彼辈虚矫成风，断非为治之本，国家难免纷乱，浩劫无可减轻，心

① 南洋华侨筹赈祖国难民总会编：《南侨正论集》，第 34、121 页。

实痛之。不图近复假藉外力，加深国难，不得已乃于九月间，发电美国总统杜鲁门等，请勿火上加油，以害中国。讵马来亚少数顽固分子，藉词反对，并利用报纸无理谩骂，致引起各处拥护民主维持正义之男女同胞，大动公愤。或集会阐扬真理，发表拥护宣言；或联络群众签名，发出慰勉函电。近则马来亚，远则菲律宾，香港，安南，暹罗，缅甸，荷印等地，每日多至百数十件，直至近日方止。侨胞热爱祖国，使余感奋，为恐作答难周，有辜盛意，兹谨登报广致谢忱，诸希鉴谅。

中华民国三十五年十月 [①]

魔高一尺，道高一丈。以上大量拥陈通电，以及这则启事说明了华侨中的民主正义浪潮压过了反民主的逆流。

在南洋华侨社会中挑起反民主阴谋的国民党分子最终十分狼狈，不得人心。据 1946 年 9 月 27 日《槟城中华公报》刊文说："中国国民党马来亚党务整理委员会，认为此次发动反陈，已受到致命打击，为作最后挣扎计，乃电行政院，请求撤销南侨总会……领导反陈的国民党弱点，已由此电加以暴露，却为不可掩的事实。" [②] 这则报道说明了国民党分子发动的拥护美蒋打内战阴谋活动的失败。

为了使"反美援蒋"运动进一步深入和扩大，1946 年 10 月下旬，新加坡华侨成立了"星华各界促进祖国和平民主联合会"（简称"民联会"），发动了"美军退出中国周"和致函杜鲁门总统及美国人士书的签名活动。参加签名的华侨约有 10 万人，占当地华侨总数的 1/10，就连当地的一些华侨国民党员、国际友人也参加了签名。致函杜鲁门总统和美国人士书中，呼吁美国不要干涉中国内政，"诚恳希望美国立刻撤回留驻中国的军队，停止对国民政府的一切援助"。不久，"民联会"发起召

---

① 南洋华侨筹赈祖国难民总会编：《南侨正论集》，第 162 页。

② 南洋华侨筹赈祖国难民总会编：《南侨正论集》，第 69 页。

开有当地各种族和知名人士参加的座谈会，马来亚民主同盟副主席依伯律师，从法理上说明美军驻华就是干涉中国内政；马来民族著名人士查哇威发言呼吁，马来人民应支持中国人民要求美军离华的活动；旅新印尼人领袖高斯医生说，"我们印人和中国人一样要求外国军队离境"；印度人联合会主席曼吉士老律师指出，旅居马来亚的印度人，只要有良知的都拥护中国人民的要求，参加这一争取和平民主的运动。[①]反对美国援蒋打内战的活动得到了侨居国各族人民的同情和支持。在此基础上，南侨总会发出第 16 号通告，声明："为因一党专制，一人独裁，遂不惜媚外卖国以巩固地位，消灭异己，较之石敬瑭吴三桂汪精卫诸贼，有过之无不及。"本总会特发出通告以示反对。这标志着反美援蒋运动在南洋华侨中达到高潮。

不言而喻，由陈嘉庚通电引起的南侨社会的分野，实际上就是对国共两党政治态度的分野。这一斗争基本上划分了解放战争时期南洋华侨对国共两党态度的政治格局，因而它对南洋华侨社会的影响是巨大的。事实证明，首先旗帜鲜明、勇敢无畏地站出来反对美国援助国民党蒋介石打内战的是侨领陈嘉庚。在这场是非分明、正义与邪恶的斗争中，陈嘉庚再次成为广大华侨的旗帜与楷模。

## 二、"民主堡垒"《南侨日报》

主张和平与坚持内战、拥护民主与坚持独裁是一场大是大非的斗争。无疑，绝大多数华侨是主张和平民主的。在这场严肃的政治斗争中，值得特别介绍的是 1946 年 11 月 21 日在新加坡诞生的主张和平、坚持民主的喉舌——《南侨日报》。

---

① 《星洲和平民主运动澎湃》，香港《华商报》1946 年 11 月 14 日。

　　《南侨日报》是由陈嘉庚出面集资成立的南侨报社有限公司创办的，得到一些华侨民主人士的大力支持。由陈嘉庚任公司董事主席，胡愈之任社长，张楚琨任总理，李铁民为督印，胡伟夫任编辑部主任。不久，周恩来派夏衍赴新任主笔。报纸创刊号上刊载了陈嘉庚的《告读者》，明确该报的宗旨为："我海外华侨本爱国真诚，求和平建设，兹故与各帮侨领，创立《南侨日报》，其目的在团结华侨，促进祖国之和平民主，俾内战早日停止，政治早日修明，国民幸福早日实现，以达到孙国父建国之主旨。"胡愈之在《创刊词》中指出："对内要和平，对外也要和平，南洋要实行民主，祖国更不可不实行民主"；"坚持团结，反对分裂"；"以前南侨是抗日长城，现在南侨是和平先驱，是民主堡垒"。[①]《告读者》及《创刊词》，开宗明义，言简意赅——坚持和平、反对内战，坚持民主、反对专制，而且要成为"和平先驱""民主堡垒"。

　　《南侨日报》的出版情况为，日出 4 张 8 版，主要栏目有中外电讯、本坡新闻、马来亚新闻、南洋要闻、祖国要闻、经济商情及副刊《南风》《小世界》等。该报言论观点鲜明，报道面广，新闻性强，大量刊登新华社发布的电讯、时评，及时报道解放战争进程。除周日外，平时每日发表一篇社论，评论主题十分广泛，主要为国内政局问题。由胡愈之、洪丝丝撰写的社论、时评切中时弊，针针见血；夏衍所写的"星期杂话""每日话题"等，针对性强，富有说服力；陈嘉庚发表的专稿、演讲词，呼吁广大华侨团结起来，反对独裁，为建立和平、独立、民主的新中国而努力。此外，该报还透露一些解放区的消息和新中国成立前后的新闻。如 1947 年共刊登 253 篇社论性的言论，立场观点鲜明，文笔犀利流畅。同年报纸日销量达 2 万多份。1948 年 6 月，南侨报社又出版

---

　　① 张楚琨：《陈嘉庚与南侨日报》，见中国人民政治协商会议文史资料研究委员会、中华全国归国华侨联合会、福建省政协合编：《回忆陈嘉庚》，文史资料出版社 1984 年版，第 142—143 页。

《南侨晚报》，由洪丝丝、林芳声先后担任编辑主任。但本年度由于英国殖民当局颁布紧急法令，镇压民主力量，报社处境困难，夏衍、胡愈之、李铁民等先后离开新加坡，由洪丝丝代理社长（报社永远保留胡愈之社长的名义），并兼任新成立的社论委员会主席。1949年陈嘉庚回国后，由侨领王源兴接任董事主席。

《南侨日报》及时向广大侨众报道了国内战局和国际形势，包括人民解放军的胜利和国民党军队的溃败，民主运动的曲折发展，解放区的光明和国统区的黑暗，美帝干涉的失败和国民党蒋介石的崩溃，等等。《南侨日报》有关报道主要内容如下。

**1. 介绍国内政局及国共军事战况是《南侨日报》报道的主要内容之一**

如该报的社论《论冬季战局》《美国版的田中奏章》《和平的斗争》，以及陈嘉庚的专论和演讲词《论美国救蒋必败》《蒋介石的"最大错误"》，等等，均属这方面的内容。内战爆发后，国民党军队向全国各个解放区发动的全面进攻遭到失败，遂部署对陕北和山东解放区发动重点进攻。1946年11月22日，《南侨日报》发表《延安攻得下吗？》的评论文章，其中指出："军事的延安可以攻下，政治的延安是攻不下的。""由于全国经济崩溃，人心厌战，这次中央的'剿共'军事，可能遭遇到重大的挫折。要是不然，中央军即使攻下延安，军事上必然付出十分巨大的代价，解放区一万万民众，将更加坚决地起来反对独裁政治。军国攻下张家口，是吞下了一枚炸弹，如攻下延安，便是吞下一枚原子弹。"[①]文章寓意深刻：即使国民党取得暂时的军事胜利，但在政治上失去民心，犹如吞下"炸弹"和"原子弹"。

1947年春，国民党军向陕北、山东战场发动的重点进攻，也遭到

---

① 中国华侨历史学会、福建省金门同胞联谊会编：《洪丝丝纪念集》，中国华侨出版社1995年版，第56页。

人民解放军的迎头痛击。在晋鲁豫及东北战场，人民解放军逐渐占了上风。《南侨日报》发表题为《谣言攻势的内幕》（1947.5.5）、《不能挽救的颓势》（6.20）等多篇社论，指出，"国民党的武力统一政策即使有美国的撑腰也绝无希望可以实现"。同年夏秋，当人民解放军转入战略大反攻时，该报连续发表《论内战新战场》（9.17）、《从军事看大局》（9.30）、《石家庄之战》（11.19）等社论，指出，这是中共领导的人民解放军对国民党军的优势，拿这种优势和两年前比，可以清楚地看到人民解放军是愈打愈强，国民党军是愈打愈弱的。

再如 1949 年 4 月 23 日，人民解放军解放南京，《南侨日报》发表《庆祝南京解放》的文章指出："蒋党自民国十六年定都南京，到现在已经二十二年。南京的解放，可以象征整个中国反动政权的总崩溃，可以预示全国解放快要实现，也可以证明中国的民主、统一、富强，指日可待。""南京经此一度荡污涤垢，将永远光明，永远在人民手中。"①《南侨日报》如实地报道了解放战争的进程。

**2. 抨击国民党蒋介石专制独裁，声援国内民主运动，是《南侨日报》报道的另一方面重要内容**

蒋介石国民党在发动全面内战的同时，滥施专制独裁淫威，疯狂、残忍地镇压爱国民主运动。对此《南侨日报》加以无情地揭露和强烈的谴责。1947 年春夏，国民党政府在北平、广州、上海、南京等地大肆逮捕工人、学生，封闭进步报刊。随即爆发了反对美蒋的"第二条战线"。《南侨日报》则有针对性地发表《抗议独裁暴行》（3.19）、《民心所向大势所趋》（5.21）、《抗议南京血案——并斥对爱国青年的诬蔑》（5.22）等社论，强烈表示："我们以热爱祖国的海外华侨的名义，向屠杀、逮捕青年的反动政权作严重的抗议！墨写的谎言改变不了血写的历

---

① 中国华侨历史学会、福建省金门同胞联谊会编：《洪丝丝纪念集》，第119、120页。

史，枪杆子是永远阻挡不了历史的前进的。"① 后来又发表《政府与人民为敌》（10.3）、《独裁对民主宣战》（10.29）等时论，揭露国民党搞独裁专制，把矛头对准人民。

1947 年"双十节"，《南侨日报》发表社论，旗帜鲜明地指出："《南侨日报》自从创刊到现在，没有别的目的，目的就是为救国救民；没有别的主张，主张就只有民主和平。为了救国救民，为了民主和平，本报不顾权势，不惧斧钺，不怕威胁，不受利诱，一切唯依据真理与正义，尽公正批评与忠实报道的天职。"同时该报"号召所有海外的爱国同胞，热烈参加民主和平运动，正像从前国父孙中山先生号召全体华侨参加中国革命一样"。②

有关《南侨日报》抨击国民党蒋介石专制独裁的报道和言论多不胜举，以上几例足以说明问题。

**3.《南侨日报》的诸多社论及报道，预见了国民党必败、共产党必胜的光明未来**

1947 年《南侨日报》在"双十节"的社论中，曾预见说："现在祖国民主和平运动，已日益接近最后胜利的阶段。虽然不久天将破晓，眼前却还是一片漆黑。一切爱好正义，主张民主的人士，应当更加团结起来，为祖国的光明前途，尽最后的最大的努力。"在同年 4 月该报《准备迎接光明的到来》一文中，充满信心地预示道："我们不愁光明的时期不会到来，而担心光明到来的时候，我们太没有准备，以至于来不及去迎接这新的时代。"③ 当时，正值人民解放战争艰苦激烈鏖战的时期，《南侨日报》对未来局势即作出这样的判断，号召人们迎接光明，确是

---

① 《胡愈之文集》第五卷，生活·读书·新知三联书店 1996 年版，第 95 页。

② 《南侨日报》1947 年 10 月 10 日社论：《纪念国庆发动征求十万读者》，《胡愈之文集》第五卷，第 155—156 页。

③ 《胡愈之文集》第五卷，第 156、81—82 页。

独具慧眼的，这在当时的舆论界中尤其是海外的新闻媒体是不多见的声音。

1948年"双十节"，新加坡福建会馆联合属下4华校召开纪念会议，陈嘉庚到会致辞，他联想到1946年"双十节"，说道，当时蒋介石国民党政府军队及其收编的伪军共有400多万人，加之美国的军火物资及海陆空运输之助力，军容之盛，气焰之高，殆属空前，因而叫嚣三数月可消灭中共。中共在抗战时占有的400多个县城，曾被蒋军抢夺去1/3，两方疆土军力悬殊。"而本席前年在纪念国庆之致词中，即断言蒋军内战必败，盖根据历史经验，凡背信义不道德之人，虽一时炎威赫奕，终必失败……今日蒋政府之势力比较前年如何，已为众所周知。""在中国有人断丧国权，纵容贪官污吏，违反信誓，屈指难数。如在前年重庆政治协商会议，答应消除内战，组织联合政府，未及三月，食言毁约，再后更公开发动全面内战，但知利己独裁，不顾民族惨祸，天道至公，安能免于败之？楚歌四起，不过时间问题耳。"① 从致辞中可见陈嘉庚在政治上的先见之明。

正因为《南侨日报》在争取团结和平民主、反对内战专制独裁的政治斗争中，成为海外华侨社会的雄劲的号角、炮火猛烈的火力点，因而受到民主党派和中共领导人的高度赞扬。该报创刊两周年时，李济深特为其题词道："民主和平，人民之声；两年奋斗，大放光明。"② 该报创刊三周年时，毛泽东为其题词——"为侨民利益服务"；周恩来的题词——"为宣扬新民主主义的共同纲领而奋斗，为保护国外华侨的正当权益而奋斗"，并有两幅《书告侨胞》，一幅由毛泽东写道："侨胞们团结起来，拥护祖国的革命，改善自己的地位！"另一幅由周恩来写道：

① 《陈嘉庚在国庆纪念会致词引述欧亚历史经验证明无道者必败亡》，新加坡《南侨日报》1948年10月12日。

② 《李济深为〈南侨日报〉两周年纪念题词》，新加坡《南侨日报》1948年11月24日。

"海外侨胞与祖国人民团结一起为实现中华民族的彻底解放而奋斗！"①
中共领袖给《南侨日报》以很高的评价。

由于英国殖民当局不能容忍在它的殖民地上长期存在一个民主堡垒，
遂百般阻挠破坏。但《南侨日报》坚定自己的立场。如1950年4月12
日载文《重申本报的立场》所指出："本报拥护中华人民共和国，也就是
拥护中国人民解放事业，拥护人民民主。这是本报的立场，绝对不能改
变。"陈嘉庚有一句铿锵有力的话："本报宁可关门，不能改变自己的立
场"，成为报社的"座右铭"。②同年9月20日，《南侨日报》最终被英
国殖民当局扼杀封闭，仅存在3年10个月。尽管《南侨日报》存在的时
间不长，但它从舆论上强有力地配合了"打倒蒋介石、解放全中国"的
人民解放战争。

## 三、谴责美国援蒋打内战

由南洋华侨掀起的抗议美国援助蒋介石国民党打内战的斗争波及了
整个海外华侨社会，在这事关国家命运与走向的抉择面前，每一个党派
团体、每一个中国人不得不表明自己的政治态度。

与南洋华侨开展反美援蒋打内战运动的同时，中国致公党也致电杜
鲁门强烈要求撤退驻华美军并停止援助国民党。电文说："现在日本投降
已逾周年，我国内战日益加剧，揆厥原因由敝国党争不息，然贵国对华
政策之各种措施，实为助长党争与内战之重要因素，殊觉遗憾。我国人
民已在水深火热中，亟盼贵总统当机立断，改变对华现行政策，停止军
事援助任何一方，庶免助长内战，使我国获得和平安定与民主。"致公

---

① 中国人民政治协商会议文史资料研究委员会、中华全国归国华侨联合会、福建省政协合编：
《回忆陈嘉庚》，第134页。

② 中国华侨历史学会、福建省金门同胞联谊会编：《洪丝丝纪念集》，第13页。

党还发表对时局的意见及发言人评美国对华政策，指出："在政协决议未实施以前，美国政府片面援助一党（国民党）政府，不拘其主观动机如何，而其客观影响所及，完全为助长中国内战"；"要求美国改正此一错误的政策"，"即应立即撤退驻华美军，放弃所有军事基地，改订中美条约，并在政协决议未实行以前，停止片面对国民党的一切援助，尤其军事援助，如是始能有助于中国之民主团结与国际和平之实现也"①。1947年 4 月，致公党发表《中国致公党为反对美军继续驻华事发表声明》，声明指出，美国军队继续驻华的五种原因，"恳切呼吁全国民众，誓必令美军全体即行撤离中国，以固我主权"。5 月，再次发表《中国致公党致杜鲁门总统电文》，谴责美国政府不顾反对，继续援助国民党，使战火"弥漫中国各地"，人民生活趋于"水深火热之地位"。"现时中国民众认为美国是主要助长中国内战之责任者，若无美国支持反民主之国民政府对中国的民主势力作战，则和平与民主政治之中国，今日必已实现无疑。"要求"阁下即时决计撤退所有驻在中国之美国军队及其一切之军事人员，同时停止一切对中国政府之所有物质援助，中国问题，应听由中国人民自行解决"②。中国致公党对美国支持国民党打内战的评论、谴责，言辞尖锐，代表了大多数华侨的立场，与陈嘉庚的通电遥相呼应和配合。

美国华侨对于美国出钱出武器甚至派兵帮助国民党蒋介石打内战，表示强烈反对。中国民主同盟美国支部主席、华侨张炜逊为此特致函美国国务院，要求停止此种对国民党政府的援助，以免延长内战。纽约《华侨日报》社的侨胞们得知，美国政府将以 1.3 亿发子弹售予国民党政府，特由报社社长梅参天具名，致电美国国务院和马歇尔提出严正抗议，电

---

① 中国致公党中央文史委员会编：《中国致公党文件选编》上，第 3、6 页。

② 中国致公党中央文史委员会编：《中国致公党文件选编》上，第 28—29 页。

文指出："蒋介石政府今日正进行内战，一切对它借款之行动"，都是违背中国人民的利益的，"吾人吁请阁下代表美政府立即停止与蒋政府代表一切借款谈判"；"美政府昨日宣布售予蒋政府一万三千万发子弹之行动，吾人同样表示强烈抗议，盖此举惟有助长蒋氏屠杀中国人民之罪行也"①。一位侨居美国多年的老华侨归国时表示，中美商约的签订，他非常痛心，"想不到打了八年，赶走了日本鬼之后，中国又亡于美国"，"要中国人到美国开矿，设厂，办航业简直是白昼做梦，我们的政府为什么这样不自量呢！"以自己的体验，谴责国民党政府与美国签订卖国条约，是有说服力的。

美洲其他国家华侨对美国援蒋打内战的行径也表示了反对态度。古巴华侨援助民主中国联合会曾在报上发表声明，指责美国政府继续在军事上援助蒋介石国民党政权。该会代表全体华侨，吁请古巴进步的团体和个人，敦促杜鲁门总统撤退驻华美军。居住香港的琼崖同胞，对美军利用海南岛作为军事援蒋据点表示愤慨，特向国内外发出《反美亡琼告海内外同胞书》，得到海外琼侨的响应。澳大利亚悉尼琼籍华侨冯海星等多人致函居港琼籍同胞表示响应，他们指出："美国利用海南岛为军事援华之主要据点，这种诡计，我们是不能再容忍下去"；对国民党独裁政府来说，"变本加厉，将海南岛出卖给美帝为军事基地，并在海南岛开发矿务事业，实行由美帝出钱，日本出力，中国出地之'三合'办法。这种奇耻大辱的事，似此倒行逆施，我海外侨胞誓不承认"，"一致声讨"②。

反美援蒋打内战的斗争在世界各侨居地此起彼伏。此举也得到了某些侨居国爱好和平正义人士的同情和支持，除上述马来亚外，一些欧美

---

① 香港《华商报》1947 年 8 月 8 日。

② 《雪梨琼侨侨胞响应反美亡琼》，香港《华商报》1948 年 9 月 29 日。

人士也持相同态度。如在欧洲的一次国际会议上，就有代表提出美军不宜再驻中国。这种呼声在美国更高，美前商务部长华莱士，主张尽快撤退驻华美军；美参议员莫莱与佛兰德斯，亦向杜鲁门建议调解国共冲突，制止内战。美国争取和平民主人士卡尔逊等在旧金山发起成立美国全国争取和平委员会。1948 年 9 月下旬，该会在旧金山发起开展"美军撤离中国周"活动，向杜鲁门总统发出请愿书，促请立即撤退驻华美军，并征求签名，这一活动得到美国各界的广泛响应，全美 35 个大中城市约有 40 万人签名，其中有许多华侨积极参加，影响很大。侨领陈嘉庚得知后，当即致电卡尔逊表示响应。同时国内上海、北平、成都、香港及解放区也纷纷响应。10 月 18 日至 20 日，由美国争取和平委员会及民主远东政策委员会等组织发起，在旧金山举行了盛况空前的中国与远东大会，全美各界 198 个民众团体的 805 名代表与会，"几乎网罗了美国各界的民主领袖"。大会的主要议题是要求停止美国援蒋，将立即撤退所有美国驻华军队，停止所有对国民党政府的借款、信用放款、军事接济和租借物资的供应等作为自己的行动纲领。

海外华侨掀起的反美援蒋打内战的正义斗争，得到各侨居国爱好和平民主人士的同情与支持，并为此开展了颇有声势的声援活动，冲击着援蒋打内战不得人心的美国政府，打击了依靠美国打内战的国民党当局，间接声援了中国共产党反对美蒋勾结而进行的自卫战争。

## 四、内战独裁专制丧失侨心

蒋介石国民党发动全面内战后，狂妄至极，双管齐下：一面在军事上大举进攻解放区，一面在政治上加紧推行"一党独裁"专制。1946 年 11 月 15 日至 12 月 25 日，国民党不顾中共和各民主党派的反对，召开一党包办的"国民大会"。出席会议的代表国民党名额占 85％，其余是依附于国民党的青年党、民社党和所谓社会贤达。会议通过了所谓的《中华民国宪法》。

对"国大"的召开，中共代表周恩来在南京举行记者招待会，严正声明："这一'国大'是违背政协决议与全国民意而由一党政府单独召开的。中国共产党坚决反对。"以民盟为代表的各民主党派也发表声明表示反对。伪国大召开的当天，中国致公党发表《中国致公党反对一党召开"国大"的声明》，宣布："在朝党不顾在野各党派及广大人民之反对，竟不遵照政协决议，而于本月十五日召开国民大会，其所产生不良后果，政府——在朝党应负其全责，其所制定之宪法，本党亦持保留态度，特此声明。"此后，致公党又发表《反对南京伪选声明》，抨击伪国大的所谓选举说："丑态百出的南京伪国大，竟依据伪宪法选出所谓'总统''副总统'，此种怪剧，纯由南京反动当局所导演；伪造民意，自诩成功，其阴谋险恶的行为，卑鄙无耻的手段，较之袁世凯篡国，曹锟贿选的种种罪行，更为变本加厉。"本党对"南京卖国独裁政府，强奸民意之行为，如所谓伪国大选举正副总统，及其他议决案，一概反对，同时号召本党海内外党员与亲爱的同胞们……作彻底反美反蒋反封建政权之奋斗，使真正能代表民意的联合政府，在短期内，即能建立起来"①。致公党对伪国大的揭露、抨击，入木三分。其率先奋起谴责伪国大，对发动海外华侨反对专制独裁起到了号召的作用。

伪国大召开不久，中国致公党驻马来亚支部特发表《为否认及声讨蒋介石伪总统告华侨书》，指出："违反民意蒋介石伪总统，将于本月内在南京袍笏登场，举行就职典礼了。但是这个总统并不是真正的由人民的公意所选举出来的，是伪总统，是非法的总统。"接着从选举程序、宪法规定两方面说明非法的根据。《告华侨书》号召："亲爱的华侨兄弟

---

① 中国致公党中央文史委员会编：《中国致公党文件选编》上，第5、42页。

姊妹们，蒋介石独夫的罪恶，纵令罄南山之竹，亦难写其万一。其专制残暴，即商纣秦皇亦难望其项背，今天尤复不知羞耻，笏袍登场，假造民意，企图一手掩尽天下人耳目，是可忍孰不可忍。""我们华侨也将毫不迟疑地坚决起来否认及声讨。'庆父不去，鲁难未已'，蒋介石独夫不铲除，蒋根不挖，则中国安能走上真正的和平民主之路？本党站在人民立场，站在国家的立场，站在和平民主的立场，对于蒋介石独夫就职伪总统之今日，坚决号召全南洋的华侨以及祖国同胞，为反对蒋介石独裁统治，为实现和平民主的新中国，应该一致起来打倒蒋介石独夫的卖国政府。"①这封告华侨书，实际上是一份讨蒋檄文，犹如在海外射向国民党蒋介石的一发远程炮弹，击中了其独裁专制的要害。

1948 年 5 月初，马来亚各地侨胞纷纷集会反对伪国大。4 日下午，新加坡华侨社团有 119 个单位 580 多名代表，代表着 20 多万侨胞，冒雨参加"新加坡华侨否认蒋介石为中华民国总统大会"。胡守愚代表主席团首先致辞，坚决反对伪国大与伪总统。接着，民联会代表洪丝丝、民盟代表许侠、致公党支部郑天保、福建会馆代表黄奕欢等相继发言，都强烈表示否认"国大"及伪选，并通过举行反蒋运动宣传周等三项决议。同一天下午，森美兰各地侨团、侨校 30 余个单位的代表召开反对伪选会议，与会者发言谴责自蒋介石统治中国以来，坏事做绝，将中国变成一家天下，较之袁世凯、曹锟之流有过之无不及，会议通过发动一万人签名反蒋运动等三项提案。雪兰莪地区否认蒋介石为中华民国大总统大会也在同日下午举行，39 个侨团的 500 多名代表与会。大会主席官文森致开会词，号召反对今日之袁世凯再世之蒋介石。槟榔屿华侨召开的反对伪国大会议更为热烈，该会是由民盟槟城分部等单位发起的，得到各界侨胞的广泛响应，65 个侨团的 100 多名代表，来自各地，长途跋涉，有

---

① 中国致公党中央文史委员会编:《中国致公党文件选编》上，第 52—53 页。

些来自偏远的地方，要在城里留宿一夜。大会主席方图在致开会词中，从法理上分析了反对蒋介石国民党召开伪国大的原因，他说："我们召集这个大会否认蒋介石做中华民国总统，并不是感情冲动，想出出气；我们是有法理根据的，因为这次的国大代表，没有一个是民选的……这班人所选出来的总统，当然是不合法的。"各代表发言后，会议通过"通电否认蒋介石为中华民国总统"等四项提案。[①] 峇株巴辖的各侨团也以发快邮代电的形式反对伪国大与伪选。电文称，蒋政权反动派主办伪国大，选举伪总统，制造伪宪法，尤复提高特权，企图独裁到底，本属各社团，咸认此举违反全国人民公意，特快电否认，望全国同胞一致奋起反对。吉兰丹等地华侨也分别召开了各种集会反对伪国大。反对国民党破坏民主、召开一党操纵的所谓国民大会的斗争已经深入新马华侨社会，声势浩大，范围广泛，这些表明蒋介石国民党专制独裁的倒行逆施在新马大多数华侨中已经丧失人心。

东南亚其他各国华侨对国民党召开一党包办的国大也纷纷表示反对。如菲律宾华侨青年文化协会分别致电国共两党和民盟领导人，要求立即解散国民大会。

1946 年 11 月 22 日，暹罗华侨建国救乡联合总会、暹罗职工总会、暹罗华侨青年会、暹罗华侨教育协会、旅暹琼崖同乡会等 71 个侨团共有 8 万多有组织的华侨会员认为国民党召开的一党"国大"是不民主的，他们向国共两党、民盟领导人及全国同胞通电，其中致蒋介石电指出：

政府违背政协决议，片面召开"国民大会"，使和平谈判由此破裂，内战因之扩大，国家民族危机日深，人民痛苦益甚，此实我旅暹侨胞深感痛心疾首者也。窃我民族百年耻辱，洗雪不易，八载抗战成果之获得尤难，原期抗战胜利，国耻可除，复兴有望。今政府竟出卖主权，献媚

---

[①]　香港《华商报》1948 年 5 月 14 日、5 月 25 日。

外国，陷我国于半殖民地，兹又强奸民意，包办"国大"，决心内战，招致全国分裂惨祸。此不仅我旅暹侨胞坚决反对，抑且完全违背三民主义及国父"和平奋斗救中国"之遗训。敬恳钧座顾念国脉民命危在旦夕，全面分裂迫于眉睫，立即宣布停止违法之"国民大会"，真正停止内战，与民更始，从实执行政协决议，依据规定，改组政府，修改党章，并由改组后之政府正式召开"国大"，转分裂为团结，化干戈为玉帛，则国家幸甚。如政府不顾民情舆论，继续举行"国大"，加速内战，则吾人（包括七十一个单位，代表八万有组织的侨胞），决不承认一党"国大"之任何决议，誓必与国内同胞团结一致，为真正之和平民主奋斗到底。

致毛泽东及张澜电指出：

国民党政府悍然违背民意，撕毁政协决议，片面召开国民大会，其欲促使全面分裂，扩大内战，置国家民族危亡于不顾，坚持一党独裁统治之野心，已昭然若揭。我旅暹侨胞，决然反对此祸国殃民之一国大党，而全力拥护先生等坚持和平团结实行政协决议之主张，为争取实现和平独立民主统一之新中国，而奋斗不懈。

致全国同胞及各机关社团电如下：

此次国民党政府悍然不顾全国人民公意，违背政协决议，独自召开所谓"国民大会"，企图强奸民意，通过一党专制之宪法，以掩护其出卖国家主权，而获取其独裁统治。国民党政府此种行为，非仅违法反民主，且必促使全面分裂，内战扩大，陷国家民族于万劫不复之地。因此吾人坚决反对此祸国殃民之所谓"国民大会"并坚决要求政府停止举行，立即实行真正全面停战，切实遵照政协决议，实行改组政府，执行整军方案，修改宪草，由政协综合小组规定真正代表全国民意之国民大会日期，由改组后之国民政府下令召开。惟有如此，始能转分裂为团结，化干戈为玉帛。际兹时局危急，千钧一发，望海内外同胞，奋起图之。

暹罗71侨团的政治主张，入木三分，切中时弊，揭露深刻，与中共和各民主党派的主张基本吻合，毛泽东当即复电如下：

> 暹罗华侨建国救乡联合总会、暹罗职工总会、暹罗华侨青年会、暹罗华侨教育协会、旅暹琼崖同乡会等七十一团体并转全暹华侨公鉴：
>
> 戌养电悉，义正词严，至深钦佩，国民党当局既拒停开非法国大之建议于先，又拒解散非法国大之要求于后，实为自闭谈判之门。全国人民对该非法的分裂的一党国大与其所通过之所谓宪法决不承认，今后本党决为恢复政协路线与恢复一月十三日军事位置而奋斗到底，尚望海外同胞一致努力，以实现祖国之独立和平民主。[①]

毛泽东的复电表示赞同暹罗华侨的主张，指出国民党当局拒绝民意，一意孤行，自闭谈判之门；通告了中共的对策，希望海外侨胞为实现和平民主共策共力。这表明，中共对海外和平民主力量的重视和争取。

国民党为掩饰专制面目，在召开伪国大时，拉拢小党派参加。以张君劢为首的民社党追随其后，参加了伪国大。但民社党内部并非铁板一块，对张氏参加伪国大之举，内部有人反对并发生分裂。一度和张氏民社党合作组党的民宪党，此时在海外自树旗帜，由旅美的李大明负责。伪国大召开后，李大明在美致电指责蒋介石，请在香港的朋友代转，信中一一历数了蒋的倒行逆施，指责蒋"权威无上，竖尽古今，横尽世界"，"包罗所谓普选，伪装民主，强奸民意"，和昔日袁世凯"伪造民意，选举皇帝，假装技术"并无差别，进而要求蒋"停止包办之选举"，"重新召集政治协商会议"[②]。

伪国大召开时，国民党海外分支部组织庆祝活动，各地华侨多不积极，或者敷衍，或者拒绝参加，甚至进行抵制。伪国大召开前夕，国民党中央通令欧洲区进行代表选举，旅法华侨促进会旗帜鲜明地发表宣言

---

① 《解放日报》1946 年 12 月 24 日。

② 香港《华商报》1947 年 10 月 8 日。

表示反对，揭露国民党此前破坏政协，解散民盟，宪法等于废纸，民主徒属空言，依靠外援打内战等行径，并郑重声明：国民大会及立法委员选举须于和平统一实现后举行，对和平民主未实现前之选举及决议，与民意不符，一律无效，表示拒绝选举。"国大"召开不久，国民党暹罗党部大肆活动，要华侨开会庆祝，结果应者寥寥。会上国民党人提议要庆祝蒋介石当选大总统，华侨代表不感兴趣，冷淡地表示，"蒋介石担任总统与我们有什么关系？你们要庆祝就自己去庆祝好了"，庆祝一事当场被否决。蒋介石就职之日，越南西贡、堤岸的国民党支部挂旗搭牌楼，鼓动侨胞庆祝，但出乎他们意料的是，除了党部机关和党办社团外，大多数侨胞反应冷漠，参加庆祝会的多为小孩子，呼口号时响应的是一片唏嘘声。

就在海外华侨激烈地反对国民党召开一党包办的"国大"时，即1946 年 12 月 24 日，北平发生了两个美国兵强奸中国女大学生的"沈崇事件"，由此引发了在全国各地数十万大中小学生游行示威的反美暴行斗争。"沈崇事件"发生后，侨领陈嘉庚先后向国内平、津、沪、宁、渝、延安和香港等大中城市的报社和国民参政会致电，电文指出："美军在华侵犯中国主权，延长中国内战，危害世界和平。北平女生被强奸，事后又诬其为妓女，实为对中国尊严不能容忍之侮辱，京、沪、平、津学生之要求美军退出中国，意在维护中国尊严及人类权利……凡属中国同胞，均应支持学生运动。"① 继致电杜鲁门之后，陈嘉庚再次发出维护民族尊严的正义呼声。与此同时，《南侨日报》发表社论，列举了国民党的一系列暴行，严正指出："不要以为华侨离祖国远，不懂事。华侨的眼是雪亮的。我们不容许这种残暴的恐怖行动继续下去，我们要起来呼号，

---

① 《陈嘉庚通电响应抗暴运动》，载北京市档案馆编：《解放战争时期北平学生运动》，光明日报出版社 1991 年版，第 61 页。

抗议，纠正，直到祖国同胞的人权得到保障为止！"①

全国学生"反美蒋、反内战、反专制"的斗争汹涌澎湃，但这一斗争遭到国民党当局的镇压，1947 年 5 月发生了"五二〇"血案，随即爆发了"反饥饿、反内战、反迫害"的斗争，得到全国各界的支持，也得到海外华侨的声援。"五二〇"血案发生的第三天，《南侨日报》发表社论，愤怒地指出："我们以热爱祖国的海外华侨的名义，向屠杀逮捕青年的反动政权作严重的抗议！墨写的谎言改变不了血写的历史，枪杆子是永远阻挡不了历史的前进的，青年是大时代的候鸟，海燕飞的时候，这就象征着摧毁旧时代的暴风雨已经快来到了。"② 1947 年 6 月 4 日下午，新加坡"民联会"发起召开各界华侨代表会议，到会的工商学及文化界 174 个侨团的 700 多名代表，不少著名侨领与会并作了演讲，痛斥蒋介石镇压学生运动，号召侨胞对祖国学生正义行动表示热烈的慰问并做其有力的后盾。会议喊出了"打倒蒋介石，建立联合政府"的口号。最后会议一致通过通电慰问全国各大学学生、致电南京国民参政会及全国同胞、发出大会宣言等三宗议案。宣言要求实现立即停止征兵征粮，反对扩大内战，释放政治犯及被捕青年学生等十项条件。这是新加坡华侨对国内学生爱国运动的响应和声援。6 月 6 日，新加坡中国新闻记者公会召开紧急会议，当场通过一项决议——要求释放此次因反内战运动而被国民党政府逮捕的学生，此决议托新加坡中国领事转呈行政院。同时马来亚中部的各侨团也联合集会响应国内学生爱国运动，会议发表文告并致电慰问国内学生，强烈抗议国民党当局"用法西斯凶暴毒辣无人道手段，放肆惨杀及逮捕学生，效法秦始皇'焚书坑儒'的罪行"。森美兰华侨对国内文化界抵制专制"宁饿死首都，而不食周粟"的不屈不挠精神致

---

① 《南侨日报》1947 年 3 月 19 日社论：《抗议独裁暴行》，载《胡愈之文集》第五卷，第 49 页。

② 《南侨日报》1947 年 5 月 22 日社论：《抗议南京血案》，载《胡愈之文集》第五卷，第 95 页。

以敬礼。

暹罗文化界华侨也开展了轰轰烈烈的声援国内学生爱国运动的活动。先是由曼谷侨校学生召开声援会，继之暹华教育协会发起召集"暹京华侨教育文化界支援祖国学生争取和平大会"，接着有报纸编辑、中小学校长、教师、学者、店员等百余名文化界华侨集会，他们向国内学生通电，并组织了"暹罗华侨文化教育界支援祖国学生争取和平会"。后来该会再次组织召开千余中小学生声援国内同人大会，与会学生登台演讲，使大家感动得泪流满面。与会的暹罗学生总会代表用暹语讲演，表示支持中国学生爱国运动。最后在"支援祖国学生爱国运动"等口号声中散会。

海外华侨对国民党推行独裁专制、镇压和平民主运动的倒行逆施进行了有力的揭露和声讨，反映了广大华侨反对独裁专制，对祖国政治民主的向往和渴望。当时海外华侨社会正处于政治分野的状态下，究竟有多少华侨或者说占多大比例反对或拥护国民党的方针政策，是很难统计的，但通过上述大量事实说明，大多数华侨对国民党的内战独裁专制政策是强烈不满和反对的，说明国民党蒋介石在华侨中也逐渐不得人心。

## 五、参加海外民主党派团体

一般说来，海外华侨大多无党无派，但随着国民党蒋介石发动全面内战、疯狂镇压和平民主运动、专制独裁面目暴露无遗。一些民主党派和爱国人士被迫流亡海外，在海外建立党派团体，致力于反对独裁专制的民主爱国运动。受其影响，不少华侨纷纷加入海外民主党派团体，从事爱国民主运动。

在战后的美国华侨社会里，虽然国民党组织根深蒂固，在政治上利用报刊等媒体钳制侨社舆论，但美国侨社并非铁板一块，早在抗战时期或在战后成立的左翼进步侨团也呈活跃趋势。如纽约有华侨衣馆联合会（简称"衣联会"，20世纪30年代洗衣业华侨成立的左翼组织）、纽约华侨青年团（简称"华青"，由原来的纽约华侨青年救国团改组），它们有自己的喉舌《美洲华侨日报》；旧金山有加省华工合作会、加省华侨民主青年团（简称"民青"，1946年由以前的加省华侨青年救国团改组）。这些左翼进步侨团对国民党的专制独裁政策持反对态度，对中国共产党的方针政策持支持态度。

第二次世界大战结束之际，各盟国代表齐集旧金山举行联合国成立的国际会议。中国共产党人董必武及其秘书章汉夫、陈家康作为中国政府代表团成员之一与会。董必武抵达旧金山后，以英文发表《中国解放区实录》，全面、系统地介绍了中共及其领导的解放区的情况。他还亲自访问了华工合作会和"民青"。会后，董必武等游历美国各地，和中西人士座谈或接受记者访问。在纽约，他访问了"衣联会"和"华青"。董必武在美多次阐明中共成立民主联合政府的主张，揭露国民党蒋介石利用美援不断进攻中共及其领导的根据地的行径，指控美国提供军援并训练国民党军队打内战的行径，要求美军撤出中国。作为同盟会元老、又是资历最老的中共领导人之一，董必武的首次莅美及一系列活动，打破了国民党的新闻封锁和歪曲宣传，对美国华侨尤其是左翼进步华侨犹如注入一支"兴奋剂"。同年，华工合作会的几名成员集资成立出版社，先后出版了毛泽东的政论文《新民主主义论》《论联合政府》，以及董必武的《中国解放区实录》中文版。这些文章在华侨社区流传，产生了积极的影响，使一些华侨了解到了中共及辖区的真实情况。

1946年，资深的国民党爱国将领冯玉祥遭到蒋介石的排挤，以"考察水利"为名来到美国。9月14日冯玉祥到达旧金山，当地侨胞列队在码头上欢迎，"民青"向这位叱咤风云、戎马一生的爱国将领献上一束玫瑰花。侨胞们在中华会馆召开欢迎会，主席致欢迎词，冯致答谢词。冯

玉祥在美国期间，蒋介石国民党的内战不断升级。冯随即在美国揭露并
反对蒋介石国民党的内战专制独裁政策。1947 年国民党镇压"反饥饿、
反内战、反迫害"的民主运动后，5 月 26 日，冯玉祥在旧金山的《世界
日报》发表《告全国同胞书》，尖锐地揭露和谴责蒋介石国民党镇压民
主运动的暴行。《告全国同胞书》的发表，标志着冯玉祥与蒋介石国民党
公开决裂。这在国内尤其是国民党内引起强烈反响，国民党大报小报群
起攻击，《中央日报》专门发表了《斥冯玉祥》的社论。国外友人包括许
多华侨，纷纷向冯索要《告全国同胞书》，冯遂印刷 1500 份散发给他们。
当然，《告全国同胞书》也遭到一些国民党海外党部的激烈反对和攻击。
国民党美东支部和巴拿马支部致电国民党中央，其中说："南京中央海外
部并转中央常务委员会钧鉴：中委冯玉祥近在旧金山发表告同胞书，诋
毁总裁，诬蔑政府，甘为'共匪'张目，背党叛国，逆迹昭彰，美东同
志，愤慨万状，恳请即行开除冯逆党籍，并转请政府吊销冯逆护照，饬
令法办，以伸党纪国法。"[1] 这说明，内战爆发后，美国华侨社会对祖国
内战和国共两党的态度，同样出现政治上的大分野。其中拥护国民党者，
主要是其海外分支部及其控制下的一些华侨，他们当中有些人并不了解
国内的真相。

　　祖国内战爆发后，美国纽约有些进步华侨青年团结在中共美东支
部负责人唐明照主持的《美洲华侨日报》周围，积极从事反美援蒋打
内战活动。他们迫切希望有声望的人物来发动并领导一场有声势的反
美援蒋运动，并认为冯玉祥是合适人选。1947 年 9 月，美国纽约左翼
华侨青年赖亚力、吴茂荪、王枫等 5 人，给冯玉祥发快邮代电，请冯迁
居纽约，领导他们开展反美援蒋活动，冯欣然应允，并于"双十节"前
一天——10 月 9 日抵达纽约。翌日下午，冯玉祥在旅馆举行了记者招待

---

① 冯洪达、余华心著：《冯玉祥将军魂归中华》，文史资料出版社 1981 年版，第 94 页。

会，向世界舆论公开表明了反对蒋介石专制独裁、反美援蒋打内战的政治态度。当晚，冯玉祥又出席了哥伦比亚大学教职员俱乐部举行的中国学生欢迎会，中国留学生、华侨及美国各界人士 500 多人参加会议，并有一些国民党特务混进会场。冯玉祥在会上发表了《国庆演词》，阐明了国民党军队必败，"民主中国的前途是光辉灿烂的"的看法，再次引起轰动。经过多次宣传发动及酝酿筹备，成立进步团体的时机成熟了。11月 9 日，冯玉祥在纽约与进步人士及左翼华侨成立"旅美中国和平民主联盟"（简称"民联"），冯被推举为主席。"民联"成立后立即发表宣言，其中指出："我们旅居在美国，争取美国人民对中国和平民主力量之更进一步的认识与同情。争取美国政府对中国内战独裁力量之停止支持，便是我们的中心任务之一。抗战胜利以后，美国官方对华声明，屡次宣传赞成中国之和平与民主。而事实上，美国对南京政府的援助已超过四十三亿美元，其结果只是增加少数官僚贪污中饱的机会，延长中国残酷的血腥的内战，对于美国这种错误政策，我们要尽可能地设法加以制止。"① 在"民联"成立大会上，还通过了章程，选举 13 人为执行委员，随即在旧金山、华盛顿、明尼苏达设立"民联"的分支机构，其中旧金山支盟由冯玉祥夫人李德全任主席，蔡荇洲（蔡福就）任组织干事。"民联"成立大会还以主席名义致函美国总统杜鲁门、国务卿马歇尔及美国国会，重申反对美国援蒋以助长中国内战的严正立场。"民联"还发表文告，主要内容是：致国人书，呼吁结束内战，设立联合政府；告政府军书，促其停止屠杀自己的兄弟；致国内学生书，表示对他们的深切同情，策动他们继续反内战反独裁的斗争等。"民联"把敦促美国政府停止对中国内战独裁势力的援助，作为自己的中心任务。

　　"民联"是解放战争期间在美国左翼华侨中成立的一个反对内战和

---

　　① ［美］麦礼谦：《从华侨到华人——二十世纪美国华人社会发展史》，第 341 页。

独裁专制、支持中共的爱国民主团体。其成员主要是一些工商界、文化界的华侨及留学生。"民联"成立后，发展到 200 多名会员。其设在纽约的总部执委会每两周集会一次，还有许多临时会议。各地"民联"组织经常召开时事座谈会，发表对中国形势的看法，并在报刊上发表文章，呼吁美国停止援蒋打内战；并经常与华工合作会、"民青"合作，进行争取中国民主、反对内战的活动。"民联"组织编印了一份钢板刻印的"双周刊"，经常刊登抨击国民党内战及美国政府援蒋内幕等内容的文章和评论。如第 2 期刊登的题为《美国自己暴露了军事援蒋的秘密》一文，披露了抗战胜利后美国援助国民党的飞机、军舰、坦克、机油等大量军火及大笔美金等，向中美人民揭露了美国政府对华政策的真相。"民联"及美国左翼华侨组织，时常邀请冯玉祥演讲，介绍国内政治经济的真实情况。曾有一次纽约华侨"衣馆联合会"请冯玉祥演讲，众多侨胞纷至沓来，以致会场没有插足之地，后来者只好站在门口和走廊上，再后来者还往里挤。会场负责人遂在会场外临时安装扩音器，进不来的侨胞便站在大街上侧耳聆听，"当时的情形真是人山人海，万头攒动"，"空前盛况"[1]。冯玉祥演讲的题目为《民主和平》。他慷慨激昂地揭露了蒋介石国民党贪污腐败，黑暗专制，为打内战征兵征粮、民不聊生的暴行；为了实现和平民主，呼吁侨胞们要向美国朝野宣传，停止援蒋打内战。演讲结束时，掌声经久不息，人声鼎沸。会议主持人征求大家意见，最后大家一致议决：由"衣联会"印刷传单，吁请美国政府不要助长中国内战以屠杀中国人民。传单印出后发给同业，将它夹在洗好的每一包衣服内，以引起顾客的注意，扩大宣传效果。会后，"衣联会"请冯玉祥将军题字。冯玉祥在美国侨社及其他各种场合举行过"数以百次"类似演讲，并举行过 5 场记者招待会。

---

[1]　冯洪达、余华心著：《冯玉祥将军魂归中华》，文史资料出版社 1981 年版，第 129 页。

冯玉祥在美国的上述反美反蒋活动,引起国民党当局的恐慌和忌恨,也在美国侨社掀起巨大波澜。国民党美洲组织的侨报及倾向国民党的一些侨报群起攻击,一些左翼侨报则奋起反击,遂引发一场唇枪舌剑,论战双方言辞激烈,甚至互相攻击和谩骂。这里不妨引述两段双方论战的报道加以说明。如国民党旧金山的党报发表一篇《国贼冯玉祥》的社论,其中的一段说:

> 冯玉祥自假借考察水利名义来美后,实际做着种种卖国活动,对政府肆意恶詈,组织非法团体与共产党公开联络,歪曲事实,煽动各地留学生等,华侨舆论早已不齿其所为。近复变本加厉,当美国国会议员热烈讨论紧急援华之时,彼竟在美京四出活动,反对美国借款助我。祖国同胞久经丧乱垂死待救,冯玉祥竟忍心谓不应救济,其丧心病狂,叫他做国贼,实属罪浮于诛。

纽约一些支持冯玉祥的左翼侨报反击道:

> 言语可有千百种,真理到底只有一个。为反对派宣传,为独裁者宣传,以出卖主权为"爱国",以残害生灵为"爱民",反黑为白,反白为黑,满纸荒诞的党报论客们,"呜呼可以休矣"这句话,请你们收回作为自悼的哀词吧!

> 侨胞是实事求是的,眼睛和心里雪亮。今天全中国的财富,尽入四大家族之手,他们腐化贪污专横残暴,剥削人民的钱,吸尽民脂民膏,还要做其祸国殃民的勾当。侨胞早就"当心"了,当心四大家族及其走狗们的欺骗……[①]

从双方论战的内容考察,可以看出斗争的火药味浓烈,其实质是美国华侨社会拥护或反对国共两党的政治分野。

1948年冯玉祥夫妇回国后,美国各地"民联"继续开展活动,其中

---

① 转引自冯洪达、余华心著:《冯玉祥将军魂归中华》,第157—160页。

以旧金山和纽约最为活跃。在旧金山，进步华侨梁步麦创办的绿原书店为"民联"美西支部活动的基地。1948年春，旧金山"民联"的谢侨远、梁发叶、李柏宏、李一中、陈铁民、王珏、王福时、李春晖等拟招股集资在绿原书店创办《侨众日报》作为喉舌，遭到国民党势力的阻挠未果。后来，蔡荇洲与马赐汝、叶冰山等于1949年5月4日创办《金门侨报》。同年11月29日，蔡荇洲、梁发叶又将历史较久的《中西日报》改组，使其成为支持新中国的侨报，由谢侨远任总经理，李柏宏为总编辑。由于受"冷战"的影响，特别是朝鲜战争爆发后，美国华侨中的左翼力量包括"民联"受到严重的摧残和打击，基本上停止活动，然而他们在遥远的大洋彼岸艰难地开展反对美蒋内战专制独裁、争取和平民主的活动，有力地配合了人民解放战争，在美洲大地上产生了深远的影响。

中国民主同盟（简称"民盟"），是在抗战后期的民主宪政运动中建立的国共两党之外的第三大党。它所代表的民主势力在战后争取和平民主、反对内战专制的斗争中异常活跃，其自身也不断发展壮大，并在海外华侨中发展组织。1946年4月，民盟中央常委会第七次会议通过《中国民主同盟国内外总支部组织规程》，其中第三条规定："本同盟为迅速建立海外组织，推动侨胞盟务起见，特于南洋及欧美各国设立海外区总支部，兼承总部之指导、监督，筹设各该区内之各地组织策划盟务。"[①] 据此，民主同盟在海外纷纷建立组织。1946年6月，民盟全马来亚代表会议在新加坡召开，马来亚霹雳、加影、雪兰莪、森美兰、马六甲等州区分部代表60多人与会。会议宣布成立"中国民主同盟马来亚支部"，由著名民主人士胡愈之任主任委员，华侨民主人士李铁民、胡守愚、胡一声、戴子良、洪丝丝、官文森等多人被推选为各部负责人。

---

① 中国民主同盟中央文史资料委员会编：《中国民主同盟历史文献》，文史资料出版社1983年版，第159页。

沈兹九负责民盟妇女工作。同时设"中国民主同盟星洲办事处"，由李铁民为办事处负责人。1947 年 7 月 29 日，公布《中国民主同盟第一届全马来亚代表大会宣言》。《宣言》先是简要分析了国内外形势，指出，"美帝国主义之与国民党政府""狼狈为奸"，"国民党政府对外要投靠美国，对内要内战到底，实行独裁与特务统治"，"民主势力与反动势力是无法以合作方式建设新中国的"。"在马来亚，我们华侨心向祖国，对祖国的民主和平事业，当然极度的关切，并愿促其实现，因为我们都是中国人。""我们的代表大会召开在马来亚，大会的所有代表来自马来亚的各地，大会所检讨与决议的又是当地的盟务。因此，中国民主同盟马来亚支部是中国的政团，同时又是在华侨的基础上发展起来的政团。"[①]宣言揭露"国民党政府破坏政协决议，包办召开国大，颁发总动员令，以贯彻其屠杀人民的内战政策"，坚定地表示，"本大会对国民党政府内战卖国种种罪行，坚决反对"[②]。民盟主席张澜致电祝贺马来亚支部代表大会的召开。随后，民盟在缅甸、越南、暹罗、印尼等国家的华侨中相继建立组织。参加民盟海外组织的华侨达数千人，其中不但有工人、新闻工作者、教师、店员、小业主，还有开明的侨商。如新加坡华侨中学校长薛永黍，教师顾乃卿、方宗熙、汪金丁、刘尧咨，《南侨日报》社的洪丝丝、胡伟夫、张楚琨、温平、彭世桢、朱奇卓、吴广川、彭友真、吴冷西，新民学校校长叶帆风、教师石韫真，新加坡侨领郭瑞人、汪万新，以及新加坡教师公会的许多会员等，均为民盟成员。民盟在东南亚各地建立海外支部，既是民盟组织的扩展，也是华侨与国内民主势力的结合，它对国内开展民主运动起着有力的推动作用。民盟在南洋华侨中吸收盟员，"情形和国内稍有出入，'民盟'争取盟员的对象，仍应注意

---

① 中国民主同盟中央文史资料委员会编：《中国民主同盟历史文献》，第 347—348 页。
② 香港《华商报》1947 年 10 月 7 日。

中上层，但对于劳工界青年民主派要求加入盟员，再不必像过去那样地加以严格限制了"。这说明，民盟在华侨中间吸收盟员较之国内宽泛，注意吸收上层华侨，同时也注意吸收下层华侨群众。"参加这些当地政团的华侨如愿为祖国和平民主而努力，我们民盟当然也欢迎参加。不过这些不是吸收盟员的主要对象，应当是各阶层的侨胞，而且对于祖国民主运动，具有热情和充分理解的。"[①] 这说明民盟吸收华侨盟员的主要对象是支持和致力于祖国民主运动者。

民盟马来亚支部的成立，标志着马来亚华侨的反对内战运动进入了有组织的轨道，也表明反内战在马来亚华侨中进入一个新的阶段。如民盟的主要领导人之一胡愈之所说："自从'民盟'在海外开展工作后，华侨中间的反战运动，反对美国干涉的运动，拥陈运动，反对一党专政的运动，到处蓬蓬勃勃在生长。海外和平民主运动即使还没有达到高潮，至少已在一九四六年奠定了坚强的基础。"[②]

民盟马来亚等支部建立后，在各地致力于反对国民党内战专制的斗争。民盟海外组织反内战的第一炮，便是 1946 年 6 月 8 日在新加坡《南洋商报》刊载"民盟星洲办事处电国府及中共反对内战，要求美国勿对内战任何一方作军事援助"为内容的重要新闻[③]。1946 年 7 月 11 日和 15日，民盟中央执行委员李公朴和闻一多，先后被国民党特务暗杀。李、闻血案发生，"中外震惊"，"人心异常悲愤"。这种卑鄙无耻的法西斯屠杀手段也引起海外侨胞的愤慨。李、闻血案的噩耗传到新加坡后，舆论哗然，引起新加坡华侨无比愤慨，旋即由民盟新加坡分部、新加坡教

---

① 《答客问》，《南侨日报》1947 年 3 月 27 日。载《胡愈之文集》第五卷，生活·读书·新知三联书店 1996 年版，第 59 页。

② 胡愈之：《回顾与前瞻》，《胡愈之文集》第五卷，生活·读书·新知三联书店 1996 年版，第 15 页。

③ 张楚琨：《胡愈之在南洋的七年》，载费孝通、夏衍等著：《胡愈之印象记》，中国友谊出版公司 1989 年版，第 175 页。

师公会、爱华音乐戏剧社等团体在欧南律工商学礼堂联合举行李、闻二烈士追悼大会。参加大会的有新加坡100多个侨团的各界爱国人士、学生代表1500多人，著名侨领陈嘉庚等也参加了大会。华侨赠送的挽联上有的写道："烈士之血，民主之花"；有的写道："死在特务手里，活在人民心中"；等等，表达了侨胞们的强烈爱憎态度。民盟马来亚支部负责人胡愈之向烈士敬献花圈并在追悼大会上致悼词，他颂扬李、闻二烈士坚持团结，呼吁民主，反对内战，保障人权，不畏强暴，不怕牺牲的献身精神；痛斥国民党当局发动内战，实行法西斯专制统治，镇压人民的血腥罪行。大会通电要求蒋介石必须严缉法办杀害李、闻二烈士的凶手，伸张正义，以平民愤。大会主席薛永泰指出，李、闻为了主张和平民主而牺牲了自己的生命，这是目前中国莫大的损失。会上，华侨还纷纷捐款抚恤烈士遗属。通过这次大会，许多华侨进一步看清了蒋介石国民党的狰狞面目。

民盟在南洋各地的分部均旗帜鲜明地反对内战独裁、争取和平民主，并在这方面作出了很大的努力。1946年9、10月间，民盟马来亚霹雳分部盟员大会主席王廷俊与毛泽东互致函电的主张就说明了这一点，王廷俊致电如下：

中国共产党主席毛先生钧鉴：

我国经八年抗战后，百业凋敝，民不聊生，咸认非和平民主不能复兴中国，本同盟分部于本月十五日举行会员大会，除决议〔请〕蒋主席速下令停止军事冲突、恢复政治协商外，复决议电情〔请〕阁下竭力避免军事冲突，采和平民主方法以达联合政府之实现，切盼。

中国民主同盟马来亚霹雳分部盟员大会主席王廷俊　九月廿日

毛泽东复电如下：

中国民主同盟马来亚霹雳分部盟员大会主席王廷俊先生钧鉴：

九月廿日代电敬悉，贵盟痛恶内战，呼吁和平，所提甚为切中时弊，敝党自日寇投降之后，即以和平民主与独立为奋斗之目标，但国民党好战分子恃有美政府外援，坚持独裁，坚持内战，破坏政协决议、整军方案与停战协定，数月以来以无理要求作为商谈条件，以掩蔽其进行扩大内战之烟幕，发展至目前，已到最严重阶段。解决的关键为使一月政协决议切实付诸实施，希海外侨胞诸贤达，再接再厉，为祖国之和平民主独立而努力，敝党亦当本此方针奋斗到底。

中国共产党中央委员会主席毛泽东　十月八日 ①

王廷俊的电函表达了和平民主的主张及办法；毛泽东的复电既赞成王的主张，又介绍了国内政局的真相，并希望华侨再接再厉为争取民主和平而努力。应该说，都是真切而坦诚的。

印尼苏门答腊华侨民主人士费振东、邵宗汉，对战后祖国发生内战深感痛心，乃发起建立民盟苏岛支部，费任秘书主任，邵任《民主日报》主笔，从事和平民主、反对内战专制活动。国民党政府驻苏岛棉兰领事向荷兰殖民当局诬陷费、邵二人，其遭驱逐出境。在此前后，暹罗当局也大肆搜捕致力于民主运动的华侨，其中华侨中的民盟成员有不少被逮捕。这表明，华侨中的民盟成员在侨居地开展的声援国内民主斗争的活动处境艰难，更反映其精神之可贵。

1947 年 10 月，国民党政府宣布民盟为非法团体："政府颁布动员戡乱命令后，该盟香港及马来之支部公开宣言反抗，显与'共匪'勾结一气。" ② 这从反面说明民盟马来亚支部反对国民党内战的勇敢鲜明的态度。

---

① 《民盟马来亚霹雳分部电促和平，毛主席复电共勉》，《解放日报》1946 年 10 月 20 日。

② 《国民党政府宣布民盟为非法团体》，中国民主同盟中央文史资料委员会编：《中国民主同盟历史文献》，第 360 页。

# 第三节　积极配合解放战争

## 一、祝贺解放军捷报频传

抗日战争后期至解放战争期间，处于国共两党之外的各民主党派（即"中间势力"）异常活跃，它们要求和平民主、反对蒋介石国民党独裁专制和发动内战，主张在中国发展资本主义，走不同于国共两党的中间道路。随着国共内战胜负趋势的明朗，它们也出现明显的政治分野，其中的大多数站在中国共产党一边，大张旗鼓地支援中国共产党领导的解放战争，代表华侨党派的中国致公党即是其中之一。1948 年 1 月 6 日，中国致公党分别在《华商报》《文汇报》《大公报》上发表《中国致公党最近对时局之声明》，指出："中国当前正是民主势力与反民主势力决斗的阶段，也就是革命势力要彻底消灭反革命势力的阶段，在这一阶段里绝没有中间路线和妥协的余地。"声明对人民解放军不断取得军事上胜利感到鼓舞振奋。《声明》最后提出"要彻底解除国民党反动政府的一切武装""要加紧团结全国人民争取人民解放战争的最后胜利，并实行惩办内战罪犯""国是问题统由新政治协商会议解决，并建立民主联合政府"等七项主张 ①。同日，司徒美堂代表中国致公党美洲总支部致电中共领袖毛泽东、周恩来、朱德等，祝贺解放军不断取得胜利。电文如下："自去秋兴兵讨蒋，移师南下，攻必胜，战必克，势如破竹，如风卷

---

① 中国致公党中央文史委员会编：《中国致公党文件选编》上，第 36—37 页。

残云，蒋独裁之士兵，闻贵部队将至，怀于正义，待旦投降，解放军誉，威震寰宇，海内外同胞，薄海同钦，足证得道者多助，失道者寡助，料蒋独夫政权塌台不远，我真正民主新中国实现接近矣。仍希贵党在于新民主原则下，当仁不让，以民族生存为怀，多负责任，领导军民，百尺竿头，更进一步，再接再厉，务使完成革命之大举，以慰四万万五千万父老同胞之期望。本总支部同仁誓为后盾。"[①]

为了使解放战争尽快取得胜利，实现真正的民主和平，1949 年 1 月 14 日，毛泽东发表关于时局的声明，提出中共与国民党政府和谈的八项条件。中国致公党首先发表文电表示拥护，认为这个声明"词严义正，实为全国人民最低要求"，"本党当表完全赞同"。然而，一意孤行的蒋介石国民党仍想作垂死挣扎，拒不接受八项主张。解放军继续乘胜前进，横扫残敌，相继解放南方的许多大中城市和大片侨乡。对人民解放军的辉煌战绩，华侨纷纷致电表示祝贺。当国民党政府的首都南京解放后，美国费城华侨联合会致电毛泽东、朱德，表示祝贺；越南平定省华侨青年总会特为南京解放发表告侨胞书表示庆贺；古巴洪门侨胞有 400 多人签名致电庆贺，当地华侨组织"民主大同盟"为此积极向侨胞宣传祖国解放战争的情况。当人民解放军势如破竹、乘胜攻下上海时，南侨总会致电中共中央，为上海解放表示致敬。侨领陈嘉庚亦致电毛泽东、朱德说："上海解放，中外欢腾，破背城借之一局，绝卷土重来之路，肃清余孽，统一全国，指日可期，燕云在望，曷胜什舞，谨电驰贺。"[②]

不仅如此，华侨还十分关心家乡解放。陈嘉庚曾三番五次地致电家乡福建，要求配合解放军入闽，迎接解放，地方人士要协力维持治安，学校师生护校，工商护厂护店，防止敌人破坏；规劝主闽蒋党军政大员，

---

应放下屠刀，立功自赎，减少地方损失，人民和平大道，处处予以自新，倘执迷不悟，身败名裂，决不宽恕。"福建乃华侨之故乡，闽人有救省之责任，坐待解放，识者之羞。"当福建解放后，陈嘉庚再次致电中共福建军政领导人张鼎丞、方毅、叶飞等祝贺。同时新加坡福建会馆的华侨亦曾通电闽省各界，响应陈嘉庚的号召。旅居越南的琼籍侨胞也致函家乡迎接解放。海外华侨的这些举动，鼓舞了家乡人民迎接解放的勇气，对人民解放军解放侨乡起到了有力的配合作用。

## 二、支援解放战争

捐款献物、回国参军参战，是华侨支援人民解放战争的一项重要内容。华侨的捐款献物对人民解放战争的庞大财政开支来说虽为杯水车薪，捐献者也只是华侨社会中的一部分，但这是华侨支援中共的一种人心向背的表示，是不能用数量来衡量的。

国民党军队的全面进攻被打退后，遂改为向陕甘宁和山东解放区的重点进攻。进攻延安的胡宗南部队烧杀劫掠，给陕北解放区人民带来灾难。新加坡某华侨得知后，深表同情，特捐款 2000 元港币给香港华商报社转延安救灾。不久，一群菲律宾华侨工人、店员、学生和小商人也为延安灾民捐 685 元港币。

为隐蔽后方、便于转运作战物资、输送人员过境、争取援助以及发展中朝两党和两国人民的友好合作关系等，东北解放战争打响后，中共中央东北局在平壤设立东北局驻朝鲜办事处，由朱理治任负责人。"协助朝鲜做华侨工作"是东北局驻朝办事处的工作内容之一。为此，东北局曾派几批干部赴朝专做华侨工作。经朝方与朱理治协商，在朝鲜劳动党中央和道党委设立侨务委员会，并在平壤成立华侨联合总会，在华侨居多的道和郡成立华侨联合会分会，以取代国民党的旧中华商会。①当时朝鲜共有两万多华侨，经过多方争取和多种形式的工作，大多数华侨对蒋介石国民党大失所望，转而拥护中国共产党，积极捐款献物回国参战，支持东北解放战争。华侨妇女积极为解放军做军鞋、军被，缝军衣。金化郡华侨梁俊远、刘金兰特绣制一面"人民大救星毛主席"的锦旗。1948年4月，朝鲜华侨联合会派出以马玉声、蔡去非为正副团长、有各界代表40多人组成的华侨慰问团，回到东北慰问人民解放军。慰问团带回4个火车皮的慰问品送到哈尔滨，受到中共东北党政军领导及群众的热烈欢迎。慰问团听取了解放战争形势的报告，到医院慰问解放军伤病员。从同年8月至年底，朝鲜华侨为东北解放军捐献总值达200多万元的现金与物资，写慰问信1818封。华侨妇女卖掉首饰捐款，许多儿童也捐出了自己积攒的零钱。仅1948年朝鲜华侨开展的两次大劳军活动，捐款总值达朝鲜中央银行券250万元至260万元。1949年7月，朝鲜各地华侨再次给东北行政委员会捐款朝币近180万元。1947年朝鲜支援山东解放区几百吨炸药运抵南浦港，这些炸药是由一些可靠的华侨青年负责警卫和装卸的，不仅装卸及时，而且保证了安全。朝鲜华侨不但为东北解放军捐款献物成绩突出，而且回国参军参战的事迹也很感人。1946年解放军进驻辽东一带，在安东（今丹东）创办培养部队基层干部的军政大学，新义州的十多名华侨青年前来报名参军。第二年3月，解放军展开战略大反攻，急需扩充兵员，刚在牡丹江安家的100多户朝鲜归国华侨，有60多人应征入伍。1948年9月，平壤华侨中学20余名学生回国就学，后根据战争形势的需要，陆续参军。朝鲜华侨为祖国的解放战争作出了很大贡献。

---

①　《回忆东北解放战争期间东北局驻北朝鲜办事处》，载《中共党史资料》第17辑，第205—206页。

1946年底，菲律宾第一批归国参加解放战争的华侨抵达香港，随即分别转入解放区或游击区。第二年，又有几批菲律宾华侨青年回国参加解放战争。1948年初，由于菲律宾华侨各劳工团体联合会被迫停止活动，其中不少会员陆续回国。据初步统计，从1946年至1949年，菲华各进步团体的华侨会员约200人回国参加人民解放军。在我军闽粤赣边区纵队闽南支队中，菲律宾归侨有60多人，其中有不少人担任中下级指挥员职务。

回国参加解放战争的新加坡、马来亚华侨有100多人。其中在福建永春、德化、安溪等参加游击队的有50多人，在惠安县参加地下斗争的有十多人。马来亚华侨徐志荣，1948年9月回国，到永春、德化的游击区开展工作，1949年6月德化解放，徐出任首任县长。

暹罗华侨青年回国参加人民解放军也很踊跃。1948年7月，曼谷南洋中学的陈复悦等10名华侨学生，毅然经香港回到广东潮汕参加人民解放军，被编入韩江纵队第11团，后扩建为人民解放军闽粤赣边纵队第4支队。

1948年8月，在香港的120多名归侨青年组成"中国人民解放军福建文化服务团"，分批出发进入闽粤赣游击区，为该地区的解放事业服务。

另外，早在土地革命战争时期回国参加革命及抗日战争期间回到中共领导的陕甘宁、华中、华南各抗日根据地抗日的一批归侨，仍然活跃在解放战争的各个战场上，其中不少人成长为人民军队的各级优秀指挥员。如土地革命战争时期回国参加革命的菲律宾归侨叶飞，解放战争时期曾任华东野战军第1纵队司令员兼政委、第10兵团司令员，指挥所部参加淮海战役和渡江战役，中华人民共和国成立后相继担任福建省委副书记、省长、书记，南京军区副司令员，中共华南局书记处书记等职，被授予中国人民解放军上将军衔。1938年由菲律宾回到延安的归侨青年黄登保，参加组建解放军的炮兵工作。抗战胜利后，随军奔赴东北，接收日本关东军一批大炮，着手组建较为现代化的炮兵部队，先后参加了东北解放军三下江南、解放四平、辽沈战役、平津战役，接着指挥所部随大军从东北打到广州，中华人民共和国成立后曾出任中国人民解放军炮兵副参谋长、副司令员等职。抗战时期从马来亚回到江汉平原参加抗日斗争的华侨梁灵光，解放战争时期率军驰骋于大江南北，曾任解放军某部旅长、军参谋长等职，参加淮海战役、渡江战役等著名战役。中华人民共和国成立后曾任中共福建省委书记、广东省委书记等重要职务。土地革命战争时期回国革命的澳大利亚归侨曾生，抗战时期曾任中共领导的华南抗日武装东江纵队司令，解放战争时期出任两广纵队司令员兼渤海军区副司令，指挥所部参加济南战役、淮海战役等，中华人民共和国成立后任解放军广东军区副司令员兼两广纵队司令员，晋升为少将军衔。抗日战争回国参加琼崖抗日游击队、任独立总队第4支队政委的马来亚归侨陈青山，解放战争升任解放军琼崖纵队政治部副主任兼组织部长，中华人民共和国成立后担任海南军区政治部副主任、广东军区政治部主任，晋升为少将军衔。叶飞、黄登保、梁灵光、曾生、陈青山等归侨将领，纵横驰骋于解放战争的南北战场，为解放战争的胜利立下了赫赫战功。

有些华侨为祖国的解放战争献出了自己的宝贵生命。如暹罗华侨学生陈复悦归国后，被编入广东韩江纵队第13武工队，在饶平县一带开展游击战，在一次为部队筹粮时被敌人包围而壮烈牺牲，年仅20岁，牺牲后被追认为中共党员。抗战时期归国参加新四军的暹罗华侨郑克，曾任营、团级干部，后率部参加淮海战役，1949年1月6日，指挥所部随大军向杜聿明部发动总攻时，牺牲于萧县赵庄，时年29岁。如今淮海战役胜利纪念碑上铭刻着他的传略和事迹，淮海战役纪念馆里悬挂着他的遗像。著名战斗英雄林文虎是抗战时期归国的暹罗华侨青年，曾在东江纵队任中下级干部。抗战胜利后，东江纵队北撤，他奉命留在当地坚持斗争，领导组建了海上游击大队，任广东军区江防司令部海防队副队长（副团职）等多个职务。1950 年 5 月随军参加解放万山群岛的海战。此次海战是一次解放军以小炮艇攻打国民党军大军舰的作战。战斗打响后，林文虎率部担任中路突击垃圾尾岛的首战任务，他指挥"解放"号小炮艇快速前进，很快于拂晓前到达指定海域，他果断地下令"解放"号趁黑闯进敌舰群，使敌舰措手不及，肚里开花。敌远程火炮失去作用，指挥舰首先被击伤逃跑，舰队司令兼万山防卫司令被击毙，敌舰失去指挥，盲目乱打。"解放"号又击沉击伤敌舰各一艘，其他敌舰东撞西窜、争相逃命。天亮后，敌舰发现对方仅有一艘小炮艇，便向"解放"号猛烈围攻，"解放"号边战边突围，中弹多处，林文虎不幸中弹牺牲。随后，解放军其他船舰赶到，取得海战胜利。此次海战，林文虎指挥小炮艇率先打乱敌舰队阵容，建立战功，得到中央军委、中南军区、海军司令部的嘉奖，中央军委主席毛泽东嘉奖电道：这是人民海军的首次英勇战例，应予表扬。[①]林文虎是人民海军立下第一功的指挥员，被追认为全国第一个海军战斗英雄，并在珠江口的黄埔岛上竖碑纪念。

印尼归侨黄立于 1947 年回国后，先后担任闽南地委机关党支部书记、《前哨报》编辑。1948 年底，因叛徒告密被捕，受尽敌人的酷刑拷打，坚贞不屈，英勇牺牲，年仅 25 岁。出生于广东潮阳县（今潮阳市）的越南归侨青年张志华（乳名张锡鸿，学名张明飞），1946 年夏参加中共潮汕特委组织的直属特务队，并被任命特务队组长。后在对敌开展武装斗争中被捕，坚贞不屈，壮烈牺牲，年仅 21 岁。祖籍广东开平的秘鲁归侨青年张耀芳，早年回国参加抗战并加入中国共产党。内战爆发后，党组织安排他留在家乡坚持斗争。1948 年，他被任命为新高鹤人民解放

---

① 《泰国归侨英魂录》，中国华侨出版社 1991 年版，第 122 页。

军总队新开鹤部队武工组长，带领武工组开展对敌斗争，同年夏因奸细告密，被捕牺牲，时年 26 岁。为人民解放战争献出生命的还有暹罗归侨叶驼、黄清河、林盛谋等。

在人民解放战争中，海外华侨开展的反对美蒋反动派内战、专制、独裁的一系列斗争活动，是"第二条战线"的重要组成部分，同时他们又参加了人民解放战争与国民党军作战的第一条战线，他们还是全国各界各阶层反对国民党反动派的爱国民主统一战线的组成部分。如毛泽东所指出："被蒋介石政府各项反动政策所压迫、处于团结自救地位的中国各阶层人民，包括了工人、农民、城市小资产阶级、民族资产阶级、开明绅士、其他爱国分子、少数民族和海外华侨在内。这是一个极其广泛的全民族的统一战线。"[1] 著名民主人士胡愈之曾说过，海外华侨"是和平先驱，是民主堡垒"；"南洋华侨和平民主运动是祖国和平民主运动的一个支流。但这不是一股细小的支流却是汹涌澎湃的巨流"。[2] 这些评价说明了华侨在解放战争中立下了丰功伟绩。

①　《毛泽东选集》第 4 卷，人民出版社 1991 年版，第 1225 页。

②　《和平民主运动在南洋》，香港《华商报》1947 年 1 月 1 日。

# 第四节　参与推动新中国创建大业

## 一、积极响应"五一"号召

解放战争进入第三个年头，国民党蒋介石发动的对解放区的全面攻势和重点进攻均被粉碎，战争的胜负已见分晓。在此背景下，1948 年 4 月 30 日，中共中央发布纪念"五一"劳动节口号。口号共有 23 条，其中第 4 条号召全国各界各阶层人民团结起来，结成广泛的统一战线，"为着打倒蒋介石，建立新中国而奋斗！"第 5 条号召"各民主党派，各人民团体及社会贤达，迅速召开政治协商会议，讨论并实现召集人民代表大会，成立民主联合政府"。中共这一号召反映了全国人民的意愿，"迅速地得到了全国各民主党派、各人民团体、各界民主人士、国内少数民族和海外华侨的响应"[①]。

5 月 6 日，中国致公党主席陈其尤在香港与驻港的民主党派领袖等共同通电响应，随即致公党又函电美洲、南洋各地党部，切实研究、广泛讨论中共"五一"号召的意义。"结果都一致认为今天中国民主革命已发展到一个新阶段，摆在全国人民面前的主要课题，不但是如何加速结束反动统治的独裁政权，而且是如何建立真正属于人民全体的、平等的、合理的民主政权。"在此基础上，6 月 9 日，中国致公党发表宣言，认为中共"五一"号召是个"富有变革历史意义的文献"，并郑重宣布本

---

① 《毛泽东选集》第 4 卷，人民出版社 1991 年版，第 1463 页。

党"完全同意中共'五一'号召","同时希望……海外爱国华侨都一致起来响应拥护";"共同担负起这个伟大历史时期的现阶段革命的神圣任务";"使新政治协商会议早日召开,实现人民代表大会的召集,建立民主联合政府的新中国"。同时宣言声明:"中共在中国革命艰苦而长期的斗争中,贡献最大而又最英勇,为全国人民起了先导和模范作用,因此,这次新政协的召开,无疑我们得承认它是领导者和召集人。"[①] 致公党的宣言至少有两个含义:一是衷心拥护中共"五一"号召并号召海外华侨为实现它而奋斗;另一个表明它接受中国共产党的领导并拥护中共作为新政协的召集人。致公党的表态,无疑对海外华侨有相当的号召力和影响力。

归侨元老彭泽民代表农工民主党与其他各民主党派联名响应"五一"号召,认为它是适合人民时势之要求,"尤同人等之本旨",决心"共同策进,完成大业"。

中共"五一"号召传到海外,得到各地华侨的热烈响应。一封封响应电、一道道电波从海外飞向国内。5月4日,新加坡华侨致电毛泽东:"贵党中央本月一日呼吁召开新政协,讨论建立联合政府,海外侨胞,闻讯欢跃",并表示"响应贵党号召,盼早日召开新政协会议,迅速建立联合政府"。7日,马来亚吉兰丹侨胞通电响应中共"五一"号召,通电首先对国民党无法无天、私自召开伪国大、非法选总统等行为予以谴责和否认;对中共迅速召开新政协,建立民主联合政府,表示响应。槟榔屿有71个侨团致电中共中央委员会和毛泽东、朱德,表示对"五一"号召召开新政协,组织民主联合政府,"宏愿硕划……本会同人,誓为实现贵会正确主张而奋斗"。马来亚的霹雳州、柔佛州等地的华侨和侨团也发出内容大致相同的响应通电。

---

① 《中国致公党响应中共"五一"号召的宣言》,1948年6月9日。中国致公党中央文史委员会编:《中国致公文件汇编》上,第44、46页。

暹罗华侨促进祖国和平民主联合会于 5 月 16 日致电香港《华商报》转中共中央、民盟总部、国民党革命委员会、一切民主政团及海内外同胞，否认国民党反动政府"私召伪国大，非法选举伪总统"。表示："响应中共中央'五一'号召，迅速召开新政协，讨论及实现人民代表大会，成立民主联合政府，以巩固与扩大反帝反封建反官僚资本主义的统一战线，为打倒蒋介石建设新中国而奋斗！"中国民主同盟缅甸支部发表响应中共"五一"号召的宣言，历数抗战胜利三年以来，国民党撕毁政协决议，出卖主权，发动内战，独裁专制，窃国殃民等一系列罪行；认为中共"五一"号召极为切合时机，号召缅甸华侨进步力量团结起来为促使召开新政协，结束独裁统治而更坚决地斗争。

旅法参战华工总会为响应中共"五一"号召致电香港《华商报》，转全国各政党各团体各报馆，认为中共"五一"劳动节口号第五项"极符人民时势之要求"，"敝会除通电响应外，尤望全国同胞迅速集中意志，共策进行上列主张，以实现祖国之真正和平民主，敝会远处海外，誓为后盾"。

古巴华侨拥护民主大同盟总干部执委会亦致电毛泽东，认为中共"五一"文告第五项号召，"与本盟奋斗宗旨，适相符合，特此用飞邮代电，表示热诚拥护，恳请先生刻即领衔召集新政治协商会议负责过渡之民主政权，一俟解放军全面胜利，即开人民代表大会，实现全国性之新民主主义联合政府，临电神驰，并祝新政协克日实现"。

加拿大温哥华华侨民众社发表响应中共"五一"号召的宣言，其中指出，华侨为"革命之母"，对祖国民主革命这一重要步骤，自然是继着赞助反清朝制度，反北洋军阀统治，予以热烈的拥护，以求建立民主、自由、独立的中华人民共和国。①

美国纽约中国妇女座谈会也发表响应中共"五一"号召的宣言，内称："三年来，中国的民主力量，正如野火一般燃烧到各乡各镇。人民正渴望着民主新中国的诞生，所以五一中共主张……立刻得到各方面的响应。我们留美妇女，竭诚拥护这一主张，更希望我中华儿女，本着一贯的民主斗争精神，响应这一个号召，参加这个伟大的斗争，共同建设一个民主的中国。"②

中共"五一"号召发表前后，适值美国侨领司徒美堂在香港即将返美，为表示拥护"五一"号召，特发表《司徒美堂拥护中国共产党召开新政协的声明》，发表在香港各报。声明认为，召开新政协、组织联合政府，"乃为解决国内政治问题唯一之良好办法，表示热烈拥护，并愿以八十有二之老年，为中国解放而努力。"接着他又亲书《上毛主席致敬书》，表示真诚接受中国共产党领导，郑重表示："新政协何时开幕，接到电召，当即日回国参加。"③表达了华侨老人的一片赤诚之心。

亚、美、欧各大洲华侨或是通电，或是发表宣言，积极响应中共"五一"号召，拥护中共召开新政协、组织民主联合政府，即"五一"号召的第五项。从中可以看出，从全国解放战争初期华侨社会的政治分野，至响应中共"五一"号召，许多华侨已经彻底抛弃国民党蒋介石，选择拥护中国共产党为自己的政治归宿。这虽然有一个复杂的选择过程，但最终实现了可贵的思想转变。无疑，这对中国共产党是个很大的鼓舞和振奋。如毛泽东电复陈嘉庚等海外各地华侨团体响应中共"五一"号

---

① 上述通电均见中国人民政协文史资料研究委员会编：《五星红旗从这里升起》，文史资料出版社 1984 年版，第 192—201 页。

② 《旅美中国妇女响应五一号召》，香港《华商报》1948 年 6 月 15 日。

③ 北京市政协文史资料研究委员会、广东省政协文史资料研究委员会编：《回忆司徒美堂老人》，第 95—96 页。

召所说，海外华侨"关怀祖国，赞助敝党五月一日对时局主张，热心卓
见，无任感佩"；复电同时希望"诸先生与各界侨胞对于召集新政治协
商会议的各项具体意见，尚望随时电示，以利进行，实深企盼"[①]。

## 二、回国参加政治协商会议

全国解放战争，是决定中国前途命运的大决战。当战争进入 1949
年，国民党日暮途穷、大势已去，中国共产党领导的人民军队及其民主
力量已经胜券在握，在世界的东方已经露出新中国诞生的曙光，国内一
切进步力量包括华侨民主人士都在翘首期盼新中国的诞生。

中国农工民主党负责人彭泽民说："国民党反动政府拒绝国内和平协
定。说明了它决心将反人民的战争进行到底，说明了战犯们的所谓和平
是不折不扣的假和平。中国人民为了国家民族的利益，为了一劳永逸的
和平，只有一致起来，坚决、勇敢、彻底地消灭战犯集团，消灭一切反
动势力，为自由、和平、富强的新中国铺平道路，变帝国主义、封建主
义、官僚资本主义所统治的中国为人民民主的中国。"中国致公党中央
委员会主席陈其尤呼吁："华南是我们侨胞的故乡，今日海外华侨处境之
恶，已无以复加，侨胞生命财产得以保障，实有赖于中国全面解放，建
立新中国的独立自主的外交政策。"[②] 华侨民主人士从长期致力于民主
革命的经历中，期盼建立一个新中国。著名爱国侨领陈嘉庚兴奋地表示：
"海外华侨久已在帝国主义的殖民地政府下，过着奴隶式的痛苦的生活，
急待着祖国政府来解救自己，同时，又从几十年来的亲身经历中，尤其
近几年来，认识了国民党反动政府，不但不能保护自己生命、财产的安

---

①  中国人民政协文史资料研究委员会编：《五星红旗从这里升起》，第 14 页。

②  新华社：《在平民主党派民主人士发表谈话  拥护毛主席朱总司令命令  一致表示全力支援
解放军渡江》，《人民日报》1949 年 4 月 23 日第 1 版。

全，相反的，派出大批特务，勾结当地政府，欺压华侨，残杀华侨中的爱国分子，所以在祖国人民解放战争一开始，海外华侨就希望着祖国人民在这次战争中取得最后胜利，成立人民自己的政府，派出代表人民利益的领事，保障海外华侨的生命、财产的安全。现在，这个希望即将完全实现，这一次召开的新的政治协商会议，就是祖国人民取得了最后胜利的成果。"①陈嘉庚通过海外华侨生活辛酸苦辣的坎坷经历，呼吁建立一个新中国保护自己。一些下层华侨也发出自己的心声。1949 年 4 月 29 日，美国旧金山华侨工人互助社、华侨和平民主协会、中国民主青年同盟美国分部和轻骑文艺社 4 个侨团，联名致电毛泽东主席、朱德总司令，祝贺人民解放军取得渡江战役解放南京等地的伟大胜利，同时表示："对于你们的和平方案以及以新民主主义为基础的中华人民共和国的建立，我们愿予以最充分、最坚决的支持。"② 各阶层华侨尽管身份经历不同，但他们期盼新中国早日诞生的心情是相同的。

为了尽快实现"五一"号召中提出的召开新政协、建立联合政府的主张，在解放战争的隆隆炮声中，中国共产党与各民主党派、各界民主人士即开始加紧新政协的筹备工作。中共为了扩大民主，倾听各方面的意见，曾多次电邀海外华侨代表回国参政议政。

1949 年 1 月 20 日，毛泽东分别致电陈嘉庚和司徒美堂，致陈电中说："中国人民解放斗争日益接近全国胜利，召开新的政治协商会议，建立民主联合政府，团结全国人民及海外侨胞力量，完成中国人民独立解放事业。为此亟待各民主党派及各界领袖共同商讨。先生南侨硕望，人望所归，谨请命驾北来，参加会议。肃电欢迎，并祈赐复。"致司徒美堂电中说："中国人民解放斗争日益接近全国胜利，召开新的政治协商会

---

①　《海外华侨民主人士代表陈嘉庚先生说》，《人民日报》1949 年 6 月 20 日。

②　新华社：《旧金山华侨团体　电毛主席朱总司令　祝贺南京等城解放》，《人民日报》1949 年 5 月 30 日。

议，建立民主联合政府，团结全国人民及海外侨胞的力量，完全实现中国人民的独立解放事业，实为当务之急。为此，亟待各民主党派各界民主人士共同商讨。至盼先生摒挡公务早日回国，莅临解放区参加会议。如旅途尚需时日，亦祈将筹备意见先行电示，以利进行。谨电欢迎，并盼赐复。"① 同时中共还邀请其他海外华侨代表回国参加新政协，共商国是。海外华侨代表对中共的邀请反应积极，欣然应允。当时侨居美国60多年的司徒美堂老人已达82岁高龄，陈嘉庚也已76岁高龄，但他们老当益壮，万里迢迢，回归北平，共商建国大计，这一壮举本身就令人感动。司徒美堂回国抵香港时还发表《告美洲全体侨胞书》，倾诉他侨居美国受到的压迫与歧视，揭露国民党的专制和腐败，盛赞中国共产党及其领导的人民解放军的英勇战绩；对中共电邀他回国参加新政协表示，"自惟老迈，不胜重任，徒以大义所在，责无旁贷"，还表示："有关于我祖国与我侨胞之一切大小问题，吾人必须本其所知，尽其所能，向新政府提供，共同奋斗，以促其实现。"② 陈嘉庚在离开新加坡回国前夕，答美联社星洲分社记者问时表示，即将建立的新政府是有中共、民盟、民革等各方面参加的联合政府，而该政府是由中共占据领导地位，"因为他们具有十数年之丰富经验，对中国实际情形有充分之了解，而且有甚多优秀人才"③。陈嘉庚和司徒美堂都表示愿意在中共领导下，为即将建立的联合政府的新中国效力，可见这两位老华侨代表的满腔热情和高度责任心。还有农工民主党的彭泽民，接到中共的邀请非常兴奋，于1948年12月15日，从香港启程到达东北解放区，参与筹备新政协，在回归途中，他畅想祖国的未来，感怀自己的今昔，心潮澎湃，激动不已，欣然赋诗七绝一首曰："廿年空有还乡梦，今日公车入国门，几经羁縻终解

---

① 中共中央文献研究室编：《毛泽东书信选集》，人民出版社1983年版，第316、314页。

② 司徒美堂：《告美洲全体侨胞书》，1949年8月13日。

③ 《陈嘉庚答美国记者问》，香港《华商报》1949年3月2日。

脱，布衣今日也称尊。"①

应邀回国参加新政协的华侨代表还有庄明理、戴子良、陈其瑗、费振东、蚁美厚、黄长水、李铁民、赵令德等17人。他们都是各侨居地致力于民主、关心和热爱祖国、深孚众望的侨领或侨商。如庄明理是马来亚华侨支援祖国民主运动的领导人之一，是一名老国民党党员，为祖国抗战作出过重要贡献，同时在抗战期间认清了蒋介石的真面目，战后国民党中央曾委任他为马来亚支部执委，不就，而是在当地推动反内战、反独裁的民主运动，在槟榔屿创办《商业日报》作为民主运动的舆论机关，后加入当地民主同盟，并成为重要负责人，旋被国民党开除党籍，后应邀随陈嘉庚回国参加新政协。再如戴子良是新加坡著名的工商业家，抗战时期曾出资组织东江华侨回乡服务团回广东家乡抗日，但服务团遭到国民党地方当局的迫害，他深感失望。国民党召开伪国大时曾三番五次派人拉拢他参加，均被严词拒绝，并积极在当地致力于民主运动。得到中共的邀请后，不顾老迈之躯毅然回国参加新政协。赵令德是朝鲜华侨联合会总会的主席，为发动朝鲜华侨支援东北人民解放战争做了大量工作。

诸位华侨代表不远万里回国参加新政协，为新中国的成立出力献策，表现出一颗颗赤诚之心。他们得到中国共产党的关怀和充分信任。在新政协召开前，由23个单位134人组成筹备会，中国致公党的陈其尤、黄鼎臣、官文森、雷荣珂4人，海外华侨陈嘉庚、司徒美堂、陈其瑗、戴子良、费振东、庄明理等7人（暹罗华侨代表因事缺席）被推选为筹备委员。当时，中共、民革、民盟三个大党分别只有7名代表参加筹备会，相比之下归侨和华侨代表所占比例是很大的。其中陈嘉庚还任筹备会常务委员。筹备会分6个小组均有华侨代表参加。陈嘉庚在新政协筹备会

---

① 中国农工民主党中央编：《纪念彭泽民》，第5页。

第一次会议上发表了重要讲话。他对中国共产党和毛泽东主席"虚怀若谷，广邀各民主党派、各人民团体及各界民主人士，来共商建国大计……实在无限地钦佩"；并提出"选择新政协代表，却应十分审慎，否则宁缺毋滥"①的重要建议，得到大会的采纳。新政协筹备会第一次会议，通过了参加新政协的 45 个单位 510 名正式代表（另有候补代表 77人，特邀代表 75 人）名单，其中与华侨有密切联系的致公党 6 人，农工民主党的代表彭泽民，海外华侨代表 15 人，他们是：陈嘉庚、司徒美堂、陈其瑗、戴子良、费振东、蚁美厚、李铁民、周铮、侯寒江、庄明理、赵令德、黄长水、刘思慕、林棠、张殊明；候补代表 2 人，所占比例也较大。

政协筹备工作结束后，毛泽东为全体代表设晚宴，陈嘉庚、司徒美堂、庄明理等人和毛泽东同坐第一桌。席间，毛泽东谈笑风生，不断为华侨老人等夹菜敬酒，还问司徒美堂老人高寿，老人答："已经 83 岁，在美国生活 69 年。"毛泽东主席举着酒杯说："好呀，老当益壮，干一杯！"司徒老人递过去一支吕宋烟，主席当即吸起来。②席间洋溢着亲热之情。

1949 年 9 月 21 日，中国人民政治协商会议第一届全体会议（简称"新政协"）召开。彭泽民、陈其尤、陈嘉庚、司徒美堂等参加了大会主席团。大会开始后，毛泽东主席致开幕词。在当天大会上发言的有多名代表，其中华侨代表司徒美堂也作了发言，他说："我代表美洲华侨回国出席这个会议，飞越半个地球跑到北平，用最热烈的心情，向大会致贺"；"侨胞在新政府切实保障华侨正当权益的号召下，一定会踊跃投资，返回祖国来。中国有无尽的富藏，尚未开发，协助政府把自己的祖

---

① 中国人民政协文史资料研究委员会编：《五星红旗从这里升起》，第 263—264 页。

② 北京市政协文史资料研究委员会、广东省政协文史资料研究委员会编：《回忆司徒美堂老人》，第 99—100 页。

国搞好，这是我们华侨义不容辞的责任。"① 陈嘉庚在 24 日的大会上发言，他对大会通过的《中国人民政治协商会议组织法》《中华人民共和国中央人民政府组织法》《中国人民政治协商会议共同纲领》三个文件草案，"站在海外华侨的立场"，"表示完全接受和极力拥护"，并具体阐明了表示接受和拥护的三点原因。陈嘉庚最后表示："本席代表海外华侨民主人士以及爱国侨胞，对于这三个草案无保留地予以接受，通过以后，并愿在中国共产党领导之下与各民主党派、各人民团体和其他爱国分子努力促其实现。"② 当天，致公党代表陈其尤也在大会作了发言。

政协会议期间，各华侨代表分别参加了代表审查、政协组织法、共同纲领、政协宣言、国旗国徽国都纪年等各委员会，他们热烈讨论并中肯地提出了自己的意见。如讨论国号时，有二三十位辛亥革命老人参加。有人发言仍主张用"中华民国"国号，也有人主张保留这个简称。司徒美堂发言指出，选定国号是极其庄严的事情，中华民国已被蒋介石搞成又臭又坏的烂招牌，必须抛掉，"我坚决主张光明正大地用中华人民共和国"。陈嘉庚发言表示，大家对中华民国绝无好感，那个简称也不能用。③ 这些意见得到多数人的赞同，最后被大会讨论通过采纳。在大会选举时，陈嘉庚被选为政协第一届全国委员会常务委员。他和司徒美堂、戴子良、蚁美厚、庄明理、费振东 6 人被选为政协委员。10 月 1 日中华人民共和国宣告成立，庄严的开国大典开始后，600 多名政协代表包括华侨代表登上天安门城楼，检阅游行队伍，人们心情无比激动，他们盼望已久的新中国终于诞生了……

---

① 《华侨代表司徒美堂在一届政协全体会议上的讲话》（1949 年 9 月 21 日），中国人民政治协商会议文史资料研究委员会编：《五星红旗从这里升起》，第 346 页。

② 《华侨民主人士首席代表陈嘉庚在一届政协全体会议上的发言》（1949 年 9 月 24 日），中国人民政治协商会议文史资料研究委员会编：《五星红旗从这里升起》，第 346 页。

③ 北京市政协文史资料研究委员会、广东省政协文史资料研究委员会编：《回忆司徒美堂老人》，第 101—102 页。

　　各位华侨代表在国内参加新政协的同时，各侨居地的侨胞们也不甘寂寞，他们纷纷致电祝贺新政协召开。新加坡南侨日报社致电政协会议，"人民政协开幕，海外华侨，无限兴奋，庆幸着祖国人民的大团结，新中国基础的奠定，人民民主政治的实施，中国必然富强，对世界和平与文化将有伟大的贡献"①。印尼婆罗洲坤甸各侨团，为祖国召开新政协举行联席会议表示祝贺。越南华侨民主促进会中部执委会向政协会议及全体代表致贺电，认为新政协召开是中国历史上划时代的大事，是人类历史上展开新的光荣灿烂的一页，"我们闻到这种喜讯后，有说不出的欣喜和鼓舞"。日本华侨民主促进会、民主中国研究会的侨胞集会，宣布"绝对支持新政协会议"。法国8个华侨团体亦向政协筹备会电贺新政协开幕。

　　华侨在世界各地响应中共"五一"号召，继而从遥远的海外派出代表，代表着千百万华侨的心愿回国，参加新政协的筹备、各项规章制度的制定，参与了国家的各项重大决策，为其出计献策；对于国家的大政方针，华侨代表和其他代表一样，知无不言，言无不尽，提出许多宝贵的意见和建议。如此等等，表明华侨参与了推动新中国成立的过程，这是无可争辩的事实，也说明了新中国民主政治的广泛性。

　　总之，华侨对解放战争和新中国的成立作出了重要的贡献，如中央人民政府华侨事务委员会向海外华侨致函所指出："在三年的解放战争期间，或回国参加解放战争，或在侨居地坚持人民民主立场，与国民党匪帮派往国外的特务走狗作不屈不挠的斗争。这些都是海外侨胞对于祖国的不可磨灭的贡献。"②广大华侨所以热心响应并支援建立新中国的伟大事业，是因为这些是他们从支援辛亥革命以来一直追求和奋斗的目标，

---

① 中国人民政府协商会议全国委员会文史资料研究委员会、中华全国归国华侨联合会、福建省政协合编：《回忆陈嘉庚》，第134页。

② 新华社：《华侨事务委员会致函海外华侨社团　望建立直接联系以便开展工作》，《人民日报》1949年12月28日。

是因为华侨同中国共产党和各民主党派有着一个共同的政治基础。如毛泽东所说："中国共产党、各民主党派、各人民团体、各界民主人士、国内少数民族和海外华侨都认为：必须打倒帝国主义、封建主义、官僚资本主义和国民党反动派的统治，必须召开一个包含各民主党派、各人民团体、各界民主人士、国内少数民族和海外华侨代表的政治协商会议，宣告中华人民共和国的成立，并选举代表这个共和国的民主联合政府，才能使我们的伟大的祖国脱离半殖民地的和半封建的命运，走上独立、自由、和平、统一和强盛的道路。这是一共同的政治基础。"[①] 广大华侨是真正的爱国主义者，是人民民主统一战线的重要组成部分，他们在中共的领导与影响下参加了推翻国民党蒋介石的专制独裁统治、推动创建新中国的伟大事业；而新中国的成立，又是海外华侨从辛亥革命以来支援和参加中国近现代民族民主革命的最终归宿。

---

① 　《毛泽东选集》第 4 卷，第 1463—1464 页。

# 第五节　侨心众望所归新中国

## 一、函电飞驰庆祝新中国诞生

1949 年 10 月 1 日，毛泽东庄严地向全世界宣告："中华人民共和国成立了！"占人类四分之一的中国人从此站立起来了，这是中华民族有史以来最伟大的事件之一，也是 20 世纪中叶世界最伟大的事件之一。新中国成立的消息传到海外，广大华侨兴高采烈，欢欣鼓舞，开展了各种形式的庆祝活动，以表达他们对新中国诞生的喜悦心情。连英美记者也不得不承认，华侨倾向祖国，"就像跟着磁石的趋向转动一样"。[①]

解放战争凯歌高奏的隆隆炮声，犹如催生新中国诞生的礼炮。1949 年 9 月 21 日至 30 日，标志着新中国诞生的中国人民政治协商会议召开。朝鲜 4 万多华侨从收音机中听到"新政协"召开及中华人民共和国诞生的消息后，莫不欣喜若狂，热烈祝贺。朝鲜华侨联合总会于 23 日向中国人民政治协商会议发出贺电，电文兴奋地说：

划时代的中国人民政治协商会议在全中国人民的欢呼声中于人民首都北平开幕了。

大会的胜利开幕实现了中国人民多年来的宿望，她是中国人民百年来不屈不挠奋斗的结果，特别是二十多年来中国人民在中国共产党和毛主席的英明领导下英勇斗争所获得的胜利果实。中国人民从此完全摆脱

---

① 尚明轩、余炎光编：《双清文集》下卷，人民出版社 1985 年版，第 753 页。

了三千年来的封建压迫，一百年来的帝国主义侵略和三十年来的官僚资本主义的统治，从此可以在人民自己的中央政府领导之下，建设一个崭新的、富强的、先进的新民主主义的新中国。她将是世界民主阵营强有力的一员。

在这伟大的划时代的人民政治协商会议开幕之际，北朝鲜四万多华侨和全国人民一样莫不欢欣若狂。谨以最真挚最热烈的敬意庆祝大会的成功和中央人民政府的诞生。[①]

新加坡进步侨报《南侨日报》9 月 23 日刊登《建立中央人民政府》一文，开宗明义地说："人民政治协商会议已于本月 23 日在北平开幕。这次会议将产生中央人民政府，宣布成立中华人民共和国。过去为帝王、封建军阀、买办阶级、卖国汉奸所私有的旧政权，已成为历史陈迹，不能死灰复燃；今后的中国是属于中国人民的，中国政治第一次真正达到民有、民治、民享的境域，这是中国划时代的大事，是中国历史上最重要的一页。"[②]中华人民共和国的成立"是中国划时代的大事，是中国历史上最重要的一页"。说得非常到位，定位十分准确。

10 月 1 日下午，中央人民政府在京举行第一次会议，宣布中央人民政府全体委员现在就职，并宣布政府各机构领导人任命。接着举行庄严的开国大典，宣告中华人民共和国诞生。当时在参加开国大典的涌动的人潮中，一群来自菲律宾、马来亚、新加坡、印尼、泰国、越南的华侨青年共 56 人，身穿解放军制服，列队在天安门前参加了开国盛典。他们缘何能参加开国大典呢？早在 1946 年，云集香港的民主党派成员和进步人士，在中国共产党的倡议下，联合创办了达德学院，在两年多的时间里，达德学院培养了 700 多名优秀学生，其中大部分是从南洋各地归来

---

① 新华社：《北朝鲜四万华侨狂欢祝人民政协成功》，《人民日报》1949 年 9 月 25 日。

② 新加坡《南侨日报》1949 年 9 月 23 日。参见中国华侨历史学会、福建省金门同胞联谊会编：《洪丝丝纪念集》，第 124 页。

的华侨青年。1949 年达德学院被港英当局封闭后，失学青年纷纷北上回到大陆。3 月 19 日，上述在达德学院学习的 56 名华侨青年从香港搭乘"宝通"号轮船启程，辗转到达北京进入青训班学习。10 月 1 日下午，他们根据安排参加了开国大典。[①]同时参加开国大典的还有军乐队演奏的指挥马来亚归侨罗浪。这些归侨青年有幸见证了这举世瞩目的伟大事件。

1949 年 10 月 3 日，朝鲜华侨联合总会、平壤特别市全体华侨，以无比喜悦的心情致电中央人民政府主席毛泽东："欣闻中国人民渴望已久的新民主主义的中华人民共和国诞生，朝鲜四万多华侨莫不欢欣鼓舞。我们以无限兴奋的心情，庆祝中华人民共和国及中央人民政府的诞生，庆祝中国人民走向民主、富强、独立的新民主主义的道路。"[②]同日，朝鲜华侨还联合在朝的国际友人举行隆重庆祝新中国成立的活动。

中国人民政治协商会议召开不久，暹罗各界华侨致电政协会议表示热烈祝贺。9 月 27 日，暹罗华侨青年总会、暹罗华侨教育协会、暹罗华侨艺术协会及泰华民主妇女联合会等侨团致电新政协，赞扬政协诸位代表的丰功伟绩。人民政协胜利召开告诉我们：中国人民百年来忍受着的帝国主义灾厄，已不复存在！中国人民光明的大道在中国共产党及毛主席暨诸位先生的开辟下，在全中国革命人民的苦斗中蓦然出现。祖国的胜利给华侨带来了无限的鼓舞与幸福，泰国华侨教师、青年、学生、妇女、艺术界，谨以万分热烈的心情向诸先生致贺！向祖国的人民及我们自己致贺！我们从今天起，是一个真正的人了，我们华侨的痛苦将消除了。从今天起，我们坚决地拥护人民的祖国及人民的政府，决尽全力为祖国的建设、侨社的改造、中泰人民的亲善努力！9 月 29 日，暹罗华侨各界建国救乡总会，致电中国人民政治协商会议主席团，对政协隆重开

① 王春法主编：《行远同梦——华侨华人与新中国》，北京时代华文书店 2019 年版，第 43 页。

② 杨昭全、孙玉梅著：《朝鲜华侨史》，中国华侨出版公司 1991 年版，第 326 页；《北朝鲜华侨联合总会电贺毛主席响应"团结国际友人"号召》，《人民日报》1949 年 10 月 5 日。

幕，兴奋异常。坚信大会在中国共产党及毛主席的英明领导下，在各民主党派各界代表的真诚合作下，必能胜利地完成历史所赋予的任务，进而建设一个民主、统一、和平、富强的中华人民共和国；坚信在中国共产党及毛主席领导下的新中国政府，定能切实地维护海外华侨合理权益和地位。表示拥护政协决议，服从中央政府领导，积极团结广大爱国侨胞，继续支援新中国的建设。10 月 1 日，全暹职工联合总会华工部、曼谷职工联合总会华工部致电北京，对政治协商会议胜利闭幕，中央人民政府宣告正式成立，"拥护情殷，特驰电祝贺"，向中国共产党及毛主席致敬，向中央人民政府致敬。"泰国华侨工人兄弟确信以工人阶级为领导、联合农民阶级为基础、团结各民主阶级和国内各民族人民的中央人民政府，必能领导全国人民将解放战争进行到底，解放中国全部领土，完成经济、政治、文化上的大建设，建立一个独立、民主、和平、统一、富强的人民共和国。""为拥护及实现中央人民政府的一切决议，并为促进中泰两族人民亲善而努力。"[①]从泰国各界华侨的贺电中，可以看出他们对"新政协"的殷切期待和真诚希望。

印度尼西亚各地 42 个侨团、印尼首都雅加达 30 个侨团，联合致电祝贺中华人民共和国中央人民政府成立。印尼苏门答腊棉兰华侨总会致毛泽东的贺电称："深喜人民共和国成立。此地各阶层之华侨将在您的英明领导之下，克尽责任，以实现人民政协会议所制定之共同纲领。"苏门答腊福州会馆致贺电称："中央人民政府成立的消息使我们欢欣若狂。谨向你致敬，并祝人民共和国万岁！"苏门答腊棉兰华侨于辛亥革命纪念日举行侨众大会，会议通过两项决议案：一是拥护中华人民共和国；

---

① 《旅暹华侨职工青年等团体　电贺中央人民政府　拥护中国人民政协》，《人民日报》1949年 11 月 14 日。

二是要求联合国不承认蒋介石政府是中国人民的代表。[①] 苏门答腊东海岸龙岩同乡会致电毛泽东主席表示，对于人民共和国中央政府的成立，"极为欢欣"。苏门答腊仙塔（在棉兰东南）华侨总会致电向毛泽东主席致敬，表达华侨的心情——"人民共和国的诞生给我们带来了不可言喻的欢欣"。苏门答腊亚齐冷沙华侨青年会、中华总会全体大会致电中央人民政府指出：人民政府的成立使全国走向自由、民主、统一、和平及繁荣的大道。我们对于这一史无前例的历史性的事件，感到不可言喻的欢欣。苏门答腊华侨对于新中国的成立"欢欣若狂"，并表示要为实现共同纲领"克尽责任"；其拥护新中国、不承认国民党政府的立场鲜明，态度坚定。

缅甸各界 48 个侨团联合发表热诚拥护新中国中央人民政府的通电，通电兴奋地指出：许多年来，缅甸侨胞就一直期望着一个独立、自由、幸福、强盛的新祖国的诞生。这种希望是非常自然而真挚的。现在，我们扬眉吐气的日子终于来到了。10 月 1 日，这个令人难忘的辉煌日子，使我们有如亲眼看见北京人民政协会议的召开，亲眼看到毛主席向全世界正式宣布中华人民共和国诞生。从这一天起，一个伟大的巨人就从东方的地平线上站立起来，帝国主义、反动派、战争贩子都对着他发抖，而全世界爱好和平民主的人民，都为他额手称庆，表示敬意。海外华侨，也觉得非常荣幸。通电号召：全缅华侨至诚拥护中央人民政府，坚决反对帝国主义破坏祖国的任何阴谋活动，并在中央人民政府领导之下，为实现人民政协共同纲领而奋斗。[②] 缅甸侨团的通电表达了对新中国成立的兴奋心情，感情真挚。

---

① 《苏门答腊及纽约等地华侨团体电毛主席贺祖国新生　缅甸侨胞宣誓拥护中央人民政府》，《人民日报》1949 年 10 月 16 日。

② 《缅甸华侨社团空前大团结　通电拥护中央人民政府　决心为实现人民政协共同纲领而奋斗》，《人民日报》1950 年 2 月 1 日。

越南华侨民主促进会中南部执委会，致电毛泽东和中央人民政府说，欣闻中华人民共和国向世界宣告成立，爱国华侨无不欢欣鼓舞，感到自己"今后不再是海外孤儿"，将再不会任人歧视、欺凌和虐待。但我们不要为此第一步胜利而骄傲，帝国主义一天不完全消灭，我们的斗争还是要继续下去。"际此祖国新生的时候，我们全体会员，谨以恳挚的心情，祝贺我们中华人民共和国万岁！中国共产党万岁！毛主席万岁！"[①]

中华人民共和国成立的消息传到蒙古国，各界华侨在库伦（即乌兰巴托）集会庆祝，并向毛泽东主席、朱德总司令致贺电。电文说：中国人民政治协商会议的胜利结束以及关于十月一日成立中华人民共和国中央人民政府的消息，使我们无限兴奋。中国人民的长久期待和愿望终于实现了。中国人民终于由国民党反动派和美国帝国主义的压迫下获得解放，成立了自由、独立的人民民主国家。这是历史上空前未有的大变革和中国人民的最伟大的胜利。这乃是英勇的中国共产党及其主席毛泽东的贤明领导和以朱德总司令为首的中国人民解放军自我牺牲斗争的结果。[②]蒙古国华侨认为新中国诞生是历史上空前未有的大变革，认识深刻到位。

欧洲的英、法等国家华侨庆祝新中国成立的活动比较活跃。9 月 24日，旅法华侨和平促进会、旅法参战华工总会、留法勤工俭学同学友谊会等社团，电贺人民政治协商会议开幕，表示，国内各民主党派、各人民团体在北平筹备新政治协商会议成立人民民主政府，全国解放为期不远，新中国诞生在迩，愿随国内同胞之后共申庆贺。旅法参战华工总会等 9 个侨团，于 10 月 1 日晚即召开欢庆新中国诞生的联席会议，向国内致贺电，这是海外华侨庆祝新中国成立最早的一封贺电。11 月，英国民主阵线社、伦敦共和社、利物浦海员工会 3 个侨团联合发表庆祝新中国

---

① 《旧金山和平民主联盟旅越华侨民主促进会电毛主席致敬决心团结侨胞支援祖国建设》，《人民日报》1949 年 11 月 23 日第 3 版。

② 《库伦华侨集会电毛主席祝贺》，《人民日报》1949 年 10 月 19 日。

成立宣言，"表示坚决拥护中国共产党领导的中央人民政府执行人民民主专政到底"①。英法两国华侨工人庆祝新中国成立，表现积极活跃，显示了华侨工人的阶级觉悟。

新中国成立的消息传到大洋彼岸的美国，各地华侨十分兴奋。旧金山各华侨团体频频致贺电，其中旧金山和平民主联盟向毛泽东致贺电表示：新中国人民政府诞生了，中华民族从此站立起来。伟大的人民解放战争，把全国人民从封建的压迫下解放出来，从帝国主义的桎梏下解放出来，使我们民族由衰老回复到青春，获得了新生。新中国的出现，不但使全世界四分之一的人翻了身，而且给整个人类带来了喜悦，使和平势力巩固了，大同远景接近了。"人民政协组织法""中央人民政府组织法""政协共同纲领"三大文件，"规定了新兴中国的蓝图，制就了整个国家的经纬。我们遥望太平洋彼岸，看见你高举起的火炬，那五星闪耀的红旗。我们愿接受你的号召，拥护和支援祖国的革命和建设"。②旧金山华侨和平民主促进会、中国工人互助会、中国民主青年同盟联名致电毛泽东主席，对人民共和国宣告成立，"谨保证予以最完全、最坚决的拥护"。纽约中国新文化学会朱启贤及全体同人电贺毛泽东主席称："中华人民共和国宣告成立，海外同胞欢跃若狂。从此全民解放，国家独立，建设大业开始，民族前途无疆。谨电奉贺。"③纽约中国新文化学会、华侨洗衣馆联合会、中华青年俱乐部及《华侨日报》社的华侨亦纷纷电贺新中国成立。旧金山侨团认为《共同纲领》等三大文件，规定了新中国的蓝图，可谓目光犀利，认识深刻。

83 岁高龄、侨居美国 60 多年的司徒美堂，早年鼎力支持孙中山领

---

① 《旅英华侨三团体宣言拥护新中国》，《人民日报》1949 年 10 月 19 日。

② 《旧金山和平民主联盟旅越华侨民主促进会电毛主席致敬决心团结侨胞支援祖国建设》，《人民日报》1949 年 11 月 23 日。

③ 新华社：《海外华侨庆祝新中国诞生》，《人民日报》1949 年 10 月 8 日。

导辛亥革命，是中国近代历史的见证人；是美洲华侨回国参加新政协、参与新中国创建的代表。在新政协会议期间，接受记者采访时，他说：

我在美洲度着侨居的生活已有六十多年的历史，好容易盼到今天，才看到新中国的真正出现，我心里的高兴是无法形容的。多少年来，华侨在国外像孤儿一样无人照管，受尽了帝国主义国家的欺凌和侮辱，因此我们无时无刻不在盼望自己的国家也能强盛起来，随时以各种各样的方式资助国内的革命，都是为了达到这一愿望。但是我们多少次都失望了。今天由于中国共产党和毛主席的英明领导，打倒了反动的蒋介石政权，而且将美英等帝国主义的势力赶出了我们的国境，随着人民政协的胜利开幕，新的中央人民政府便要成立，新的共同纲领中更明白地规定将切实保护华侨的利益，当我们看到这一些新的情景时，我们欢喜的心情只有曾经饱受各种压迫的人才能想象得到。

接着老人列举了刚刚发生的两个事例，说明中共及其领导军队的强大：第一件事情是当人民解放军胜利渡江的时候，英帝国主义的兵舰妄图干涉中国内战，直接帮助国民党阻止人民解放军前进，但它立刻得到中国人民有力的回答，我们人民解放军为了维护神圣的国土，英勇地开炮加以还击，终于使英帝国主义者狼狈而逃。第二件事情是美国驻沪领事奥立佛违犯中国法律，向中国人民道歉。这两件事传到美国后，华侨们无不连声称快，大家都开会热烈庆祝，都觉得这是真正为中国人民出了一口气。他还说道：

美洲华侨对人民政府都抱着热烈的希望。因为受够了国民党的欺骗，华侨对蒋介石政权都十分憎恨。尤其是让华侨不满意的就是国民党反动政府所施行的侨汇政策，使华侨和他的家庭都吃了很大亏。抗战胜利前后，华侨除去捐款帮助"祖国"还大量购买国民党发行的美金公债，但结果美金公债不值钱，华侨受了很大的损失。今天这种局面改变了，华侨愿以加倍的热情来帮助祖国的建设。我打算政协会议后去东北一行，以便对将来华侨投资祖国的建设事业提供一些材料。

一百多年来，中国人在国内和国外都受够了帝国主义的欺侮，今天能看见中国人民站立起来，作为一个独立的民族存在于世界，我这一生的愿望算是达到了。在完全打倒国民党反动政权后，新国家的建设还会遇到一些困难，但以前的困难都克服了，创造出今天胜利的局面，我们就有信心克服今后的任何困难。只要全国人民紧紧地团结在共产党和毛主席的周围，在他们英明的领导下，我们一定能够渡过任何难关，建立起一个自由幸福的国家，这是我个人坚决相信的。[1]

司徒美堂还坦言，自己20多年不喝酒，参加政协会议期间，特别是得知这两个扬眉吐气的消息后，老人破例喝了酒，并喝醉了。10月1日晚，参加完开国大典后，司徒老人和身边工作人员到北京东来顺饭店涮羊肉，再次喝醉了酒。[2]可见老人的心情是多么兴奋，多么激动。

一向比较沉默的非洲华侨对新中国的成立也作出反应。据1948年9月的一份报告说，马达加斯加的马纳卡拉地区的华侨的态度正在"发生倾向于共产党的变化"[3]。马达加斯加华侨民主协进会，于10月3日致电中央人民政府毛主席说："侨等虽寄海外，对于祖国之新生，感到无限兴奋。愿率同全体侨胞竭诚拥护中央人民政府，在我公领导下，共同努力，建设新民主主义新中国，完成革命使命。敬肃，代电奉达，并表示拥护之诚。敬祝毛主席健康，并颂毛主席领导下之祖国繁荣和昌盛！"[4]衷心拥护，良好祝愿，表达了天涯海角的赤子之心。马达加斯加华侨民主协进会贺电，可谓非洲华侨拥护新中国成立的代表。新中国的成立也

---

① 林洪：《中国人民政协代表访问记中国人民从此站立起来——访问华侨民主人士司徒美堂》，《人民日报》1949年9月28日。

② 中国致公党中央委员会编：《司徒美堂》，中国致公出版社2003年版，第274页。

③ 方积根编：《非洲华侨史资料选辑》，新华出版社1986年版，第448页。

④ 《马达加斯加华侨拥护毛主席》，《人民日报》1949年11月14日。

为毛里求斯华侨带来喜悦，这从毛里求斯一位华侨学校的校长邓凯军（后被选为全国人民大会非洲区代表）的一封家信中可以看出，信中说："我们今天欢欣的是全中国解放，人民翻身了，以前的旧社会封建制度铲除净尽，所以我有一个信心，新中国是必然达到富强的境地，目前我们吃着苦，他日我们必能受自由康乐的幸福。"[①] 从信中可以反映当地华侨的兴奋心情及对新中国充满信心。在南非，则出现了由华侨青年主编出版的《新中国》《新青年》等杂志，报道介绍新中国的情况。当然，与其他各地华侨社会一样，非洲华侨社会对国共两党的态度并不相同，仍然存在着严重对立的情况。

澳大利亚工界华侨为新中国的成立致电毛泽东主席，表示"全力支持中央人民政府"，并向人民领袖毛泽东致敬。悉尼侨青社根据新华社香港分社电讯稿中的有关图样，赶制出一面五星红旗。10 月 10 日，侨胞们租用两辆公共汽车，兴高采烈地高举澳大利亚第一面五星红旗，敲锣打鼓、舞着雄狮，浩浩荡荡地走向国家公园举行庆祝活动，不少澳大利亚友人也分享了他们的欢乐。当晚，他们又在侨青社礼堂召开庆祝大会。

致电中央人民政府、毛泽东主席及其他党和国家领导人祝贺新中国成立的华侨团体和个人还有：英属北婆罗洲亚庇埠 126 名华侨及亚庇中华学校、亚庇学友会，印尼邦加岛列港劳工会与列港中华教师公会，印尼龙目岛中华总会等团体（致电叶剑英）。

新中国成立的喜讯通过电波传播海外各侨居地；华侨欢呼庆祝新中国成立之声，又通过一道道电波反馈回国内。其内容既有热烈庆祝，也有衷心祝愿；既有殷切期望，也有表示决心，如此等等，表明了新中国的成立赢得了华侨的热烈拥护。

---

① 转引自李安山著：《非洲华侨华人史》，中国华侨出版社 2000 年版，第 434 页。

## 二、以升旗、集会等形式庆祝新中国成立

除了以通电的形式拥护、庆祝新中国的诞生外，华侨还开展了其他形式的庆祝活动，诸如悬挂新中国国旗、召开庆祝会等。

以往按传统惯例，每年"双十节"，海外各侨居地大多悬挂国民党的青天白日满地红旗帜，而 1949 年"双十节"各侨居地纷纷改挂中华人民共和国国旗，拒绝悬挂国民党政府的旗帜，以示对国民党的唾弃、对新中国的拥护。

新加坡华侨得知新中国诞生的消息后，纷纷购买或挂起新中国国旗，并举行庆祝活动。在印尼首都雅加达，由于荷兰殖民当局禁止华侨悬挂中华人民共和国国旗，侨胞们极其愤慨。该地华侨演员表示，如果戏院仍挂国民党时代的旗帜，那么他们就将罢演。在印尼日惹，侨胞都不愿意听从国民党御用团体的要求，拒绝悬挂旧国旗。在缅甸仰光，华侨拟准备举行群众大会和悬挂中华人民共和国国旗，但由于国民党残余势力勾结缅甸当局作梗未果。侨胞们便针锋相对地发表声明，谴责国民党反动集团，并表示缅甸华侨拥护中华人民共和国。

在缅甸巴森，11 个华侨团体及缅甸人士于"双十节"庆祝新中国成立集会，会上悬挂新中国国旗五星红旗，并宣誓效忠在毛泽东主席领导下的中央人民政府。在曼谷，泰国当局无理地没收了侨胞准备悬挂的中华人民共和国国旗，并蛮横地逮捕了许多侨胞，包括华侨办的《全民报》编辑和助理编辑。由于被禁止悬挂祖国的五星红旗，多数侨胞们宁愿不挂任何旗帜。新中国的成立对在近代饱经苦难的日本华侨，犹如久经阴霾见晴天一样，日本华侨的内心充满喜悦。

1949 年"双十节"，日本华侨协会发起在东京召开庆祝新中国成立大会。新中国的五星红旗在市中心华侨协会会所上空迎风飘扬，大会会场悬挂着毛泽东主席、朱德总司令的巨幅肖像，数千名华侨代表和日本

友人济济一堂并发表了演讲。大会宣布正式拥护中华人民共和国中央人民政府。11 月 6 日，留日华侨新民主协会在日本大阪中央公会堂召开庆祝中华人民共和国成立的大会。大阪华侨及日本、朝鲜来宾共千余人参加大会。先由华侨新民主协会执行委员会委员长陈承家致辞说：今天在大阪召开侨胞及日本、朝鲜朋友参加的庆祝中华人民共和国成立的大会，是一件可喜的事情；继由日本华侨总会副会长于恩洋、华侨民主促进会中央委员会甘文芳等演讲；日本共产党众院议员川上贯一、劳农党桥本正雄等日本来宾也在会上发言。会后演出游艺节目。

10 月 1 日新中国诞生日这一天，在马来亚的一个集中营里，被英国殖民当局拘禁的侨胞，冒着被军警行刑殴打的危险，也在新中国诞生日这一天制成一面巨大的红旗，升起在集中营建筑的上空，旗上面写着："中华人民共和国万岁！"侨胞们看到这面新的旗帜，就如同看到了祖国的身影，感到了温暖和慰藉。在越南西贡近郊法国殖民当局用来囚禁爱国华侨的一个拘留所里，一面鲜艳的五星红旗悬挂了起来。狱中的侨胞在红旗下举行了庆祝新中国诞生的大会，高唱着新国歌。受难侨胞对新中国的这种情感难能可贵。

1949 年 10 月 27 日，越南太原省华侨理事会为悬挂新中国国旗向侨胞发出通令如下：

**通令**

**华字第二〇三号**

**民国卅八年九月六日**

本会现接得中国民主政府通告：

中国政治协商会第一届全体会议，已经开幕，选出毛泽东为中华人民共和国、人民中央政府委员会主席，朱德、刘少奇等六人为副主席，定出新国旗（兹将旗样付［附］上），定用《义勇军进行曲》为国歌。

本会现特通令在本省各县办事处，及全体侨胞，在国庆日一律要升挂新国旗，并在集会时要唱新国歌，自卅八年十月十日起一律废除及禁止升挂国民党"青天白日旗"，以后一律升挂新国旗。

各县办事处主任及全体职员接得此通令后要切实执行并立即分派职员到各社通知侨胞尊重和爱护，将新国旗升挂在各办事处各华侨学校、各华侨团体，及普遍升挂在各华侨家庭以发扬我侨胞爱护祖国之精神。

此令

致

太原理事会

理事长张建民（签名）

民国三十八年九月六日 ①

从太原省华侨理事会的通令中可以看出其对新中国、新国旗、新国歌的拥护，并与国民党政府决裂。

1949年10月9日下午，法国各华侨团体联合召集庆贺新中国成立大会，到会的有旅法工商学各界侨胞和前国民党驻法使馆起义人员数百人。会议举行庄严的升五星红旗仪式，中华人民共和国的国旗首次飘扬在巴黎上空，随即侨胞高唱新中国国歌。继之，各界侨胞纷纷发言，一致表示对毛泽东主席领导的新中国的拥护与热爱。大会通过致中华人民共和国中央人民政府贺电，表示竭诚庆贺新中国的诞生。

10月1日，美国进步侨报《美洲华侨日报》大幅报道新政协会议闭幕的消息，用通栏大字标题刊登"全国人民政府成立，毛泽东被选为首任主席"，向美洲华侨报告了特大喜讯；10月3日，该报又通栏大字标题报道首都北京举行开国大典的盛况："在北京天安门广场50万人之前，毛泽东主席庄严宣布：中华人民共和国成立。任周恩来为政务院

---

① 《越南太原省华侨理事会庆祝新政协通令》（1949年10月27日，农历民国三十八年九月六日），中国国家博物馆藏。见王春法主编：《行远同梦——华侨华人与新中国》，北京时代华文书店2019年版，第50页。

总理。"①

为庆祝中华人民共和国的诞生，纽约华侨举行了规模盛大的庆祝新中国诞生的集会。左翼侨团美国纽约华侨洗衣馆联合会缝制了一面五星红旗挂在纽约唐人街街头，这是美国也是美洲升起的第一面五星红旗。由于只是根据相关报道进行缝制的红旗，所以这面旗帜并不完全符合新中国国旗五星红旗的规格。新中国成立 60 周年国庆前夕，即 2009 年 9 月 15 日，洗衣馆联合会将这面五星红旗正式捐赠给中国华侨历史博物馆。② 与此同时，华侨洗衣馆联合会发起举办的拥护新中国诞生的庆祝会非常热烈，连住在华盛顿、费城等地的侨胞也远道赶来参加。与会者众多，礼堂座无虚席，后来者只得站在走廊和楼梯上。会议气氛热烈，老侨胞伍玉书兴奋地在会上一展歌喉，博得了阵阵掌声和欢呼声。10 日，纽约 18 个华侨文化团体和留学生举行庆祝会。会议开始后，全体肃立，对新中国国旗及革命领袖孙中山、毛泽东像致敬，接着高唱新中国国歌，继由各团体致祝词。会议通过两项决议：一是发表庆祝新中国成立宣言；二是警告国民党代表蒋廷黻不得续用中国代表名义在联合国及其他场所发表荒谬言论，诬蔑中华人民共和国。接着全体代表共饮"新中国诞生酒"，齐声高歌《东方红》，并翩翩起舞，跳起了大秧歌。③ 美国华侨为新中国歌唱，为新中国祝福，他们从来没有这样兴奋过。此时此刻，他们长期寄人篱下的苦闷愁容一扫而光。

10 月 9 日晚，美国旧金山华侨工人互助协会 400 多名会员在唐人街举行庆祝新中国胜利的集会，会场上挂着中华人民共和国的国旗五星红

---

①　梅伟强、张国雄主编：《五邑华侨华人史》，广东高等教育出版社 2001 年版，第 429 页。

②　王春法主编：《行远同梦——华侨华人与新中国》（中国侨联与国家博物馆共同主办庆祝新中国成立 70 周年"行远同梦——华侨华人与新中国特展"资料汇编），第 49 页。

③　《纽约旧金山爱国侨胞集会欢庆中央人民政府成立警告蒋匪廷黻不得诬蔑新中国》，《人民日报》1949 年 10 月 23 日。

旗。当会议进行时，美国官方放纵的国民党特务分子曾闯入会场，从演讲者手中夺去扩音器，进行捣乱、破坏。

值得一提的是，中国新文化学会、中国科学工作者协会总会等 22 个留美中国文化团体及学生团体，为中华人民共和国中央人民政府宣告成立事发表联合宣言，全文如下：

报载我中华人民共和国中央人民政府业已宣告成立，这使我们留在海外的人欢喜若狂，因为：这是我国两千年来最大的社会变革，这是真正的彻底的民族解放，这是近代人类史上继美国独立、法国大革命、俄国十月革命而来的第四件大事。从此，我们的祖国即已成为一个真正的独立、自由、幸福、进步的新民主主义的国家，并由此而更坚固了世界和平的基础。

我们认为人民政治协商会议所通过颁布的共同纲领是正确的。

我们除对于新中国表示爱护之热忱外，并严正声明：现在留在美国的文化工作者及三千六百多位同学，绝大多数都愿早日回国，在我人民政府的指导下尽其国民的职责，虚心学习，贡献其劳力，为我人民大众服务，从事新中国的建设大业。

瞻望祖国前途无限光明！ ①

中国留美 22 个团体的宣言相当有含金量。宣言认为，新中国成立"这是我国两千年来最大的社会变革，这是真正的彻底的民族解放，这

---

① 《留美中国文化学生团体联合宣言　拥护中央人民政府　愿早日返国从事建设》，《人民日报》1949 年 11 月 16 日。签名的 22 个留美文化学生团体为：中国新文化学会、留美中国科学工作者协会总会、中国科学工作者协会纽约区会、中国科学工作者协会波士顿区会、哥伦比亚大学教育学会、留美学生通讯社、芝加哥中国同学座谈会、波士顿中国问题座谈会、纽约中国妇女会、纽约华侨青年团、旧金山华侨民主青年团、旧金山新中国研究会、国立北京大学同学会、国立南开大学校友会、燕京大学校友会纽约分会、国立北京师范大学留美同学会、沪江大学同学会、国立复旦大学纽约校友会、国立武汉大学纽约同学会、上海医学院同学会、国立西南联合大学纽约校友会、纽约新社会科学研究会。

是近代人类史上继美国独立、法国大革命、俄国十月革命而来的第四件大事"，指出了新中国成立具有划时代的意义。这22个文化团体，除了很少一部分人和中共有关系外，其余大部分是国民党时期出国留学的高级知识分子，他们是中国文化界的精英，很能说明人心所向。这批3600多名海外学人，后来大部分践行了自己的诺言，相继回归新中国贡献自己的才智，成为新中国文化、科技事业的栋梁之材。

10月3日，朝鲜各地华侨纷纷集会庆祝新中国成立，其中下午一时在平壤国际艺术剧场举行的庆祝中华人民共和国及中央人民政府成立的庆祝大会有千余人参加，朝鲜党政机关和各界代表应邀与会。苏联驻朝鲜大使馆代表及塔斯社记者也参加大会。会场布置朴素而庄严。主席台正中悬挂着中国、朝鲜、苏联三国领导人的巨幅画像和三国的国旗。两旁挂着"中国人民领袖毛泽东主席万岁""中朝苏三大民族亲密团结万岁"等标语。会议在唱国歌并向在解放战争中牺牲的烈士们默哀后，由大会主席——东北商业代表团首席代表文士桢致开会词。朝鲜华侨联合总会副委员长马玉声在致辞中说："朝鲜四万多侨胞，对独立、民主、统一和富强的新中国之出现在世界舞台上，感到非常的光荣和喜悦。"他说：我们要把欢喜变成力量。今后要以国际主义精神和朝鲜人民团结在一起，积极参加经济建设。[①]与会的朝鲜中央政府和平壤市代表也分别致辞。各代表演讲结束后，放映中国影片《百万雄师下江南》。当晚举行庆祝宴会，以朝鲜内阁总理金日成为首的党政领导及苏联驻朝大使参加了宴会。庆祝活动扩大了新中国的影响。

朝鲜华侨联合总会委员长赵令德，有幸代表朝鲜华侨回国出席中国人民政协第一届全体会议等新中国成立的活动。政协闭幕后，他于10月

---

① 《北朝鲜华侨集会欢庆庆祝中央人民政府成立平壤国际友人出席参加庆祝》，《人民日报》1949年10月5日。

15 日由北京返回平壤，连日受到侨胞的热烈欢迎。28 日上午，朝鲜各地华侨代表及朝鲜友人百余人在平壤市立艺术剧场举行大会，热烈欢迎自北京参加新政协归来的华侨代表赵令德。赵令德向与会者报告了中国人民政协开会的经过及其盛况，表达了代表朝鲜全体侨胞参加新政协、目睹开国盛典、新中国成立，并向毛泽东主席和朱德总司令致敬、献旗无上光荣的喜悦心情。他兴奋地说："我们现在是新华侨了，是中华人民共和国的华侨了，不再是海外孤儿了！"他还详尽地报告了政协通过的《共同纲领》等三大文献的基本精神，号召全体侨胞积极参加朝鲜的民主建设，保卫人民的胜利成果，彻底粉碎美国帝国主义的侵略阴谋。① 华侨代表崔殿芳和王辛逸等人也在会上发言。新中国成立时，朝鲜是与中国友好的社会主义国家，朝鲜华侨的处境优异，因而他们在庆祝新中国成立活动中异常兴奋、活跃。

赵令德回朝鲜后，共三次出席华侨召开的欢迎会，向大家详尽地报告了人民政协的成就以及祖国中央人民政府对海外侨胞的关切和期望。所有听了报告的人，无不兴奋异常。

新中国成立的消息传到缅甸，当地 37 个侨团的 5 万多名华侨齐集首都仰光召开庆祝大会，通过决议：缅甸华侨要站到新中国一边。10 月 25 日 19 时，越南华侨和当地各界群众、党政领导在越南太原市举行盛大的庆祝中华人民共和国成立大会。集会气氛热烈，市内主要大街悬挂着"中越人民团结起来""打倒国际帝国主义""毛主席万岁""胡主席万岁"等大幅标语。集会广场上灯火辉煌，高悬着毛泽东主席和胡志明主席的巨幅画像。越南党政军有关领导及各界华侨代表两万多人参加会议。乐队高奏越南国歌和《中华人民共和国国歌》。与会的越南群众高呼"中华人民共和国万岁！""毛主席万岁！"华侨们则高呼"越南民主共和

① 新华社：《人民政协代表自京返回各地当地人民集会欢迎》，《人民日报》1949 年 11 月 1 日。

国万岁！""胡主席万岁！""华越团结万岁！"等口号。越南有关领导及华侨代表在集会上演讲。大会于 22 时在热烈的欢呼声和高唱《毛泽东颂》"胡志明万岁"的歌声中闭幕。会后由华侨政工队演出话剧及秧歌，至深夜 2 时才散。

10 月 1 日，印尼华侨升起了庆祝新中国成立的第一面国旗。11 月间，当新中国的第一部纪录片《新中国的诞生》在印尼首都雅加达首次放映时，观众达 3.6 万多人。不少华侨从远离首都 130 余英里的苏甲巫眉城赶来观看。当银幕上每次出现毛主席、五星红旗和人民解放军的雄姿时，侨胞们都报以雷鸣般的掌声和欢呼声。

自鸦片战争爆发到新中国成立的 100 多年，中国人民前仆后继、英勇反抗外国侵略者和本国封建专制统治者，这些斗争（除了抗日战争）大多失败了，中国人民仍然处在水深火热之中，海外华侨的处境始终没有得到改变。中国共产党领导中国人民经过艰苦卓绝的英勇斗争，终于取得了中国民族民主革命的伟大胜利，最终完成了反帝反封建的重大任务，饱经沧桑的中华民族获得了独立和新生。正如邓小平所指出的那样："鸦片战争以来的一个多世纪里，外国人看不起中国人，侮辱中国人。中华人民共和国建立以后，改变了中国的形象……凡是中华儿女，不管穿什么服装，不管是什么立场，起码都有中华民族的自豪感。"[1] 海外华侨为此感到鼓舞和振奋，他们扬眉吐气的时刻终于来到了，他们在侨居地开展各种形式的庆祝活动，就是这种"自豪感"的写照。侨众心向新中国。当然，仍有相当一部分华侨由于这样或那样的原因，对新中国抱有疑惑或敌视的态度，这也是不可否认的客观事实。

---

① 国务院侨务办公室、中央文献研究室编：《邓小平论侨务》，中央文献出版社 2000 年版，第 33—34 页。

## 三、与破坏庆祝新中国成立活动的行径作斗争

以美国为首的西方势力拒绝承认新中国，对新中国实行政治孤立、经济封锁和军事包围的政策，使得一些资本主义国家或这些国家的殖民地政府及其政府官员，对新中国也采取怀疑、恐惧甚至敌视的态度。它们有的受国民党在海外党部、使馆、特务等残余势力的挑拨，破坏打击进步华侨开展支持新中国的活动；有的则直接颁布条例或法令限制甚至迫害爱国华侨。因此，许多华侨是冒着政治风险或人身安全，在逆境中开展爱国活动的，有些甚至因此遭到逮捕或驱逐，他们拥护和热爱新中国的无畏精神和果敢行动可佳可赞。

由英国殖民统治的新加坡马来亚当局，针对新加坡华侨为庆祝新中国成立而悬挂新中国国旗和毛泽东主席的画像，于 1949 年 10 月中旬颁布紧急条例，禁止居民悬挂国旗及当代或过世的领导人的照片、画像，违者将处以 6 个月的徒刑。警察有权搜查任何悬挂旗帜的地方。马来亚英国殖民当局，颁布"紧急法令"，内容为"清除共产主义"，打击支持新中国的华侨。随后，英属马来亚当局据此掀起"排华"活动，大批无辜侨胞，惨遭迫害甚至被杀害，家破人亡，成千上万难侨被驱逐出境。针对新马英国殖民当局的暴行，马来亚被遣难侨联谊会惠阳分会 10 月 19日致电毛泽东主席，在祝贺中央人民政府成立的同时，控诉并抗议受英国殖民统治影响的马来亚当局的行径，"乃系帝国主义最残暴之手段"。伏望主席将此情转达周恩来外长向英帝提出严重抗议，并向马来英殖民当局交涉下列诸问题，以慰侨情，是为至祷：（1）应即取消紧急法令。（2）紧急法令期内，军警行动，吾侨被杀害与财产之损失，马来当局应全部赔偿。（3）紧急法令期内，被驱逐出境者应准予自由返回马来

亚等"。①

　　1950 年 4 月，英国驻新加坡殖民当局对当地进步侨报《南侨日报》宣传报道新中国成立的相关活动进行压制，对办报人进行谈话训诫。该报旗帜鲜明、针锋相对，刊文《重申本报的立场》申明："本报拥护中华人民共和国，也就是拥护中国人民的解放事业，拥护人民民主。这是本报的基本立场，绝对不能改变。"并重申本报董事长陈嘉庚的严正态度："本报宁可关门，不能改变一贯立场。"②《南侨日报》拥护新中国，态度坚决，宁折不弯。

　　新中国成立时，原国民党政府驻法国的 9 名使馆人员弃暗投明宣布起义，后被一群国民党特务殴打，有 5 人受重伤住院。事发后，旅法侨胞义愤填膺，派人到医院慰问受伤的使馆人员，并呈请中央人民政府严惩凶手；吁请各国侨胞一致声讨国民党余孽。法国华侨的义举，在国际上配合了新中国政府外交部门打击国民党在国外残余分子的破坏活动。

　　在美洲尤其是美国，国民党势力根深蒂固，新中国成立时国民党势力仍很强大。一些倾向中国共产党的左翼华侨，是处在逆境中开展庆祝新中国诞生的活动的。1949 年 10 月 9 日，在美国旧金山各界华侨和当地友人举行庆祝新中国成立的大会上，国民党人收买 40 多名"堂口"的打手大肆破坏，其中 20 多人手持各种凶器闯进会场，撕下横幅，抢走五星红旗，毁坏台上的麦克风等会议用品，并向观众身上抛洒蓝色染料。一名华侨和一名来宾被击伤。当地警察赶来后，暴徒们扬长而去。与会侨胞和来宾莫不愤怒异常。但会议并未因此而终止，骚动一阵后继续进行，与会侨胞更加坚定地拥护新中国。第二天，国民党分子又以"大中华民

　　①　《澳中国海员等团体及印尼烈港华侨　电毛泽东主席致敬　拥护中央人民政府》，《人民日报》1949 年 11 月 18 日。
　　②　新加坡《南侨日报》1949 年 4 月 12 日。载中国华侨历史学会、福建省金门同胞联谊会编：《洪丝丝纪念集》，第 13 页。

国护国团"的名义散发传单，叫嚣"我爱国侨胞爱护中华民国，全体起来肃清出卖祖国的汉奸共产党'匪徒'"，并列出要"肃清"的谢侨远、梁发叶、唐明照等15名华侨进步人士名单。① 当地华侨和美国社团向旧金山市长提出强烈抗议，要求立即采取措施，制止国民党党徒的暴行。美国华侨同国民党在国外的残余分子和当地政府勾结，诋毁、破坏新中国的行径进行了勇敢斗争，捍卫了新中国的尊严，这是对新中国的有力声援。

古巴华侨民主大同盟发起于"双十节"召开庆祝新中国成立大会时，国民党特务收买当地流氓打手并勾结当地警察前来破坏，将新中国国旗和"庆祝中华人民政府成立"的横幅强行扯下，并将大同盟哈瓦那干部主席梁普航逮捕。与会侨胞对国旗受辱异常激愤，展开了护旗斗争，依法向古巴当局提出抗议，民主大同盟总干部主席吕戈子特电我国外交部部长周恩来，请求向古巴政府提出抗议。② 勇敢地同国民党特务作斗争，维护新中国的尊严，足以表明古巴华侨对新中国的态度。

由上可见，在中华人民共和国成立的庄严时刻，世界各地的爱国华侨欣喜异常，扬眉吐气，开展了形式多样的欢庆活动。这些活动增强了广大华侨的向心力，中国共产党及其领袖毛泽东主席在海外华侨中的威望达到高峰。连当时美国顽固的反华分子国务卿杜勒斯，也不得不在事实面前承认中华人民共和国在华侨中"享有极高的威信，华侨在非常大的程度上期待得到它的领导"③。当时与新中国关系密切、意识形态相同的朝鲜、越南等国家的华侨的庆祝活动更加活跃，并得到所在国家政

---

① ［美］麦礼谦：《中华人民共和国建国前后的美国华人社区》下，香港《镜报》2000年第11期，第70—71页。

② 《古巴政府侮辱新中国国旗　侨胞电周外长请求抗议　马达斯加华侨拥护毛主席》，《人民日报》1949年11月14日。

③ 何香凝在二届人大二次会议上的发言：《关于国外华侨工作》（1959年4月24日）。尚明轩、余炎光编《双清文集》，人民出版社1985年版，第857页。

府及党政领导人的支持和参与；而对新中国采取敌视态度的国家及其殖民地国家华侨的庆祝活动受到阻挠和破坏，并且国民党残余势力与当地政府勾结在一起作梗，为华侨的庆祝活动带来困难，但华侨勇敢地与之进行斗争，维护了新中国的尊严。在各地庆祝新中国成立的各界华侨中，多数下层侨众尤其是工界华侨表现积极、热情高涨，如旅法参战华工总会、英国利物浦海员工会、美国纽约华侨洗衣馆联合会、旧金山华侨工人互助社、全暹职工联合总会（华工部）、曼谷职工联合总会（华工部）、缅甸华侨店员联合会，等等，都是当地爱国活动的中坚力量。

# 后 记

　　岁月如歌，人生如梦。撰写本书"后记"，勾起我太多的回想。首先使我回想起的是不平凡的学习生活和学术生涯。"文化大革命"十年对于我们国家和我个人来说，都是一场不堪回首的灾难和噩梦，我的中小学学业全都荒废了……"文革"结束后的三年多，也是我中学"毕业"回乡务农的三年多。

　　正当我在人生岔路口犹豫、彷徨时，赶上了改革开放的大好机遇、幸运地考上了吉林大学历史系历史专业；本科毕业后紧接着考取了本校本系中国近现代史专业硕士研究生。我的硕士学位论文题目为《华侨对祖国抗战经济的贡献》（发表于《近代史研究》1987年第5期）；两年后，在硕士论文的基础上扩展为《华侨第二次爱国高潮》一书（中共党史资料出版社1989年版）。工作以后在武汉大学政治与公共管理学院读中共党史专业博士，博士学位论文题目为《华侨与中国新民主主义革命》，修改出版时改题为《华侨与中国新民主主义革命——兼论民主革命时期华侨与中国共产党的关系》（中国华侨出版社2006年版）。此间我还独自撰写或参与撰写多本相关著作，发表若干篇相关研究论文。这便是《华侨华人与中国革命和建设丛书》的第二册——《华侨与中国新民主主义革命》一书的研究基础和学术积淀，也是笔者长期关注研究的课题。

　　侨史界公认，近代以来华侨与中国的革命关系有两次爱国高潮，即以支援辛亥革命为中心的第一次爱国高潮和以支援祖国抗日战争为中心的第二次爱国高潮，而后者是目前侨史界、党史界研究最为充分的问题。国内出版的各种版本抗日战争史著作，均有华侨支援祖国抗战的内容。目前国内研究华侨支援祖国抗日战争的专著有7部，其中有笔者的3部：《华侨第二次爱国高潮》《华夏向心力——华侨对祖国抗战的支援》《海外华侨与祖国抗日战争》。从中可以发现，华侨与新民主主义革命的关系研究存在的一个不可忽视的问题——多数成果均集中在华侨对祖国抗战的支援专题上，其他问题如华侨与中国共产党的创立、华侨推动第一次国共合作掀起国民革命高潮、华侨与全国解放战争的关系等问题的研究非常薄弱，甚至无人问津。笔者的博士论文及其他相关著作、论文对这些问题均有所阐述，所以本书是笔者以往相关研究之集大成。

　　较之以往相关著述包括本人的有关成果，本书利用了一些新资料或较少运用的资料，如列夫、王易著，曹明龙主编《刘泽荣传略》（中共党史出版社2010年版）；［美］徐国琦著，潘星、强舸译，尤卫群校《一战中的华工》（上海人民出版社2014年版）；宁艳红著《旅俄华侨史》（人民出版社2015年版）；宁艳红主编《旅俄华侨史料汇编》（黑龙江教育出版社2016年版）；耿素丽、张军编《民国文献资料丛编·民国华侨史料汇编》第12册（北京图书馆出版社2011年版）；国家图书馆编《民国文献资料丛编·民国华侨史料续编》第3册（国家图书馆出版社2017年版）；国家图书馆编《民国文献资料丛编·民国华侨史料续编》第11册（国家图书馆出版社2017年版）；张国雄、李镜尧著，田在原译《有国才有家——南洋华侨郑潮炯的史诗》（中英双语版，中国华侨出版社2015年版）；刘进、罗达全、张秀明编《华侨书信抗战史料选编（五邑侨乡卷）》上下卷（广东人民出版社2016年版）；罗达全、张秀明、刘进编《侨乡文书抗战史料选编（五邑侨乡卷）》上下卷

（南方出版传媒集团、广东人民出版社 2016 年版）；杨国贤、姚盈丽编著《南侨机工英名录》上下册（中国华侨出版社 2016 年版）；黄朝琴编《广源轮案》（中英双语版，中国书店 2015 年版）；王春法主编《行远同梦——华侨华人与新中国》（北京时代华文书局 2019 年版）；云南昆明西山公园"华侨机工抗日事迹陈列室"资料；等等。挖掘利用这些新资料，本书进一步补充和丰富了华侨向祖国传播马列主义、参与推动中国共产党的创立、支援祖国抗日战争等内容。

为本书撰写提供资料或帮助的几位同志是：黑龙江省黑河学院的宁艳红教授，广东省江门市党史研究室的黎秀敏副主任，云南大学经济学院的王文武同志。在此一并向他们表示感谢！

虽然华侨与新民主主义革命是笔者熟悉并长期研究的领域，但本书中也难免有问题和错误，欢迎识者指正。

作者

2020 年 9 月